中央编译局文库出版工作领导小组（编委会）

主　　任：贾高建
副 主 任：俞可平　魏海生　陈和平　柴方国　杨金海
委　　员：崔友平　沈红文　杨雪冬　季正聚　陈家刚
　　　　　赖海榕　郗卫东　张文成　刘明清

中央编译局文库出版工作领导小组办公室

主　　任：薛晓源
成　　员：徐向梅　苗永姝

中央编译出版社文库编辑中心编辑小组

刘明清　薛晓源　谭　洁　董　巍　贾宇琰
冯　章　曲建文　苗永姝　邓　彤　盛菊艳
李媛媛　薛迎春　董　妍

马克思主义研究资料

第11卷

主　编　杨金海
副主编　冯　雷（常务）薛晓源

经典作家著作研究 I

本卷主编　姚　颖

《马克思主义研究资料》顾问委员会

贾高建　俞可平　宋书声　殷叙彝　詹汝琮　张钟朴
李洙泗　冯文光　赵家祥　严书翰　梁树发　郭建宁

《马克思主义研究资料》编辑委员会

主　编：杨金海

副主编：冯　雷（常务）　薛晓源

编　委（按姓名拼音排序）

陈喜贵　冯　章　黄晓武　江　洋　李百玲　李义天
李媛媛　林进平　刘仁胜　刘　英　刘元琪　吕增奎
马　瑞　苗永姝　彭萍萍　盛菊艳　史清竹　武锡申
姚　颖　苑　洁　郑　锦　郑天喆　周艳辉

参加本卷编辑出版工作的有

薛迎春　苗永姝　薛晓源

总　序

呈献给读者的这套《马克思主义研究资料》丛书，旨在服务于我国正在实施的马克思主义理论研究和建设工程，积极吸收和借鉴国外马克思主义研究成果，对改革开放以来中央编译局编译的有关国外学者研究马克思主义的成果，以及少量相关的国内学者的研究成果整理出版，为我国马克思主义研究提供基础性的参考资料。本丛书计划出版37卷，三年内陆续完成编辑和出版工作。

编译国外学者关于马克思主义的研究成果，并对相关问题展开深入探讨，是马克思主义经典著作编译研究的基础性工作。中央编译局作为马克思主义经典著作编译研究的专门机构，历来十分重视这项工作。20世纪50年代以来，特别是改革开放以来，中央编译局的同志们编译了大量国外学者关于马克思主义的研究文献，也发表了不少自己的相关研究成果。这些成果曾经在中央编译局编辑的《马列著作编译资料》、《马列主义研究资料》、《马克思主义与现实》等刊物公开发表，或在内部刊物《马克思恩格斯研究》、《列宁研究》等刊载。这些成果对于推进马克思主义经典著作的编译和研究工作发挥了重要作用，时至今日，一些学者仍然把它们当做研究马克思主义的珍贵资料。

然而，随着近年来中央实施马克思主义理论研究和建设工程的深入推进以及马克思主义学科建设的快速发展，这些研究资料的留存情况已经远远不能适应形势发展的需要了。《马列著作编译资料》和《马列主义研究资料》早已停止出版，很多人难以找到原有资料；《马克思恩格斯研究》等内部刊物刊载的文章没有公开面世，也难以为人们广泛使用；而新编译的文献资料又很零散。因而，希望中央编译局提供马克思主义研究资料的呼声越来越高。

为了继承前辈的事业，适应学界的需要，尽可能全面系统地收集整理中央编译局近几十年来编译的国外学者关于马克思主义的研究成果以及相关的国内学者的研究成果，中央编译局专门成立了《马克思主义研究资料》丛书课题组，并对该项工作提供了基金资助。课题组不仅在局内组织力量进行工作，而且争取到社会力量的支持。经过课题组同仁两年多努力，已经形成一批编辑成果，还将继续补充、完善并陆续推出。这套《马克思主义研究资料》丛书就是这些成果的集中体现。

本丛书力求体现如下四个特点，这也是丛书编辑工作所力求遵循的四条原则：第一，保证文献性。本丛书主要收集改革开放以来中央编译局刊物发表的有关马克思主义理论编译和研究方面的成果，这些刊物包括公开出版的《马列著作编译资料》、《马列主义研究资料》、《马克思主义与现实》、《当代世界与社会主义》、《经济社会体制比较》、《国外理论动态》等，也包括内部刊物《马克思恩格斯研究》、《列宁研究》、《斯大林研究》、《马克思恩格斯列宁斯大林研究》等；少量收集其他杂志发表的中央编译局学者编译或撰写的有关文章；个别收集与中央编译局长期合作的其他学者的相关文章；对所收商榷性文章涉及的其他学者的成果，也作为附文收入，以示对相关学者的尊重，也便于读者在阅读正文时参考。收集整理这些学术成果的目的主要是为学界研究马克思主义提供参考资料，同时帮助人们了解马克思主义研究的历史进程和思想脉络。因此，本丛书所收文献力求保持其历史原貌，包括其中的人名、地名、术语、引文等，都不作改动，以便读者进行文献考证之用，只对个别错漏文字等进行校正，对于文中可能产生歧义的地方，以"本丛书编者注"的方式加以说明。其中读者特别应当留意的是译名、术语的不统一问题，例如关于《马克思恩格斯全集》历史考证版，就有多种表达方式：原文版、国际版和MEGA版，其中，往往又以"老"、"新"、"MEGA¹"、"MEGA²"、"MEGA1"、"MEGA2"等来区分历史考证版第1版和第2版。第二，突出编译性。本丛书所收文献中，以国外学者的成果为主，包括国外学者关于马克思主义经典作家的著作、思想、生平事业，乃至书信往来、工作生活等方面的研究文献，凡比较有资料价值的，均在收集之列。如上所述，国内学者的相关考证性成果，包括经典著作翻译、版本、传播、重要术语考据等文献，凡具有资料价值的，也一并收入，但这部分内容所占比例较小。第三，力求系统性。上述几十年来形成的这些编译研究资料繁茂芜杂，十分零散，使用起来很不方便，编辑整理就更为困难。为把这些宝贵文献整理面世，使之更好地发挥作用，编辑人员下了很大功夫。在收集整理中，我们力图分门别类，尽可能将同类资料按照一定逻辑顺序编排，使之呈现一定的系统性，以便读者全面掌握有关资料。第四，力争权威性。本丛书力争选编国内外在相关研究领域具有一定权威性的专家学者的具有代表性和影响力的文献。为保证文献的权威性和准确性，我们对文献的引文进行了校订，特别是对有关马克思主义经典著作的引文进行了原版原文核对，并对注释尽可能地作了规范化处理，以便读者更准确地了解引文及其出处。

基于上述考虑，本丛书的编排体系大体分四个部分。第一部分是经典著作研究，包括关于《共产党宣言》、《资本论》等手稿、创作、版本、传播诸方面的研究文献；第二部分是基本理论研究，包括哲学、政治经济学、科学社会主义以及政治学、法学等方面的研究文献；第三部分是版本和传播、编译以及生平事业研究；第四部分是国外马克思主义研究。每一部分包括若干卷。每一卷都有本卷编辑说明，对本卷编辑的思路、内容和有关技术问题作简要交代。各卷内容按照逻辑顺序进行编排，在此基础上再按照时间顺序编排。各卷内容一般要作分类，并加分类标题，以便读者阅读研究。

需要说明的是，由于本丛书是整理编辑已有的文献，而且主要限于整理编辑中央编译局学者编译和研究的部分成果，这就决定了本丛书不可避免地存在一些缺憾。一是这些文献中有的观点不一定正确。选编这些文献并不意味着编者赞同其中的观点，我们的目的仅仅在于为人们研究马克思主义提供参考资料，其中正确的思想成果可以作为我们研究借鉴的思想资源，而错误的观点可以作为我们研究批评的对象。例如，对有关马恩对立论的观点，我们是不赞成的，但为了让研究者了解、研究和批评这种观点，也收入了相关文章。所以，谨请读者在使用这些文献时注意辨别是非。二是这些文献存在质量参差不齐的情况。由于这些文章的作者、译者水平不同，写作时间、背景、针对的问题、产生的影响以及发表的刊物等不同，其质量也就有一定差别。例如，有的概念和译文在今天看来不一定科学、准确，有的文献曾经很有价值而在今天看来最多只有学术史的价值。在选编过程中，我们尽量收入那些分量较重、影响较大的文献，但为了比较全面地反映学术史的原貌并提供尽可能详细的研究参考资料，也收入了一些篇幅较短、影响不大但有一定资料或史料价值的文献。另外，有少量比较重要的文献，由于作者或译者不同意收入，也不得不忍痛割爱。三是这些文献的系统性、规范性不太强。尽管我们努力按照上述编辑原则工作，对这些文献进行了分类整理，力求全面系统地提供给读者相关方面的文献资料，但由于这些资料十分繁杂，彼此之间的关联性不强，有的方面资料较多，有的较少，且发表的刊物、时间等不同，体例也很不统一，整理起来难度极大，加之各位编者的研究角度不同，水平各异，所以，每一卷书的结构、篇章、内容、观点等都不尽相同，其规范程度也不尽一致。对本丛书存在的以上不足或缺憾，谨请读者鉴谅；对其中可能存在的疏漏和错误之处，谨请读者批评指正。

本丛书在编写和出版过程中，得到了各个方面的大力支持。中央编译局对此项工作高度重视，始终给予鼎力支持。国家出版基金将本丛书列入2013年度资助项目。中央编译出版社为本丛书申报国家出版基金项目并最终立项，以及为丛书出版做了大量工作。本丛书所收文献的译者、作者和出版者，凡已联系上的，均给予我们大力支持，同意使用这些文献；对尚未联系上的，我们将尽力联系，也请相关同仁主动联系我们。丛书顾问委员会的专家对丛书的编写工作给予热情指导，编委会成员和课题组同仁为丛书的编写付出了辛勤劳动。在此一并致以衷心的谢意！

《马克思主义研究资料》
编辑委员会
2013年12月10日

编辑说明

本丛书的第一部分即经典作家著作研究共 14 卷。由于《德意志意识形态》、《共产党宣言》、经济学笔记、《资本论》及其手稿的研究文献较多,故分别单独编成一卷或多卷,共 10 卷。其余的经典作家著作研究编为 4 卷,包括第 11 卷至第 14 卷。

本卷收录关于马克思恩格斯从 1835 年到 1844 年所写的著作或书信的研究文章,共 29 篇,分为两个部分。第一部分主要选编了《马克思恩格斯全集》历史考证版(MEGA^2)第一部分第 1、2、3 卷前言,第四部分第 1 卷前言;英文版第 1、2、3 卷说明;俄文第 2 版第 40、42 卷说明。这些文献较为全面系统地介绍了马克思恩格斯从 1835 年到 1844 年所从事活动和所写著作、书信的情况,反映了《马克思恩格斯全集》三种版本编辑者和翻译者在编译过程中的不同视野和评价体系。第二部分主要为苏联、民主德国等马克思主义者对马克思的博士论文、《克罗茨纳赫笔记》、《黑格尔法哲学批判》、《1844 年经济学哲学手稿》等著作的分析和研究,包括对几部重要著作的写作经过、发表情况、保存及传播情况等文献学考证,还包括对几部重要著作的内容分析、文本考据，以及对这一时期马克思恩格斯思想在马克思主义史中的定位。

为保持文献性，本丛书的注释尽量保持原貌，不作改动；但对原注释有错误或有遗漏的，我们尽可能查阅了有关文献，作了必要的规范和完善；对有些查找不到的，保留原来的内容和格式。

目 录

《马克思恩格斯全集》第四十卷说明

  苏共中央马列主义研究院 …………………………………… 1

走向唯物主义和共产主义之路

  ——马克思早期思想发展研究 ………………………………… 20

关于马克思1835—1843年的著作和书信

  ——《马克思恩格斯全集》英文版第1卷说明 …………………… 52

关于恩格斯1838—1842年的著作和书信

  ——《马克思恩格斯全集》英文版第2卷说明 …………………… 62

马克思向唯物主义和共产主义世界观的最终转变

  ——《马克思恩格斯全集》原文版第1部分第2卷前言 ………… 75

马克思和恩格斯世界观形成中的一个重要阶段

  ——《马克思恩格斯全集》英文版第3卷说明 …………………… 124

恩格斯与马克思合作之前从唯心主义向唯物主义,从革命民主

  主义向共产主义的转变(一)

  ——《马克思恩格斯全集》历史考证版第1部分第3卷前言 ……… 140

1

恩格斯与马克思合作之前从唯心主义向唯物主义，从革命民主
　　主义向共产主义的转变（二）
　　　　——《马克思恩格斯全集》历史考证版第1部分第3卷前言……… 166
《马克思恩格斯全集》历史考证版第四部分第一卷前言 ……… 191
《马克思恩格斯全集》俄文第二版第42卷说明 ……………… 211

＊　　＊　　＊

论马克思的博士论文
　　〔德〕玛蒂娜·汤姆 …………………………………… 232
论马克思的博士论文
　　〔民主德国〕埃·朗格　英·陶贝尔特 ………………… 278
论马克思的博士论文（续）
　　〔民主德国〕恩·施米特 ………………………………… 292
论马克思的博士论文（续完）
　　〔民主德国〕君·施泰格尔 ……………………………… 309
论马克思的博士论文
　　〔苏〕В.А.马利宁　В.И.申卡卢克 ……………………… 323
载于《德法年鉴》的《1843年通信》
　　——谈谈原文的可靠性
　　〔德〕英格·陶贝尔特 …………………………………… 364
关于克罗茨纳赫笔记
　　〔苏〕Н.С.鲁缅采娃 …………………………………… 383
马克思《克罗茨纳赫笔记》中的第四本笔记本简介 ………… 400

卡尔·马克思在克罗茨纳赫
　　——日期，人物，克罗茨纳赫笔记
　　〔德〕赫尔穆特·艾斯纳 ………………………………… 406
克罗茨纳赫笔记和《黑格尔法哲学批判》对历史知识
　　和历史研究的作用的探讨
　　〔德〕汉斯-彼得·耶克 ………………………………… 433
关于马克思的1843年手稿——《黑格尔法哲学批判》 ……… 455
论马克思1843年的《黑格尔法哲学批判》中政治国家
　　和市民社会的关系
　　〔德〕伊莱安纳·鲍威尔　阿尼塔·利佩尔特 ………… 473
马克思《黑格尔法哲学批判》手稿的写作时间
　　〔苏〕尼·拉宾 …………………………………………… 496
关于《1844年经济学哲学手稿》 …………………………… 505
《经济学哲学手稿》的产生及其保存情况 ………………… 527
《1844年经济学哲学手稿》和意识形态的斗争
　　〔苏〕尼·伊·拉宾 ……………………………………… 555
一场围绕《1844年手稿》而进行的争论
　　——《〈1844年经济学哲学手稿〉研究（文集）》简介
　　屏　羽 ……………………………………………………… 571
1843—1844年马克思对世界史的研究是唯物史观形成的来源之一
　　〔苏〕В.Г.莫洛索夫 ……………………………………… 589
东德时期关于马克思早期著作的解释之争
　　〔德〕沃·比阿拉斯 ……………………………………… 623

3

《马克思恩格斯全集》第四十卷说明[*]

苏共中央马列主义研究院

根据苏共中央决定出版的《马克思恩格斯全集》第二版补卷集是从第四十卷开始的。编入补卷集的是在该版主要卷次1—39卷问世以后发现的马克思主义奠基人的著作和书信,以及一些打印的和手写的著作,这些著作有的曾以供较小范围的专家使用的单行本发表过(《马克思恩格斯早期著作选》、《马克思恩格斯文库》各卷、《政治经济学批判大纲》德文版,等等),有的则是第一次发表。

补卷的出版,可以使读者在马克思恩格斯著作的统一版本内集中地和系统地了解他们的这部分遗著。因此,《马克思恩格斯全集》第二版本身实际上就成了科学共产主义奠基人的著作和书信的最完全的文集。把收入补卷的材料编入这一主要版本,为全面研究马克思主义理论,研究它的形成和创造性发展,提供了新的补充材料。补卷中有相当大一部分是马克思的主要著作《资本论》的草稿。根据这些草稿,读者才有可能去探讨创作这一天才著作的几个阶段。

---

[*] 本文选自《马列主义研究资料》1982年第3辑。

* * *

《马克思恩格斯全集》第四十卷收入了青年马克思主要是在1835—1843年写的著作。本卷分三个部分——马克思的哲学和政论性著作、他的文学诗歌习作和附录。在第一部分中,除了已经用俄文发表的马克思著作外,还有他的以前没有译成俄文的十六篇著作。第二部分包括青年马克思的所有著名的诗作。这些诗作,除少数例外,也是第一次用俄文发表的。本卷的附录刊载了补充主要部分的内容的传记性文献,其中包括父亲给卡尔·马克思的信和他的未婚妻燕妮·冯·威斯特华伦给他的信。

收入第四十卷的材料大大地补充了《全集》第一卷的内容。这些材料表明了马克思的世界观形成的早期阶段,他的思想演变的复杂道路和他批判地掌握以前的哲学思想成就的过程。这一时期,马克思在波恩大学,后来在柏林大学紧张地学习法律、历史和哲学,同时也在文学创作的领域内初试锋芒。马克思在这些年代里树立了无神论和革命民主主义的信念。1842年春,他作为一个大学生,后来作为一家进步的反对派日报《莱茵报》的编辑,开始了政治活动。收入本卷的材料补充说明了马克思从唯心主义向唯物主义、从革命民主主义向共产主义转变的过程。

属于马克思主义形成的早期的马克思著作,反映了作者思想渐次成熟的各个阶段:从年青人对人的活动的意义的考虑到接受黑格尔学说作为为争取自由而认识世界的武器,从激进地解释黑格尔辩证法到批判黑格尔唯心主义哲学体系的局限性及其学生,最后,到用唯物主义观点革命地考察德国哲学的一切原理。马克思在这些年代受到了费尔巴哈观点的明显影响。他在费尔巴哈的观点中先是看到彻底无神论的表现,后来，随着他自己的唯物主义观点的成熟，他就完全看清了其中深刻的唯物主义内容。同时，马克思从自己作为一个政治斗士和《莱茵报》编辑的经验中也意识到了费尔巴哈学说的弱点：直观性、回避尖锐的政治问题和轻视辩证法。

在所考察的这些时期，马克思的革命民主主义信念形成和巩固了，而且越来越彻底。这些信念的发展和深化使他于1843年得出共产主义的结论。到写作本卷最后的著作时，马克思已经坚定地站到唯物主义立场上（包括对社会现象的解释），承认物质利益领域的第一性和政治制度对它的依赖性。他成了以私有制为基础的社会的坚决反对者，成了用共产主义原则对社会进行革命改造的思想的预言者。马克思把已经形成的唯物主义和共产主义观点，用来作为接着制定辩证唯物主义、唯物主义历史观和科学共产主义理论的前提，用来作为形成马克思主义即工人阶级的严谨而完整的科学世界观的前提。

本卷第一部分是从中学作文《青年在选择职业时的考虑》（1835年）开始的。这篇文章看来是青年马克思思想发展的起点。青年作者的思想深刻、志趣高尚，是该文的特色。它表明了马克思想用自己的活动为人类服务的热切愿望。他在这里谈到必须选择一个能够为人类福利开辟最广阔的活动场所的职业。当然，他也说明了这种选择并非易事。人并不总是能称心如意地选择到职业的，因为"我们在社会上的关系，还在我们有能力对它们起决定性影响以前就已经在某种程度上开始确立了。"① 同时，作者强调一个重要的思想：不应局限在狭隘的利己主义框子里，而是要寻求最大限度地造福于整个社会的道路和手段。青年马克思写道，如果一个人选择了职业，并用它来更多地为人类做事，那

---

① 《马克思恩格斯全集》第1版第40卷第5页。

么，他所感到的就不是可怜的、有限的、自私的乐趣，而他的幸福将属于千百万人。①

《青年的考虑》是在十八世纪启蒙运动者的明显的思想影响下写成的。

中学作文之后是《给父亲的信》（1837年），它的价值首先在于它是仅存的一封青年马克思给亲人的信。

这封信提供了大学生马克思紧张地进行思想活动的鲜明情景，它揭示了他的精神兴趣的多面性和使他激动的科学问题的多样性。它证明青年马克思非常顽强和热爱劳动，证明他严格要求自己和具有批判态度。

还必须指出，这封信记载了青年马克思思想演变的重要环节——承认黑格尔的哲学具有与费希特的主观唯心主义和其他主观唯心主义者的哲学体系不同的认识的力量。马克思成了黑格尔学说的维护者，并参加了青年黑格尔派。该派的代表力求从黑格尔哲学中得出无神论的和激进的政治结论。但是，马克思不限于此，而是极力寻求正确的、科学的世界观。他以黑格尔的辩证法为依据，开辟自己的哲学道路。

在马克思大学生时代的思想发展过程中，具有重要地位的是对古代哲学的研究。研究的成果是1839年写的《关于伊壁鸠鲁哲学的笔记》。《笔记》包括从第欧根尼·拉尔修、塞克斯都·恩披里科、卢克莱茨·卡鲁斯、西塞罗、普卢塔克、塞涅卡、亚历山大里亚的克里门特和斯托贝等古代作家的著作中所作的有关伊壁鸠鲁观点的摘要。对于这些摘要马克思自己还作了言简意赅的短评。

《笔记》反映了马克思对哲学史、特别是对古代启蒙和自由思想的先进代表——伊壁鸠鲁和卢克莱茨的观点的极大兴趣。《笔记》说明大

---

① 《马克思恩格斯全集》第1版第40卷第7页。

学生马克思视野广阔,说明他对古代语言和哲学文献的知识是扎扎实实的。

但是,青年马克思的兴趣决不限于古代哲学思想。他特别关切的是处于当时思想斗争中心的一般哲学问题:哲学和真正的现实之间的联系,哲学的使命和宗旨,哲学在认识世界的过程中和在社会生活中的作用,哲学科学和宗教的关系,等等。从这个角度出发,马克思在自己的短评中考察了古代以及当代的各派哲学家的观点,并力求确定自己的立场。他发表的有关见解,往往具有极大的独创性和洞察力。他在整个说来虽立足于黑格尔哲学基础之上,但公开寻找激进地解释黑格尔思想遗产的道路,对唯心主义的黑格尔学派的许多倾向深表不满,并对该派右翼持严肃的批判态度。

例如,右翼黑格尔分子企图把哲学思想同基督教正统思想调和起来,与此相反,马克思在自己的《笔记》中宣布了无神论原则,指出哲学同宗教是势不两立的。正如马克思指出的,宗教世界观的基础是人对他尚未了解和尚未认识的力量的无能为力和恐惧。马克思把伊壁鸠鲁的大胆见解、他想使精神自由和独立的倾向以及他对宗教黑暗势力的斗争,同宗教世界观对立起来。这时马克思就已经把哲学看做是能够影响世界、摧毁根深蒂固的偏见、因循守旧的观念和宗教迷信的积极力量了。

马克思正是从哲学的立场出发,积极地干预生活,他在《笔记》中批判了那些声称"**适度**是绝对精神的正常表现"[①]的黑格尔追随者。

马克思发展了关于哲学科学具有广泛的认识能力的思想,强调指出哲学科学影响世界的巨大力量和人的理性的威力。同时,他特别辛辣地

---

① 《马克思恩格斯全集》第1版第40卷第136页。

嘲笑了认为人的精神不能认识事物本质并主张盲目屈从似乎不可知的现象世界的那些哲学体系的代表。马克思把康德派不可知论者也列入这类哲学家，并称之为"无知的职业祭司"，指出"他们每天干的事就是哭诉自己的虚弱和事物的强大"。①

马克思把《关于伊壁鸠鲁哲学的笔记》用做撰写博士论文《德谟克利特的自然哲学和伊壁鸠鲁的自然哲学的差别》的预备材料。他把自己的博士论文送到耶拿大学，1841年4月，耶拿大学授予他哲学博士学位。

马克思的博士论文也发表于《全集》第四十卷。他在《笔记》中阐述的整整一系列原理在论文中得到进一步的发展。论文是一篇严谨的完整的著作，它表明作者是一个杰出的思想家和探索者。就对材料的分析和解释的方法来说，就引用过的研究材料的广度、思想的丰富和中肯来说，这一著作的水平超过了当时的许多哲学史著作。

马克思在博士论文中还是作为唯心主义的拥护者、黑格尔的追随者出现的。不过，他在评价个别的历史哲学现象上以及在对待一系列生活问题的态度上都同德国古典哲学的最卓越的代表有分歧。多年之后，恩格斯在评述马克思博士论文的内容时，曾在同一个俄国的社会活动家的谈话中，注意到这一倾向。他说，那时"马克思已经精通黑格尔的辩证法，不过在自己的研究过程中还没有迫切感到要以唯物主义辩证法来代替它，但就在那时，他在运用黑格尔辩证法方面，而且就是在毫无疑问是黑格尔学说中最强有力的方面，即思维的历史方面，已经脱离黑格尔而完全独立自主了"②。

---

① 《马克思恩格斯全集》第1版第40卷第59页。
② 《回忆马克思恩格斯》，人民出版社1957年版，第387页。

就马克思研究的题目本身来说，就包含着一定程度的同黑格尔的争论，因为黑格尔带着明显的成见看待德谟克利特、伊壁鸠鲁和卢克莱茨的古原子论和唯物主义。在1841年3月写的博士论文序言中，马克思实际上谴责了黑格尔对这些哲学体系估计不足，并指出，这些体系"是理解希腊哲学的真正历史的钥匙。"① 但是，马克思远不是要否认他称之为"大思想家"的黑格尔在探讨哲学史以及在发展整个哲学思想特别是辩证法上所作的贡献。他既谴责那些盲目追随黑格尔、"天真地、非批判地相信"黑格尔的人，也谴责那些以虚无主义态度对待黑格尔哲学的人。他不是把黑格尔哲学看成必须用以观察一切现象的教条，而是把它看做独立的思想活动的出发点、前进运动的原则。

青年马克思在其博士论文中转而研究古代哲学，决不只是因为他想恢复对古希腊原子论的贡献的正确评价，包括说明伊壁鸠鲁——有人不公正地责备他简单地抄袭德谟克利特的原子论原则——在古代哲学史中的真正地位。同摘录作《笔记》的时期一样，他把分析先进的古代思想家的观点看成是——正如他所说的——论证活动的本原在生命斗争中的客观可能性和确定举止行动的自由原则的手段。必然性和偶然性、命中注定和自由、怀疑和乐观，这就是马克思所看出的德谟克利特的自然哲学和伊壁鸠鲁的自然哲学的差别。虽然伊壁鸠鲁也把德谟克利特和卢克莱茨第一次提出并发展了的原子论原则作为自己学说的基础，但他是一个有创见的独立的思想家，这就是马克思在比较分析了德谟克利特的物理学和伊壁鸠鲁的物理学之后得出的基本结论。马克思认为伊壁鸠鲁的原子的自然偏斜说是他的哲学的本质特征。在马克思看来，这里表现出古希腊思想家所具有的辩证法因素。马克思说，与德谟克利特相反，

---

① 《马克思恩格斯全集》第1版第40卷第189页。

伊壁鸠鲁实质上提出了辩证的自我运动的思想并把这一思想解释为积极性、活动性的原则。

马克思确定了德谟克利特和伊壁鸠鲁伦理学的差别以及在很多方面的对立。马克思在伊壁鸠鲁的伦理学中引用了使人从盲目迷信和宿命论中解放出来的乐观的和富有人生乐趣的原则。与此同时，马克思力求阐明哲学对现实界的一般关系，力求强调哲学的独立性及其对世界的积极影响。马克思指出："在哲学家在世界和思想之间所建立的一般关系中，他只是为自己而把他的特殊意识同现实世界的关系客观化了。"① 但是，决不应从这里得出结论，说马克思认为世界的现实结构是作为个人自我意识的表现的哲学客观化的结果。而他那时的青年黑格尔派同道者所持的就是这种观点。在这一问题上，马克思在当时就同他们有分歧，他事实上是从不依赖于自我意识的、现实现象世界的客观存在出发的。在青年黑格尔派只是片面地看到哲学对世界的作用的地方，马克思揭示了二者的相互作用。他指出："世界的哲学化同时也就是哲学的世界化。"② 任何哲学的正确性都是在这种相互作用的过程中，在与存在于哲学之外的世界的冲突中受检验的。哲学是人通过实践改变世界的武器，而就这一点来说，哲学应当是此岸的、世俗的，换句话说，不仅应当正确地再现现实生活的图景，而且应当成为改造和改善现实生活的因素。

可见，在这里已经以萌芽形式讲出关于科学和实践活动之间的有机联系的思想，后来马克思全面地、从科学的立场发展了这一思想。

在博士论文中，青年马克思对宗教的看法也得到进一步的发展。马克思是无神论的热情宣传者、宗教偏见的坚定反对者。他认为，宗教是

---

① 《马克思恩格斯全集》第 1 版第 40 卷第 203 页。
② 《马克思恩格斯全集》第 1 版第 40 卷第 258 页。

束缚科学思想的力量，精神奴役的来源。马克思强调指出，先进哲学反对宗教偏见的斗争，不容许半途而废。他对伊壁鸠鲁哲学的同情在相当大程度上是由于他认为伊壁鸠鲁是反对宗教神秘主义的始终不渝的战士。在马克思看来，自古以来对伊壁鸠鲁不信神的责备，只能证明对伊壁鸠鲁有利。他在谈到进步的哲学思想时写道："哲学……将永远用伊壁鸠鲁的话向它的反对者宣称：'渎神的并不是那抛弃众人所崇拜的众神的人，而是同意众人关于众神的意见的人'。"①

马克思向"天上的和地上的神"提出了大胆的挑战，他继青年黑格尔派之后断言，除了人的自我意识之外，"不应该有任何神"②。但是，在他的解释中，这一原理已在很大程度上排除了青年黑格尔派所固有的倾向，即用自我意识代替神的本原和人为地赋予自我意识以近乎宗教的力量。在马克思的解释中，这里的着重点是，与贬低人的尊严的基督教信仰和伦理学相反，人的理性和个性具有崇高的意义。

在博士论文中，马克思在为无神论观点奠定科学批判基础方面前进了一步。他揭露宗教教条以及对神的存在的证明是毫无根据和矫揉造作的，他不是把哲学的任务仅仅归结为推翻这些教条，而是指出对宗教信仰的本质、来源和得以传播的原因进行研究的方法。他远远不是用庸俗的肤浅的无神论的精神把宗教信仰解释为荒谬东西的简单堆积。他用他的观点所具有的历史主义来对待宗教批判，并作出结论：信神反映了人类意识发展的一定阶段，反映了思维水平低下，尚不能理解和说明周围现象和只能赋予它们以超自然的非理性的特征。马克思强调指出，这个或那个民族的一定存在形式及其处世态度在神话学中获得了表现。这种

---

① 《马克思恩格斯全集》第1版第40卷第189页。
② 《马克思恩格斯全集》第1版第40卷第190页。

基于真正现实的、宗教幻想的生活感知往往同艺术交织在一起,并在艺术创作中获得形象的体现。在历史发展的早期阶段尤其如此。

马克思在博士论文中所表述的关于宗教的思想,是他的早期哲学研究的丰硕成果,尽管青年哲学家的无神论观点在当时还没有以唯物主义世界观为依据。但是,关于宗教的世俗起源的结论促进了这一世界观的幼芽的成熟。无怪乎马克思在他的论文完成的那一年出版的费尔巴哈的著作《基督教的本质》——它证明宗教只是人的本质的虚幻反映——中发现了许多与自己观点不谋而合的见解,并高度评价了这一著作。

马克思继续进行思想探索,经过对费尔巴哈唯物主义的积极方面的领会和同时对它的弱点的克服,去制定新质的辩证唯物主义的革命世界观。

在四十卷中发表了一系列反映青年马克思在19世纪40年代初的新闻活动的文章。这首先是他为进步的反对派报纸《莱茵报》所写的著作。他从1842年5月起到1843年3月止为该报撰稿(从1842年10月15日起任该报编辑)。在《莱茵报》上发表政论性文章,对马克思来说,有了一个活动场所,他可以在这里实现其先进哲学积极影响生活的思想,可以为自己的革命精力提供用武之地,广泛宣传他在那时形成的革命民主主义观点。正是由于马克思的编辑工作,莱茵资产阶级反对派的代表所创办的报纸,开始具有愈来愈明确的革命民主主义的性质。

马克思为《莱茵报》撰稿的时期,在很多方面是他的世界观发展中的转变关头。尽管这一时期,马克思在解释物质活动和精神活动的关系、国家的性质和作用方面,还站在唯心主义立场上,但他在报纸工作的过程中,在许多问题上已出现了不用传统的唯心主义精神来解释各种现象的趋向。马克思经常面向具体的现实,提出尖锐的政治问题和社会问题,力求弄清社会冲突的背景和了解人民群众处于被压迫地位的原因，这些情况促使《莱茵报》的这位青年撰稿人和编辑孜孜不倦地去寻求理解社会生活的真正规律的钥匙，促使他愈来愈关注物质利益的领域。在马克思的观点中唯物主义因素日益成熟，并且，整个说来，报纸的工作促成了他从唯心主义向唯物主义的转变。

发表于第四十卷的选自《莱茵报》的文章，是同本版第一卷中青年马克思的典型的政论文章衔接的。本卷的这些文章就其内容来说，部分地是论述同样问题的，而且是研究当时马克思的评论活动中已为大家熟知的一些方面的补充材料。但是，有一些文章写的是完全不同的题材，而且包含的材料大大地扩大了对政论家马克思的了解。从这些补充材料来看，马克思所起的作用——激烈地反对普鲁士和其他德意志各邦的封建君主制，揭露反动势力的一切表现，揭露警察官僚的横行霸道、践踏公民权利、压制先进报刊，始终不渝地维护民主原则——就更明显和更具体了。政论文章还明显地证明青年马克思具有论战的天才，善于在受检查的报刊上——有时采用隐晦的语言——维护民主思想，反击进步的敌人，抨击反动报刊的代表的顽固落后观点和阿谀逢迎的态度。

马克思在《论普鲁士等级委员会》一文中，像他在《莱茵报》上发表的其他许多文章中一样，把对普鲁士封建君主制的批判扩大到它的社会基础即贵族的统治和等级特权上。他着重指出，帮会式的关门主义和等级制的精神，贯穿在普鲁士的一切政治机构和制度中。马克思坚决谴责等级代表制的原则，揭露它的反人民的实质，并指出，以这一制度为基础的、于1842年在普鲁士召开的各省议会联合等级委员会，只不过是虚设的代议机构，是对它的讽刺。这些委员会按其成分、组织和职能来说，只能是扮演普鲁士君主的忠顺奴仆角色的机关，是封建贵族和大土地所有制的利益的代言人。

《奥格斯堡报的论战术》和《〈莱茵—摩塞尔日报〉是宗教法庭的大法官》两文是马克思驳斥德国一家保守主义和教权主义报刊的文章。这些报刊扮演了反动派的应声虫的角色并为政府对自由主义和民主主义反对派所采取的警察措施辩护。马克思揭露了这些机关刊物的反革命总路线,痛斥它们是迫害包括《莱茵报》在内的进步报刊的参与者。有一些文章(《关于定期刊物的内阁法令》等)反映了马克思争取出版自由、反对阻碍其发展的反动书报检查的斗争。

本卷还收入一些马克思起草的声明和按语。马克思以报纸编辑部的名义发表它们,为的是就《莱茵报》发表某些材料或就该报被迫同其他刊物进行论战来表明和澄清该报的立场。这方面突出的例子,就是马克思于1842年10月23日就《莱茵报》一周前刊登他的文章《共产主义和奥格斯堡〈总汇报〉》①而发表的编辑部声明。那时,马克思还没有获得共产主义的信念,但是,他在该文中已把共产主义看成一个由生活本身、由"现在一无所有的等级"即无产阶级的斗争提出的现代重要问题。他在编辑部声明中再次驳斥了奥格斯堡《总汇报》的诽谤,因为它企图在当局和庸人的心目中造成《莱茵报》是共产主义思想传播者的印象。马克思继续以论战形式捍卫他以前文章中的思想,这些文章反映了他当时对共产主义的态度,即把它看成需要全面深入地研究的一个问题。

特别有意思的是本卷发表的一组共计三篇的文章——《市政改革和〈科伦日报〉》,以及同这一组文章密切相关的《〈科伦日报〉记者和〈莱茵报〉的立场》一文。这些文章是马克思于1842年11月写的,并且和他那时的其他许多政论一样匿名发表在《莱茵报》上。由于德国

---

① 《马克思恩格斯全集》第1版第1卷第130—134页。

学者的考证，1972年才发现确凿的证据，证明这些文章出自马克思的手笔。

关于市政改革的一组文章，表明马克思参加了社会各界和德国报刊就当时的一个最重要的政治问题展开的激烈争论。在关于普鲁士莱茵省地方行政机构改革的性质和形式的争论后面，隐藏着进步的资产阶级和人民群众的利益同普鲁士国家中占统治地位的封建贵族上层（反动报刊是它的喉舌）的利益的冲突。在市政改革的幌子下，普鲁士政府以及支持这种改革的各界，力图更多地削减从十八世纪末法国资产阶级革命和拿破仑战争时起保留下来的莱茵省居民的公民权，力图实行城乡分开的市政机构来恢复在法国军队占领莱茵河左岸时被破坏了的封建贵族特权。反对派的代表反对当权阶级再次侵犯在莱茵河地区保留着的、甚至在该地区于1815年归并给普鲁士后还保留着的资产阶级法制因素，他们力求达到用资产阶级法的精神来进行市政改革。

在关于市政改革的文章中，马克思支持激进资产阶级的要求，但是，他作为革命民主主义者，是从更彻底、更果断的立场出发来看待地方行政机构改革的问题的。马克思就这一问题发表言论，坚决维护法国革命的一个基本原则："人人平等，市民和农民平等"，力求为广大人民群众实现这一原则。在这些文章中明显地表现出马克思的论战才能，他的绝顶机智，善于利用敌人的论据打击敌人并揭露敌人违背逻辑。文章的批判矛头直指在改革问题上赞同封建官僚集团的《科伦日报》。马克思反对这家当时代表莱茵省资产阶级中保守阶层的思潮的报纸，实质上，是同整个官方普鲁士、同普鲁士王国的所有反动势力进行论战。

在马克思关于市政改革的文章中对法的问题的解释，显然带有黑格尔法哲学观点的烙印，而黑格尔在这方面的特征是抽象的、非阶级的关于法和法律的观念。但是，在这里，像在那一时期的其他文章中一样，马克思已经向克服黑格尔唯心主义方面前进了。马克思由于在对社会现象的解释上接近了唯物主义，他阐述了一系列有洞察力的思想，特别是关于现实关系在法律规范形成过程中的作用的思想。他在《市政改革和〈科伦日报〉》一文中写道："**法律**只能是现实在观念和意识上的反映，只能是实际生命力**在理论上**的自我独立的表现。"①

马克思关于市政改革的文章还证明：他作为《莱茵报》编辑为先进的世界观和激进的民主要求进行斗争。

本卷中还有马克思发表在其他刊物特别是《德国科学和艺术年鉴》杂志上的文章。这些文章和他发表在《莱茵报》上的文章一样，都是以革命民主主义的精神写的，并且是针对反动势力的。例如，马克思于1842年秋在《德国年鉴》②杂志上维护了青年黑格尔派的首领之一布鲁诺·鲍威尔的观点，反对反动派对它的攻击③。

同时，马克思与他以前的同道者——青年黑格尔派发生严重分歧的迹象，也已经开始暴露出来。在马克思编辑《莱茵报》期间，他和柏林自由派的青年黑格尔派小组即所谓"自由人"之间发生了直接的冲突。马克思不满意"自由人"所特有的抽象地否定一切，既不加选择，也不提出积极的纲领的做法，不满意他们提倡的干脆否定。特别使他愤怒的是他们用以表达其思想的那种华而不实的超激进的空谈。本卷还收入了马克思于1842年11月底在《莱茵报》上发表的短评《海尔维格和卢格对"自由人"的态度》。他在短评中公开表示了自己对这个柏林小团体的

---

① 《马克思恩格斯全集》第1版第40卷第308页。
② 《德国年鉴》，《德国科学和艺术年鉴》的简称。——本丛书编者注
③ 参看论文《再谈奥·弗·格鲁培博士的小册子〈布鲁诺·鲍威尔和学院的教学自由〉》，柏林1842年版。

否定态度，并暗示这个小团体的代表的言行败坏了德国民主运动的名声。对"自由人"的批判是马克思同青年黑格尔派分道扬镳的开始。

《莱茵报》遭到统治集团利用书报检查对它的无情迫害，统治集团把马克思为该报制定的方针看成是对普鲁士国家原则的威胁。该报经常有被查封的危险。在本卷所载的文献（《雷纳德致总督冯·沙佩尔的信》、《评内阁训令的指控》）中反映了马克思为保存和继续出版《莱茵报》所进行的英勇斗争，反映了他想不让该报受到当局打击的意图。在这些文献中表现出马克思的巨大的策略艺术，他作为一个政治活动家，善于用表面奉公守法的形式来表达激进观点，善于把原则性同在严格的书报检查条件下必要的灵活性结合起来，善于引用巧妙的使敌人无懈可击的法律论据来论证反对派报刊合法表达自己意见的权利。由于巧妙的策略以及同书报检查进行的奋不顾身的斗争，马克思使《莱茵报》的存在延长了几个月。最后，《莱茵报》被普鲁士反动派封闭了。

本卷中有一些著作代表马克思活动的下一个时期，即完成从唯心主义到唯物主义，从革命民主主义到共产主义的转变的时期。这里有他的致《和平民主日报》编辑部的声明，它是马克思和阿·卢格就他们准备在巴黎出版革命批判杂志《德法年鉴》而合写的；另外还有雅各宾党人勒瓦瑟尔回忆录纲要，这一纲要大概是马克思于1843年底—1844年初由于想写国民公会史（没有写成）而作的。马克思给这个纲要加的标题是《山岳派和吉伦特派的斗争》。它证明，马克思对世界史上像十八世纪末法国革命这样的大事有浓厚的兴趣。在纲要中有马克思作的一些评注。但是，具有巨大科学意义的是对材料的精心选择，它表明马克思特别注意人民群众在历史上的作用和他们对革命进程的影响。马克思所引用的事实雄辩地证明：正是群众的日益增涨的革命积极性，群众在1792年8月10日君主制垮台后不断加深的对温和资产阶级的代表——吉伦特派的统治的不满,导致了雅各宾党、革命专政的建立。毫无疑问,对这些事件的研究,在马克思关于阶级斗争是历史发展的最重要因素的观点的形成过程中,具有很大的意义。

勒瓦瑟尔回忆录纲要,以及马克思在这一时期的其他准备材料,其中包括 1843 年夏在克罗茨纳赫所做的五本笔记——世界史摘录——证明:对具体的历史过程的研究,在他的唯物主义观点的产生以及他向共产主义立场的转变这一方面,起了很大作用。导致马克思得出唯物主义和共产主义的结论的,不仅是对黑格尔唯心主义哲学的批判性的重新探讨以及同青年黑格尔派观点的分歧,而且是对世界史的深刻分析。他逐渐地意识到社会发展的动因是不同阶级的物质利益的冲突,懂得了革命运动的历史作用,同时也了解到过去革命的局限性,这就使他产生了必须对社会进行彻底的共产主义改造的思想。对历史的研究,对历史经验的总结,把马克思理论思想的发展置于真正科学的基础上,使他比较容易地找到了制定革命无产阶级世界观的科学原理的真正道路。

第四十卷第二部分是青年马克思的文学诗歌作品。本卷收入了我们收集到的马克思的全部诗作,这些作品主要是在 1835—1837 年写的。诗作共有六册,其中四册出自马克思的亲笔,第五册和第六册则是他姐姐索菲娅的手抄本。

前三册是马克思写给自己的未婚妻燕妮·冯·威斯特华伦的。第四册是写给父亲的,这是最成熟的作品。在第四册中,除诗之外,还有讽刺性的散文小说《斯科尔皮昂和费利克斯》的若干章节作为附录。这也编入第四十卷内。最后,第五册是他姐姐索菲娅的纪念册,第六册是她的札记本。纪念册中只有她抄录的弟弟的诗,札记本中还有其他作者的诗。

马克思从十五岁到十九岁从事诗的写作。他以自我批评的态度对待自己的诗歌创作,在更晚的年代,甚至很瞧不起它。但是,青年马克思的诗作对于研究马克思生平的人具有很大的意义。青年马克思的这些诗歌习作是了解其哲学观点和美学观点形成的早期阶段的重要来源,因为在这一时期,除了中学作文和1837年11月10—11日给父亲的信之外,没有留下其他证明其创作的文献,所以,这些习作显得特别珍贵。

从这些诗中我们可以看到一个不满现实、力求积极参加活动和斗争的青年人的形象。他还不知道如何行动,但他切身感到不能苟且偷生,不能满足于安排好的命运,不能走别人走出来的道路。

"我不能安安静静地生活,
假如整个心灵都热气腾腾;
我不能昏昏沉沉地生活,
既没有风暴也没有斗争。
好吧,就让我们踏上
艰苦而漫长的路程,
不去过枯燥乏味的生活,
不要饱食终日一无所成。
我们不得过且过,虚度时光,
俯首听命于那可耻的懒散,
一个人有充分的权力
去表现他的果敢、渴望。"①

---

① 《马克思恩格斯全集》第1版第40卷第454—457页。

根据马克思的诗的性质,大致可分五种体裁,这就是为卓越的德国思想家写的哲学抒情诗和普通诗,具有尖锐的讽刺性质的短诗、叙事诗,以及在多数场合以十四行诗的格式写给燕妮的抒情诗。

大家知道,马克思于1836年秋同他幼年时的女友、枢密顾问官路德维希·冯·威斯特华伦的女儿燕妮订婚,当时没有告诉她的父母。马克思和燕妮订婚之后,过了七年,才终于结了婚。马克思把他对爱人的离情别绪浇铸在大多数诗篇之中。它们反映了这位青年人的高尚品德、光明磊落和远大志向。

至于谈到马克思的哲学诗,应该指出,这里反映了世界的无限性和运动的永恒性的思想。从讽刺短诗中可以清楚地看出,马克思从青年时代起就鄙视庸人的愚众自满以及他们对周围发生的事所抱的冷漠态度,他憎恨只满足于安宁和舒适的市侩习气。在许多诗篇中,歌德、席勒、黑格尔等德国诗人和哲学家得到应有的赞扬。甚至在多数情况下具有模仿性质的叙事诗中,也可感到随时准备投入战斗的勇敢青年人的奋发精神。

毫无疑问,首先以歌德、席勒和海涅为伟大代表的德国古典文学影响了青年马克思的诗作。个别诗作,按情节和形式来看,接近于十九世纪上半期德国浪漫主义作家的作品。

马克思的诗作尽管在艺术上还不够完善,但它的主要价值在于,它反映了有求知欲望的青年人的世界观的许多方面,反映了他对周围现实界的态度和他的正在形成的个性特征。诗作证明青年马克思的知识广博,证明他深知德国的和世界的古典文学和现代文学。

第三部分是附录,这里收入了一些传记性的文献,它们反映了马克思在特利尔中学以及在波恩大学和柏林大学学习的情况。此外,附录中还有马克思的两篇中学作文,我们能得到的父亲给儿子的所有信件和一些保存下来的燕妮·冯·威斯特华伦给马克思的信。

亨利希·马克思给儿子的信有特殊的意义。它们使读者了解到大学生马克思的紧张生活。这些信证明父亲对青年马克思关怀备至，但是，与此同时，这位观点温和的特利尔律师也在信中对儿子的不可抑止的求知欲、慷慨激昂的气概和自由思想（包括在宗教问题上的自由思想）表示不安。燕妮·冯·威斯特华伦给马克思的信，倾吐了他们之间的深情，表达了把他们的感情交融在一起的力量。

（马哲 译）

走向唯物主义和共产主义之路

——马克思早期思想发展研究*

[**编者按**] 本文系《马克思恩格斯全集》原文版第 1 部分第 1 卷《前言》，简要介绍了马克思从大学期间到 1843 年 3 月为止的思想发展过程，现全文译出，供大家参考。

本卷收入了马克思在 1843 年 3 月所写的并被保存下来的著作、文章和文学习作。这些文献连同第 3 部分第 1 卷发表的书信和第 4 部分第 1 卷收入的摘录笔记，展示了马克思政治发展和哲学发展的最初阶段、他作为青年黑格尔派的独立发展以及他的革命民主主义观点的产生和形成的过程。

本卷所收的著作产生在马克思离开特利尔文科中学到波恩和柏林先是学习法律，继而攻读哲学的时期。在大学就读时期，马克思开始为确立自己的政治立场和哲学立场而努力。结果他信仰了黑格尔哲学，加入了以布鲁诺·鲍威尔为核心的青年黑格尔派团体，初步探索了创造性的学术研究。此外，他还试写了诗作。大学最后阶段，他研究了伊壁鸠鲁哲学，制定了撰写各种学术论著的计划，打算以此参与当时的哲学争

---

* 本文选自《马克思恩格斯研究》1989 年第 2 辑。

论，并且撰写了博士论文。作为青年黑格尔派的马克思写的这篇论文，已经显示出他世界观发展的独立道路。他同布鲁诺·鲍威尔为共同撰写一部关于黑格尔宗教哲学的论著，进行了数月的密切合作。在此以后，即1842年初，马克思开始了他的政论活动。为《莱茵报》撰稿，特别是加入这家日报的编辑部，这对马克思革命民主主义观点的形成和发展具有极重要的意义。这些活动对他以后的理论创作、他的世界观发展产生了强烈的影响，为他向唯物主义和共产主义的转变做好了准备。

在青年马克思著作留传下来的文献中，本卷收入了马克思1841年3月大学毕业时写的博士论文和1842—1843年3月的政论文章。这里包含着他从事独立学术研究所取得的成果，他以此参加了当时的理论争论和政治斗争。收入本卷的中学毕业试卷和内容广泛的文学习作，证实了他在这个时期以前的成长过程。1835年的中学毕业试卷使人们可以了解马克思在中学时代结束时的思想状况，而主要写于1835—1837年的文学习作则说明了马克思当时所受的思想影响以及他用诗歌形式来表达思想情感所作的努力。

中学毕业试卷是说明马克思步入学术和政治生涯以前的思想状况的最早资料。他所达到的发展水平，首先可以从他表述自己观点的文献中明显地看出来，这就是德语、宗教和拉丁文三个学科的作文。尤其是从德语作文可以清楚地看出，马克思在家庭和特利尔文科中学接触到的进步思想对他产生了影响。这里所说的进步思想首先是以伊曼努尔·康德为主要代表的德国后期启蒙运动的思想财富以及在莱茵省起过特殊作用的法国启蒙运动的思想。对马克思来说，特利尔文科中学校长、特利尔精神生活的主要代表约翰·胡果·维滕巴赫，在介绍启蒙运动思想方面起了决定作用。而且很说明问题的是，马克思德语作文中最重要的观点都可以在维滕巴赫的文章中得到印证。马克思表述的多数思想，也见于他同学的文章。对各篇文章的注释已经说明他的文章都探讨了些什么问题。

马克思的特点在于，一些特定的观点正是在他那里找到了沃土，日后总有重新得到利用的时候。他本人的成绩在于对这些观点进行选择，作出评价，采用自己的论述方式和方法。这3篇文章采用了一个共同写作方法：马克思自己为他要考察的内容确定范围，同时他的文章的视野特别广阔。他阐述观点，根据这些观点安排自己的论述。马克思的另一个特点，是力求论断的稳妥。他尝试认识事物和现象的复杂性和对立性，包括其否定方面。这3篇文章语言丰富，为其他学生的作文所不及。

从马克思对一些问题的态度中间，可以看出他的思想状况，德语作文和宗教作文的有关阐述虽有差别，但本质并不矛盾。

个人和社会的完美是人类发展的目的这一思想，是他考虑的中心问题。马克思在德语作文中详尽地论述了这个命题。人的独立性和对人自身力量的意识，是他论述的主线。他完全本着启蒙运动的思想，着重论述并多方阐明了人要对自己命运的形成负责，而"神性"则退居次要地位。同时马克思提醒人们注意存在于单个人以外的条件，他指出，"我们在社会上的关系，还在我们有能力对它们起决定性影响以前就已经在某种程度上开始确立了"①。

论宗教问题的文章虽然有些差别，但在某些方面的思路相似。马克思在这篇文章中首先从人的不完美和需要加以拯救的状况出发；但是马克思却认为人自身、人的历史、人的向善和求知的本性乃是信徒和基督

---

① 《马克思恩格斯全集》第1版第40卷第5页。

达到一致的基础。他还结合人的道德考察了这种一致的作用。马克思就这样在由命题所确定的范围内把人的发展作为自己的目标。

马克思在这些文章中还论及了同其他人的关系。这种思想在论宗教问题的文章中只是有流露而已,而在德语作文中已占很大的篇幅。对马克思说来,为人类谋福利是选择职业的主要动机。只有马克思才如此详尽地论述了个人的完美同为大众谋福利之间的联系。

马克思从启蒙运动的思想财富出发,在中学毕业作文中提出了人的完美的问题,并且开始(尽管还是以抽象的形式)理解个人同社会的相互关系。这样,他就为自己以后的思想发展赢得了重要的出发点。

马克思在波恩和柏林上大学的头几年留下了内容广泛的文学习作。迄今为止,公开发表的只是其中的一个诗集,即马克思1837年春送给父亲生日的礼物。本卷首次发表了青年马克思现存的全部诗歌习作,由7本诗集组成。其中3本是马克思1836年秋末送给他的未婚妻燕妮·冯·威斯特华伦的:即《爱之书。第一部》《爱之书。第二部》和《歌之书》。第二年春天,他把前面提到的为"亲爱的父亲1837年生日"而写的"诗作"汇集在一起。有两本留传下来的诗集是由马克思的姐姐索菲娅抄录的:即《1835和1836年的诗作。索菲娅·马克思辑录》和《诗作。录自索菲娅·马克思的笔记本》。1839年马克思还为他的未婚妻收集了一本《民歌集》。

评价这些文学习作的出发点应该是:马克思当时决不是仅仅在作诗。从他1837年11月10—11日写给父亲的一封内容广泛的信中可以看出,他首先是从事哲学和法学研究,并且打算以近300印张的篇幅去阐述法哲学。此外,他还研究德国史以及——这也许是受了波恩大学所授课程的影响——艺术理论和艺术史,尤其是古代艺术史。他还翻译拉丁文作家的著作并且从事语言研究。同时他也关注同时代人的作品。这些研究占去了他的大部分时间，对他世界观的形成过程具有决定意义。由于马克思自己把这几年写的内容广泛的作品①销毁了，而且除了他给父亲的那封信以外，再没有任何材料可以说明他从事这些研究的情况，因而诗歌习作就成了研究马克思这一时期思想发展的重要资料。继中学毕业作文之后，这些诗作是除了前面提到的那封信之外唯一保存至今的1835—1837年的文字材料。

马克思自己在1837年11月给父亲的长篇自白信中，就对他献给燕妮·冯·威斯特华伦的诗歌作了很有批判眼光的评价："一切现实的东西都模糊了，而一切正在模糊的东西都失去轮廓。对当代的责难、捉摸不定的模糊的感情、缺乏自然性、全凭空想编造、现有的东西和应有的东西之间完全对立、修辞学上的考虑代替了富于诗意的思想，不过也许还有某种热烈的感情和对蓬勃朝气的追求……"② 劳拉·拉法格也对梅林说过，她的父母对这些诗歌很不重视。

马克思青年时期的诗作虽然从美学角度来看意义不大，但是却提供了一系列新的启示。首先，它们对研究传记具有意义，因为诗作恰恰是洞察作者思想情感世界的窗口。青年马克思的诗作使读者有可能了解马克思所受思想影响的范围，体验他的感受，考察他情绪的变化，体会这位青年人在创造性地为弄清基本世界观问题而奋斗的时期所经历的冲突。

马克思的文学习作首先说明，他是牢固地扎根于当时的精神和文化生活及其传统之中的。他了解文学，从文学的题材和形式这两个方面汲

---

① 《马克思恩格斯全集》第1版第40卷第9—17页。
② 《马克思恩格斯全集》第1版第40卷第9—10页。

取营养。他的诗集的标题就借鉴了文学名著。1836年秋末,他把两本诗集命名为《爱之书》,这一年霍夫曼·冯·法勒斯累本也出版了同名诗集。约翰·沃尔弗冈·歌德《西东合集》有一部分也采用了这样的标题。《歌之书》与亨利希·海涅的同名集子显然是有联系的。总之,文学习作清楚地表明,在这时哪些思想促使他形成了自己的思想观点,而本卷首次公开发表的诗集将使人们能够更全面、更准确地描绘出这些影响的概貌。

例如,马克思的抒情诗反映了德国文学各个不同发展时期的各种要素,他的诗作除了具有路德维希·乌朗特和尼古劳斯·雷瑙那里的已近尾声的浪漫主义诗歌的特色外,还可以看到古典文学在世界观和形式美学方面对他的熏陶。青年马克思以歌德和席勒为题的迄今尚未发表的几首十四行诗证明,他是把德国古典文学奉为楷模的。有一个事实也可能有助于说明这个问题,那就是在19世纪头10年,浪漫主义在特利尔地区影响很小。马克思主要是在波恩大学通过听奥古斯特·威廉·施勒格尔讲课并且肯定还在"诗会"中接触到浪漫主义的。他所受到的扎实的以启蒙为宗旨的古典教育,是一种先决条件,使他没有迷恋于神秘而反动的模仿浪漫主义的情绪之中,而是很快就认识到自己的文学习作是没有价值的,并且重新更加专心致志于哲学和法学研究。

马克思的诗作大部分是爱情抒情诗。他献给燕妮·冯·威斯特华伦的诗就属于这一类,他往往采用体例严格的十四行诗的形式。另一类诗作是幻想的叙事诗和叙事歌谣,部分以历史事件作为依据。此外,还有大量诗篇反映了马克思为确立世界观立场而进行的斗争。主要收入他献给父亲的诗集里的一系列讽刺短诗特别值得重视。

马克思诗作的浪漫主义情调主要表现在他对追求明确立场的焦急心情的描写,对同私订终身的未婚妻的恼人的爱情波折的倾诉。不过,马克思虽然一再重复未如愿以偿的或不幸的爱情主题,却不能说他的诗作是纯浪漫主义的。倒不如说这些作品表明与歌德的诗(见《不忠实的少年》)有着显而易见的联系。弗兰茨·梅林①就提到过它们与席勒《劳拉之歌》的联系。在索菲娅·马克思笔记本里保留下来的《两重天》的诗作,也出现了劳拉的名字。马克思心目中的恋人形象,即与他般配的精神伴侣的形象,以及他的全部爱情观,即把爱情理解为鼓舞男子建功立业、发挥聪明才智的力量的观点,与古典文学的立意极为相近(致燕妮的《思念》、《人的自豪》、《转变》)。

马克思用以表现追求真理和歌颂美好事物的诗歌,无疑遵循了席勒和歌德的古典的世界观的抒情诗的传统。他用以展现自己伟大抱负的诗句,是与他中学毕业作文所阐发的思想一脉相承的:

"好吧,就让我们踏上
艰苦而漫长的路程,
不去过枯燥乏味的生活,
不要饱食终日一无所成。"②

这些诗歌的内容同当时的马克思深感情投意合的一位社会活动家的正统理想颇有相似之处(《我的世界》、《感想》)。与此相联系甚至出现了浮士德式的主题(《幽灵》)。《打钟人的钟楼之歌》、《爱尔菲神之歌》和《地神之歌》等诗则直接选用了歌德《浮士德》第二部主题的

---

① 《卡尔·马克思、弗里德里希·恩格斯和斐迪南·拉萨尔遗著》,弗兰茨·梅林编著,载于《马克思恩格斯全集》原文版第1版第27页。
② 《马克思恩格斯全集》第1版第40卷第457页。

场景和格律。《苏醒》与歌德的《水上神灵之歌》也有类似的联系。浪漫主义者惯用的歌手形象在马克思的不少诗歌中也成为他的思想的抒发者，而这种形象在歌德的抒情诗中也常常可以看到。

保存下来的悲剧《乌兰内姆》第一幕，源于浪漫主义的命运悲剧；而小说《斯科尔皮昂和费利克斯》片断则深受恩·泰·亚·霍夫曼的影响，因为马克思也提到过霍夫曼的《魔鬼的灵药》。这种散文作品具有现实主义的特征，与讽刺短诗风格相近：它挖苦柏林小市民的生活，抨击恢复长子继承权的做法，批判了德意志狂和伪善。

讽刺短诗批判地剖析了时代现象，内容具体，反映了马克思对现实生活的向往，体现了他思想发展的进步。在讽刺短诗和散文体的小说片断中，他有时已把论战性的嘲讽和一针见血的笔法视为一种独特的格调。

对大学生联谊会的德意志狂和对德国小市民阶层的短浅的目光的抨击（《讽刺短诗集》之一、之三，见《献给父亲的诗册》），是他最初的政治表态。马克思辛辣地讽刺了他所处的环境的文化水准（《骑士格鲁克的〈阿尔米达〉》）。另外，他还对歌德和席勒的形形色色的评论者进行了嘲弄性的清算，首当其冲的是保守的虔诚主义者约翰·弗里德里希·威廉·普斯库亨。针对精密学科（数学、音乐、化学）的讽刺短诗目的在于抨击其若干代表人物所持的鄙俗态度。针对黑格尔的讽刺短诗表明，马克思最初对他尚抱否定的态度。

我们应该把文学习作视为青年马克思思想发展的过渡阶段，这对他后来创作活动并不是可有可无的。这些习作有助于他去发现自己的实际才能，提高他对伟大的艺术成就的真正理解力。

对韵文或其他文学体裁习作的涉猎，与马克思的高超的语言才能恰好相适应。例如，他初期碰到了用语言驾驭思想内容的困难。在这个意义上说，从事文学习作的训练是很重要的，马克思后来的学术和政论文章以风格卓越、语言精辟著称，这与当年刻意追求诗歌的表达方式肯定不无关系。

马克思以《德谟克利特的自然哲学和伊壁鸠鲁的自然哲学的差别》这篇论文获得了哲学博士学位。论文产生于1840年年中至1841年3月之间。也就是说，博士论文产生在马克思生平中的这样一个时期：他为了探索一种政治立场、一种对世界的科学说明而信仰了黑格尔哲学，并变成青年黑格尔派。博士论文选择这一研究对象，是出于以布鲁诺·鲍威尔为核心的青年黑格尔派的政治理论需要，即为了创立这个派别的自我意识哲学、无神论观点和资产阶级民主主义观点而去利用亚里士多德以后的各种体系——伊壁鸠鲁哲学、斯多葛派哲学、怀疑论哲学。

1839年，也就是在写作博士论文之前，他广泛地研究了伊壁鸠鲁哲学，其成果记载在《关于伊壁鸠鲁哲学的笔记》[①]中。博士论文本应是"一部更大著作的导论"，[②]马克思原来打算在该著作中"联系整个希腊思辨来详细地分析伊壁鸠鲁、斯多葛和怀疑论这三派哲学的相互关系"。[③]

马克思对伊壁鸠鲁主义、斯多葛主义和怀疑论的研究，反映了他对哲学史怀有的特殊兴趣。这种兴趣是黑格尔启迪的结果，是他与他的青年黑格尔派朋友们所共有的。黑格尔把哲学史看作是一个合乎规律地联系起来的、以客观观念为内容的认识过程。他把各个哲学体系解释为历

---

① 《马克思恩格斯全集》第1版第40卷第25—175页。
② 《马克思恩格斯全集》第1版第40卷第188页。
③ 《马克思恩格斯全集》第1版第40卷第188页。

史的各个发展阶段，因而它们只能被理解为和阐述为各该时代的哲学。对哲学思维历史的这种辩证的解释，是黑格尔哲学中最宝贵的部分，它在19世纪30年代引起了一场激烈的意识形态的争论。马克思强调指出，在哲学史方面黑格尔有"令人惊讶的庞大和大胆的计划"，① 而哲学史正是从这里开始。马克思的这一论断表明了他对黑格尔的辩证法及其进步内容的深刻理解。

黑格尔把伊壁鸠鲁主义、斯多葛主义、怀疑论表述为希腊哲学史的客观的、必然的发展阶段。他认为这个阶段是对亚里士多德体系的反动，它代表了自我意识的普遍立场。马克思同意黑格尔的这一见解。不过，马克思批判了自己的老师，认为他未能认识这些体系的现实主义。既然黑格尔使自我意识屈从于绝对观念，古代的"自我意识哲学"对他来说就不起决定的作用。对马克思来说，"这些体系是理解希腊哲学的真正历史的钥匙"。② 黑格尔从思维和存在的同一性出发，并使观念的发展终结于自己的体系，而青年黑格尔派则摒弃这种同一性，并假定一个无限的辩证发展过程。同时，他们强调自我意识是改造现存事物的动力。如果把青年黑格尔派的这种普遍原则应用于历史，那么伊壁鸠鲁、斯多葛和怀疑论哲学也必然要起远为重要的作用，尤其因为亚里士多德以后的哲学与黑格尔以后的哲学之间不期而然地出现了某些历史相似之处。马克思写道："只是现在，伊壁鸠鲁派、斯多葛派和怀疑派体系为人理解的时代才算到来了。他们是**自我意识哲学家**。"③

---

① 参看《马克思恩格斯全集》第1版第40卷第189页。
② 《马克思恩格斯全集》第1版第40卷第189页。
③ 《马克思恩格斯全集》第1版第40卷第286页。

在博士论文中，马克思探讨了伊壁鸠鲁派、斯多葛派和怀疑派哲学与此前希腊哲学相联系的一个方面，尤其是伊壁鸠鲁的自然哲学与德谟克利特的自然哲学的关系。鉴于伊壁鸠鲁的学说受到过歪曲，鉴于他的原子论受到广泛的指摘，鉴于当时人们围绕自然哲学以及人的个体自由问题展开争论，因而马克思的研究就具有特别重要的意义。

马克思对伊壁鸠鲁和德谟克利特的唯物主义之所以不感兴趣，可由他当时采取的青年黑格尔派立场得到解释。马克思因此也就不能正确评价德谟克利特的历史作用，只能有条件地理解伊壁鸠鲁原子论的独创性。但是，作为无神论者和辩证论者，马克思探讨的是具有永存价值的认识；它使马克思得出这样的结论：伊壁鸠鲁是"最伟大的希腊启蒙思想家"①。

在马克思看来，核心问题是伊壁鸠鲁试图用"原子偏离直线"来扬弃德谟克利特的严格的决定论，从而从自然的角度来解释个人的意志自由、个性和独立性。马克思指出，原子偏斜只是伊壁鸠鲁哲学用来表述普遍规律的专门用语。马克思由此就揭示了伊壁鸠鲁自然哲学与其社会学说之间的联系，并且指出，伊壁鸠鲁的原子论对其伦理学观点的创立起了重要作用。德谟克利特的自然哲学与伊壁鸠鲁的自然哲学的对立使马克思得出结论说，"自我意识的绝对性和自由"乃是"伊壁鸠鲁哲学的原理"，② 在伊壁鸠鲁那里，"**原子论及其所有矛盾，作为自我意识的自然科学业已实现和完成**"。③

上述哲学解释虽然源于黑格尔唯心主义的影响，然而在评价伊壁鸠

---

① 《马克思恩格斯全集》第1版第40卷第242页。
② 《马克思恩格斯全集》第1版第40卷第241页。
③ 《马克思恩格斯全集》第1版第40卷第242页。

鲁的原子论及其在伊壁鸠鲁学说的总体系中的意义方面,却与黑格尔的观点有明显的不同,黑格尔对伊壁鸠鲁的自然哲学评价甚低,认为它对哲学思维的发展毫无意义。另一方面,马克思对伊壁鸠鲁哲学的原则所下的定义,也与青年黑格尔派其他人的观点有所不同。"如果抽象的、个别的自我意识被设定为绝对的原则,那么一切真正的和现实的科学,由于个别性在事物本性中不居统治地位,当然就被取消了。可是一切对于人的意识来说是超验的东西,因而也就属于想象的理智的东西,也就全部破灭了。反之,如果把那只在抽象的普遍性的形式下表现其自身的自我意识提升为绝对原理,那么就会为迷信的和不自由的神秘主义大开方便之门。"①

马克思在这里提出的观点在一条附注中又作了更详细的阐述。他在这则附注中把黑格尔同黑格尔的学生作了历史的对比。这一段阐述表明,哲学与现实的关系是马克思确立科学世界观的斗争的中心课题。他认为这种关系是一种辩证的过程。扬弃黑格尔主张的思维与存在的同一性,突出自我意识在发展中的能动与变革作用,这并没有使马克思陷入片面的独立化,并没有把自我意识夸大为绝对的原则。他指出,使自我意识绝对化,这就等于向超自然的世界观让步。马克思认为,在发展中会有这样的时刻:世界同理性相一致,哲学和世界相和谐,思维与存在相统一。继之而来的是理论思想即哲学陷入与现实世界的对立,与这个世界背道而驰,世界非理性化,此时哲学必然对现实世界产生积极的影响,使之重新理性化。马克思尝试通过这样的理解来从哲学与现实世界的无限矛盾发展过程的意义上运用黑格尔的客观唯心主义辩证法。这促

---

① 《马克思恩格斯全集》第 1 版第 40 卷第 242 页。

使他得出结论:"世界的哲学化同时也就是哲学的世界化。"① 这样,马克思就同当时早已存在于青年黑格尔派历史观中的主观唯心主义划清了界限,并且开始按照自己的哲学思想来开拓自己的道路。独立地解释哲学与现实间的辩证的相互作用,这成了后来马克思世界观发展的重要出发点。

马克思反对历史上过时的、非理性化的现实世界的斗争,起初只限于哲学领域,因为他也像布鲁诺·鲍威尔以及其他青年黑格尔派一样,坚信理论是最强有力的实践。"不过哲学的实践本身是理论的。正是批判从本质上衡量个别存在,而从观念上衡量特殊的现实。"② 既然马克思赋予哲学批判的使命就是影响已非理性化的世界,以便使它重新理性化,这也就证明他同青年黑格尔派其他人所倡导的抽象的、囿于纯理论思维的批判已经开始有所区别。

从马克思后来的哲学发展来看,值得注意的是,他对黑格尔体系的批判在当时已与青年黑格尔派许多人有所不同。马克思反对黑格尔的那些学生们,因为他们"用适应或类似的东西,简言之,从道德上来解释他的体系的这一或那一规定"③。在这里或其他章节,我们会感受到马克思对黑格尔表示的崇高敬意。他认为,谴责黑格尔存心不良是不负责任的,并且强调指出,黑格尔始终认为科学是不断变易的。马克思声言,黑格尔哲学的不足之处也许就在于"他的原则的不充分或在于哲学家对于自己的原则没有充分的理解"④。

---

① 《马克思恩格斯全集》第1版第40卷第258页。
② 《马克思恩格斯全集》第1版第40卷第258页。
③ 《马克思恩格斯全集》第1版第40卷第257页。
④ 《马克思恩格斯全集》第1版第40卷第257页。

像所有青年黑格尔派一样，马克思也是一个坚定的和雄辩的无神论者。他反对宗教，反对宗教对哲学和个人的压制，并且要求把人从宗教的监护下解放出来。据说，普罗米修斯承认："老实说，我痛恨所有的神。"① 马克思把这一自白引为自己的哲学信条，并且声言，"人的自我意识具有最高的神性"②。对伊壁鸠鲁哲学的无神论特征表示赞许，这是马克思博士论文的基本特色。他强调指出，伊壁鸠鲁不承认神对自然和历史中所发生的事情的影响，他认为人的愚昧和恐惧是宗教的基本前提，并且希望人摆脱对神的恐惧心理。马克思主要通过与普卢塔克的论战捍卫了伊壁鸠鲁的无神论，因为在他看来，普卢塔克的观点从神学与哲学的一般关系来看很有代表性。同普卢塔克的争论反映在《伊壁鸠鲁哲学的笔记》和残留下来的独立短文中，③ 这些材料本应作为博士论文的附录发表。令人遗憾的是，这个附录只残留部分附注，然而却很重要，因为马克思在这里澄清了所谓关于神的存在的证明。④ 马克思批驳了这个所谓的证明："因为自然安排得不好，所以神才存在"，"因为无理性的世界存在，所以神才存在"。⑤ 马克思以此首先表明，宗教存在的原因就在于现实本身。这样马克思对于宗教的起因及其在压迫人类个体方面所起的作用就有了一些具有永久价值的认识，这些认识成了他后来哲学发展的重要出发点。

博士论文显示了马克思进行科学分析、研讨、论证和进行总结的才能，这些在他后来的学术研究中被保持下来并趋于完善。这第一部准备

---

① 《马克思恩格斯全集》第 1 版第 40 卷第 189 页。
② 《马克思恩格斯全集》第 1 版第 40 卷第 190 页。
③ 《马克思恩格斯全集》第 1 版第 40 卷第 83—86、244—246 页。
④ 《马克思恩格斯全集》第 1 版第 40 卷第 284 页。
⑤ 《马克思恩格斯全集》第 1 版第 40 卷第 285 页。

发表的论文还说明，同反动的意识形态进行论战应是马克思学术著作的内在组成部分，既然博士论文研究的对象为这种论战提供的机会十分有限，马克思便利用序言和附注来直接提醒人们注意具有现实意义的相似情况。因此，正是博士论文的这些部分清楚地表明，马克思已参与了当时的政治理论斗争。

在马克思离开柏林大学，准备到波恩大学谋求教职的时候，他仍站在哲学唯心主义的立场上，在哲学的多数原则问题上还同他的最亲密的同行者布鲁诺·鲍威尔抱有一致的见解。但是，马克思对黑格尔客观唯心主义辩证法的合理内核和黑格尔的历史研究有深刻的见地，因而对哲学与现实的相互作用、思维与存在的关系、自我意识在历史发展过程中的作用等问题，都有自己独到的结论，这成了他更加客观而现实地考察社会现实的出发点，有助于避免主观唯心主义倾向。

马克思的政论文章反映了他的政治的和哲学的发展已步入一个崭新的阶段。他平生第一次参与了政治争论。他尝试寻求与政治的联盟。把哲学与政治结合起来。

马克思步入政治生涯、他的革命民主主义观点开始形成和发展的时刻，正值德国资产阶级开始形成为阶级，自由主义资产阶级已转化为现存政治制度的公开反对派。对马克思的政论活动具有重要影响的是，他身处普鲁士社会经济最发达的地区莱茵省。这个地区已部分地废除了封建的所有制关系和法的关系，资产阶级反对派发动了争取君主立宪和在较进步的条件下保卫资产阶级所获成果的斗争，因而相应地积累了较为成熟的政治经验。反对派运动内部出现了一个民主主义的派别，这对于马克思思想发展有重大意义。这个派别捍卫人民的根本利益、支持革命的行动、争取建立资产阶级民主制度。马克思本人起初以《莱茵报》

撰稿人和编辑的身份影响了这个派别。

马克思为《莱茵报》撰稿始于1842年5月,同年10月15日成为该报的编辑。如果说,他先前已经影响了这家报纸的政治面貌,那么他作为编辑则改变了它的政治方针。他的文章左右了这家报纸的办报方向,他大大提高了报纸的政治影响,并且领导了一场斗争,反对政府改变报纸倾向或完全取缔该报的企图,在斗争中既坚持了原则,又采取了灵活的策略。在马克思的领导下,《莱茵报》越来越自觉而明确地维护革命民主主义的观点。因此,它成了德国最重要的一家反对派报纸,是反封建的反对派中继续存在并发展着一股民主主义潮流的主要见证。《莱茵报》不仅在德国报刊史中,而且在整个欧洲报刊史中都占有重要的地位,它早在1848—1849年革命到来的前几年,就已预言了这场革命事件的爆发。

就马克思本人的政治和理论发展来说,参加编辑部的工作具有特殊的意义。他由于担任编辑,积累了政治经验,增长了见识;对反对派运动提出的基本政治和经济要求,有了直接的了解;他每天都要分析舆论对上述要求的不同反映;要对付来自政府和书报检查当局以及其他报纸对《莱茵报》的喋喋不休的攻击。这些情况促使马克思在理论认识上取得进步,使他得出更加坚定的政治结论。

马克思的政论活动以当时最紧迫的政治问题为中心。这些问题包括:要求出版自由,批判普鲁士的书报检查立法,反对查禁进步报刊,批判封建等级代议制,要求建立人民代议制,剖析普鲁士立法及其思想基础,开展市政改革运动,批判要取消资产阶级的城乡权利平等的企图。总之,就是要剖析普鲁士过时的政治制度,批判普鲁士国家及其社会基础,捍卫或保障全体人民的民主权利。

在从事政论活动期间,马克思第一次接触到了社会问题和经济问题。他研究了无产者群众的境况和利益，研究了摩塞尔河地区农民的贫困和凋敝状况。他考察了地产与政治利益代表机构之间的联系。他第一次对法国空想社会主义和共产主义发表了自己的看法。

马克思通过政治争论检验了自己的哲学观点，并根据具体的政治状况加以阐发和论证。从事政论活动之初，马克思仍站在哲学唯心主义的立场上。他依据黑格尔的客观唯心主义的历史辩证法，把社会生活和人的行为理解为不以个别人的意识为转移的、合乎规律的历史过程，但在这个过程中，精神的进程、联系和动力起决定的作用，精神活动和思想斗争占首要地位。马克思的国家哲学和法哲学观点构成了他的政论文章的哲学理论分析的核心，也是他自1841年末动笔而没有留传下来的一部批判黑格尔法哲学的著作的本题。马克思认为，建立一个超阶级的、代表一切人利益的、保障全民自由的理性国家是可能的。因此，对政治制度、政治关系和政治分歧的分析，成为检验他的理论观点的试金石。后来，更为现实的问题逐渐成为关注的中心。几个月后，他通过直接的政治经验便看出，政治现实同他的哲学世界观是矛盾的。

在第一篇政论文章《评普鲁士最近的书报检查令》中，马克思揭示了普鲁士书报检查立法的基本特征，论述了出版自由的必要性。他指出，普鲁士替警察国家及其书报检查立法不是要保障国家公民在法律面前的平等地位，而是维护反动势力的利益，把这些人的政治观点提升到法律的高度，以压制反对派的异议。因此，这个国家是"和人民根本对立"的。① 马克思的结论是，"治疗书报检查制度的真正而根本的办法，就是废除书报检查制度，因为这种制度本身是一无用处的，可是它却比

---

① 《马克思恩格斯全集》第1版第1卷第17页。

人还要威风"①。可见,这里的结论的锋芒已指向整个普鲁士国家。

在《关于出版自由和公布等级会议记录的辩论》中,马克思又回到书报检查制度和出版自由这个题目上来。他要求实行无限制的出版自由。在他看来,出版自由就是实现人的自由,同时也是变革现实实际的必要前提。马克思要求通过一项出版法来从法律上认可出版自由。他认为出版法将是真正的法律,这是因为在出版法中"自由的存在具有普遍的、理论的、不取决于个别人的任性的性质"②,因为出版法是人的行为的内在生命规律的自觉反映,这样一来自由就得到了国家法律的认可。

在《评普鲁士的最近的书报检查令》一文中,马克思第一次从政治角度批判了宗教,这就使他的无神论立场具有了新的面貌。普鲁士书报检查令以法律形式认可对批判宗教的言论的压制,马克思谴责这种做法,并要求国家不能以信仰,而应以理性为根本。在《第179号〈科伦日报〉社论》一文中,马克思再次分析了作为普鲁士国家思想基础的宗教。马克思称宗教是历史现象,揭示了宗教与不断发展的科学的矛盾,并且说明了宗教如何千方百计地阻挠科学的进步,但是事后又不得不顺应这种日新月异的进步。马克思驳斥了认为宗教是每个国家自然基础这一反动的封建的国家学说,并且举出从孟德斯鸠起直到黑格尔为止的资产阶级国家学说的发展过程来同上述学说对抗。1842年夏,马克思还指出:"国家是一个庞大的机构,在这个机构里,必须实现法律的、伦理的、政治的自由,同时,个别公民服从国家的法律也就是服从自己

---

① 《马克思恩格斯全集》第1版第1卷第31页。
② 《马克思恩格斯全集》第1版第1卷第71页。

本身理性的即人类理性的自然规律。"①

马克思同《科伦日报》社论展开的争论，特别明显地反映了他对理论问题的热心，这些问题正是《论宗教和艺术，特别是基督教的艺术》和《对黑格尔法哲学的批判》这两篇文章的论题，但是这些文章没有保存下来。他还就此研究了费尔巴哈，并且告诉卢格，在关于宗教的一般本质问题上，他"同费尔巴哈有些争论，这个争论不涉及原则，而是涉及对它的理解"②。与《科伦日报》的争论同时也证明，马克思在下述论点上同费尔巴哈是一致的："基督教教义"不是"理性的教义"。③ 不过，关于费尔巴哈的新史料清楚地表明，狂热拥护费尔巴哈哲学的《路德是施特劳斯和费尔巴哈的仲裁人》一文不是出自马克思的手笔。④ 由此看来，我们可以这样认为：马克思曾密切注视、研究和分析费尔巴哈的著作，接受了这些著作的一些重要的认识。但是，1842年初他对费尔巴哈的评价带有更多的批判的性质，他没有追随费尔巴哈对黑格尔的批判，他不认为"只有**通过火流**才能走向**真理和自由**，其他的路是没有的"⑤。马克思对费尔巴哈的这一立场，同他在1842年头几个月的哲学和政治思想的发展是吻合的。在他从事《莱茵报》活动的末期，他研读了费尔巴哈的《关于哲学改造的临时纲要》，结论是："费尔巴哈的警句只有一点不能使我满意，这就是：他过多地强调自然而过少强调政治。然而这一联盟是现代哲学能够借以成为真理的唯一

---

① 《马克思恩格斯全集》第 1 版第 1 卷第 129 页。
② 《马克思恩格斯全集》第 1 版第 27 卷第 424 页。
③ 《马克思恩格斯全集》第 1 版第 1 卷第 124 页。
④ 参看《马克思恩格斯全集》原文版第 1 部分第 1 卷第 966—967 页。
⑤ 《马克思恩格斯全集》第 1 版第 1 卷第 33—34 页。

联盟。"①

此外，马克思同《科伦日报》的论战使他想到要去阐明他关于哲学的历史任务的想法，并说明哲学进入报刊是时代的必然要求。这样，他就从政治角度进一步阐述了自己早在博士论文中就已表述过的思想，马克思的出发点是，哲学在精神上预言了已成为合乎规律的必然性的社会变革，"是自己时代精神的精华"，② 因而陷入同现实实际的对立。哲学现实实际的矛盾达到一定的阶段，就必然同实际发生相互作用，必然变成当代的哲学并变革现实实际。这一过程最初表现为反动保守报刊对哲学的攻击，最终则要求哲学成为"报纸的撰稿人"。③ 马克思认为，这样的时代就是彻底变革社会的时代，在他看来，这样的时代已经来临。

马克思的许多文章考察了封建等级代表制的实质，因而触及了社会的社会结构这一重大的问题。马克思对莱茵省议会关于出版自由的辩论所作的分析使他认识到，等级从属状态对政治的利益代表机构，对政治态度和政治信念有直接的影响。马克思发现，诸侯等级和贵族等级所享有的政治和社会特权是这些等级反对出版自由的根源。这些议员们维护的是"特权等级的独立和自由"，并诉诸"**人类本性**的原则上的**不自由和不独立**"，④ 以此来否定出版自由。对于马克思来说，弄清社会地位和政治利益代表制度之间的联系，这在他的革命民主主义思想的发展上具有特别重要的意义。

---

① 《马克思恩格斯全集》第 1 版第 27 卷第 442—443 页。
② 《马克思恩格斯全集》第 1 版第 1 卷第 121 页。
③ 《马克思恩格斯全集》第 1 版第 1 卷第 122—123 页。
④ 《马克思恩格斯全集》第 1 版第 1 卷第 58 页。

尤其值得注意的是，马克思考察了城市议员的态度，他们绝大部分是资产阶级的代表。他们之中某些人否定出版自由，有些人则期望有条件地接受这种自由。马克思指出了这种犹豫不决、模棱两可的态度。他把这种态度同这些议员们的社会地位和经济要求联系起来。马克思把议会中的城市代表称为"自由主义反对派"，把这些人的态度描述为"自由主义立场"，他认为这些议员"从来没有感觉到出版自由是一种**迫切的需要**"，① 并把这看作是这些代表抱有上述态度的原因。马克思同时还指出，议会中莱茵省各城市的议员反对派是"资产者反对派，而不是市民反对派"，② 这证明他曾关注法国大革命，马克思从民主主义立场出发，发现"资产者反对派"同诸侯等级和贵族等级的态度有着某些共同之处。

马克思的《关于林木盗窃法的辩论》（1842年10月）一文，进一步批判了封建等级代表制。这篇文章考察了莱茵省议会对普鲁士立法的态度。马克思指出，各种决策并不取决于普遍的人权即国家全体公民的平等，而是贵族等级让他们的特权、私人利益和特殊利益来决定一切。马克思由此得出结论，"如果私人利益的等级代表一旦真被召来立法的话，对他们究竟能期待什么"。③ 马克思的革命民主主义的立场表现在这一点上：他不是要求改良，而是要求废除封建等级制度。

马克思的《论普鲁士等级委员会。奥格斯堡〈总汇报〉第335号和第336号附刊上登载的论普鲁士等级委员会的问题》一文得出的结论更加明确。在马克思着手分析等级委员会时，长达数月之久的公开辩论

---

① 《马克思恩格斯全集》第1版第1卷第41页。
② 《马克思恩格斯全集》第1版第1卷第80页。
③ 参看《马克思恩格斯全集》第1版第1卷第180页。

已近尾声。该委员会1842年夏召集了第一次会议，并于10月和11月举行过会议。普鲁士政府本打算以此来应付建立全国性代表制的要求。这再次激怒了自由主义和民主主义反对派，因为人们所要求的宪法被搁置一旁，却去充实封建的等级代表制。针对政府和反对派之间对立加剧的局面，马克思在批判中利用了一些新的论点。

马克思作出比以往更加带有原则性的说明：等级代表制主要用来保障封建地产的特权，它是普鲁士国家政治制度的固有组成部分。他认为，封建的社会等级结构以及人民的大多数被排除在这一结构之外的现象，在历史上已经过时，它是"旧时代的瓦解过程"① 的产物，却被强加给当今时代。

马克思比以往更加努力探索可能的去路，认为唯有人民代表制才能顺应历史的要求。他公开反对自由主义反对派提出的妥协建议，按照这些建议，应扩大资产阶级在等级代表制下的权利，让知识分子能够参加代表机构。马克思所要求的则是人民代表机构。一种真正代表人民利益的机构。人民代表机构应当代表的既不是私人利益，也不是地产或其他任何形式的财产，而是自由的人。由于当时马克思对国家的阶级性质、社会的社会结构以及历史发展的社会动力等问题还缺乏认识，因而他还抱有幻想，认为人民代表制是精神力量的体现，会自觉地代表人民的智慧。

在这方面，马克思关于自由主义的见解值得注意。在《〈汉诺威自由主义反对派的失败〉和〈莱茵通讯〉两文的编辑部按语》中，马克思把封建反动派所废除的汉诺威自由主义宪法说成是历史上的一个进步。但同时又指出，这一宪法离人民代表制还相去甚远。在这里，马克

---

① 《马克思恩格斯全集》第1版第40卷第334页。

思曾用"真正的自由主义"这一用语来表达自己的民主主义目标,他指出:"真正的自由主义,今后应该努力做的,不是维护1833年的宪法,更不是恢复1819年的宪法。它应该努力争取一种符合更深刻、更发达和更**自由**的人民意识的全新的国家形式。"①

马克思一方面反对封建反动派的攻击、捍卫自由主义的每一进步,另一方面又提醒人们注意自由主义反对派的不彻底性,要求彻底实现人民的利益;同时,他又反对"自由人"的激进的批判。"自由人"系指以布鲁诺·鲍威尔和埃德加尔·鲍威尔为核心的青年黑格尔派小组,他们打算用否定一切的、绝对的批判来从根本上变革现存的政治制度。他们的政治目标逐渐流于激进的空谈,脱离具体的政治社会状况、条件和前提,完全无视政治斗争的现实可能性,因而在政治上陷于孤立。马克思写给阿尔诺德·卢格的信件,表明了他对这个小组的态度。

1842年11月底,马克思应格奥尔格·海尔维格的要求,在《莱茵报》上公开发表了后者对"自由人"的评论。马克思对海尔维格的见解作了补充,他指出,"在我们的时代,荒唐的、下流的行为应当受到公开而坚决的谴责;我们的时代需要严肃、刚毅和坚定的人来达到它的崇高目标"。②《莱茵报》随着发表《海尔维格和卢格对"自由人"的态度》而同"自由人"分道扬镳。

以维护资产阶级的城乡平等权利为核心内容的市政改革运动,是莱茵省一系列重大政治斗争的一个部分。在筹备本卷时新发现的马克思的文章,证明他也谈到了以莱茵省自由主义资产阶级和人民群众为一方、以封建贵族和普鲁士政府为另一方进行的争论这一重要问题。马克思在

---

① 《马克思恩格斯全集》第1版第40卷第300页。
② 《马克思恩格斯全集》第1版第40卷第323页。

《市政改革和〈科伦日报〉的立场》等文章中，维护了城乡权利平等这项曾实施于莱茵省而与普鲁士其他省份相抵触的规定。马克思援引了法国大革命的原则——"人人平等，市民和农民平等"①，用民主主义的观点阐明了权利平等。

马克思这样就批驳了封建反动派妄想废除这项权利的图谋，维护了这项现行的权利。由于他不是用尚待创造的法律状态来衡量现行的立法，而是要证明权利同现实实际的一致性，把现行法律看作实际的、客观的法律，所以他关于法律和权利的观点中就进一步增添了更为现实的内容。"法律只能是现实在观念和意识上的反映，只能是实际生命力在理论上的自我独立的表现。"②

在维护城乡权利平等时，马克思再次肯定了社会的政治建制的必要性。这个侧面也说明，他既不同于把个人的需要和目的奉为最高原则的主观主义观点，又有别于空想共产主义者的平等观。

马克思的许多文章考察了弗里德里希-威廉四世统治下的普鲁士立法改革的性质及其思想基础。其中最重要的思想基础之一来自法的历史学派。在《法的历史学派的哲学宣言》中，马克思揭露了该学派创始人古斯塔夫·胡果观点的反动性质。"因此，要是能公正地把**康德的哲学**看成是法国革命的**德国理论**，那么，就应当把**胡果的自然法**看成是法国 ancien régime〔旧制度〕的**德国理论**。"③ 这样，马克思就明确无误地指明，法的历史学派的代表人物是想通过修改普鲁士立法，来恢复历史上已过时的制度。

---

① 《马克思恩格斯全集》第 1 版第 40 卷第 306 页。
② 《马克思恩格斯全集》第 1 版第 40 卷第 308 页。
③ 《马克思恩格斯全集》第 1 版第 1 卷第 100—101 页。

在《论离婚法草案》和《〈论离婚法草案〉一文的编辑部按语》中，马克思直接分析了普鲁士立法改革的本质特征。他反对把新教会的教条直接当作立法基础的企图。他坚决谴责通过法律"要人们盲目地服从超伦理的和超自然的权威"①的意图。1842年底，马克思就要求法律成为"人民意志的自觉表现，也就是说，它应该同人民的意志一起产生并由人民的意志所创立"②，这反映出他当时已积累了丰富的政治经验。

在《关于林木盗窃法的辩论》一文中，马克思第一次碰到了经济问题，在他写作这篇文章时，英国发生了罢工，报纸上讨论了这次罢工对德国的影响，同时关于法国空想社会主义和共产主义的一般报刊讨论又重新活跃起来。受这一讨论的影响，马克思第一次研究了所有制问题和无产者群众的状况。

马克思通过分析关于林木盗窃法的辩论认识到，身为地产所有者的议员们的私人物质利益，直接影响他们在立法方面的政治决策；他认识到这种决策扩大了所有者的权益，损害了无产者群众的权益。他认识到，土地私有者使国家和国家司法屈从于自己的物质需要。于是马克思着手研究土地私有制的作用，他第一次考察了法律同所有制的关系。

这一分析促使马克思初次研究人民中遭受剥削压迫最深重的那一部分，研究被排斥于财产之外的无产者群众，他起初把这些人称为"政治上和社会上备受压迫的贫苦群众"③，"**贫民阶级的存在**本身至今仍然只**不过是市民社会的一种习惯**，而这种习惯还没有在被有意地划分了的国

---

① 《马克思恩格斯全集》第1版第1卷第185页。
② 《马克思恩格斯全集》第1版第1卷第184页。
③ 《马克思恩格斯全集》第1版第1卷第141—142页。

家里找到应有的地位"。① 对这部分人的同情使他得出了如下的结论：要去争取一种使"无产者群众"的自由和平等也能得到保障的国家结构。着手研究无产者群众的境况、需要和要求，这意味着马克思的革命民主主义立场有了进一步的发展。正是以上认识，成了他后来转向共产主义和唯物主义的出发点。

他还曾尝试在实现全人类国家理想方面找到解决办法，不过新的认识又使他就这种理性国家的任务得出新的规定。理性国家应当是一种工具，它要在私有财产同全体国家公民的自由和平等权利发生冲突时，压抑和限制私有财产的权利和要求。

几乎在获得上述认识的同时，马克思对共产主义也表明了最初的看法。《关于林木盗窃法的辩论》和《共产主义和奥格斯堡〈总汇报〉》构成了马克思思想发展的一个阶段，这个时期也正是他担任《莱茵报》编辑工作的初期。发生在英国和法国的社会冲突是否也会在德国出现？共产主义思想是否对德国也有价值？这正是40年代初展开讨论的问题，它们对普鲁士的工业最先进的地区即莱茵省具有特殊的现实意义，当时这些问题也摆在了马克思的面前。

显然，马克思是在1842年夏末转而研究法国的空想社会主义和共产主义的。外界环境迫使他迅速公开表态。几年以后他就这个问题写道："另一方面，在善良的'前进'愿望大大超过实际知识的时候，在'莱茵报'上可以听到法国社会主义和共产主义的带有微弱哲学色彩的回声。我曾表示反对这种肤浅言论，但是同时在和'奥格斯堡总汇报'的一次争论中坦率承认，我以往的研究还不容许我对法兰西思潮的内容

---

① 《马克思恩格斯全集》第1版第1卷第147页。

本身妄加评判。"①

在《共产主义和奥格斯堡〈总汇报〉》和《编辑部对〈共产主义和奥格斯堡总汇报〉一文的声明》中，马克思对法国空想社会主义和共产主义持保留态度。这些学说的空想特征、空想共产主义者和社会主义者进行的一系列实验以及马克思当时达到的政治和哲学观点等，是产生这种态度的主要原因。马克思不止一次驳斥了指责《莱茵报》主张并要求实现共产主义思想的说法。然而，马克思同时也坚决反对把共产主义斥为纯粹幻想的言论。他预感到这种思想的历史意义，声称："对于像勒鲁、孔西得朗的著作，特别是对于蒲鲁东的智慧的作品，则决不能根据肤浅的、片刻的想象去批判，只有在不断的、深入的研究之后才能加以批判。"②

在马克思对共产主义发表看法时，又一次谈到了无产者群众的存在，并且他着手考察他们的物质利益问题。"现在一无所有的等级**要求**占有中等阶级的一部分财产，这是……曼彻斯特、巴黎和里昂大街上引人注目的事实。"③马克思把上述要求尊崇为时代的事实，尊崇为严肃的重大课题，解决这个课题已成为历史的必然。

《摩塞尔记者的辩护》一文，再一次促使马克思钻研经济和社会问题。马克思后来多次对恩格斯说："正是他对林木盗窃法和摩塞尔河地区农民处境的研究，推动他由纯政治转向研究经济关系，并从而走向社会主义。"④

---

① 《马克思恩格斯全集》第 1 版第 13 卷第 8 页。
② 《马克思恩格斯全集》第 1 版第 1 卷第 133—134 页。
③ 《马克思恩格斯全集》第 1 版第 1 卷第 131 页。
④ 《马克思恩格斯全集》第 1 版第 39 卷第 446 页。

马克思所研究的是一个延续多年的经济过程，这个过程结果造成摩塞尔河谷中小葡萄农大批破产，一贫如洗。这使马克思深刻认识到，他所研究的是一个客观的过程。"在研究**国家**生活现象时，很容易走入歧途，即忽视**各种关系**的**客观本性**，而用当事人的**意志**来解释一切。但是存在这样**一些关系**，这些关系决定私人和个别政权代表者的行动，而且就像呼吸一样地不以他们为转移。"①

由于摩塞尔河通讯只保存了其中的一部分，因而无法明确地断定，马克思的研究究竟得出哪些结论。在现存的两个完整部分中，马克思批判说，政府当局在天灾、人祸或偶然事件中去寻找导致葡萄农贫困化的原因，却推卸自身应负的责任。马克思驳斥了政府提出的措施，因为这些措施违背了葡萄农的利益。马克思指出，摩塞尔农民本身缺乏任何阻止贫困化过程的手段，毋宁说外界环境必须加以变革。马克思认为，国家官僚机构之所以失灵，不在于个别人员的失职，而是普鲁士国家的现行法律和行政管理准则的本质所造成的。普鲁士国家的性质与摩塞尔河谷发生的种种经济过程密切相关，这种客观上的联系第一次进入了马克思的视野，成了马克思转向唯物主义的重要出发点。

1843年初，马克思反对普鲁士政府的斗争开始进入一个新阶段。1842年底，反普鲁士国家的反对派日益壮大，这激怒了普鲁士政府，于是它对反对派报刊采取了严厉的措施。第一项严酷的报复就是查封《莱比锡总汇报》。马克思立即对此表明态度，并通过广泛的报刊论战维护自己的立场。他毫无保留地、无所顾忌地谴责了查封事件。他成了揭露政府的真正动机和居心的第一个政论家。他指出，这种行径是对所有进步报刊的进攻。不过，他也提醒人们注意，政府对反对派报刊的进

---

① 《马克思恩格斯全集》第1版第1卷第216页。

攻，也证明进步力量越来越具有举足轻重的影响，"因为反对任何一种现象的斗争都是这一现象得到认可和这一现象的现实性与力量的**最初形式**"①。

针对这种情况，马克思曾一再谈到进步报刊的重要作用，广泛论证了他对报刊的社会作用的看法，并且提出了"人民报刊"这一概念。马克思的革命民主主义立场体现在这样的要求中：真正的报刊应当成为人民利益的代言人，应当反映人民的日益发展的政治思想。在马克思看来，"人民报刊"是日益发展的"人民精神"的历史形态。人民精神这个概念来源于黑格尔，在青年黑格尔派哲学中身价有所提高，在马克思的著作中则成为被意识到的人民利益的表现。马克思的思想虽然还带有唯心主义的外壳，但已同主观唯心主义历史观划清了界限，可他再一次尝试把日常变革和政治事件视为应实现人民利益的客观过程。因此在马克思看来，普鲁士国家机构同"人民报刊"的冲突，也就是普鲁士国家同人民客观利益的矛盾。

很多材料可以证明马克思为反对普鲁士政府的报复措施所进行的斗争。特别值得一提的是，马克思逐字逐句地剖析了各种伪自由主义的许诺，捍卫了《莱茵报》的目标和存在的合法性。他写的《关于定期报刊的内阁法令》以及其他评论文章，为此提供了有力的佐证。这一策略使马克思遭到激进的"自由人"的指责，非难他丧失了原则性。然而，各种经验教育了马克思，使他懂得应现实地估量各种政治力量，在现行法律许可的范围内利用一切机会进行革命斗争。这很快就成为马克思政治斗争的基本特征。

马克思当时积累的经验中还包括这样一点：不能不经过斗争和不经

---

① 《马克思恩格斯全集》第1版第1卷第188页。

过反抗就接受普鲁士国家的各种决定。他对于1843年1月20日普鲁士政府颁布的查封《莱茵报》的命令的反应就是证明。马克思意识到，普鲁士政府的利益与《莱茵报》的目标之间的对立是不可调和的，这是《莱茵报》被查封的真正原因。所以，他对该报继续存在的可能，作了非常现实的估计。但这并不妨碍他对政府的命令进行坚决的斗争。他巧妙地利用了普鲁士国家内的各种反对派和统治阶级内部的分歧，为《莱茵报》的立场辩护。

关于马克思在捍卫《莱茵报》方面所起的作用，《关于镇压〈莱茵报〉的备忘录》提供了新的线索。本卷第一次证明，这个备忘录很可能出于马克思的手笔。该备忘录的第3部分很可能是经马克思修订过的"评注"，而前两部分则提供了关于马克思反对普鲁士现行出版法来批驳查封理由，逐一列举矛盾之处，从而证明，甚至按照现行法律，政府采取的措施也属专制行为。

附录中的文件部分，补充说明了马克思反对查封《莱茵报》的斗争。尤其是马克思出席莱茵报社全体股东非常会议一节，更值得注意。

马克思政论文章的一个基本特色就在于同居统治地位的意识形态展开争论。特别有意义的是各种报刊争论，其中有的是由马克思首先发难的，有的则是由对他的文章的攻击引起的。马克思的独到之处在于，他一方面捍卫人民利益，另一方面驳斥旨在维护封建制度以及维护普鲁士国家政策的反动观点，两者并行不悖。这已经初步显示了无产阶级世界观的产生和发展的一个基本特点，即这种世界观只有在反封建、反资本主义和反小资产阶级理论的斗争中才能形成。

同时，我们从这些最初的政论文章中也可以看出，马克思具有坚毅的个性，非常善于进行具有党性原则的、辛辣尖刻的、切中要害的论战。马克思作为革命民主主义者所写的这些文章，已经放射出伟大的雄辩光辉,这在很大程度上应归功于他的论战艺术。

马克思身为报纸编辑,撰写脚注或评注形式的编者评论也是他应承担的广泛任务之一。其中只有几则可以确定是马克思写的,而大部分则收入存疑部分。另外,存疑部分还包括几篇社论。这些文件内容涉及各种政治问题。例如《新书报检查令》一文,补充了批判普鲁士书报检查立法方面的情况,为《评普鲁士最近的书报检查令》提供了很有意义的比较材料。为《论陪审法庭》一文加的脚注,简短地评述了这种通过法国资产阶级立法而在莱茵省推行的公共机构,并指出了设立这种法庭的利弊。还有一个脚注称蒲鲁东是"最彻底、最敏锐的社会主义作家"①。马克思1843年3月17日发表一项《声明》,宣布退出《莱茵报》编辑部。鉴于严厉的书报检查,同时也由于马克思与报纸发行人之间就可能的妥协出现意见分歧,他在报纸终刊号出版的前几天,就离开了这家报纸。

这样一来,马克思的政治和哲学发展中的一个很重要的阶段就此告终。他本人在几年之后概括说:"1842—1843年间,我作为'莱茵报'的主编,第一次遇到要对所谓物质利益发表意见的难事。莱茵省议会关于林木盗窃和地产析分的讨论,当时的莱茵省总督冯·沙培尔先生就摩塞尔农民状况同'莱茵报'展开的官方论战,最后,关于自由贸易和保护关税的辩论,是促使我去研究经济问题的最初动因。"②

在这些岁月里,马克思站在"无产者群众"一边,维护他们当平等的国家公民的政治要求,支持他们希望与资产阶级共享财富的物质要求。他对社会的社会结构以及对财产和政治利益代表机构之间的联系,

---

① 《马克思恩格斯全集》原文版第1部分第1卷第417页。
② 《马克思恩格斯全集》第1版第13卷第7—8页。

有了基本的认识。他着手研究法国的社会主义和共产主义。他的革命民主主义的立场日益明确、彻底。

对资产阶级民主主义反对派运动提出的最主要的政治要求进行的剖析，为政治斗争提供了新的认识和最初的经验。在同普鲁士国家的政策、制度、立法和行政管理准则的直接抗衡中，马克思充实了自己的政治经验和对普鲁士政治制度性质的认识。

马克思要求把哲学和政治结合起来，并付诸实践；他在分析具体政治制度的范围内去解释和阐述哲学。这就加速了认识的过程，巩固了马克思哲学观点的革命的和现实的特点。马克思在青年黑格尔派内部继续开展批判性的争论，因而进一步加深了这个派别的分化过程。剖析费尔巴哈，同"自由人"的主观唯心主义观点实行决裂，以及同卢格展开争论，都对马克思的思想发展具有重大意义。当时，马克思的世界观基本上还是以黑格尔的客观唯心主义的历史辩证法为指导的，然而现实的、日益深入实际的特点越来越显著。

对于马克思在政治和哲学发展中的这个新的起点，列宁首先作出论断，他认为从《莱茵报》的文章已经可以看出"马克思开始从唯心主义转向唯物主义，从革命民主主义转向共产主义"①。几个月以后，马克思实现了向唯物主义和共产主义的转变，并且阐述了关于无产阶级历史作用的认识。

（原载《马克思恩格斯全集》原文版第 1 部分第 1 卷）

（张念东 译）

---

① 《列宁全集》第 2 版第 26 卷第 83 页。

关于马克思 1835—1843 年的著作和书信

——《马克思恩格斯全集》英文版第 1 卷说明[*]

《马克思恩格斯全集》第 1 卷包含马克思在 1835 年 8 月至 1843 年 3 月所写的著作和书信。共分 4 个部分：著作、书信、准备材料、青年时代的文学习作散文和诗歌。各部分的材料均按年代顺序编排。有关的传记性文件列于附录中。

这些著作反映了马克思早年的成长时期，即他的思想发展道路，表明一个还是大学预科生的好学不倦的青年如何在为公共利益服务思想的激励下走上了当时哲学思想和政治思想的最前线。在这个时期，马克思作为一个先后在波恩大学和柏林大学学习的学生，正潜心致志于研究法律、历史和哲学，并结合这种研究，进行着在创作领域内的尝试。在这些年代里，马克思逐步形成了他的无神论和革命民主主义的信念，并开始了他的活动，先是作为《莱茵报》的撰稿人，后来当了该报的编辑。他在这家报纸的工作，使他的思想形成开始了一个新的阶段，终于使他坚定不移地、完全采取了唯物主义和共产主义的立场。

本卷第一部分开头是马克思 1835 年在学校时写的作文《青年在选择职业时的考虑》，这篇作文可以认为是他思想发展的起点。这篇作文

---

[*] 本文选自《马克思恩格斯研究》1994 年第 18 期。

与他所写的别的作文（这些作文均载于附录中）不同，别的作文总的来说并没有超出当时在大学预科生当中和大学预科课本里流行的那些思想的老框框，而这篇作文则显示出他坚决不倒退到个人利益的狭隘圈子里，而要全心全意为全人类利益而工作的决心。与此同时，青年马克思由于受到法国启蒙运动关于社会环境对人的影响的思想的启发，也已经开始考虑客观条件决定人们行动的问题。他在这篇作文中写道："我们在社会上的关系，还在我们有能力对它们起决定性影响以前就已经在某种程度上开始确立了。"①

写于1837年的《给父亲的信》生动地表明学生时代的马克思在思考问题上是多么严格，显示了他对学术的兴趣非常广泛，是各种各样的问题使他的想象力活跃起来。这封信记录了他思想发展的一个重要阶段：他认为黑格尔哲学是理解现实的钥匙，它与费希特主观唯心主义以及其他主观主义哲学体系形成了鲜明的对比。他在努力探索真正科学的世界观的过程中，没有让自己局限于成为一个黑格尔学说的拥护者和参加以一些试图从黑格尔哲学得出无神论结论和激进主义政治结论的人物为代表的青年黑格尔运动。他用黑格尔的辩证法武装了头脑，开始在哲学上开辟自己的道路。

青年马克思思想发展的一个重要特点是他对古代古典哲学的研究。这一研究的成果就是《关于伊壁鸠鲁哲学的笔记》（1839年）（载于第三部分），和在这个准备材料的基础上写成的博士论文《德谟克利特的自然哲学和伊壁鸠鲁的自然哲学的差别》（1840—1841年）。这篇探讨古典哲学中主要派别的著作，说明了青年马克思的博学，及其观点的革命性即激进主义。他特别选择了这个题目，他对黑格尔一向不屑一顾的

---

① 《马克思恩格斯全集》第1版第40卷第5页。

德谟克利特、伊壁鸠鲁、卢克莱修这些古典时代伟大的唯物主义哲学家也要涉猎来为其所用,这些都说明,马克思的独立思考能力之强,他渴望对主要的哲学问题得出他自己的见解,从而决定自己对过去哲学遗产的态度。

在研究古代哲学家时,马克思经常思考他同时代人所热切关注并成为当时意识形态斗争中心的那些问题。他在他的笔记里对古典哲学家著作的摘录所做的评语中,就已对不可知论和贬低哲学的认识能力的企图进行了抨击。他坚信人类理智和进步哲学具有影响生活的力量。他对伊壁鸠鲁反对迷信的斗争的高度评价,说的就是热情地捍卫思想自由,呼吁人们坚决反对束缚人的宗教权力。

马克思在他的博士论文中又进一步阐述了他的无神论观点。他发表了他的深刻信念,认为必须了解宗教的起源和本质才能战胜宗教。这篇论文还包含着哲学和生活的辩证统一的思想萌芽。"……世界的哲学化同时也就是哲学的世界化。"① 马克思在论证辩证法在哲学上的作用时,力求发现在古代哲学家的信念中已经蕴藏着的辩证法要素。他事实上也的确揭示了伊壁鸠鲁关于原子偏斜是自发运动原理的体现这一学说的辩证本质。

因而,马克思在博士论文中敢于明确地对待那些在他后来的世界观形成中起重大作用的问题。他清楚地认识到必须解决哲学和现实的关系的问题。他这时已经采取的坚定的无神论观点促进了他后来向唯物主义的转化。

所有已知的青年马克思于40年代初期所写的报刊文章都收进了本卷。这些文章展示了马克思作为一个政治上的人民代言人,一个革命民

---

① 《马克思恩格斯全集》第1版第40卷第258页。

主主义者和一个对现存社会制度和政治制度的坚决的批判者的成长。正是在积极从事报刊工作和对整个保守陈腐的制度进行政治斗争当中,青年马克思找到了把进步哲学与生活结合起来的途径。他在揭露普鲁士书报立法的第一篇文章《评普鲁士最近的书报检查令》中,发动了不啻是反对德国封建的君主主义反动派的一场战斗。这里,他首次从讨论一般哲学问题转到分析具体的政治现象。他把批判书报检查的现状和揭露普鲁士政治制度结合起来,这样他就不仅从进步哲学的观点说明了这个制度的不合理性,而且也近乎认清了普鲁士国家本质上是敌视人民的。

马克思的政治信念在《莱茵报》工作期间(1842年5月至1843年3月)变得更加明确。在这家报纸从事新闻工作为他提供了发挥他的巨大革命精力和宣传他的革命民主主义观点的机会。在担任《莱茵报》的编辑时,他在克服书报检查所造成的困难、战胜编辑部里和股东当中的温和派的反对方面,显示了高度的才能和灵活性,并着手将该报从自由主义反对派的报纸变成为革命民主主义思想的论坛。他为自己文章所定的基调是狠狠抨击普鲁士和德国其他各邦普遍存在的社会、政治和精神压迫。马克思为该报所定的革命民主主义方向招致了几乎全部君主主义报刊的攻击和当局的迫害,最后被当局封闭。《莱茵报》因为在1848年革命的好几年前就预告了德国革命风暴的来临,所以不仅在德国的报刊和社会思想的历史上,而且在全欧洲的报刊和社会思想的历史上都占有突出的位置。

马克思在这家报纸的工作标志着他的世界观发展的一个重要阶段。在他的文章里,人们可以看出列宁所说的:"马克思开始从唯心主义转向唯物主义,从革命民主主义转向共产主义。"[①] 马克思政治观点的形

---

① 《列宁全集》第2版第26卷第83页。

成又相应地对他的哲学立场产生了很大的影响，使他愈来愈超出了黑格尔唯心主义的范围。报纸工作使他感到自己缺乏政治经济学的知识，从而促使他去认真研究经济问题和人的物质利益。

马克思的文章——其中有一些因书报检查而从未发表过，也没有保存下来——广泛涉及了当时德国的社会问题。

马克思在《关于出版自由和公布等级会议记录的辩论》一文中，虽然尚未放弃自由是人性的"本质"这一抽象唯心主义观点，但是已把问题的提出和社会各阶层对出版自由所采取的态度联系起来了。他的结论说得颇有革命色彩：只有人民的出版事业才能够是真正自由的，所以它的主要目的就是唤起人民拿起武器来保卫自由。

马克思在这篇和其他许多篇文章（《论普鲁士等级委员会。奥格斯堡〈总汇报〉第335号和336号附刊上登载的论普鲁士等级委员会的问题》、《本地省议会代表选举》、《论离婚法草案》等等）中，严厉批判了作为普鲁士政治制度基础的并导致贵族政治统治的教阶制原则。他揭露了纯粹是对代议制度的讽刺的省议会的极度不健全，揭露了渗透在普鲁士立法中的倒退思想和普鲁士君主政体的专制政治制度。

《法的历史学派的哲学宣言》、《第179号〈科隆日报〉社论》、《市政改革和〈科隆日报〉》、《奥格斯堡报的论战术》、《〈莱茵—摩泽尔日报〉是宗教法庭的大法官》等这一组文章，旨在反对德国意识形态反动的各不同方面、马克思声援正在遭受政府迫害的反对派报纸并揭露反民主派和反动派报刊在国家内政问题上的立场。他愤怒地揭露牧师们的宗教愚民政策。他谴责法的历史学派和反动浪漫主义的代表企图以历史传统为理由来为封建贵族制度辩护。他还斥责了自由反对派对德国各邦现存政体所抱的半心半意和不一贯的态度。在这方面有代表性的是他《〈汉诺威自由主义反对派的失败〉和〈莱茵通讯〉两文的编辑部按语》。

马克思还捍卫当时进步哲学的代表，特别是黑格尔左派，使其免受反动派在其他报刊上的攻击。这一点从马克思在《德国科学和艺术年鉴》上为反驳格鲁培博士对青年黑格尔派领袖布鲁诺·鲍威尔观点的批判而写的文章中就可以看得出来。同时，他对无政府主义式的个人主义、肤浅的、唠叨不休的批评、爱用极端激进的词句而没有任何明确积极的纲领的这种作风，也采取了尖锐的批评态度。这一切都是柏林青年黑格尔集团"自由人"的显著特征。在《海尔维格和卢格对"自由人"的态度》这篇短文里，马克思暗示这类行为会危害争取自由的政党的事业。与"自由人"的这些分歧标志着马克思后来必然和青年黑格尔派之间日益不和的开始。

本卷中发表的一些材料和文件（《雷纳德致总督冯·沙培尔的信》、《评内阁训令的指控》等等）反映了马克思怎样为维持《莱茵报》的出版而斗争，怎样力图引开统治集团的攻击，但是《莱茵报》最终还是被取缔了。

马克思在载于《莱茵报》上的那些文章里，一般说来还是站在唯心主义立场上来理解国家和理解物质与精神运动之间的相互关系的，他认为普鲁士国家只是偏离了国家的本质。同时，他又迫切要求能够批判地理解现实并把自由的理想付诸实践，渴望了解和表达人民的真正利益，这就促使他更加深入地探讨周围的生活。他开始懂得社会矛盾在社会发展中的作用，初步搞清了德国社会的阶级结构和贵族作为普鲁士国家的社会支柱的作用。在这方面突出的是《关于林木盗窃法的辩论》和《摩泽尔记者的辩护》。马克思在这两篇文章中公开地出来保护"政治上和社会上备受压迫的贫苦群众"①。

---

① 《马克思恩格斯全集》第1版第1卷第141—142页。

写作这些分析工人群众赤贫状况及其原因的文章，对马克思信念的形成具有巨大意义。正如恩格斯所说，马克思后来不只一次地告诉他，正是他对林木盗窃法和摩泽尔地区农民状况的研究，推动了他由单纯政治转向研究经济关系，并从而走向社会主义。①

马克思在《共产主义和奥格斯堡〈总汇报〉》一文中初次简略地提到共产主义，他把它视为生活本身和"现在一无所有的"② 社会阶层的斗争所引起的一个当代的问题。虽然马克思对当时各种各样空想理论以及建立共产主义共同体的实践试验持批评的态度，但是他感到自己的知识还不足以使他能对这些问题发表明确的意见。然而就是在这种情况下，他仍然认为共产主义是一个值得进行深刻的理论分析的问题。

第二部分包含马克思1841年至1843年写的书信，其中大部分是写给德国激进派阿尔诺德·卢格的，卢格是青年黑格尔派刊物《德国科学和艺术年鉴》的编辑。这些书信对当时发表的马克思著作是一个补充材料。在这些书信里，他常常用尖锐得多的形式来表达自己的观点，因为在私人通信里，他能够以在书报检查法令下不可能有的坦率写出他对普鲁士生活、对哲学和文学中各种各样倾向所持的批评态度。马克思青年时代的这部分遗著同样也充满着革命民主主义的思想。书信生动地反映了作为一个革命新闻工作者和《莱茵报》编辑的马克思必须在怎样的政治气氛下工作，反映了他同书报检查、同出版该报每一步所遇到的障碍进行的斗争。

在马克思的通信中可以明显地看出，他在德国的激烈的政治和哲学辩论中所采取的立场，他不像德国自由派那样，对以和平手段实行君主

---

① 参看《马克思恩格斯全集》第1版第39卷第446页。
② 《马克思恩格斯全集》第1版第1卷第131页。

立宪制的前景抱有幻想，而是主张以革命的方法同专制主义作斗争。这些书信比马克思的《莱茵报》文章更全面地揭示了他和"自由人"这个柏林青年黑格尔派团体的冲突。在这方面，马克思1842年11月30日致卢格的信具有特别重要的意义。他热情赞扬路德维希·费尔巴哈的《基督教的本质》及其他著作的出版，认为这是哲学生活中的一件大事。这不仅反映在他的许多书信中，而且还反映在《莱茵报》上发表的一系列文章里，特别是《第179号〈科隆日报〉社论》这篇文章。马克思在那里把费尔巴哈列为真正的哲学的代表，而真正的哲学是"自己时代精神的精华"。费尔巴哈的唯物主义观点对马克思曾产生了相当大的影响。但是尽管马克思对这些观点有高度的评价，他也看到了费尔巴哈的冥想的唯物主义的一些不足之处。他指出，费尔巴哈"过多地强调自然而过少地强调政治，然而这一联盟是现代哲学能借以成为真理的唯一联盟"①。这段关于哲学和政治斗争之间有不可分割的联系的话，是他在后来的著作中关于革命理论和实践统一的思想的先声。

第三部分"准备材料"包括上面提到的《关于伊壁鸠鲁哲学的笔记》。这些笔记里有第欧根尼·拉尔修、塞克斯都·恩披里柯、卢克莱修、西塞罗、普卢塔克、塞涅卡、亚历山大里亚的克雷门斯和斯托贝的著作的详细摘抄，并附有马克思自己关于古代哲学思想和哲学的社会意义问题的评注。这部分还收有《自然哲学提纲》，这是马克思在大学肄业期间在黑格尔的《哲学全书》影响下写成的。

第四部分向读者提供了相当大一部分马克思青年时代写的诗歌和散文。它虽然没有包括全部保存下来的诗歌，但这里所收的诗歌就足以使人清楚地了解马克思青年时代对纯文学的贡献的性质，足以使人判断他

---

① 《马克思恩格斯全集》第1版第27卷第443页。

这方面所作出的努力在他的思想发展中所起的作用。

这一部分包括马克思为他的未婚妻燕妮·冯·威斯特华伦写的三个诗集中的几首诗。这里还全文刊载了马克思自己在1837年为献给他父亲的一本诗集所选的诗歌作品，它包括歌谣、传奇、十四行诗、讽刺短诗、幽默诗以及未完成的悲剧《乌兰内姆》的几场。本卷也收入了这本诗集的附录所包括的幽默小说《斯科尔皮昂和费利克斯》中的几章，马克思本人显然认为这个集子是他在这方面所写的作品中最好的部分，并且后来曾决定发表其中的两首诗。这两首诗以《狂歌》作总标题，于1841年发表在《雅典神殿》杂志上。

当然，这些文学习作中的许多作品还多少带有点模仿性质。马克思自己并没有很高地评价它们在艺术上的价值，而且后来对它们还持极大的怀疑态度，尽管他看到这些青年时代的诗歌，特别是献给燕妮的那些诗歌里，具有真正的热情和诚挚的感情。但是，这些青年时代的作品（特别是十四行诗，讽刺短诗和幽默诗）的主要价值，在于反映了青年马克思总的世界观的某些方面，他对周围生活的态度以及形成他特征的那些性格。强烈的进取心、献身的精神、鄙视庸俗无为、随时准备为崇高目标而投身战斗等主题思想，很鲜明突出。从这个角度来看，这里收入的诗作为深入了解青年马克思的内心世界具有重要的意义。

附录中提供了有关马克思一生中的重要里程碑的传记性文件材料，他大学预科时写的定题作文试卷，关于大学肄业期间的书面作业等等。亨利希·马克思写给儿子的信有重要的传记意义。这些信字里行间充满了父母对爱子的那种不可遏止的求知欲、暴风雨般的性格和无畏的自由思想特别是在宗教问题上自由思想的焦虑不安。它们生动地刻画出作为大学生的马克思的紧张的精神生活。保存下来的少数几封燕妮·冯·威斯特华伦给马克思的信，显示了将他们结合在一起的感情力量。

一组特别的材料是关于普鲁士政府查禁《莱茵报》的文件——科隆市民要求撤销禁令的请愿书和1843年2月12日《莱茵报》股东大会的记录等。

*　　*　　*

收入本卷的条目的大部分过去都未译成英文。《莱茵报》上的许多文章，包括《第六届莱茵省议会的辩论》（第一篇论文和第三篇论文），《摩泽尔记者的辩护》，本卷所收的全部书信，青年时代大部分的文学习作以及《关于伊壁鸠鲁哲学的笔记》和《自然哲学提纲》，都是首次被译成英文。附录中收录的所有材料过去都未用英文发表过。

以往的马克思早期著作版本中所收的《路德是施特劳斯和费尔巴哈的仲裁人》一文，本版没有收入，因为新近的研究证明，它不是马克思写的。

过去用英文出版过的著作，这里发表的是新的、经过仔细核对过的译文。

原文中作者划线之处均以斜体字印刷，页边的重点附号用垂直线表示。原文中没有的、编者加入的标题，被置于方括号内。星花表示作者的脚注。编者的脚注用指示字母表示，卷末注用右上角的数码表示。

（沈渊　校）

关于恩格斯 1838—1842 年的著作和书信

——《马克思恩格斯全集》英文版第 2 卷说明 *

《马克思恩格斯全集》第 2 卷包括恩格斯 1838 年到 1842 年的早期著作和书信。全卷分成两个主要部分。在特别附加部分中有他更早时期（1833—1837 年）的诗歌和散文的手稿，其他传记材料收在《附录》中。

恩格斯的观点的发展经历了与青年马克思同样的道路。他潜心研究了当时进步的哲学思想和政治思想，从而激发了他对德国反动制度的反抗意识。他立志要参加德国资产阶级革命前夕的思想和政治的论战。同马克思一样，恩格斯成了黑格尔哲学的信徒，并从中得出革命的结论，后来不久他又受到路德维希·费尔巴哈思想的影响，使他思想中的唯物主义观点更加具体了。

然而，恩格斯要达到进步的观点，比马克思要困难得多。他出身于巴门一个工厂主的因循守旧和笃信宗教的家庭，他的父亲强迫他弃学经商。这就意味着他不得不靠自己的力量完成学业，不得不在当时形形色色宗教的、哲学的、政治的和文学的思潮中探索自己的道路，不得不经过十分痛苦的自我深刻反省来摆脱他在童年时期就已形成的宗教信念。

---

* 本文选自《马克思恩格斯研究》1994 年第 18 期。

使恩格斯具有进步的哲学思想的，主要是他对宗教和神学的批判性分析。文学对于他思想的发展，特别是对他早期思想的发展，也起了重要的作用。

恩格斯吸取了路德维希·白尔尼和"青年德意志"运动的那些作者观点中的合理成分，吸取了黑格尔哲学和青年黑格尔派激进理论中的合理成分，而在他思想发展的每个阶段又看出了他们思想的自相矛盾和局限性，他在使自己的观点达到更深刻、更激进的过程中，对这些思想进行了批判的分析。他的注意力很快转到了他所处的那个社会的矛盾和劳动群众的悲惨境地上。这也是促使他背叛资产阶级观点的另一个因素。到了1842年后期以前他就已成为对现存的社会制度进行共产主义改造的拥护者，虽然他主要还是从空想主义的角度来看待这个问题的。

在这个阶段，恩格斯的思想演变大体上可以概括为革命民主主义思想的出现和迅速发展，接着是在1842年下半年，即他开始同马克思紧密合作的前两年，他从唯心主义初步转向了唯物主义，从革命的民主主义观点转向了共产主义。

本卷的第一部分是恩格斯早期为报刊所写的作品。他在18岁时已经成为报刊的特约撰稿人，在各种杂志和报纸上发表了有关文学和社会政治问题的书信、文章和论文，还发表了一些诗和哲学小册子。他所发表的第一部作品诗集《贝都英人》（1838年9月），表现了他热爱自由的精神。

在卡尔·谷兹科夫编辑的作为"青年德意志"运动喉舌的《德意志电讯》这份汉堡杂志的一些专栏上，发表了许多出自青年恩格斯手笔的文章和书信。恩格斯对"青年德意志"的相互矛盾的本质已经开始有所觉察，但还是坚决支持它所提出的关于立法、出版自由、废除各种形式的宗教压迫和解放妇女的要求。

1839年春，恩格斯在《德意志电讯》上发表了他的第一篇主要的报道文章《伍珀河谷来信》，描述了他的家乡巴门和邻近的爱北斐特的生活。他在信中描述了工厂里恶劣的工作条件、穷苦阶级的惊人贫困、疾病蔓延和酗酒。恩格斯在他那个年龄时就有如此好的眼力，能对事物观察得那么细致，这是很不平凡的。同样地，他也勾画了德国资产阶级各阶层的真实形象，描绘了他们的市侩作风、蒙昧主义和宗教偏执。在他们那里，虔诚主义不过是掩盖对不幸大众的残酷剥削、掩盖精神生活空虚的假面具。恩格斯描述伍珀河谷市民民风时的那种冷嘲热讽，突出地表明了他对当时社会状况的高度批判态度。

在《德国民间故事书》一文中，恩格斯抨击了"通俗文学"，认为它们或明或暗地表达反动阶级的利益。恩格斯谴责以伪造的民间故事端出敬神的说教，从而把逆来顺受理想化，他要求各种书刊要培养人民对自己权利和尊严的自豪感，激发人民的勇气和对自己国家的热爱。

恩格斯以后所写的文章如《卡尔·倍克》、《普拉滕》、《时代的倒退征兆》和《伊默曼的〈回忆录〉》，表明早在这个阶段他已非常熟悉当时德国文学所经历的过程和文学与社会的关系的各个方面。在《时代的倒退征兆》一文里，他认为，批评不仅应该揭示艺术文学中的回溯倾向，而且应该揭示它们同政治及公共生活和社会生活中的有关现象的联系。这些联系常常不是一眼就能看出来的。

恩格斯对文学研究采取革命民主主义的态度，这就使他无可争辩地完全不同于当时的其他评论家和作者。这一点在他写的关于奥古斯特·冯·普拉滕、卡尔·伊默曼和卡尔·倍克这些诗人的那些文章中表现得尤为明显。倍克的诗由于宣扬对自由的热爱，最初曾使恩格斯寄予很大的希望。但后来却令人大失所望。恩格斯着重指出，当代的诗不应表达毫无意义的"世界苦痛"，而应当为争取自由，为反对暴政、市侩作风和宗教偏见而积极战斗。①

恩格斯开始了解黑格尔的哲学是在 1839 年秋天,是在他读了大卫·施特劳斯的《耶稣传》以后才去求教于黑格尔哲学的。恩格斯开始就对黑格尔哲学采取激进的、革命的态度,这就使他免于受黑格尔思想中保守方面的影响,特别是使他认识黑格尔政治观点的狭隘性。黑格尔把君主立宪制度说成是历史发展过程的顶点,甚至暗示普鲁士王朝完全可以认为就是绝对精神发展的最后阶段,恩格斯反驳了这种观点,他指出历史的发展和人类的进步是永无止境的。②

恩格斯在 1840 年 4 月发表的《为德国〈贵族报〉作的追思弥撒》一文中,根据黑格尔关于世界历史是自由观念的贯彻这一理论,抨击了哲学中的保守倾向、浪漫主义历史编纂学、"法的历史学派"等等,它们宣称中世纪的社会制度和贵族特权是永恒不变的。恩格斯在嘲笑《贵族报》的政治纲领时写道:"这篇文章教导我们,世界历史的存在……仅仅是为了证实三个等级的存在是必不可免的:贵族应该打仗,市民应该思考,农民应该种田。"③ 在这篇文章和其他一些文章中,他抨击了陈腐过时的德国封建的君主政体制度、官僚政治和书报检查制。

恩格斯的革命民主主义信念在他的文章《齐格弗里特的故乡》(1840 年 12 月发表)和《恩斯特·莫里茨·阿伦特》(1841 年 1 月发表)中表现得更加明显。他在这些文章中要求对保守主义和市侩作风全力以赴地进行斗争,歌颂以自由名义完成英雄业绩的强烈欲望,抗议对"任何自由运动"的镇压。恩格斯谴责一直受到德国贵族支持和煽动的

---

① 《马克思恩格斯全集》第 1 版第 41 卷第 27 页。
② 《马克思恩格斯全集》第 1 版第 41 卷第 31—32 页。
③ 《马克思恩格斯全集》第 1 版第 41 卷第 58 页。

那种对法国革命的民主原则的仇视,并提出了在德国进行民主改革的纲领,其中包括这样一些要求:消灭封建残余,扫除专制主义和社会等级,采用陪审团审讯,从而形成一个统一的民主国家。他断言:"只要我们的祖国仍然是分裂的,我们在政治上就等于零,社会生活、完善的立宪制度、出版自由以及我们所要求的其他一切都不过是一些不能彻底实现的虔诚的愿望而已。"①

恩格斯在《恩斯特·莫里茨·阿伦特》一文中,赞扬阿伦特那一代德国爱国者在反对拿破仑的解放斗争中所起的作用,同时也指出了德国爱国者思想中所固有的民族局限性。他谴责德国贵族具有反动的条顿狂,傲视其他民族,同时也批驳了自由资产阶级的许多代表人物在民族问题上所表现出的抽象的世界主义和虚无主义。但是恩格斯在批判民族主义思想的各个方面时,还必须同像阿伦特这样作者的文章中所表现出的一切民族主义倾向彻底决裂。他重复阿伦特关于把亚尔萨斯和洛林归还德国、已经分离出去的荷兰和比利时的"德意志化"②的主张。但是,恩格斯这篇文章的主要方面并不是再一次重复阿伦特的那些要求,因为他很快就认为那是毫无根据的,而是要表明他反对民族偏见,主张各民族权利平等,表明他曾大声疾呼的信念:每个民族应该受到尊重并为世界文明做出自己特殊的贡献。

恩格斯在给谷兹科夫的杂志撰稿的同时,还给另一些德国期刊写文章。在《知识界午夜报》(1840年3—5月)上发表的他的《现代文学生活》一文,说明他对"青年德意志"运动的追随者们越来越持批判的态度。他把人们的注意力引向这些人的自相矛盾,动摇不定,干劲不

---

① 《马克思恩格斯全集》第1版第41卷第159页。
② 《马克思恩格斯全集》第1版第41卷第159页。

足，缺乏思想上的统一，无原则的笔仗。这时，恩格斯清楚地认识到"青年德意志"运动已经完全放弃了它的先驱者白尔尼的政治激进主义，缺乏一个合乎逻辑的观点。在《现代文学生活》一文里，他强调必须把进步的哲学同政治活动结合起来。他在以后其他一些文章中也详尽地阐述了这一思想。他坚信：争取自由实质上就是"科学和生活的合作"，哲学和现代政治流派的合作，黑格尔和白尔尼的合作。

本卷中恩格斯在《知识界午夜报》上发表的一篇描述不来梅的政治、宗教和文化生活的报道特别重要。他在1838年7月到1841年3月曾在那里的一家贸易公司里工作过。《不来梅港纪行》（写于1840年7月，发表于1841年8月）反映了他对社会问题的敏感的认识，特别是反映了他对劳动人民之所以社会经济地位低下、极度贫困、无权的原因等问题进行的探索。

1841年秋，恩格斯去柏林服兵役。他在近卫炮兵旅经受了一年的军事训练，并在业余时间作为旁听生在柏林大学听课和参加讨论会。他发现自己处在各种哲学学派激烈争论的中心，他与青年黑格尔派的柏林小组（这些人曾组织一个名为"自由人"的研究团体）接触交往，并积极投入他们激烈的思想论战。在这个阶段，他的哲学和政治信念具有了更激进和更坚定的革命民主主义的特征。

恩格斯这个时期著作的一个重要组成部分，就是他勇敢地保卫黑格尔哲学和青年黑格尔派，使之不受宗教和保守主义的信徒特别是谢林的攻击。当时年迈的谢林，已经转到右翼，不久前还被普鲁士国王聘请到柏林大学去，以根绝可怕的黑格尔主义恶龙。在定期地听了这位反理性主义倡导者的讲课以后，恩格斯就立即写了一系列批判的论文——《谢林论黑格尔》、《谢林和启示》，以及《谢林——基督哲学家或世俗智慧变为上帝智慧》，指出谢林后期思想的反动的神秘主义的性质，揭露他愚蠢地企图贬低他当年颂扬过的黑格尔。恩格斯依然同意黑格尔的信念，即世界精神是推动历史发展的动力，但是他更加清楚地意识到需要排除黑格尔思想中的保守成分，并超出黑格尔本人设置的"界限，它们像堤坝一样拦蓄从他学说中得出的强有力的、有如急流般的结论"① 的范围，恩格斯认为，黑格尔关于思想有无限威力的学说、关于理性与真理一定胜利（他把这看做是民主的胜利）的学说具有革命的意义。

《谢林和启示》这本小册子显然带有受费尔巴哈《基督教的本质》影响的痕迹，因为恩格斯在1841年下半年曾读过这本书。恩格斯继承费尔巴哈的思想，尽管他还没有认识到费尔巴哈对宗教的批判基本上是唯物主义的，但是，他在这里朝着关于意识、关于理性（精神）和自然的关系的唯物主义观点迈出了第一步。这本小册子还证实了恩格斯在无神论方面有相当大的进展。费尔巴哈的这一专著，以及布鲁诺·鲍威尔关于早期基督教史的各种著作，帮助恩格斯摆脱了宗教的影响。

本卷中有恩格斯的一篇有趣的作品，这就是他在1842年6—7月同埃德加尔·鲍威尔合写的，标题为《横遭灾祸但又奇迹般地得救的圣经，或信仰的胜利》的讽刺诗。这首诗是以青年黑格尔派的笔调写的对宗教蒙昧主义和宗教狂热的尖锐抨击。同时，恩格斯也意识到青年黑格尔派的观点自相矛盾，带有大杂烩性质的倾向。他尖刻地讽刺"自由人"中很多成员的只会空谈革命而不能付诸实际行动这个当时已变得很明显的矛盾。恩格斯毫不讳言他所同情的人，他列举了当时德国最激进的思想家和作家，其中他最推崇马克思。在他们两人会面以前，恩格斯生动地描绘了马克思这位对革命事业满怀激情、不屈不挠的战士的形象：

---

① 《马克思恩格斯全集》第1版第41卷第211页。

> "是面色黝黑的特利尔之子，一个血气方刚的怪人。
> 他不是在走，而是在跑，他是在风驰电掣地飞奔。
> 他满腔愤怒地举起双臂，
> 仿佛要把广阔的天幕扯到地上。"①

恩格斯从 1842 年 4 月起为反对派报纸《莱茵报》撰稿，这标志着他政治上和思想上的发展开始了一个新的阶段。当时也给这家报纸投稿的马克思，1842 年秋成为该报的编辑之一。恩格斯在 1842 年 4 月至 12 月在《莱茵报》上发表了 17 篇论文和小品（包括《一个旁听生的日记》、《莱茵省的节日》、《同莱奥论战》、《普鲁士出版法批判》），主张彻底的社会改革和言论出版自由，批判自由派的保守思想和胆怯行为。恩格斯为《莱茵报》写的文章使该报在马克思主编下所具有的革命民主主义的色彩更加鲜明了。

这时恩格斯已经同"青年德意志"运动彻底决裂。他在《莱茵报》上发表的《时文评注》这篇评论中谴责了"青年德意志"运动的代言人的折衷主义和政治上的软弱无力，用他的话来说，他们"不是完整的人"②。在青年黑格尔派杂志《德国年鉴》7 月号上发表的关于亚历山大·荣克《德国现代文学教程》一书的评论中，恩格斯对这个运动的观点和政治态度进行了更严厉的批判。恩格斯在这篇评论中捍卫战斗的文学，愤怒抨击企图人为地调和对立面的"中庸"哲学。

在《莱茵报》的专栏中，特别是在《北德意志自由主义和南德意志自由主义》、《集权和自由》这些文章中，恩格斯直率地反对资产阶

---

① 《马克思恩格斯全集》第 1 版第 41 卷第 364 页。
② 《马克思恩格斯全集》第 1 版第 41 卷第 312 页。

级自由主义思想，认为"青年德意志"运动的调和立场只不过是它的一种表现形式。恩格斯对自由主义反对派采取真正的辩证态度，这完全不同于以宣扬激进主义自诩的那些"自由人"的虚无主义态度。恩格斯承认在当时的特定环境下反对派代言人对德意志联邦的反动统治所作的批判是进步性的。但他也知道自由派的中庸态度和自相矛盾是调动革命积极性和唤起人民革命干劲的严重障碍。

《集权和自由》一文表明：到1842年秋恩格斯已经认识到自由主义的局限性，看到它在德国乃至整个欧洲日益增长的反人民倾向。作为一个革命民主主义者，恩格斯严厉谴责法国的七月王朝和公开亵渎"人民主权的原则、自由出版的原则、有陪审员参加的独立的司法权的原则、议会政体的原则"①的基佐政权理想化。恩格斯以深刻的历史洞察力看出了官僚集权与专制国家之间的联系，接着又考察了七月王朝的资产阶级政权是怎样表现为旧专制制度的直接继续的。

恩格斯在批判资产阶级自由主义的同时，还继续猛烈地抨击君主专制政体、普鲁士国家和"基督教德意志国家"的思想理论家。这在他1842年秋写的《普鲁士国王弗里德里希－威廉四世》一文中可以看得非常清楚，这篇文章还预示在德国必将像18世纪末的法国那样出现革命的大动荡。书报检查制度禁止这篇文章在德国印行，所以它发表在瑞士出版的一本文集上。

本卷第一部分的最后几篇文章是恩格斯于1842年11月底到英国后从英国专门寄给《莱茵报》的报道。他在当时资本主义世界堡垒的英国的这段经历，对于他的唯物主义思想的发展，从而完全转向共产主义起了决定性的作用。这几篇报道是他在英国的最初几个星期写成的，它

---

① 《马克思恩格斯全集》第1版第41卷第392页。

们清楚地表明了他后来的思想方向。他有一段时期一直密切注视着社会主义和共产主义运动的发展,从而逐渐得出了这样的观点:只有共产主义才能解决社会问题。他对英国的经济、社会情况和英国的工人运动的了解,确实大大地坚定了他的这个看法。

在《国内危机》、《英国对国内危机的看法》、《各个政党的立场》、《英国工人阶级状况》、《谷物法》这几篇报道中,恩格斯描述了英国日益激烈的经济斗争和政治斗争,他认为各阶级利益的势不两立是其产生的根源。他十分同情地描绘了英国工人对资本主义剥削的反抗,特别是描绘了宪章派的活动。他深信,英国工人阶级在即将到来的社会革命中必将发挥决定性的作用,工人阶级只要意识到自己的真正力量并组成自己的队伍就能结束有产阶级的统治。这时恩格斯还没有完全克服他原来世界观上的矛盾方面,他还有黑格尔所认为的历史上起支配作用的是观念而不是物质利益这一观点。但是他不会不看到这样的事实:在一个像英国这样发达的工业国家里,"这个革命的开始和进行将是为了利益,而不是为了原则……革命将不是政治革命,而是社会革命"①。

本卷第二部分包括恩格斯给他的同学威廉·格雷培、弗里德里希·格雷培,他的妹妹玛丽亚、弟弟海尔曼,作家莱文·许金和记者阿尔诺德·卢格的书信。这些书信清楚地揭示了他的性格的形成过程,展示了他的广泛的兴趣、乐观的精神、对文学和艺术的爱好以及丰富敏锐的思想活动。

恩格斯写给格雷培兄弟的许多书信反映了他怎样逐渐摆脱了宗教,从中可以十分清楚地看出他在文学、哲学、宗教和政治方面的思想发展。从一开始他就对虔诚主义和伪善正统的基督教礼仪极端厌恶,后来

---

① 《马克思恩格斯全集》第1版第1卷第551页。

逐渐对基督教教义的本质发生怀疑。在与格雷培兄弟这两位牧师的通信中,恩格斯认真讨论了福音传说的真实性和《圣经》中的一些矛盾。恩格斯进行了集中的批判分析,深入研究基督教的历史,广泛阅读批判福音的著作,掌握黑格尔的辩证法,这样才使他走上了一条科学地解释宗教并在后来详尽阐述科学的无神论的道路。

恩格斯1838年至1842年的书信,使我们可以清楚地看到他的文学爱好、阅读广度以及进行敏锐的批判的才华。最初恩格斯渴望戴上诗人的桂冠,所以他在自己的信中不时引用自己的诗句。诚然,他有一些诗也曾发表过;它们往往带有模仿的形式,而正是这些讥讽嘲骂的模仿表现了最高度的独创性。然而有些诗却与众不同,它们具有深刻的政治、哲学内容和革命的含意。1839年夏天恩格斯寄给弗里德里希·格雷培的一首纪念1830年法国七月革命的颂诗就是很好的例证。① 这是一首真正的革命赞歌,诗人赞扬这次革命洋溢着人民群众的生命力,是真正的人众节日。

恩格斯对自己作品的批判,使他认识到写诗并不是他真正的才能。然而这也只是意味着他用更大的精力从事其他形式的写作活动,从事文学、社会、政治的批判。他的一些书信证明他在这方面是很下功夫的。恩格斯后来在文学批判文章中所表现的独创思想,在文章没有发表以前就已首先在他给格雷培兄弟的书信中有所阐述了。

恩格斯也曾试学翻译,曾把西班牙诗人曼·霍·金塔纳的诗《咏印刷术的发明》(A la invencion de la imprenta) 译成德文。甚至还是少年时代,他就对外语学习很感兴趣,从他的书信中可以清楚地看到他对外语有非凡的才能,而且精通好几种语言。他给他的同学的信和给作家莱

---

① 《马克思恩格斯全集》第1版第41卷第513页。

文·许金的信表明：他在文学作品中寻求的首先是对自由的热爱和人道主义思想。这也就说明他为什么特别喜爱雪莱而且还计划出版他的雪莱诗的译本，但是这个计划并未实现。恩格斯在他一向敬佩的雪莱的作品中特别珍重雪莱对自由的歌颂和对压迫的义愤。他引用雪莱的"明天一定要来到！"这句话作为他《黄昏》一诗的题词，他在这首诗中表示坚信，笼罩着德国的悲观绝望必将被"自由曙光"所代替。①

恩格斯往往在书信中比在动辄受到书报审查的文章中更加畅所欲言地阐述自己的政治信念；他直言不讳地表示他憎恨和蔑视他本国的专制制度、君主独裁统治、贵族和暴发的资产阶级的权贵人物的飞扬跋扈，以及人们在政治和思想上遭受压制的普遍气氛。恩格斯的书信中有很多地方充满着真正的民主主义精神，显示出当他认识了革命对历史的改造作用，就主张用革命的方法来扫除阻挠德国进步与统一的那些社会障碍和政治障碍。

恩格斯酷爱生活，这充分表现在他的书信中。他对艺术、绘画、旅行、运动都很感兴趣。他也算得上是一位啤酒、葡萄酒和烟草的鉴赏家。他利用大部分的闲暇时间去骑马、击剑、游泳和远足。他给他宠爱的妹妹玛丽亚的信还表现了他对音乐的爱好。他经常去听音乐会，也很喜欢歌剧，对巴赫、亨德尔、格昌克、莫扎特、门德尔松，尤其是贝多芬的作品非常欣赏，他甚至打算自己谱写合唱的赞美诗。壮观绚丽的自然界能使他感情激动，他对景色的描绘常常也是细腻动人的（参看《风景》、《漫游伦巴第》等）。

排在本卷这两个主要部分后面的是早期文学习作部分，其中有恩格斯在学生时代写的诗和1837年写的《海盗的故事》的一些章节，他把

---

① 《马克思恩格斯全集》第1版第41卷第107页。

同土耳其统治作斗争的那些希腊海盗作为这个故事的主角人物。这些片断和诗篇多少可以反映出恩格斯早期的文学兴趣和社会思想的形成过程。

收在附录中的一些文件也是重要的传记性材料，使我们能对恩格斯童年和青少年时代的生长环境有一些了解。他父亲的来信尤其是这样，其中有一封写给卡尔·斯涅斯拉格的信（1842年10月5日），证明当时家庭中的紧张关系以及虔奉宗教守旧的父亲对儿子自由思想的深切忧虑。这在很大程度上说明为什么恩格斯的父亲要把他送到英国去，他父亲希望这个长子能在英国治好这种困扰着德国青年人的思想病，重新回到教会的怀抱。恩格斯的父亲绝没有料到弗里德里希在英国竟变成一个终身不渝的无产阶级革命家和共产主义者。

（沈渊 校）

马克思向唯物主义和共产主义世界观的最终转变
——《马克思恩格斯全集》原文版第1部分第2卷前言*

本卷收集了马克思1843年3月中旬即退出《莱茵报》编辑部及1844年8月底左右开始与恩格斯合作这段期间所写的并被保存下来的手稿和文章。《黑格尔法哲学批判》手稿、《经济学哲学手稿》以及马克思参加《德法年鉴》和巴黎《前进报》编辑工作时所写的那些文章是本卷的内容。马克思这一部分文献遗产连同第3部分第1卷发表的这段时期来往的书信以及第4部分第2卷收入的《克罗茨纳赫笔记》和《巴黎笔记》,反映出他在卓有成效的新认识和重要经验的影响下形成的政治和理论发展中的一个阶段。随着对工人阶级历史使命的揭示和对这一阶级的热情支持,马克思彻底实现了向唯物主义和共产主义立场的过渡,开始了制定科学共产主义的过程。

马克思从他进行的政论活动和反对查禁《莱茵报》的斗争中获得的政治经验促使他于1843年3月重新考虑他的理论研究以及政治工作的内容和形式。这一过程发生于德国及封建抵抗运动进一步形成而同时又有所分化的时期。资产阶级越来越坚决地为其参加政权的要求进行辩护,但同时又与反封建抵抗运动内部的民主主义思潮划清界限。他们的

---

* 本文选自《马克思恩格斯研究》1991年第6期。

纲领旨在建立一个采用逐步实现的君主立宪制形式的资产阶级立宪国家。反动派对抵抗运动作出的强烈反应就是使用首先针对民主主义力量的镇压手段。在封建阶级内部这样一种认识多起来了，即应当推行封建等级制的改良，以敷衍必不可免的变革。但是，这个阶级有一部分人同时又想取消1812—1813年解放战争后实施的各种改良。

1844年6月的西里西亚织工起义，在1840年就已经开始的1848—1849年革命的直接准备中，开创了一个新阶段。资产阶级革命前夜，资产阶级民主主义改造的斗争已在历史上第一次直接同无产阶级反对资产阶级的阶级斗争结合在一起了。织工起义——德国无产阶级同资产阶级的第一次公开对抗——特别令人信服地说明，为什么制定工人阶级的科学世界观是可能的和必要的。

本卷以保存下来的《黑格尔法哲学批判》这部未完成的手稿开篇，手稿是马克思退出《莱茵报》编辑部后撰写的第一部著作。这部批判著作表明马克思已经转到哲学唯物主义立场。他从哲学和理论的角度研究市民社会和国家的关系，逐步摸索对它们的相互关系问题的历史唯物主义的回答，为转向共产主义立场作准备。这一思想发展以给《德法年鉴》撰写的那些文章而告结束。马克思对这个过程和结果描述如下："为了解决使我苦恼的疑问，我写的第一部著作是对黑格尔法哲学的批判性的分析，这部著作的导言曾发表在1844年巴黎出版的'德法年鉴'上。我的研究得出这样一个结果：法的关系正像国家的形式一样，既不能从它们本身来理解，也不能从所谓人类精神的一般发展来理解，相反，它们根源于物质的生活关系，这种物质的生活关系的总和，黑格尔按照十八世纪的英国人和法国人的先例，称之为'市民社会'，而对市民社会的解剖应该到政治经济学中去寻求。"①

黑格尔在他的法哲学中证明，资本主义取代封建主义是历史的必然。同时，他已经先从理论上认识到德国资产阶级和封建贵族之间的妥协。这就涉及国家学说和国家历史地发展成为君主立宪制的学说。黑格尔《法哲学原理》专门有一个部分，题为《内部的国家法》，这是马克思批判的对象。马克思的愿望是从哲学理论上论证革命民主主义观点，论证他在《莱茵报》上所要求实现的代表人民利益的代表制，论证人民代议制的要求。

上述这部手稿标志了马克思多年深入研究黑格尔法哲学过程中的一个重要阶段。② 这一研究开始于他在柏林大学学习时期。大约从1842年初春至9月底，马克思就着手黑格尔国家法的批判。这项工作的内容和对象正如他下面所描写的："我为《德国年鉴》写的另一篇文章是在**内部的国家制度**问题上对黑格尔自然法的批判。这篇文章的主要内容是同**君主立宪制**作斗争，同这个彻头彻尾自相矛盾和自我毁灭的混合物作斗争。"③ 1842年9月，马克思称这篇文章是"反对黑格尔君主立宪制学说的文章"④。这篇文章没有保存下来。

1842年，马克思强调过黑格尔的观点，认为封建制度和专制国家在历史上已经过时，但拒绝黑格尔关于君主立宪制的学说。马克思还从人类关系的理性谈到国家的发展，通过国家来实现的政治的、法的和道德的自由。他认为国家是一个"机构，在这个机构里……个别公民服从

---

① 《马克思恩格斯全集》第1版第13卷第8页。
② 参看《马克思恩格斯全集》原文版第1部分第2卷第571—582页。
③ 《马克思恩格斯全集》第1版第27卷第421页。
④ 《马克思恩格斯全集》第1版第27卷第434页。

国家的法律也就是服从自己本身理性的即人类理性的自然规律"①。然而，他在1842年就用黑格尔所阐发的客观唯心主义的历史辩证法冲破了黑格尔国家学说的藩篱。他认为君主立宪制是一种历史地受制约的和暂时的国家形式，而不是政治国家的历史发展的完成。1842年，马克思就以黑格尔为出发点同封建的国家观、特别是同历史法学派作斗争。

马克思退出《莱茵报》编辑部后，重又着手批判黑格尔的法哲学。这一重新着手做的工作的结果就是这部手稿，手稿的笔记最迟是在1843年夏季中断的。本卷对迄今为止通用的这一文稿的编排顺序作了一些变动。这个抉择是以详细分析原手稿和分析马克思所采用的工作方法为根据的。②

1843年手稿的新意首先取决于马克思在《莱茵报》担任编辑的几个月里所获得的政治经验和在此基础上加以概括的新的理论认识。他批判地研究普鲁士国家官僚制度和普鲁士等级代表制问题。他面对的是反封建抵抗运动的各种政治团体以及它们关于历史地必然形成变革的目标和道路的观点。在这种情况下，在普鲁士等级制度和法国代议制之间进行历史对比是起重要作用的，《莱茵报》曾就此进行讨论并用以批判普鲁士国家制度。

此后，马克思从事研究普鲁士国家制度中土地所有权的作用问题。对省议会政治机制的研究使他得出这样的结论：土地所有者的个人利益直接决定了立法的内容和议会的决议。这对马克思于1842年底撰写的对等级代表制的彻底批判十分重要。③

---

① 《马克思恩格斯全集》第1版第1卷第129页。
② 见《马克思恩格斯全集》原文版第1部分第2卷第578—584页。
③ 《马克思恩格斯全集》原文版第1部分第1卷第272—285页。

同时，马克思站在"被剥夺了财产的阶级"这一边，认识到这个阶级在普鲁士国家机体中被彻底剥夺了权利的地位。他承认"被剥夺了财产的阶级"的物质利益，自觉地把他们的要求纳入人民应有自己的代表的要求并着手研究空想社会主义和共产主义。

由于有了这些新的认识，马克思扩充了自己的政治要求并作了具体说明：国家必须是人民利益、人民意识和人民意志的直接体现。这使他有的放矢地批判黑格尔对人民主权的否定，批判黑格尔试图用以否认无产阶级群众的国家公民的权利和能力的伪科学的论据。

1843年手稿的新意的一个重要特征是马克思充分肯定费尔巴哈以唯物主义观点批判黑格尔。1839年以来，马克思就密切注意费尔巴哈同黑格尔唯心主义的论战。费尔巴哈在1843年2月发表的《关于哲学改革的临时纲要》一文中尖锐地进行了这一批判。他明确地制定了他已经毫不含糊地与布鲁诺·鲍威尔的自我意识哲学划清界线的唯物主义观点。马克思在退出《莱茵报》编辑部之前不久研究了费尔巴哈的这篇著作，这时他已经开始概括自己的政治活动的重要认识和经验。他的第一个结论是："费尔巴哈的警句只有一点是不能使我满意，这就是：他过多地强调自然而过少地强调政治。然而这一联盟是现代哲学能够借以成为真理的唯一联盟。"①《临时纲要》能促使马克思对黑格尔法哲学的批判具有一个新的哲学理论的出发点，其重要原因正在于马克思在《莱茵报》工作时期获得的认识和经验。1843年初，马克思在费尔巴哈的著述中找到了符合他自己的理论认识和新的哲学经验的观点。

《黑格尔法哲学批判》这部手稿证明，马克思的革命民主主义到1842年和1843年初已经日益顺乎事理，它准备并决定了马克思向哲学

---

① 《马克思恩格斯全集》第1版第27卷第442—443页。

唯物主义立场的转变。用唯物主义观点批判黑格尔对整个的分析产生了影响。马克思在手稿的开头已经说明他新制定的哲学唯物主义世界观。在对《法哲学原理》第262节的分析中，他批判了在黑格尔著作中国家怎样以家庭和市民社会为中介的方式方法。马克思这样揭示道：这种中介观点是"集法哲学和黑格尔全部哲学的神秘主义之大成"①。黑格尔认为，家庭和市民社会对国家的关系是现实观念的"想象的内部活动"②。家庭和市民社会只是客观环节：只是这种观念的有限性，"它们结合成国家，不是它们自己的生存过程的结果，相反地，是理念在自己的生存过程中从自身中把它们分离出来"③。

相反，马克思打算从现实出发来确定家庭和市民社会以及国家以家庭和市民社会为中介。这种现实具有它自己的理性，不需要借助普遍的、客观的观念作非现实的解释。"家庭和市民社会是国家的真正的构成部分，是意志所具有的现实的精神实在性，它们是国家存在的方式，家庭和市民社会**本身把自己**变成国家。它们才是原动力。"④ "家庭和市民社会是国家的前提，它们才是真正的活动者"。⑤ "政治国家没有家庭的天然基础和市民社会的人为基础就不可能存在。它们是国家的必要条件。但是在黑格尔那里条件变成了被制约的东西，规定其他东西的东西变成了被规定的东西，产生其他东西的东西变成了它的产品的产品。现实的观念之所以下降为家庭和市民社会的'有限的领域'，只是为了在

---

① 《马克思恩格斯全集》第1版第1卷第253页。
② 《马克思恩格斯全集》第1版第1卷第250页。
③ 《马克思恩格斯全集》第1版第1卷第251—252页。
④ 《马克思恩格斯全集》第1版第1卷第251页。
⑤ 《马克思恩格斯全集》第1版第1卷第250—251页。

扬弃它们的同时享有自己的无限性并重新产生这种无限性。"① 马克思以此加强在政治社会领域中费尔巴哈所创立的用唯物主义观点对黑格尔的批判。同费尔巴哈的功绩相比，从对黑格尔国家法的分析、从对政治关系的研究中明确提出的哲学唯物主义是一个显著的进步。

马克思在批判中保留了黑格尔的历史辩证法的重要因素，并在哲学唯物主义的基础上进一步发展了这些因素。他说明，哲学的任务或"真正的批判"就是研究、解释、理解这些矛盾产生的情形，内在根源和必然性。"这种在于……把握特殊对象的特殊逻辑。"② 对本质、普遍性、矛盾应该从它们在经验现实中的形成和从经验现实发展起来作出解释，而黑格尔则把时间上处于现实之前、逻辑上处于现实之外的绝对概念这些规定当作普遍性。马克思认为，哲学的任务是揭示和阐述经验现实本身的理性、观念、逻辑、法。

黑格尔在他的法哲学中从理论上论证："现代国家"同封建专制制度相比是历史的进步。马克思承认这是黑格尔法哲学的进步成分。然而，黑格尔把这些国家的具体的历史的本质解释为理性东西，解释为一般国家的本质。君主制、贵族统治和民主制对黑格尔来说是从一个方面实现国家观念、实现自在自为的理性东西的历史形式。相反，他把君主立宪制确定为历史过程的终结，政治国家同国家本质相一致的建立。"国家在向君主立宪制的发展中，实体性观念获得了永恒的形式。"③ 马克思在这个观点中认识到黑格尔法的局限。黑格尔对君主立宪制作了理

---

① 《马克思恩格斯全集》第1版第1卷第252页。
② 《马克思恩格斯全集》第1版第1卷第359页。
③ 黑格尔：《法哲学原理》，爱·甘斯出版，柏林1833年版（《黑格尔全集》第8卷第335页）。

论上的论证,从而阐明资产阶级的政治利益,首先是那些势力所追求的东西,这些势力已经有意识地把自己的利益要同人民的利益划清界限说成是从英国和法国资产阶级革命中吸取的教训。

马克思在1843年的分析中集中研究的是市民社会和国家的关系、批判黑格尔从理论上论证的市民社会和国家的分离以及批判黑格尔以这两者为中介。马克思对这个问题的研究,成了制定唯物主义历史观的十分重要的出发点。

黑格尔发展了自己的"市民社会"理论,而且首先以亚当·斯密为出发点。他把国家或法的—政治的领域同社会中或经济社会领域中人的共同社会生活区别开来。他认为市民社会的特征一方面是个人的存在,他的个人目的和需要,另一方面又是个人彼此之间的社会依存性、劳动、劳动分工、财产关系、与此同时出现的任意、偶然性和压迫、由此产生的对立以及与对立造成的后果贫富、荒淫无度、贫困的斗争。他还把市民社会称为外部国家、即需要和理智的国家,警察和司法也属于外部国家。资产阶级经济学家和黑格尔描述"市民社会"这一概念既是资本主义私有制基础上的个人的共同社会生活,又是封建制度和古希腊罗马时期的社会经济关系。1843年,马克思采用了黑格尔的"市民社会"概念并把过去的市民社会与现代的市民社会区别开来。

黑格尔认为,国家是人们的社会政治的共同生活的机构。国家是体现着自在自为的理性东西和普遍东西的国家观念的实现,在自在自为的理性东西和普遍东西中,自由享有其最高权利,而最高权利同时是同单个个人对立的。黑格尔认为,应该通过自在自为的理性东西本身的实现消灭经济—社会领域和法的—政治的领域的分离。市民社会内部的竞争关系和对立作为必要的生存方式而继续存在;但是,在政治领域里它们将通过国家来协调、调解。马克思在这种调解作用中认识到黑格尔法哲学的主要矛盾。黑格尔从"市民社会和政治国家的**分离**（从现代的状况）这个前提出发，并把这种状况想象为**理念**的**必然环节**……他把国家的自在自为的普遍性同市民社会的特殊的利益和要求对立起来……另一方面，黑格尔又希望……**市民生活和政治生活**没有**任何**分离。……他却希望国家的统一能表现在国家内部"①。马克思由此得出结论："黑格尔把市民社会和政治社会的分离看做一种**矛盾**，这是他较深刻的地方。但错误的是：他满足于**只从表面上**解决这种矛盾。"②

相反，马克思研究了"现代国家"的历史起源，即它从封建制度发展而来，指出市民社会和政治国家分离这种受历史制约的性质并论证了在"真正的民主制中"消除这种分离的必然性。

他阐明中世纪是一种社会状况，在这种社会状况中市民社会没有同政治国家分离。等级直接在政治上起作用。对一个等级的社会从属性直接地共有政治特权，另一方面，这些特权又规定了对这个或那个等级的紧紧相连的从属性。根据这一观点，马克思认为农奴和依附农的政治上完全不自由和无权地位是他们在等级制度所处的社会地位的直接政治后果。

马克思把封建制度历史地必然解体确定为一个历史过程，在这一过程中，市民社会和政治国家、社会领域和政治领域相分离，政治等级变为社会等级。这意味着个人分为"市民社会成员的市民"和"公民"。马克思强调说，要成为公民，要"获得政治意义和政治效能"，人就应该走出"社会组织即市民社会的组织"。③

---

① 《马克思恩格斯全集》第 1 版第 1 卷第 336 页。
② 《马克思恩格斯全集》第 1 版第 1 卷第 338 页。
③ 《马克思恩格斯全集》第 1 版第 1 卷第 341、340 页。

马克思认识到，社会的社会组织中由阶级决定的差别正处于萌芽状态。他在批判黑格尔法哲学时还未能理解到政治国家对建立在资本主义私有制基础上的市民社会的社会组织的依赖性。然而，对社会组织和政治领域之间的关系的探讨提供了重要的认识。马克思虽然只是部分地提到这些认识，但它们却是进一步制定科学世界观的最有益的出发点。

马克思注意到政治世界的天国中的平等同社会的人世存在中的不平等是"现代国家"的标志。他强调说，在政治等级到社会等级的转变过程中，也改变了市民社会的等级的差别和差别的标志。"而在社会本身内，这种差别则发展成为各种以**任性**为原则的不稳定不巩固的集团。**金钱**和**教养**则是这里的主要标准。"① 马克思在这一点上区分等级和社会地位。他在《莱茵报》上就已经把通过法和特权固定下来并在等级设施中起政治作用的等级同作为社会活动的差别标志的等级区分开来。此后，马克思开始针对封建制度的政治等级提出现代市民社会中的社会活动和社会地位。他以此掌握了社会阶级划分的重要标志。

马克思关于"**被剥夺了一切财产**的人们和**直接**劳动即具体劳动的**等级**，与其说是市民社会中的一个等级"，还不如说是这个社会的"基础"② 的论断，是同样重要的、指明未来的认识。根据《莱茵报》时期的文章和研究，马克思探索出这样的认识，"被剥夺了财产的阶级"由于自己的社会地位而在质上不同于所有其他阶级和阶层。

马克思断言，个人和个人的存在是现代市民社会的最终目的。相反，人的本质特征，如劳动、活动、社会关系和条件，人的社会性或类本质只是个人存在的手段和必要性。人的本质特点是在现代国家中借助

---

① 《马克思恩格斯全集》第 1 版第 1 卷第 344 页。
② 《马克思恩格斯全集》第 1 版第 1 卷第 345 页。

于公民的政治权利来实现并且同人的个人存在和社会存在分离。马克思认为，这种分离的主要原因是在市民国家中不可能实现代表人民利益的代表制和人的类本质。

特别值得注意的是马克思对黑格尔论证的立法权的分析。马克思就这一点努力研究私有财产以及它对行使立法权的影响。黑格尔认为，立法权的决定因素是等级要素。等级应该消除市民社会和政治国家的分离。正如马克思强调指出的那样，黑格尔需要把等级要素作为中介，作为普遍事务的虚幻的存在，因为他把普遍事务设定为在人的普遍本质之外的抽象观念。相反，马克思把人民利益、类意志、人民的有自我意识的意志规定为普遍事务。黑格尔认为，等级应该阻止君主的任意、特殊利益的任意和人民群众的直接行动。马克思强调，黑格尔以此把封建制度的要素引进"现代国家"。

在马克思看来，这在黑格尔关于地产在立法权中的作用的观点中就更加明显。黑格尔从现代市民社会的社会划分中推导出等级差别。他把土地占有者分成等级：手工业者等级（资本家和手工业者）和"具有把社会状况的普遍利益变为自己的事务的"① 等级。无产阶级在其社会划分中却毫无地位。因而，各个等级的代表体现的不是自己等级的特殊利益，而是普遍事务，黑格尔在他虚构的政治国家中需要安全。这种安全的重要保障对他来说就是独立的地产。黑格尔认为，地产的不可转让、不可分割和已确定下来的遗传就是保障，它使地产不依赖于君主和行政权的任意，也不依赖于等级的特殊利益和人民的利益。马克思那时就把封建地产称为真正的、自主的、呆板的、抽象的私有财产，而灵活

---

① 黑格尔：《法哲学原理》，爱·甘斯出版，柏林1833年版（《黑格尔全集》第8卷第267页）。

的私有财产或财产并不是真正的私有财产。这种私有财产包含着"人对人的依赖",不依赖于对这种依赖性的评价,① 因此,马克思也用社会财产这一概念来解释这一点。然而,原则上他给私有财产下定义为法律的关系。"只是由于社会赋予实际占有以法律的规定,实际占有才具有合法占有的性质,才具有**私有财产**的性质。"②

在黑格尔的政治国家的虚构中地主直接被解释成立法者,他们作为土地占有者——马克思这样称道——的社会存在同时就是他们的政治存在。与此相反,其他等级的代表只有通过选举和与选举有关的一些条件才能成为立法者。因此,黑格尔认为,实现普遍事务的保障只能是必须在立法权中起统治作用的不可转让的地产。

因此,正如黑格尔所论证的,政治国家是以不可转让的地产的形态来实现私有财产的权力的。政治的独立性变成了不可转让的私有财产的特性。马克思从中得出了一个重要结论。在市民国家的任何政治制度中地产实际上决定政治制度,即政治国家,在这种政治制度中不可转让的私有财产、不可转让的地产应该是独立的保障,是维护普遍事务的保障。

马克思对自己的革命民主主义目标所作的哲学理论论证的重要组成部分是对个人和社会的关系的研究。马克思从原则上批驳了以布鲁诺·鲍威尔的自我意识理论为根据的抽象的个人。他把个人的存在和人的类存在加以区别。这里他也还是依据费尔巴哈的重要认识。马克思把社会描述为类存在,人的普遍本质,人的本质力量的实现。马克思认为,社会根本不是个人的总和。个人的理性、本质、普遍性在社会中成为现实

---

① 《马克思恩格斯全集》第 1 版第 1 卷第 372 页。
② 《马克思恩格斯全集》第 1 版第 1 卷第 382 页。

性。因此，马克思认为，家庭、市民社会和国家是人的社会存在方式，是"人的本质的客体化"，是人的"**现实**普遍性"。① 国家是"人的最高的社会现实"②，是"社会存在的最高的自在自为的现实"③。他把国家的职能视为"人的社会特质的存在和活动的方式"④。

马克思在这里显示出他在认识上的巨大进步。国家不再像他在 1842 年夏天所下的定义那样，不再是理性的自由的实现或人的理性的实现，而是社会的存在、社会的特质、人的社会的现实。马克思试图从经验的现实中得出社会的规定性。但是，他还未能确定个人和社会的关系即市民社会和国家的关系的社会经济性质并且在原则上也是具体历史的性质。对于社会经济关系缺乏足够的知识，这并不表现在对具体国家形式的批判上，倒是表现在马克思对国家所下的定义上。总的说来，马克思阐述了他以现实加以对照的一种非历史的抽象和观念的设想。尽管他的其他论著的重要出发点也在于此。马克思试图证明，无论是封建制度还是市民国家都不可能实现人的普遍本质和人民的利益。按照马克思那时的理解，只有"真正的民主制"才能实现这一点，"真正的民主制"消除市民社会和政治国家、社会领域和政治领域、市民社会成员和国家公民的分离。

马克思认为，"真正的民主制"就是政治制度，它在现实的人、现实的人民中有自己的基础，它是这些现实的人民自己的创作。"民主制从人出发，把国家变成客体化的人。"⑤ "在民主制中，国家制度本身就

---

① 《马克思恩格斯全集》第 1 版第 1 卷第 293 页。
② 《马克思恩格斯全集》第 1 版第 1 卷第 292 页。
③ 《马克思恩格斯全集》第 1 版第 1 卷第 388 页。
④ 《马克思恩格斯全集》第 1 版第 1 卷第 270 页。
⑤ 《马克思恩格斯全集》第 1 版第 1 卷第 281 页。

是一个规定，即人民的自我规定。"① 马克思认为，君主制和共和国只是特殊种类的政治制度，而民主制则体现政治制度本身。按照马克思的观点，在民主制中，所有国家公民都与国家有关系，都是国家的直接部分，都自觉地关心国家。不再需要代表，因为"作为类活动的一切特定的社会活动"都代表类，代表自己的本质和对其他人的关系。每个人都是"代表……他是他自己并且他在做自己所做的事情"②。马克思还承认，个别的国家行为不可能由大家来完成，因为，不是任何个别的行为都可能是集体的。不过，这个方面对它来说具有从属意义。

马克思着手研究了一些具体的政治要求，这些要求表明实际上应该怎样实现真正的民主制。在"真正的民主制"中立法权的主要任务是揭示和表述现实的客观的法律。这种法律应该一开始就是政治的并由整个国家来决定，即在其社会存在中加以检验。它应该表现人的社会存在、社会特质、社会关系的准则、规则、联系。

马克思这样说道，充分实现选举权和被选举权是取消政治国家和取消市民社会的需要。它是实现"真正的民主制"的手段。马克思打算仍然从利益代表者方面来论述广泛的选举制改革的要求，但是，这个计划没有完成。

把从理论上论证"真正的民主制"当作必须借以实现真正的国家、实现人的最高的社会现实性的目标，这反映出马克思在 1843 年夏天的认识水平。转向共产主义和历史唯物主义立场的出发点在于试图科学地论证他的革命民主主义目标、人民主权，实现作为社会本质的人的自由、实现人的本质力量，并且在人民中、在人民的自我意识的意志中寻

---

① 《马克思恩格斯全集》第 1 版第 1 卷第 282 页。
② 《马克思恩格斯全集》第 1 版第 1 卷第 280、394 页。

找这个合乎规律的历史过程的客观动力。

本卷的第 2 部分包括马克思在《德法年鉴》上的文章和所有马克思的文献或有马克思署名的文献，这些文献证明了《年鉴》的准备和出版工作。本卷的科学资料阐述并证明了这份杂志创办的历史。① 这些科学资料对马克思参加该杂志的准备工作，该杂志的方针、《年鉴》创办的情况和失败的原因以及马克思与正义者同盟巴黎支部的联系都有新的说明。

说明该杂志宗旨的一个重要的来源是"1843 年通信"，其中马克思自 1843 年 3 月 17 日至 9 月底的几封信是主要的。本卷的科学资料对信的作者卢格所利用的马克思书信的估计数字以及卢格可能对这些信所作的改动都提供了新的认识。②

"通信"说明了促使马克思和卢格出版《德法年鉴》的动机，并且载有该杂志的计划。首先是马克思的说明对这份计划产生了影响。由于从 1843 年 3 月中旬至 9 月底这段时间马克思的任何原信都没有保存下来，收入"通信"的文献同时对马克思在这几个月内世界观的发展和从事政治活动的作用提供了说明，《黑格尔法哲学批判》这部手稿也是在这几个月里写的。

在第二封信里（出版物上注明日期为"1843 年科隆"），从理论上概括了 1841 年至 1843 年初普鲁士的政治关系。这是《年鉴》计划的重要组成部分，同时也是重新修订《黑格尔法哲学批判》的重要前提。

马克思把普鲁士描述为这样一种社会和政治制度，它一方面打上了

---

① 《马克思恩格斯全集》原文版第 1 部分第 2 卷第 529—553 页。
② 《马克思恩格斯全集》原文版第 1 部分第 2 卷第 939—952 页。

封建主、官吏们、拥有土地和人的容克地主的烙印；另一方面，支持和拥护封建状况的各阶层的代表也属于这一制度。马克思把他们称作庸人。他把庸人习气看作封建制度的主要标志，其他进步作家也是那样评价的。然而，马克思比他们更明确地强调，君主制即使是作为专制制度或暴政出现，即使以普鲁士老国王弗里德里希·威廉三世的面目或普鲁士新国王的"自由主权"的面目出现，都是一个原则。它的共同本质是轻视人、使世界不成其为人的世界，"轻视人，蔑视人，**使人不成其为人**"①。马克思由此得出结论，在这种制度下不可能发生根本的变化。唯一的出路是消灭封建状况、消除君主制和庸人世界。马克思确定封建制度是人类发展中的历史制度，并对国家形式或政府意图在这个制度内部可能有的变化作出评价，他就是以此来论证为什么自由力量在封建普鲁士国家原有的基础上消灭这个国家的企图必然要失败。这个评价证明马克思的远见卓识和他运用历史的辩证方法正确评价普鲁士境内多变的现实政治事件并从中得出政治结论和目标的能力。

马克思要求"过渡到民主的人类世界"②。只有把自由当作"人的自尊心""才能使社会重新成为一个人们为了达到崇高目的而团结在一起的同盟，成为一个民主的国家"。③ 马克思在"工商业的制度，人们的私有制和剥削制度"④ 中首先看到封建制度已无法弥补的那些合乎逻辑地导致过时的关系内部分裂的因素。

马克思宣称，必须通过"有思想的人"和"受苦难的人"之间的

---

① 《马克思恩格斯全集》第1版第1卷第411页。
② 《马克思恩格斯全集》第1版第1卷第412页。
③ 《马克思恩格斯全集》第1版第1卷第409页。
④ 《马克思恩格斯全集》第1版第1卷第414页。

互相理解来实现民主制的国家。因此,马克思开始把受苦难的人的行动纳入他的政治目标。"事件的进程给能思想的人认识自己的状况的时间愈长,给受苦难的人进行团结的时间愈多,那么在现今社会里成熟着的果实就会愈甘美。"①

第三封信,在"通信"中注明日期为"1843年9月于克罗茨纳赫";在这封信中政治发展的目标和哲学的任务更明显地处于中心地位。这一思想对《德法年鉴》选择方向所具有的纲领性意义是显而易见的。马克思坚决反对"推断未来和宣布一些适合将来任何时候的一劳永逸的决定"②。他以此间接地批判黑格尔的神秘的虚构,直接地批判空想主义者的体系结构,特别是空想共产主义者泰奥多尔·德萨米、埃蒂耶纳·卡贝和威廉·魏特林的体系。马克思说,哲学在科学上和政治上的任务是"要**对现存的一切进行无情的批判**,所谓无情,意义有二,即这种批判不怕自己所作的结论,临到触犯当权者时也不退缩"③。从对旧世界的批判中积极地形成、发展和建立新世界。

马克思进一步阐述了他在1842年就已指出的思想。过去和现在包含着必须从中推演和论证未来的发展的客观原因。这种方法是以合乎规律的历史进程的确定性为依据的,那时,马克思就把这种进程理解为历史的永恒存在的理性。批判家必须"从现存的现实**本身**的形式中引出作为它的应有的和最终目的的真正现实"④。"真正现实"这个规定基本上仍然是非历史的抽象概念。但是,马克思试图从现存的社会现实和政治

---

① 《马克思恩格斯全集》第1版第1卷第414—415页。
② 《马克思恩格斯全集》第1版第1卷第416页。
③ 《马克思恩格斯全集》第1版第1卷第416页。
④ 《马克思恩格斯全集》第1版第1卷第417页。

现实中得出新的任务并把它们看作是与历史进程相适应的客观性。他在1843年夏天对空想社会主义和共产主义的研究对确定《年鉴》的政治纲领是有益的出发点。

马克思努力概括社会主义和共产主义学说并把它们纳入历史思想史中。他把人的存在的两个方面区别开来。第一方面是人的生命的实在性，社会主义原则加以研究的社会斗争和需要。第二方面是人的理论上的存在，即通过对宗教、科学等等的批判来探讨人的理论上的存在。因此，马克思在1843年把社会主义原则或社会主义解释成对人的现实存在的深入研究，以便从实践上实现真正的人的生命。他认为，社会主义原则是普遍的东西、延伸的东西。马克思把各种共产主义学说和社会主义学说，作为特殊的但又是必然的现象从属于普遍的东西，即从属于社会主义原则。他把这些学说关于社会发展目标的专门论述理解为普遍原则的一部分。因此，空想共产主义以及空想社会主义都只不过是片面地实现社会主义原则。

马克思的论述表明他努力汲取空想社会主义和空想共产主义的合理认识。他竭力争取达到相互理解，因为，这是那些首先作为《德法年鉴》同仁的社会主义者和共产主义者应该获得的。①随着马克思这种批判性的深入研究，特别是关于消灭私有财产的论述，他已为自己转向共产主义立场做好了准备。

《德法年鉴》上的两篇文章《论犹太人问题》和《〈黑格尔法哲学批判〉导言》标志着马克思的政治发展和世界观发展中一个新的特质。列宁写道，在这个《年鉴》中"马克思已……彻底完成……从唯心主

---

① 参看《马克思恩格斯全集》原文版第1部分第2卷第531—533、537—541页。

义转向唯物主义,从革命民主主义转向共产主义"①。对这一彻底转变,对同时开始制定科学共产主义有决定意义的,首先是马克思世界观发展的两个结果:一个是关于由私有财产统治的市民社会决定国家,因而必须予以革命地改造的认识,一个是揭示无产阶级的历史作用。

马克思在巴黎时才写成这两篇文章。这两篇文章的笔记是他1843年7、8月在克罗茨纳赫开始而10月中旬起又在巴黎继续进行的紧张的历史研究工作之前写的。他研究了各市民国家具体地历史形成的过程以及这种过程在当时国家制度中的反映。他的研究工作的核心是分析1789年至1795年的法国大革命,是研究北美共和国的政治制度。②

在《论犹太人问题》一文中,马克思分析研究了布鲁诺·鲍威尔的两篇文章,其中一篇文章写了关于德国犹太人解放的必要性。③ 鲍威尔为国家从宗教解放出来这一资产阶级民主主义要求进行辩护并从理论上加以论证,而且把这种受历史制约和限制的要求提升到解放全人类的目的。马克思说,人类解放这个问题不可能在青年黑格尔哲学的理论基础上和在资产阶级民主主义的政治基础上得到回答。因此,他同青年黑格尔主义彻底决裂,开始对青年黑格尔主义进行原则性的批判。

马克思在这场论战中第一次把他对未来的设想称为人类的解放。同时,他重新详细地研究封建主义由资本主义替代的内容和性质,从此,他就把这种替代称作政治革命。马克思总结了自己的《黑格尔法哲学批判》这一著述中的成果,并进一步发展了这些成果。

---

① 《列宁全集》第2版第26卷第83页。
② 参看《马克思恩格斯全集》原文版第4部分第2卷第5—278和12—16页。
③ 参看《马克思恩格斯全集》原文版第1部分第2卷第648—651页。

政治革命把市民社会从封建主义的政治束缚中解放出来，实现了政治解放。马克思说，消灭等级制、公会和特权代表了政治解放的历史进步。市民社会转变成"两个简单组成部分：一方面是个人，另一方面是构成这些个人生活内容和市民地位的**物质要素和精神要素**"①。政治解放是人类解放前的最后阶段，它为人类解放创造了必要的前提。

马克思重新分析了政治国家和市民社会的关系并由此得出新的认识。得出这些认识的一个决定性前提是：与1843年的手稿不同，他从历史角度更准确地理解各种形式的市民国家。他研究具有完成了的形态的政治国家，如北美共和国形式的完成了的政治解放，他把法国的君主立宪制描述为不彻底的政治解放。许多年后，他把北美共和国看作"这样一个国度：在那里，资产阶级社会不是在封建制度的基础上发展起来的……在那里，它不是表现为一个长达数百年的运动的遗留下来的结果……在那里，国家……从一开始就从属于资产阶级社会，从属于这个社会的生产，并且从来未能用某种自我目的掩饰起来"②。马克思的对这些不带任何过去时代遗迹的国家所作的文献研究必然大力推进对市民社会和国家的关系的阐释。

马克思认为，北美合众国中的资产阶级共和国的本质特征是，不受限制的选举权和被选举权不再受私有财产的占有的约束。出身、等级、文化程度和职业已不再享有特许权。马克思强调指出，这样就以政治方式废除了私有财产。如果他在《黑格尔法哲学批判》手稿中还把不受限制的选举权当作解决市民社会和政治国家的分离的一种手段，那么现在，他在这个制度中认识到了市民国家的全面发展。资产阶级共和国既

---

① 《马克思恩格斯全集》第1版第1卷第441页。
② 《马克思恩格斯全集》第1版第46卷（上）第4页。

没有消灭私有财产也没有消灭以私有财产为基础的社会对立和冲突。私有财产是资产阶级共和国的前提。在"市民社会"中人是利己主义的个人，向自己原来的本质相异化，在政治国家中，人被视为类本质并作为类本质而活动，但是他被剥夺了真正的个人的生活。

另一个重要的进步是对法国大革命和北美共和国所颁布的人权宣言和公民权宣言进行的分析。马克思在巴黎以具体的历史观点论述了人分离为资产阶级和公民，在1843年手稿中这个问题已经是他的理论研究的对象。马克思论证说，人权就其本质来说是利己主义的、脱离了他人以及和共同体隔绝的个人的权利。自由和平等的权力是私有财产的权力，是要求保护私有财产的权力和充分利用私有财产的一切优越性的权力。它保障私人利益和利己主义的需要，保护私有财产和私有者的权利。公民权、人参加政治共同体和国家是保证人权的手段。政治共同体成为私有财产的奴仆。

马克思在巴黎第一次说明政治革命的历史界限在于，它不可能对市民社会本身，即它的组成部分实行革命，因为私有财产、私人利益和私人权利是市民社会制度的基础、前提、自然基础。钱这个问题，实际需要和自私自利在钱，即"一切事物的普遍**价值**，是一种独立的东西"①上显示出来，是市民社会的原则，这种原则把政治革命变成市民社会的条件和前提。因而，利己主义的个人被说成本来是真正的、现实的人，人的本来本质、人的类存在被置于公民权利的地位。然而，这里的人依然只是："**寓言的人，法人。**"②

同《黑格尔法哲学批判》一文相比，这些见解表述了崭新的特质。

---

① 《马克思恩格斯全集》第1版第1卷第448页。
② 《马克思恩格斯全集》第1版第1卷第443页。

马克思认识上的进步首先受下面这些认识的影响：在市民社会中，人的生活受私有财产的支配，它使人与人互相隔离、促进了利己主义的私人利益，阻止了人的普遍的本质力量的实现。这种私有财产是市民国家的前提并支配这种国家。公民的政治权利服从于私有者的权利。马克思不再要求用实现"真正的民主制"来消灭市民社会和国家的分离，而是要求对市民社会实行革命。这是从理论认识中得出的政治结论：现代的市民社会决定政治国家。对此，恩格斯在1885年写道："马克思不仅得出同样的看法，并且在'德法年鉴'（1844年）里已经把这些看法概括成如下的意思：决不是国家制约和决定市民社会，而是市民社会制约和决定国家。"①

马克思从对政治革命和解放的分析中得出了人类解放的可能性和必然性的结论，他在1843年底就这样描述道："只有当现实的个人同时也是抽象的公民，并且作为个人，在自己的经验生活、自己的个人劳动、自己的个人关系中间，成为**类存在**物的时候，只有当人认识到自己的'原有力量'并把这种力量组织成为**社会**力量因而不再把社会力量当作**政治**力量跟自己分开的时候，只有到了那个时候，人类解放才能完成。"②

接下来合乎逻辑的发展必定是这样的，即马克思重新提出和回答社会发展的动力问题。马克思研究了市民社会的阶级结构；第一次使用了"市民社会的阶级"这个概念。他认识到，哪些阶级在封建主义社会占统治地位，哪些阶级在资本主义社会占统治地位，哪些阶级在资产阶级革命过程中自己的政治统治地位被取代，哪些阶级实行这种取代。他开

---

① 《马克思恩格斯全集》第1版第21卷第247页。
② 《马克思恩格斯全集》第1版第1卷第443页。

始以这种方式直接分析研究市民社会本身、社会现实、社会经济结构。《〈黑格尔法哲学批判〉导言》一文就反映了这些研究的开端。

马克思在这篇文章里总结了德国哲学整个一个时代的成果即对宗教的批判，此后他基本上认为这一批判已告结束。对此，他叙述了青年黑格尔运动的先进成就。同时这也是自己发展的总结。马克思没有列举费尔巴哈的名字，却特别重视费尔巴哈对宗教的批判并深化了这一批判。马克思对宗教追溯到它的社会基础。国家、社会"产生了宗教"，①"**宗教的苦难**既是现实苦难的**表现**，又是对这种现实苦难的**抗议**"②。马克思根据这个推论阐述了哲学的任务，即"揭露非神圣形象中的自我异化"。③他把社会现实的批判、法和政治的批判提到日程上来。

马克思在为他计划出版的《黑格尔法哲学批判》所写的《导言》④中首先把法国和英国的历史发展同德国的历史发展作了比较。这种比较在马克思1842年和1843年的文章中已起了作用。现在对法国、英国和北美合众国的历史所作的研究以及对空想社会主义和空想共产主义的研究使他得以提出新的见解。圣西门和傅立叶研究的是这样一些问题：法国大革命后如何实现人权和公民权，如何实现自由、平等、博爱的理想，无产者日益增长的贫困如何同这一理想相一致。两人对法国资产阶级改造的成果采取批判的态度。马克思能够从圣西门和傅立叶，而更多的是从圣西门的追随者那里研究有关不同社会时期的合乎规律的替代的观点。他能够在这里找到对封建社会和市民社会的阶级结构的比较准确

---

① 《马克思恩格斯全集》第1版第1卷第452页。
② 《马克思恩格斯全集》第1版第1卷第453页。
③ 《马克思恩格斯全集》第1版第1卷第453页。
④ 参看《马克思恩格斯全集》原文版第1部分第2卷第668—669页。

的认识。圣西门学派指出，资产阶级取代贵族是在资产阶级和劳动阶级的共同利益的基础上发生的。他们断言，资产阶级在1830年七月革命中取得了全部政权。复辟的性质决定他们不是恢复贵族的政权，而是充实资产阶级的政权。

通过对这些历史知识和理论概括，马克思充实了、准确地表达了他对德国半封建的政治关系的批判。现在，我们第一次在他的著述中发现这样的评价：同法国和英国相比，德国落后了整整一个历史时期。在法国和英国是"**社会对财富的控制**"，在德国却是"**私有财产对国家的控制**"。① 德国状况对英国和法国来说已成为历史。只有德国哲学，特别是德国的国家哲学和法哲学同那些国家的政治社会现实一样处于相同的阶段。法国和英国的资产阶级国家的实际崩溃，反映在德国则只是法哲学和国家哲学以及整个哲学的严重崩溃。马克思从而认识到世界历史的客观进程的主要联系。

他提出这样一个假设：德国不必尾随法国、英国的发展，而是必须超越整整一个历史时期。这个结论是由于对无产阶级革命的客观条件和主观条件还缺乏认识。然而，在这方面马克思回答了这个改革过程的社会动力问题。在法国，消灭了贵族政权，市民社会的一部分或一个阶级，资产阶级获得了解放，取得统治地位。资产阶级在资产阶级革命中是以普遍利益的代表身份出现的，而且人民也承认它是这样的代表。这只是因为资产阶级能够以一切人的普遍权利的名义改造关系到本身利益的政治关系。马克思得出结论，在法国，解放者的角色转而由各个阶级担任，它们当时是作为特殊阶级而成为全体人民的社会需要的代表的。他固然把先后取得政权的资产阶级的各种派别或一部分还视为阶级，但

---

① 《马克思恩格斯全集》第1版第1卷第457页。

他认为这是主要的社会过程。

与此相反，德国资产阶级未能庆祝自己的胜利就遭到了失败。它未等获得普遍的意义就展现出自己狭隘的本质。它既没有普遍解放的能力又没有普遍解放的需要。对德国资产阶级的这些评价来自马克思在《莱茵报》从事活动期间的一些经验。通过对资产阶级在法国大革命中的作用所进行的研究，这一评价进一步发展成为理论认识。

马克思由此得出结论，在德国只有一个阶级还能够代表普遍利益：这就是无产阶级。他第一次阐述了工人阶级的历史作用这一论点。这一认识标志着他彻底地转向共产主义。马克思在巴黎从事的科学和政治活动的重要成果以及在那里显示出来的因素直接为这个认识作了准备。

与此有关的是对封建社会和市民社会阶级结构的研究。马克思首先研究了从封建主义过渡到资本主义时阶级结构的变化和政治权力关系的变化。对法国大革命中资产阶级的领导作用的研究势必得出这个问题：是否必须有一个阶级领导向人类解放的过渡，那么，是哪一个阶级。

马克思认识到，在资产阶级革命过程中，资产阶级不仅在人民利益方面抱有幻想，而且还有条件地以自己的利益来实施反对贵族的人民利益。因此，在《论犹太人问题》一文中他称政治革命是实现人民主权或实现民主国家。政治革命"把国家事务提升为人民事务"[①]。马克思发现，资产阶级共和国不管社会差别而宣布"每个人都是人民主权的平等参加者"[②]。在这些"民主国家中"，即"政治民主政体中"，每个人都被承认是行使主权的人。马克思用民主制、民主国家、人民主权等概念来说明完成了的政治解放的实现，这种政治解放正式保证所有公民的

---

① 《马克思恩格斯全集》第 1 版第 1 卷第 441 页。

② 《马克思恩格斯全集》第 1 版第 1 卷第 427 页。

政治平等，保证实现人民的利益，然而社会不平等和社会压迫是政治解放的基础。因此，马克思同时认识到人民主权、人民代表和实现人民意志这个政治要求的进步和界限。他充分认识到革命民主主义立场的界限。人民绝对不可能对市民社会实行革命，而只有一个阶级才能对市民社会实行革命，这个阶级的存在条件是私有财产的消极后果的尖锐表现。这个阶级客观上是迫不得已对自己的生存条件实行革命。

通过对空想社会主义和空想共产主义，特别是工人共产主义的积极研究，经过自己的思考，马克思摆脱了"被剥夺了财产的阶级"这个模糊的概念。他不仅采用了无产阶级的概念，而且还批判地吸收了在这些文献中所描绘的这个阶级的特征。其中有1842年12月出版的威廉·魏特林的《和谐与自由的保证》一书。马克思最迟在1843年9月读了这本书。在这段时期，他首先批判了魏特林的体系结构。相反，在巴黎，魏特林对市民社会的批判可能对马克思产生了促进作用，因为魏特林在他的主要著作里说明，未来只属于工人阶级。他研究资产阶级社会中无产阶级的状况。与空想社会主义者相反，他认识到，只有工人阶级能够以自己的行动废除剥削并建立共产主义。这个认识正是魏特林的最大的功绩。

在巴黎，马克思第一次与工人阶级的政治组织有了直接的接触。由于自己的全部发展，就在他移居巴黎前和移居巴黎后，必然关心正义者同盟的理论和实践活动，因此，他很早就试图与同盟的巴黎支部取得联系并建立了联系。

马克思论证无产阶级历史作用的第一次尝试，已经成为重要的出发点。他认识到，德国无产阶级是随着"刚刚着手为自己开辟道路的**工业的发展**"而发展起来的，"因为组成无产阶级的不是**自发产生**的而是人工制造的贫民"①。马克思这样强调,本来意义上的无产阶级并不是市民社会的一个阶级,因为它不占有私有财产。市民社会把不让无产阶级占有私有财产上升为主要原则。其结果是,"无产阶级要求**否定私有财产**",② 无产阶级的特殊地位使它不仅能彻底代表普遍利益,而且能使它必定成为随着社会一切领域的自身解放而解放的基本条件。无产阶级要实现的不是一定阶级和阶层的受历史制约的局部解放,而是人类解放。随着自己的解放它使人类的本质力量得到全面的实现。

无产阶级历史作用的揭示决定了关于哲学和现实关系的新认识。马克思能够在新的前提下继续他在1843年手稿中站在哲学唯物主义的立场上开始进行的研究。哲学是现实性的思想补充,而且只有当现实性本身需要思想时才能是有效的,"革命需要……物质基础"。③ 这是人民的需要,"理论在一个国家的实现程度,决定于理论满足这个国家的需要的程度。"④ 马克思要求的不再是对有思想的人和受苦难的人的理解,而是哲学和无产阶级的结合。"哲学把无产阶级当做自己的物质武器,同样地,无产阶级也把哲学当做自己的**精神**武器"。⑤ 这种用历史唯物主义的、阶级的观点对理论和现实的相互关系所作的阐述,促使马克思得出了决定性的结论:"批判的武器当然不能代替武器的批判,物质力量只能用物质力量来摧毁;但是理论一经掌握群众,也会变成物质力量。"⑥ 列宁在他的著作里多次指出这一论述,在反对机会主义的斗争

---

① 《马克思恩格斯全集》第1版第1卷第466页。
② 《马克思恩格斯全集》第1版第1卷第466—467页。
③ 《马克思恩格斯全集》第1版第1卷第462页。
④ 《马克思恩格斯全集》第1版第1卷第462页。
⑤ 《马克思恩格斯全集》第1版第1卷第467页。
⑥ 《马克思恩格斯全集》第1版第1卷第460页。

中，他首先提到这一论述是马克思主义革命理论的重要标准。

马克思在《德法年鉴》里阐述了关于工人阶级历史作用学说的一些要素，只是随着《资本论》的撰写，这一学说才达到了科学上必需的成熟程度。但是，揭示无产阶级的历史作用是科学地论证共产主义学说的最重要的出发点。马克思在工人阶级身上清楚地看到共产主义革命的社会动力，他在这个阶级的经济生存条件中寻找社会变革进程的原因。对工人阶级的支持，使他能够冲破由资产阶级的阶级立场所决定的社会认识的局限性，这是制定唯物史观的决定性前提之一。

无产阶级历史作用的揭示决定了马克思理论工作在质上新的目标。这必然导致对工人阶级的经济生存条件的研究，尽管一些原因和情况推动马克思研究资产阶级的政治经济学。马克思认为，搁下法哲学批判和国民公会史，转而从事国民经济学批判的最终原因是西里西亚织工的起义。德国无产阶级的起义更明显地说明有必要科学地论证工人阶级的历史作用。

《经济学哲学手稿》是试图把经济学研究加以总结并从而论证无产阶级的世界历史作用的第一个成果。它大概写于1844年6月至8月底这段时间。马克思第一次考察了工人阶级在经济上的存在条件、资本与劳动的关系和私有财产的运动规律。他由此得出了关于扬弃私有财产的必然性的结论。《经济学哲学手稿》包含对黑格尔哲学的批判和对青年黑格尔派哲学的批评意见以及对费尔巴哈观点的评价。手稿直接和间接地评价了空想社会主义和空想共产主义。它包括了对未来社会的阐述。然而，它首先批判了国民经济学，这一批判导致了唯物主义历史观的重要见解并且成为马克思经济学说的有益的出发地。

本卷在《经济学哲学手稿》的编排上有所变化，为正确地反映手稿的成熟程度和复杂的保存情况，本卷采用了两种不同的编排方法（见出版说明)。本版依据的是对保存下来的笔记本和马克思所达到的研究水平的详细分析。它使我们有可能以新的观点去研究手稿产生的阶段、笔记内部在认识上的进步、写作时间顺序上和逻辑上的联系、同读书笔记的关系以及逻辑结构等。根据对原文的重新辨读,尤其在刊印《序言》时,我们对以往各种版本作了重要的改动。首先,"《经济学哲学手稿》的产生及其保存情况"这一部分提供了有关手稿产生的时间、情况和阶段,有关读书笔记和本手稿的写作时间以及原稿的性质和状况的新的看法和见解。①

保存下来的三个笔记本构成了《经济学哲学手稿》,它们反映了马克思批判资产阶级政治经济学的最初成果,同时在笔记本的排列顺序上也反映了他在进行这一批判中的进步。在写第一个笔记本以前,马克思先研究了萨伊对亚当·斯密学说的解释和注释,他已经掌握了斯密的重要观点。② 在写第一个笔记本之后和写第二个笔记本之前,马克思对约翰·拉姆赛·麦克库洛赫的著作和曾经对李嘉图学派的观点作了总结并加了注释的吉约姆·普雷沃的著作都作了摘要。③ 马克思还提到其他经济学家,这说明他显然还没有全面地研究他们的著作并作出摘要。马克思大概是从同时代作家的著作中,比如说,从欧仁·毕莱的著作中了解到这些经济学家的思想观点的。

马克思把"国民经济学"这个概念理解为资产阶级政治经济学,他想弄清楚资产阶级政治经济学的本质特征及其起源。从第二个笔记本

---

① 见《马克思恩格斯全集》原文版第1部分第2卷第685—709页。
② 参看《马克思恩格斯全集》原文版第4部分第2卷第301—327、473—483页。
③ 《马克思恩格斯全集》原文版第4部分第2卷第473—484页。

和第三个笔记本中可以清楚地看出,他也已经开始评价斯密和李嘉图两者观点的区别,这种区别的客观基础是资本主义生产方式从工场手工业资本向工业资本的发展。马克思在研究麦克库洛赫和普雷沃的时候形成了对李嘉图的评价。李嘉图和穆勒著作的摘要①显然写于《经济学哲学手稿》之后,它们反映了一个新的研究阶段的开始。

在1844年,马克思就十分重视资产阶级政治经济学在研究资本主义生产方式方面取得的科学功绩。不过,当时他还不可能认识和接受其中有科学价值的要素本身。他还没有把庸俗经济学家和资产阶级经济学的古典作家区别开来。

马克思1844年着手考察经济关系时是从无产阶级的阶级立场出发的,这一立场为他开辟了一条资产阶级经济学家由于他们的受阶级决定的认识局限而始终无法通行的道路。因此,对资产阶级政治经济学的这种受阶级决定的实质的批判,也是马克思分析的中心。他得出结论说,国民经济学是私有财产运动的产物,首先是工业资本或现代工业的产物,是这种状况"在科学上的反映"②。国民经济学加速了工业资本和现代工业的发展。国民经济学把私有财产的物质过程放进了一般规律。它发现了决定物质财富的生产、分配和消费的规律。但是,马克思说得很明确,资产阶级政治经济学既没有指明这些规律是怎样从私有财产的本质中产生出来的,也没有指明私有财产的起源。它预先把私有财产的规律设想为永恒的和不变的自然规律。它把私有财产看作是物质生产的自然的永恒的存在条件。假如没有这种条件,就既不可能有财富,也不可能有进步。

---

① 《马克思恩格斯全集》原文版第4部分第2卷第392—470页。
② 《马克思恩格斯全集》第1版第1卷第472页。

马克思采取的这一立场是与工人阶级的状况相适应的:"工人生产的财富越多,他的产品的力量和数量越大,他就越贫穷。工人创造的商品越多,他就越变成廉价的商品。物的世界的**增殖**同人的世界的**贬值**成正比。劳动不仅生产商品,它还生产作为**商品**的劳动自身和工人,而且是按它一般生产商品的比例生产的。"① 马克思得出结论说,私有财产的产生是历史的必然,但它要被扬弃,同样也是历史的必然。

斯密认为,一般形式的劳动是价值的源泉。他把交换价值定义为商品中所包含的劳动量。产品的价值是由生产劳动创造的,因此生产劳动也是利润和地租的源泉。在最初研究斯密的这些看法的时候,马克思就碰到了资产阶级政治经济学的本质特征;马克思在理解这一特征时首先把"工人的理论要求和实践要求"② 加以对比。从理论上说,全部产品应该属于工人,但实际上工人得到的是为了生存和繁衍后代所必需的最小部分。斯密说,劳动创造了资本的堆积,资本是积累的劳动,但是工人不得不为最低限度工资而出卖自己并且越来越依赖于资本。劳动是唯一能够使自然产品增殖的东西,土地所有者和资本家只是消费阶级,但是,实际上土地所有者和资本家却统治着工人。分工提高劳动生产力并增加财富,但是,分工却使工人变成机器并且使工人的能力畸形发展。

马克思从各个方面称赞了把劳动提高为原则的国民经济学所做出的历史功绩。正如他所指出的,国民经济学使劳动变成自己的全部科学的灵魂,但它没有给劳动提供任何东西,相反却给私有财产提供了一切。这样一来,马克思就揭露了资产阶级经济理论中的一个矛盾,而在政治领域,他在分析资产阶级人权和资产阶级在资产阶级革命中所起的作用

---

① 《马克思恩格斯全集》第 1 版第 42 卷第 90 页。
② 《马克思恩格斯全集》第 1 版第 42 卷第 54 页。

时，就已经揭露了这个矛盾。资产阶级国民经济学在批判封建主义和封建经济理论的同时，提出了建立人的、合理的关系的要求并体现了普遍的利益。但是这种要求是虚幻的，因为在论证国民经济学的基本前提即私有财产时它被归结为受阶级决定的资本家的利益。马克思在第二个笔记本和第三个笔记本中首先阐明了，李嘉图学派是怎样公开表达这种受阶级决定的利益的。这个学派从资本的本质出发，把资本家争取获得尽可能高的利润和付出最低的工资的努力合乎逻辑地说成是资本和劳动之间的正常的、合乎规律的关系。马克思指出，资产阶级经济学所表述的根本不是人的劳动的规律，而是异化劳动的规律。

马克思从对资产阶级政治经济学的阶级性质的分析中看出自己的科学工作的任务："因此，我们现在必须弄清楚私有制，贪欲同劳动、资本、地产三者的分离之间的本质联系，以及交换和竞争之间、人的价值和人的贬值之间、垄断和竞争等等之间、这全部异化和**货币**制度之间的本质联系。"①

马克思试图在《经济学哲学手稿》中揭示"对市民社会的解剖"②。他选择了工人阶级、资本家和土地所有者这三个资本主义社会的基本阶级的经济生存条件作为出发点。他在《德法年鉴》中已经对这些阶级的存在及其最一般的关系作了概述。在手稿中，马克思考察了工资，工人转化为商品，工人阶级的贫困化，资本，资本利润，资本家的竞争和资本在少数人手中的集中，资本对工人的统治，地租以及土地所有者和租地农场主的作用等问题。他首先对斯密和萨伊的观点，但是也对毕莱、康斯坦丁·贝魁尔和威廉·舒耳茨的观点作了概括。同时，马克思

---

① 《马克思恩格斯全集》第1版第42卷第90页。
② 《马克思恩格斯全集》第1版第13卷第8页。

也为他自己的经济理论奠定了良好的初步基础。

马克思开始把雇佣劳动、资本和地租理解为决定资本主义社会阶级结构的范畴，它们是三个基本阶级的基础，并且形成这三个阶级间的本质关系。

早在1842年和1843年马克思就研究了地产的政治作用。因此，他在第一个笔记本中把斯密关于地租以及地产的历史作用的重要观点加以总结。他首先驳斥了斯密关于土地所有者的利益与社会的利益一致的论点。他在第二个笔记本中记录了斯密和李嘉图对地租和地产的不同观点并对李嘉图的结论表示赞许。

此外，马克思还阐述了关于地产的历史发展的有益思想。他研究了地产的分割，大地产和小地产之间的竞争，大地产的集中和小地产的破产，地产转入资本家手中以及租地农场主作为资本家的作用。

到1843年为止，马克思是从政治领域出发来考察封建制度的解体的，而现在他首先把这种解体看作是社会经济运动，看作是工业资本对封建地产的历史必然的胜利，看作是封建地产向资本的发展。土地所有者同农奴或依附农的关系转化为私有者同短工的关系。地产和资本的区别，地租和利润的区别，私有的动产和不动产的区别，在马克思看来现在还只是一种历史的、没有从关系的本质上加以论证的区别。地产反映了资本和劳动的对立形成中的一个环节。马克思总结说："资本家和靠地租生活的人之间、农民和工人之间的区别消失了，而整个社会必然分化为两个阶级，即**有产者**阶级和没有财产的**工人阶级**。"①

马克思把作为劳动、作为资本和作为劳动同资本的对立的私有财产的关系，提到了他自己的阐述的中心地位，他并不是把私有财产简单地

---

① 《马克思恩格斯全集》第1版第42卷第89页。

当作占有、状态或事物，不再把它当作某种法学上的东西，而是把它作为社会经济关系来进行分析。他开始把资产阶级和无产阶级的矛盾作为资本和劳动的对立，作为处于辩证统一中的这种对立的运动和发展来研究。他在这种矛盾中寻找导致扬弃私有财产、导致这种社会经济关系的解体的客观原因，并且从中引申出无产阶级的历史作用，分析这种客观的经济和社会联系是《经济学哲学手稿》的主要课题。这种分析同恩格斯在《国民经济学批判大纲》中的论述一起，代表了在制定工人阶级世界观方面的在质上新的因素。它是马克思经济学说的萌芽。

采取这种阶级分析方法和运用到这时为止所获得的哲学世界观的结果是：1844年马克思对私有财产的分析不是从资本开始，而是从劳动开始的，他把劳动称为私有财产的主体本质。马克思断定，劳动的本质方面是工人同生产的直接关系。而国民经济学恰恰没有重视这种关系。马克思从这种关系出发阐述了异化劳动范畴，他用这个范畴揭示了劳动和私有财产之间的本质联系，揭示了在私有财产条件下工人状况的本质特征，并基本上揭示了资本主义剥削的本质特征。

第一，马克思考察了工人同他的劳动产品的关系。在私有财产的条件下，这些关系作为异己的本质、独立的力量、敌对的对立面同工人相对立。同样，工人同自己的劳动产品的关系也是异己的关系，工人把自己的劳动产品看作是异己的对象。劳动在产品中的实现或者说对象化造成了工人的非现实化和异化。工人依赖于自己的劳动产品，受这些产品的压迫。

第二，马克思考察了工人同他的活动或生产行为的关系。生产活动作为真正的人的职能，对工人来说是外在的、不属于他的、转过来反对他自身的活动，在私有财产条件下变成了强制劳动，而人的活动如吃、喝、性行为等等却成了真正的和唯一的自由活动。

第三，马克思重新研究了个人和社会的关系，他虽然还像1843年那样，用类生活、类本质等范畴来概括这种关系，但是对它下了根本不同的定义。在马克思看来，类本质不再仅仅是人的社会的和政治的存在方式，即像思维、意识和社会关系那样的一切人所共同的本质特性。在进行最初的经济研究的基础上，他把类本质表述为劳动，生命活动，人的生产生活，人和自然界之间的相互作用。自然界是维持人的肉体存在的直接的生活资料，人本身是自然界的一部分。自然界是人的物质、对象和工具。"通过实践创造**对象世界**，即**改造**无机界，证明了人是有意识的类存在物，也就是这样一种存在物，它把类看作自己的本质，或者说把自身看作类存在物……因此，正是在改造对象世界中，人才真正地证明自己是**类存在物**。这种生产是人的能动的类生活。通过这种生产，自然界才表现为**他的**作品和他的现实。"① 人实现他的类生活，并不是仅仅通过，也不是首先通过有意识地认识自然界，而是主要通过改变自然界，通过由人创造的世界或人的现实。

在私有财产的条件下，工人由于同产品相异化和同生产行为相异化而同他的类活动、他的类生活相异化。在资本主义社会中，类生活同个人存在的分离造成了这两者相异化，因为只有这两个因素的统一才是人的存在的真正实现。正像马克思所强调指出的，作为强制劳动的类活动成了肉体存在的条件，而个人的生活、肉体的存在则成了类生活的目的。由于同类生活相分离，个人的存在又变为动物的生命表现。

第四，马克思把人同他人、同他人的劳动、同他人的劳动产品的异化，阐述为工人同产品、同他的生产活动和类本质相异化的结果。

---

① 《马克思恩格斯全集》第1版第42卷第96—97页。

马克思是以异化的、外化的劳动这个概念或范畴来概括私有财产条件下工人状况的这四个本质特征的。他把异化劳动称为资产阶级社会的决定性的和本质的关系。马克思在1844年说，它不仅决定私有财产的主观本质，而且决定它的客观本质，决定资本的关系。它生产出私有者同工人的生产的关系、私有者对劳动产品和劳动本身的统治、资本家同工人的关系。由此他得出结论说，私有财产是"**外化劳动**……的产物、结果和必然后果"。马克思还说，异化劳动这个概念是"作为**私有财产运动之结果**"而得到的。"但是对这一概念的分析表明，与其说私有财产表现为外化劳动的根据和原因，还不如说它是外化劳动的结果……后来，这种关系就变成相互作用的关系。"①

不久以后（当然是在经过十分广泛的研究以后），马克思就认识到，不应当用异化劳动这个范畴来概括资本主义生产方式的合乎规律的社会和经济联系。在他没有把资本主义生产的复杂过程作为使用价值和价值的生产，作为创造使用价值的具体劳动和创造价值的抽象劳动，作为劳动过程和价值增殖过程来进行科学的、精确的分析并发现剩余价值之前，他还要走一段很长的艰苦研究的路程。但是，1844年的分析得出了重要的认识，这为以后的研究开辟了道路。

马克思用异化劳动范畴改造了黑格尔的历史辩证法和费尔巴哈的唯物主义人道主义哲学的观点。这种把哲学和经济学联系起来的方法使马克思能够在崭新的基础上从理论方面总结他的最初经济研究。他由此获得了重要的成果。这些成果是他未来的经济学说的良好开端。马克思首先用异化劳动范畴提炼出辩证唯物主义历史观的重要因素。这是在辩证唯物主义基础上认识整个资本主义社会的经济结构，揭示物质生产中人

---

① 《马克思恩格斯全集》第1版第42卷第100页。

的关系，弄清这些关系在私有财产条件下是怎样必然地、合乎规律地形成的第一次尝试。马克思从工人阶级立场出发，用异化劳动说明了物质生产中的本质的社会关系的特征，并把这种关系看作是资产阶级社会的基本社会关系，这种关系决定着人的全部生活状况和人与人之间的关系。由于使用异化劳动这个范畴，马克思避免了像蒲鲁东那样把资本和劳动形而上学地割裂开来，避免了在给私有财产和资本主义社会的关系下定义时的机械决定论。他在唯物主义世界观的基础上保存了他那种把人看作积极的创造力量的深刻观点。

马克思从异化劳动中得出的一些政治结论是很重要的。他证明，工资的提高或工资的平等不可能改变工人的社会状况，因为这并不能消除那种决定性的关系——异化劳动。他用异化劳动这个范畴大大深化了对无产阶级历史作用的论证。"从异化劳动同私有财产的关系可以进一步得出这样的结论：社会从私有财产等等的解放、从奴役制的解放，是通过**工人解放**这种**政治**形式表现出来的，而且这里不仅涉及工人的解放，因为工人的解放包含全人类的解放；其所以如此，是因为整个人类奴役制就包含在工人同生产的关系中，而一切奴役关系只不过是这种关系的变形和后果罢了。"①

把私有财产归结为异化劳动，由异化劳动出发给资本和劳动的关系下定义，特别是给类本质下定义，都说明了马克思当时所达到的发展水平的局限性。这些范畴反映了这样一个事实，即马克思还不能真正经验地、具体历史地把握个人同社会的关系和人的社会本质，他还不能精确地规定物质生活生产的各种不同的历史的和社会的因素和关系。只有在发现了人的发展的最一般的运动规律以后，马克思才不再用异化劳动和

---

① 《马克思恩格斯全集》第 1 版第 42 卷第 101 页。

类本质等范畴来阐明私有财产关系、资本和劳动之间的矛盾、个人和社会之间的关系。

在《经济学哲学手稿》中，马克思提出了一些重要问题，对这些问题他或者未加阐述，或者在没有保留下来的那几页中讲到过。1844年他用私有财产的关系从理论上论证了资本和劳动的统一，因为他把劳动定义为私有财产的主观本质，而把资本定义为私有财产的客观形式。关于资本是私有财产的客观本质的论述显然是在没有保留下来的各页上。也许马克思正是在考察这些联系时碰到了一些以他当时的知识不能令人满意地予以回答的问题。马克思在国民经济学中已经看到的关于资本和劳动的统一的结论，以及他对这些论述的有缺陷的分析证明了这一点。

马克思在第一个笔记本的末尾指出了"**私有财产的起源问题**"，他把这个问题"**变为异化劳动**同人类发展进程的关系问题"，或者说，变为"这种异化又怎么以人类发展的本质为根据"的问题。① 问题的这种提法是以马克思的历史辩证法为依据的。证明私有财产共有受历史制约的性质，这在逻辑上是与资本和劳动之间矛盾的历史发展的问题联系在一起的。马克思在第二个笔记本的没有保留下来的各页上显然也谈到了这个问题，这可以从保留下来的对这个笔记本的补充中推论出来。从这几段补充中得出了一些重要的看法。马克思证实了无产和有产的对立，这种对立在人类史的历史进程中发展成为资本和劳动的对立，最终发展成为工业资本（对马克思来说是私有财产的完成了的客观形式）和工厂劳动（完成了异化劳动）的对立。马克思认为，在工业资本和工厂劳动中达到了顶点的资本和劳动的对立的统一，同时也是这种对立的极

---

① 《马克思恩格斯全集》第1版第42卷第102页。

化，是消灭这种历史地发展起来的无产和有产的对立的历史必然性的客观原因。

马克思在考察分工的时候又为他的经济研究找到了新的开端。他在《经济学哲学手稿》几乎最末尾的地方对这个问题作了论述。他从斯密、萨伊、斯卡尔贝克和穆勒的观点出发，阐明了只有发达的私有财产即工业资本才能带来广泛的分工。这种分工导致生产的巨大增长，但同时也导致工人个人能力的贫困化、降低和畸形化。然而分工也使尊重和培养才能和能力的多样性成为可能。分工体现了来源于社会的人的本质力量。这种本质力量不同于单个的人的个人的能力、智力和劳动技能，后者是人的生产的本质力量的另一个因素。因此，马克思认为，在私有财产条件下的分工是"关于异化范围内的**劳动社会性**的国民经济学用语"，是"**作为类活动的人的活动**这种**异化的和外化的形式**"。① 马克思从这一考察中得出结论说，人的生命为了本身的实现曾经需要私有财产，然而在分工已经达到的现有水平上又需要消灭私有财产。

虽然马克思只是把他对分工的最初的有联系的见解作了概略的叙述，但是这些见解却成了制定唯物史观的新的出发点。他开始第一次比较具体地考察社会生产力。只是由于把个人的即单个人所固有的和来源于社会的人的生产的本质力量区别开来（马克思从斯卡尔贝克那里接受了这种方法），由于把类活动定义为劳动的社会性，马克思才把本质的、经验的、具体历史的因素引入他的考察。他在分工中寻找私有财产产生的必然性以及它在历史上变得过时的原因，这个开端同样也是重要的。

由于写穆勒《政治经济学原理》一书摘要，马克思又进一步发展了他关于分工的思想。记有穆勒一书摘要以及李嘉图《政治经济学和赋

---

① 《马克思恩格斯全集》第 1 版第 42 卷第 144 页。

税原理》一书摘要的笔记本①包含有马克思所作的长篇的、独立的阐述，它也许可以说是《经济学哲学手稿》的直接继续。马克思在这个笔记本中首次对一些经济范畴作了解释，而在此以前他只是以引文或是描写性的叙述的形式来谈论这些范畴的内容的。其中包括价值、价格、交换、货币以及信贷等范畴。这也导致了对异化劳动范畴作更加具体的解释，导致了这个范畴内容的精炼和继续发展。

马克思在《经济学哲学手稿》中第一次试图广泛地在理论上预言共产主义取代资本主义的过程并且说明这个新制度的本质特点。这种尝试可能与织工起义所引起的并且在《前进报》上也得到了反映的那场讨论有联系。②

马克思给自己提出的目的是从理论上论证共产主义。由于坚决反对对未来作空想共产主义的构想，他试图了解历史发展的合乎规律的过程。对这种过程的理论预言还带有由于马克思对资本主义社会的经济结构认识不足而产生的缺点。后来，马克思和恩格斯一再强调指出，理论预言必须依靠对过去和现在的精确分析并且取决于对人类社会和生产方式的运动规律的认识水平。

马克思是从评价社会主义和共产主义的思想史发展开始他的理论论证的。这一评价再次证明，他是如何着手研究人的思想史的。然而，这样一来马克思显然也探讨了由正在形成的共产主义党派的目的所产生的政治意图。他列举了社会主义和共产主义的各种不同的历史形式，并把这些形式理解为共产主义理论发展的各个历史阶段，理解为在理论上扬

---

① 参看《马克思恩格斯全集》第1版第42卷第5—42页，《马克思恩格斯全集》原文版第4部分第2卷第246—470页。

② 见《马克思恩格斯全集》原文版第1部分第2卷卷第557—562页。

弃自我异化的各个阶段。

蒲鲁东、傅立叶和圣西门不想全面扬弃私有财产的社会关系。他们仅仅抽出一个方面并想加以改变。蒲鲁东想改变资本,傅立叶和圣西门想改变劳动。在马克思看来,这种思想的下一个更高的发展阶段是粗陋的、无思想的共产主义。它的积极因素是要求扬弃私有财产,不过只是把这种扬弃看作对私有财产的简单否定。它意味着由所有人共同占有私有财产,而把一切不能为所有人占有的私有财产加以消灭。这种共产主义否定个人的个性,否定多方面的、各式各样的和各不相同的能力和才能,否定对人的本质的全面占有。马克思说,工人的社会状况被推广到一切人身上,劳动的消极方面由于活动和报酬的平均主义被推广到一切人身上。共产主义思想的理论发展的下一个步骤是论证政治异化的扬弃、国家的废除。这种共产主义虽然在扬弃异化方面向前迈进了一步,但它没有弄清楚私有财产的积极的本质和需要的人的本性,它想改变人的政治本质,而不是改变人的社会本质。

1844年马克思对发达的共产主义观念下了如下的定义:"**共产主义**是**私有财产**即**人的自我异化**的积极的扬弃,因而是通过人并且为了人而对**人的本质**的真正**占有**;因此,它是人向自身、向**社会的**(即人的)人的复归,这种复归是完全的、自觉的而且保存了以往发展的全部财富的。"① 在马克思看来,共产主义是"作为否定的否定的肯定,因此它是人的解放和复原的一个**现实的**、对下一段历史发展说来是必然的环节。**共产主义**是最近将来的必然的形式和有效的原则。但是,共产主义本身并不是人的发展的目标,并不是人类社会的形式。"②

---

① 《马克思恩格斯全集》第1版第42卷第120页。
② 《马克思恩格斯全集》第1版第42卷第131页。

马克思在1844年说，共产主义是私有财产积极扬弃的过程，它本身不是一蹴而就的行动，而是将"经历一个极其艰难而漫长的过程"的"现实的共产主义行动"。① 在这个过程中将实现对人的本质的占有，这种占有首先是从私有财产开始的；其次，到这个运动完成为止，它是以私有财产的否定或扬弃为中介的，是"对自身还不能确信因而自身还受对立面影响的……还没有用自己的存在证明自身的……肯定"②。

在马克思看来，私有财产的积极扬弃是作为辩证唯物主义的发展规律的否定的否定。它意味着排除私有财产的消极本质并保持其积极因素，这种积极因素的扬弃是在质上更高的阶段。在私有财产的运动中，在私有财产所生产的物质的和精神的富有和贫困中，正在产生中的社会会发现全部材料。马克思强调指出，"**工业的历史和工业的已经产生的对象性**的存在，是一本**打开了的关于人的本质力量的书**"③。在他看来，从原则上说，这里涉及的问题是，私有财产所产生的生产力将为新社会所继承并且在那里在质上得到继续发展。他想用"积极的扬弃"这个概念来表达这个意思。

因此，马克思认为，共产主义是人类发展的一个历史阶段，在这个阶段中，将会实现作为社会关系的私有财产的扬弃。发展从私有财产开始，它的积极因素应该加以保存和扬弃。正因为如此，马克思在1844年就得出结论说，这个漫长的扬弃过程将带有私有财产的因素并以这种因素为中介。中介是必然的前提，但是，只有在没有中介的情况下，只有随着私有财产的扬弃过程的完成，人类社会才会得到它的真正形式，

---

① 《马克思恩格斯全集》第1版第42卷第140页。
② 《马克思恩格斯全集》第1版第42卷第158—159页。
③ 《马克思恩格斯全集》第1版第42卷第127页。

因为这个社会本身开始在它自身的基础上发展了。随着这个过程的结束，共产主义社会完成了它的历史任务，人类社会开始在它自己的基础上即在"**真正人的和社会的财产**"① 的基础上发展。这个新的社会形式是人类发展的真正目的。就现实生活而言，它不再以私有财产的扬弃过程为中介；就理论存在而言，它不再以宗教意识的扬弃过程为中介。马克思称它为社会主义或实证的人道主义。

马克思给"**扬弃**"下的定义是"**使外化返回到自身**的、对象性运动"②。私有财产的积极扬弃就是异化劳动的扬弃和人的本质力量的全面实现、对人的现实的全面占有、人的类活动和个人存在的全面实现。它的前提是，为了无产阶级的利益以革命的方式消灭资本和劳动的关系。但是，马克思还没有把财产这个范畴运用于生产资料，他还没有把财产关系和生产关系区别开来，还没有弄清楚作为人类社会最一般发展规律的生产力和生产关系的辩证法。因此，他没有能够对应该怎样积极扬弃私有财产的途径问题作更具体的阐述。

然而，马克思对新社会制度的本质特点阐发了具有永存价值的见解。他说明了在摆脱了异化劳动的条件、摆脱了资本和劳动的对立的情况下，人同他的劳动对象的关系、人同生产活动的关系、人的类本质以及人与人之间的关系的特征。马克思总是不断强调指出，人的现实的现有的全部财富正被彻底用完，它必须根据人的全面发展的精神继续发展。因此，他把共同的活动和社会的活动区别开来。凡是"在社会性的上述**直接**表现以这种活动或这种享受的内容本身为根据并且符合其本性

---

① 《马克思恩格斯全集》第 1 版第 42 卷第 102 页。
② 《马克思恩格斯全集》第 1 版第 42 卷第 174 页。

的地方"①，都应该出现共同的活动和共同的享受。此外，假如自己的活动有益于个性和社会，假如这个活动用社会存在物的意识来加以说明的话，任何活动和任何享受都可以是社会性的。"首先应当避免重新把'社会'当作抽象的东西同个人对立起来。个人**是社会存在物**。因此，他的生命表现，即使不采取**共同的**、同其他人一起完成的生命表现这种直接形式，也**是社会生活的**表现和确证。"②

同样，马克思关于共产主义和社会主义中人的需要的发展的思想，也具有丰富的内容。人的需要是以新的生产方式和新的生产对象为基础的。马克思对"人的需要的**丰富性**"作了这样的概括：这是"**人的本质力量的新的证明和人的本质的新的充实**"，③绝不能把它归结为享受、占有和拥有的需要。

由于对共产主义进行理论论证，马克思批判地分析了黑格尔和费尔巴哈。对资产阶级经济学的研究使他能够对他们作出新的评价。但是，马克思并没有把在这部手稿中开始的分析进行到底。

在《经济学哲学手稿》中，马克思第一次对费尔巴哈哲学比较全面地、直接地表明了自己的态度。他认为，费尔巴哈作出了真正的发现，完成了真正的理论革命。马克思坚决支持费尔巴哈对黑格尔唯心主义所作的唯物主义批判并且对这个批判的主要成果作了总结。同时他还揭露了费尔巴哈没有认识到黑格尔神秘化的辩证法中的合理因素的事实。

马克思接受了费尔巴哈的批判，即黑格尔从抽象的一般、抽象的

---

① 《马克思恩格斯全集》第1版第42卷第122页。
② 《马克思恩格斯全集》第1版第42卷第122—123页。
③ 《马克思恩格斯全集》第1版第42卷第132页。

思维出发，扬弃了这个一般，设定了现实的、感性的、实在的、有限的东西，并且最终在精神发展到绝对知识的过程中又消除了这种现实的东西。黑格尔把这种抽象一般的生产史看作是绝对肯定的、决定性的东西，而费尔巴哈和马克思则用作为第一性的东西的现实即感性的确定的东西或感性的现实的东西来反对这种抽象一般的生产史。但是，费尔巴哈认为，抽象思维的这种发展、黑格尔的否定的否定，只是表现为思想的宗教，只是哲学内部的矛盾。相反，马克思却认为这里包含黑格尔辩证法的合理内容。否定的否定是生产和外化的活动以及外化的扬弃或消除。这样一来，黑格尔就为人类发生的历史找到了抽象的、逻辑的、思辨的表达。马克思的这种解释首先以对经济研究的理论概括为基础。

马克思从其世界观发展一开始就接受并领会了黑格尔的历史辩证法。对黑格尔的历史观念的深刻理解，使他在1841—1842年没有成为狂热的、非批判的费尔巴哈派。这使他在1843年能够接受黑格尔辩证法的因素，把它用于对黑格尔进行唯物主义的批判，而费尔巴哈却没有做到这一点。随着对经济学研究的深入，马克思对于费尔巴哈对黑格尔辩证法的态度的批判就准确得多了。这种批判的基础是对资本主义社会的社会经济结构的深入研究，而费尔巴哈却从未认真地研究过这个课题。

在《经济学哲学手稿》中，马克思还未能看出费尔巴哈哲学的主要缺点。马克思把费尔巴哈的人道主义称为"真正的唯物主义"，因为它使人与人的社会关系成了理论的基本原则。他在给费尔巴哈的信中说："在这些著作中，您（我不知道是否有意地）给社会主义提供了哲学基础，而共产主义者也就立刻这样理解了您的著作。建立在人们的现实差别基础上的人与人的统一，从抽象的天上下降到现实的地上的人类概念，——如果不是**社会**的概念，那是什么呢！"①

只是在《关于费尔巴哈的提纲》中，他才能够正确地评价费尔巴哈唯物主义的本质。随着唯物主义历史观的制定，马克思看得很清楚，对黑格尔的唯物主义的批判和对哲学唯物主义的论证是费尔巴哈的伟大功绩。同时，马克思还证明，费尔巴哈用一般人取代了现实的历史的人，把社会看作是一般人与人的关系，而不是人的具体历史的、社会经济的关系。马克思和恩格斯对费尔巴哈唯物主义的本质作了如下的表述："当费尔巴哈是一个唯物主义者的时候，历史在他的视野之外；当他去探讨历史的时候，他决不是一个唯物主义者。"②

马克思在《经济学哲学手稿》中根据《精神现象学》，根据消除现实、变为绝对知识的分阶段的过程揭示了黑格尔辩证法的积极方面。黑格尔把人的自我产生看作是一个过程，把劳动的本质看作是人的本质力量的对象化，把人看作是他自己劳动的结果。在黑格尔那里，人的类力量只是通过人的全部活动，作为整个人类历史的结果实现的。

由于同样的原因，马克思这里对黑格尔唯心主义的批判也比《黑格尔法哲学批判》手稿深刻得多、令人信服得多了。马克思断定，黑格尔只知道并承认抽象的精神劳动。在黑格尔那里，人不是具有现实的本质力量的现实的人，而是人的自我意识。对自我意识来说，现实是令人讨厌的和异己的东西。因此，在黑格尔那里，设定对象性的现实同人的异化是不可分割地联系在一起的。因此，按照黑格尔的解释，对人的本质力量的重新占有、异化的扬弃要求扬弃对象性和返回到自我意识。

同黑格尔对人的异化和异化的扬弃的唯心主义解释相反，马克思明

---

① 《马克思恩格斯全集》第1版第27卷第450页。
② 《马克思恩格斯全集》第1版第3卷第51页。

确无误地阐明了他的辩证唯物主义立场。马克思证明，人的异化的扬弃不是通过在抽象的自我意识中扬弃现实来实现的。相反，这种扬弃是现实本身的物质的和精神的过程。马克思把这个过程定义为私有财产的扬弃即"实践的人道主义的生成"和宗教的扬弃即"理论的人道主义的生成"。他明确地强调指出，这个过程，人的异化的扬弃，"决不是人所创造的对象世界的……消逝、抽象和丧失……相反地……是人的本质的现实的生成，是人的本质对人说来的真正的实现，是人的本质作为某种现实的东西的实现"①。

在这部手稿中，马克思开始分析黑格尔阐述了他的整个体系的《哲学全书》。马克思对黑格尔客观唯心主义的本质、它的神秘的和积极的因素以及它的内在矛盾作了概略的叙述。这一考察仍然是不充分的。

在《经济学哲学手稿》中，马克思首先把历史发展中的否定的否定规律、扬弃范畴和扬弃过程、劳动和需要在人类产生史中的作用以及作为历史的内容和结果的人的全部活动理解为黑格尔辩证法的积极因素。马克思揭示了处在萌芽状态的、在黑格尔那里为唯心主义外壳所掩盖的重要规律，按照这些规律，人类历史不是偶然事件的堆积，而是一个合乎规律的历史发展过程。人通过劳动在一个历史的、不同质的发展过程中实现自身，实现其本质力量。每一代人都是在以前所创造的历史结果上建设并改变这个结果，因为在人类发展的更高的阶段，肯定的东西将被扬弃。

同黑格尔和费尔巴哈争论的特点就是，马克思不仅把人的存在，不仅把人与人的关系，而且首先把人的活动、劳动引进他的批判和分析，从而他就避免陷入机械唯物主义观点。在《经济学哲学手稿》中，他

---

① 《马克思恩格斯全集》第1版第42卷第175页。

把他的观点称为把唯心主义和唯物主义的积极因素结合起来的自然主义或人道主义。

马克思承认人是具有自然力、天赋和欲望的自然存在物。但是，作为这种自然存在物，人也像动植物那样，是受动的、被动的、受限制的存在物。人的活动的对象不依赖于人而存在。人为了表现和确证其本质力量，需要自然界。没有自然界，没有已经被人改变过的自然界，人就不能实现他的类活动，他根本不可能作为人而存在。把人仅仅看作是被动的自然存在物，这就等于不承认他是人、是类存在物。因此，马克思得出结论说，类活动属于人的现实的存在和定在。"说人是**肉体的**、有自然力的、有生命的、现实的、感性的、对象性的存在物，这就等于说，人有**现实的**、**感性的对象**作为自己的本质即自己的生命表现的对象；或者说，人只有凭借现实的、感性的对象才能**表现**自己的生命。"① 当1844年马克思阐述说，他的观点是"彻底的自然主义或人道主义"②，是同唯物主义有所区别的时候，他是在同机械唯物主义划清界限，但是后来他对他自己的观点作了精确的说明。

随着对资产阶级政治经济学的批判掌握，马克思第一次初步论证了工人阶级世界观的三个组成部分：辩证唯物主义、政治经济学和科学共产主义。他初步研究资产阶级政治经济学时，自觉地运用了他以前掌握的关于德国古典哲学、空想社会主义和共产主义的知识以及由此产生的他自己的观点。他研究资产阶级经济学并总结获得的知识的时候，这些知识成了他的理论基础和方法。然而，研究经济学的最初结果已经导致了对空想社会主义和共产主义、首先是对德国古典哲学的新的评价。马

---

① 《马克思恩格斯全集》第1版第42卷第168页。
② 《马克思恩格斯全集》第1版第42卷第167页。

克思通过对资产阶级政治经济学的研究和批判，通过对工人阶级的经济存在条件的最初分析和对资产阶级社会的社会经济结构的初步理论剖析，能够对黑格尔辩证法的积极因素作出在质上不同的评价，能够重新评价对黑格尔唯心主义的批判并从这个立场出发，把他的以新的认识充实了的方法运用于以后的工作。

（原载《马克思恩格斯全集》原文版第 1 部分第 2 卷）

（胡慧琴、张念东 译 吴达琼、刘晖星 校）

马克思和恩格斯世界观形成中的一个重要阶段

——《马克思恩格斯全集》英文版第 3 卷说明*

《马克思恩格斯全集》第 3 卷收集了马克思和恩格斯从 1843 年 3 月到 1844 年 8 月他们开始紧密合作之前这一时期所写的著作。内容共分两部分：第 1 部分是马克思 1843 年 3 月到 1844 年 8 月的著作、书信和准备材料，第 2 部分是恩格斯在 1843 年 5 月到 1844 年 6 月写的文章。马克思的传记性文件和他的妻子燕妮在 1844 年 6 月到 8 月期间写给他的信收入本卷的"附录"部分。

这一时期标志着马克思和恩格斯世界观形成中的一个重要阶段。他们都于 1843 年从唯心主义转到了唯物主义，从革命民主主义观点转到了共产主义观点。这种思想转变基本上是独自进行的，尽管他们都日益关心着彼此的著作和活动。

1843 年末和 1844 年初，马克思和恩格斯都不仅反对现存封建专制主义的政治制度和资产阶级君主制的政治制度，而且反对一切建立在私有制和对劳动人民的剥削之上的社会制度。他们都认为工人阶级的解放运动是把人类从社会的不平等和社会压迫中解放出来的唯一道路。马克思和恩格斯正是从这时开始接触工人阶级的。马克思 1843 年 10 月一到

---

* 本文选自《马克思恩格斯研究》1994 年第 19 期。

巴黎，就将自己置身于工人团体和秘密组织如火如荼的社会主义宣传活动之中。同一年，从1842年11月起就一直生活在英国的恩格斯，与宪章派和欧文社会主义者建立了紧密的联系，并成了他们期刊的撰稿人。

这一期间，马克思和恩格斯主要致力于为一个崭新的革命的无产阶级世界观奠定科学基础，各自都已具有了唯物主义和共产主义的信念，并广泛研究哲学、历史、经济和政治等一系列问题。马克思埋头于许多理论课题的写作。他开始写的是一篇论黑格尔法哲学的著作，还打算写一部国民议会史，计划撰写一些著作，对政治和政治经济学进行专门批判；而恩斯格则在研究英国社会的发展和英国工人阶级的状况。他们都清楚地认识到必须同当时经济学的、哲学的和社会学的各种学说一刀两断，都认为，如果要建立新的世界观的理论原则，就必须对这些学说进行批判。他们都清楚地看到了黑格尔唯心主义的矛盾性，资产阶级经济学家思想的偏狭性以及空想社会主义者的软弱性，但同时他们又尽量利用自己前人观点中的一切合理成分。费尔巴哈的唯物主义给了马克思和恩格斯很深的印象。但是，在探讨理论问题和实际问题，特别是在解释社会生活问题上，马克思和恩格斯都已远远超过了费尔巴哈。

本卷收集的著作记录了马克思和恩格斯完成了向唯物主义和共产主义的转变，记录了他们把新兴的革命的共产主义观点和辩证唯物主义观点综合成性质上崭新的理论的最初阶段。从中可以看出他们各自对这个全部的综合过程所作的贡献。他们观点中的共同特征也很明显，正是这些共同特征促使他们后来齐心协力地进行理论和实践的斗争。

本卷的头一篇文章是马克思未完成的但篇幅巨大的手稿《黑格尔法哲学批判》（写于1843年春、夏）。其研究对象不仅仅是黑格尔的哲学。马克思还广泛研究了关于国家和法律的历史与理论方面的一系列问题，研究了世界历史、17世纪英国革命和18世纪末法国革命。这一切都反映在他的手稿和他的摘录笔记（所谓的克罗茨纳赫笔记）里。虽然马克思受到费尔巴哈唯物主义的强烈影响，但他却不是像费尔巴哈那样通过对宗教的分析，而是通过对各种社会关系的考察来批判黑格尔。因此，黑格尔哲学中最使马克思感兴趣的就是他的法哲学，他的关于国家和社会的学说。马克思在批判黑格尔法哲学的过程中得出这样的结论：市民社会，也就是个人的——首先是物质的——利益领域，以及同这些利益相联系的社会关系决定了国家，而不是像黑格尔所宣称的那样是国家决定了市民社会。

马克思想用具体的措词给市民社会这一概念下定义，以阐明市民社会历史发展的基本特征，特别是分析资产阶级私有财产开始在物质关系领域起支配作用的那一阶段。马克思在用唯物主义的观点解释当时的国家和资产阶级所有制之间的相互关系时写道：发达国家中现存的政治制度就是"私有制"。[①]

后来，马克思在1859年的《〈政治经济学批判〉序言》中回忆他批判黑格尔法哲学而写的著作在他的唯物主义观点的形成中所起的重要作用时写道："我的研究得出这样一个结果：法的关系正像国家的形式一样，既不能从它们本身来理解，也不能从所谓人类精神的一般发展来理解，相反，它们根源于物质的生活关系，这种物质的生活关系的总和，黑格尔按照十八世纪的英国人和法国人的先例，称之为'市民社会'，而对市民社会的解剖应该到政治经济学中去寻求。"[②]

马克思批判了黑格尔哲学的诸如将君主制和官僚制理想化之类的保守方面，接着对黑格尔唯心主义的本质进行了批判性的再思考。他得出

[①] 参看《马克思恩格斯全集》第1版第1卷第368页。

[②] 《马克思恩格斯全集》第1版第13卷第8页。

了这样的信念：唯心主义必将导致宗教和神秘主义。但是，马克思并没有摒弃黑格尔哲学的合理内容即他的辩证法，而且着重指出黑格尔曾经成功地——尽管是以一种抽象的、神秘化了的形式——描述了社会生活的许多真实过程。同费尔巴哈相反，马克思始终把黑格尔的辩证法放在非常重要的地位，并朝着对辩证法进行唯物主义的改造、剥去其神秘的外壳迈出了第一步。

马克思在他的手稿里提出了他自己的本质上是共产主义的民主概念，即没有社会压迫并与人相适应的社会制度。他强调指出，我们摆脱以官僚作风组织的国家和建立在私有财产的利己主义原则上的市民社会的这二者所强加的负担，我们就能获得真正的自由。但是"要建立新的国家制度，总要经过真正的革命"①。

与1843年手稿有密切联系的是收入本卷的马克思在《克罗茨纳赫笔记》中对黑格尔所作的按语。它证明了手稿和这些笔记（马克思之所以汇编这些笔记，是因为他觉得必须用具体的历史资料来补充他对哲学的研究）之间的内在联系。马克思在按语中批判了黑格尔把国家的抽象观念与国家的真实历史形式割裂开来。

马克思最终转变到共产主义观点，是与《德法年鉴》杂志的筹备和出版分不开的。

本卷收入了马克思为该杂志写的纲领草案和他与共同创刊者、激进的哲学家和时事评论家阿尔诺德·卢格的通信，它们反映了编者们对杂志的任务所持的不同态度。卢格想使杂志带上较温和的和纯粹启蒙的性质，而马克思则相反，他认为，杂志的目的是联合德国、法国的社会主义者和民主主义者，所以其主题应该是对现存世界制度的无情批判。因

---

① 《马克思恩格斯全集》第1版第1卷第314页。

此，马克思在发表于《德法年鉴》上的书信里，对那些脱离生活、脱离群众实际斗争的思辨理论表示痛恨，要求把理论的批判体现在实际的革命活动中，"把……批判和**实际**斗争结合起来"①。马克思在这里表达了新兴的革命共产主义世界观的最重要的思想之一——理论和实践统一的思想。

马克思在《论犹太人问题》一文里，抨击了布鲁诺·鲍威尔对犹太人解放问题的唯心主义的偏狭的神学的提法。马克思与自己以前的同时代的思想家青年黑格尔派相反，认为对宗教以及对政治的批判并不是最终目的，而是运用于革命斗争中的一种工具，所以他要重新对现存的一切关系进行更深入的批判性思考。马克思同鲍威尔的争论使他有机会不仅从民族的、宗教的和政治的压迫方面，而且还从经济的和社会的压迫方面对人类的解放问题进行更广泛的唯物主义的考察。马克思在这篇著作里，发展了他称之为"政治解放"的这一具有资产阶级革命的局限性的概念，提出了必须进行旨在真正消除一切社会对抗的更深刻的革命的思想，他把这种革命称作"人类解放"。

马克思在发表于《德法年鉴》上的另一篇著作《黑格尔法哲学批判导言》里，对"人类解放"问题继续进行分析。这里，他就无产阶级在对世界进行革命改造中的历史作用作出了极其重要的结论。他第一次宣布无产阶级是能够实现人类彻底解放的社会力量。在这篇著作中，马克思还作出了另外一个重要结论：先进的理论具有深远的革命意义。"批判的武器当然不能代替武器的批判，物质力量只能用物质力量来摧毁；但是理论一经掌握群众，也会变成物质力量。"②

---

① 《马克思恩格斯全集》第1版第1卷第417—418页。
② 《马克思恩格斯全集》第1版第1卷第460页。

列宁认为,马克思发表在《德法年鉴》上的这些文章是他从革命民主主义转向无产阶级革命的最后环节:"马克思在这个杂志上发表的文章表明他已经是一个革命家。他主张'对现存的一切进行无情的批判',尤其是'武器的批判';他诉诸**群众**,诉诸**无产阶级**"。①

《德法年鉴》停止出版以后,马克思为德国移民在巴黎创办的报纸《前进报》写了几篇文章。他在这家报纸上发表文章,并从1844年9月起直接参加了该报的编辑工作。他赢得了恩格斯、亨利希·海涅和格奥尔格·海尔维格的支持,使他们也为该报撰稿,从而使这家报纸在反对普鲁士专制主义和德国温和自由主义的斗争中成为强有力的政治武器。在马克思和恩格斯的影响下,该报开始具有共产主义性质。

马克思在《前进报》上发表了论述1844年西里西亚纺织工人起义的文章《"普鲁士人"的〈普鲁士国王和社会改革〉一文》。这篇文章是驳斥卢格的。卢格认为西里西亚起义是铤而走险的贫民们的徒劳无益的暴动。而马克思却认为这次起义是德国无产阶级反对资产阶级的第一次较大规模的阶级行动,是工人阶级具有广泛的革命可能性的明证。马克思发展了他曾在《德法年鉴》上表述过的关于无产阶级的世界历史作用的思想,指出"只有在**无产阶级**身上"德国人民"才能找到解放自己的积极因素"。②

马克思转到唯物主义立场之后得出结论,必须对经济关系进行广泛的研究。从这时开始直到他生命的终结,他对政治经济学的研究一直在他的科学活动中占有中心地位。马克思大量地摘录了亚当·斯密、李嘉

---

① 《列宁全集》第2版第26卷第49页。
② 《马克思恩格斯全集》第1版第41卷第484页。

图、萨伊、斯卡尔倍克、李斯特、詹姆斯·穆勒、德斯杜特·德·特拉西、麦克库洛赫、布阿吉尔贝尔、罗德戴尔、许茨和其他一些经济学家们的著作，并且在许多场合附有他自己的注释和批判性的评论。评注篇幅最大的是《论詹姆斯·穆勒的〈政治经济学原理〉》，它构成了马克思对这部著作所作的摘要的一部分，故包括在本卷中。这些评语清楚地表明，尽管马克思自己的经济学观点还处于最初的形成阶段，然而他却一语道破了资产阶级政治经济学的主要缺陷——对资本主义的研究采取反历史的方法。马克思指出，穆勒同其他资产阶级经济学家一样，把资本主义的关系看成是永恒不变的，是"同人的本性相适应的"①。

《论詹姆斯·穆勒的〈政治经济学原理〉》中所表达的许多思想，与未完成并只部分尚存的、被编者题名为《1844年经济学哲学手稿》的这部著作有很多共同之处。这是马克思从用辩证唯物主义的观点而得出的共产主义的结论出发，对资产阶级社会的经济基础和资产阶级经济学家的观点进行批判性考察的初次尝试。同时，这些手稿也是对完整的无产阶级世界观的那些新的哲学思想、经济学思想和历史政治思想进行综合的初次尝试。

《1844年经济学哲学手稿》涉及社会科学的许多领域。在所有这些领域内，马克思把唯物主义辩证法作为认识的锐利武器加以应用和发展。他对社会结构和社会发展的理解达到了一个新的阶段。马克思在这里第一次强调指出了生产在社会发展过程中的决定性作用，并指出私有财产和分工是社会划分为阶级的物质基础。马克思在分析资产阶级社会的经济结构时强调指出：资本主义的阶级矛盾必定会随着财富集中在资

---

① 《马克思恩格斯全集》第1版第42卷第25页。

本家企业主手里而加深。马克思关于人的生产劳动和社会关系对科学和文化的影响的思想极其深刻。他不仅特别指出社会奴役的过程,而且还特别指出由私有财产的统治所造成的劳动者精神贫乏的过程。

马克思在他的手稿里提出了评价经济学思想发展的唯物主义标准,他把这种发展解释为实际经济关系的演变在思想意识领域内的反映。在马克思看来,科学的发展是社会本身发展的重复。他把主要的资产阶级经济学家亚当·斯密、李嘉图等人的学说看作是政治经济学的最高成就。尽管他还没有对劳动价值理论作过分析,但在这同时,他却指出了他们观点的局限性——他们不理解自己所描述的经济现象的真实的内在联系和动力,所以他们对这些现象的研究所采取的态度是形而上学的。从资产阶级经济学家力图人为地永远保持资本主义的基础和残酷的剥削关系中,马克思看出了他们反人道主义的倾向。

马克思在1844年的手稿里,如同在这一时期他的其他一些著作一样,他所惯用的术语部分是费尔巴哈的,部分是黑格尔的。因此,根据费尔巴哈的惯用法,马克思写道:"这种共产主义,作为完成了的自然主义,等于人道主义,而作为完成了的人道主义,等于自然主义。"① 然而事实上,马克思给了这些术语以崭新的内容,并提出了一些在许多方面同费尔巴哈抽象的人道主义和超阶级的反历史的人类学相对立的观点。他的手稿充满了历史意识和对革命实践的意义的理解,并因以阶级的观点来对待所考虑的社会现象而使手稿别具一格。至于黑格尔,从1844年的手稿中可以看出,马克思对他学说中的合理方面和保守方面之间的关系已经有了十分成熟的理解。马克思指出,黑格尔企图把自然

---

① 《马克思恩格斯全集》第1版第42卷第120页。

转变成神秘的绝对精神的另一种存在方式是毫无根据的。同时他也强调指出了黑格尔辩证法的积极方面,特别是黑格尔关于矛盾的发展和转化这一观念,认为虽然它是以唯心主义的形式表达的,但却具有重要意义。

外化或异化的问题是《1844年经济学哲学手稿》中的主要问题之一。黑格尔早已广泛地运用过这一概念。然而,在他看来经受异化的是绝对观念,而不是现实生活中的人。费尔巴哈也在他的宗教起源学说中运用过类似的概念,他把宗教归结为由虚幻神力引起的抽象的人的一般的(普遍的)质的异化。

马克思运用异化的概念是为了深刻地分析社会关系。他认为异化是这样一些社会关系的特征,在这些社会关系中,人的生存和活动的条件、人的活动本身以及人与人之间的关系都表现为一种与人相异化、相敌对的力量。所以,按照马克思的解释,异化决不是超历史的现象。马克思是第一个把异化同私有制的统治和由私有制的统治所产生的社会制度联系起来的人。他认为只有消除私有制及其统治产生的一切后果才能消灭异化。

马克思的异化观点集中地表现在他对"异化劳动"的论述中。"异化劳动"的概念概括了资本主义社会中工人的受奴役状况:他被一定的职业所束缚;强制性的劳动造成了他身心的不健全,"他自身的丧失"①。《1844年经济学哲学手稿》中的"异化劳动"的概念,特别构成了后来马克思关于资本占有他人劳动的理论的最初表达方式,它是对后来主要是在《资本论》中发展了的一些重要思想的初步探索。

---

① 《马克思恩格斯全集》第1版第42卷第94页。

广泛地应用异化的概念是马克思经济学说形成的最初阶段的特征。在马克思后来的著作中，这个概念在很大程度上被另外一些更具体的规定所代替，因而，更彻底、更清楚地揭露了资本主义经济关系的实质，即剥削雇佣劳动。但是，作为哲学上对以私有财产为基础的社会制度的剥削性和残酷性，以及对该社会中劳动群众贫困状况的一种概括性表达方式，异化这个概念在马克思后来的著作中仍继续使用。

马克思在《1844年经济学哲学手稿》中明确地阐述了只有通过广大群众的革命斗争才能推翻私有制的论断。"要消灭私有财产的**思想**，有共产主义**思想**就完全够了。而要消灭现实的私有财产，则必须有**现实**的共产主义行动。"①

按照马克思的看法，未来的社会制度将以同现存的剥削社会恰恰相反的面貌出现。社会发展到那一阶段，人类就会有能力摆脱社会对抗和各种形式的异化。马克思批判了各种早期的平均的共产主义理论，包括它们的禁欲主义、社会平均以及"向贫穷的、没有需求的人……的**非自然的单纯倒退**"的倾向。② 未来的社会必将提供机会，使人的需求得到全面的满足，并使人的个性得到充分发挥。

本卷前一部分中的第2部分所收的马克思的书信为揭示这个时期马克思思想的发展和政治活动提供了补充材料。

具有特殊意义的是马克思写给路德维希·费尔巴哈的两封信。马克思想引导这位伟大的唯物主义哲学家参加积极的政治和思想意识的斗争。1843年10月3日，他写信邀请费尔巴哈为《德法年鉴》撰稿，他

---

① 《马克思恩格斯全集》第1版第42卷第140页。
② 《马克思恩格斯全集》第1版第42卷第118页。

在信中指出，如果费尔巴哈的哲学家的权威能用来使谢林的反动的唯心主义的哲学名声扫地，这该是多么重要。在他1844年8月11日写的另一封信中同样贯穿着这一思想，即哲学上的唯物主义和唯心主义不可调和。马克思在信中强调指出：进步的哲学应该为最革命的社会力量即无产阶级服务。当时马克思仍然把费尔巴哈的唯物主义视为对社会进行革命改造的必要性的理论根据，认为费尔巴哈已经"给社会主义提供了哲学基础"①。但是，马克思很快就清楚地认识到，只有克服了费尔巴哈哲学中，包括现实社会关系抽象掉的倾向在内的那些弱点，并建立一种能够揭示社会发展的客观辩证规律的理论，才能奠定这种基础。

"准备材料"部分收有马克思移居巴黎后对雅各宾党人勒瓦瑟尔的回忆录所作的摘要。该摘要很可能与马克思想写一部国民公会史的意图有关，但它未能实现。马克思题名为"山岳派与吉伦特派的斗争"的这一摘要表明，他对于18世纪后期的法国大革命这一世界历史上的重大事件一直十分关心。摘要中马克思本人的评论很少，但从他选择摘录的材料可以看出，他最关心的是人民群众对革命进程的影响。很明显，导致雅各宾派建立革命专政的正是1792年8月10日君主制度垮台后不断壮大的群众革命活动，以及广大群众对吉伦特派——马克思所引证的事实雄辩地证明他们代表中等资产阶级——政府的日益不满。马克思对于这些事件的研究无疑对如下一些观点的形成起了很重要的作用：历史上起决定作用的是劳动群众，阶级斗争是历史发展的最重要因素。

这一部分还包括马克思对恩格斯的《政治经济学批判大纲》一文所作的简短摘要。恩格斯的这篇文章是促使马克思研究政治经济学的原

---

① 《马克思恩格斯全集》第1版第27卷第450页。

因之一。马克思看出恩格斯是自己哲学和政治上的志同道合者,并且深受恩格斯用共产主义观点研究经济学问题的首创精神的影响。在这方面,他的这位未来的合作者当时是走在最前面的。

本卷第2部分收集的是恩格斯1843年5月到1844年6月的著作。恩格斯住在当时资本主义最发达的英国,他以极大的兴趣研究英国的经济和政治生活以及社会关系。他尤其致力于对英国的政治经济学和英国空想社会主义者,特别是罗伯特·欧文的著作的研究。

1843年5月和6月,瑞士进步杂志《瑞士共和主义者》连载了恩格斯的《伦敦来信》,他的这一系列文章论述的主要是关于英国社会的社会结构问题。在分析英国的社会结构时,恩格斯揭示了英国各个政党的阶级性,并特别提到社会主义运动和宪章运动所起的重要作用。他强调指出:宪章派"从工人群众,从无产者当中汲取自己的力量"[①]。《伦敦来信》标志着恩格斯从1842年秋天到英国后,他的革命唯物主义世界观发展到了一个新阶段。恩格斯在《伦敦来信》中所阐述的思想表明他意识到了阶级斗争在社会发展中所起的作用,以及无产阶级作为有能力完成英国社会革命的力量应起的作用。

恩格斯在英国和欧洲大陆的报刊上发表了一些文章,以期在无产阶级和社会主义者之间建立起思想领域中的国际友好关系。他认为英国的社会主义者通过向工人们宣传18世纪法国启蒙运动正在作出巨大的贡献,因而把向英国的宪章运动者和欧文主义者介绍其他国家的社会主义运动和共产主义运动视为自己的责任。为此,恩格斯给欧文主义者的《新道德世界》报写了许多文章,其中包括《大陆上社会改革运动的进

---

① 《马克思恩格斯全集》第1版第1卷第560页。

展》一文。他把社会主义和共产主义学说的产生和发展与工人群众反对压迫和剥削的社会抗议联系起来，指出社会主义观点的产生是这种抗议在进步思想家意识上的反映。恩格斯把人们的注意力引向社会主义运动和共产主义运动根本共同的社会基础及其国际性，他写道："共产主义并不是英国或其他什么国家的特殊情况造成的结果，而是以现代文明社会的一般情况为前提所必然得出的结论。"① 与此同时，他还指出各民族的民族特征对于社会主义思想发展的影响。

恩格斯研究了法国、德国以及瑞士的社会主义思想和共产主义思想的发展史。他从各种空想社会主义和空想共产主义学派的学说中提取合理的成分，同时又指出这些学说本身所固有的前后矛盾和不成熟的特点。《大陆上社会改革运动的进展》一文表明，恩格斯清楚地知道必须克服以前的社会主义思想中的缺点，加深在理论上对共产主义的理解，并且把共产主义与先进的哲学结合起来。

发表在《德法年鉴》上的《政治经济学批判大纲》一文是恩格斯的第一篇经济学著作。列宁写道，在这篇文章中恩格斯"从社会主义的观点考察了现代经济制度的主要现象，认为那些现象是私有制统治的必然结果"②。这篇文章之所以值得注意，是因为它具有深刻的革命意义。它运用唯物主义的无产阶级阶级观点研究经济现象和经济理论，对资产阶级经济学家运用的形而上学方法的失败有清楚的理解，是恩格斯运用唯物主义世界观和唯物辩证法分析经济范畴的第一次尝试。

这篇文章主要是对资本主义制度的经济基础——私有制进行批判性

---

① 《马克思恩格斯全集》第1版第1卷第575页。
② 《列宁全集》第1版第2卷第8页。

考察。恩格斯证明，私有制本身固有及产生的矛盾的发展是资产阶级世界的社会对抗的主要原因，也是造成未来社会革命的原因。他研究了由私有制性质所造成的竞争和垄断之间辩证的相互联系，并且研究了劳动与资本之间的深刻的矛盾。

当时，恩格斯在批判那些资产阶级经济学家时，还没有把古典学派的代表斯密和李嘉图与庸俗经济学家萨伊、麦克库洛赫之流加以区别。在这个时期，他还没有接受斯密和李嘉图的劳动价值理论，因而也不可能对这一理论在经济学说的发展中的地位作出适当的评价。他提出了政治经济学的发展与已经达到的经济关系的水平相一致的深刻概念，猛烈抨击反科学的蔑视人类的马尔萨斯人口论，并证明所谓的生产和应用科学的有限可能性决不能说明贫困的原因。恩格斯强调指出："人类所支配的生产力是无穷无尽的。"① 他的结论是，社会灾难是现存经济制度造成的，这种制度必须通过革命的共产主义来改造。

恩格斯对卡莱尔的《过去和现在》的评论也发表在《德法年鉴》上，他在评论中从唯物主义和无神论的观点批判了卡莱尔的这一著作，对卡莱尔的用唯心主义解释历史，英雄崇拜和把中世纪加以浪漫主义的理想化提出了异议。与这些观点相反，恩格斯强调指出：人们的具体活动、他们为征服自然和建设与人的尊严和真正利益相一致的社会关系而进行的艰苦斗争是历史发展的基础。他驳斥了卡莱尔关于工人阶级只不过是受难的一群人的观点，并坚信无产阶级的创造作用，相信他们有能力进行彻底的社会变革。

恩格斯在《前进报》上发表文章，继续进行这一评论。他在《英

---

① 《马克思恩格斯全集》第1版第1卷第616页。

国状况　十八世纪》和《英国状况　英国宪法》这两篇文章中，在对英国历史进行唯物主义解释方面完成了开创性的工作，从而为马克思和恩格斯后来详尽阐述他们对整个历史进程的唯物主义的理解提供了最重要的前提。恩格斯探索了18世纪末和19世纪初的工业革命在英国发展中所起的作用，并且详细地分析了工业革命所带来的社会的和政治的后果。他考察了英国的政治制度，指出了资产阶级民主的局限性。恩格斯用"社会民主"的思想反对资产阶级民主的局限性，从而得出了工人阶级夺取政权是向社会主义转变的必要条件这一结论。

恩格斯在1843年末就开始为宪章派报纸《北极星报》撰稿，本卷收集了发表在该报上的恩格斯的许多鲜为人知的文章。它们的共同主题之一是介绍中欧各国的民主运动和社会主义运动，揭露这些国家的政府所执行的反动政策。恩格斯论证了各个不同国家的工人阶级的共同境遇，以及引起工人采取行动的同一社会原因。

《普鲁士新闻》和《西里西亚骚乱的详情》这两篇文章特别值得注意，因为它们是最早从革命的共产主义观点评论西里西亚织工起义的文章。恩格斯通过这一起义证实了资本主义矛盾的普遍性质，并指出，工厂制度的出现将会在各国产生与它在英国曾产生的相同结果。恩格斯在这些文章中对西里西亚起义的评价与马克思在《评"普鲁士人的"〈普鲁士国王和社会变革〉一文》中对这次起义的评价在很多方面都是一致的。

恩格斯观点的发展使他得出了马克思也正在得出的同样结论。他们于1844年8月底在巴黎会面以后就开始了他们无与伦比的合作，逐步地共同发展了革命世界观的科学原理。

本卷中有些文章以前从未译成英文。这里第一次用英文发表的有：

《1843年克罗茨纳赫笔记的摘录》;《德法年鉴大纲草稿》;《给〈和平民主日报〉和〈总汇报〉编辑的信》;《对弗里德里希-威廉四世最近在诏书上所做的修辞练习的说明》;1843年11月21日马克思致尤利乌斯·弗吕贝尔的信;"准备材料"部分的全部条目以及发表在附信中的燕妮·马克思的信。

从前未用英文发表过的恩格斯的文章包括《伦敦来信》中的前3篇文章和《英国状况》中的1篇文章。《北极星报》上的11篇文章第一次被收编在一起。

那些以前用英文发表过的文章,这次收入本卷时有些用的是译文,有些则对译文作了仔细的修改。对于一些著作的正文,特别是对那些手稿在编排上的一些独特之处,我们都在注释中作了说明。

(沈渊 校)

恩格斯与马克思合作之前从唯心主义向唯物主义，从革命民主主义向共产主义的转变（一）
——《马克思恩格斯全集》历史考证版第1部分第3卷前言*

本卷收集了保存下来的恩格斯写于1844年8月底之前即开始与马克思合作之前的文稿、文章和文学习作。除了在第3部分第1卷和第4部分第1卷、第2卷里已经发表的书信和摘录外，这些著作是恩格斯的世界观发展和政治发展的重要证明。

保存下来的恩格斯的早期作品是一些文学习作、诗和短篇小说，这是他在巴门和爱北斐特上小学和文科中学时写的，显然没有打算发表。1839年初，他本着青年德意志的精神开始从事政论写作，以此积极参加资产阶级反对封建反动派的解放斗争。他的反对派政治观点尤其反映在他对工厂工人的社会状况的看法上，反映在主张立宪制、批判19世纪的虔信主义和教会正统派上。

恩格斯向革命民主主义者的发展是他脱离青年德意志转向青年黑格尔主义的一个过程。这个过程可以看到的结果是恩格斯从1840年底起写的一些文章，从政治和理论的角度来看，这些文章是恩格斯发展中的一个新阶段。从1841年底起他的发展受柏林青年黑格尔派的直接影响。恩格斯像青年黑格尔派一样信奉无神论，并且赞同他们的哲学和政治观

---

* 本文选自《马克思恩格斯研究》1995年第20期。

点。1842年11月，他以无神论者和革命民主主义者的身份前往英国。

在英国，恩格斯实现了向共产主义和历史唯物主义观点的转变。1843年6月以前，他的一些文章反映了向这个新世界观转变的步骤。他在从1843年秋起写的文章里认识到消灭私有制的必然性和无产阶级的历史作用。《政治经济学批判大纲》一文证明恩格斯的发展达到质上全新的阶段，即彻底转向唯物主义和共产主义。恩格斯制定科学共产主义的过程就是从此文开始的。

从美学角度来说，恩格斯小学和文科中学时期的几篇保存下来的文学习作几乎没有什么意义，同时也因这些作品均为断简残篇而无法准确判断作者的思想观点。但是，从这些作品中也能——尽管是偶然的——了解一些青年恩格斯的思想和感情世界。文学作品对他来说不是为了消遣或者是必修的文化训练，而是其思想独立发展的头几年里的一个重要的活动领域。他倾心于民间传说和世界文学中的英雄人物，如齐格弗里特、威廉·退尔和浮士德。在他于1836年写的《我认出来了！就在远处》这首诗中，这种感情与暂时还不明确的旨在反对各种专制制度和压迫、争取自由和正义的倾向结合在一起。在未完成的也许是历史课和文学课激励他写的《海盗的故事》里，他以青年的热情同情希腊人民争取自由，反对1821年开始的土耳其异族统治的斗争。他在文科中学时期的诗歌习作，如《我主耶稣基督，上帝之子》中也表现了他对上帝的信仰。

恩格斯在1839年就开始政论活动。在这一时期他碰到1830年以来在德意志各邦激烈讨论的问题和观点。法国七月革命引起的运动在德国资产阶级改革中开始了一个决定性阶段，即直接准备资产阶级民主主义革命的阶段。这个阶段（德国三月革命前的时期）延续了差不多20年，直至1848年。正在德意志各邦开始的工业革命，资产阶级资本主义关系的发展，资产阶级的进一步强大以及工业资产阶级和年轻的工业无产阶级的形成，是这个阶段的宏观基础。在意识形态领域内也发生了德国资产阶级夺取政权的斗争，及其反对半封建的社会经济关系和政治关系以及反对阻障经济和政治发展的民族分裂的斗争。

1830年以后在德国，人们首先在艺术和文学领域以及在哲学和宗教批判领域强烈地提出资产阶级的要求。三月革命前的理论和文学讨论深受意识形态的影响。1836年以后，在德国反封建的反对派的思想斗争中两个思想派别青年德意志和青年黑格尔主义占据统治地位。这两个派别对恩格斯在1838年底和1842年底期间的思想和政治发展起了很大影响。

深受路德维希·白尔尼和亨利希·海涅鼓舞的青年德意志文学运动，是法国七月革命及继七月革命后一些德意志小邦中的政治活动、骚乱和起义的反映。1830年以后自由主义和民主主义的思想财富，通过报刊以及由青年一代作家倡导的其他一些出版物日益深入公众。转向现实政治问题的朝气蓬勃的文学，有助于30年代资产阶级反封建的反对派运动的各种变种的发展和壮大。

恩格斯在不来梅可以自由地阅读青年德意志的文学作品。他第一次较详细地了解了这些作品，并赞同这些作品的基本观念。他希望把这些观念推广到生活中，因为"它们建筑在每个人的天然权利之上，并且涉及现代关系中同这种权利相矛盾的一切事物。这些观念包括：首先是人民参加国家管理，也就是实行立宪制度；其次是犹太人的解放，取消一切宗教强制，取消一切门阀贵族，等等"①。恩格斯的所有文章都具有民主主义的特点，其表现就是他站在人民、穷人、被压迫者、工厂工

---

① 《马克思恩格斯全集》第1版第41卷第457页。

人、手工业者、农民和徒工的一边。

恩格斯出生在德国最发达的工业区，他在其早期发表的一些文章如《乌培河谷来信》里就表明了他对工厂工人状况的看法。这个问题在同时代的文学作品里是作为"赤贫"问题论述的。恩格斯写道："下层阶级，特别是乌培河谷的工厂工人，普遍处于可怕的贫困境地。"① 他认为使工人们陷于绝望状况的一个原因就是"厂主这样胡作非为"②，而另一个原因就是资本家谋取不义之财。他们利用种种口实力图减少工人的工资，使用廉价的童工。

恩格斯把人民和人民的利益确定为最高准则，他根据这个准则来评价产生于中世纪末的民间故事书以及人们加工和出版这些故事书的目的。他认为民间故事书的最重要的任务之一是使人民"有明确的道德感，使他意识到自己的力量、自己的权利和自己的自由，激发他的勇气并唤起他对祖国的热爱"③。民间故事书必须适应时代："如果我们着重考察一下目前的状况，考察一下造成当代一切现象的争取自由的斗争，即日益发展的立宪主义，对贵族压迫的反抗，智慧同虔诚主义的斗争，乐观精神同阴郁的禁欲主义残余的斗争，那么，我就看不出我们为什么不该要求民间故事书在这方面帮助没有文化教养的人，向他们指出……这些动向的真实性和合理性。"④

恩格斯在《为德国〈贵族报〉作的追思弥撒》一文里批判反动派企图为封建的土地关系以及为在变革时期使等级差别永存的有关立法辩

---

① 《马克思恩格斯全集》第 1 版第 1 卷第 498 页。
② 《马克思恩格斯全集》第 1 版第 1 卷第 498 页。
③ 《马克思恩格斯全集》第 1 版第 41 卷第 14 页。
④ 《马克思恩格斯全集》第 1 版第 41 卷第 14—15 页。

护和歌功颂德。在变革时期里民主震撼着"贵族城堡门口"①和"现存事物"②。

恩格斯在许多文章里,首先在《不来梅通讯。不来梅港纪行》里非常重视不来梅这座商业城市的特殊的社会和政治状况。

恩格斯的早期政论文章的特征是:主张立宪制,批判德意志各邦的书报检查制度以及谴责对自由主义反对派和青年德意志代表们的迫害措施。恩格斯多次明确地反对联邦议会1835年12月对青年德意志作出的决议。1840年底他还在《齐格弗里特的故乡》一文里更尖锐地谴责在复辟王朝时期和在七月的日子以后出现的对"蛊惑者的团体"③的迫害。恩格斯写了评述当时著名诗人及作家,如卡尔·贝克和奥古斯特·冯·普拉滕的文章,以之参加当时的思想政治斗争,他始终根据这些诗人和作家在社会进步上所起的作用来评价他们的作品。

恩格斯以青年德意志偏爱的文学形式,如游记、小品和随笔等等来发表他早期对当时社会和政治问题的看法,因为这些形式不必进行全面或透彻的阐述。他把探讨社会政治问题与思考文学问题结合在一起。

恩格斯同意青年德意志关于文学必须与现实、生活和当代相结合的观点。青年德意志从这个要求中得出文学积极参与政治冲突,即文学必然政治化的结论。但是,与这个观点联系在一起的是青年对文学作用的某些过高估计。青年德意志指望文学能对社会起改革作用。

恩格斯更多地是把文学的作用强调为理解所面临的任务和发动人民群众的手段。他还在关于风格的一些论述里发表自己对这个问题的看

---

① 《马克思恩格斯全集》第1版第41卷第56页。
② 《马克思恩格斯全集》第1版第41卷第56页。
③ 《马克思恩格斯全集》第1版第41卷第143页。

法，这在他进行政论活动的头几年里写的一些书信和文章中多次作过评述，首先在《现代文学生活。II. 现代的论战》一文里评述过。在恩格斯关于卡尔·贝克、奥古斯特·冯·普拉滕和卡尔·伊默曼的一些文学评论里，还有对他们本人的功绩的评价里，对风格的分析是一个重要方面。恩格斯不仅证实了青年德意志所特有的风格革命化，而且他自己也积极参加时评。时评是说明时代意识和社会的工具。因此，恩格斯在1840年夏写道："青年文学有一种武器，这种武器使它不可战胜，并将一切青年天才集合于它的旗帜下。我指的是现代风格。现代风格生动具体，措辞锋利，色调丰富，因而为每个青年作家自由发展各自的才能……开辟了天地。"①

1838和1841年期间，在青年恩格斯的文学创作里，除政论文章外，诗作占有显著地位。这一时期的诗作只保存下来一部分②，这部分诗作也只有部分收入本卷③。恩格斯对自己写诗的天赋持完全批判的态度。他在1838年秋认为，我所写的"这种押韵的玩意儿对艺术毫无价值"④。

尽管如此，恩格斯仍然没放弃自己的尝试。到1841年他撰写和发表了一些从西班牙文、意大利文和英文翻译的作品以及诗作，这些作品不仅证明了他写诗的积极性，而且也证明了他的天赋。这一时期的恩格斯的译作和改写的作品表明，他精通古老的和现代的语言，而且能够借鉴其他作者的语言和风格。1839年3月前出版的曼努埃尔·霍赛·金

---

① 《马克思恩格斯全集》第1版第41卷第74页。
② 参看《马克思恩格斯全集》历史考证版第1部第3卷第1273—1278页。
③ 参看已收入《马克思恩格斯全集》历史考证版另外几卷里的文学作品目录。《马克思恩格斯全集》历史考证版第1部分第3卷第1279—1280页。
④ 《马克思恩格斯全集》第1版第41卷第418页。

塔纳的抒情诗《咏印刷术的发明》的译文，除了表明恩格斯的出色的语言和作诗的才能外，也表明了他的政治观点。他的译文的蓝本是金塔纳最初由于书报检查未能发表的这首诗的原文。可以推测，恩格斯译自派尔希·毕希·雪莱的《含羞草》的译文也具有类似的风格，但该译文至今尚未找到。

在首次发表的、更多是以斐迪南·弗莱里格拉特的诗为蓝本的《贝都英人》这首诗里表明了恩格斯对普遍自由的热爱。1840年夏的一些诗作由于它们的艺术形式和内容而更有意义，可能恩格斯想把它们发表在由弗莱里格拉特出版的《莱茵艺术和诗歌年鉴》第2年卷上。弗莱里格拉特"之所以没有刊载"这些诗，"并不是由于诗的原因，而是由于诗的观点以及版面不够"。① 这些诗指的是可能在1840年7月前写的诗《圣海伦岛。片断》、《黄昏》和《夜行》。恩格斯反对君主对人民的专横。他把自己列入热爱自由的自由主义传统行列，并赞成德国自由派在汉诺威王国进行的制宪斗争中采取的立场。恩格斯拥护针对时代并以社会效果为宗旨的诗歌。因此恩格斯加入了这样的队伍，这一队伍撇开各种偏颇的政治和诗歌流派不谈——在30年代的诗歌中很有优势。

在1840年，恩格斯像青年德意志派，而首先是像卡尔·谷兹科夫一样，持这样一种观点：戏剧改革和占领剧院是一项首要任务，以便利用它来传播进步思想。他在《现代文学生活》这组文章的第一篇里用这个观点并在构思上经过深思熟虑以后详细地评论了谷兹科夫的戏剧作品，他在结尾处写道："但愿为青年文学开辟了一条通向戏剧舞台的道路的谷兹科夫，继续以他独树一帜、充满生活气息的戏剧作品，把那些

---

① 《马克思恩格斯全集》第1版第41卷第592页。

非法窃据舞台的鄙陋庸俗的货色赶下台去。无论批评有多么大的摧毁力量，我们相信，仅有批评是达不到这个目的的。谷兹科夫得到具有同样倾向的人的大力支持"。① 恩格斯的手稿《科拉·迪·里恩齐》（一出歌剧的草稿）证明，恩格斯多么想成为共同战斗者，而不是局外人。无论是主题的选择，还是对主题的处理方式都证明，他试图亲自在实践中实现在《现代文学生活》这组文章的第一篇里谈到的把历史著作改写成诗歌的想法。② 这篇手稿反映了他的民主主义的基本立场和关于人民在历史中的作用的思想。他试图以与人民对立的科拉·迪·里恩齐这位护民官为例来塑造人民的角色。

1839年和1841年期间，恩格斯在其寄自不来梅的一些文章里多次表明他对宗教、乌培河谷的虔诚主义、不来梅的虔诚主义和理性主义之间的教会论争、黑格尔的宗教哲学的看法，以及对大卫·弗里德里希·施特劳斯对这种宗教哲学的解释和进一步发展的看法。首先从他这一时期的书信中可以了解他迅速成熟的立场，并可以确定他的宗教批判的各个阶段。

恩格斯非常深入地批判了19世纪的虔诚主义，特别是受弗里德里希·威廉·克鲁马赫尔影响的虔诚主义。他以写于1839年3月初的《乌培河谷来信》一文开始这一批判。他认为，在1815年后复辟时期紧密勾结在一起的这种虔诚主义和教会正统派，是思想和政治栅栏，它阻碍了各个生活领域的进步。他指责虔诚主义想在社会生活各个领域充当最高权威的无理要求，批判虔诚主义的否定生活的特征及其对科学、艺术以及其他信仰和观念的偏见。他首先谴责乌培河谷的虔诚主义教工厂

---

① 《马克思恩格斯全集》第1版第41卷第74页。
② 参看《马克思恩格斯全集》第1版第41卷第65、69—70页。

工人顺从地、忍气吞声地忍受社会贫困。恩格斯在很大程度上把乌培河谷工厂工人的贫困归咎于虔诚主义。

恩格斯的激烈的谴责和批判是以其启蒙主义和理性主义为基础的。虽然他在这篇文章里没有更详细地谈到这一点，但从大约写于同一时期的一封信①里可以推知。他虽然拒绝19世纪虔诚主义所固有的正统派观念，但仍信奉基督教和上帝的启示。然而，他否定上帝启示的绝对权威，并且谴责想在社会生活各个领域凭借这种权威去贯彻反动的或保守的原则的意向。

从1839年4月起，恩格斯了解了施特劳斯的宗教批判，并通过它了解了弗里德里希·丹尼尔·施莱艾尔马赫尔的宗教哲学，此后他把新的重点放在对虔诚主义的评价上。这使他的批判更有区别和更确切了。他在《寄自爱北斐特》一文里谈到虔诚主义的观点时承认："就是在这里也暴露出当宗教真正成为心灵的事业时，即使在痛苦绝望的边缘，它也处处起着使人刚强和令人宽慰的作用。"② 恩格斯在1840年6月起为《知识界晨报》写的不来梅通讯里像在《乌培河谷来信》里一样，认为虔诚主义是基督教的不适当的形态，并说它是"基督教的……反常现象"③。但是，他同时又责备那种简单化的批判，因为它想"把虔诚主义视为欺骗、贪婪或风雅的肉欲"④。

恩格斯在不来梅通讯里很恰当地评论了1840年夏的所谓不来梅教会论争。在不来梅也像在德国其他一些城市一样，教会正统派以及与之

---

① 《马克思恩格斯全集》第1版第41卷第458—459页。
② 《马克思恩格斯全集》第1版第41卷第13页。
③ 《马克思恩格斯全集》第1版第41卷第101页。
④ 《马克思恩格斯全集》第1版第41卷第101页。

有关联的19世纪的虔诚主义的代表,都反对一种神学流派,这个流派被其追随者和对手视为神学理性主义。恩格斯又转而反对弗里德里希·威廉·克鲁马赫尔,并且与他在《乌培河谷来信》中强调的批判重点直接连接起来。他在这些问题上赞同神学理性主义,即"在同宗教的黑暗势力进行斗争的任何情况下"① 具有共同的观点,但他同时又批判这种理性主义。

恩格斯首先把20年代末至30年代初神学理性主义在反虔诚主义的斗争中所起的作用和它在新的历史形势下还能占有的地位区分开来。长期以来神学理性主义就属于力求与教会正统派脱离的进步运动。从18世纪末至19世纪初起,它在为上帝启示和宗教奇迹寻找"自然的"解释时,开辟了圣经批判的道路。在黑格尔宗教哲学的影响下,首先是在施特劳斯对黑格尔宗教哲学的解释的影响下,恩格斯认为这样一种尝试是不彻底的,是一种由于问题有了新提法而过时的观点。在这里涉及的已不再是绝对权威和对上帝启示的合理解释之间的对立,而是圣经中所阐述的上帝启示完全被最进步的力量否定了。恩格斯同意这个观点,并且首先拥护以黑格尔关于神的观念为依据的泛神论。他认为这是"十九世纪最宏伟的思想"②。他在1839年12月9日至1840年2月5日给弗里德里希·格雷培的一封详细的信里也谈到这种世界观。③ 他在本卷的一些文章里,例如,非常明确地在《风景》一文,尤其是该文中包含的一首诗里谈到这一点。④

---

① 《马克思恩格斯全集》第1版第41卷第133页。
② 《马克思恩格斯全集》第1版第41卷第96页。
③ 参看《马克思恩格斯全集》第1版第41卷第544—546页。
④ 《马克思恩格斯全集》第1版第41卷第94—95页。

恩格斯从泛神论观点解释了黑格尔关于神的观念，这是黑格尔研究的重要表现。但是，除宗教哲学的问题外，首先使他感兴趣的是黑格尔的历史哲学问题。他最迟从1839年秋起就研究这个问题。他在《时代的倒退征兆》一文里直接引用黑格尔的历史观，并反驳谷兹科夫对黑格尔的批判。在对谷兹科夫的戏剧《扫罗》的评论中黑格尔读物也获得了明显反响，例如，恩格斯在评论中把祭司视为"历史手中的工具"①。恩格斯研究黑格尔的基本方针是，力求把受行动着的个人制约的历史进程理解为可以归诸客观理性的过程。这一做法也使他能够逐渐把进步的政治观念理解为时代的客观要求。他的历史观使他认识到，同各个领域的反动派作斗争是把一切自由主义力量团结起来的最重要的任务。这表现在《时代的倒退征兆》、《约艾尔·雅科比》和《为德国〈贵族报〉作的追思弥撒》等文章里，他在这些文章里反对封建中世纪和专制制度的文学诗歌的复活，揭露反动派的各种理论和教派阵营之间的联盟，反对从思想政治上聚集一切反动势力的企图。

加紧研究黑格尔学说和青年黑格尔派的理论观点促使恩格斯更加批判地考察青年德意志的观点，他在1840年初提出哲学和文学的关系的问题并把黑格尔派如"霍托、勒特舍尔、施特劳斯、罗生克兰茨"等人和《哈雷年鉴》②与青年德意志的政论家作了对比。《现代文学生活》这组文章证明，恩格斯在1840年春就认识到青年德意志的局限性。他总结了自己与青年德意志的关系，评价了这个运动在1830年法国革命后头十年里的积极活动。这些文章不仅表明他摒弃了使他得以进入文学界的谷兹科夫，而且从中也反映了政治文学的偏颇局面的彻底改变。将

---

① 《马克思恩格斯全集》第1版第41卷第67页。
② 《马克思恩格斯全集》第1版第41卷第35页。

近30年代末，尤其是1840年以来，出现了无疑是更激进的而且从另一种理论观点来表达资产阶级要求的势力。恩格斯在提到青年德意志作家时写道："但愿他们从《哈雷年鉴》那里学习到，论战只针对往日的遗毒和死者的幽灵。"① 他在该文中谈到青年德意志的青年代表和黑格尔学派的青年代表之间在文学中出现的联合。

1840年国内外政治事件对恩格斯世界观的发展起了促进作用。这一年是德国直接准备资产阶级民主主义革命阶段中的一个重大转折点。国内外政治事件引起反封建的反对派运动的蓬勃发展。为此它必须比以往更注意从资本主义经济发展中产生的新的社会问题。虽然政治制度和民族国家的统一问题暂时仍然是自由主义和民主主义政论的重要议题，但是，在德意志各邦也可以看到劳动和资本之间的对立。1840年7月，弗里德里希-威廉四世登上普鲁士王位。期望从王位更替中获得参政权利并在东普鲁士议会上提出一项制宪动议的资产阶级，很快就失望了。他们走在反对派力量的前列，使思想运动都具有明显的实际政治性质。反封建的反对派中的民主主义一翼也表现得更加多样和更加明显了。

恩格斯在1840年12月的通讯里写道："1840年充满了关于时代的悬而未决的问题的斗争，以致几乎可以把这一年看成本世纪的转折点。"② 这里他指的是与所谓的莱茵危机有关的政治争论（这些争论重新提起对1789年和1830年的法国革命的评价）和实施资产阶级在普鲁士王位更替时所要求的宪法。

写于1840年底的《恩斯特·莫里茨·阿伦特》一文，无论是在政治方面还是在理论方面都标志着恩格斯发展的一个新阶段。他第一次从

---

① 《马克思恩格斯全集》第1版第41卷第89页。
② 《马克思恩格斯全集》历史考证版第1部分第3卷第228页。

革命民主主义立场阐述了德国民族发展的任务。这个特征就是：恩格斯从自由主义和德意志狂对法国社会变革过程（这个过程在1789年至1794年和1830年的革命中达到高潮）的态度这个角度来认识德国政治和思想运动的各个阶段和形式，尤其是认识自由主义和德意志狂。他通过这些阶段在当时的影响及其在1840年的思想争论中所确定的方针来考察所有这些阶段，从而更具体、更透彻地评价法国革命。这样，如何评价从1807年至1813年的改革开始的德国资产阶级改革，就十分清楚了。

恩格斯强调人民群众在1813年的民族独立斗争中的作用，并说明人民的积极性是普鲁士反封建的反对派运动重新高涨的决定性因素。虽然他在《德国民间故事书》一文里还更多地把人民视为教育对象，但他也把人民理解为社会变革过程中积极的、能动的力量。他把革命理解为人民的政治崛起，理解为一个以人民主权为依靠的过程。

与此同时，恩格斯还钻研一些新的问题，这些问题在很大程度上把他的浓厚兴趣集中到所有制关系的某些方面。他第一次表明了对土地占有、特别是对土地分割及其在德国的后果等问题的看法。他在《不来梅通讯。不来梅港纪行》里已经谈到农民状况。他在1840年夏说："德国农民处于农奴依附地位和自由之间的不稳定境况……世代相传的屈从地位以及世袭法庭的专横暴戾"①，是农民移居他乡的原因。1840年底他更彻底地研究农民状况。他赞成——他与自由派如弗里德里希·李斯特都持这个观点——自由支配土地财产。但是，这种自由支配"不容许极端化：既不容许把大土地占有者变成贵族，也不容许把耕地分割成太小

---

① 《马克思恩格斯全集》第1版第41卷第119页。

的、变得没有用处的地块"①。此外，在《不来梅通讯》里《恩斯特·莫里茨·阿伦特》里谈到的立场。

革命民主主义立场，首先是白尔尼对金融寡头的政权七月王朝的性质的评价及其对法国和南德自由主义的批判，越来越强烈地影响了恩格斯。他把白尔尼的著作视为"争取自由的**行动**"②。他在世界观和理论方面开始转向革命民主主义，是由于接受了青年黑格尔派解释的黑格尔哲学。这说明恩格斯转到一个新的政治和哲学立场。"白尔尼才是个政治实践家"，而黑格尔是"一个很有思想的人"③，两者的结合（恩格斯在《时代的倒退征兆》④一文里已提到这一点）是他的思考的出发点。他要求理论和实践的统一，在这个统一中理论必须深化，而实践必须更多地转到政治活动上。他认为青年黑格尔主义"是一座独一无二的堡垒，当得到上面支持的反动派对自由思想者暂时占了上风，他们就可以安然退入这座堡垒"⑤。

恩格斯知道自己文章的爆破力，他写道："我对国王们赠予的各种荣誉奖品，敬谢不敏。这一切有什么用呢？……自从我在《电讯》上发表了一篇关于恩·莫·阿伦特的文章以来，甚至连发疯的巴伐利亚国王也没有想起要给我扣上一顶系着铃铛的傻瓜帽子，或者在我的背上盖一个奴颜婢膝的印记。"⑥

1841年12月和1842年4月期间，恩格斯发表了《谢林论黑格尔》

---

① 《马克思恩格斯全集》第1版第41卷第156页。
② 《马克思恩格斯全集》第1版第41卷第150页。
③ 《马克思恩格斯全集》第1版第41卷第150、151页。
④ 参看《马克思恩格斯全集》第1版第41卷第35页。
⑤ 《马克思恩格斯全集》第1版第41卷第152页。
⑥ 《马克思恩格斯全集》第1版第41卷第592页。

一文，以及《谢林和启示。批判反动派扼杀自由哲学的最新企图》和《谢林——基督哲学家，或世俗智慧变为上帝智慧》这两本小册子。恩格斯在这些著作里承认青年谢林的哲学功绩及其对德国哲学发展的贡献。① 他的这些著作一部分涉及黑格尔，一部分涉及黑格尔派卡尔·路德维希·米希勒的讲义和文稿。

恩格斯著作的主题是谢林所宣布的哲学的政治结论。他认为这个结论与谢林为社会进步服务的早期哲学直接对立。恩格斯认为，聘请谢林到柏林是有政治动机的。谢林的晚期哲学必须支持"**弗里德里希－威廉四世**力图建立的……基督教封建君主政体"②，而且必须首先直接抨击青年黑格尔主义。因此，恩格斯在政治斗争中用自己的著作抨击谢林的晚期哲学。他在这场斗争中是作为青年黑格尔派出现的。他明确赞同青年黑格尔派从黑格尔哲学中得出的无神论结论，并拥护他们的政治纲领。马克思在1843年秋也把批判分析及其通过频繁改头换面来掩盖其真实本质的哲学当作重要任务："因此，对谢林的批判就是间接地对我们全部政治的批判，特别是对普鲁士政治的批判。谢林的哲学——这就是在哲学幌子下的普鲁士政治。"③

恩格斯可能在柏林逗留时才具体探讨谢林的哲学。他在1841—1842年冬季学期听谢林讲课，并了解有关谢林的同时代作品。在哲学领域内的初步探讨使恩格斯确信：谢林在柏林支持反动的意识形态；必须反对反动派所利用的启示哲学。他在1841年12月写道："因此，让我们勇敢地投入战斗，去反对新的敌人吧；我们当中终将有人出来证

---

① 参看《马克思恩格斯全集》第1版第41卷第214—215页。
② 《马克思恩格斯全集》第1版第1卷第536页。
③ 《马克思恩格斯全集》第1版第27卷第445页。

明，热情之剑也像天才之剑一样锋利。"①

恩格斯是一流的政论家，他详细而具体地——正如许多方面证实的那样——向公众报道谢林在柏林的讲课内容。他认为黑格尔哲学超过谢林早期哲学。黑格尔进一步发展了谢林早期哲学的所有积极的促进因素和要素。恩格斯认为，路德维希·费尔巴哈以谢林的早期自然哲学为出发点，这与批判黑格尔哲学的思辨性质有关。恩格斯把谢林对谢林自己的哲学和黑格尔早期哲学的解释作为他的批判的重点。同时他指出，谢林远远地落在他自己的早期哲学观的后面。

恩格斯特别坚决地捍卫哲学的"合乎理性"，即要求哲学合理地解释世界。他起先写道："迄今为止，任何哲学给自己规定的任务都是把世界理解为合乎理性的。一切合乎理性的，当然也是必然的；一切必然的，应当是或者至少应当成为现实的。这是通向现代哲学的伟大实践结果的桥梁。既然谢林不承认这些结果，那么从他那方面来说，不承认世界合乎理性也是顺理成章的。但是要直截了当地讲出这一点，他又缺乏勇气，他宁肯否认哲学是合乎理性的。这样一来，他就通过一条极其迂回曲折的途径挤在理性与非理性之间，把合乎理性的东西称为先于经验〔a priori〕理解的东西，把不合乎理性的东西称为根据经验〔a posteriori〕理解的东西，并且把前者归入'纯理性科学或否定哲学'，把后者归入新创立的'实证哲学'。"②

恩格斯接着批判了这种分裂"哲学的统一性，任何世界观的完整

---

① 《马克思恩格斯全集》第 1 版第 41 卷第 205 页。
② 《马克思恩格斯全集》第 1 版第 41 卷第 217—218 页。

性"① 的企图。谢林的潜在力学说即"以可能性为基础的哲学"②，虽然包含着黑格尔的处于颠倒形式中的辩证法，但仍然落在理性哲学的功绩之后；"德国人将感谢这样的哲学，它拖着他们沿着一条不通的道路走去，还要穿过可能性这个无比寂寞的撒哈拉大沙漠，但是又不给他们任何现实的东西充饥解渴，也不引导他们走向任何其他目的地，而只是拖着他们往那里去，按照这种哲学自己的说法，在那里，现实世界对理性来说仍然是百思不得其解的。"③ 恩格斯断然否定谢林试图论证的实证哲学，因为这种哲学"在摆脱了任何逻辑必然性的、因而是随心所欲的、毫无意义的思维中寻求支持"④。

恩格斯认为谢林的晚期哲学由于它的非理性主义和神秘主义而完全不能成为在精神上与黑格尔主义不相上下的学说。关于谢林，他讽刺道："他要是不把实证哲学的珍宝而把对施特劳斯的《耶稣传》、费尔巴哈的《基督教的本质》等等的批驳带来，那还好些——他还可以搞出点名堂来。而在目前情况下，黑格尔主义者宁肯待在众所周知的'死胡同'里，也不愿听凭他'任意摆布'，而实证神学家也将一如既往宁肯从启示出发而不是把什么东西加到启示中去。"⑤ 最后这句短评证明，恩格斯对谢林的判断多么不同凡响，因为谢林的哲学和神学见解不可能满足普鲁士反动势力的思想需要："哲学同基督教的互不相容，已经使谢林陷入比黑格尔更糟的矛盾。"⑥ 恩格斯确切地指出："谢林提供的既

---

① 《马克思恩格斯全集》第 1 版第 41 卷第 218 页。
② 《马克思恩格斯全集》第 1 版第 41 卷第 226 页。
③ 《马克思恩格斯全集》第 1 版第 41 卷第 226 页。
④ 《马克思恩格斯全集》第 1 版第 41 卷第 242 页。
⑤ 《马克思恩格斯全集》第 1 版第 41 卷第 242 页。
⑥ 《马克思恩格斯全集》第 1 版第 41 卷第 263 页。

不是基督教也不是哲学。"①

对谢林的启示哲学的批判分析促使恩格斯重新表明对宗教的看法。要是说他在1840—1841年就承认泛神论,并重视施特劳斯的圣经批判,那么在《谢林和启示》及《谢林——基督哲学家,或世俗智慧变为上帝智慧》这两本小册子里就包含了对青年黑格尔派的无神论的明确信奉。他在1843年10月写道:"直到去年,本文作者才在一本小册子中承认,指摘他是无神论者是对的。可是事情是向前发展的。1842年,青年黑格尔派成为公开的无神论者和共和主义者。"②

恩格斯在概述宗教批判的发展过程时断定:"基督教的全部基本原则以至迄今为止凡是被称为宗教的东西,都在理性的无情批判下崩溃了。"③ 同时,他提到施特劳斯的圣经批判,布鲁诺·鲍威尔的《对黑格尔这位无神论者和反基督教者的末日审判的宣告》和费尔巴哈的《基督教的本质》。恩格斯的《对新约全书批判的研究》④ 一文也证明他在那时多么紧张地研究宗教批判。

恩格斯多次引证鲍威尔和费尔巴哈的著作,但没有明确区分他们的观点。显然,他仍然像其他青年黑格尔派一样,对费尔巴哈宗教批判的唯物主义前提保持沉默。他用费尔巴哈的论证来反驳谢林论据的宗教神秘主义和非理性思辨的特征。恩格斯同意费尔巴哈关于宗教本质的结论。然而,他没有接受费尔巴哈的唯物主义,甚至不理解这种唯物主义对历史观具有可能的重大意义。他认为费尔巴哈首先是黑格尔的"继承

---

① 《马克思恩格斯全集》第1版第41卷第263页,
② 《马克思恩格斯全集》第1版第1卷第589页。
③ 《马克思恩格斯全集》第1版第41卷第213页。
④ 《马克思恩格斯全集》历史考证版第4部分第1卷第385—433页。

人","因此,费尔巴哈对基督教的批判,是对黑格尔创立的关于宗教的思辨学说的必要补充。"① 恩格斯强调说,费尔巴哈的功绩是"把宗教上的定义归结为**主观的人的关系**"。② 他认为施特劳斯和费尔巴哈都是指出"神学的秘密是人本学"③ 的人。恩格斯在 1842 年夏与爱德华·鲍威尔合写的英雄叙事诗《横遭灾祸但又奇迹般地得救的圣经》中也承认费尔巴哈在黑格尔的学生中没有任何特殊地位。但是,费尔巴哈那时就反对把他自己的世界观与青年黑格尔派的世界观相提并论。恩格斯可能知道费尔巴哈对布鲁诺·鲍威尔以黑格尔宗教哲学为出发点的宗教批判的看法,因为他在《谢林和启示》一文里已经提到。④ 但是,他还不理解费尔巴哈这种看法对唯物主义世界观的深刻的哲学意义。

后来在 1886 年,恩格斯对此回忆到:青年黑格尔派"一点一点地放弃了在哲学上对当前的紧迫问题所采取的超然态度","到了 1840 年,正统教派的伪善和封建专制的反动随着弗里德里希-威廉四世登上王座,这时人们就不可避免地要公开站在这方面或那方面了……问题已经直接是要消灭传统的宗教和现存的国家了"⑤。在对谢林的观点的批判中可以看到恩格斯对宗教的态度,即他的受到青年黑格尔主义观念影响的无神论。在恩格斯那里,青年黑格尔派的无神论观念和激进的哲学观念与他关于社会政治问题的革命民主主义观点结合在一起。他在《谢林和启示》一文的结尾表示了下述信念:这种观念必将进入生活,"伟大

---

① 《马克思恩格斯全集》第 1 版第 41 卷第 266 页。
② 《马克思恩格斯全集》第 1 版第 41 卷第 266 页。
③ 《马克思恩格斯全集》第 1 版第 41 卷第 266 页。
④ 参看《马克思恩格斯全集》第 1 版第 41 卷第 266 页。
⑤ 《马克思恩格斯全集》第 1 版第 21 卷第 312 页。

的决胜的日子,各族人民战斗的日子来临了,胜利必将属于我们!"①

为《莱茵报》写的寄自柏林的一些文章也表明恩格斯对青年黑格尔主义的信仰。他力图从理论上论证反封建的反对派的政治要求。这是他在1842年夏进行政论活动的主要动机。他认为,与反动派进行彻底的斗争要有理论基础,即用理论来说明斗争目标和必须贯彻的原则。恩格斯着手研究他在《恩斯特·莫里茨·阿伦特》一文里就提到的论题,即德国自由主义的各种派别。他批评道,自由主义没有充分地从理论上论证自己的政治目的和要求,这必然导致它的不彻底性,即"中庸"。恩格斯在1842年夏认为:原则不明和斗争目的观未从理论上深思熟虑,这也是青年德意志完全过时的明证。恩格斯在1842年6月写的《评亚历山大·荣克的〈德国现代文学讲义〉》一文里公开表明他与这一运动彻底决裂。那时,青年德意志的权威代表激烈攻击青年黑格尔派,而且,在与谢林的论战中站在反动派联盟的哲学一边。因此,恩格斯首先谴责他们轻视重要的理论政治问题,而论证这些问题将不可避免地要在一段时间内成为坚决的政治斗争。

恩格斯认为,他批判的主要对象仍然是向反动派提供理论基础的历史学派。恩格斯把历史法学派和虔诚主义、教会正统派以及最广义上的浪漫主义,都看成理论基础、他在反对这些派别的斗争中阐述了自己的观点。

像《莱茵报》一样,恩格斯在自己的通讯里也为普鲁士说话。他认为,1807年至1813年改革后的这个国家是北德意志哲学的发源地和由柏林大学所代表的黑格尔哲学的所在地。但是,他对普鲁士的期望往往就是要求改变政权关系。普鲁士所要求的代议制应当紧接在1807年

---

① 《马克思恩格斯全集》第1版第41卷第269页。

至1813年的改革之后，而且应当把这场改革继续进行下去。因此，他在5月写的《一个旁听生的日记。Ⅱ》一文里坚决反对反动派的所谓"历史的、有机的、自然的发展"等喋喋不休的议论，反对"回到旧秩序"。① 普鲁士的过去已被1806年的垮台和随后的改革埋葬。他对"有机的"发展的代表说，"**普鲁士的财富仅仅在于理论、科学、精神的发展**"。②

恩格斯于1842年10—11月写的，但1843年才在不受普鲁士书报检查的《来自瑞士的二十一印张》上发表的《普鲁士国王弗里德里希-威廉四世》一文，分析了在弗里德里希-威廉四世统治下的普鲁士的反动政治。他着眼于青年黑格尔派辩论中的下述两个要点：反对基督教国家和驳斥调和思想。恩格斯像青年黑格尔派还有马克思在《第179号〈科隆日报〉社论》③里那样，反对基督教国家的理论和实践。他用这样一些极有争议的事实，如严格的礼拜日休假例庆、离婚法草案等等来说明国家渗透着"基督教观念"④。

但是，恩格斯试图从理论上深刻把握国家和教会的关系。显然他为此细谈了他长期以来收集的一批资料，并着手研究在《乌培河谷来信》里已显露出来的论题。此外，他在论谢林的文章里谈到这个问题。《同莱奥论战》一文证明他继续探讨这个问题。他在《谢林——基督哲学家》一文里也把这个论题提出讨论。恩格斯分析了新教正统派渴望严厉的教规，即天主教的"驱逐假先知"⑤ 和——由亨利希·莱奥公开建议

---

① 《马克思恩格斯全集》第1版第41卷第302页。
② 《马克思恩格斯全集》第1版第41卷第303页。
③ 参看《马克思恩格斯全集》第1版第1卷第107—129页。
④ 《马克思恩格斯全集》历史考证版第1部分第3卷第428页，
⑤ 《马克思恩格斯全集》第1版第41卷第290页。

的——联合天主教徒反对共同的敌人。恩格斯在《普鲁士国王弗里德里希-威廉四世》里重新回到他早就思考的论题：君王权力和教皇权力的关系在中世纪的发展以及新教正统派中可以明显看到的对中世纪形成的"天主教"的偏爱。他以这些论题为出发点探讨了教会和国家的关系。

恩格斯在这篇文章里对改革后出现的"新教国家"的评价也高于普鲁士国王力求的"基督教国家"。他在这里根据布鲁诺·鲍威尔的观点来论证新教中教会的发展和教会的世俗化。但是，他认为政教合一的"新教国家"历史地看是一种进步。因此，他在1842年秋强调指出"那些纠缠着新教国家的矛盾"①。他视君主主教制是一种"让步"②，是一种不彻底性。恩格斯要求国家和宗教分立，其理由是宗教对国家来说是私事。他认为国家和宗教如同哲学和宗教，是对立的。他的理论结论是：宗教和教会不再可能是国家的要素。

恩格斯认为普鲁士内政的特殊表现就是国家和教会的密切结合。他以各种方式批判这种政治的反动内容。他谴责人们坚持省等级代议制和一般等级原则以及进一步限制从1807年开始的资产阶级改革的立法。恩格斯称弗里德里希-威廉四世推行的全部政治制度是一种"调和的办法"，它和实际的社会发展相抵触，而且巩固了依然存在的中世纪的制度。恩格斯认为，"从去年起，即从出版似乎获得了更大的自由的那个时候起……人民所显示的进步，是和当时所采取的那种微不足道的措施不能相比的"，③ 人民不能再长久地忍受普鲁士国王的这种政治。他得出结论：普鲁士处在与1789年革命前的法国类似的状况下。矛盾的尖

---

① 《马克思恩格斯全集》第1版第1卷第538页。
② 《马克思恩格斯全集》第1版第1卷第537页。
③ 《马克思恩格斯全集》第1版第1卷第543页。

锐化预示着政治关系必然发生根本变化。

恩格斯的革命民主主义观点在英国期间（他从1842年11月19日起在此逗留）朝这样一个方向发展：即合乎逻辑地导向共产主义和唯物主义历史观的形成。列宁写道："恩格斯到英国后才成为社会主义者。"①

恩格斯在英国了解了这样一个为工业革命开路和实现了工业革命的资本主义国家的政治、社会和经济的问题。在这里明显地显露出资本主义的种种矛盾，首先是资本和劳动的矛盾。工业资产阶级由于工业革命而成为经济上最强大的阶级，它从1832年选举改革起就着手在反对大土地占有者的斗争中夺取政权。而在选举改革斗争中担负主要责任的工人阶级则被骗走了胜利果实，但是，他们从那时起更清楚地懂得维护自己的阶级利益。②

对恩格斯的观点发展具有重大影响的是，他在这样一个时刻认识了英国：资产阶级和无产阶级之间至今尚不知究竟有多大规模的阶级斗争恰恰在此时被强行镇压下来。1842年英国经历了一场经济危机，从而使经济和社会矛盾尖锐化了。英国的工业资产阶级加强了他们旨在反对大地产及其特权的斗争。但是，在危机的背景上资产阶级和无产阶级之间的对抗变得更为激烈。激化的表现就是1842年8月英国工业无产阶级的大罢工。这次罢工以要求合理的工资开始，最终要在宪章派的影响下实现人民宪章。罢工被统治阶级的军警镇压；罢工领导人和参加者被捕并被判刑。英国各党派力图在罢工运动被镇压后分析阶级斗争及其原因。他们试图按照他们所代表的阶级的利益得出结论。恩格斯于1842

---

① 《列宁全集》第2版第2卷第7页。
② 《马克思恩格斯全集》历史考证版第1部分第3卷第1051—1053页。

年底在英国面临的特殊形势，不仅有助于他理解和思考这次阶级斗争的具体历史问题，而且也有助于他理解作为斗争基础的普遍规律。

恩格斯在为《莱茵报》写的文章里主要研究英国政党以及它们所代表的社会阶级和阶层，还有它们之间的斗争。因此，他特别重视下述事实：占统治地位的政党以其有效的政治作用公开明确地维护并实现某些社会阶级和阶层的物质利益。恩格斯根据就具体的经济和政治要求而进行的实际政治争论研究了这种状况并从中得出自己的理论认识。他关于大土地占有者（托利党代表了他们的利益）的影响的论述尤为确切。但是，他还未能做到以同样尺度把资产者界定为阶级，尤其是把工业资产阶级的作用界定为经济上的决定性力量。

恩格斯很快就理解了工业无产阶级。他很关注英国资本主义发展中最引人注目的矛盾，即由工业创造的财富和同样由工业造成的一个阶级之间的矛盾，这个阶级就是"急速增长着的赤贫如洗、勉强度日的无产阶级，这个阶级是消灭不了的，因为他们永远也不能获得稳定的财产"[①]。恩格斯的这个结论是下述论断的继续：周期性发生的工业危机使一部分无产者失业或没有收入。他除了使用无产阶级、工人阶级和工厂工人这些概念外，更多地使用无产者（Nichtbesitzende）或没有财产的人（Besitzlose）这两个概念。从内容上看可以推断恩格斯开始把握工人阶级的主要特征：无产。

恩格斯称工人阶级是英国最强大的阶级，并说明该阶级的力量首先来自群众，来自由于工业发展而引起的数量增长。他认为统治阶级轻而易举地镇压了1842年8月的大罢工，这证明工人阶级还未意识到自己的力量。在恩格斯看来，宪章派——第一个无产阶级的群众政党——是

---

① 《马克思恩格斯全集》第1版第1卷第549页。

能帮助无产阶级意识到自己有力量的运动。"工人阶级日益熟悉宪章派的激进民主主义原则,并且越来越认为这些原则是他们集体意识的表现。"①

恩格斯在其文章里研究了英国是否面临一场革命,它将具有哪种性质的问题。他从英国这个"工业国"的种种矛盾中得出了答案。1842年底,他试图用这个概念来把握英国资本主义发展的特征。他得出这样一个结论:"工业国"不可能永远消灭贫富矛盾,消灭危机和失业以及由于资本主义竞争造成的其他一切对立。恩格斯认为宪章派所持的以合法方式进行革命的观点是行不通的。这种观点的表现是:试图把人民宪章上升为法,从而改变下院的构成,保证工人阶级对立法的影响,直至能够彻底改变社会关系。

恩格斯深信:"只有通过暴力消灭现有的反常关系,根本推翻门阀贵族和工业贵族,才能改善无产者的物质状况"。②"这个革命在英国是不可避免的,但是正像英国发生的一切事件一样,这个革命的开始和进行将是为了利益,而不是为了原则,只有利益能够发展成为原则,这就是说,革命将不是政治革命,而是社会革命。"③

恩格斯在这里第一次使用的术语"社会革命",像"彻底革命"和"生活关系的总变革"等术语一样,是19世纪30年代在德国政论界出现的。青年黑格尔派也不时使用这个术语,然而却从未准确地为它下定义。该派几乎没有表明可以进行这个革命的力量。因此,用这个概念只表明仅有政治革命是不够的。1842年底,恩格斯已超过了青年黑格尔

---

① 《马克思恩格斯全集》第1版第1卷第552页。
② 《马克思恩格斯全集》第1版第1卷第550—551页。
③ 《马克思恩格斯全集》第1版第1卷第551页。

派的观点，他把社会革命与工人阶级的物质利益结合起来。他把英国面临的革命界定为"推翻门阀贵族和工业贵族"并从无产阶级的物质利益得出社会革命的必然性，这证明了一个新论点的产生。但是，恩格斯的上述论述不能理解为消灭私有制，即社会主义革命。

恩格斯重视各阶级的物质利益，是在唯物主义历史观方向上迈出的重要的一步。但是，他仍把物质利益和各政党的政治作用的联系视为英国的特点，并把思想原则的首要作用与物质利益对立起来。这也是恩格斯不能理解工业革命的历史进步以及作为这个发展的基础的普遍规律的原因。（待续）

（原载《马克思恩格斯全集》历史考证版第 1 部分第 3 卷）

（胡慧琴 译）

恩格斯与马克思合作之前从唯心主义向唯物主义，从革命民主主义向共产主义的转变（二）

——《马克思恩格斯全集》历史考证版第 1 部分第 3 卷前言*

恩格斯于 1843 年 5 月和 6 月为《瑞士共和主义者》写的《伦敦来信》反映了恩格斯向共产主义世界观和唯物主义历史观的进一步发展。恩格斯最晚从 1843 年初起与宪章派和英国空想社会主义者有私人联系。这使他得以深入了解宪章派和社会主义者的宗旨和积极活动。在这些运动的直接影响下，恩格斯准确地表达或改变了他在为《莱茵报》写的一些文章里就已探讨过的对一系列问题的看法。

《伦敦来信》证明，恩格斯维护工人阶级的利益，拥护旨在实现这种利益的政治活动。他评价了宪章派和社会主义者在现实的政治斗争中，例如在以法律禁止童工和争取工厂工人子女的义务教育的斗争中的功绩。他的报道充满着对宪章运动和空想社会主义的主要方针的同情和支持（尽管是有保留的）。恩格斯一面倒的态度，是揭示在为《瑞士共和主义者》写的文章里就已显露出的工人阶级的历史作用的重要前提。

恩格斯一开始就从工人阶级的社会地位来说明工人阶级在当时的变革中的力量和作用。他写道："由此可见，在英国，一个阶级的社会地

---

* 本文选自《马克思恩格斯研究》1995 年第 21 期。

位越低，愈'没有教养'（就一般的意义来说），它就愈进步，愈有远大的前途——这一情况是非常显著的。一般说来，任何一个革命时代都有这种情况……但是，伟大变革的征兆也许从来没有像目前英国所表现的这样明显，这样突出。"①

恩格斯在1843年春继续进行他在《莱茵报》上开始的阶级分析，而且根据的正是已经在那里使用的原则。这使他得以有区别地确定中等阶级。"中等阶级"这个概念是在英国流行的对存在于以贵族和金融贵族为一方与以工人阶级为另一方之间的社会阶级和阶层的称谓。1842年12月恩格斯把凡是"有相当收入但不特别富足的人"②都称为中等阶级，并称在下院中充当工业资产阶级代表的"激进派"是"带有中间色彩"的派别，③即"介于辉格党和宪章派之间"④的派别。1843年春，恩格斯作了上层中等阶级和下层中等阶级的区分，并称"激进派"是下层中等阶级的代表。

此外，恩格斯为《瑞士共和主义者》写的文章还反映了他对反谷物法同盟以及对工业资产阶级所持的质上全新的态度。这里证明了恩格斯发展中的显著的认识进步。这也是因1842年底终于发生的宪章派与激进资产阶级分离而引起的。激进资产阶级在1842年夏罢工后几个星期内又粗暴地企图让工人运动顺从他们的阶级目的。⑤1842年底恩格斯认为，反谷物法同盟的功绩不仅是影响了佃户对地主的态度，而且还认为同盟是人民利益的代表。

---

① 《马克思恩格斯全集》第1版第1卷第561页。
② 《马克思恩格斯全集》第1版第1卷第552页。
③ 《马克思恩格斯全集》第1版第1卷第553页。
④ 《马克思恩格斯全集》第1版第1卷第553页。
⑤ 参看《马克思恩格斯全集》历史考证版第1部分第3卷附录第1075页。

1843年春，恩格斯认为同盟从现在起代表富有的工厂主和商人的利益，他们想用废除谷物法的办法来达到"一个商业上的新高涨"①，从而"使成百万的英镑流入棉纺织业巨头的口袋"②。恩格斯注意到"工人阶级坚决、完全离开"③同盟是通过宪章派的斗争达到的。他对同盟的评价表明，他认清了作为工业资产阶级代表的同盟和作为工人阶级利益代表的宪章派之间的阶级对立。

很有意义的是恩格斯对爱尔兰人争取民主独立的斗争的评价。然而，他说丹尼尔·奥康奈尔是一个对爱尔兰人民有很大影响的人，但他不代表爱尔兰工人、短工和农民。他论证道，爱尔兰人民在另一种领导下也许能够实现民族和社会的合理要求。

《伦敦来信》中反映了恩格斯批判地吸收和创造性地把握了科学社会主义理论源泉之一的空想社会主义。恩格斯在英国逗留的上半年里熟悉了英国社会主义者的著作。显然，他阅读了罗伯特·欧文及其追随者的著作，还看了英国空想社会主义的代表欧文的主要评论家如查理·萨斯威尔的文章和著作。④他在《伦敦来信》里对英国空想社会主义的批判分析是很有益的。他对欧文著作作了稍有降低的评价，一方面是因为欧文在40年代发表的著作还不如他早期理论的成就。另一方面，他的评价受英国社会主义内部存在的差异的影响。他在《伦敦来信》里谈到英国社会主义者时，显然首先指的是在曼彻斯特活动的约翰·瓦茨和萨斯威尔，他肯定地评价了萨斯威尔的无神论。

---

① 《马克思恩格斯全集》第1版第1卷第565页。
② 《马克思恩格斯全集》第1版第1卷第560页。
③ 《马克思恩格斯全集》第1版第1卷第566页。
④ 参看《马克思恩格斯全集》历史考证版第1部分第3卷附录第1092—1093页。

恩格斯详谈了社会主义者的实际活动，非常重视社会主义者在工人中的鼓动和宣传活动。他认为这有助于提高工人的觉悟，并把这种觉悟视为自觉革命活动的先决条件。

恩格斯感兴趣的首先是社会主义者的理论功绩及其提出的哲学和宗教问题。他非常坦诚地评论无神论观点，因为他认为无神论是从理论上论证社会主义的必然组成部分。此外，恩格斯着重指出英国空想社会主义者从经济上处理工人阶级的要求的方法，并且赞许地提到他们的经济著作。但是，他的《伦敦来信》没有更详细叙述他们的经济观点。

恩格斯在《伦敦来信》里还没有把所有制问题，尤其是英国社会主义者对这个问题的探讨作为单独的问题来研究，但是，他已经表现出对这个问题的关注。他突出了欧文关于财产的观点，因为欧文把财产看成最为流行的社会祸害的主要原因，并强调指出，曼彻斯特的许多工人在财产问题上与社会主义者有同样的看法。他在自1843年秋起写的一些文章里才分析了私有制。

《政治经济学批判大纲》和《大陆上社会改革运动的进展》这两篇文章表明恩格斯的政治观和世界观发展中有一种新质。文章反映了他公开维护工人阶级的利益。这使他能够最终突破由资产阶级的阶级立场决定的社会认识局限性。随着对资本主义剥削制度的主要结构的研究，恩格斯从无产阶级在生产过程中的地位引申出无产阶级的历史作用。他开始论证"在集体所有制的基础上"①消灭私有制的必要性和社会主义革命的不可避免，并使摆脱了剥削的社会的特征明确起来。

恩格斯在《政治经济学批判大纲》里从工人阶级立场出发第一次从理论上分析了古典资产阶级经济学。从为《莱茵报》和《瑞士共和

---

① 《马克思恩格斯全集》第1版第1卷第575页。

主义者》写的文章里可以看出,他研究了英国政治关系和社会关系,从而合乎逻辑地分析了关于资本主义生产关系的客观联系的科学,并批判了资产阶级政治经济学。① 恩格斯这样做也是由于曾受到那些对资产阶级政治经济学进行多方面批判的英国和法国的空想社会主义者及共产主义者的激励。恩格斯继续了这种批判,而且超过了这种批判。他在政治经济学批判里把自己关于英国社会经济和政治关系的知识与黑格尔阐述的辩证方法结合起来,并把这种方法与分析资本主义关系和批判资产阶级政治经济学时所采取的唯物主义立场融为一体。恩格斯从路德维希·费尔巴哈的著作,首先从1843年春或夏进行的对《关于哲学改革的临时纲要》的研究中,得到理论上的鼓舞。他在《政治经济学批判大纲》和后来的一些著作里,让人们去参考这篇文章,同时着重指出费尔巴哈对黑格尔抽象观念的本质的批判,并且吸取了费尔巴哈的观点:哲学的开端必然是有限的东西、特定的东西、现实的东西。

但是,恩格斯自己的认识过程是决定性的。1885年他回忆了在英国逗留对他的观点发展的意义:"我在曼彻斯特时异常清晰地观察到,迄今为止在历史著作中根本不起作用或者只起极小作用的经济事实,至少在现代世界中是一个决定性的历史力量;这些经济事实形成了现代阶级对立所由产生的基础;这些阶级对立,在它们因大工业而得到充分发展的国家里,因而特别是在英国,又是政党形成的基础,党派斗争的基础,因而也是全部政治历史的基础。"②

1843年秋恩格斯世界观发展中的新质表现在他第一次总结了正在

---

① 参看《马克思恩格斯全集》历史考证版第1部分第3卷附录第1109—1110页。

② 《马克思恩格斯全集》第1版第21卷第247页。

形成的科学社会主义的主要理论源泉：英国古典资产阶级经济学、德国古典资产阶级哲学以及空想社会主义和共产主义。恩格斯开始把这三个来源互相联系起来，并对它们进行批判加工。

《政治经济学批判大纲》在工人阶级科学世界观的形成中具有重要意义。这篇文章标志着马克思主义政治经济学的真正开始。马克思在1844年夏称该文为"德国人……内容丰富而**有独创性的**著作"①。1844年8月，他在草拟《经济学哲学手稿》时摘录该文，而且很关注恩格斯对价值、地租以及由私有制造成的资本和劳动的分离、劳动产品和工资的分离，对用所耗费的劳动来确定生产费用的论述。②后来马克思称《政治经济学批判大纲》是"批判经济学范畴的天才大纲"③，并在为恩格斯的著作《社会主义从空想到科学的发展》写的导言草稿里称这篇文章是"已经表述了科学社会主义的某些一般原则"④的著作。马克思在《资本论》第1卷里多次引证恩格斯的《政治经济学批判大纲》，并用它来证明自己的评论。列宁认为该文试图证明"现代经济制度的基本现象……是私有制统治的必然结果"⑤。

恩格斯在《政治经济学批判大纲》里表明资产阶级政治学是"一整套成熟的官许的欺诈办法、一门完整的发财致富的科学"⑥。他按照德国从外部引进的传统，使用了国民经济学这个概念，但已提出看法："在目前的情况下应该把这种科学称为**私**经济学，因为在这种科学看来

---

① 《马克思恩格斯全集》第1版第42卷第46页。
② 《马克思恩格斯全集》第1版第42卷第3—4页。
③ 《马克思恩格斯全集》第1版第13卷第9页。
④ 《马克思恩格斯全集》第1版第19卷第259页。
⑤ 《列宁全集》第2版第2卷第8页。
⑥ 《马克思恩格斯全集》第1版第1卷第596页。

社会关系只是为了私有制而存在。"① 为了进行批判,恩格斯研究了亚当·斯密,并试图把大卫·李嘉图对资产阶级政治经济学的进一步发展以及其弟子对这两者观点的解释吸收到自己的分析里。当然,恩格斯关于这方面的资料显然是约翰·拉姆赛·麦克库洛赫对斯密的主要著作的评注。② 麦克库洛赫在维护其老师的学说时把李嘉图的重要结论,首先是他的价值论和劳动定义庸俗化了。这就是恩格斯还不能认识古典资产阶级政治经济学重要的、科学上有价值的因素并把李嘉图与庸俗经济学相提并论的原因之一。

恩格斯认为,古典资产阶级政治经济学是一门历史的、在18世纪具体条件下产生的科学。他用工业革命及其对英国全部社会生活的后果说明了这门科学的产生。与重商主义相反,他把古典政治经济学称作一种进步,正如他把以自由贸易为基础的资本主义关系的形成称作历史的进步一样。这种辩证的历史的态度使他能够揭示这个学说的阶级性质以及由此产生的认识局限性,同时能够有条件地承认它的研究和成果的科学客观性。他认为,资产阶级政治经济学对于论证超越私有制经济学的那种经济学来说是必要的科学前提。

恩格斯强调说,资产阶级政治经济学的主要成果是"探讨了私有制的各种规律"③。他指出了这门科学的主要缺陷和由阶级性质决定的局限性:它没有提出私有制是否合理的问题,而且还把这种私有制设定为天生的。因此,恩格斯论述和批判了下述情况:资产阶级政治经济学把

---

① 《马克思恩格斯全集》第1版第1卷第600页。
② 参看《马克思恩格斯全集》历史考证版第1部分第3卷附录第1110—1111页。
③ 《马克思恩格斯全集》第1版第1卷第599页。

由它所揭示的私有制的范畴和规律视为永恒的而不是历史的。于是他把论证的重点置于批判资产阶级政治经济学的非历史的方法和揭示这种方法的社会原因和结果。它作为一门科学，失去了从理论上理解资本主义现实的主要矛盾的能力。由于这门科学掩盖了现实的矛盾而不得不陷入越来越严重的理论矛盾，而且它越接近现代，这种现象就越严重。恩格斯已经指出，随着资本主义的发展及其矛盾的尖锐化，资产阶级政治经济学必然成为辩护士，甚至成为反动的。他揭露马尔萨斯主义是这种辩护理论之一。马克思在《资本论》第 1 卷里提到了这次争论。①

恩格斯以相当大的篇幅批判分析了马尔萨斯的人口过剩论。他令人信服地指出，马尔萨斯把资本主义生产方式的必然现象改变成社会发展的永恒自然规律，从而掩盖了真正的原因。恩格斯用资本主义的现实证明"人口过剩或劳动力过剩是始终同财富过剩、资本过剩和地产过剩联系着的"②。他用消灭私有制和根据新的客观规律调节生产反驳了"那种认为土地不能养活人们的荒谬见解"③。

恩格斯的目的是分析工人阶级生存的经济条件，以便向工人阶级指出有科学根据的进行社会的历史必然的社会变革的道路，并向他们介绍在什么基础上可以使革命行动取得成功的知识。他的主要愿望是证明：私有制是历史必然的，同时又是历史上短暂的社会关系；资本主义生产的弊端产生于私有制，但这种生产又创造了迫切要求消灭私有制的前提。这一立场表明恩格斯对批判资产阶级政治经济学的深思熟虑。这首先是以恩格斯所获得的新认识为前提的。

---

① 《马克思恩格斯全集》第 1 版第 23 卷第 695—696 页。
② 《马克思恩格斯全集》第 1 版第 1 卷第 619 页。
③ 《马克思恩格斯全集》第 1 版第 1 卷第 620 页。

恩格斯对社会生产的三个因素土地、资本和劳动的分析具有特殊意义。他证明：私有制使地产、土地和资本与劳动分离，使劳动与财产垄断和私有财产支配权相对立，因此"完成这一分离的人类分为资本家和工人的分裂"。"这一分裂正日益加剧……必然还会不断地加剧。"① 恩格斯强调说，这种分离的必然结果就是私有财产集中在占有绝大部分社会财富的少数人手里。一个仅仅获得必需品的阶级与资本和地产的这种集中相对立。恩格斯指出：被资产阶级经济学界定为积累起来的劳动的资本，似乎成了财富的源泉和资本家的权力，地产似乎带来了额外利润，而"**劳动**是生产的主要因素，是'财富的泉源'，是人的自由活动，但……它是无足轻重的"②。

恩格斯在《政治经济学批判大纲》里论证了社会生产三因素的统一和互相依赖。他指出，在消灭了私有制和摆脱了阶级对抗的条件下，这些关系仍将存在，因此能够而且必须自觉地建立。

恩格斯认为，生产的客观方面是土地、整个自然界，如果没有人的活动的参加，生产就会停止，就毫无结果，他称人的活动是生产的主观方面。人的活动具有积极作用。与资产阶级政治经济学不同，他强调科学的意义以及在生产中采用并能增加生产的发明的价值。

恩格斯关于劳动的结论使他能够以新的观点研究工人阶级的历史任务。不仅仅是阐述工人阶级数量上的强大和它的社会地位，而主要是阐述工人在生产中的决定性地位和论证这个阶级的特殊作用。此外，恩格斯围绕着这些新结论，不仅论证了宪章派关于工人应有合理工资的权利和劳动权的口号，而且也揭示了劳动形成个性的作用。私有制把劳动分

---

① 《马克思恩格斯全集》第 1 版第 1 卷第 610 页。
② 《马克思恩格斯全集》第 1 版第 1 卷第 611 页。

裂为劳动产品和工资,分裂为活劳动和积累起来的劳动,而且使劳动隶属于资本和地产。恩格斯认为在私有制的基础上不可能有"人的自由活动"①,与此相反,消灭私有制,为人们自由的、自觉的和有目的的活动创造了条件。因此,恩格斯在《政治经济学批判大纲》里第一次超越了虽然被黑格尔神秘化了但在其合理内核里仍具有的关于劳动的历史决定作用的伟大思想。资产阶级政治经济学只把劳动视为财富的源泉。与此不同,恩格斯以德国古典资产阶级哲学和空想社会主义为出发点,认为从广义来讲劳动就是人的本质。他特别关注沙尔·傅立叶阐述的"**自由劳动**理论"②。恩格斯在《大陆上社会改革运动的进展》一文里强调了傅立叶的信念:懒惰是与人的本质格格不入的,每个人都有活动的爱好、要求和能力,各个人都有不同的能力和爱好,而且在社会协作中互相制约和补充。

恩格斯把批判资产阶级政治经济学关于生产费用的确定和构成的观点与分析社会生产三因素结合起来。他的批判具有独到的见解,但同时也表明他尚未把握这个观点的科学结论。恩格斯采纳了工资、利润和地租构成生产费用的观点,但持这样一种看法:这在私有制的条件下是无法确定的,而只有用竞争规律来调节。只有消灭了私有制,才能根据劳动、资本和土地在生产中的用途来确定它们所占的比重。"只要我们消灭了私有制,这种反常的分裂状态就会消失;劳动就会成为它自己的报酬,而以前转让出去的工资的真正意义,即劳动对于确定物品的生产费用的意义也就会清清楚楚地显示出来。"③恩格斯在《大陆上社会改革

---

① 《马克思恩格斯全集》第1版第1卷第578页。
② 《马克思恩格斯全集》第1版第1卷第578页。
③ 《马克思恩格斯全集》第1版第1卷第611页。

运动的进展》一文里批判分析傅立叶时强调说，保留私有制和保留这样的分配，即"劳动报酬"、"对技艺和才能的报酬"、"资本的利润"①，这仍然是旧的经过改良的竞争制度。

恩格斯在《政治经济学批判大纲》里着手研究如何确定有别于交换价值的实际价值的讨论，在这个讨论中反映出斯密的劳动价值论和李嘉图对这一理论的进一步发展以及让·巴蒂斯特·萨伊和麦克库洛赫对它的庸俗化。恩格斯谈到一些重要思想，例如，关于确定有别于实际价值的价格的思想。"实际价值和交换价值间的差别就在于物品的价值不等于人们在买卖中给予它的那个所谓等价物，就是说，这个等价物并不是等价物。"② 马克思在《资本论》第1卷里引用这段话来证实自己的分析。③ 的确，恩格斯没有能够理解资产阶级政治经济学经典作家的劳动价值论的科学内容。这首先是由于恩格斯当时的认识水平，由于资产阶级政治经济学中价值规定的矛盾，部分也由于他为自己的研究所使用的资料决定的。恩格斯也抓住了一些这样的矛盾，然而他的答案仍然不能令人满意。他所下的定义：价值是"生产费用对效用的关系"④，多半属于那些"完全是以黑格尔的风格写的"⑤ 东西。恩格斯的地租定义也是如此。

在恩格斯看来，资产阶级政治经济学的主要范畴是竞争。他认为竞争是一个渗透在以私有制为基础的全部生产中的客观规律。他的供求论述具有独创性。对竞争所作的许多评价后来载入马克思主义的政治经

---

① 《马克思恩格斯全集》第1版第1卷第579页。
② 《马克思恩格斯全集》第1版第1卷第606页。
③ 《马克思恩格斯全集》第1版第23卷第186页。
④ 《马克思恩格斯全集》第1版第1卷第605页。
⑤ 《马克思恩格斯全集》第1版第33卷第209页。

学里。恩格斯指出，私有制引起地产、资本和劳动之间的竞争。恩格斯说道：因为地产、资本和劳动各自维护自己的阶级利益，又因为在这些阶级内部有同样的利害关系，"所以地主敌视地主，资本家敌视资本家，工人敌视工人。正是由于利害关系的共同性，所以在这种共同的利害关系的敌对状态中，人类目前状况的不道德达到了登峰造极的地步"①。

恩格斯尖锐而又简明地批判了资产阶级政治经济学的下述论点：供与求在原则上是适应的，而这个规律必然刺激一切社会生产。恩格斯证明，供给之所以不适应需求，是因为需求不是自然的，不是由需要，而是由货币占有量决定的。但是，他认为重要的是，供与求的适应，只有通过"兴奋和消沉相更迭"，最后通过"像彗星一样有规律地反复出现的商业危机"才能实现。恩格斯认为"这是一个以当事人的盲目活动为基础的自然规律"②。马克思在《资本论》里也追述了这个评论。恩格斯强调说，每一次商业危机都比前一次危机更普遍，在这些危机里社会对立加剧，最后势必"引起一次社会革命"③。他在《大陆上社会改革运动的进展》一文里把它概括为这样一个论断：英国、法国和德国都不可避免地会发生"在集体所有制的基础上"④或"以集体所有制为基础的"⑤社会关系的革命，它是"以现代文明社会的一般情况"⑥为前提的。

恩格斯在《政治经济学批判大纲》里多次谈到私人利益和公共利

---

① 《马克思恩格斯全集》第1版第1卷第612页。
② 《马克思恩格斯全集》第1版第1卷第613—614页。
③ 《马克思恩格斯全集》第1版第1卷第614页。
④ 《马克思恩格斯全集》第1版第1卷第575页。
⑤ 《马克思恩格斯全集》第1版第1卷第590页。
⑥ 《马克思恩格斯全集》第1版第1卷第575页。

益的关系。他说:"私有制把每一个人孤立在他自己的粗鄙的独特状态中"①;"公共利益和私人利益是直接对立的"②。与此相对照,他不止一次地描述了新社会的主要特征:消灭私有制,从而消灭公共利益和私人利益的对立,使对立的利益融合在一起。恩格斯在《英国状况Ⅰ》中提到:"一定程度上的利益的一致"③ 是新的劳动组织的前提,然而不消灭私有制是不可能得到这个前提的。"如果你们是像人那样有意识地进行生产,而不是像那些连类意识也没有的分散的原子那样,那么你们就会摆脱所有这些人为的无根据的对立。"④

在这里,恩格斯暗示了一些重要的经济观点。例如,他要求建立生产力和消费力之间的正确关系,而这种关系必须由下述前提来决定,即它能够而且应当与可供支配的生产力一起产生,从而使"这种无穷无尽的生产能力……被自觉地用来为大众造福"⑤。《政治经济学批判大纲》里的这个思想以及《大陆上社会改革运动的进展》一文证明,恩格斯非常紧张地分析研究了英国空想社会主义者和傅立叶关于新协作的观点,并且反对平均主义或把个人需要、个人利益和个人能力拉平,反对否定科学、艺术和文化。他把这些观点归因于对历史和政治经济学的无知。

恩格斯在《大陆上社会改革运动的进展》一文里第一次详细地谈了对法国的空想社会主义和共产主义、对威廉·魏特林的理论活动和实践活动以及对一部分青年黑格尔派转向共产主义立场的看法。恩格斯拥

---

① 《马克思恩格斯全集》第1版第1卷第612页。
② 《马克思恩格斯全集》第1版第1卷第613页。
③ 《马克思恩格斯全集》第1版第1卷第653页。
④ 《马克思恩格斯全集》第1版第1卷第614页。
⑤ 《马克思恩格斯全集》第1版第1卷第616页。

护共产主义。继当时空想共产主义著作中所做的当然还是犹豫不决的关于社会主义和共产主义的区分之后，他把共产主义理解为这样一种学说，它试图在"集体所有制"的基础上来论证未来的社会制度。他解释说，作为学说和运动的共产主义是一种国际现象，他已在英国、法国和德国共同的社会条件下寻找这种现象的原因。同时，恩格斯强调指出，共产主义在这三国中有各自独立的根源。这个论断的合理内核在于，恩格斯十分重视这些国家的具体历史的还有民族的特点及其对共产主义世界观形成的作用。

恩格斯在《大陆上社会改革运动的进展》一文里概述了从法国革命到19世纪40年代初法国社会主义和共产主义的历史。他完全赞成法国社会主义和共产主义的基本结论：政治平等不会带来真正的自由和平等，而只有在"共产主义制度"① 下才可能实现。在恩格斯进行伟大尝试，即从阶级斗争的具体历史条件来阐述这些学说——它们的根源、进步和局限性——时，他进行分析的依据还是对这个复杂过程和个别学说的内容以及对克劳德·昂利·圣西门的观点的不充分的认识。他对他非常关注的傅立叶和比埃尔·约瑟夫·蒲鲁东的论述证明，他又是如何区分研究空想社会主义和共产主义的。

恩格斯相当尖锐地以讽刺的口吻批判了傅立叶的不彻底性，即想保留私有制。这意味着保持资本和劳动的阶级对立。因此，傅立叶对商业和资本主义竞争的辛辣批判以及他关于协作和自由劳动的理论都是唱高调。但同时恩格斯又极为重视地表述了傅立叶的结论，他把这些结论称为伟大的科学研究成果和对社会关系的认识。傅立叶关于劳动及社会主义协作的可能性和必然性的理论也在此列。恩格斯在《大陆上社会改革

---

① 《马克思恩格斯全集》第1版第1卷第583页。

运动的进展》和《政治经济学批判大纲》里充分利用了这些观点。

蒲鲁东被恩格斯称作当代法国最突出的共产主义作家。"作者在揭露私有权以及这一制度所引起的后果——竞争、道德沦丧和贫困——上,表现了非凡智慧和真正科学研究精神,这种把智慧和科学研究精神二者结合在一本书里的范例,是我从来没有见过的。"① 恩格斯认为蒲鲁东关于各种政府形式的论述,尤其是他对资产阶级民主的研究,也同样很有价值。然而,他还未能做到揭示蒲鲁东观点中的不彻底性。

恩格斯在德国区分了两个共产主义派别:魏特林的工人共产主义(它在德国工人阶级中有其社会基础)和哲学共产主义。哲学共产主义"是哲学的党,其起源和英法共产主义者没有什么关系的党,从半世纪来德国引以自豪的哲学中产生出来的党"②。恩格斯就属于这个党。为什么恩格斯认为从青年黑格尔哲学产生的共产主义是一个完整的运动,这部分是由于他逗留在英国。他只是后来才得悉德国昔日战友的消息,而且他几乎一点都不知道他们——尤其是鲍威尔兄弟,还有阿尔诺德·卢格和格奥尔格·海尔维格——对"以集体所有制为基础的**社会革命**"③的态度。

但是,恩格斯过分强调青年黑格尔主义和共产主义的联系,这也是由于他重视理论之故。他认为,魏特林的共产主义是民众的党,它很快就会把德国工人阶级团结起来。他同时也——如同论述法国空想社会主义和共产主义一样——有根据地对基督教和共产主义的结合,对以基督教的伦理准则为基础的博爱道德学持保留态度。相反,恩格斯高度评价

---

① 《马克思恩格斯全集》第 1 版第 1 卷第 583—584 页。
② 《马克思恩格斯全集》第 1 版第 1 卷第 588 页。
③ 《马克思恩格斯全集》第 1 版第 1 卷第 590 页。

了青年黑格尔主义的坚定而富有战斗精神的无神论及其对基督教国家的否定。这无疑使他更坚信哲学共产主义是"新黑格尔派哲学的**必然**产物"①。

恩格斯对魏特林的工人共产主义的阐述证明，他熟悉而且重视魏特林的观点，他把这些观点编排在对英国和法国的空想社会主义者和共产主义者的分析研究中，并批判地予以改写。他关于魏特林的论述在英国社会主义者中引起很大反响。② 恩格斯在《〈泰晤士报〉论德国共产主义。致〈新道德世界〉编辑》一文里竭力维护这种共产主义，反对资产阶级报刊散布的歪曲言论。

《英国状况》这组文章主要表明，恩格斯研究了英国工业革命以及建立在工业革命基础上的社会经济和政治变革。这组文章的第一篇《英国状况Ⅰ。评托马斯·卡莱尔的〈过去和现在〉》（1843年伦敦版）发表在《德法年鉴》上。其他两篇文章《英国状况Ⅱ。十八世纪》和《英国状况Ⅲ。英国宪法》——原定也是为《德法年鉴》写的，后载于《前进报》。这组文章力图把理论哲学的历史说明与经验的分析结合起来。

恩格斯在这几篇文章里研究了工业革命的进展。——其结果就是形成了工厂制度。同时他认为工业革命是一个社会经济过程，社会各阶级在这个过程中经受了各种重大变革，尤其是产生了工厂无产阶级和工业无产阶级。但是，他也重视这种多层次的过程对国家的本质和形式以及对意识形态过程所产生的后果。

---

① 《马克思恩格斯全集》第1版第1卷第591页。
② 参看《马克思恩格斯全集》历史考证版第1部分第3卷附录第1130—1131、1151—1153页。

恩格斯在第一篇文章里研究了托马斯·卡莱尔关于英国社会对立的论述。① 他在批判地吸收卡莱尔的观点时，也提出了自己的理论结论和政治经验，这使他能够对土地所有者、资产阶级和工人阶级的作用有了确切的看法。恩格斯认为，有地产的贵族和中等阶级——他当时把他们理解为资本家阶级，但仍然还未对他们使用资产阶级这个概念——在理论上制定了他们的历史任务，并且在实践中实现了这个任务。他们建立了君主立宪制，从而使自己的进步潜力在原则上消耗殆尽。这个阶级"对任何进步都是置若罔闻，只是在工人阶级的压力下，才稍稍动一动"②。恩格斯得出结论认为任务转落在工人阶级肩上了，并阐述了以他的经济分析为基础的关于无产阶级的历史作用的观点。"拯救英国的"是这些工人，"他们还有力量从事伟大的民族事业"③。《英国状况》这组文章的愿望也就是想使工人们意识到这种力量和任务。"社会灾难应当加以研究和认识，但工人群众到现在还没有做到这一点。"④

卡莱尔的泛神论历史观、这种历史观的哲学宗教和政治社会的方面，促使恩格斯阐述他自己的世界观立场，他这个立场具有历史唯物主义考察方法的因素。恩格斯首先在追溯费尔巴哈时界定了宗教的本质，而且，与此相关，阐述了他在《政治经济学批判大纲》里也概述过的人和自然的关系。他认为人类发展是"同大自然进行的残酷而又顺利的

---

① 参看《马克思恩格斯全集》历史考证版第1部分第3卷附录第1130—1131、1151—1153页。
② 《马克思恩格斯全集》第1版第1卷第629页。
③ 《马克思恩格斯全集》第1版第1卷第628页。
④ 《马克思恩格斯全集》第1版第1卷第634页。

斗争"，最终导致"建立在纯人类道德生活关系基础上的新世界"。①

恩格斯认为，科学地阐述历史，是人的积极活动的重要前提。在他看来，理论和经验的统一也属于这种历史考察法，因此他否定纯粹的经验主义。"结论要是没有使它得以成为结论的发展，就毫不足取，这一点我们从黑格尔那时就已经知道了；结论如果变成一种故步自封的东西，不再成为继续发展的前提，它就毫无用处。但结论在一定时期应当有一定形式，在自己的发展过程中应当摆脱模棱两可的不确定性，应当形成明确的思想。"② 同时恩格斯还指出黑格尔唯心主义历史观的结论，历史对他来说"不过是检验他的逻辑结构的工具"③。

恩格斯在《英国状况》第二篇文章里第一次详细叙述了工业革命的过程及其对英国社会经济结构的影响。恩格斯开始对英国的资本主义发展进行分析，而这一分析在原则上是由唯物主义立场决定的。

恩格斯谈到这样一种"社会革命"，它是18世纪科学与实践相结合的结果，是把科学发明推广到生产中的结果。同时，他留心观察英国工业的形成和历史，工厂制度的形成，各个工业部门的革命化，机械类生产资料的推广，作为进步动力的科学原理的推广以及由此引起的分工和交通工具的质变。恩格斯对论述工业和工业生产的英国著作特别感兴趣，这使他能够明确指出工业革命的枢纽，新生产方法的独立性和相互影响以及工业变革中具有新质的阶段。

恩格斯的分析的核心是证明他称之为社会革命的这个过程引起的社会经济的变革。"英国工业的这一番革命化是现代英国各种关系的基础，

---

① 《马克思恩格斯全集》第1版第1卷第650页。
② 《马克思恩格斯全集》第1版第1卷第642页。
③ 《马克思恩格斯全集》第1版第1卷第650页。

是整个社会发展的动力。它的第一个结果……就是利益被提升为人的统治者。利益霸占了新创造出来的各种工业力量并利用它们来为自己服务;由于私有制作祟,这些本应属于全人类的力量便为少数富有的资本家所独占,成为他们奴役群众的工具。"①

此外,恩格斯断言:"18世纪在英国所引起的最重要的结果就是:由于产业革命而形成了无产阶级。"②他概括了一些表明这个"新的工人阶级"的特征的重要标志。他们没有财产,没有租地,而只能"指靠自己的劳动"③。工业把工人集中到工厂和城市,而且为了保证它的生产能力,总是需要一批常备工人。

恩格斯在叙述英国历史时作出一些评价和结论,它们也表明了恩格斯认识物质社会过程的决定作用的途径。他中肯地发表了有关封建制度解体的过程、废除农奴制、地主阶级内部的变化以及有关已经"相当强有力的资产阶级"④的兴起等重要言论。他把这个过程界定为社会革命的前提。"消灭了封建制度,实行了政治改革……政治改革首先宣布,人类的联合今后不应该再通过强制,即**政治**的手段来实现;而应该通过利益,即**社会**的手段来实现。它以这个新原则为社会的运动奠定了基础。"⑤恩格斯在这个意义上称从封建时代结束时起的英国历史为"社会的历史"⑥。它包括旧同业公会的束缚的解除、在经验上可以觉察到

---

① 《马克思恩格斯全集》第1版第1卷第674页。
② 《马克思恩格斯全集》第1版第1卷第676页。
③ 《马克思恩格斯全集》第1版第1卷第676页。
④ 《马克思恩格斯全集》第1版第1卷第664页。
⑤ 《马克思恩格斯全集》第1版第1卷第663页。
⑥ 《马克思恩格斯全集》第1版第1卷第661页。

的人和利益的分裂。这种分裂在社会上表现为群众的贫困化，在政治上表现为政治和国家归结为经济，即物质的丰富。在这里：恩格斯重复和明确表达了他在《政治经济学批判大纲》里第一次表述过的见解，只要"私有制仍然存在，利益就必然是私人的利益，利益的统治必然表现为财产的统治"①。恩格斯认为耶利米·边沁的学说表达了这种客观状况。边沁虽然谈到普遍利益和私人利益的统一。但他把极端的私人利益绝对化了，并赋予它以类的权利。

恩格斯期待德国（它的普遍利益表现为宗教和哲学）和法国（它的普遍利益至今是政治和国家）都能同样达到英国意义上的社会的历史。恩格斯认为，法国和德国都存在着劳动者阶级的贫困化，而且像他在其通讯《大陆上的运动》中强调的那样日益加剧。他得出结论说：但是，这对这两个国家的"民族的发展还没有发生影响"，"相反地，现代英国工人阶级的穷苦和贫困都具有民族的意义，甚至具有世界历史意义"。②

恩格斯试图用他的文章把英国的发展列入欧洲历史，并把握这一发展的世界历史意义。就这点而言，这篇文章也具有从世界历史角度来分析欧洲历史过程的理论要求。这里同样不能忽视恩格斯历史观的进步，但是，局限性也很明显，这表现在还存在的唯心主义立场上。他着重研究了18世纪，在这里他整理、概括了以往历史的结果，揭示了其内在联系。同时他努力把消灭私有制包括在一个特定的伟大历史阶级的必然序列之中。他在他所区分的三个历史时期内强调社会压迫的关系：第一

---

① 《马克思恩格斯全集》第1版第1卷第663页。
② 《马克思恩格斯全集》第1版第1卷第662页。

时期，即古希腊罗马时期，是奴隶制；第二时期是农奴制；第三时期，随着封建制度的瓦解，开始屈服于私有制的统治。恩格斯认为18世纪是历史过程的各种对立"达到十分尖锐的程度"①的世纪。结果就产生了"普遍的革命"②，法国、德国和英国都以特殊方式参加了这个革命。恩格斯努力用各国人民的民族性来解释这种特殊方式，但这种努力部分还是以唯心主义观点为依据的。然而，他的解释的合理内核在于考虑到各个不同民族的具体历史条件及其早期革命的特点和特殊的历史经验。由于这个思想，恩格斯接近于认识到：应把18世纪以来的伟大的民族革命和运动列入资产阶级变革的时代。在恩格斯那里，对这个问题的探讨也与一些首先以黑格尔的历史哲学为依据的观点结合在一起。

恩格斯在《英国状况》这组文章里研究了英国的君主立宪制。他揭示了这种国家形式的内在矛盾以及立宪制在理论和实践上的矛盾。他通过对各种制度和法的分析证明，英吉利的国家维护资本家和地主的利益。他用"财产统治一切"③这句话来表达君主立宪制的本质。恩格斯认为，英国的议会不是人民代议制，而是具有特权的有产阶级代表的同业公会。他用各种观点证明：公民权原则上是富人的特权，而"穷人、贱民、无产者却承受着法定野蛮行为的全部重压"④。

恩格斯在《英国状况 II》一文里表述了关于国家关系和财产状况的联系这个还处于萌芽状态的重要思想。他指出：国家的任务随着工业革命过程中社会经济的变革而改变，国家成为对新要求有用的东

---

① 《马克思恩格斯全集》第1版第1卷第658页。
② 《马克思恩格斯全集》第1版第1卷第658页。
③ 《马克思恩格斯全集》第1版第1卷第702页。
④ 《马克思恩格斯全集》第1版第1卷第702页。

西。他在《英国状况Ⅲ》一文里强调，英国的君主立宪制适合正在变化的条件。同时恩格斯研究了如选举权形式、市政改革和天主教解放等重要改革。

恩格斯这一时期的基本观点是：必然废除国家。他在《英国状况》这组文章的最后一篇里写道：人们"不是从一切国家形式都不完善，或者不如说都不合乎人性这一事实得出结论：国家本身就是所有这些不合乎人性的现象的起因并且本身就是不合乎人性的，相反地，人们却用不道德的仅仅是国家的形式这种想法来安慰自己"①。他认为，废除了私有制的新社会，就不需要国家了。

恩格斯在《大陆上社会改革运动的进展》一文里说明了蒲鲁东对各种国家形式的否定态度。在恩格斯看来，作为国家形式的民主制也只是表面自由。"法国革命为欧洲的民主制奠定了基础。依我看来，民主制和其他任何一种政体一样，归根到底也是自相矛盾的，骗人的，也无非是一种伪善（或者像我们德国人所说的——神学）。"② 因此，他写道："要么是真正的奴隶制，即赤裸裸的专制制度，要么是真正的自由和平等，即共产主义。"③

恩格斯关于作为政府形式的民主制的观点在后来的几个月里更切合实际了。他在《英国状况》这组文章里阐述了下述观点：在英国，中等阶级消灭了土地贵族的政权。随着人民宪章的实施，随之而来的是民主制。恩格斯认为，民主制是必然的进步，他多次把实现民主权利的这种形式称为"劳动者的民主制"，称为"劳动者的民主制"的政治胜

---

① 《马克思恩格斯全集》第1版第1卷第681页。
② 《马克思恩格斯全集》第1版第1卷第576页。
③ 《马克思恩格斯全集》第1版第1卷第576页。

利。"民主主义、宪章运动很快就会占优势,那时英国工人群众就只有在饿死和社会主义二者之间进行选择。"①

他在《英国状况》这组文章的最后一篇里更详细地界定了这种民主制。"然而是哪一种民主制呢?不是过去那种同君主制和封建制度对立的法国大革命的民主制,而是现在**这种**同资产阶级和财产对立的民主制……英国所趋向的民主制是**社会的**民主制。"② 这样,恩格斯超越了对作为国家形式的民主制的抽象否定,更进一步理解了工人阶级争取政治平等的斗争的具体任务。他认为,这种"劳动者的民主制"有可能局部改善工人阶级状况,而且有可能准备社会主义。"单纯的民主制并不能治愈社会的痼疾……因此这个阶段只是一个过渡,只是最后一种纯粹政治的手段,这一手段还需要加以试验,但从其中马上就会发展出一种新的因素,一种超出现行政治范围的原则。这个原则就是社会主义的原则。"③

本卷最后一部分是恩格斯于 1844 年 5 月和 6 月为宪章派报纸《北极星报》写的通讯。恩格斯的中心议题是德国的进步运动。但是,他也写了一些关于瑞士、法国、俄国和波兰的通讯。

这些评论证明:他的世界观立场,他新获得的理论认识和政治经验,使他有能力评价具体的历史事件。他首先阐述了德国反封建的反对派运动和占统治地位的反动的政府制度的压迫政策。他从德国的政治状况得出革命变革即将来临的结论。"那里很快就要发生一场革命,这场

---

① 《马克思恩格斯全集》第 1 版第 1 卷第 654 页。
② 《马克思恩格斯全集》第 1 版第 1 卷第 705 页。
③ 《马克思恩格斯全集》第 1 版第 1 卷第 705 页。

革命的结局只能是建立起一个联邦共和国。"① 恩格斯认为，下一个目标是实现出版自由和宪法。他指出，一度进行过的运动还可以继续进行，"不过，它必将朝着民主的方向发展，这一点是显而易见的"②。恩格斯不止一次地概述：如果人民群众一致行动，那么，他们的每一次反抗也可以实现局部的或地方的利益，也可以使他们知道自己的力量和强大。

1844年6月初西里西亚织工起义——德国无产阶级反对资产阶级的第一次阶级搏斗——宣告了直接准备资产阶级民主革命的新阶段。恩格斯致力于研究起义的原因和经过，以及军队和警察对起义的镇压。他直接认识到起义的性质和意义。他认为原因就是资本主义的剥削制度。这就是他的文章与自由派通讯员的报道的不同之处，自由派通讯员只是在阻碍资本主义发展的半封建关系中寻找原因。恩格斯的中肯评价的前提是他那时已经获得的对英国工人阶级状况及其历史作用的认识。织工起义使恩格斯更确信德国也面临着如他在英国曾见到的同样的发展："因此，显而易见，对工人阶级来说，工厂制度、机器技术进步等等带来的后果，在大陆上和英国是完全一样的：对大多数人是受压迫和劳累，对极少数人是财富和享乐。"③

恩格斯关于织工起义的文章写于1844年8月底在巴黎与马克思会晤之前。他的世界观和政治的发展有个别地方不同于马克思的发展。但是，恩格斯到那时获得的独立成果证明了同马克思的成果在实质上是相同的，都是同样在客观上成熟了的历史状况的表现，都顺应了同样的客

---

① 《马克思恩格斯全集》第1版第42卷第193页。
② 《马克思恩格斯全集》第1版第42卷第195页。
③ 《马克思恩格斯全集》第1版第42卷第210页。

观需要。恩格斯回顾道:"马克思不仅得出同样的看法,并且在'德法年鉴'(1844年)里已经把这些看法概括成如下的意思:决不是国家制约和决定市民社会,而是市民社会制约和决定国家,因而应该从经济关系及其发展中来解释政治及其历史,而不是相反。当我1844年夏天在巴黎拜访马克思时,我们在一切理论领域中都显示出意见完全一致,从此就开始了我们共同的工作。"①

(原载《马克思恩格斯全集》历史考证版第1部分第3卷)

(胡慧琴 译)

---

① 《马克思恩格斯全集》第1版第21卷第247页。

《马克思恩格斯全集》历史考证版第四部分第一卷前言[*]

本卷是《马克思恩格斯全集》历史考证第四部分的第一卷。第四部分收集了马克思和恩格斯的全部摘录、摘要、笔记和旁注。这些材料中的很大部分是首次发表。马克思和恩格斯的有些摘录和摘要在未完成的《马克思恩格斯全集》历史考证版第一版的第一部分作过介绍和以摘要的形式发表过,有些在《马克思恩格斯文库》和各种文集中发表过。但是,这些大多零散出版的东西无法全面地反映科学共产主义创始人的文献遗产中这一不可或缺的组成部分的篇幅、特点和内容。

历史考证版第四部分收入的内容丰富的文献是深入研究马克思主义理论及其各个组成部分的形成和发展过程的重要来源。与迄今已发表的著作和书信能做到的相比,它们使我们能更完整和更准确地追溯和再现这一过程的细节和特点。第四部分的材料大大地拓展了对马克思和恩格斯在其科学工作中所依据的材料来源的了解,并形象地再现了他们所进行的研究的广度和深度。它们充分反映了马克思和恩格斯广泛的科学兴趣,并令人信服地证实,马克思主义是建立在批判吸收并进一步发展以往科学的最好成果的基础之上的。

---

[*] 本文选自《马克思恩格斯列宁斯大林研究》2001年第4辑。

构成第四部分主要内容的马克思、恩格斯所作的摘录和摘要，内容非常广泛。这些摘录和摘要包含关于不同民族和不同时代的社会经济政治史、社会主义学说史、工人运动史、国际关系史、战争艺术史以及其他众多知识领域历史的丰富资料。特别有意义的是大量关于哲学和政治经济学基本问题的摘录。很多摘录和摘要涉及语文学和语言学、宗教、艺术、文学以及数学和自然科学的问题，另一些则是有关马克思和恩格斯所处时代的政治事件。

马克思的1844—1881年笔记本反映出他作为科学家和革命者的活动的重要方面。它们包括他的简短思想、某些作品的简短草稿、完整起草的文件、信件草稿、地址、关于已读书籍的记载和其他日常笔记。正如摘录本一样，笔记本（包括其中那些在第一和第三部分相应卷次中发表的文件、文章或信件的草稿等）也全部收入在第四部分中。

马克思、恩格斯在他们拥有的书籍中所作的大量边注，如对哲学家、经济学家、历史学家、空想社会主义者、空想共产主义者、小资产阶级社会主义和无政府主义的代表人物的作品的评注也颇具启发意义。在书中所作的这些边注发表在第四部分的一组专门卷次中。书籍中所划的线条和着重号在第四部分也以适当的形式（全部地或部分的加以再现，详尽地概括地加以描述）表示出来。

第四部分的材料在总体上再现了马克思和恩格斯进行深入细致的研究和创造性的科学工作的方法。这些手稿中的很多文献包含马克思和恩格斯广泛的评论和独立的论述，另外一些包含各种评语和看法；而其余部分在已发现的思想材料的选择和安排上又很有特点，因为从中可以看出他们在研究著作有关问题时所持的观点。

把第四部分材料同马克思和恩格斯关于相似问题的完成的著作比较一下，就能够追踪马克思和恩格斯的重要思想和著作（尤其是在政治经济学领域）的形成过程。有些摘录和摘要也包含科学共产主义创始人著作中没有得到进一步成型的思想。许多此类研究材料是马克思和恩格斯为撰写这样一些著作而作的，这些著作没有流传下来，或由于种种原因没有完成；这些摘录和摘要只是使我们了解他们的一些科学的意图和计划。因此，马克思和恩格斯文献遗产的这一重要部分的首次全部发表为研究马克思和恩格斯的生平和创作提供了一个宝库。

本卷包含保存下来的截至1842年的马克思和恩格斯的最早摘录和材料。

第一部分是出自马克思之手的材料。重点主要是1839年完成的《关于伊壁鸠鲁哲学的笔记》，接着是首次作为独立部分出版的《伊壁鸠鲁研究片断》。之后是《柏林笔记》：1840年上半年关于亚里士多德的研究和1841年春天相对完整的一组笔记。这组笔记反映了马克思根据17和18世纪著名哲学家的著作对认识论、逻辑、本体论和宗教批判的问题的研究，并包括对康德学派壮大和解体的传记性的札记和书目。本卷第一部分以1842年春天的《波恩笔记》结束，这些笔记包括同时代的和先前的作者对艺术和宗教问题看法的摘要。

第二部分发表的是恩格斯1841—1842年在柏林服兵役期间进行的宗教批判研究。

附录是补充性的证明材料：第一部分是经过马克思修改和补充的其父亲对科隆纠纷的意见草稿，第二部分是恩格斯中学时期的篇幅较大的材料。

这两个主要部分的所有文献的共同点是，它们直接或间接地反映了马克思和恩格斯为树立独立世界观而进行的奋斗。两位作者相互独立地在各自不同的道路上认同了使德国资产阶级哲学达到其古典的顶点的黑格尔学说。他们属于以布鲁诺·鲍威尔为中心的青年黑格尔派中起领导作用的代表人物。他们维护黑格尔体系的合理和进步的组成部分,以反对非理性的、神秘—宗教的批判的攻击,并从黑格尔学说中得出无神论的和旨在改变现存政治状况的结论。首先在马克思那里,这一时期已经显露出一条他的世界观发展的独立道路。

1842年,马克思通过他在《莱茵报》起领导作用的广泛活动积累了实际的政治经验,这些经验对于他的革命民主主义观点的形成和发展有非常重要的意义,并且对他以后的理论工作产生了重大影响。同一时期,作为"哲学自修者"已能追溯哲学对大众的广泛影响的恩格斯,日益深入地批判普鲁士国家的政治状况及其意识形态的表现形式。他为《莱茵报》撰写的文章反映出他的革命民主主义立场的巩固和发展。

自1836年起,马克思先后在波恩和柏林学习法律和哲学。1841年春天,他获得博士学位而结束大学生涯。早在大学学习的最初几年,他就通过作摘要或翻译为今后的工作找到了独特的收集资料的方法:"我养成了对我读过的一切书作摘录的习惯——例如,摘录莱辛的《拉奥孔》、佐尔格的《埃尔温》、温克尔曼的《艺术史》、卢登的《德国史》——并顺便在纸上写下自己的感想。同时我翻译了塔西佗的《日耳曼尼亚》和奥维狄乌斯的《哀歌》……"① 马克思在同一封信中提到,他还翻译了亚里士多德《修辞学》的一部分、对教会法作了摘要(格拉蒂安、朗切洛蒂)以及研究了罗马法。② 有趣的是,马克思虽然在回顾时把他的工作方法说成是不加任何批判的,只是学生般的方式,③ 但他认真地通过参考文献查阅原始文献并"把罗马法全书头两卷

---

① 《马克思恩格斯全集》第1版第40卷第14页。
② 《马克思恩格斯全集》第1版第40卷第16、10页。
③ 《马克思恩格斯全集》第1版第40卷第10页。

译成德文"①。总是要查到可靠的原始资料是马克思一生的科学的工作方式的一个特点。

上述最后提到的著述证明，马克思这位年轻的大学生对不少专业都有兴趣，属于这类著述的也许还有上面提到的这封信中所引文献的其他摘要，它们同1838年的著述一样没有保留下来。本卷开头收入的是保留下来的最早摘录。它们是七本《关于伊壁鸠鲁哲学的笔记》和与之密切相关的《伊壁鸠鲁研究片断》。马克思最晚于1838年这个学年决定不在法律领域、而在哲学领域取得博士学位。《关于伊壁鸠鲁哲学的笔记》除对伊壁鸠鲁哲学的摘录外还有马克思自己内容丰富的独立阐述，这显然是为取得博士学位作准备。这些笔记也部分地成为博士论文的材料的基础，他后来对这篇论文的题目作了限定，也作了扩展，定为《德谟克利特的自然哲学和伊壁鸠鲁的自然哲学的差别》②。这些笔记原本可能是马克思为论述伊壁鸠鲁派哲学体系而进行的准备工作。只是在研究过程中，马克思扩展了这一计划，他想把斯多亚派③和怀疑派放进来，并想联系希腊哲学全部历史来探讨希腊化时期哲学体系的地位，尤其是想探讨这些哲学体系越过柏拉图和亚里士多德追溯到他们之前的古典哲学家的情况。这一计划的扩展显然可从马克思在从事原始资料工作中（见笔记七提出的问题④）所取得的认识上的进步得到解释，而这种进步使他后来在希腊哲学体系中看到"自我意识的完整结构"和"理解希腊哲学的真正历史的钥匙"。⑤

---

① 《马克思恩格斯全集》第1版第40卷第10页。
② 《马克思恩格斯全集》第2版第1卷第1—102页。
③ 即斯多葛派。——本丛书编者注
④ 《马克思恩格斯全集》第1版第40卷第168页。
⑤ 《马克思恩格斯全集》第2版第1卷第17、11页。

马克思当时的哲学史研究题目以及研究方法无疑决定于他先前对黑格尔哲学的批判接受。首先可感觉到的是1833—1835年首次出版、不久成为意识形态激烈论战对象的黑格尔《哲学史讲演录》的影响。马克思在以后的几年里还一再强调黑格尔正是以这部著作作出了重大的功绩。当黑格尔舍象了各种哲学体系在外部表现中的任意性和偶然性，而相反地把这些体系解释为绝对观念必然的和合乎规律的依次发展阶段时，也就是提出了——虽然是在唯心主义的掩盖下——从历史上理解这种任意性和偶然性的可能性。这样，黑格尔不仅为开启哲学思想指明了一个新的方向，而且还对许多哲学流派作出了不同于以往的哲学史的说明和分类。

这个新的构想成为马克思研究伊壁鸠鲁的指导思想。他强调指出，必须把哲学观和历史观辩证地结合起来："编纂哲学史的任务，不是要把哲学家的个性，即使是他的精神上的个性理解为好像是他的体系的焦点和形象，更不是要罗列心理上的琐屑小事和卖弄聪明。哲学史应该找出每个体系的规定的动因和贯穿整个体系的真正的精华，并把它们同那些以对话形式出现的证明和论证区别开来，同哲学家们对它们的阐述区别开来，因为哲学家是了解他们自己的。哲学史应该把那种像田鼠一样不声不响地前进的真正的哲学认识同那种滔滔不绝的、公开的、具有多种形式的现象学的主体意识区别开来。这种主体意识是那些哲学论述的容器和动力……在阐述具有历史意识的哲学体系时，为了把对体系的科学阐述和它的历史存在联系起来，这个**关键因素**是绝对必需的。这一联系所以是不可忽视的，正是因为这个存在是历史的。"①

显然，马克思从一开始就力求理解伊壁鸠鲁的完整体系和历史地

---

① 《马克思恩格斯全集》第1版第40卷第170页。

位，并在其中追寻黑格尔的踪迹。但他也超越了他的老师，因为他的老师虽在一定程度上肯定伊壁鸠鲁的伦理学并称赞伊壁鸠鲁是反对迷信的斗士，但是把伊壁鸠鲁的"思辨的"，即真正的哲学的思想、他的认识论、尤其是他的学说的核心部分以及他通过原子脱离直线而自然偏斜而对原子理论的进一步发展，说成是肆意想象的，因而是枯燥乏味的。

列宁在他的《〈黑格尔哲学史讲演录〉一书摘要》中明确指出，关于伊壁鸠鲁的阐述是"唯心主义者歪曲和诽谤唯物主义的一个典型例子"①。但这不适用于马克思这样的唯心主义者。有典型意义的是，对马克思来说，没有被黑格尔当作来源的唯物主义者、战斗的无神论者卢克莱修成了现实主义地理解伊壁鸠鲁的一把钥匙。马克思从卢克莱修那里取得了一个基本的认识，即从古代以来备受嘲讽的原子脱离直线而自然偏斜是最深刻的、根据伊壁鸠鲁哲学的本质得出的结论之一。② 脱离直线自然偏斜是原子的"特殊的实体"，是"原子真正的质"、"原子的灵魂"。马克思从中认识到伊壁鸠鲁哲学的基本思想，而这一基本思想把他的自然哲学、伦理学和无神论融为一个前后一贯的完整的体系。在解读卢克莱修的著作时，马克思首次注意伊壁鸠鲁体系和德谟克利特体系之间的差别。③ 对马克思来说重要的是：伊壁鸠鲁以原子的偏斜打垮了德谟克利特严格的决定论——这种决定论在彻底应用于伦理学时必然导致宿命论——而他在这样做时不必使用超自然的力量；伊壁鸠鲁这样自然就能解释个人的意志自由、独立和自我责任。

---

① 《列宁全集》第2版第55卷第254页。
② 《马克思恩格斯全集》第1版第40卷第119页。
③ 《马克思恩格斯全集》第1版第40卷第120页。

马克思对希腊化时期的体系，特别是伊壁鸠鲁主义这一体系的哲学意义的洞察力，无疑由于下述情况而增强了，这个情况就是：马克思以及其他青年黑格尔分子以为认识到了自身的历史处境和亚里士多德之后的哲学家的历史处境的相似性：两者都是一个"整体的"、把握整个世界的哲学体系的继承者；哲学和现实似乎相互一致而任何进一步的发展都被阻断。但历史也超越亚里士多德体系而前进了。对黑格尔体系也自然地提出了同样的问题，这一体系的正确性在30年代后半期成为哲学讨论的中心。所以，分析亚里士多德之后的哲学会有助于更深刻地论证马克思自己的观点并确定尚须解决的哲学和现实的任务。

黑格尔认为，各种希腊化时期的哲学是绝对精神的自我意识形成的必要阶段。它们的共同之处在于，它们的原则不是客观的而是主观的。这个原则的基础是自我意识的自我满足的欲望。而正是自我意识在青年黑格尔派的主要于1838—1842年形成的构想中作为发展动力起了决定性的作用。青年黑格尔派由此得出这样的结论：可以通过哲学批判来改变黑格尔哲学意义上已成为"非现实的"存在，即难以忍受的政治状况。

然而当其他青年黑格尔分子向费希特局部回归，走向现有和应有的一种非辩证的反题，因而后来有一部分人滑向极端个人主义和唯意志论的小资产阶级的表面激进的理论的时候，马克思没有进行这种主观唯心主义的转变，毋宁说他在哲学和现实的紧密联系和周期变化的关系的基础上建立起自己的自我意识的构想。在写作《关于伊壁鸠鲁哲学的笔记》第一阶段结束时，马克思在一个长篇附录中将古代的情况与现代的情况作了比较，试图从表面上的特殊情形中发现历史发展的普遍规律性：绝对精神在其中意识到自我的哲学为未来的历史现实做好了准备。大的哲学体系是历史发展的一些"关节点"，它们把抽象的原则结合成统一的整体，从而打断了直线运动；但是"也存在着这样的时刻：哲学已经不再是为了认识而注视着外部世界；它作为一个登上了舞台的人物，可以说与世界的阴谋发生了瓜葛……投入那尘世的茜林丝的怀抱"。①

与一个这样的整体的哲学相对立的世界必然是一个支离破碎的世界，这又导致哲学的转变；"因而这个哲学的能动性也表现得支离破碎，自相矛盾"②。亚里士多德之后的哲学表明是一个这样的阶段，它没有把握整体性。然而，这是历史的必然，它的存在合理性是不容争议的。一个这样的时代是"铁器时代"，"如果这个时代以伟大斗争为标志，那它是幸运的；如果这个时代像艺术史上跟在伟大的时代之后跛行的那些世纪那样，那它是可悲的"。③ 然而，马克思从希腊哲学的发展中看到对未来的希望的伟大的图景："但是继在自身中完成的哲学及其发展的主观形式之后到来的那些时代具有宏伟的特点，因为形成这些时代的统一性的分裂是巨大的。于是继斯多葛派、怀疑派和伊壁鸠鲁派哲学之后来到的就是罗马时代。"④

马克思认为自己已经进入一个这样的斗争时代。他虽然还不能同意这样一种意见，即"黑格尔哲学本身宣判自己有罪"⑤，但他已经认识到采取应付、妥协、修修补补的战略是无济于事的。为此，他以泰米斯托克利的行为为例阐明自己的观点。泰米斯托克利"在雅典城遭到毁灭的威胁时，却劝说雅典人完全抛弃这个城市，而在海上，即在另一个原

---

① 《马克思恩格斯全集》第 1 版第 40 卷第 135 页。
② 《马克思恩格斯全集》第 1 版第 40 卷第 136 页。
③ 《马克思恩格斯全集》第 1 版第 40 卷第 137 页。
④ 《马克思恩格斯全集》第 1 版第 40 卷第 137 页。
⑤ 《马克思恩格斯全集》第 1 版第 40 卷第 138 页。

素上建立新的雅典"①。由于马克思坚持认为，黑格尔的构想在哲学的发展中已看到一个合乎规律的、客观的、与"世界"的发展辩证地联系在一起的过程，因此，他早已有别于其他青年黑格尔分子。

如果马克思由于受到黑格尔体系的束缚，还不能理解伊壁鸠鲁的唯物主义，把黑格尔的范畴部分地纳入伊壁鸠鲁的哲学，那么在他看来，这位希腊哲学家的无神论及其在此基础上建立的道德观必定表现为与本质相近的东西。正如伊壁鸠鲁在这方面秉承伊奥尼亚哲学和诡辩术的最佳传统一样，马克思和其他青年黑格尔分子在这里继承了18世纪资产阶级启蒙运动的路线；对于他们来说，反对宗教和由宗教规定的道德观也具有直接的现实政治意义。马克思在研究之初就强调指出，在伊壁鸠鲁那里"特别重要的是消除神、目的论……的影响"②。能说明问题的是，他在笔记三中一方面研究道德学家、柏拉图主义者普卢塔克反对伊壁鸠鲁的著作，另一方面为伊壁鸠鲁观点进行辩解并对伊壁鸠鲁的这个批判者进行激烈的批判。这篇文稿清楚地表明，马克思已具备准确发现对手弱点和在论战中阐明自己观点的能力。显然，马克思本人认为这篇文稿具有重大意义，他把它修改成为一个独立的部分，③并原定以重新修改过的形式作为自己的博士论文中的附录发表。④

其次，值得注意的是，马克思通过论战中对自己观点所取得的精确化而在笔记五中对同时代的反动哲学历史学家斐迪南·克里斯蒂安·鲍尔和亨利里希·李特尔著作的态度。马克思有力地反驳鲍尔试图构建苏

---

① 《马克思恩格斯全集》第1版第40卷第137页。
② 《马克思恩格斯全集》第1版第40卷第50页。
③ 《马克思恩格斯全集》第1版第40卷第244—246页。
④ 《马克思恩格斯全集》第2版第1卷第14、98—102页。

格拉底和耶稣、即一个哲学家和一个宗教圣师之间相似之处的做法。他反对宗教对哲学问题的任何影响；所以他也拒绝无疑包含宗教因素的柏拉图哲学，因而拒绝任何超验哲学；① 与此相对，他信仰现实的"更激烈的"哲学家亚里士多德、斯宾诺莎和黑格尔。② 在反对李特尔的论战中，尽管德谟克利特的唯物主义构想距离马克思尚远，但马克思依然维护德谟克利特的学说，反对德谟克利特的批判者道德说教式的谴责。拒绝对一种哲学体系进行道德批判。——这是马克思在驳斥普塔克对伊壁鸠鲁批判时就已经采取的做法，——这是要求采取历史考察的方式，对他来说，已经成为一个重要的方法性原则；借助这一原则，马克思在博士论文③中就已经表现出一种独立地剖析黑格尔体系的征兆。

由于要求运用这种历史的和系统的考察方式，在个别情况下，马克思甚至反对黑格尔，在评价伊壁鸠鲁自然哲学时就拒绝黑格尔的"客观成就"标准，与此相对，强调伊壁鸠鲁的结论。④ 马克思还在同样的联系中对黑格尔的自然哲学作出了纲要性的概述。促使马克思这样做的，可能不仅是由于他有兴趣对黑格尔的自然哲学与伊壁鸠鲁的自然哲学进行比较，而且首先是由于自然哲学是黑格尔体系中最具争议的部分。各个方面，包括宗教—神秘的"实证"哲学家，都发现黑格尔体系的自然哲学部分与其他部分尤其是逻辑部分的矛盾，并由此得出整个体系的脆弱性。费尔巴哈最初对黑格尔进行的唯物主义批判也是针对自然哲学部分。因此，马克思显然想更加准确地思考黑格尔体系的这一具有争议

---

① 《马克思恩格斯全集》第1版第40卷第144页。
② 《马克思恩格斯全集》第1版第40卷第141—142页。
③ 《马克思恩格斯全集》第2版第1卷第73—75页。
④ 《马克思恩格斯全集》第1版第40卷第147—148页。

的部分。

1840年，马克思进一步扩展对柏拉图和亚里士多德之前和之后的希腊哲学家的原始资料的研究，但这一工作阶段的材料没有保留下来。有一点可以肯定，马克思开始作德谟克利特的研究笔记，因为这些材料是他写博士论文所需要的。① 他很可能也认真研究了斯多亚派哲学，因为在《德意志意识形态》三的1·3中有从第欧根尼·拉尔修第七篇中摘抄的关于斯多亚派的大量引文。② 这些引文是建立在马克思1840年所获知识的基础上的。马克思在同一时期也可能对赫拉克利特进行过研究。他认为，斯多亚派对赫拉克利特的关系同伊壁鸠鲁派对德谟克利特的关系相似，对赫拉克利特，马克思"一向很感兴趣"③。

相反地，柏林时期的八个摘录本都保留下来了，按照摘录时间和提出的问题分为两组。在1840年上半年，即显然还在撰写博士论文之前，马克思就翻译或摘抄了亚里士多德著作《论灵魂》的大部分。这项工作无疑是由黑格尔在《哲学史讲演录》中的阐释引起的。在《讲演录》中，黑格尔把这篇文章同亚里士多德的主要著作《形而上学》放在同等地位。马克思在《德意志意识形态》中同意这一评价。马克思作这一摘抄，最初可能是为了从语言和内容上理解这篇晦涩难懂、问题颇多的文章，并检验黑格尔的阐释。虽然没有直接涉及同时代人对亚里士多德的研究，但可以认为，自《哲学史讲演录》发表以来，关于亚里士多德体系和黑格尔体系之间的相似或区别的问题讨论得很多，并成为马克思研究的总的背景。马克思的为数不多但意义重大的个人意见表明，

---

① 《马克思恩格斯全集》历史考证版第1部分第1卷第882页。
② 《马克思恩格斯全集》第1版第3卷第144—145页。
③ 《马克思恩格斯全集》第1版第29卷第527页。

他的首要兴趣在于认识论问题。因此，他赞同亚里士多德对真理和谬误问题的阐述，并强调亚里士多德对主项和谓项关系的辩证观点，"主项依赖谓项而构建自身，谓项并非机械地作用于主项"①。关于青年黑格尔派哲学的核心问题，马克思从亚里士多德获得的阐释，即真实的"不是意识或与之相对立的自我意识，而是心灵这一本质的自我意识"②。从中可以再次看出，与其他青年黑格尔分子不同，马克思努力避免自我意识的片面的绝对化。

第二组摘录本产生于1841年春天，包括马克思对莱布尼茨、休谟、斯宾诺莎的著作的长篇摘要以及对保守黑格尔分子卡尔·罗生克莱茨关于康德学派历史的一部著作所作的传记性的札记和书目。马克思作这些摘录的目的很难准确地加以确定，因为其中没有任何马克思本人的观点。这些摘录很可能只是马克思研究材料中偶然保留下来的一小部分文献。但可以肯定的是，例如，马克思准确地了解斯宾诺莎的《伦理学》，因而他对斯宾诺莎的《神学—政治论文》和通信集的摘录只是用于补充和完善的。这些摘录的总背景可以在莱布尼茨、斯宾诺莎和休谟

---

① 《马克思恩格斯全集》历史考证版第4部分第1卷第158页。（马克思的这句话写于亚里士多德《论灵魂》第3卷第2节。具体插入的地方相当于《亚里士多德全集》中国人民大学出版社第3卷第69页第1段末。——译者注）

② 《马克思恩格斯全集》历史考证版第4部分第1卷第167页。（马克思的这句话写于亚里士多德《论灵魂》第3卷第6节，具体插入的地方相当于上述《亚里士多德全集》第3卷第80页第28行"有关的某物"之后。这句话的"心灵"一词原文为希腊文 νους，是古希胎哲学家阿那克萨戈拉使用的哲学术语。中文有的按音译为"奴斯"，有的译为"智慧"、"世界智慧"。"心灵"的译法是采用上述《亚里士多德全集》中《论灵魂》中的译法。关于"奴斯"一词含义的变化。可参看《中国大百科全书》哲学卷 I 第652页。——译者注）

的学说在黑格尔本人那里以及在同时代人围绕黑格尔体系的形成和正确性的争论所起的作用中看到。这些争论首先涉及黑格尔关于本质的学说,涉及这样一个问题:本质、普遍性、从而规律和必然性是否只是主体思维形式或者也具有客观现实性,主体思维的可能性和形式是否足以把握自然和社会中的发展,真正现实的东西和逻辑的东西是否可以比较。与此相连,正是在黑格尔体系中可以发现从主观逻辑向客观逻辑过渡的断层。

从布鲁诺·鲍威尔给马克思的一些信件中可以看出,马克思在进行"逻辑学著作"的研究,还计划批判从右的方面攻击黑格尔逻辑学的特伦德伦堡。他也希望在波恩从事教学活动,举办逻辑学讲座。马克思逻辑学研究的一个重点是分析"实证"哲学家。在这些哲学家对黑格尔体系的批判中,黑格尔与莱布尼茨、斯宾诺莎和休谟的关系具有重要意义。在博士论文中,马克思深入研究了这些哲学家,[①] 他把他们与"自由派"即青年黑格尔派对立起来,还在1842年向卢格保证就这一题目写一篇文章,[②] 这篇文章显然是以他1840—1841年的认识为基础的。这些摘录本的主要内容是逻辑学、认识论和本体论的问题。此外,将哲学从神学中分离出来的要求和神的存在及其存在的可证明性问题占据较大的篇幅。这个问题对论证青年黑格尔派的无神论很有意义,马克思在博士论文中对所谓神的存在的证明写了评论。[③] 此外,摘录本涉及大量其他问题,如斯宾诺莎第一次尝试进行科学的圣经批判以及他在反对教会管制的斗争中主张公民言论自由和民主的观点。总的来说,《柏林笔

---

① 《马克思恩格斯全集》第2版第1卷第76—77页。
② 《马克思恩格斯全集》第1版第27卷第425—427页。
③ 《马克思恩格斯全集》第2版第1卷第100—102页。

记》是马克思力求通过研究大量原始材料而掌握以往哲学思想成果的极具价值的文献。

本卷第一部分以《波恩笔记》、艺术和宗教的历史的摘录本结束。它们大体上产生于1842年4—5月间，而这与马克思从1841年底起计划撰写一本关于宗教和艺术的著作有关。① 从马克思、布鲁诺·鲍威尔和阿尔诺德·卢格之间的通信可以看出这本著作各个阶段的情况。这一研究的出发点是青年黑格尔派和老年黑格尔派之间围绕从黑格尔体系得出的结论而进行的争论。这场讨论中的一个重点是黑格尔关于艺术和宗教的观点。黑格尔以某种公式化的方式把艺术和宗教叙述成绝对观念的发展阶段和哲学意识的初始阶段。正是黑格尔的宗教哲学被看作他的体系中特别保守的部分。马克思和他当时的朋友布鲁诺·鲍威尔把反驳这一观点并在"自我意识哲学"这一意义上解释黑格尔的见解当作自己的任务。首先是要以一个正统派攻击黑格尔体系的讽刺的形式把这个体系说成是一种无神论体系。马克思承担的任务是阐明宗教之化为艺术是如何从黑格尔体系中产生的。②

这一著作的第一稿在1841年12月底大致完成，但未能发表。马克思以书报检查困难为由中断了与布鲁诺·鲍威尔的合作，并经过修改把这一著作提供给《德国年鉴》。1842年3月底，他决定完全改写这篇文章并从阐释黑格尔转入独立的阐述方式。他的工作方式的特点是，开始

---

① 《马克思恩格斯全集》历史考证版第1部分第1卷第963—966、1277—1278页。
② 布·鲍威尔：《从信仰的观点批判黑格尔的宗教和艺术的学说》莱比锡1842年版第3、222页。

检验黑格尔所依据的材料来源，这样就处于越来越彻底而细致的研究之中。这些研究反映在他的《波恩笔记》中；对于问题的更为准确的思考使他得出这样的结论，即不仅要改变叙述形式，而且要从"新的观点来考察"事物。① 对于所观察的事物本身，他在这封信中写道："在这篇论文里，我不免要谈到宗教的一般本质；在这个问题上，我同费尔巴哈有些争论，这个争论不涉及原则，而是涉及对它的理解。不管怎样，宗教是不会从这里占到什么便宜的。"②

本卷对艺术历史学家和宗教历史学家鲁莫尔、格伦德、德布罗斯、伯莱格、迈纳斯和康斯坦著作的摘要，主要是关于艺术活动和宗教意识的产生条件和早期阶段的材料。处于重要地位的是在埃及、希腊—罗马和基督教的艺术的发展中的连续性或平行性的思想以及不发达社会条件下宗教和艺术一般联系的思想。在摘自德布罗斯著作的引文中，清楚地显露出德布罗斯对研究方法的基本要求，即通过古代信息与当时民族学的成果的比较来解释相似历史前提下相信宗教观念的产生。对巴贝拉克著作的摘录占有特殊地位，马克思摘录的主要是早期基督教作者对家庭和婚姻以及教会和国家关系的问题的论述。

宗教的产生和发展问题一向是青年黑格尔派思考的中心。然而他们主要从哲学或意识形态历史的角度看待这些问题。马克思的特点在于，他在《波恩笔记》中潜心地研究具体的历史的、民族学的材料，并据此来检验黑格尔和青年黑格尔派的或多或少抽象的命题。马克思打算摘录英国历史学家爱德华·吉本关于罗马帝国的衰败和没落的基础著作也

---

① 《马克思恩格斯全集》第 1 版第 27 卷第 424 页。
② 《马克思恩格斯全集》第 1 版第 27 卷第 424 页。

表明了这一点。然而计划中的著作最终没有完成，至少没有发表，其深层的原因可能在于，这些研究以及现实—政治工作的经验使马克思获得新的认识，从而对自己迄今为止的理论立场的正确性产生怀疑。

马克思在撰写《波恩笔记》时形成的一些认识反映在他的1842年出版的著作中。① 还有一个重要之点是，他所接受的"拜物教"这一概念后来被他用于在经济领域分析商品的特征。

本卷第二部分收入弗里德里希·恩格斯关于宗教科学题目的两本著作的摘录本和对一次讲座的笔录。这些著述是恩格斯1841年秋至1842年秋于柏林的一年自愿服役期间以及同期在当时德国精神生活的中心柏林大学听课时完成的。那时，恩格斯已经是一个独具风格的青年黑格尔分子，坚定的无神论者和民主主义者。他在大量的作品中表明自己的立场。他于柏林期间出版的反对占统治地位的宗教—神秘哲学家谢林的论战文章在公众中引起轰动。青年黑格尔派反抗封建教会反动势力的主要战场首先是由大卫·施特劳斯《耶稣传》（1835年）引发的对圣经的科学批判。恩格斯本人当时已经意识到，反对官方神学的战斗和反对反动政治的斗争是密切相连的。他在1842年写道："弗里德里希-威廉四世所力图建立的国家，照他自己的说法，就是一个基督教国家。当基督教要想使自己具有科学外貌的时候，它的形式就是神学。神学的实质，特别在我们这个时代，就是调和和掩盖绝对对立的两极。甚至最坚定的基督徒也不能完全摆脱我们这个时代的条件；时代迫使他改革基督教；他身上已经有一种东西在萌芽，这种东西发展下去就会引向无神论。布·

---

① 《马克思恩格斯全集》第2版第1卷第235、236、255、290页。

鲍威尔所批判的那种以本身内在的不真实和虚伪浸透着我们整个生活的神学，就是这样产生的。在国家生活领域里，普鲁士的现行统治制度和这种神学正相适应。"①

恩格斯早在求学时期就完全熟悉教会学说及其作为依据的材料来源——这一点尤其为他给格雷培兄弟的信所证实②，因此，他能够十分内行地注视并参与大约1835年以来展开的关于基督教信仰的基础的讨论。本卷收入的材料表明恩格斯不仅多么认真地研究基础理论文献（布鲁诺·鲍威尔的），而且还多么认真地研究专门性的问题（恩斯特·卡尔·尤利乌斯·吕泽尔贝尔格、斐迪南·贝纳里）。鲍威尔在激烈的论战中，尤其在与保守观点的论战中阐述了自己的观点，曾分析对马太、马可和路加三福音书中的矛盾，并证明这些原始基督教著作的特点，指出它们不是比如神的叙述，而是一些作家的创作和自我意识自由创造。这样，鲍威尔就结束了青年黑格尔派的宗教批判。吕泽尔贝尔格也转向反对正统派，他证明以使徒约翰的名字保留下来的作品，其作者身份并不能确定。贝纳里——恩格斯听过他关于《约翰启示录》的讲演并作过记录——最终试图把这部圣经书纳入他的文学史和历史联系并反驳充满想象的转世论阐述。虽然本卷收入的恩格斯的文献主要具有接受别人认识的性质，但从中可以看出，恩格斯赞同作者对官方教会观点的抨击，有时还试图支持他们的论据并使之表达得更加确切。

特别值得注意的是，恩格斯40年后重新回到以前的研究。在布鲁诺·鲍威尔1882年4月13日去世时，恩格斯写了一篇文章，其中阐述

---

① 《马克思恩格斯全集》第1版第1卷第536页。
② 《马克思恩格斯全集》第1版第41卷第462—463、500页及以下几页。

个人对基督教产生的观点,并证明鲍威尔最初为解决这个问题扫清了道路,只是德国哲学家的唯心主义遮住了他的视线。

恩格斯从贝纳里关于《约翰启示录》的讲义中获得的认识一直保留下来。1894年7月28日他在给考茨基的信中还说,读了这篇讲义,他才明白,"这是《新约全书》中最古老、最重要的部分"①。在分析原始基督教的历史的一篇专门的文章②中,恩格斯指出,他的论述的材料部分地归功于贝纳里的一系列讲座。

如果说本卷发表的恩格斯1841—1842年的文献涉及的几乎完全是对别人的思想财富的吸收,那么这些文献整个来说为我们提供了青年恩格斯力求通过接受自由主义的圣经批判的研究成果,从而进一步确立他自己的观点的一个宝贵证明。从与他成熟的宗教史著作比较中可以看出,他后来是如何从资产阶级研究的最好成果——对这些成果,人们随即又力图保持沉默并加以收回——中汲取合理的内核,并使之成为对工人阶级的世界观有益的东西。

本卷第二部分即附录收入的是一些偶然获得的恩格斯文科中学时期(1834年秋天至1837年秋天)的材料:一本古代史笔记,《伊利亚特》课的预习笔记,一首希腊诗以及文科中学课本中的笔记和加着重号的部分。这些材料展示了恩格斯在埃尔伯费尔德的文科中学所接受的知识财富,尤其是使人清楚地看到,恩格斯认真地学习过希腊语言和文学的情况。其次,从保留下来的历史笔记中可以推断恩格斯特别尊敬的首席教师克劳森博士的授课方法,以及他使恩格斯不受伍珀

---

① 《马克思恩格斯全集》第1版第39卷第265页。
② 《马克思恩格斯全集》第2版第4卷第476页。

河谷盛行的虔诚主义观念的约束的做法。这证明，他的授课深深启发了青年恩格斯，使恩格斯逐渐对教会意识形态和他的家庭意识形态持批评态度。

（原载《马克思恩格斯全集》历史考证版第4部分第1卷）

（李妍 译）

《马克思恩格斯全集》俄文第二版第42卷说明[*]

《马克思恩格斯全集》第四十二卷收入的是1844年1月至1848年2月所写的著作。本卷由三个部分组成。第一部分和第二部分是马克思和恩格斯在他们开始创造性地合作之前所写的著作,第三部分是马克思和恩格斯于1844年8月在巴黎会见后所写的著作。这些著作大大补充了以前发表在第一至四卷中的马克思和恩格斯的著作。它们扩充了我们对马克思和恩格斯的哲学科学的、共产主义的世界观形成过程的认识,对他们制定无产阶级在欧洲资产阶级民主革命成熟时期进行解放斗争的革命策略的原理的认识。

第一部分的内容主要是青年马克思的经济著作:恩格斯《国民经济学批判大纲》①一文的简短摘要,詹姆斯·穆勒《政治经济学原理》一书的摘要和《1844年经济学哲学手稿》这部大的著作。

《1844年经济学哲学手稿》反映了无产阶级科学世界观的几个基本组成部分——经济学学说、辩证唯物主义的哲学、科学共产主义——在形成过程中的一定阶段。作者表现出对科学孜孜不倦的钻研精神和革新精神。

---

* 本文选自《马列著作编译资料》1979年第6辑。

① 又译《政治经济学批判大纲》。——译者注

从马克思开始经济学研究（1843年）来说，时间并不长，研究过的著作还不多，他的经济学说的形成过程仅仅处于早期阶段。可是《经济学哲学手稿》不仅作为新世界观形成的明证，而且作为一部揭示马克思的创作实验室的著作，都具有很大价值。而即使从这些观点来看，其意义也是特别巨大的。这部卓越的著作包含着独到的思想和科学的发现。它是《资本论》的发源地。

马克思在写作《经济学哲学手稿》时期，由于研究了当时德国和其他国家的现实状况，研究了法国资产阶级大革命的历史和经验，批判地分析了黑格尔的哲学和资产阶级政治经济学的经验材料及理论结论，从而拟定了科学共产主义的一些基本原则。他意识到无产阶级解放斗争的历史作用，认为这个正在兴起的阶级是唯一能够把人类从一切压迫下解放出来的力量。马克思得出结论说，不是法律关系和国家形式，而是物质的生活关系，构成社会的基础。他相信不仅需要只是改变国家政权形式的"政治"革命，而且也需要包括经济基础在内的深刻的社会革命。所以对社会生活的经济领域的研究被提到了首位。

因此，恩格斯的《国民经济学批判大纲》一文（载于1844年2月《德法年鉴》）引起马克思的密切注意。他在《经济学哲学手稿》的序言中也提到了这篇文章。

亚·斯密把资产阶级社会划分为三个主要阶级，即雇佣工人、工业资产阶级和地主，按照这种划分，马克思在《经济学哲学手稿》中考察了这三个阶级固有的三种收入形式，即工资、资本利润、地租。而且马克思认为生产资料私有制是阶级的存在和相互斗争的共同基础，是这几个阶级获得的收入的共同基础，是社会财富的分配这种对抗形式的共同基础；马克思证明，生产资料私有制必将被废除。马克思在阐明上述几种收入的产生、实质和相互关系时依据的是政治经济学的成就，是亚·斯密、大·李嘉图以及其他资产阶级经济学家的著作。他暂时还没有对这些问题作出自己的理论解释。不过，他坚定地捍卫工人利益的始终不渝的阶级立场，使他和这些先驱者迥然有别。他强调指出，工人在资产阶级社会的任何经济形势下都要受苦受难。被剥削的工人没有生活保障，而资本家最多只是放弃自己的一部分利益。马克思指出，随着生产的工厂制度的发展和资本积累的增长，工人的状况越来越恶化，他们落到完全受资本家任意支配、受市场波动影响的地位。通过对资本主义社会矛盾的辩证分析，马克思已经接近于理解和表述人口规律以及资本主义积累的普遍的绝对规律。

马克思创造的唯物主义的异化理论，是他在《经济学哲学手稿》中批判资产阶级关系和资产阶级意识形态的中心环节。他在这一理论中批判地改造了以前的哲学和政治经济学的某些原理。

比这时更早一些，马克思在研究詹姆斯·穆勒《政治经济学原理》一书时已经开始表述这一理论的个别原理。

詹姆斯·穆勒是李嘉图学说的庸俗化者之一，是货币流通数量学派的支持者。在地租问题上，他在自己著作中对李嘉图的级差地租论作了简要的说明。在穆勒看来，工人和资本家所占的份额，如同在一切自由贸易中一样，受供求关系的调节。人口的增长压制工资的水平，所以人民的状况要靠减少人口才能改善。马克思很明确地称这类言论为"唠叨的无聊话"①。

马克思在研究穆勒著作的过程中（这时他已经研究过斯密和李嘉图的主要著作），形成了对"李嘉图学派"的总的批判意见。比如他指出了这个学派有下述错误：它"在表述**抽象规律**的时候忽视了这种规律的

---

① 《马克思恩格斯全集》第 1 版第 42 卷第 9 页。

变化或不断扬弃，而**抽象规律**正是通过变化和不断扬弃才得以实现的"①。

异化的范畴在对穆勒一书的摘要中被用于考察货币的本质和职能。马克思指出，货币的本质，首先在于生产的产品赖以互相补充的中介活动，人的、社会的行动在货币中异化了。②货币获得在人之外的物质东西的属性，成为异己的媒介。在对他人的关系上，人本身并非媒介，人的愿望、活动、人同他人的关系，通过不依赖于人的力量来表现。

异化的概念，"异化"和"自我异化"这些术语，都是以前的哲学和社会学著作中传统的说法，它们在德国古典哲学中，特别是在黑格尔那里，占有重要地位。不过异化及其扬弃所具有的多种意义的形式，在黑格尔的哲学中带有思辨的性质，并且被神秘化了。它们没有反映资产阶级社会的真实经济关系和社会生活。黑格尔把异化同对象化、同劳动在生产对象中的体现、同人进行改革的对象性活动混为一谈。

与资产阶级经济学家不同，马克思在《经济学哲学手稿》中，从政治经济学的前提出发，从私有财产的事实出发，通过自己对物质生产过程的分析，指出私有财产的统治将产生怎样的结果。由于私有财产运动的客观规律性，造成劳动同资本——积累在少数人手中的他人劳动，这一劳动的产品——的分离。随着资本积累的增长，随着所生产的产品的力量和数额的增长，资本集中了，同时，被剥夺了财产的工人的贫困加深了。工人生产的财富越多，他们就越贫困。劳动固定于某一对象，或者说，劳动的物化，就是劳动的对象化。可是在私有财产的统治下，劳动的对象化必然使工人失去生活的乐趣，使工人受他的劳动对象的奴

---

① 《马克思恩格斯全集》第1版第42卷第18页。
② 《马克思恩格斯全集》第1版第42卷第18页。

役。工人的劳动产品变成对他来说是他人的产品。劳动的对象化变为劳动的异化，对象性的劳动变为异化的劳动。马克思强调指出，在这种劳动中，工人"不是感到幸福，而是感到不幸"，工人不是自由地发挥自己的体力和智力，而是压抑它们，摧残自己的身体和毁灭自己的心灵。他在劳动过程中不属于他自己，而属于资本的所有者。他自己为自己锻造着锁链。①

与资产阶级的科学、哲学和政治经济学相比，马克思由于发现异化劳动而前进了一大步。

工人对自己的劳动产品的关系即对异己的、统治着他的对象的关系，由此产生的工人对生产行为、对自己的活动的关系即对某一异己东西的关系，使个人同社会相异化，使人的社会生活变为维持自己肉体生存的简单条件和基本手段。在私有制的世界，人具有证明自己是有意识的社会存在物的有限可能性。马克思认为，人在创造对象世界，改造无机界的过程中，就像只生产直接需要的东西的动物一样，只片面地、按照自己所属的种的尺度和需要从事生产。他丧失了按照美和全面的需要的规律从事生产的推动力。马克思指出，异化劳动从人那里夺去了他的生产的对象，也就从人那里夺去了人类所固有的真正的人的生活。②

最后，人同自己的劳动产品、同自己的类本质相异化的直接结果是人同人相异化，一人同另一人对立。

马克思还明确地表述了一个十分重要的结论，指出本质上的因果联系：私有财产不仅是任何异化的，而首先是异化劳动的根本原因，它同时"是**外化劳动**即工人同自然界和自身的外在关系的产物、结果和必然

---

① 《马克思恩格斯全集》第 1 版第 42 卷第 93—94 页。
② 《马克思恩格斯全集》第 1 版第 42 卷第 97 页。

后果"①。因此,只有废除私有财产才能结束异化劳动,结束人同自己的类本质相异化,结束人的相互异化,克服异化才会取消产生私有财产的条件。

马克思关于"经济的异化则是**现实生活的**异化"的深刻思想很有意义;经济异化决定并包括意识领域的异化(例如宗教的异化)和它的扬弃,因此,消除经济的异化是消除这一派生形式的首要前提。②

可见,马克思不同于他的先驱者,他不仅指出了异化的性质,异化受具体历史的社会环境诸因素的制约,而且同时强调了废除私有制的必要性,指出了旨在扬弃异化这一根本改造社会的真正道路。异化是作为客观范畴来解释的,而整个异化理论是作为唯物主义的社会进化论出现的。这是从理论上认识历史的客观物质基础和动力并指出按共产主义形式组织劳动和一切社会关系的历史必然性的一次非常成功的尝试。

这一尝试本身,对黑格尔关于历史过程的概念,对主张历史事件的内在联系从属于早已规定的目的即从属于"绝对观念"的实现的特殊目的论,是一次坚决的和毫不妥协的批判。

《经济学哲学手稿》所包含的揭示出异化的原因、本质和结果的理论概括,是对资本主义生产方式进行广泛的科学分析并对它的现实的内在联系和它的运动规律作出解释的第一次实验;这一运动规律按照自然历史规律的必然性将导致资本主义的灭亡,导致用更高级的、合理的社会结构来代替这一不公正的社会制度。与资产阶级经济学家据以出发的、实质上是主要的前提相对立,马克思否定资本主义的永恒性,驳斥了关于私有制的原则适合于人类天性本来就有的要求、适合于他的潜在

---

① 《马克思恩格斯全集》第 1 版第 42 卷第 100 页。
② 《马克思恩格斯全集》第 1 版第 42 卷第 121 页。

利益的论点。马克思指出资本主义在历史上的暂时性质，他向资产阶级的官方科学挑战，开创了在政治经济学中进行革命变革的伟大事业。

诚然，马克思很快就看出，异化的概念太一般了，不能依靠它来仔细研究资产阶级社会的解剖学，更不能依靠它来揭示活生生的和活动着的经济机体所固有的各种联系和关系。以后，无所不包的异化理论退居次要地位。在马克思较晚的著作中，异化理论就扮演从属的角色了。劳动价值论和剩余价值论成了马克思主义经济学说的基石。

《经济学哲学手稿》中有关批判地分析空想共产主义即具有"**最初的形式的**"共产主义的学说的那一部分，具有巨大的科学的政治的意义。这种"粗陋的共产主义"的不成熟，就在于它力图用"普遍的"私有财产来反对私有财产，也就是主张把私有财产拉平，主张工资平等。其实这只不过是私有财产关系的一种表现形式而已。这是受私有制影响的、平均的，或者说，"专制的共产主义"。它否定人的个性，指望普遍的平均化，指望最低限度的需要，它具有"**一个特定的、有限的尺度**"。①

马克思为了反驳空想的幼稚的观点，提出了自己的暂时还用费尔巴哈哲学术语来表达的对共产主义的理解："**共产主义**是**私有财产的**即**人的自我异化的积极扬弃**，因而是通过人并且为了人而对**人的本质**的真正**占有**；因此，它是人向自身、向**社会的**（即人的）人的复归，这种复归是完全的、自觉的而且保存了以往发展的全部财富的。这种共产主义，作为完成了的自然主义，等于人道主义，而作为完成了的人道主义，等于自然主义，它是人和自然界之间、人和人之间的矛盾的**真正解决**，是存在和本质、对象化和自我确证、自由和必然、个体

---

① 《马克思恩格斯全集》第1版第42卷第117—120页。

和类之间的斗争的真正解决。它是历史之谜的解答，而且知道自己就是这种解答。"①

在论收入的几章中，《地租》这一章对资产阶级政治经济学的结论最具有批判力。马克思认为，斯密断言土地所有者的利益始终同社会利益一致是荒谬的。相反，土地所有者的利益是同租地农场主、雇农、工业工人，甚至同资本家的利益相敌对的。一个土地所有者的利益，由于竞争的缘故，也决不会同另一个土地所有者的利益一致。地产卷入商业漩涡，其必然结果是旧的土地贵族彻底没落，资本家和土地所有者之间的差别消失。马克思指出，在英国，大地产已经失去封建的特点，而具有工业的性质。从一般的历史进程来看，这也是必然的。

马克思同意资产阶级经济学家关于大地产同小地产相比能提供一定的经济上的好处的论点。他同时指出，大的私有地产，同一切私有财产一样，注定要使雇佣工人一贫如洗。要解决在私有制基础上（其中也包括在农业中）产生的财富发展的矛盾，就只有消灭这一基础，变私有财产为社会财产。马克思写道："联合一旦应用于土地，就享有大地产在经济上的好处……同样，联合也就通过合理的方式，而不再借助于农奴制度、老爷权势和有关所有权的荒谬的神秘主义来恢复人与土地的温情脉脉的关系，因为土地不再是买卖的对象，而是通过自由的劳动和自由的享受，重新成为人的真正的自身的财产。"② 马克思天才地预见到共产主义农业的组织的优越性，指出这一改革对所有的劳动农民以及无产阶级都有切身的利害关系。这一原理实际上是马克思后来作出的关于工人和农民在阶级斗争、政治斗争中必须结成巩固联盟的结论的前提。

---

① 《马克思恩格斯全集》第1版第42卷第120页。
② 《马克思恩格斯全集》第1版第42卷第85—86页。

与所谓的"批判的批判家"即青年黑格尔分子相对立,马克思在《经济学哲学手稿》的《序言》中表明,他打算在自己这本著作的最后一章中批判分析黑格尔的辩证法和整个德国哲学;这些青年黑格尔分子把黑格尔庸俗化了,用夸夸其谈,用在报刊上搞脱离生活、脱离时代的迫切任务的吵吵嚷嚷的运动来偷换革命的理论和革命的行动。

在这一时期,马克思是费尔巴哈的热情崇拜者,他把费尔巴哈的唯物主义看作是对资产阶级的意识形态,其中包括资产阶级的政治经济学,进行人道主义批判的良好开端,看作是社会主义的哲学基础。在《经济学哲学手稿》的许多地方都可见到费尔巴哈的术语或其个别用语的不同说法。诚然,马克思早在1843年就指出,费尔巴哈太热衷于自然而忽视政治。早在四十年代初,马克思的特点是:批判地接受费尔巴哈的观点;着重指出费尔巴哈的人道主义在理论上是抽象的,而在实践中实质上并未超出激进的资产阶级改革的范围;他的人类概念不符合历史事实,它忽略了社会的阶级区分。

但是马克思对费尔巴哈的批判,当时并没有直接表述出来,因而着重于称赞费尔巴哈,而费尔巴哈的唯物主义原理则被当作批判地评价黑格尔哲学的出发点,特别是在专门的篇章中;显然,这是指上面提到的最后一章的草稿。

这一篇章包含着对黑格尔的著作《精神现象学》的详细分析,马克思认为这部著作是"黑格尔哲学"的"诞生地和秘密"。① 其中还有引自黑格尔其他一些名著的引文。

马克思认为,黑格尔的哲学是人类的伟大成就;它的伟大首先在于发展了辩证法这一作为推动原则和创造原则的"否定性"的规律。但

---

① 《马克思恩格斯全集》第1版第42卷第159页。

是，黑格尔是唯心主义者，他的逻辑学是思辨的，他所研究的本质（财富、国家权力等等）不过是思维的范畴，是抽象的哲学思维的产物。

在黑格尔那里，精神是人的真正本质，而精神的真正的形式是能思维的精神，逻辑的、思辨的精神，黑格尔的人是自我意识。可是，马克思强调指出，人是自然的、感性的存在物，这就是说，人在自身之外有对象，人是自然界的一部分，人本身就是自然界。此外，人不简单是自然存在物，而是活动的"人的自然存在物"，是类的、社会的一部分，是社会生活和社会关系的产物。

马克思在《经济学哲学手稿》中指出黑格尔的阶级局限性，这一点具有极大的价值。马克思说，这位伟大的哲学家站在现代国民经济学家的立场上，但是他"只看到劳动的积极的方面，而没有看到它的消极的方面"①。这就是说，黑格尔没有能力揭示资本主义矛盾的辩证法和预先指出资本主义灭亡的不可避免性。黑格尔没有能够把事物对自身的否定、扬弃运用于他那个时代的经济关系和政治关系。他顺应当时的社会现实，用马克思的话来说，这也就是他的"非批判的实证主义"②。

《经济学哲学手稿》包含着从唯物主义立场对黑格尔的辩证法和他的整个体系的深刻阐述。它是把倒立着的黑格尔辩证法"翻转来"并制定出与黑格尔的唯心主义方法直接对立的唯物主义方法的可靠基础。

本卷第三部分刊载了马克思论德国庸俗经济学家弗里德里希·李斯特《政治经济学的国民体系》一书的文章的草稿。这本书被资产阶级报刊大肆吹捧，但这并不是由于它有什么科学价值——它恰恰没有这种价值，——而是因为它以理论的形式表达了德国年轻的工业资产阶级对

---

① 《马克思恩格斯全集》第1版第42卷第163页。
② 《马克思恩格斯全集》第1版第42卷第162页。

保护关税制的热望，这个阶级渴求高额的利润，渴求减少暂时还更为强大和更有经验的外国对手的竞争，企图借助国家"使工厂制度达到'英国的'繁荣程度"①。

论李斯特著作的草稿是马克思主义经济学说形成史上有价值的篇章。这个文献证明马克思在写《经济学哲学手稿》和写《德意志意识形态》之间的这个时期在政治经济学领域中所从事的研究。这个文献也像马克思的其他著作一样，浸透着革命的热情，浸透着对资产阶级、对资产阶级的辩护士、对市侩作风的憎恨。马克思尖锐地批判李斯特妄图在政治经济学上搞什么"新发明"，并且揭穿他重复和直接歪曲别人的思想。马克思指出，李斯特关于交换价值、关于生产力以及一些其他范畴的论点都是站不住脚的。马克思谈论资本主义必然灭亡的话是很有预见性的，他说：明天"工业用符咒招引出来（唤起）的自然力量和社会力量""将炸毁资产者用以把它们同人分开并因此把它们从一种真正的社会联系变为（歪曲为）社会桎梏的那种锁链"。②

本卷第二部分是恩格斯于1844年发表在宪章派刊物《北极星报》上的一组文章和简讯。恩格斯在英国时直接参加了英国工人运动，出席宪章派组织的群众大会并注意他们的报刊。1843年秋，他与《北极星报》编辑乔治·朱利安·哈尼建立了联系，从1844年起，开始系统地为该报撰稿，一直持续到1848年革命。

全集所收的《北极星报》的文章，在一定程度上填补了有关青年恩格斯与马克思会见前的活动的文献的空白，在这个时期内，他们各自独立地完成了从唯心主义向唯物主义，从革命民主主义向共产主义的转

---

① 《马克思恩格斯全集》第1版第42卷第251页。
② 《马克思恩格斯全集》第1版第42卷第258、259页。

变,并致力于制定无产阶级阶级斗争的科学理论原理和策略。

恩格斯在给《北极星报》编辑部的信(1844年5月初在该报发表)中,确定了自己为宪章派机关报撰稿的基本任务——在他的文章中阐明国际事件、舆论界的状况,首先是工人运动和民主主义运动在欧洲各国所取得的成就。恩格斯利用当时流传甚广的报纸,力求促使英国和欧洲的社会主义者在思想上接近起来,并向英国宪章派介绍社会主义和共产主义思想。这封信也是珍贵的传记性的文献。

该报发表的文章大部分是论述德国的。在以德国通讯的形式刊登的《报刊和德国暴君》、《德国消息》、《啤酒骚乱》、《普鲁士的牧师专政》等文章中,青年恩格斯满腔怒火地揭露统治着德意志各邦的首先是普鲁士的反动制度,指出军阀和为数众多的官吏的横行霸道以及僧侣对国家社会生活的影响。他在《普鲁士局势》一文中以辛辣讽刺的笔调勾画了在普鲁士建立警察密探统治体制的普鲁士国王弗里德里希-威廉四世的伪善形象。[①] 这篇文章按其内容和形式来说是与恩格斯的著名文章《普鲁士国王弗里德里希-威廉四世》[②] 相呼应的。

恩格斯分析了德国社会运动的政治形势和发展,看出国内即将发生巨大的革命事件。他认为,对这一点的证明是:共和主义观点在进步知识界中的传播、大学生起而反对大学中的反动制度、因苛捐杂税的加重而引起的特别是巴伐利亚的严重的人民暴动,都证明了这一点。恩格斯揭露了呼吁普鲁士政府走改良道路以避免革命的自由派资产阶级的妥协政策。

特别有意义的是恩格斯对德国无产阶级的第一次阶级暴动即1844

---

① 《马克思恩格斯全集》第1版第42卷第194页。
② 《马克思恩格斯全集》第1版第42卷第535—543页。

年6月西里西亚织工起义的阐述。对工人运动史上这一巨大事件，恩格斯立即响应，写了两篇文章：《普鲁士新闻。——西里西亚骚乱》和《西里西亚骚乱的详情》。他在文章中揭示出起义的社会原因和性质，指明它的历史意义。恩格斯认为这次起义是德国工人对剥削制度进行革命的阶级反抗的表现。它是资本主义及其固有的矛盾发展的必然结果。恩格斯作出结论说："显而易见，对工人阶级来说，工厂制度、机器技术进步等等带来的后果，在大陆上和在英国是完全一样的：对大多数人是受压迫和劳累，对极少数人是财富和享乐。"① 人们以前并不知道的对西里西亚起义的这些评价，为理解青年恩格斯关于工人阶级的历史作用的观点——后来这些观点在他的《英国工人阶级状况》一书中得到进一步的发展——的形成过程，提供了新的材料。

恩格斯在《法国消息》一文中强调指出在里夫-德-纪埃（里昂附近）发生的持续了大约六个星期的"严重的"矿工罢工是一个重大的事件。恩格斯指出，法国矿工罢工按其目的和采取的形式来说，和英国工人的罢工相似，他认为各国工人的生活条件和劳动条件的相同是推动他们进行斗争的共同社会原因。有趣的是：恩格斯当时就已经指出里夫-德-纪埃矿工罢工的意义了，而其他作者在后来的著作中才把它评价为十九世纪四十年代法国工人运动史上的重要里程碑。恩格斯在这篇文章中也谈到1844年阿尔及利亚在阿卜杜尔-卡迪尔领导下的起义，说明它是反对法国侵略者的民族解放运动。

《圣彼得堡新闻》一文是恩格斯论述俄国的第一篇著作。青年恩格斯在文中揭露沙皇制度的反动的对内和对外政策，他早在1844年就已看出俄国的社会经济发展的基本趋向——封建农奴制的衰落，这种衰落

---

① 《马克思恩格斯全集》第1版第42卷第210页。

后来在克里木战争期间表现得尤为明显。文章证明：恩格斯一开始从事革命活动就对俄国国内的状况表现出极大的兴趣。

本卷第三部分的一些文章，补充了恩格斯在居留巴门期间（从1844年9月到1845年4月）所写的著作。这些文章反映了作为马克思的战友的恩格斯在德国和其他国家积极从事宣传共产主义的活动。恩格斯为英国欧文派社会主义者的报纸《新道德世界》的撰稿活动在一度中断之后又恢复了。他在1844年9月以书信形式寄给编辑部一篇报导法国和德国共产主义运动的成就的通讯——《大陆社会主义》。通讯中也包含有恩格斯于1844年8月底至9月初居留巴黎时期的传记材料。在巴黎时他与马克思会见了，并与法国以及其他国家的民主主义运动和社会主义运动的活动家，特别是俄国知识界的进步代表，建立了直接的联系。与著名的《在爱北斐特的演说》① 直接衔接的是本卷发表的《现代兴起的今日尚存的共产主义移民区记述》一文，这篇文章有恩格斯关于共产主义的重要意见。文章的目的是驳斥当时流传的关于共产主义思想不能实现的种种论断，并且表明了基于集体所有制的社会制度比基于私有制的社会优越。恩格斯在这里指出共产主义移民区所具有的特点，如普遍的又是自愿的劳动、社会平等、社会的全面的儿童教育、共同经营、运用技术革新的有效成果。恩格斯不同意空想社会主义者关于通过共产主义移民区逐渐过渡到共产主义的观点，认为这些移民区只是确证集体所有制比私有制优越，而不是改造社会的手段。但是，他在这篇文章中也像《在爱北斐特的演说》中所说的一样，还没有把自己的观点同空想社会主义者的观点直接对立起来。同时，他面向德国工人——《记述》正是为他们写的——，号召他们联合起来，共同努力，因为

---

① 《马克思恩格斯全集》第1版第2卷第602—626页。

"当工人彼此联合起来,团结一致并追求一个目的时,同富人相比,他们就无比强大。"① 恩格斯认为德国工人有责任利用其他国家的经验,在那些国家,"工人正组成要求财产公有的党的核心"②。正像在关于西里西亚起义的文章中一样,在这些论述中,可以觉察到恩格斯的正在形成的关于工人阶级的历史作用、关于开展工人阶级反对资本主义的斗争是走向共产主义革命的唯一现实途径、关于这一斗争的国际性质等重要理论结论。

载于本卷附录的《致〈社会明镜〉杂志的读者和撰稿人》这份呼吁书证明,恩格斯在德国积极从事组织活动和时评工作。恩格斯与莫·赫斯合写的这份呼吁书,是专门为保卫劳动者的权利、为公布那些揭露资产阶级社会脓疮的事实而创办的社会主义机关刊物的大纲。从呼吁书中可以看出,除了恩格斯明确规定的社会调查任务外,也反映了赫斯所宣传的具有小资产阶级的"真正的社会主义"精神的伤感主义和博爱主义的观点。起初打算参加编辑部的恩格斯,力求赋予杂志以革命的批判的方向,但未能成功。在赫斯负编辑责任的情况下,杂志很快就离开了原先拟定的纲领,主要是发表"真正的社会主义者"的文章。但是,马克思和恩格斯鉴于在德国出版自己著作的机会有限,认为重要的是:利用这一杂志和其他受"真正的社会主义者"影响的刊物来宣传自己的共产主义观点,揭露资产阶级社会的弊病,同时利用这些观点来批判其思想上的敌人的看法。

马克思和恩格斯在布鲁塞尔居留期间(马克思从1845年2月至1848年3月,恩格斯从1845年4月至1846年8月)仍继续为德国报刊

---

① 《马克思恩格斯全集》第1版第42卷第236页。
② 《马克思恩格斯全集》第1版第42卷第236页。

撰稿。在《社会明镜》1846年一月号上刊登了马克思的著作《珀歇论自杀》，以及马克思和恩格斯针对青年黑格尔派布鲁诺·鲍威尔发表的一篇对《神圣家族》的偏颇评论而写的简短答复。马克思在《珀歇论自杀》这一著作中利用资产阶级社会的一个代表的供述，揭露这个社会的风尚的腐朽，揭露它的道德。马克思在这一著作的引言部分指出法国人的批判文献的优点：对生活的论述有真实性和鲜明性、视野广阔、大胆的独创之见，同时特别提到傅立叶的批判著作。

恩格斯的《英国的一次罢工》一文，同《英国工人阶级状况》①这本书有直接联系，这篇文章是他在该书出版后在布鲁塞尔写的，是该书的补充材料；文章发表在另一家德国社会主义刊物——1846年1月和2月《威斯特伐里亚汽船》杂志。文章除了对建筑工人罢工的详细叙述外，还包括恩格斯关于他写作这本书、关于他给自己提出的那些任务的宝贵材料。恩格斯写道，特别重要的是"要证明无产阶级的这一斗争是完全合法的，是要用英国资产阶级的丑恶行径来戳穿他们的花言巧语。我写的这本书，从第一页到最后一页，就是对英国资产阶级的起诉书"②。在布鲁塞尔时期写的其他著作中，载于本卷的有马克思1844年至1847年的笔记本中的一些札记，其中有《关于现代国家的著作的计划草稿》，它表明马克思打算写一本关于十八世纪末法国资产阶级大革命的书。本卷还包括不久前发现的《德意志意识形态》第一卷手稿的三个片断，以及恩格斯的《费尔巴哈》札记手稿，看来这同写作该卷第一章是有联系的。

令人感兴趣的是一个简短而又内容极丰富的文献《〈外国杰出的社

---

① 《马克思恩格斯全集》第1版第2卷第269—587页。
② 《马克思恩格斯全集》第1版第42卷第278页。

会主义者文丛〉计划》，这是马克思在1845年春草拟的。恩格斯也曾打算出版这样的《丛书》，1845年2月到3月，当他还在巴门的时候曾不止一次地写信给马克思谈到此事。文献表明马克思打算在德国出版法国和英国杰出的空想主义者的一系列优秀作品，目的是使进步作家对社会主义思想和对资产阶级社会的批判发生兴趣。

编入本卷的恩格斯的著作《傅立叶论商业的片断》，是对这位伟大的法国空想社会主义者的著作《论三种外在统一》所作的长篇摘要，恩格斯给摘要加上了自己的前言和结束语。这本著作原来拟定在上述《丛书》上发表。但是《丛书》的出版未能实现，这本著作就作为杂志文章载于1846年的德国年鉴《德国公民手册》。在傅立叶的遗著中，恩格斯特别重视对资产阶级社会的批判。他摘录的那些片断尖锐地揭穿了巧于钻营的资产阶级和这整个所谓体面社会的贪得无厌、尔虞我诈、假仁假义、卑鄙的营私舞弊。

此外，恩格斯的这一著作也是报刊上第一篇抨击"真正的社会主义"的文章。"真正的社会主义"是当时在德国广泛传播的小资产阶级社会主义的一个变种。恩格斯在该著作的前言和结束语中尖锐地批判了"真正的社会主义者"的观点，说明这些观点是法国空想主义者的思想同黑格尔和费尔巴哈的思想的折衷调合，是"最劣等的理论"。恩格斯指出"真正的社会主义者"对沙·傅立叶、昂·圣西门、罗·欧文的著作采取轻视态度，指出他们对政治经济学和社会的现实情况一窍不通，指出他们把共产主义运动庸俗化。① 恩格斯的这一著作为马克思和恩格斯反对"真正的社会主义者"的尖锐的思想斗争奠定了基础，这场斗争是在1846—1847年展开的，并在《德意志意识形态》第2卷以

---

① 《马克思恩格斯全集》第1版第42卷第318页。

及马克思和恩格斯在报刊上发表的许多文章中得到了反映。

马克思和恩格斯把革命理论的研究直接同使理论研究与工人运动相结合的任务联系起来，同为建立无产阶级政党的斗争联系起来。在革命前的1847—1848年，他们在面临即将到来的欧洲资产阶级民主革命的情况下团结无产阶级的力量，在调整和巩固各国社会主义运动的参加者之间的国际联系，在制定社会主义者和进步民主团体在当前斗争中的共同行动纲领等方面进行了大规模的组织活动和写作政论文章的活动。当时发表在工人和民主派刊物上的马克思和恩格斯的大量政论文章和通讯当中，编入本卷的文章占有相当地位。

有些文章，如《改革派的利尔宴会。——赖德律-洛兰先生的演说》，《法国的改革运动。——第戎宴会》，《惊人的揭露。阿卜杜尔-卡迪尔。——基佐的外交政策》，是恩格斯在巴黎从事革命活动期间（1846年8月至1848年1月底）为《北极星报》写的。这些文章广泛阐明了法国的政治形势，特别是阐明了在1847—1848年开展的，以聚集在《改革报》周围的法国小资产阶级民主派首领为组织者的选举改革运动。恩格斯在《法国的改革运动。——第戎宴会》一文中曾引用了法国民主派首领（赖德律-洛兰、路易·勃朗等人）在群众大会上发表的反对君主立宪制、主张在法国建立共和制的演说，他基本上是同意这些演说的，但是他也注意到路易·勃朗提出的一个论点：法国在世界历史上的使命的特殊性。他批评了这种民族主义倾向的表现，而提出无产阶级固有的国际主义来反对这种小资产阶级民主派的民族傲慢。恩格斯以高度的原则性恰如其分地驳斥了路易·勃朗的论点，从历史上举例说明其他国家（英国、德国）对世界文明和各国人民的解放斗争作出的贡献。这篇文章是恩格斯为坚持正在形成的无产阶级政党对各民主组织的原则策略而进行斗争的见证。恩格斯在这篇文章以及其他关于法国的文章中指出了被资产阶级及其政府在自己的反民族的对外政策中所忽视的力量。恩格斯写道，这一力量是"高尚的、慷慨的、勇敢的法国人民"①。

本卷发表的恩格斯关于宪章运动的两篇通讯，是对他在1847年10月至1848年1月为《改革报》撰稿期间就这个题目所写的文章的补充。在这两篇通讯中，恩格斯翻译了宪章派的文件和宪章派首领在为支持人民宪章的要求而组织的群众大会上的演说。恩格斯在《改革报》上发表宪章派的材料，是想让法国工人更广泛地了解宪章运动，了解宪章派为争取普选权，为建立各国工人和民主派之间的统一行动而进行的富有自我牺牲精神的斗争。这样一来，他就向法国工人灌输了无产阶级国际主义思想，向他们提示了建立法国工人的独立的阶级组织的必要性。

本卷第一次用俄文发表了马克思的一篇札记《法国的状况》，这篇札记在1848年1月16日载于《德意志—布鲁塞尔报》，同年1月19日，札记的法译文载于《改革报》。在这篇形式简短而内容深刻的札记中，确定了法国社会两个基本阶级在日益成熟的革命危机中的立场，并强调指出，无产阶级是能够完成法国未来的革命并将它进行到底的唯一阶级。

揭示马克思和恩格斯作为共产主义者同盟的组织者和领导人的作用的文献，在本卷中占有重要的地位。这里发表的有恩格斯起草的、提交共产主义者同盟第一次代表大会（1847年6月）讨论的《共产主义信条草案》，还有恩格斯参加起草的共产主义者同盟章程的第一个文本（见本卷附录）、共产主义者同盟第一次代表大会致同盟盟员的通告信（1847年6月）、中央委员会告共产主义者同盟书（1847年9月），以

---

① 《马克思恩格斯全集》第1版第42卷第404页。

及其他文献。直到1968年才发现的这一切文献，使我们对共产主义者同盟的历史的说明，首先是对马克思和恩格斯制定同盟纲领和组织原则的说明具有更大的准确性。

《共产主义信条草案》标志着创作《共产党宣言》过程中的第一个阶段，它是共产主义者同盟纲领的最早文本。《草案》阐明了同盟的宗旨；确定了无产阶级是资产阶级社会的两个基本阶级之一；说明了无产阶级作为负有实现社会主义革命使命的阶级的产生和形成。恩格斯指出，社会主义革命所必须具备的历史条件，对社会进行共产主义改造的规律性，拟定进行这种改造的途径，规定工人阶级在夺取政权以后的任务。《草案》中包含有关于各民族在未来社会中的命运、关于共产主义者对宗教的态度等重要思想。

这个纲领性文献整个说来是以科学共产主义原理为基础写成的。但是恩格斯也不得不考虑到，同盟盟员还没有完全克服空想观点，这在文献的前面六个问答的行文中都有所反映。随后恩格斯制定了另一个比较完善的纲领草案——《共产主义原理》，他和马克思以后在起草《共产党宣言》时曾利用了这个文献。本卷发表了《共产党宣言》第三章计划草稿和《共产党宣言》草稿的一页，它们反映出马克思在《宣言》的结构和文字上所下的功夫。

本卷发表的共产主义者同盟的文献还证明，马克思和恩格斯对正在形成的无产阶级政党的组织机构问题赋予极其重要的意义。从这些文献中可以看出，无论是在共产主义者同盟第一次代表大会期间，还是在筹备召开第二次代表大会（于1847年11月底至12月初举行）的时期，他们都坚定不移地努力消除同盟章程草案中的宗派主义和密谋活动的残余，彻底贯彻与集中制相结合的民主制，使这个组织的所有环节都始终不渝地遵守它的上级机关作出的决定。

本卷附录中除了上面已经提到的文献外，还发表了《北极星报》关于1847年11月29日在伦敦举行的纪念波兰起义十七周年的国际大会的报道；两份关于马克思和恩格斯1847年11月30日在伦敦德意志工人教育协会的发言记录稿；《德意志—布鲁塞尔报》的几篇报道：关于马克思1847年12月31日在布鲁塞尔德意志工人协会举办的新年晚会上的演说；关于马克思在1848年1月9日举行的民主协会会议上发表的有关自由贸易的演说；关于在布鲁塞尔为纪念1846年克拉科夫起义两周年纪念活动，以及其他材料。所有这些文献反映了马克思和恩格斯在1848—1849年资产阶级民主革命前夕，在领导国际工人运动方面进行的巨大的实际革命活动。

（马哲 译）

论马克思的博士论文[*]

〔德〕玛蒂娜·汤姆

具有政治意义的哲学史

马克思为了以编外讲师的身份在学术界一展宏图,可能于1838年底在他的朋友布鲁诺·鲍威尔的建议下,决定拿一个哲学博士学位。这符合他对哲学问题的极大兴趣(他把这些问题同时看作是社会理论问题),况且他也总是首先从哲学的角度和把法学归入社会总体与历史整体的角度来考察法学。但这时他要着手探讨的是一个明显的哲学课题:哲学史,说得更确切一点,是古希腊哲学。他首先研究伊壁鸠鲁哲学,为此他从1839年初到1840年初对不同评论家的关于伊壁鸠鲁的著作(尤其是第欧根尼·拉尔修、塞克斯都·恩披里柯、卢克莱修和普罗塔克的著作)做了7本详细的摘要笔记。此外,黑格尔关于哲学史的讲演录也无疑为他提供了根据和指明了方向,不过他还考虑了路德维希·费尔巴哈的《从培根·冯·维鲁拉姆到贝奈狄克特·斯宾诺莎的哲学史》,尤其是关于皮埃尔·伽桑狄对伊壁鸠鲁的诠释那一节。

我们最关注的当然是马克思在笔记本中记述的许多关于希腊哲学发

---

[*] 本文选自《马克思恩格斯研究》1993年总第12期。

展过程的独立思想及概要。他最初遵循的计划是用保存下来的残篇恢复伊壁鸠鲁体系，因为伊壁鸠鲁的著作是不完整的而且是通过第二手材料保存下来的。多年以后，即1858年5月31日，马克思写信给斐尔南多·拉萨尔——拉萨尔曾于1857年底把自己的著作《爱非斯的晦涩哲人赫拉克利特的哲学》寄给了马克思——，说他对古希腊哲学的研究，特别是对伊壁鸠鲁哲学的研究，已经是18年前的事了。他力求根据一些残篇来阐述伊壁鸠鲁的整个体系，认为这个体系只是"自在地"存在，而不是作为自觉的体系存在。① 对伊壁鸠鲁的研究，以及对诠释伊壁鸠鲁的不同评论家的研究是马克思工作的一个相对独立的阶段。② 如果我们在这里对此不分开来考察，我们便会发现，马克思在写作博士论文时总是不断地利用他的笔记，特别是利用卢克莱修对伊壁鸠鲁的诠释。

然而，马克思想恢复伊壁鸠鲁的整个体系的计划并没有实现；不如说一年多以后他就中断了这些工作；至少我们手中没有他在1840年1月至4月逗留柏林时的后几个月里研究伊壁鸠鲁的材料，虽然有内容丰富的关于哲学史论题的摘录，这些摘录同后来的博士论文当然不无联系（间接的）。它们是对亚里士多德的著作《论灵魂》的节录和马克思自己的译文，对巴鲁赫·斯宾诺莎的《神学政治论文》以及对这位重要的唯物主义者和宗教批评家的书信的大量摘录，还有对哥特弗利德·威廉·莱布尼茨的书信和他的一些著作如《关于真理的认识和观念的思考》的摘录，有对大卫·休谟的文章《人性论》的摘录。马克思为了更准确地把握康德哲学对后世的影响及其向黑格尔的过渡，让一个抄写

---

① 《马克思恩格斯全集》第1版第29卷第540页。

② 参看《马克思恩格斯全集》历史考证版第4部分第1卷的前言第5—22页。

员做了卡尔·罗生克兰茨的《康德哲学史》的摘录。

所有这些著作证明了马克思的研究的广度。他关注的焦点是思维和存在的关系问题——形形色色的认识论观点和由此产生的真理问题——，以及对宗教批判的研究。这些著作对于马克思从1840年下半年开始写的博士论文有其重要意义。它们巩固了马克思自己的世界观论断，巩固了他对哲学基本问题研究的方向，即哲学基本问题不是抽象的问题，而是关于人和社会的概念问题。首先，研究这些重要的哲学概念是形成和强化他自己的方法论手段。因此，亚里士多德关于躯体与灵魂问题的论述和由此得出的关于思维和存在原则上一致的伟大思想都引起他的注意。他把亚里士多德和黑格尔相提并论，是由于亚里士多德的思想深邃和学识广博。他后来在博士论文里采用了休谟关于哲学对宗教有其独立性和威严的思想，采用了莱布尼茨关于单子是最小的观念单位的观点以及他由此产生的关于原子论原则的唯心主义深化概念。

从青年黑格尔派之间关于宗教问题的讨论中可以看出，马克思对斯宾诺莎的《神学政治论文》特别感兴趣。斯宾诺莎在这部巨著中第一次对《圣经》作了历史的批判分析，有些地方还作了语言的分析，并且他证明，《旧约》据其来源应被看作是用来维护古代犹太神权帝国的世俗法典和道德法规。我们看到，青年黑格尔派继承了主要由斯宾诺莎创立的、探讨宗教起源和宗教作用的世俗原因，把宗教说成是由人产生的意识的这种类型的宗教批判，同时，他们还把对宗教历史的研究作为基础。

马克思的博士论文便是在这种广泛的哲学史研究基础上于1840年下半年写成的，而且用了一个限定的题目：《德谟克里特的自然哲学和伊壁鸠鲁的自然哲学的差别》。1841年4月6日，马克思把博士论文寄往耶拿，4月15日获得了哲学系主任函授的博士学位。马克思之所以没有选择柏林大学和普鲁士的任何其他大学，可由下述情况说明：有青年黑格尔派意向的著作在那里都会受到怀疑，并被看成是含有政治意义的东西。

而这篇博士论文事实上正是**含有政治意义的**！马克思利用对伊壁鸠鲁哲学的研究着手探讨了在青年黑格尔派中间被广为联系地加以讨论的一个课题。青年黑格尔派这些人把亚里士多德之后的古希腊罗马哲学的发展看作是对黑格尔之后的当代哲学发展的历史比拟。于是，他们认为，这两次发展都冲破了一种全面的而且具有百科全书规模的体系。从而一种虽然自身赋有丰富内容却与现实世界相隔绝而成为独立的精神世界的哲学模式就被抛弃了，这种哲学也就不再适用于改变那本身就是在自己的矛盾发展前进的现实世界。他们还认为，哲学自我意识的那些新形式也应当符合一种表示出摧毁旧社会秩序的社会现象。于是，他们便把亚里士多德体系的解体同希腊城邦的没落联系在一起，还依据黑格尔把那一时期三大哲学流派——伊壁鸠鲁主义、斯多葛主义和怀疑论——理解为各有其片面形式的希腊自我意识：**伊壁鸠鲁主义**将个体的自我意识原则解释成心灵和谐（不动心），退回自己的内心深处，把内心的幸福解释为抵制四分五裂的世界的保护伞。**斯多葛主义**提出了抽象的、普遍的道德原则作为世界的理想。怀疑论最终表明人囿于自己个人的思想世界和经验世界，对一切外在的东西、一切传说、"普遍的价值"等等都抱怀疑态度。青年黑格尔主义者卡尔·弗里德里希·科本在1840年出版的、献给他的朋友卡尔·马克思的著作《弗里德里希大帝和他的敌人。纪念论文》中也以相同的方式提到了后亚里士多德哲学。这本书涉及人们期望他制订一部进步宪法的弗里德里希-威廉四世的登基一事。该书强调指出，弗里德里希二世是把伊壁鸠鲁主义对艺术的爱、斯多葛主义的道德理想和国家理想以及怀疑论的对信仰问题的宽容集于一身的模范君主。这后一个因素，主要还是伊壁鸠鲁主义哲学的无神论内容，格外吸引着青年黑格尔派。

青年黑格尔派的这种解释其实并不十分新奇：黑格尔早在他的哲学史讲演录中就对这三大流派作了完全相似的阐述。要说有新东西，倒是同这样的阐述相联系的意图，因为他们声称，对于黑格尔之后的发展来说，在三月革命中有相似的情况——这一情况所赋予的机遇不应再被错过，左翼黑格尔学派必须在这种情况下，作为批判的武器和行动的哲学面向现实。我们会发现，卡尔·马克思同时也是多么坚定地、具有独创性地特别把这种要求表达了出来。

其实，马克思从一开始就使自己的理论研究从属于并列入各个发展阶段的已被清楚意识到的政治要求。马克思始终孜孜不息地积极参与社会进步，与此同时，他有意识地把当前的问题作为研究的出发点，这都在很大程度上决定了他的理论研究的视角和解决问题的途径；对社会进程进行理论分析的彻底性反过来又导致对意识形态要求本身作出准确的表述。于是，分析伊壁鸠鲁哲学就被进一步发展成批判地从政治上理解哲学与社会现实的关系以及世界观思想的革命功能。

所以，在理解青年马克思的这个初期发展阶段时，有一个重要的情况要注意：鉴于马克思在后来形成了辩证唯物主义与历史唯物主义，决不能把他选择哲学史这一论题看成是偶然的、专业学术上的枝节问题。马克思在考察哲学史时利用了黑格尔的博大的历史学思想，而且是批判地加以运用，他认为，哲学史不仅遵循思维的合乎规律的过程，就是观念史，而且它在自己每一个发展阶段上都是"反映在思想中的自己的时代"，是"自己时代的精华"，或者说得更确切些，是一个民族发展中的自我意识的最高阶段。因而，哲学史就扩展为在一切社会领域的相互作用中前进的历史发展过程的理论摹本。所以，在马克思看来，哲学同时也是哲学史，是关于全部社会过程的**总体**思维。

黑格尔本人在多大程度上实现了这个由他所假定的原则——把哲学译解为"反映在思想中的时代"，自然是有待于进一步探讨的问题。毫无疑问，黑格尔由于自己采用唯心主义的、从概念逻辑着手的方法而倾向于把自己在《逻辑学》里系统阐述的关于范畴推导的概念投射进哲学体系的序列。黑格尔将他自己的体系的逻辑结构作为分析历史的模式，这当然导致忽略了由各种时代需要而产生的各种问题，从而也把哲学意识发展中的逻辑的东西与历史的东西的关系简单化了。毫无疑问，黑格尔虽然声称社会一切领域内的发展有其复杂性，但他是在唯心主义的头脚倒置的范围内说的，因为他把这种复杂性看成是绝对精神原则的表达形式。马克思尽管还站在黑格尔的立场上对观念在历史发展中的作用给予过高的评价，从而还被哲学最终决定着世界的斗争这一幻想所束缚，他却回避黑格尔的体系结构，因为他根本没有接受黑格尔体系的范畴顺序。

特别重要的是，他力求获取的是哲学对象的另一种规定。在黑格尔那里，哲学最终是同绝对的东西、同客观精神打交道；它是时代的精华，主要只是就形式而不是就具有决定意义的内容来说的——这个内容就它的"实体性"（它的实质）来说是超越时代的。因此，黑格尔的幻想也是超越时代的，那就是，在他的哲学中，绝对知识的境界（它当然包括关于历史地经历的过程的知识）是可以达到的。不过，黑格尔只是就方法而言，就是说，他自己并不要求知道历史上一切可能的东西；毋宁说他是想用自己的体系促使以绝对知识为目标的这类哲学研究掌握课题的方向。然而，对他来说，绝对知识就意味着把结果看成是过程的**结果**，不要把二者区分开："因为事情并不穷尽于它的**目的**，而是穷尽于它的**实现**，**现实**的整体也不仅是**结果**，而是结果连同其产生过程……而赤裸的结果则是丢开了倾向的那具死尸。"①

马克思此时十分强调这个历史地经历的过程,并且还把它理解为哲学研究的真正**内容**。他认为,哲学是依靠它同社会现实的那种有各种中介作用的同时又充满着斗争的关系生存下去的;它不是从某种"逻辑"本身、而是从本来就不只是构成过程的形式的历史斗争中获得自己的内容。所以,哲学按照它的对象,应被拉回到地上来。马克思早在鲍威尔的自我意识原则——它反对形而上学的体系结构——的激发下,同样把哲学的对象解释为关于实在的现实、关于历史状况和社会状况的自我意识,例如,它们是由某个民族在某个特定的时代所产生或者说所改造的,从而决定着该民族的生活。凡是在黑格尔那里是历史的形式的东西,对马克思来说就是哲学的重要内容。然而,另一方面,同布鲁诺·鲍威尔相比,马克思又是更为"正统的"黑格尔主义者,因为他更为坚定地遵循着黑格尔关于历史发展的复杂性和规律性的认识,并且把历史理解为人类各种活动的结果,而这类活动的客观规律性和结果又决定着个体的行为可能性和抉择可能性。② 相反,布鲁诺·鲍威尔由于将宗教问题片面化而认为"思想开通的"、主张无神论的个体有巨大的历史作用。马克思则以自己的世界历史的、得益于黑格尔的观点让宗教问题从属于多层次的社会理论的开端。

当然,马克思那时还不能从历史唯物主义的观点译解社会现实的规律性和经济基础,但是在这一阶段,哲学史是他认识意识规律、认识精神斗争的最好的教师。此外,经典作家后来也还对哲学史研究有很高的评价,这可以从恩格斯在名为《〈反杜林论〉旧序》中的表述看出来,

---

① 黑格尔:《精神现象学》(上卷),北京:商务印书馆1979年版,第2页。
② 参看《马克思恩格斯全集》第1版第20卷第382—383页。

他在这篇旧序中声称,对迄今为止的哲学的研究是形成理论思维的途径。马克思的博士论文的出色的结果表明,他能够对这个合适的对象形成多少自己固有的理论思维,他对哲学的政治活动以及哲学对按一定方法来进行的研究的意义都取得哪些认识。虽然博士论文里一点也没有"预先形成"他今后的世界观观点和社会理论的观点,① 虽然马克思还必须作许多自我批判才能在1843年(开始)转向唯物主义,但是,不了解从何着手进行研究的方法,没有博士论文的成果,就根本谈不上他后来的发展,因为他在博士论文里已积累了理论研究的重要经验,获得了方法论的指导思想,这些都是他以后所不可缺少的。

上面的思考使我们触及到了马克思在哲学史研究工作中的一个极其重要的方法论原则。自从他研究古希腊哲学以来,他就开始阐述这个原则了。这个原则就是既要重视哲学的**内容**与**形式**之间的本质联系,但也要重视它们之间的区别,或者,换个角度来考察,就是要重视真实内容和阐述方式、哲学家的主观意见和理由说明之间的本质联系与区别。马克思努力想证明,意识(尤其是世界观)的各种形式是通过复杂的实质上是由主体决定的中介与社会现实发生关系的。比如建立一个哲学体系时,尽管体系的建立(形式)本身反过来说明了意识形态动机在内容方面问题的提出取决于社会现实,但是真正的、内容上的出发点还是多半没有表现出来。黑格尔为了保存市民理想而竭力构造一个完整的精神世界便是例证。这是市民意识。此外,黑格尔在评论意识现象时甚至

---

① 曼弗雷德·劳尔曼完全夸大其词地把博士论文解释为:它是马克思今后终身事业的预先形成。参看《概念的制造—现实的经验(马克思博士论文中的"三个来源的统一"——怪论?)》,载于《市民社会和理论革命》,科隆1978年版,第65—78页。在这本书中,库特·巴耶尔兹令人信服地阐明了学术理论发展的复杂的规律性。参看《作为学术对象的变更的学术发展》,第40—52页。

强调指出了（客观）知识与（主观）意见之间的差别，但这基本上是从他对哲学对象的独立规定这一评价角度来强调的。知识的尺度就是概念接近"绝对"的程度——意见是对这个绝对的历史的主观的修改，因而它的特点是片面性、曲解和规定的暂时性。

既然马克思提到哲学与社会现实的关系主要是为了解开哲学意识的真实内容以及形式之谜，那么，他自然也会对**知识**与**意见**的关系作出另外的规定：知识所涉及的是一个时代里社会所产生的内容。哲学家往往根本没有充分意识到这个过程；他觉得，思想或多或少地是直接以他的头脑中产生的，因而也是以意见的形式，即以主观的意识形式和知识的形成形式产生的。

所以，轻信哲学家关于他自己的体系的意见，忽视向客观社会现实转化的中介，是一个重大的错误，就像相反试图不经中介、不重视主观形式（尤其是思维在反映内容时的独创性）而从客观社会现实中引导出哲学是一个重大的错误一样。前者导致对观念史的抽象考察，导致观念史的孤立，后者导致庸俗唯物主义的归纳主义。

我们发现，青年马克思在准备博士论文和写作博士论文阶段就已对形式与内容的关系，或意见与知识的关系作了认真的思考（在这里，形式自然不能直接和意见划等号，但形式在很大程度上是由意见参与决定的）。关于黑格尔哲学的形式与内容的重要论述我们随后还要谈到。现在我们首先提一下马克思在《关于伊壁鸠鲁的哲学的笔记》"笔记七"里提出的一个想法。他在那里要求把客观内容与主观意见区别开来，要求在评价哲学体系时重视客观内容的**优先地位**，也就是说，要根据哲学体系为认识所带来的进步来评价哲学体系：

"编纂哲学史的任务，不是要把哲学家的个性，即使是把他的精神上的个性理解为好像是他的体系的焦点和形象，更不是要罗列心理上的琐屑小事和卖弄聪明。哲学史应该找出每个体系的规定的动因和贯穿整个体系的真正的精华,并把它们同那些以对话形式出现的证明和论证区别开来,同哲学家们对它们的阐述区别开来,因为哲学家是了解他们自己的。哲学史应该把那种像田鼠一样不声不响地前进的真正的哲学认识同那种滔滔不绝的、公开的、具有多种形式的现象学的主体意识区别开来。这种主体意识是那些哲学论述的容器和动力。在把这种意识区别开来时应该彻底研究的正是它的统一性,相互制约性。在阐述具有历史意义的哲学体系时,为了把对体系的科学阐述和它的历史存在联系起来,**这个关键因素**是绝对必需的。这一联系所以是不可忽视的,正是因为这个存在是历史的。但是与此同时哲学史还应该被确定为哲学的联系,——因而,它应该根据它的本质来展开。"①

很久以后,马克思在谈及对斯宾诺莎哲学的理解时,多次以历史唯物主义为根据发表了对上述问题的看法:"即使在那些赋予自己的著作以系统的形式的哲学家如像斯宾诺莎那里,他的体系的实际的内部结构同他自觉地提出的体系所采用的形式是完全不同的。"②

但在那个较晚的阶段,马克思已经明确地规定了方法的优先地位,这个规定可以说是唯一科学的和唯物主义的规定。他强调指出,首先从对意识形式本身的分析出发是不能容许的,即使那样做也可以达到现实,但那时人们是通过预先规定的意识形式的眼镜来看待现实本身,而不是把具有自己的规律性的现实当作分析的出发点的。我想起了在第一

---

① 《马克思恩格斯全集》第1版第40卷第170页。
② 《马克思恩格斯全集》第1版第29卷第540页。另参看第1版第34卷第344页。"斯宾诺莎认为是自己体系的基石的东西是实际上构成这种基石的东西,两者完全不同。"

章①里就引证过的《资本论》中提出的要求：应当发展一门关于"社会人的生产器官的形成史"，"会揭示出人对自然的能动关系，人的生活的直接生产过程，以及人的社会生活条件和由此产生的精神观念的直接生产过程"的工艺学学科。

不言而喻，马克思在这里谈到的这段时间里还没有制定出这种**唯物主义观点**，毋宁说他还是首先通过对意识形式的分析来推断现实的，他还不会对现实本身的规律性进行分析。很明显，哲学（或意识一般）与现实的联系的问题还始终是一个悬而未决的问题。因此，马克思之所以以这一复杂的关系为目标，决不只是出于对哲学史的兴趣，而始终首先是由于他在努力探索社会整体观以及由此得出的历史整体观。

哲学与现实——马克思在写博士论文阶段对哲学的理解

我们不可能在这里对马克思在《关于伊壁鸠鲁哲学的笔记》里研究伊壁鸠鲁的每一步都加以探讨。我们只想谈谈我们所看到的这种文本的马克思的博士论文，同时追述笔记里的一些结论。这里提到的博士论文指的是出自一位无名氏之手的手抄本。这个手抄本本来是打算供发表用的，但没有实现——这可以从致路德维希·冯·威斯特华伦的献词和序言里看出来。②

---

① 指作者撰写的该书的第一章。——译者注
② 关于博士论文的流传情况，参看有关的叙述和证人的描述。载于《马克思恩格斯全集》历史考证第1版第1卷第1分册，资料卷879页及以下几页。还可参看《授予卡尔·马克思博士学位——1841年于耶拿》，原始资料汇编，柏林1983年版，第16—17页。

马克思在本来为出版而写的序言里为自己规定的任务是，纠正以前的评论家，如西塞罗和普卢塔克对希腊原子论哲学的评价。尤其是伊壁鸠鲁由于他的无神论态度，关于幸福的伦理学以及以德谟克利特的学说为出发点的关于原子运动的思想都遭到许多评论家的咒骂，有时甚至是篡改。马克思主要是根据自然哲学家和诗人卢克莱修在其哲理诗《物性论》中所作的解释来评价伊壁鸠鲁的。马克思早在"笔记四"和"笔记五"中就详细地摘录和分析了卢克莱修的论述，并满怀激情地写道，与普卢塔克的那种庸人的学究式的博士不同，卢克莱修是"朝气蓬勃的、大胆的、富有诗意的世界主宰者"①。顺便提一下，黑格尔没有利用过卢克莱修的这一著作。马克思宣布，他的博士论文是一部更大的著作的导论，因为他还想"联系整个希腊思辨来详细地分析伊壁鸠鲁、斯多葛和怀疑论这三派哲学的相互关系"②。但这一计划后来没有完成。他把这些体系看作是理解"希腊哲学的真正历史的钥匙"并批评了黑格尔的论述，说他虽然"大体上正确地规定了上述诸体系的一般特点，但由于他的哲学史——一般说来哲学史是从它开始的——的令人惊讶的庞大和大胆的计划"，而未能认识到这些体系对于希腊精神的重大意义。③ 马克思认为其原因在于思辨的、也就是说以**绝对**为目标的研究哲学的方法。但是马克思愿意根据这些体系的真实内容而把它们解释为旨在反宗教和反"神学化的悟性"的人类的自我意识。尤其是伊壁鸠鲁的哲学含有无神论的爆破力和对人类自身的沉思。它的这一特性应归功于普罗米修斯这位违背众神的意志、盗天火以造福人类、并教人自立的

---

① 《马克思恩格斯全集》第1版第40卷第111页。
② 《马克思恩格斯全集》第1版第40卷第188页。
③ 《马克思恩格斯全集》第1版第40卷第189、188—189页。

泰坦神，而普罗米修斯却为此受到了众神的严厉惩罚。马克思写道："哲学并不隐瞒这一点。普罗米修斯承认道：'老实说，我痛恨所有的神。'这是哲学的自白，它自己的格言，借以表示它反对一切天上的和地上的神，这些神不承认人的自我意识具有最高的神性。不应该有任何神同人的自我意识相并列。"① 因此哲学的象征对马克思来说，也不像对黑格尔来说那样，是一只在黄昏来临时才起飞的密涅瓦的猫头鹰，② 也就是说，哲学不只是应该解释已往的历史。在他看来，哲学是历史着眼于未来的、通过人而自我形成的手段。他认为"普罗米修斯是哲学日历中最高尚的圣者和殉道者"③。这种普罗米修斯式的世界意识是对人类塑造历史权力的确信，而不是对出现"神迹"的希望。④

---

① 《马克思恩格斯全集》第1版第40卷第189—190页（"老实说，我痛恨所有的神。"这句话马克思引用的是希腊原文）。

② 参看格奥尔格·威廉·弗里德里希·黑格尔：《法哲学基本原理或自然法和国家学说概述》，柏林1981年版，第28页。

③ 《马克思恩格斯全集》第1版第40卷第190页。

④ 卡尔·勒维特认为，马克思作为青年黑格尔分子早在博士论文里就阐述了某种教义式的进步信仰，并在以后把这种信仰同无产阶级的作用联系了起来。他还认为，共产主义信仰是"对犹太基督教的弥赛亚主义的模仿"。参看卡尔·勒维特：《世界史和神迹》，斯图加特1953年版，第38—49页。叶利赛奥·克卢茨·韦尔加拉同样把青年马克思的那种始终同追求彻底的科学知识联系在一起的革命激情称作是十足的主观主义。参看《论卡尔·马克思早期著作中的本质概念的难题及其发展（马克思对黑格尔本质观的吸收）》，美因河畔法兰克福1974年版，第18页。相反，热莱尼却在其中发现了某种——自然是同追求科学的努力联系在一起的——费希特式的动机。费希特关于哲学也是哲学家本人个性的表现的看法肯定给青年马克思留下了印象，但我们必须防止把这种或那种观念史的影响绝对化。（参看金德里希·热莱尼：《马克思的科学逻辑和〈资本论〉》，柏林1968年版，第274—276页。）

马克思早在他的学习笔记四里赞美卢克莱修时就以极其优美的辞句表达了这一点："那一味喜欢为自己操心，而不用自己的力量去建设整个世界，做世界的缔造者的人……被赶出教堂并且失去了永恒的精神快乐，于是也不得不以想象中的个人幸福来哄骗自己，夜里梦见自己。"①

有趣的是，马克思根据这个面向世界的、反对按照黑格尔方式"制造体系"的反思辨方针使人们对希腊哲学的唯物主义传统有了新的认识。即使他自己还没有完全掌握这些体系的唯物主义基础，并且同伊壁鸠鲁相比还没有完全理解德谟克利特，他也完全知道这里所探讨的自然哲学观的价值。同时，他还发现了以对自然进行反思的方式来思考社会的方法。所以，他也重视伊壁鸠鲁哲学的无神论内容，如像它在宇宙起源学和对人类自我意识与自由的规定中所反映出来的那样。所以，根本谈不上青年马克思忽视或完全不理解唯物主义传统，尽管他自然还站在唯心主义的立场上。② 由于马克思不像黑格尔那样以绝对精神原则（如罗格斯——世界理性，奴斯——起作用的原则）得到反映的程度来衡量哲学体系，相反，他宁愿一律根据哲学体系与希腊现实的内在关系来分析它们，也就是把哲学体系当作完全是人的自我意识来分析，于是他便对这两条哲学基本路线的观点抱着极其坦率的态度。在这一点上他没有陷入后来一再受到列宁批评的黑格尔的那种缺陷，即黑格尔害怕唯物主

---

① 《马克思恩格斯全集》第1版第40卷第112页。

② 我觉得在这个问题上，马克思主义著作中关于马克思主义史的阐述普遍深度不够，尤其是在对哲学的理解上马克思和黑格尔的实际差异没有彻底弄清。马克思在这个阶段上对哲学的新的理解恰恰在于，他的世界观虽然还是唯心主义的颠倒了的世界观，但他早已能够不带先入之见地对待这两条基本路线了——因为在他看来，<u>这两条路线都同样涉及哲学与世界的关系</u>。

义这个字，就诽谤唯物主义。①

　　当然，马克思有时好像对唯物主义没有多大兴趣，因为他以一种特殊的观点来研究德谟克利特的哲学，并对它作出片面的评价。他为了突出伊壁鸠鲁观点的进步性而在某种程度上把德谟克利特当作伊壁鸠鲁的反衬了。在博士论文中，他也是把认识论和自然哲学当作研究对象，以至于丝毫没有考察作为社会哲学家的德谟克利特。然而，就是这种片面性也被马克思用来证明在伊壁鸠鲁那里，即使在自然哲学中也无处不涉及社会。它还被用来断定伊壁鸠鲁关心更充分地理解思维中的真正哲学的东西。但这种"真正哲学的东西"在马克思当时的理解中，就是对下述事实的意识，即哲学始终包含着人类关于自己同现实的种种关系的自我意识，就是在我们把自然当成是有自己的规律性和构造，客观真实地存在着的对象来反映的时候也是如此。因为，我们正是通过反映才以一种对我们说来是独特的方式主宰自然的——它成为我们的对象。当然这也可能导致我们把从人的或社会的关系中得出的内容穿凿附会地加到自然中去。

　　虽然马克思此时还不拥护唯物主义，但他要求理解自然科学的认识价值，并避免对自然联系作思辨的解释。于是，我们就看到，他一方面认为伊壁鸠鲁是按照人类社会模型来阐述原子论的，但与此相联系，马克思又批评了对待自然科学知识的随意性。因此马克思之所以如此关注对思辨的自然哲学的历史解释，是出于两方面的原因：一方面，他想了解哲学家的思维中的社会关联和政治态度；另一方面，他坚信，对于人类来说，充分认识自然是必不可少的。一方面要求承认自然的客观性和认识自然的充分性，另一方面保持关于主宰自然的过程始终是受社会条

---

① 《列宁全集》第 2 版第 1 卷第 293 页。

件制约的过程的历史意识，——两者的这种结合就是对后来制定科学的世界观来说具有巨大潜能的重要的思想萌芽。

在这个阶段，以新的观点来理解哲学的努力已经露出端倪——如对黑格尔哲学构筑的本体论的形而上学体系的批判中和要求有一种新型的哲学都表明了这一点。新型的哲学也要在其结构上，即在其内在理论论证的组织上表现哲学的功能，也就是成为人对自己同周围世界的能动关系的自我意识。

这一标准还被用来衡量哲学史，它可以检验哲学概念在多大程度上接近或离开这种哲学思维；或者，如像马克思当时所说的那样，自己的主观形式（表达形式）表现出来的哲学概念是否把自己理解为这种自我意识。我们已经看到，马克思正是在这个问题上批评黑格尔的思辨理解应对古希腊文化体系的关键地位没有得到正确的认识负责。

于是产生了一个马克思自己一开始就提出的问题，即亚里士多德之后的那些体系在何种意义上具有关键地位，为什么它们恰恰因此不以亚里士多德或柏拉图的庞大体系为依据，而是溯源于亚里士多德以前的"最简单的"学派？① 如果我们探究这个问题，就会发现，马克思的哲学史概念同黑格尔哲学史概念之间的直到细微之处的差异，比我们现有的著作中所常常承认的差异要大得多。

马克思在博士论文第一部分第一小节中把伊壁鸠鲁派、斯多葛派和怀疑派称为表述了"自我意识的一切环节"的派别，不过"每个环节都被表述为一个特殊的存在"。② 这是"自我意识的完备的结构"③。马

---

① 《马克思恩格斯全集》第1版第40卷第189、194页。
② 《马克思恩格斯全集》第1版第40卷第195页。
③ 《马克思恩格斯全集》第1版第40卷第195页。

克思在提醒人们注意与前亚里士多德哲学的联系时继续写道:"最后,希腊哲学借以神话般地从七贤开始,并且作为哲学的中心点体现在苏格拉底这位哲学造物主身上的形象,我指的是哲人——σοφσς——的形象,这种形象被上述那些体系看成是真正科学的现实,难道这也是偶然的吗?在我看来,如果那些较早的体系在希腊哲学的内容方面是较有意义、较有兴趣的话,那么亚里士多德以后的体系,主要是伊壁鸠鲁派、斯多葛派和怀疑派这一系列学派则在其主观形式,在其性质方面较有意义、较有兴趣。然而正是这个主观形式,即这些哲学体系的精神承担者,由于它们的形而上学的特点,直到现在几乎完全被遗忘了。"①

对于关键地位问题来说,由此可以得出结论,凡是在不是客观的世界观(如柏拉图的客观理念世界或亚里士多德的质料——形式形而上学)决定着哲学体系的地方,而是哲学研究关注着作为世界智慧的承担者"人"的地方,人的自我意识形式(它在哲学人身上是由个人来体现的)以某种方式成为本质东西的地方,这种哲学才显然会被看作是(哲人的)主观形式的鲜明表现。换句话说,也就是在作为人对自己在世界上的地位的自我理解的哲学按照其形式(构造)也成为决定性的地方,这当然包括对人所面对的世界的认识的追求。因此人被证明原来是自我意识到的生物,哲学家是自己民族的精神承担者。这样又发现了无神论世界观的枢纽和支点:人是人的最高本质,人是他的世界的自我创造者——普罗米修斯!

因此,马克思从对哲学的这种理解出发,把苏格拉底看作是亚里士多德以后的哲学的直接出发点,当然,亚里士多德以后的哲学同时也吸收了整个爱奥尼亚学派的自然哲学的内容,正像这些内容汇入德谟克利

---

① 《马克思恩格斯全集》第1版第40卷第195页。

特的哲学中一样，当然在德谟克利特那里也没有主观形式的意识，因为他抽象地"探讨本体论"，并且没有从经验的、自然科学的知识中抹去哲学的特征。只有伊壁鸠鲁才以他的宇宙论和原子物理学说使我们意识到，它是关于人的、包含有重要社会因素的知识，因为他对于一切知识都是从哲学上、从人的自我意识的角度来评价的——有利于伦理学或心灵的宁静。这一点我们在后面还会看到。可以说，马克思把伊壁鸠鲁看作是另一个苏格拉底，但这个苏格拉底不是只局限于道德学说，而是构想出一个全面的、连自然都包含在内的世界体系，——但他所用的方法是使自然哲学、甚至是自然科学从属于伦理观，这有时甚至导致了一种"无限的无拘无束"，这种无拘无束马克思是根本不能接受的。

主观形式总是只有当哲学家把客观世界不仅仅理解为需要接受的东西，而且当他在充满危机的时刻作为批评家和启蒙者起来同这一客观实体——只是看来好像命中注定的世界——斗争的时候，才被意识到，才成为决定性的因素。伊壁鸠鲁在他的时代就是如此。所以，在马克思看来，德谟克利特与伊壁鸠鲁之间关系不是简单的老师与学生的关系，因为伊壁鸠鲁从德谟克利特的观点出发"到处都把问题要点颠倒过来"①。他们二人是希腊人民发展过程中的两个不同时代的代表。德谟克利特把客观世界看成是严格地合乎规律的，并教导说个人应严格地顺从这个世界，这就是说，他还是一个"完好的"城邦的哲学家；而伊壁鸠鲁的哲学则以下述方式反映了希腊城邦的危机，即面对四分五裂的世界，为个人争得一个牢固的、内在的支撑点：伊壁鸠鲁把自由和心灵宁静原则阐述为个人得以"逃避"世界的矛盾的能力。

马克思从概念史中发现，在诡辩派和苏格拉底制定主体性原则——

---

① 《马克思恩格斯全集》第1版第29卷第529页。

不仅是作为内在的不自觉的反思，而且是以主观的自觉的形式制定的——时，就已孕育下这个结果了。马克思在这个问题上是以黑格尔的传统为立足点的，但采用的是一种更为自主的方式。在此，我们必须注意博士论文的准备工作，尤其是"笔记"。在这本笔记中勾画出了下面这条希腊哲学的发展路线：

爱奥利亚派认为，实体本身是有灵魂的，它按照自己的规律运动。哲学家只是说出了在自然界中被认为是原因的东西，他还没有把作为非自然的观念性（即主观性）从中区分出来。即使他在阐述人类的道德世界时，他也把这说成是自然的、客观的合乎规律的。"活生生的力量尚未涉及。这个时期最理想的思想家毕达哥拉斯派和埃利亚派颂扬国家生活是现实的理性，他们的原则是客观的，是一种超越他们本身的力量……如同在初期的哲人那儿一样，在他们的活动形成普遍的东西的地方，他们的格言实际上是被承认的实体，——即法律，所以这些哲人和奥林帕斯山上的诸神的塑像一样极少人民性；他们的运动就是自我满足的平静，他们对待人民的态度如同他们对待实体一样地客观。"① "新的朝霞"已随着埃利亚派的出现升起。**阿那克萨哥拉的奴斯**（世界规律）原则是向希腊哲学的第三阶段、向发现真正的和客观现实区别开来的主观性（**它再也不能只按照身体的规律来解释了**）的直接过渡。但随之也产生了这样的意识，即这种主观性可能会反过来反对过时的世界，不会反对民众的普遍意见和古老的信仰。

现在重要的是，马克思以不同于黑格尔的方式寻求阿那克萨哥拉的奴斯的根源和确定的含义。黑格尔也在这一原则中看到了希腊精神发展的某种新东西。黑格尔以他的客观唯心主义思想把阿那克萨哥拉的奴斯

---

① 《马克思恩格斯全集》第 1 版第 40 卷第 65—66 页。

解释成普遍的世界理性,当然阐述得还不够充分,因为阿那克萨哥拉避免对这一原则的变化过程作目的论的解释。这样,黑格尔就用他自己的"绝对"原则来衡量阿那克萨哥拉,他批评后者没有彻底阐述这一原则,而是把另外一些**唯物主义**原则也规定为世界要素。当然黑格尔也明确指出,"普遍悟性"即奴斯这一原则不是偶然地在雅典的柏利克里时代被提出来的,它也是那个时代道德共同本质发展的表现。①

现在,马克思就以这种解释作为出发点,但他对黑格尔的阿那克萨哥拉批判并不亦步亦趋。他反对海因里希·李特尔的肤浅的解释,后者像亚里士多德一样指责阿那克萨哥拉鼓吹纯粹的"二元论",把唯物主义解释方式与唯心主义解释方式掺和在一起。②马克思认为,我们倒必须问一问,为什么在这里非要把主观性原则引到哲学中来。现在马克思认为原因在于:"智慧在没有自然规定性的地方是发生作用的,是被采用的……在哲学家失去肉体视力的地方(即在他不再能提供自然科学和自然哲学的解释的地方——作者),也就是说智慧是哲学家自己的智慧,它出现在哲学家已无法体现自己的活动的地方。所以主观的智慧原来是东游西访的经院哲学家的本质,而作为实在规定性的观念性,它所具有的强大力量,一方面表现在诡辩哲学家身上,另一方面表现在苏格拉底身上。"③

这里表明,马克思比黑格尔更彻底地引用完全是尘世的、社会的原因来阐述哲学原理,因为他认为奴斯原则不是按照"绝对"、而是按照

---

① 参看黑格尔:《哲学史讲演录》第2卷,北京:商务印书馆1983年版,第342—376页,尤其是第342—351页。
② 《马克思恩格斯全集》第1版第40卷第64页。
③ 《马克思恩格斯全集》第1版第40卷第64—65页。

人的主观性模式提出来的。马克思在一定程度上认为，诡辩派和苏格拉底是把进行哲学思维的个体所体现的主观性的独立性这一概念极端化的分子，而进行哲学思维的个体在一定关系上"不是人民的"，因为"它和人民生活的实体力量相对立"，也就是说，同传统、同僵化了的生活方式和观念相对立。但由于它转向反对这一现实，因此它"实际上和现实交织在一起"，所以它又是人民的。① 这种主观性的存在就是运动。"诡辩学派就是这一发展的活动容器。他们中间最隐秘的、除净了现象的直接杂质的人物是苏格拉底……"② 于是，马克思把苏格拉底看成是某种主观性的体现，它在这种希腊政治生活中是非人民的，因为它要求具有灵异（隐秘、神谕），就是说，它要求代表使传统的东西受到怀疑的真理和道德。但同时，苏格拉底的死因也在于过于深入地扎根于传统之中，过分注重传统了。因为苏格拉底拒绝朋友们帮助他逃跑，因为他想以此证明他对道德、对现存传统的忠诚。马克思说，他仍然过深地扎根于希腊共同体的"实体性"中："所以他自己的实体性在他自身中受到审判，因而，他的灭亡正因为他的诞生地是实体精神，而不是那种能经受和克服一切矛盾、没有被迫承认任何自然条件本身的自由精神"，③换句话就是：苏格拉底自愿就死，因为他不是生性好斗之人。

　　苏格拉底的态度一方面虽然含有对传统的批判，对当前现实的超脱，但另一方面又暴露出与这个现实的过于牢固的联系，因此马克思从这种态度中看见了对个人来说是灾难性的情况和放弃改变社会的打算，这是一种革命者不能陷入的情况，因为革命者作为真正自由的主体同现

---

① 《马克思恩格斯全集》第1版第40卷第66页。
② 《马克思恩格斯全集》第1版第40卷第66页。
③ 《马克思恩格斯全集》第1版第40卷第68页。

实是相矛盾的，他承受着、克服着现实的矛盾。在这里，青年马克思以其独特的方式同黑格尔的阐述区别开来。**首先**可以看出，在解释苏格拉底之死的意识形态动机方面的差异，因为黑格尔对苏格拉底之死作出了另一种解释；他也描述了苏格拉底的冲突，称他的死是一场悲剧；他把他说成是世界历史的英雄，因此是世界精神展开的工具。他的死亡是命中注定的、不可避免的。而马克思所指出的革命的个体的道路黑格尔则根本未予注意。①

其次，与黑格尔的理论差异在于马克思的方法，它实际上把哲学看成是国民道德生活的表现，或者说是对改变这种生活的需要的表现，而不是对"绝对"原则的追求。哲学**伴随着**希腊现实的发展并贯穿于对这一特定时期的依赖性中。主观性原则是在改变的必然性被意识到的时期形成的。由于这一原则脱离现有的东西，它使哲学能够反对现存的现实和介入世界的斗争。

德谟克利特和伊壁鸠鲁对哲学的不同理解

现在我们来看一看，马克思的哲学观点是如何反映在他对伊壁鸠鲁与德谟克利特的关系的评价上的。

马克思分两步对德谟克利特哲学和伊壁鸠鲁哲学的关系或差别作了分析。第一步他一般性地阐明了关于两人在哲学理解上的差别的几个比较普遍的问题：马克思认为，伊壁鸠鲁根本不像多数评论者所认为的那样（卢克莱修在这里与他们大相径庭）是德谟克利特的原子学说的纯

---

① 参看黑格尔：《哲学史讲演录》第2卷，商务印书馆1983年版，第39—109页。

粹模仿者。相反，伊壁鸠鲁由于对哲学有着深邃的理解而与德谟克利特不同。这首先表现在**真理问题上**：德谟克利特从感觉论者的立场出发，认为认识是由于所谓的（脱离物体的"薄膜"）作用于感官产生的。但另一方面，他又认为感性认识是"模糊的"，往往是虚假的，而把它同"真正的"认识，即抽象的思想区别开来，于是，他认为原子（他把原子看成是世界的最小基石）正像作为原子容器的虚空、空间一样，是真实的东西，因为它是实在的。马克思在真正的（思想）认识与模糊的（感性）认识的这种对立中发现了德谟克利特的"分离了的自我意识"，因为他不能解决这个矛盾，伊壁鸠鲁则不同！他也是以感性认识为出发点，但他在认识论上是个彻底的乐观主义者。他认为，物就是我们所感知的那个样子，他自己对这种看法毫不怀疑，例如，他说，太阳就像我们看见的那样大。当然这同自然科学知识是矛盾的，就这点来说，"伊壁鸠鲁……轻视实证科学"①。但个人的灵魂的和谐得救了，他不会由于想到感官造成的自我欺骗而忧虑不安。

  这个评价之所以引人注目，首先是因为马克思显然在这里在同黑格尔的观点和他自己在头两本笔记中开始研究的阐释进行对比后对伊壁鸠鲁的认识学说重新作了评价：在笔记里伊壁鸠鲁被批判地看作是"观念哲学家"②，黑格尔也是这样批评他，也就是说他停留于感知、观念和纯粹的意见上。他以此为满足，而不是努力提高到概念上来。他停留在根据"常识"可信的东西上，即停留在以实际经验为基础的思维习惯上，而不上升到本质的认识，不上升到科学上来。马克思像黑格尔一样首先强调指出，思维中概念的清晰的作用在于它是达到本质认识和看清

---

① 《马克思恩格斯全集》第1版第40卷第202页。
② 《马克思恩格斯全集》第1版第40卷第40—41、47—48和54—56页。

本质与现象的复杂关系的唯一途径。他也终身遵循这个方法论观点，把对事物的真正的理解同关于事物的纯属主观的意见区别开来。如果我们想一想，马克思后来在19世纪50年代是如何分析商品的两重性的——它起初只表现为使用价值（有用的、物质的东西），但它的可交换性是建立在（社会地耗费的劳动的）价值，即一种不可能在表面上把握住的本质上的——我们就会看到马克思的认识论和方法论思考多么富有成果，马克思早在他开始研究黑格尔时就初步阐述了这些思考，但当然还必须不断用新材料来加以检验和扩充。

可见，我们绝不可能把马克思在这里所说的伊壁鸠鲁停留在观念上和意见上的批评看作是他在一个还主要是倾向于唯心主义的创作时期的反感觉主义的、因而是反唯物主义的因素。对于后来以历史唯物主义为根据的认识论来说，感觉主义的观点被认为是不够的，而思维的能动性的作用得到理解毋宁是件极大的好事。认识活动，像从抽象上升到具体这样的规律性，只有被当作对概念的研究，对研究的对象的概念的重构，它才是可以理解的。

因此，马克思后来以唯物主义为基础的认识概念并非全是从感知和经验出发的，而是把它同认识的基础——"实践"联系起来，并始终把它同思维活动结合在一起。关于伊壁鸠鲁的认识乐观主义的原因问题，马克思此时的理解是，对伊壁鸠鲁的认识方法的批判是事情的一个方面，但另一方面，这一概念对于人的形象和伊壁鸠鲁的伦理学来说具有广泛的哲学意义：因为在伊壁鸠鲁看来，重要的不是认识外在的物的真相，而是和谐的、不受任何东西干扰的自我意识，是内心的宁静，灵魂的和谐。因而，马克思认为，认识概念不仅具有认识论的意义，而且还顺应对人或社会性的理解。

这一解释也是马克思阐明的第二点区别的基础：他批评德谟克利特

根据自己的关于模糊的认识的学说把经验世界贬低为假象，但仍把经验世界当作自己研究的现实对象；他醉心于经验的研究，于是漫游世界，经常把哲学同纯粹的哲学，把理性知识同悟性知识联在一起，因而使哲学发生了"非哲学"的转变。马克思在这个尖刻的评价中道出了一个有历史根据的事实，那就是在苏格拉底、柏拉图和亚里士多德以前的哲学中，甚至在德谟克利特的哲学里，哲学与各种科学思维事实上并没有明确的界限。马克思认为，伊壁鸠鲁却是蔑视实证材料，他自学成才，很少远游，他在哲学中"感到满足和幸福"，并在其中找到了人类的自由和内心的安宁。马克思引用了伊壁鸠鲁残篇中的一段话："要得到真正的自由，你必须为哲学服务。凡是倾心降志地献身于哲学的人，他用不着久等，他立即会得到自由，因为服务于哲学本身就是自由。"①

由此两位哲学家之间的第三点差别也可以得到解释，马克思把这个差别称为反思形式的差异：德谟克利特的立足点是极其机械和宿命论的决定论，是不包含偶然和自由的、按规律进行的绝对必然性。而人的自我意识哲学家伊壁鸠鲁则反对这一点，他说："被某些人当作万物的主宰的**必然性，是不存在的**，宁肯说有些事物**是偶然的**，另一些事物则取决于我们的**任意性**。必然性是不容劝说的，反之，偶然性是不稳定的。所以，宁可听信关于神灵的神话，也比当物理学家所说的命运的奴隶要好些，因为神话还留下个希望，即由于敬神将会得到神的保佑，而命运却是铁面无情的必然性。应该承认的是**偶然**，而**不是**众人所相信的神。"②"在必然性中生活，是不幸的事，但是在必然性中生活，并不是一个必然性。通向自由的道路到处都开放着，这种道路很多，它们是短

---

① 《马克思恩格斯全集》第 1 版第 40 卷第 202 页。
② 《马克思恩格斯全集》第 1 版第 40 卷第 204 页。

而易走的……而对必然性本身加以制约倒是许可的。"①

可见，这里谈的是一个马克思极为关注的问题：鉴于规律性和必然性的存在，自由怎样才能在理论上得到论证，在实践上成为可能？自由同必然的关系如何？或者——我们回忆一下马克思的中学毕业论文——已经开始同别人多少有些关系的个人在能够为自己选择职业和地位之前，如何能保住他的个性、实现他的理想？但马克思恰恰没有像伊壁鸠鲁那样返求诸己、追求他个人的幸福和心灵的宁静，而是经受同必然性、规律性的冲突的考验，为进步作出贡献！②

在这里，我们先稍稍提一下马克思的这个动机，在分析德谟克利特的自然哲学和伊壁鸠鲁的自然哲学的其他差别时，这个动机贯穿着一切深层的理论思考，对于马克思来说，它是研究哲学与现实的关系的中心问题，因为在马克思看来，它涉及人类行为促进进步的可能性，他认识到，为此必须有一种富有成果的哲学作为解释世界的手段。

自由与必然

所以，马克思第三步就是研究伊壁鸠鲁哲学中的自由问题，并对其内涵和可能带来的成果作出批判性的评价。为此，他分析了伊壁鸠鲁的原子运动观，这可能使人感到惊讶。伊壁鸠鲁物理学、宇宙起源学说里包含的原子学说同自由问题有什么关系？但马克思证明，伊壁鸠鲁的原

---

① 《马克思恩格斯全集》第1版第40卷第204页。
② 认为马克思是以抽象的个人、因而是以费希特和伊壁鸠鲁为依据的，主要有卡塔琳娜·科莫特：《青年马克思的学说中的政论因素。关于"哲学的实现"的论文》，（西）柏林1970年版，第53—54、61、67、70页。——大卫·麦克莱伦：《卡尔·马克思。生平和事迹》，慕尼黑1974年版，第44页。

子是依照人类个体的模式想出来的，同时，马克思还说明了伊壁鸠鲁提出的一个与德谟克利特不同的新论点（黑格尔也注意到了这一点），这就是原子在自由坠落时脱离直线的**偏斜**。主张运动是严格按照必然性进行的哲学家德谟克利特是不会想到有这样一种运动的可能性的。德谟克利特的原子因它们的形状（无穷无尽多样性）、它们的排列和位置而相互不同，它们是坚实的，因而是不可分割的。至于德谟克利特是否认为重量是原子的特性，尚不十分清楚。这些原子在虚空中上下运动，按照物以类聚的原则相互碰撞。德谟克利特就是这样用原子的碰撞和相互缠结在一起来说明物体的产生——用旋涡生成来说明天体的产生的。伊壁鸠鲁以德谟克利特及其对世界的唯物主义解释为出发点，同时提出了所谓的权利平等规律：无中不能生有，无不能消解为无。但他却赋予原子学说以新意：他明确表示重量是原子的特性，以便能够解释垂直下落是原始运动，此外，他认为，原子不是由于外部的推动而是由于它们本身的力量，由于内部的推动而偏离自由坠落的直线的，它们摆动、颤动，同时相互碰撞，构成物体。这样，伊壁鸠鲁知道原子有三种运动：自由坠落，脱离直线而偏斜和排斥，也就是旋转生成。马克思对这个中间环节特别感兴趣，因为他完全正确地看到，由于伊壁鸠鲁在那个时代还不能对原子运动和天体运动作出物理的解释，所以不得不**按照人的意志自由的模式**来说明偏斜。但这样一来严格的必须性就被消除了，偶然，或者说自由就被引进了哲学。在马克思看来，这种偏斜因而就被尽可能地表述为"非感性的"，也就是说既不是由时间也不是由地点决定的；它是没有原因而发生的。① 马克思反驳了其他一些评论家如西塞罗的讥笑，西塞罗认为，伊壁鸠鲁为了能自圆其说只好乞灵于谎言。相反，卢

---

① 《马克思恩格斯全集》第1版第40卷第213页。

克莱修是唯一一位认识到伊壁鸠鲁的这一环节在古希腊原子学说中的意义的人，因为他在这个环节中正确地看到，命运的束缚被打破了。马克思写道，伊壁鸠鲁的原子"是纯粹独立的物体，或者不如说是被设想为像天体那样的有绝对独立性的物体。所以它们也像天体一样，不是按直线而是按斜线运动"①。相反，下坠运动是非独立性的运动。马克思发现，亚里士多德的两个原则即物质性（原子的重量）和形式的规定性（亚里士多德的奴斯——作为运动原则的形式原则）在这里被结合在一起，所以，马克思认为伊壁鸠鲁超越了德谟克利特的机械原子学说，而向辩证法迈进了一步。

在伊壁鸠鲁的偏斜规定和由此形成的排斥里有两个重要环节，它们受到了马克思的重视：一个是**能动的实体**原则，另一个是这种能动性使得原子脱离直线轨道而偏斜，使原子互相发生关系。马克思发现，这两个原则贯穿于整个伊壁鸠鲁哲学之中，尽管总是按照与特定的领域相适应的方式：如在伦理学中，个人对四分五裂的世界可能造成的痛苦和绝望的逃避是在心灵的宁静中实现的，这种逃避同时也为以这种哲学为立足点的人的友谊打下了基础。由此，人在同他人的关系里，在朋友圈子里就实现了他的灵魂的和谐和自己的人格。

马克思对这个思想的表述使用的完全是从黑格尔那里借用来的语言："而事实上，直线存在的个体性只有当它同一个他物发生关系，而这个他物就是它本身时，它才是按照它的概念实现了的……所以一个人，只有当同他发生关系的另一个人不是一个不同于他的存在，而他本

---

① 《马克思恩格斯全集》第1版第40卷第211页。此外马克思在把原子解释为个体时可能是和黑格尔有关。（参看黑格尔：《哲学史讲演录》第1卷，北京：商务印书馆1983年版，第327页及以下各页。）

身……也是一个个别的人时，这个人才不再是自然的产物。"①

因此，马克思对伊壁鸠鲁的原子学说和德谟克利特的原子学说作了如下概括性的比较："**在伊壁鸠鲁那里，原子论及其所有矛盾，作为自我意识的自然科学业已实现和完成**……反之，对于德谟克利特，**原子**只是**对整个自然进行经验研究的一般客观的表现**。"②。

可见，这里所作的结论仍然是：伊壁鸠鲁更多地是哲学家，德谟克利特更多地是自然界的探索者。但按马克思的理解，哲学主要是研究人的问题，即社会与个人关系，决定和行动的自由与规律性的关系等等。

但我们将看到，马克思和伊壁鸠鲁不同，他一贯把这种哲学观同对自然界的规律性的严格科学的考察的要求联系起来。哲学与对自然的研究是相互依赖的，不仅如此，哲学概括某一时代的自然观，不过这两个知识领域有着不同的考察范围和任务。

马克思尤其感兴趣的是关于社会与个人的关系问题，这从他对伊壁鸠鲁在这方面的观点所作的批判中可以看出，尽管在伊壁鸠鲁那里作为人格标志的自我意识原则和心灵的宁静原则是同人与人发生关系、同人的社会性联系在一起的，但正如马克思所批评的那样，这一环节在伊壁鸠鲁那里并没有得到充分的阐述，因为归根到底心灵的宁静、返回自己的内心世界是作为整体的世界的最高价值，而这个世界的斗争和矛盾应当加以"逃避"。在这一点上，伊壁鸠鲁的自我意识同他的原理一样是"原子论的"。③

这不是青年马克思的理想。不能允许这种逃避世界斗争的现象！如

---

① 《马克思恩格斯全集》第 1 版第 40 卷第 216 页。
② 《马克思恩格斯全集》第 1 版第 40 卷第 242 页。——本丛书编者注
③ 《马克思恩格斯全集》第 1 版第 40 卷第 227 页。

果人像夜间的飞蛾一样去寻找"人们各自为自己点亮的灯光"①,人怎么能找到自己的幸福?在马克思看来,只有在个人介入时代的斗争,在这个斗争中经受考验,对人类的进步作一份贡献的地方和时候,幸福才能实现。

因此,马克思以他对个人与社会的关系的独立评价同两种观点划清了界限:一种是他在伊壁鸠鲁那里发现的**抽象个别的自我意识**观点。当然,这一原则起初有它的历史功绩,即它反对相反的观点:主张抽象一般的原则、神的(超验的、彼岸的)原则,也就是承认有一种悬在人的头上的、冥冥之中起作用的宿命力量。当然,伊壁鸠鲁在这一点上由于强调个人的自由,抨击神的、宿命的信仰而成为"最伟大的希腊启蒙思想家。"② 因而,神在伊壁鸠鲁看来只是生活在世界之间(世界之间的空间)的东西,它们只关心自己的幸福而根本不关心世界的命运。

尽管伊壁鸠鲁强调指出,人的自我意识是自决原则,但他未能把个人行为和一般规律性辩证地联系起来。这是一个马克思既对之进行批判性评价同时也予以赞赏的非常重要的问题。因为这里已(至少是含蓄地)开始了对青年黑格尔主义的批判。马克思在这里至少已采取了与布鲁诺·鲍威尔不同的立场。他自己当时是否意识到了这一点,自然很难确定。我们可以对鲍威尔的自我意识原则提出像对伊壁鸠鲁提出的那种批评,但同时也要在这个范围内给予历史的评价。鲍威尔不仅对神的信仰,而且也对黑格尔的绝对理性表示怀疑,但他的出发点却是那种把批判的个人的启蒙作用当成是反对宗教的万应灵丹的哲学观点。这是对宿

---

① 《马克思恩格斯全集》第1版第40卷第138页。
② 《马克思恩格斯全集》第1版第40卷第242页。

命论和对神的信仰的反叛，也是对人的异化统治了实践和意识的历史过程的反叛。但是，如果把消灭宗教说成是个别批评家的事情，把迄今为止的历史说成是"错误的"，而不是合规律的、自身中包含着它的变革的条件的必然过程，那么，这种反叛实际上是软弱无力的。

由此可见，斗争和争论的手段与方法对于结果来说决不是无关紧要的。马克思用伊壁鸠鲁在宇宙起源学说、尤其是他的流星理论里反对宿命论和信仰神时所运用的归根到底不适用的方法证明了这一点。伊壁鸠鲁认为流星、它们运动的表面上的随意性、它们的倏然闪亮和消失正是一般天体的典型特征，即它们的暂时性。因此，他反对古代传统地把天体当成是君临于人之上的永恒偶像的神的信仰。由于这种思想萌芽是伟大的，所以马克思也很赞赏它。

但马克思不能接受的是，伊壁鸠鲁在一封致毕托克勒斯的信中多次强调，只要去掉神话（神的思想），对这种自然现象的任何解释都是可以接受的；不仅如此，如果我们只喜欢一种解释流星的方法，那我们就会上占星术士的花言巧语的当，再次投入神话的怀抱。我们倒是应当以现象和感性知觉为指南，它们是变幻不定的；因此，如果我们只有一种解释方法，即使这种方法源于某种普遍的规律性，它对于个人心灵的宁静也是危险的，这样一来有人就会再次主张有一种统治着人的"命运"。马克思批判说，个别的自我意识"宣称它自己是真实的原理，并敌视那独立了的自然"[1]。"要知道他不仅与占星术进行斗争，也与天文学本身、与天体系统中的永恒规律和理性进行斗争。"[2] 他还认为，伊壁鸠鲁对待任何科学都是极其麻木不仁的。

---

[1] 《马克思恩格斯全集》第 1 版第 40 卷第 240 页。
[2] 《马克思恩格斯全集》第 1 版第 40 卷第 239 页。

马克思指出，如果不重视、不认识自然规律，个人或作为个人的象征的原子的心灵的宁静当然根本不会得救，甚至他的存在也不可能！顺便说一下，这段话表明，马克思多么懂得把哲学的自我意识与自然科学的精确性联系起来。人们不能把哲学原则同自然科学对立起来，人们不能为了使个人的灵魂获得安宁而宣布消灭了自然规律；因为自然规律是个人存在的基础，这是孕育着唯物主义的思想！马克思在这里意识到，卓有成效的社会观需要卓有成效的对待自然知识的态度，因为自然界和社会是以它们的规律性为中介的。马克思完全承认自然界是一种凌驾于人之上和不依赖人而存在的"力量"，"天体体系"是建立在它们自己的规律性之上的，人类被安置在这个"天体体系"之中，必须重视自然的规律性，否则就会受到灭亡的惩罚，这些在马克思看来都是不言而喻的事。① 也正因为如此，他才要抨击伊壁鸠鲁。

天体的毁灭也就意味着原子的毁灭。原子不是在抽象的孤立状态中存在，而是只能在与其他原子的联系中显示其现实的存在。但把原子说成是自然的永恒的基础的伊壁鸠鲁现在却把原子拽入地上的暂时性中来

---

① 我认为，彼得·卢本在他的对马克思与黑格尔作出了无疑很重要的区分的《马克思主义哲学形成中的自然和自然科学》一文中走得太远了。他认为，在这些思想要素里可以直接发现唯物主义的萌芽。我们不应忽视，连康德、谢林和黑格尔在他们的唯心主义体系范围内也完全承认人对自然的依赖性，并站在他们那个时代的自然科学的高度上。如果我们只想或主要想在这个问题上而不是在社会领域和历史哲学领域寻找孕育着新型的唯物主义的思想，那么，还应考虑到，这样做在方法上是不是过于狭隘了，是不是把对马克思以前的唯物主义的理解当作基础了。（参看彼得·卢本：《马克思主义哲学形成中的自然和自然科学》，载于《自然哲学——从思辨到科学》，柏林1969年版，第246—247页。）

了。"这就是他最大的矛盾。"① 可见，伊壁鸠鲁的"任何解释都是可以接受的"这一说法不仅在理论上是值得怀疑的，而且如果个人不认识和不重视规律性的话，它在实践中甚至会给个人带来灾难性后果。"抽象的个别性是脱离定在的自由，而不是在定在中的自由。它不能在定在之光中发亮。"② 这里，马克思在努力深入地、辩证地理解自由与必然、个人行为与一般社会规律和自然规律的关系。因此同青年黑格尔派相比，他更彻底地扬弃了黑格尔的辩证法。

我们怎样看待左翼黑格尔分子此时同黑格尔的关系？

这个问题，以及后亚里士多德哲学和后黑格尔哲学之间的这种相似性是否有根据的问题，马克思在关于伊壁鸠鲁哲学的"笔记五"里提出来了，并且还在博士论文附注里进行了探讨。马克思认为，这种相似性是可能的，同时在实践上对于他那个时代的自我理解也很重要，因为在两种情况下都牵涉哲学在必须消除旧的社会形态和向新的社会形态过渡的历史阶段的处境。在两种情况下，旧世界都以内部脱离破碎（分离）的状态进入天才哲学家如亚里士多德和黑格尔的意识中；他们从对这个矛盾的世界的研究中吸取他们的体系的宝贵内容，但他们又通过构造体系而把他们的精神世界掩盖起来，使之与现实隔开。马克思把这些体系称为哲学发展与现实本身的关节点。

在两种情况下，由于矛盾的不断发展和旧世界的解体，现在这些"整体的精神世界"也受到了怀疑；后亚里士多德哲学和后黑格尔哲学

---

① 《马克思恩格斯全集》第 1 版第 40 卷第 240 页。
② 《马克思恩格斯全集》第 1 版第 40 卷第 228 页。

都分裂为各种反体系的思潮。"虽然哲学被封闭在一个完善的、整体的世界里面,但这个整体的规定性是由哲学的一般发展所制约的;这个发展还决定了哲学在转变为与现实的实际关系时所采取的形式。因此,世界的整体性一般地说是内部分离的,并且这种分离达到了极点,因为精神的存在是自由的,其丰富达到普遍的程度……只有当世界的各个方面都是整体的时候,世界的分裂才是完整的。所以,与本身是一个整体的哲学相对立的世界,是一个支离破碎的世界。"①

换句话说,在历史变革时期,哲学便有了通过对各种各样充满矛盾的过程的内容丰富的反思而形成一种完整的、同时包含着十分具体的知识的思想世界的条件。这是马克思的一个极其重要的思想,它表明马克思对黑格尔有着深刻的理解,而且还表达了时代意识。在这里,已大致可以正确地看出,这个百科全书式的哲学体系是在什么样的社会条件下产生的:它是对法国革命后的市民社会的经验和过程加以概括的精神产物。因而,当黑格尔的学生们(还有某些青年黑格尔分子)谴责老师纯粹搞"迁就"(迎合政治意见和形势),批评他的缺点并想用他们自己的哲学来加以克服时,那也无非是他们的十足的无知。②

他们只是"从道德上"来解释他的观点,就是说,他们只是把他的观点评价为主观的、偶然的意见,而不是去理解被他们看成是现成的结果的体系在黑格尔看来是"正在形成的科学"。这样一来,他们就自己陷入了他们批判黑格尔所陷入的那种片面性和错误。当然马克思强调

---

① 《马克思恩格斯全集》第1版第40卷第136页。科尔纽解释说,马克思的观点是,黑格尔的完整的精神体系是同一个合乎理性的世界相适应的,对此我不敢苟同。(参看《奥古斯特·科尔纽》第1卷,第167页)

② 《马克思恩格斯全集》第1版第40卷第256—259页。

指出，这种对待历史上需要加以克服的体系的急躁的、纯粹抱怨的、道德化的态度作为炸毁这个体系的第一步，开始时也是必然会出现的，并且在"从纪律向自由的过渡"中也是可以理解的。但马克思本人尤其值得钦佩，因为他在努力建立自己的世界观的这个早期阶段就已看出了黑格尔的学生们的这些缺点。马克思要求仔细认真地、谨慎地对待流传下来的思想材料，但同时又要采取真的批判的态度。因为比较彻底的批判不只是某一哲学的需要加以克服的缺点，毋宁说明这些缺点是从该哲学本身的原则中、因而是从它作为社会现实的反映形成过程中产生的。所以后来的哲学家们作为现成的结果遇到的黑格尔哲学的体系形式必须被看作是这位哲学家在体系上所下的功夫的产物，也就是说，马克思所称的形式，必须被当作**已形成的**形式来加以研究。我们早已看到，黑格尔的体系形式实质上是完全同保存资产阶级运动的理想的努力联系在一起的。马克思自然只有到后来，即在1843年以后向唯物主义转变时才能对此作出更为具体的分析。但重要的是，他提出了这些要求。在这个早期阶段，他毕竟已把形式与具体反映现实的实际内容区别开来了，当然这时还没有对黑格尔哲学的唯心主义进行批判。

马克思认为，后来的哲学冲破了黑格尔的体系是社会的必然，因为这是现实本身的发展所决定的。"像普罗米修斯从天上盗来天火之后开始在地上盖屋安家那样，哲学把握了整个世界以后就起来反对现象世界。现在黑格尔哲学正是这样。"①

然而，在这种变革态势下哲学仍可能失去历史的机会："我们还不应该忘记，在这些大灾难之后的时代是铁器时代——如果这个时代以伟大斗争为标志，那它是幸运的；如果这个时代像艺术史上跟在伟大的时

---

① 《马克思恩格斯全集》第1版第40卷第136页。

代之后跛行的那些世纪那样,那它是可悲的……但是继在自身中完成的哲学及其发展的主观形式之后到来的那些时代具有宏伟的特点,因为形成这些时代的统一性的分裂是巨大的。"①

可见,哲学必须成为行动的哲学,必须介入时代的斗争。但它也必须在内容上满足这些斗争的要求,必须自觉地献身于对充满矛盾的现实的认识,而不要再想把自己当作理想的体系与现实隔离开来。这就是说,应该有一种新型的哲学:一种既是革命行动的哲学又是认识现实的革命方法的哲学;一种在实践上和理论上与社会现实的相互关系中不断自我批判地检验自己从而使自己站稳脚跟的哲学,这种哲学本身就是过程,而不是"绝对知识"的封闭体系。

马克思写道:"那本来是内在之光的东西,就变成为转向外部的吞噬性的火焰。于是就得出这样的结果:世界的哲学化同时也就是哲学的世界化,哲学的实现同时也就是它的丧失……"②

所以,当哲学把自己看成是改变世界的理论武器时,它本身将忍受种种缺陷,将总是"不完善的"。它放弃了成为"绝对真理"的体系的要求,但它当然并不因此就是"非体系的"。它倒是为在理论上解决从它与世界的不断的、活跃的冲突中产生的问题提出了一些设想和建议,因为正如列宁后来在谈到已形成的马克思主义时强调指出的那样,它是"行动的指南"。它的内容系统、它的叙述结构中理论论证联系必然符合哲学的这个对象的客观"逻辑",还要符合哲学的与社会有关的功能。这些很复杂的问题自然是马克思后来在同恩格斯一起具体制定作为一种科学历史观的主导思想的伟大的历史唯物主义假说时才向自己提出

---

① 《马克思恩格斯全集》第1版第40卷第137页。
② 《马克思恩格斯全集》第1版第40卷第258页。

来的。

虽然马克思在这一发展阶段还没有具体的政治经验，但他早就有了政治意图，并为自己的理论工作制订了一个以政治为动机的计划，尽管他的这份计划仍然是以抽象的方式表述的，但他在这个计划里赋予精神斗争以首要的意义。他认为自己是青年黑格尔分子。他相信在这个流派中有可能认识到哲学会得到这种革命的发展。因而，他把这个流派作为"自由"派同所谓的实证哲学这种神知学（一种把宗教当成最高自我意识的哲学与神学的混合物）区别开来。这后一个流派同伊曼努尔·赫尔曼·费希特（约翰·哥特利布·费希特之子）、克里斯蒂安·赫尔曼·魏泽和弗兰兹·克萨维尔三冯·巴德这些人的名字联在一起。马克思对这个流派的看法是，它不会带来任何真实的内容和进步。①

马克思对青年黑格尔派的评价甚高，诚然，他本人对"自然意识哲学"的形成作出了重大贡献。然而，由于马克思的独立性，把他整个地列入青年黑格尔派同称他为黑格尔分子一样是大可怀疑的。② 一方面，他比布鲁诺·鲍威尔"更接近黑格尔"；另一方面，对黑格尔所提出的思想材料和方法材料，他又早就采取了独立的、批判的态度。我们发现，在他这一阶段的思维倾向和思维方法的独立性中已经包含着他日后发展的萌芽。

有些思想萌芽我们已经提到了。我们从这一方面探讨博士论文中最后一个广泛的问题：对宗教的态度。

---

① 《马克思恩格斯全集》第1版第40卷第259—260页。

② 洛尔夫·桑瓦尔德基本上把马克思评价为非批判的黑格尔分子。参看《马克思和古代》，艾恩西德尔思1956年版，第43、83页。相反，大卫·麦克莱伦则把马克思说成是鲍威尔的学生。参看《卡尔·马克思》，第87页。

对宗教的批判和对以前的宗教批判的批判

在马克思看来，宗教问题无疑是个极其重要的世界观问题，但他并没有一开始就对宗教进行批判，而是把对宗教的批判纳入他的广泛的历史哲学和社会哲学问题中。而且他更多的是研究哲学和现实的关系，而不是宗教和历史现实的关系，因为哲学代表"理性"、自我意识，而宗教在他看来却是"非理性"。马克思认为，只有分析了哲学和现实的关系，才能正确规定哲学和宗教的关系。因此，马克思从这种广泛的观点出发，不仅批判了宗教，而且与其此相联系还批判了他所知道的宗教批判形式，以便能够表明他自己的宗教看法。也就是，对他来说，首要的是充分说明宗教这一异化了的意识的社会根源和社会影响。因而他认为，不仅那些重新为宗教辩护的哲学观点，还有不说明宗教这种现象的社会影响，只不过是抽象的否定。这类宗教批判都是应当受到批判的。当然，我们必须注意，马克思自己在这个时候还不能科学地解决宗教的社会经济基础问题。这需要把社会观唯物主义地颠倒过来，而这是在1843年后才开始实现的。因而也是从1843年起才有了科学地批判宗教的富有成果的理论萌芽。但马克思在1839年至1840年对以前的宗教批判采取这种寻根究底的态度对于重新提出这个问题是很重要的。这一点我们在他对伊壁鸠鲁对流星运动的解释的批判中已经看到了。

在博士论文附录的附注里，马克思首先批驳了伊曼努尔·康德在其《纯粹理性批判》中对神的证明的批判。康德在该书中指出，一切所谓的对神的本体论的证明（证实神的存在的企图）都是以未经证明的前提为基础的。早在中世纪，坎特伯雷的安塞姆就已用形式逻辑的方法从"神是万能的"这一说法中得出神是存在着的结论，——因为既然是万能的东西,就应当存在。勒奈·笛卡尔的哲学也对神的存在作出过类似的证明。康德现在证明,思维基础(即思维的可能性)与对象真实基础并不是一回事,因为我们固然可以想象一个万能的东西,但这个东西的存在决不是我们能够用只是想象出来的前提加以证明的逻辑宾语。某种事物是否存在可以用是否感觉到它来加以印证,而关于神我们没有任何体验。这同我们幻想有一百塔勒,而正因为是幻想所以我们身上分文不名是一回事。康德的结论是:无论是运用形式逻辑还是通过经验,神的存在都是不可证明的,但也是不可反驳的。神这个对象超出了我们的认识能力。当然有趣的是,康德试图在其道德哲学里证明,我们是出于道德的需要而自己形成了神的思想,神是人造出来的理想。[①] 这个思路在一定程度上为青年黑格尔派和费尔巴哈所进行的宗教是人造出来的意识的证明做好了准备。马克思所关注的只是康德从认识论的角度对神的证明的反驳,并正确地看出这个反驳是片面的和非常不能令人满意的。他反驳说,康德的反驳并没有说清楚宗教在人民生活中的社会力量,因为以往对神的证明只是说,如果我想象神是真实的,那么神对我来说就是我确信、**我相信**的一个真实的表象。在人民的思维中想象出来的诸神的力量是巨大的;它们支配着人民的意识,并进而支配着他们的生活方式,而且达到了各个民族都只相信它们自己的神,而不相信其他民族的神的程度。马克思问道:"古代的摩洛赫不是曾经主宰一切吗?德尔斐的阿波罗不是曾经是希腊人生活中的一种真正力量吗?在这里康德的批判也无济于事。如果有人想象他有一百个塔勒,如果这个表象对他来说

[①] 参看康德的宗教批判。伊曼努尔·康德:《论宗教》,柏林1981年版,玛蒂娜·汤姆出版并作序。玛蒂娜·汤姆:《意识形态和认识论:以伊曼努尔·康德的批判主义和超验论的产生为例进行的研究》,柏林1980年版,第121—138页。

不是任意的、主观的,如果他相信这个表象,那么对他来说这一百个想象出来的塔勒就与一百个真正的塔勒具有同等价值。譬如,他就会根据他的想象去借债,这个想象就会起**这样的作用,正像整个人类曾经靠他们的神去借过债一样**。"①

由此可见,我们必须正视作为普遍的表象和在人民生活中统治着精神的力量的神的表象,研究它们的根源和它们产生影响的条件。青年谢林已经看出这个根源在人自己身上,在人的意识产生的方式上,并认为神不是**超验的**、彼岸的存在,而只是借助于我们的想象才得以存在。他还把笃信宗教的意志称作为"软弱的理性",就是说,是一种不愿"理性地思维"的表现。马克思认为,"总之,可以奉劝谢林先生回想一下他早期的著作"。这也是对晚年谢林试图调和宗教和哲学,臆造"启示哲学"的暗示。② 对于黑格尔同宗教的关系,马克思也投之以批判的眼光。他认为,黑格尔把对神的存在的证明"完全弄颠倒了,也就是说,他推翻了这一证明,以便替它作辩护"③。因为他认为神是绝对的东西,绝对的东西就是神,尽管不是人,而是精神原则。但是,当他还把"世界的创造"与合乎规律的过程等量齐观,认为世界的创造不是某个人格化的神的偶然的意志行为时,这种神——精神原则对他来说就起着创世者的作用。

因此,马克思特别注意宗教的社会起源和社会影响的条件问题。他以青年黑格尔派的宗教批判为出发点,但就宗教批判的方法而言,他已强调要优先对导致这种异化意识的社会状况作全面的研究。当然,这个

---

① 《马克思恩格斯全集》第 1 版第 40 卷第 284 页。
② 《马克思恩格斯全集》第 1 版第 40 卷第 283 页。
③ 《马克思恩格斯全集》第 1 版第 40 卷第 284 页。

想法到后来才得到了充分的阐述。但从长远的角度来看，它优于青年黑格尔派的方法，后者主要侧重于对宗教意识现象本身的分析（如批判《圣经》），并断言宗教有社会原因，但它却不把社会原因当作研究的出发点。我们将看到，费尔巴哈的方法在这方面也是片面的。

在另一个规定里，即在哲学与宗教的区别问题上，马克思赞同青年黑格尔主义的观点，当然在这里他也有自己的独立思考。他强调指出，宗教意识是从非理性世界中产生的非理性意识。与此相反，他认为哲学是人类理性的顶峰。例如，他指出"因为无理性的世界存在，所以神才存在"①。"一定的国家对于外来的特定的神来说，同理性的国家对于一般的神来说一样，就是神停止其存在的地方。"② 他以赞同的口吻援引了谢林的《关于教条主义和批判主义的哲学通信》一书中的话，后者在该书中也指出，建立在人的理性和人的自主之上，并因而使人的理性上升为最高原则（如康德的哲学）的哲学如果以神的观念作为前提，那将是自相矛盾的。马克思的这段引文是这样的："假如你们假定一个**客观的神的观念**，你们怎么能够谈理性从自身中产生出来的**规律**呢？因为只有**绝对自由的东西**才能有自主。"③ 顺便提一下，1842 年初马克思在他的第一篇杰出的政论文章《评普鲁士最近的书报检查令》（它到 1843 年才在卢格的《德国现代、哲学和政论界轶文集》上发表）里就运用了这一思想。马克思在该文中提到了以人类理性的自我决定能力和自我立法能力为出发点的德国古典哲学的伦理观念，指出这种观念与宗教是不可调和的："独立的道德要侮辱宗教的普遍原则，宗教的特殊概

---

① 《马克思恩格斯全集》第 1 版第 40 卷第 285 页。
② 《马克思恩格斯全集》第 1 版第 40 卷第 285 页。
③ 《马克思恩格斯全集》第 1 版第 40 卷第 285 页。

念则和道德相抵触。道德只承认自己普遍的和理性的宗教，宗教则只承认自己特殊的和现实的道德。"① 因此，从这种不可调和的立场出发，宗教就必须排斥像康德、费希特和斯宾诺莎这样一些非宗教的"道德领域内的思想巨人"。"所有这些道德家都是从道德和宗教之间的根本矛盾出发的，因为**道德**的基础是人类精神的**自律**，而宗教的基础则是人类精神的**他律**（由他人决定，即由神决定——作者）。"② 事实上，康德和费希特承认神只是为了进一步加强道德的基础而虚设的理想，并不是客观存在的人的立法者。因为不然的话，哪里还有人的自由、自我负责和自我规定呢？康德认为，要是那样的话，人就成了"傀儡"，或者同任人摆布、被机械地翻来覆去的锅铲没什么两样了。③ 斯宾诺莎则用完全世俗的原因来解释犹太教，认为它是用来支撑犹太帝国的道德法典。④

理性的产物哲学与来源于"非理性世界"的非理性产物宗教之间的关系，马克思早在《关于伊壁鸠鲁的哲学笔记》里就作了详细的探讨，而且是联系着柏拉图哲学和苏格拉底哲学来进行探讨的。在笔记五里，他分析了杜宾根神学教授斐迪南·克里斯蒂安·鲍尔的著作《柏拉图主义中的基督教成分，或苏格拉底和基督》（1837年版）。鲍尔在该书中认为，在柏拉图的老师苏格拉底的哲学中，以及柏拉图自己的哲学中都含有基督教成分，事实上，后来的一些教父如亚历山大的奥力金和新柏拉图主义的创建人之一伊里奈乌斯就是以柏拉图和他关于客观的、神的理念世界的学说为依据的。但马克思正确地指出："说基督教里有

---

① 《马克思恩格斯全集》第1版第1卷第15页。
② 《马克思恩格斯全集》第1版第1卷第15页。
③ 参看康德：《实践理性批判》，莱比锡1983年版，第106—107页。
④ 参看斯宾诺莎：《神学政治学论文》，莱比锡版。

柏拉图的成分比说柏拉图那里有基督教的成分要正确得多。"① 马克思一再强调指出,苏格拉底和柏拉图是哲学家,而不是传教士。② 因而,把他们与基督相提并论是不符合历史的,也是不能容许的。既然柏拉图主张"希腊的实体性"(即普遍的国家原则),而反对主体性(个人的权利),因为他想以他的理想国使个人严格服从稳定的秩序,那么,"柏拉图恰恰是跟基督直接对立的,因为基督坚持主观性因素,反对现存的国家,他把国家看成仅仅是世俗的,因而是渎神的"③。马克思的这句话指的是反对占统治地位的神学和僵化了的犹太教,赞成个人的道德权利和价值以及他同神的直接联系的基督教的最初意图。但由于基督教本身发生了一次历史性转变,被越来越教条化和制度化,把人导向幻想的彼岸,因此就与哲学势不两立了。

当然,马克思也看到了柏拉图哲学与基督教的一些共同之处。柏拉图为了论证他的国家观,想论证永恒的价值和真理,因此他断言彼岸的理念世界或价值世界的存在,认为它才是真正的世界,而人的经验世界只不过是它的回光返照,是阴影世界。因此,正像马克思所说的那样,柏拉图发展了一门"超验哲学",他把世界二重化了。因此,他也不能在这个理念世界与经验世界之间真正地起中介作用,当他开始"实证地阐述绝对"(理念世界),确切地说阐述绝对与经验世界的联系时,便用了神话里的譬喻。例如,柏拉图为了说明对真理的认识,就用了灵魂对理念世界的回忆的神话,据说灵魂起初就是从理念世界中产生的。

---

① 《马克思恩格斯全集》第 1 版第 40 卷第 141 页。
② 《马克思恩格斯全集》第 1 版第 40 卷第 139—143 页。
③ 《马克思恩格斯全集》第 1 版第 40 卷第 140 页。

所以，柏拉图哲学的主观形式同基督教的相似胜于古代其他任何哲学。但马克思强调指出，**主观**形式中的相似是根据某种超验的理念世界的**系统思想**和**神秘化**的方法，而不是根据真实的内容和**历史作用**而言的！① 对于评价柏拉图、确定他的历史地位来说，最主要的一点是，他恰恰是个哲学家，而不是传教士，② 因为他以他的哲学反对当时的宗教，他代表着一种和后来的基督教完全不同的世界意识和民族意识。但是，柏拉图怀有明显的使命意识，他对他的理想国的真实性和运转机能深信不疑，他所代表的这种唯心主义本身就存在一些仿佛是宗教的东西："从一方面看，就算可以同意鲍尔的这种意见，即没有一种古代世界的哲学体系像柏拉图哲学体系那样具有深刻的宗教性质。但这不过是说，没有一个哲学家曾以这样强烈的宗教激情教导哲学，没有任何一个哲学家的哲学具有这样多可以说是宗教仪式的规定性和形式。"③

在柏拉图哲学中同宗教的对立甚至比在其他任何哲学中都表现得更清楚，因为在柏拉图那里哲学是在宗教的规定中出现的。④ 因而把灵魂从"经济的交叉"（即与物质性的联系）中解放出来，使灵魂转向对理

---

① 《马克思恩格斯全集》第 1 版第 40 卷第 142—144 页。

② 《马克思恩格斯全集》第 1 版第 40 卷第 142 页。

③ 《马克思恩格斯全集》第 1 版第 40 卷第 141 页。费尔巴哈的著作《对莱布尼茨哲学的说明。阐述和批判》也对传教士和哲学家作了这样的区分，马克思显然研究过费尔巴哈的这一著作，以及《从培根·冯·维鲁拉姆到贝奈狄克特·斯宾诺莎的近代哲学史》。费尔巴哈在该书中强调指出，只有当莱布尼茨把哲学当成宗教，而不是别的东西来传授时，他才是宗教哲学家！（参看《费尔巴哈全集》第 3 卷，柏林 1981 年版，第 176 页。还可参看费尔巴哈的《论哲学和基督教》，同上第 8 卷，第 224—225 页。）费尔巴哈强调说，在柏拉图那里，神话来看是从属于罗格斯即理性的（同上，第 248 页）。

④ 《马克思恩格斯全集》第 1 版第 40 卷第 141 页。

念的直观等任务就被看作是哲学的任务。也就是说，当柏拉图把这种"解放"灵魂的"力量"（即把自己从感性世界里解放出来并直观真实的东西的能力）赋予哲学的时候，正是这个情况"使柏拉图哲学成为哲学"①。马克思甚至在"亚里士多德、斯宾诺莎和黑格尔这样一些更激烈的哲学家"身上看到了他们的哲理中所包含的这种似乎是宗教的激情，但马克思明确地强调指出，"他们的激情就更富有内容，更热烈，对启蒙教育的社会精神更为有益"②。这种激情"燃烧成纯洁的理想的科学之火；因此前者（指柏拉图哲学——作者）只是个别人的感情的加温器，而后者则成为世界历史进行中生气勃勃的精神"③。

我们之所以这样详细地摘录这一段文字，是因为它表明马克思对哲学有深刻的理解，懂得哲学和宗教有原则的区别，而且还显示出他本人对哲学的激情。事实上，马克思认为"理性之土"上不存在神。在笔记六的末尾，马克思再次记下了他认为是非常重要的思想，即任何一种哲学究其本质而言都是反宗教的。因此，当使徒保罗指责伊壁鸠鲁，说他不是从基督出发，而是从人和从世界的要素出发时他是指一切哲学。马克思写道："很好，那些不幻想上帝的哲学家被摒弃了。现在人们对这一段理解得更清楚，现在知道，保罗是泛指一切哲学。"④这说明，马克思虽然跟柏拉图的超验哲学划清了界限，但却没有片面地把它和其他任何一种伟大的哲学同宗教混为一谈。这种精确性是他努力观察社会过程、尤其意识过程的错综复杂和细微差别的表现。这种评价对他来说多

---

① 《马克思恩格斯全集》第1版第40卷第142—143页。
② 《马克思恩格斯全集》第1版第40卷第141—142页。
③ 《马克思恩格斯全集》第1版第40卷第142页。
④ 《马克思恩格斯全集》第1版第40卷第162页。

么重要,这从他后来对黑格尔的客观唯心主义的体系构造所采取的批判的、同时也是小心谨慎的态度中可以看出来。他像费尔巴哈自1839年以来所做的那样对黑格尔的唯心主义的颠倒进行了彻底的批判;他在这方面受到了费尔巴哈的启发,但他没有犯费尔巴哈所犯的把黑格尔哲学首先评价为"思辨神学"的错误,而是发掘出黑格尔哲学的真实内容。①

综上所述,在马克思努力形成自己的世界观和政治观的这个早期阶段上我们虽然没有发现已"事先蕴含着"他日后的发展,但他在这个阶段所进行的重要研究和考察为日后的发展做好了准备。他通过对黑格尔和青年黑格尔的比较和对这一材料的剖析获得了独立的见解,这些见解在下一个时期将在一个新的领域得到进一步的检验,这个领域就是政治实践,即在《莱茵报》从事编辑工作。

[原载《卡尔·马克思及其学说》(德国)]
(蒋传中 译 吴达琼、李俊聪 校)

---

① 随着对唯心主义的仿佛是宗教的体系结构的发现和批判,费尔巴哈对哲学与宗教所作的区分后来便进一步被摒弃了。由于费尔巴哈对黑格尔哲学的唯心主义的批判只是偏重于对体系形式的批判而没有注意到它的真实内容,所以他就倾向于一方面把黑格尔哲学作为"思辨神学"与作为异化了的意识的宗教混为一谈;另一方面甚至对这种哲学作出了低于宗教本身的评价,认为宗教至少表达了人的感情,而没有"唯灵论的"(泛理论的)片面化。费尔巴哈最珍视有类特征的感情。

论马克思的博士论文[*]

〔民主德国〕埃·朗格　英·陶贝尔特

编者、作者和出版社感到十分自豪的是，在1983年卡尔·马克思年和弗里德里希·席勒大学创建425周年之际，能够把马克思的博士论文《德谟克利特的自然哲学和伊壁鸠鲁的自然哲学的差别》奉献给读者。这篇论文标志着马克思在柏林大学学业的结束，反映了他为确立自己的政治和哲学观点而进行的斗争。通过撰写这篇论文，青年马克思对古希腊哲学，同时也对德国古典哲学尤其是黑格尔哲学及其解体过程有了深刻的了解。他用这篇文章表明了自己世界观发展的独立道路，而他的世界观发展最终导致了人类的哲学思维和社会理论思维中的一场革命。在当今我们所处的世界上，它已经成为影响最大的哲学。因此，研究马克思在这篇早期著作中以其独特的语言魅力阐述的那些原则和认识，也许始终是富于教益的。探讨这位思想家的哲学的形成过程，一直是具有极其重大的现实意义的任务。

---

[*] 本文选自《马列主义研究资料》1989年第2辑。

原题注：本文为《马克思获得博士学位》1983年柏林版一书的导言。第一部分的作者为埃·朗格和英·陶贝尔特，第二部分的作者为恩·施米特，第三部分的作者为君·施泰格尔。——译者注这篇博士论文把席勒大学与马克思主义哲学直接联系起来，席勒大学认识到它的科学传统是同这位人类天才思想家的生平事业联系在一起的，这使它深感骄傲和荣幸。

一、马克思博士论文的哲学意义

马克思批判思想的萌芽，他对独立的进步的哲学观点的追求，是在同他那个时代的哲学及其直接前史的争论中开始的。作为这种努力的第一个证据，无疑是1837年11月10日他给父亲的信。这位大学生在信中得出了比较深刻的哲学见解，因为在他对所学专业的分析中，他写道："没有哲学我就不能前进。"①

这种向哲学的早期转变，直接包括了向哲学史的转变。他对青年黑格尔派哲学、对黑格尔及其先驱者的哲学的研究，同时也使他领略了世界文化中的哲学宝藏和其中蕴藏着的科学潜力。这样一来，体系和历史的统一就成了他研究希腊哲学和德国古典哲学时在方法上的出发点。其结果是在研究和阐述中逻辑的东西和历史的东西的辩证原则成了他的历史思维的不可缺少的要素。同时这样一来他也实现了个人的志向；他想通过弄清自我意识哲学在历史上的作用来澄清他自己的世界观。这种见解直接包含着对以主观唯心主义为指南的青年黑格尔派自我意识哲学的批判态度，因为几年以后，这些青年黑格尔派表现了在1848年以前就为他们的在社会上遭到孤立的批判主义所决定的资产阶级哲学没落的现象。不过，这样我们就把问题扯远了，让我们还是回过来谈我们研究的本题即马克思的博士论文吧。

---

① 《马克思恩格斯全集》第1版第40卷第13页。

博士论文标志着马克思哲学思想中的一个发展阶段,在此以前他对亚里士多德以后的哲学已经进行了多年的研究。与此有关的研究始于1839年,最后中辍于1841年。他研究的对象是古代的自我意识哲学。他在从事这种范围广泛的分析时着力的深度不同,而且间隔时间比较长。对伊壁鸠鲁哲学的探讨是其中的重点。到1840年初,马克思按照自己的科学工作方式,写了七本《关于伊壁鸠鲁哲学的笔记》①,为了自己弄清问题而作了详细的记录。从事这项研究的起因和目的是打算获得博士学位。黑格尔的历史观点和哲学观点,显然是从事伊壁鸠鲁研究的理论出发点,这位哲学家在自己许多著作如《精神现象学》和《哲学史讲演录》中阐述了这些观点。在这些著作中包含有对伊壁鸠鲁主义、斯多葛主义和怀疑论的估价,以及许多与过去一般提法大相径庭的评价。黑格尔认为,这三种哲学是古代哲学思想发展中的三个独立的阶段,而且是对亚里士多德体系的必然反应,同时他认为,这三个体系都各自把亚里士多德哲学的一个方面进一步发展到了极端。但它们都具备"**自我意识的普遍立场**",黑格尔强调指出,它们都想"通过思维获得自我意识的自由"② 即个体的自由。

1838年,当布·鲍威尔已经脱离了黑格尔正统派的时候,他的著作《旧的宗教原理的历史发展》出版了。从这部著作开始,柏林的青年黑格尔派也对古代的自我意识哲学发生了兴趣。亚里士多德以后的哲学和黑格尔以后的哲学之间的历史上的类似现象,无疑是鲍威尔及其朋友们援引并利用这些体系来更加详细地论证他们自己的哲学观点的原

---

① 以下简称《笔记》。——译者注
② 黑格尔:《哲学史讲演录》第2卷,莱比锡1971年版,第448—449页,参看黑格尔:《哲学史讲演录》第3卷,商务印书馆1966年版,第146页。

因。这一切事实反映了1838年至1841年间在一些根本问题上发生了分歧的青年黑格尔派运动内部的相对独立的发展阶段。马克思对伊壁鸠鲁哲学的研究在这个过程起着相当重要的作用,这归根到底也是鲍威尔和他的友谊所决定的。然而,马克思采取了相对独立的立场,他更深入地探究了黑格尔辩证法的本质,这又使他能够更精确地、更合乎实际地把握哲学同现实的关系。

《笔记》的结构和内容表明,马克思想根据保存下来的残篇重新建立伊壁鸠鲁的哲学体系,以便能够在哲学史思维内部揭示这个体系的基本内容。他只是在最后一本笔记中才说,有意思的是,伊壁鸠鲁派、斯多葛派和怀疑派的哲学都从亚里士多德以前的哲学中吸取各自体系的基本要素,然而都"不失为独创的并构成一个整体"[①]。由此我们可以得出结论说,1839年初马克思还没有打算阐述"关于伊壁鸠鲁派、斯多葛派和怀疑派哲学的全部概况,以及它们与早期和晚期希腊哲学思想的整个关系"[②],这一计划只是在写作《笔记》的过程中,才成熟起来。

收入《马克思恩格斯全集》原文版新版第四部分第一卷的经重新编排的这七本笔记表明,通过对伊壁鸠鲁哲学的热情信仰者卢克莱修的研究,马克思的认识获得了明显的提高。首先是卢克莱修使马克思对伊壁鸠鲁的原子论有了新的理解。从哲学上解释原子脱离直线的偏斜,是博士论文的中心思想,此外,对马克思说来这也是一个证据,证明可以把伊壁鸠鲁的原子论定义为"自我意识的自然科学"[③]。

---

① 《马克思恩格斯全集》第1版第40卷第168页。
② 《马克思恩格斯全集》第1版第40卷第195页。
③ 《马克思恩格斯全集》第1版第40卷第242页。

马克思完成伊壁鸠鲁笔记的时间至迟为 1840 年初，直接开始写作博士论文的时间最早为 1840 年 7 月或 8 月，甚至也可能是在 10 月开始的 1840 年至 1841 年冬季学期。博士论文的原稿大概是在 1841 年 1 月至 3 月写成的。对德谟克利特的研究，也属于博士论文的直接准备工作。

当然，我们认为，1840 年马克思还研究过哪些哲学资料的问题，对从世界观上评价博士论文来说，是比较重要的。令人遗憾的是，这个时期马克思的手稿和书信都没有保存下来。现存的只有他对亚里士多德《论灵魂》一书的摘录①，大概写于 1840 年的上半年。但是根据鲍威尔的书信可以明确地断定，马克思在这个时期十分勤奋地从事过黑格尔哲学的研究，同时也研究了同时代人对黑格尔体系的批判。

1839 年底，在《笔记》中获得的认识的基础上，他开始了对黑格尔逻辑学的研究。研究的重点是关于本质的学说②。这个学说在黑格尔的体系中占有关键的地位，因为在这里完成了从客观逻辑向主观逻辑的过渡。按照这一哲学，本质构成了由存在向概念的过渡。本质包括作为在自身中的反思并且表现为实存和现象以及本质实存的统一的现实的许多辩证关系。黑格尔在他于《逻辑学》第二篇详细地加以分析和阐述的关于本质的学说中尖锐地批判分析了康德的不可知论、以前的 17 和 18 世纪哲学的主观唯心主义和怀疑主义、莱布尼茨的单子学说和斯宾诺莎的实体观点。在围绕黑格尔体系而进行的哲学争论中，这种关于本质的学说包括的范围很广，这里的确涉及一个二者择一的问题：即普遍

---

① 《马克思恩格斯全集》原文版新版第 4 部分第 1 卷第 155—182 页。
② 见 1839 年 12 月 11 日鲍威尔致马克思的信，参看《马列著作编译资料》第 11 辑第 79—82 页。

的东西，本质，从而规律和必然性，仅仅是主观思维的形式呢，还是它们都具有客观实在性，因此这里也关系到哲学上一个极其重要的问题，即逻辑的东西和现实的东西一般说来是否可以比较。

此外，马克思还批判了海尔梅斯主义。1840年7月这项工作进展十分顺利，以致他请求鲍威尔物色一位出版商。① 同时，他也计划写一篇批判当时实证哲学的代表人物卡·菲·费舍的《神性的观念》的文章。② 在回顾这些研究时，马克思认为黑格尔以后的哲学的特点是自由派和实证哲学对立。③ 这种评价同大·施特劳斯以来划分为右翼和左翼黑格尔主义者的习惯作法有本质的不同，也偏离了中心。以前本身属于黑格尔学派的实证哲学的代表人物，用作为造物主的人格化的上帝来反对绝对观念。他们认为辩证法只不过是主观认识的历史，因为按照他们的自我理解，普遍的和本质的东西只可能是主观的，不可能是客观的。由此又得出结论，认为现实是不可能"被理解"，只可能"被感知"的。因此，他们把可以由感官感知的现象，外部假象，外部已有的东西即"实证的东西"宣布为哲学的对象，这就是说，他们完成了一种"非哲学的转变"④。

此外，流传下来的还有对莱布尼茨的著作、大·休谟的《人性论》、别·斯宾诺莎的《著作集》、卡·罗生克兰茨的《康德哲学史》

---

① 见1840年7月25日鲍威尔致马克思的信，参看《马列著作编译资料》第11辑第95—96页。

② 见1840年3月1日鲍威尔致马克思的信，参看《马列著作编译资料》第11辑第84页。

③ 《马克思恩格斯全集》第1版第40卷第259—260页。

④ 《马克思恩格斯全集》第1版第40卷第258页。

的摘录笔记。① 所有这些笔记都是与博士论文的写作同时产生的，因此，也可以把它们算作博士论文的前提。以上的简要叙述清楚地表明，博士论文是建立在对一个青年人来说令人惊奇的理论基础上的，它反映了马克思世界观发展中的一个新的阶段。他在博士论文中论证了在《笔记》中仅仅简略提到的见解。理解这些认识的钥匙应当到同海尔梅斯主义和实证哲学的争论中，到对黑格尔逻辑学的分析和上述摘录笔记中寻找，它们会说明，马克思的博士论文提出了哪些哲学观点。

虽然马克思也像青年黑格尔派一样，认为古希腊哲学思想的三大流派——怀疑论、伊壁鸠鲁主义和斯多葛主义——具有重要的意义，但是他认为，古代的自我意识的哲学存在着由客观决定的、与他那个时代的哲学状况相类似的问题状况。他原来打算对亚里士多德以后的哲学进行一次全面的分析，现在则选择德谟克利特的自然哲学和伊壁鸠鲁的自然哲学之间的关系作为自己博士论文的题目。虽然就关于存在的辩证发展观点而言，马克思在这里遵循的是黑格尔的意向，但是他比黑格尔更强烈地反映了一种认识，即精神不仅同具体世界有着紧密的联系，而且同这个世界发生经常的、能动的争执，这种争执是以对立与和谐交替变换的形式不断实现的。不过，哲学和世界的协调，不时受到后者非理性发展的干扰。那时，哲学就以干预的方式能动地作用于世界，以便重新确立世界的合理性。

马克思的这种思想按其发展趋势来说冲破了黑格尔和青年黑格尔派的观点，他砸碎了使精神同社会现实隔离开来的封闭圈，并且努力在哲学和现实的社会环境之间建立一种能动的、富有成果的关系。他后来对

---

① 见《柏林笔记》，载于《马克思恩格斯全集》原文版新版第4部分第2卷第183—288页。

个人的极端主观性理论即关于个人仅仅静观地、有距离地反思周围环境的理论的批判,在这里已见端倪。同时,哲学的社会责任又使马克思能够对理论和实践的关系得出远远超过黑格尔哲学的理解。因此,这种能动的基本态度深刻地影响了他在哲学上的自我理解。对他来说,以前的哲学思想不仅是训练思维的学校,而且同时也成为他的知识的来源和基础,它们有力地推动他去认识问题,并且帮助他获得可能的解决途径。因此,在青年马克思看来,具有极其不同的思维方式和问题提法的哲学史,是生机勃勃、接近生活的,因为他——由于受黑格尔的启发——把任何认识都看作是一个历史过程,并力求探索其逐步形成的连续性。从事黑格尔哲学研究和积极参加当时围绕黑格尔体系而进行的争论,后来不仅决定了博士论文题目的选择,而且使他有了更加高尚的哲学立场和更加清晰的哲学眼光。马克思还没有克服黑格尔的立场就接受了黑格尔关于世界的辩证发展的基本观念,而这种发展是通过精神和具体世界的联系来实现的。在博士论文的《序言》中,他毫无保留地表示拥护这种思想;在那里,他把黑格尔的哲学史称为"令人惊讶的庞大和大胆的计划",并指出"一般说来哲学史是从它开始的"。①

马克思试图利用首先在伊壁鸠鲁主义中表现出来的历史上类似的问题状况,从人的自我意识的伟大及其界限的角度来阐明能动地改变事物的人的自我意识的本质和功能。显然,这就要批判地考察最能使人认清他自身、但在哲学史上也最受诽谤的哲学即伊壁鸠鲁哲学,首先把这个哲学的强有力的原则作为现实的任务突出地加以强调,以便进一步发展哲学思维及其社会效用,因此,马克思就在哲学史中寻找他希望在当时的哲学中得以实现的面向现实状况的哲学的历史上类似的例子。在这

---

① 《马克思恩格斯全集》第 1 版第 40 卷第 189 页。

里,他出发的前提是,伊壁鸠鲁哲学具有独立的性质,因为它从高度现实主义的观点并且以自身为基础来理解人的自我意识。有关在这方面的现有的和流传已久的偏见,将通过准确的历史考证性的分析加以克服。

马克思所使用的方法来源于黑格尔所提出的关于哲学体系和哲学史的辩证统一的真理,它在博士论文中被运用于各个不同的方面。一方面,把当时具有现实意义的哲学论述同哲学史思维联系起来,以便更深刻地把握哲学事实。以哲学史的一个片断为例子,证明逻辑的东西和历史的东西的统一的辩证原则。另一方面,马克思的哲学史思维具有这样的基本特征,即"一个对象的历史同人们确立的这个对象的观念是紧密联系在一起的"①。这就是说,哲学体系同哲学史的对象规定以及所运用的哲学史方法之间的联系,是在研究和阐述中有意识地确立的。马克思关于哲学功能的非凡见解使他能够越过哲学和实在现实的相互关系,达到有可能打破只能用哲学解释哲学的恶性循环的地步。

从具有黑格尔特点的对历史主义的理解——它包含着更高阶段的哲学思维的发展——出发,马克思为自己确定的目的是,通过对哲学(包括哲学的来源和先驱者在内)的批判分析说明这个普遍观点。他认为,为了避免主观主义的偏见,重要的是要对哲学问题进行切合实际的、精确的考察。因此,他想防止有人"把伊壁鸠鲁所作的改变看作只是一些随心所欲的臆造"②。他想借助于在黑格尔哲学史中以集中的形式包含的以前已经作了阐发的资料考证的方法和辩证思想史的方法,来证实自己关于对伊壁鸠鲁哲学作根本评价的要求。从资产阶级哲学史编纂学的

---

① 黑格尔:《哲学史讲演录》第1卷,莱比锡1971年版,第81页;参看黑格尔:《哲学史讲演录》第1卷,商务印书馆1983年版,第4页。

② 《马克思恩格斯全集》第1版第40卷第195—196页。

优秀传统的意义上说,他的出发点在于,"把内在包含的内容发挥出来"① 是以认真的语文学史资料考证为基础的;因为正如传统的哲学史编纂学所看到的那样,资料的客观思想价值的高低取决于资料的被证实或被否定的真实性,博士论文的意图是剖析伊壁鸠鲁体系的内部结构,阐明同德谟克利特相比这一体系的成熟状态,首先是把这种哲学史反思所具有的意识形态和哲学上的迫切性同当时的哲学争论联系起来,这就使马克思对资料中阐述的思想及其倾向性特点进行了具有建设性批判意义的考察。他认为,最发达的体系包含着了解以前各种体系的实质结构和形式结构的钥匙。从已经获得的这种认识出发,他在哲学史研究中采用了分析综合的方法。他想用追溯评价的方法最终弄清这个处于焦点中的问题的历史起源,也就是它的不断向上的发展过程。

最后,所有这些考察的最精彩的部分是对自我意识哲学作了历史考证性的评价。德谟克利特的自然哲学具有机械唯物主义的性质,同德谟克利特相比,伊壁鸠鲁关于原子这种物质的基本元素的观点包含着偏斜运动,这种运动归根到底是独立自主和个人自由本身的表现。在伊壁鸠鲁看来,具有他所描述的特性的原子,是在社会领域内在人的个体中获得了最高度发展的自我意识形成的象征。一方面,马克思十分赞赏伊壁鸠鲁反对宗教和讲求实际的思想;另一方面,他也批判了伊壁鸠鲁,因为后者关于个体的以自我为中心的观点会导致人重新脱离社会环境而孤立。这种对伊壁鸠鲁的批判已经预示了后来的1845年在《神圣家族》中将要加以论述的同鲍威尔和青年黑格尔派的原则对立。

马克思所展示的方法是以双重方式表现出来的。首先,不论是在本

---

① 参看黑格尔:《哲学史讲演录》第 1 卷,莱比锡 1971 年版,第 81 页;黑格尔:《哲学史讲演录》第 1 卷,商务印书馆 1983 年版,第 47 页。

质特点方面，还是在必要的具体细节方面，他都把伊壁鸠鲁和德谟克利特的体系看作是某种完成了的整体，因此它们各自的历史独立性就明显地表现出来了。在作一般考察之前，他先分析个别，因为"只作极其一般的考察，就会令人怀疑：所得出的一般结论究竟是否能在每一个别场合都得到证实"①。因此，他认为必须把通过洞察"看起来好像是咬文嚼字的琐事"②获得的相对孤立的个别事物彼此联系起来，从而证明一般的联系。科学的类比在这里变成了对共同的东西和不同的东西的历史比较，这种方法导致对德谟克利特和伊壁鸠鲁体系中相同的东西和差异的东西的认识。

在研究某一体系的总体时强调经验分析方法的首要地位，毫无疑问是正在超过直观批判主义的马克思对理论和实践的理解在方法上的表现。而且这是因为他认识到，只有用比较、强调指出哲学事实的共同点和不同点这种分析的方法，才能找到对变化作综合把握的途径，找到使人摆脱既有状况的内在起源。只有这样，才能朝着揭示哲学过程的本质的方向，迈出重大的一步。精确的分析方法，使得对哲学史认识过程中的精神上具体的东西的综合，有了在当前的哲学中发挥能动作用的基础。

在考察的进一步发展中，分析方法必然转化为自己的对立面；从历史的比较中，从把被发现的各个要素联系起来和这种联系的各个方面中，以综合的方式逐步地产生对马克思所考察的问题的发展和显露程度的明确认识。这种综合使人们能够认识从德谟克利特到伊壁鸠鲁这个哲学史演变过程的连续性和非连续性。因此，伊壁鸠鲁思想的独特性和更

---

① 《马克思恩格斯全集》第 1 版第 40 卷第 196 页。
② 《马克思恩格斯全集》第 1 版第 40 卷第 196 页。

高阶段也就得到了证实。

因此,马克思所进行的考察的精辟之处就在于,证明伊壁鸠鲁对首先是具有以普罗米修斯精神改变事物的性质的、以实在论和唯物主义为指导的哲学的发展作出了哲学史上独特的贡献。当然,马克思并不赞成伊壁鸠鲁哲学中包含的倾向,即认为脱离社会环境是解决人的问题的办法,并把这种解决办法建立在深奥的追求幸福的意向的基础之上。他坚持认为在一种承认客观性的哲学内部存在创造能动性,他寻求对这种能动性的科学解释,这就是他在那些年代里在精神领域探索历史发展的基本动力,而本身却没有陷入主观主义、不可知论或怀疑论的重要原因。这也是他还不能使德谟克利特和伊壁鸠鲁的唯物主义变得有益于他的世界观的一个原因。然而,他认识了这种唯物主义,而且透彻地认识了,这对以后还是很值得的。但是,首先是他对黑格尔辩证法和客观唯心主义本质的深刻认识,他对黑格尔的认识论和历史主义的理解,使他没有把自我意识绝对化,使他在创立哲学和现实的客观辩证法时没有把绝对的东西和主观的东西独立化。

总之,可以断定,当时围绕黑格尔哲学的解体而发生的争论,促使马克思对哲学问题进行了认真的研究。这就导致他到哲学史中去寻找基本内容与当时的哲学议论相类似的思想状况。他想通过用历史比较法对基本问题进行历史起源的考察和有目的的研究,证实这个问题在当时的哲学研究中的重要意义。由此得出的结果是,必须把哲学思维看作是能动地改变事物的和处于发展中的东西。从而他就提出了——首先是受到黑格尔的启发——一种观点,即证明正在争论中的哲学事实的完整连续性是历史地发展起来的事实的连续性,并说明这个事实的现实存在是历史上必然的不断演变的联系的终点。

19世纪中叶阶级斗争的社会客观需要,要求意识形态的反思和社会的能动性；因此，这种需要产生了哲学思维和哲学史思维的新观点，这就导致了在马克思后来的创作中在哲学世界观和方法方面的立场的根本质变。1842年初，马克思开始放弃自我意识哲学。他开始从事政论活动，并且直接参加了政治争论，从此他的理论活动就主要为政治活动决定。马克思在寻求哲学和政治的结合，这种结合一旦发生，就势必决定他的一切活动领域。①

如果说马克思起初还打算在柏林获得博士学位的话，那么可以肯定，至迟从1841年3月起，他就决定把博士论文寄往耶拿了。值得注意的是，他寄往耶拿的博士论文文本同流传下来的文本有一些差别。为耶拿大学哲学系准备的文本标题是《论德谟克利特的自然哲学和伊壁鸠鲁自然哲学的差别》，这是可以肯定的；现存的《献词》、《序言》以及《附录》很显然不属于这个文本。马克思在《序言》中的提示使人可以猜想，在两个文本中第一部分和第二部分原则上是相同的，但是也不排除这里可能有不一致的地方，因为留存下来的文本是作为付排稿用的。这个文本可能是与提交哲学系的那个文本同时产生的，但是在获得博士学位以后，还作过加工。文本的第一部分缺少第四章《德谟克利特的自然哲学和伊壁鸠鲁的自然哲学的一般主要差别》和第五章《结论》；此外，还缺少《附录》的为《附录》第二章写的附注。第四章和第五章，为《附录》第二章写的附注也许连《附录》本身都没有丢失，而是没有为现在这个文本抄录下来。这使人可以猜想，马克思还想对这些部分进行修改。

博士论文的《附录》同样也有一段独特的形成史。马克思在第三

---

① 见英·陶贝尔特：《1841年3月至1843年3月期间马克思的世界观发展问题》，载于《马克思恩格斯年鉴》第1期，柏林1978年版，第205—232页。

本《笔记》——注明的日期是1839年夏季学期——中撰写了一篇评论普卢塔克"对伊壁鸠鲁神学的论战"的相对独立的文稿①。这次论战也是博士论文《附录》的对象,《附录》现在只留下九条附注②。《附录》的这种划分③与马克思在《笔记三》中论述题目的结构是一致的。此外,还保留下来一个片断④,它过去一直是作为博士论文的《附录》刊印的。但是,假如我们把这个片断同《笔记三》的相应部分⑤加以比较,就会发现加工时对它未作任何内容上的重大改动,而且表述形式本身也仍然相同。这也许是1839年或1840年产生的想单独发表的尝试。把这个片断同保存下来的附注加以比较,可以看出其根本的区别。附注中包含的摘自霍尔巴赫《自然体系》的一段引文和有关谢林的一条很长的附注,在《笔记三》中一点也未涉及。由此可以得出结论,《附录》增加了历史对比的例子,而这又说明,在《笔记》和博士论文之间认识的提高,也反映在为出版博士论文而写的《附录》中。因此,不会把流传下来的这个片断作为博士论文的一部分加以出版的论断,不仅为手稿验证的结果所证实,而且也有内容上的根据。

古代哲学、艺术和文学的世界经常吸引着马克思。因此,应该更详细地阐明他在撰写博士论文时同这个世界的关系。(待续)

(张念东 译 刘晔星 校)

---

① 见《马克思恩格斯全集》第1版第40卷第72—101页。
② 《马克思恩格斯全集》第1版第40卷第282—283页。
③ 《马克思恩格斯全集》第1版第40卷第192页。
④ 见《马克思恩格斯全集》原文版新版第4部分第1卷第151—152页。参看《马克思恩格斯全集》第1版第40卷第244—246页。
⑤ 《马克思恩格斯全集》第1版第40卷第85—87页。

论马克思的博士论文(续)*

〔民主德国〕恩·施米特

二、马克思的博士论文和经典的古代科学

今天,由于刚才叙述的种种原因,马克思的博士论文无疑拥有广泛的读者:因为它提供了认识论文作者的方法意识和世界观的发展的独特机会。但同样无可争辩的是,这位不满二十三岁的青年的这篇令人惊奇的成熟的著作的最初目的,正如它的标题所表示的那样,就是要阐明德谟克利特的自然哲学和伊壁鸠鲁的自然哲学的差别,从而阐明一个"在希腊哲学史上"——像马克思本人正确指出的那样——当时"尚未解决"而且直到今天仍然众说纷纭的问题。根据当时耶拿大学哲学系所特有的集中主要力量的做法,在负责评审这位年轻的柏林大学毕业生论文的哲学系系务委员(评审的具体情况后面再谈)中,哲学家和古语文学家占了绝大多数。这两类人都可以利用马克思的论文:按照卓越而丰富的想象力和对论文题目的现实意义的有约束力的提示来说,文章更多的是涉及哲学,因此哲学的代表就提出了主要评审人;而按照史料发掘的缜密周详来说,文章更多的是涉及古典语文学。但不管人们把它归入

---

* 本文选自《马列主义研究资料》1989年第3辑。

哪一个学科，论文除了一般哲学的特点以外，还明显具有无可否认的专门学科的特点。因此，同样应从这个观点出发比较详细地对论文作出评价。不言而喻，在这里也不能不考虑哲学方面，并且要再次涉及一些已经谈过的问题。

首先我们最好把问题追溯得远些，简要地回忆一下青年马克思在向耶拿申请博士学位以前的几年中经历了什么样的道路才决定选择这个论文题目的。这种回顾不应扩展到特利尔的中学时代。同样，也不去具体叙述他在波恩和柏林最初的大学学习时期所取得的学业进步，尽管值得提出的是，这种进步不仅包括古希腊，而且甚至包括古希腊遗产的最重要部分之一——亚里士多德哲学。相反，我们立即研究马克思在1839年头几个月的活动，当时他最终决定不去申请法学博士学位，而是申请哲学博士学位。那时他开始系统地摘录关于伊壁鸠鲁学说的资料，正在写附有有关评述的总共七本原稿《关于伊壁鸠鲁哲学的笔记》中的第一本，从而迈进了两年以后他选定博士论文题目的那个专门的研究领域。这项研究工作的开始阶段足足花费了他一整年的时间，其特点是在显然从一开始就期望甚高的目的和艰辛的资料整理工作本身之间存在一定的矛盾。

关于作为这一研究的基础的计划，要说的话前面都讲过了。这个计划涉及一个想法，即认为在黑格尔和亚里士多德之间，因而在亚里士多德以后的古代哲学和黑格尔以后的当代哲学之间，存在一种历史上类似的现象。马克思的这种想法在研究过程中发展成为一种意图，即打算阐明"关于伊壁鸠鲁派、斯多葛派和怀疑派哲学的全部概况，以及它们与早期和晚期希腊哲学思想的整个关系"[①]。这个计划未能付诸实施，也

[①] 《马克思恩格斯全集》第1版第40卷第195页。

不知道马克思是否还清楚记得这个计划的全部内容。由于博士论文的题目范围限制很严而且具有专门性质，有人可能会认为，马克思除了构想过大略轮廓之外，没有再把这项计划推向前进。不过，下这样的结论还嫌过早，因为有一系列的根据清楚地表明，马克思倒是为整个设想作了大量的思想准备。首先，1845至1846年间马克思和恩格斯共同撰写的《德意志意识形态》中，有一段很有启发意义的文字，可以作为佐证。在同麦克斯·施蒂纳的论战中，在分析此人以相当肤浅的笔触对希腊哲学所作的简要评述时，马克思显然追溯了四、五年前他自己所描绘的关于同一段哲学史的图景，并且不仅扼要地阐述了他对伊壁鸠鲁和德谟克利特的观点，而且阐述了从其他资料中见不到的他对斯多葛主义和怀疑论的看法的重要论点。① 这一段论述使人可以看到——或者至少猜测到——一种发展成为重要的深刻见解的、基本特征大体上确定的、层次已经相当丰富的论断。

假如我们更仔细地考察一下马克思研究的其他出发点、他的摘录工作，就会发现在这方面从一开始不具有任何摸索的性质。马克思日的明确地按照合理的次序研读了古代作家们的著作。② 黑格尔在他的成了马克思自己哲学研究的出发点的《哲学史讲演录》中指出了四位古代作家作为精通伊壁鸠鲁学说的权威人士：西塞罗、塞克斯都·恩披里柯、塞涅卡和第欧根尼·拉尔修③。马克思也研究了这些作家以及古希腊晚

---

① 《马克思恩格斯全集》第1版第3卷第143—150页。
② 见汉苏尔里希·拉布斯凯：《关于〈马克思恩格斯全集〉原文版新版第4部分第1卷的出版》，载于《语文学家·古典哲学杂志》第121卷，柏林1977年版，第290页。
③ 黑格尔：《哲学史讲演录》第2卷，莱比锡1971年版，第336页，参看黑格尔：《哲学史讲演录》第3卷，商务印书馆1960年版，第52页。

期的作家（古代哲学史家）斯托贝和以"异教"哲学的敌人身份出现的早期基督教教会作家亚历山大里亚的克雷门斯等人。此外，对他来说，研究希腊人普卢塔克和罗马人卢克莱修也是重要的，因为其中一个是伊壁鸠鲁的激烈反对者，另一个则是他的热情拥护者和对世界文化有重大影响的宣传家。

后来，在博士论文中，资料的基础又有所扩展（当然分量不大）：早期基督教作家欧塞比乌斯，古希腊晚期或拜占庭早期亚里士多德著作的注释者斐洛波斯、西姆普利齐乌斯和泰米斯提乌斯，以及由于纸莎草纸文献学而为人所知的伊壁鸠鲁本人的主要著作《论自然》的残篇。此外，马克思还部分地再次浏览了以前利用过的著作，以便获得特别是有关德谟克利特的补充材料。他从一开始就按照一种固定的方法摘录资料。当时还没有一部伊壁鸠鲁残篇著作集；直到1887年，海尔曼·乌泽纳才编了这样一部文集①。因此，有人可能会认为，把马克思的引文出处汇集起来就是未来出版的全部残篇著作集的一种准备。不过这只言中了一部分。他的用意并不在于要求尽可能地全面，而是在于——经过相当充各分的考虑——挑选那些足以表现伊壁鸠鲁的典型方面的材料②。他在寻找伊壁鸠鲁哲学的原则，尤其是伊壁鸠鲁原子论的原则。因此，在第一本《关于伊壁鸠鲁哲学的笔记》中就说："伊壁鸠鲁的原子学说的原则仅仅表现为：观念的东西和必然的东西只存在于这种对它们本身来说是外在的想象的形式，即原子形式中。伊壁鸠鲁的彻底性就

---

① 海尔曼·乌泽内编：《伊壁鸠鲁著作集》，1887年LiPsiae版。
② 见恩斯特·君特·施米特：《评〈马克思恩格斯全集〉原文版新版第4部分第1卷。一些意见和看法》，载于《克里欧·古代史论丛》第62卷，柏林1980年版，第276—278页。

达到这样的程度。"①

  为了理解这种论断，一开始就必须想到，马克思在阐述他对伊壁鸠鲁的观点的萌芽时，还不是一个唯物主义者。因此，对于伊壁鸠鲁的原子概念，他还不很重视它的唯物主义内容，相反却赞赏其中表现出来的某些观念因素。他判断的尺度还是把个别的意识内容结合成为牢不可破的统一体的意识的特性。在被称为"不可分的"东西的原子概念中，他又看到了这种特性，但是他认为在这里这种特性是以更加外在的方式实现的；因为尽管这种特性在定义上受到不可分性的原则约束，并与这个原则有着某种矛盾，但是正如他强调指出的，在原子中有"组成原子的各个部分"②。不管人们怎样判断这种对伊壁鸠鲁辩证法的解释，应该承认，在这种解释中马克思从伊壁鸠鲁自然哲学的中心概念出发，立即为对这个哲学作总的理解找到了有发展能力的核心。

  前面引述的几段话已经表明，马克思在《关于伊壁鸠鲁哲学的笔记》中，不仅为他的研究准备了材料，而且也立即开始阐发这些材料。在他那里，个别的见解止在形成关于伊壁鸠鲁的新观点的轮廓。他确定了这位哲学家同亚里士多德关系的基本方向，把这种关系跟青年黑格尔派（当时他还感到自己同他们相联系）同黑格尔的关系加以对比，并通过进一步的概括得出了一个关于哲学同现实的关系的公式："在哲学史上存在着各种关节点，它们……把抽象的原则结合成统一的整体……同样也存在着这样的时刻：哲学已经不再是……注视着外部世界……这是哲学的狂欢节；它像犬儒主义者那样装出一副狗相……或者像伊壁鸠鲁派那样披上芬芳的春装……哲学把握了整个世界以后就起来反对现象

---

① 《马克思恩格斯全集》第 1 版第 40 卷第 38 页。
② 《马克思恩格斯全集》第 1 版第 40 卷第 38 页。

世界。现在黑格尔哲学正是这样。"① 自从马克思的《关于伊壁鸠鲁哲学的笔记》发表以来，这一段话受到了广泛的注意，这是理所当然的。② 对现实意义的准确理解力使马克思从他对哲学史的密切关心达到了一种深刻的理解，即认识到在一定的历史条件下哲学的任务可能是起来反对现实。这里所作的结论的程度是不容易衡量的，马克思所想的大概主要是仍然在思想领域内进行的批判——距离《关于费尔巴哈的提纲》中提出的改变现实的要求，还有相当一段路程。

1841年春天撰写的博士论文中，重复了一年前完成的《关于伊壁鸠鲁哲学的笔记》的许多具体叙述。此外，有一个情况可以说明，马克思是多么接近于得出博士论文的出发点了，这就是马克思在《笔记五》中，紧接着有关黑格尔的一段话之后，也许是为了整理他的材料③，就已经拟定了《自然哲学提纲》④。这里预先确定的提法，也对博士论文的标题《论德谟克利特的自然哲学和伊壁鸠鲁的自然哲学的差别》产生了影响。不过，博士论文并不简单是《关于伊壁鸠鲁哲学的笔记》的内容的总和，也不是笔记原来追求的目的。不仅要密切注意马克思研究工作进程的连续性，也要密切注意这一进程的部分的非连续性。

看来这个任务至少在原则上是不困难的。亚里士多德—伊壁鸠鲁这

---

① 《马克思恩格斯全集》第1版第40卷第135—136页。

② 见奥古斯特·科尔纽：《马克思恩格斯传》第1卷，三联书店1963年版，第197页及以下各页；罗尔夫·赞瓦尔德：《马克思和古代》，苏黎世1957年版，第58页及以下各页。

③ 见恩斯特·君特·施米特：《评〈马克思恩格斯全集〉原文版新版第4部分第1卷。一些意见和看法》，载于《克里欧·古代史论丛》第62卷，柏林1980年版，第284—286页。

④ 《马克思恩格斯全集》第1版第40卷第176—182页。

条哲学史轴线被德谟克利特—伊壁鸠鲁的轴线所取代，这样人们就可能理解同《关于伊壁鸠鲁哲学的笔记》和最初的博士论文草稿相比博士论文的新颖之处。当然，这个说法太便当了，它没有触及问题的核心。马克思原来的思想并没有失去效力，甚至几乎没有改变。它像以前那样规定着基本方向。因此，博士论文里提到的第一位哲学家的名字不是别人，正是亚里士多德；"希腊哲学看起来似乎遇到了一个好的悲剧所不应遇到的结局，即暗淡的结局。在希腊，哲学的客观历史似乎在亚里士多德……那里就停止了"①。隔了几段以后，又用笔记中有名的"整体性"一词阐述了同一现象："其次，在就体系的广博程度来说已经接近完成的柏拉图和亚里士多德哲学体系之后，出现了一些新体系，它们不以这两种丰富的精神形态为依据……难道这不是值得注意的现象吗？"②大概用不着再次强调指出，因此，亚里士多德和黑格尔的历史类似现象跟认为伊壁鸠鲁派、斯多葛派和怀疑派哲学有很大类似性的见解一样，也是继续有效的。马克思问道，"伊壁鸠鲁主义、斯多葛主义和怀疑主义"是不是一些"特殊现象"呢？他自己的回答是，"这些体系合在一起形成自我意识的完备的结构"③。因此，同亚里士多德—伊壁鸠鲁的主轴线相比，伊壁鸠鲁同德谟克利特的关系只能是一条"次轴线"了。当然，这两者彼此之间的关系如何，根据保存下来的马克思文稿是不容易弄清楚的。关于这个问题更详细的论述可能是在这个流传下来的文本所缺少的几个部分即第一部分第四章和第五章中④，也可能留待计划中

---

① 《马克思恩格斯全集》第1版第40卷第193页。
② 参看《马克思恩格斯全集》第1版第40卷第194—195页。
③ 《马克思恩格斯全集》第1版第40卷第194—195页。
④ 《马克思恩格斯全集》第1版第40卷第191页。

的全面阐述伊壁鸠鲁派、斯多葛派和怀疑派哲学的著作去加以论述。当然，博士论文提供了一些线索。

首先，马克思引用了自古以来流行的见解——从而在博士论文中第一次提到了德谟克利特——即认为"伊壁鸠鲁哲学似乎是德谟克利特的物理学和昔勒尼派的道德思想的混合物"①。

其次，他明确地谈到，那时重新获得发展的亚里士多德以后的各个体系"不以这两种丰富的精神形态"——指柏拉图和亚里士多德——"为依据"，"而是远远往上追溯到最简单的学派：在物理学方面转向自然哲学家"②——也就是转向从泰勒斯到德谟克利特的希腊思想家。

说伊壁鸠鲁"不以"亚里士多德"为依据"，这种提法也许还包含着一个直到今天仍然使研究者关注的很大的难题，即两位哲学家中较年轻的一位没有一般的关联而直接突然地在年长的哲学家的体系之旁提出了自己的体系——或者看起来是这样。与此相反，伊壁鸠鲁学说同德谟克利特学说在内容上的关系却是一种可以在继承性上加以比较的关系。因此，这个新的关于德谟克利特的题目在方法方面的困难却小得多，由于时间紧迫，马克思利用了这个有利因素——起码暂时是如此，1840年至1841年，当他撰写博士论文的时候，要回过头来研究那个更复杂的主要题目，对他来说仍然是不成问题的。应该补充一点，毫无疑问，马克思已经懂得，关于德谟克利特的题目不仅是一个相对来说容易掌握的题目，而且也是在完成计划中的全面阐述古希腊哲学的著作以前必不可少的中间环节。不仅伊壁鸠鲁，而且德谟克利特及其老师留基伯已经创立了希腊原子论学说，这是毫无疑问的，当马克思悉心研究自然哲

---

① 《马克思恩格斯全集》第 1 版第 40 卷第 193 页。
② 《马克思恩格斯全集》第 1 版第 40 卷第 194 页。

时，他一定考虑到了这一点。

那么马克思是怎样着手把伊壁鸠鲁同德谟克利特加以比较，他由此又得出了哪些结论呢？关于这个前面已经从原则的方法观点出发探讨过的问题，首先我们再次把一些细节说明一下。

在《关于伊壁鸠鲁哲学的笔记》中，专门评述和一般评述是彼此交替进行的，而博士论文从一开始就分为两部分，其中第一部分论述伊壁鸠鲁自然哲学和德谟克利特自然哲学的"一般"差别①；第二部分论述"细节"上的差别②。从而这种在关于伊壁鸠鲁哲学的笔记中就已开始使用的论述形式，就得到继续：马克思没有利用伊壁鸠鲁（或德谟克利特）哲学原来的分类原则，而是从确定的主导思想出发，创造了他自己的写作布局（这里他也放弃了在笔记中显然考虑过的利用黑格尔原则的想法——这一有趣的证据表明，他对"老师"的独立性在不断增长）。但是马克思在最后动笔撰写博士论文以前，首先对整个伊壁鸠鲁学说有了事先的了解，这使他有可能绝大部分采用演绎法来进行阐述，尤其是人们得出一种印象，即他对所选的论题拥有完全的自主权，这也是以上述原因为基础的。他一开始就能够立即预先说明他的研究结论："尽管德谟克利特的物理学和伊壁鸠鲁的物理学之间有着联系，但是指出存在于它们之间的极其细微的本质差别就显得特别重要了。"③

在马克思还没有在由他进行比较的两位哲学家的自然哲学核心部分即原子论中发现上述差别之前，他试图在认识论的前提中，在"思想"和"现实"的关系的基本问题中去认识这种差别："在一切方面，无论

---

① 《马克思恩格斯全集》第1版第40卷第193页。
② 《马克思恩格斯全集》第1版第40卷第209页。
③ 《马克思恩格斯全集》第1版第40卷第196页。

涉及这门科学的真理性、可靠性及其应用，或是涉及思想和现实的一般关系，他们都是截然相反的。"① 紧接着对这句话的第一个比较详细的解释是特别有趣的：马克思说，当德谟克利特把"**感性世界**变成**主观假象**"时，伊壁鸠鲁却把它变成"**客观现象**"②。马克思用这种评价把这两位哲学家彼此截然对立起来了，而且是以牺牲德谟克利特为代价的。因为马克思把他推到了主观唯心主义的边缘。但是马克思正确认识到伊壁鸠鲁更接近实在，尽管他对伊壁鸠鲁的解释主要是依据与黑格尔的客观唯心主义相吻合的观点；他由于深入钻研黑格尔《逻辑学》而认识了这种观点。③ 除了"理论意识"的差别以外，马克思还提出了"实践活动方面的差别"④。德谟克利特在经验中很少得到满足，而受求知欲的驱使，他却拼命追求经验。相反，伊壁鸠鲁"在**哲学**中"即在通过对外部世界的认识提出自己意识的观察方式中"感到**满足**和**幸福**"⑤。当马克思着重指出，对德谟克利特来说"**必然性**"是"现实性的反思形式"⑥，即理解世界的最基本原则，而对伊壁鸠鲁来说"**偶然**"⑦ 是这种原则（这里利用了第一本《关于伊壁鸠鲁哲学的笔记》中的一个成果）时，他保持了这种强调自我意识范畴的解释方式。他把偶然理解为自由，把自由理解为自我意识的中心因素。

---

① 《马克思恩格斯全集》第 1 版第 40 卷第 198 页。
② 《马克思恩格斯全集》第 1 版第 40 卷第 200 页。
③ 见英格·陶贝尔特、汉苏尔里希·拉布斯凯：《关于马克思早期哲学发展的新认识》，载于《德国哲学杂志》第 6 期，柏林 1977 年版，第 697—709 页。
④ 《马克思恩格斯全集》第 1 版第 40 卷第 203 页。
⑤ 《马克思恩格斯全集》第 1 版第 40 卷第 202 页。
⑥ 《马克思恩格斯全集》第 1 版第 40 卷第 203 页。
⑦ 《马克思恩格斯全集》第 1 版第 40 卷第 204 页。

在博士论文的第二部分即进行专门评述的部分里，马克思坚持已获得的观念。此外，他把伊壁鸠鲁学说解释为自我意识哲学，比如他写道：" **排斥是自我意识的最初形式，因此，它是同那种自认为是直接存在着的、抽象单一的自我意识相适应的。** "① 另一方面——这对他后来哲学立场的变化具有重要的意义——他对伊壁鸠鲁主义中物质东西的作用增长了兴趣：在《关于伊壁鸠鲁哲学的笔记》中仍占优势的、略去物质概念不提的那一对概念即观念性—实体（或观念性—现实性），被形式—物质这对概念所取代（也许这是对亚里士多德思想的借用）②，比如在原子的两个方面——物质性和形式的对立中就是如此："既然它的运动构成一条直线，就纯粹是用空间来规定的了，它就会被赋予一个相对的定在，而它的存在就是纯粹物质性的存在……因此，如果说伊壁鸠鲁以原子的直线运动表述了原子的物质性的话，那么他以原子偏离直线的运动实现了原子的形式规定"③。

从已经获得的基础出发，马克思首先分析了伊壁鸠鲁学说的三个局部领域。第一，他更详细地考察了有关原子特性的观念。德谟克利特和伊壁鸠鲁在本质上共同的基本观点，即认识原子是微小的、在可见界限以外的物体，在马克思看来并不是本质的东西。例如，使他特别感觉兴趣的是如下差别，即德谟克利特只赋予原子以体积和形状这两种特性，而伊壁鸠鲁加上了第三种，即重量。马克思认为，德谟克利特"只是坚

---

① 《马克思恩格斯全集》第1版第40卷第216页。
② 见恩斯特·君特·施米特：《论马克思对伊壁鸠鲁的研究（博士论文和准备工作）》，载于《语文学家》，1969年第113卷第148页。
③ 《马克思恩格斯全集》第1版第40卷第212—213页。

持了物质的一面"①，相反，伊壁鸠鲁由于把原子"转移到表象的领域内"②，是从观念的因此是非物质的重心概念出发，并且由此只是第二性地得出关于"**实体性的**"③，因而是物体性的重心的观念。他认为，不仅现实存在的原子，而且（后面就要谈到这个问题）天体都是这样的例子。他对无限性概念和时间概念也进行了这种有趣的考察。④

其次，他接着研究了在《关于伊壁鸠鲁哲学的笔记》中就已经显露的思想⑤，即对偏斜和排斥——也就是由他最先联系原子运动加以重视的现象——也要在伊壁鸠鲁体系的其他中心领域重新加以认识。偏斜所表现的"**规律**"——现在他认为最终认识到了这一点——"**贯穿于整个伊壁鸠鲁哲学**……因此，行为的目的就是从痛苦中……脱离出来，即内心的宁静。所以善就是逃避恶，而快乐就是脱离痛苦。最后，凡是抽象的个体性以其最高的自由和独立性，以其完整性表现出来的地方，那里脱离出来的定在，完全合乎逻辑地就是**一切的定在，因此众神也避开世界**，对世界漠不关心，并且居住在世界之外。"⑥伊壁鸠鲁也以类似的方式在具体的形式中使用了排斥："在政治领域里，那就是**契约**，在社会生活中，那就是**友谊**，友谊被称赞为最崇高的东西。"⑦

第三，马克思从他对自我意识哲学的评价出发，去寻求对他认为具有完美性的特殊尺度的那些物体的本质的解释。我们在前面已经看到，

---

① 《马克思恩格斯全集》第1版第40卷第223页。
② 《马克思恩格斯全集》第1版第40卷第223页。
③ 《马克思恩格斯全集》第1版第40卷第223页。
④ 《马克思恩格斯全集》第1版第40卷第229—233页。
⑤ 《马克思恩格斯全集》第1版第40卷第119—120页。
⑥ 《马克思恩格斯全集》第1版第40卷第214—215页。
⑦ 《马克思恩格斯全集》第1版第40卷第217—218页。

他把伊壁鸠鲁关于神的学说也与此联系起来。在他看来，更重要的是关于"天体现象"即天体的理论（他选择这个古代内容广泛的概念，追随的是亚里士多德）。他认为，这一理论是"**伊壁鸠鲁自然哲学的灵魂**"①。他在论证这一论断时指出，整个伊壁鸠鲁的自然哲学都贯穿着本质和存在、形式和物质的矛盾。但是在天体中，"这个矛盾消除了"；物质"和形式和解"了。物质"**不再是抽象的个别性了**"，它"**成为具体的个别性、普遍性了**"。"因此，在天体现象中"——他在结束这一连串论据时指出——"朝着抽象的、个别的自我意识闪闪发光的，就是它的具有了物质形式的否定"②。

要了解这个论证过程的前提，不是一件容易的事情。比如，马克思提出了天体表面上的圆周运动，在伊壁鸠鲁以前亚里士多德就曾经由这种运动得出了广泛的自然科学的和自然哲学的结论。但是，人们也不禁会得出一种印象，即马克思处在黑格尔的正题、反题和合题三段式辩证法的生硬证明框框里面。正是在他想要把他所阐发的观念搞得尽善尽美的地方，他也许使人再清楚不过地认识到他的见解的局限性及其疑难之处。对自己观点的阐述，必然导致对观点的检验。

关于马克思的哲学立场，最主要的东西前面已经讲了，现在我们来谈一谈关于他通过对伊壁鸠鲁的研究，尤其是通过博士论文，对于从专门科学的角度来把握和分析伊壁鸠鲁主义作出了什么贡献的问题。

有一个问题要说在前面：事实上，本文基本上只能涉及马克思对伊壁鸠鲁的评论，而不可能去论述与此确有紧密联系的对德谟克利特的评

---

① 《马克思恩格斯全集》第 1 版第 40 卷第 241 页。
② 《马克思恩格斯全集》第 1 版第 40 卷第 240 页。

论。德谟克利特仍然完全是一种陪衬,对于他在哲学史和科学史上的伟大意义讲得太少、领会得太少。马克思有一个把亚里士多德看作是整体哲学的代表人物、把伊壁鸠鲁看作是自我意识哲学家的内容广泛、令人印象深刻的评语,但却没有一个具有同样鲜明特色的关于德谟克利特的论述。因此,我们从一开始就把问题限定如下:马克思是怎么看待伊壁鸠鲁的?

这里需要说明一点,马克思的博士论文并不是把从科学史角度来研究伊壁鸠鲁作为自己的主线。人们不要、也不能把博士论文同论文中引用的像雅科布·布鲁克尔和亨利·李特尔那样的人所写的哲学史论述相提并论。① 其实,论文也不是为爱德华·策勒尔那部备受赞誉的伟大著作《希腊哲学的历史发展》所作的准备,该书第一版出版于1844—1852年,着手写作的时间大体相当于马克思最紧张地从事这个领域研究的时期。马克思的出发点按照其占统治地位的哲学前题来说,可以同黑格尔的出发点相比。只是他的处理方法与黑格尔有所不同,因为马克思力图极其详尽地阐述哲学原则,直到说明大量的学说细节,并且通过分析使这一原则成为富有成果的原则。

马克思进行有竞争性的对伊壁鸠鲁的研究时采用的考察方式的第一个重大长处——不仅对于那个时代,而且直到今天其实也是如此——在于把全面的,以一般的东西、本质为目标的研究和特殊的面向个别细节的研究统一起来。这两种趋向只是在表面上划分为博士论文的两个部分;其实,它们贯穿于马克思的整篇文章之中。甚至紧密联系哲学的基本原则问题也就是按照思想和现实、形式和物质的关系去探索伊壁鸠鲁

---

① 雅科布·布鲁克尔:《哲学史指南》,LiPsiae1947年版;亨利清·李特尔:《古代哲学史》第1部分,汉堡1829年版。

主义的主导思想这一点也为这项研究的永存价值作出了重大贡献。当然，在过分肯定的意义上去把握各种联合的可能性的倾向，是无法完全避免的。诚然原子和人的个体的行为之间的类比，因此马克思从原子论向社会和友谊学说的过渡是很清楚的。但是，把伊壁鸠鲁所提出的痛苦定义也牵涉进来，而且还利用关于原子神的学说，对于与同一事实的联系来说并不是同样令人信服的。假如人们今天要窥见伊壁鸠鲁体系的统一性，最好使用综合的方法，先弄清楚各个局部体系，即从其中起作用的主导思想出发一方面解释自然哲学，另一方面解释伦理学和社会学说的综合体，然后才上升到总的观念。

为了按照这样一种方案行事，既需要熟悉伊壁鸠鲁体系的唯物主义内容，也需要了解它的社会基础。马克思没有这样做，而是使自我意识这个抽象概念占据了统治地位，因此他虽然以令人印象深刻的完整性，但也是用独特的陌生化手法来介绍伊壁鸠鲁学说的。的确，博士论文并不简单是穿着历史长袍显示自己的青年黑格尔主义。不过，它大量地在重建伊壁鸠鲁体系的中心点上使用了现代范畴——不管这些范畴是青年黑格尔派的，还是已经超越了青年黑格尔主义的，这却是不容忽视的。

马克思论述的另一个特点是同这个基本特征相联系的。至于伊壁鸠鲁学说是否正确地——当然是在历史设定的界限以内——把握并反映了现实，这个问题在马克思的论述中起的作用非常微小。在涉及伊壁鸠鲁主义时，首先由于把古代哲学的原子论和现代自然科学原子论联系起来的传统路线，正是这个问题常常被人们特别强调地提出来。例如，恩格斯就是完全在这个意义上并且完全正确地指出："自从物理学和化学又几乎专门从事于分子和原子的研究以来，古希腊的原子论哲学必然地重新出现在最前列。"① 但是在马克思那里，在以研究伊壁鸠鲁为标志的他的思想的这个发展阶段上，这类现实问题退到了极其次要的地位。不仅如此，尽管自然哲学是他的论题，但是他把从原子到天体的自然现象看作可以说不是这些东西本身，而是把它们解释和评价为自我意识的**反映**，也就是具有意识内容的特殊状态。不言而喻，如果马克思分析的**科学**成分要显露出来，就必须除去马克思解释的这一层次。

要在这里详细地说明这个归纳过程及其结果，是不可能的，然而作几点原则说明还是可行的。除了马克思通过对伊壁鸠鲁学说内在统一性的探讨而作出的伟大功绩以外，首先应该指出以下几点：

马克思使人们看清了伊壁鸠鲁的原子概念和其他学说细节的复杂性。从而他采用了一种同伊壁鸠鲁自己的不回避任何困难的阐述风格相适应的考察方式。他在复述这位希腊哲学家的学说时，也善于突出重点，因而使这一学说的轮廓比它在较古老的（部分是较晚近的）论述中更清晰地显露出来。这一点恰好是尽管前面提到马克思使用了陌生化手法但是对伊壁鸠鲁主义的解释并没有令人觉察到有丝毫的歪曲，相反对它作了独到的精辟的理解的原因。

还可以举出第二个原因来说明这同一个现象：马克思从更深刻的意义上理解了古代伊壁鸠鲁主义的本质的东西，并且使这种本质的东西变得让人们能够理解。博士论文临近结尾时有一个评语："伊壁鸠鲁是最伟大的希腊启蒙思想家。"② 论文的《序言》赞扬了普罗米修斯这个埃斯库罗斯笔下的英雄，争取人类的自我意识的独立、"反对一切天上的

---

① 《马克思恩格斯全集》第 1 版第 20 卷第 383 页。
② 《马克思恩格斯全集》第 1 版第 40 卷第 242 页。

和地上的神"① 的先驱，"哲学日历中最高尚的圣者和殉道者"②。从《序言》到结尾，一个主导思想扣得很紧：不仅"形式"和"物质"，而且普罗米修斯、启蒙思想家、哲学家和伊壁鸠鲁，都变成了一个合题，都**属于**一个谱系。马克思成功地把这种信念有成效地运用于细节研究，比如，在第二部分第五章《天体现象》中指出，伊壁鸠鲁利用自己对天体的理解去与占星术、也与斯多葛派的"迷信"③作斗争。但是，在如此热情洋溢的阐述中，作为基调贯穿并支配着马克思的全部论述的哲学信条变得显而易见。这位年仅 22 岁的青年朝气蓬勃，表现出不知疲倦的热情，而成熟的马克思也就是怀着这种热情去追求自己的目标。《关于伊壁鸠鲁哲学的笔记》中的本应成为《附录》对象的对普卢塔克的用词严厉的论战，揭开了马克思后来同政治上的和世界观上的敌人进行的一系列大论战的序幕。正是这种论战的比较一般的特征把博士论文同马克思的全部活动和创作紧密地联系在一起了。（待续）

(原载《马克思获得博士学位》柏林 1983 年版)

(张念东 译　刘晬星 校)

---

① 《马克思恩格斯全集》第 1 版第 40 卷第 190 页。
② 《马克思恩格斯全集》第 1 版第 40 卷第 190 页。
③ 《马克思恩格斯全集》第 1 版第 40 卷第 239 页。

论马克思的博士论文（续完）[*]

〔民主德国〕君·施泰格尔

三、耶拿授予卡尔·马克思博士学位
——原始文件的陈述及其命运

1841年4月15日马克思由于这篇论文被耶拿大学授予博士学位。[①] 哲学系授予马克思博士学位的决定是通过函件于4月13日作出的。[②] 马克思是在本人不到场的情况下从柏林申请博士学位的，就是说他无须亲自赴耶拿。没有进行口头答辩。

根据1840年耶拿通用的1829年哲学系章程第十一条的规定，在本人不到场并且不举行口头答辩的情况下授予哲学博士学位是可能的。当然，这不是定例，但19世纪前半叶在耶拿却是常有的事，在这样做时，系里对博士论文的考核也并不总是十分认真的。哲学系章程第十一条规定，不举行口头答辩（即在候选人不到场的情况下）授予博士学位的

---

[*] 本文选自《马列主义研究资料》1989年第4辑。

[①] 见《马克思的博士学位证书》，载于《马克思获得博士学位》，柏林1983年版，第204页。

[②] 《马克思恩格斯全集》第1版第40卷第898—899页。

条件如下：申请人必须"1. 证明本人以前完成的大学学业；2. 提交有效的操行评语和品行端正的证明；3. 向系里呈交一篇用拉丁文印刷或书写的应考论文及其作者身份的确凿证明"①。

马克思把他的博士论文连同注明日期为1841年4月6日的一封信以及送审材料（波恩和柏林两大学的学业证明、自传等）和考试费用十二个弗里德里希斯多尔寄给了哲学系主任。② 系主任、哲学教授卡·弗·巴赫曼很快审阅了博士论文。巴赫曼在给系务委员们的推荐信中推荐了这篇论文，并作出评语认为，该论文证明该候选人"才智高超、见解透彻、学识渊博"，因此，他"认为该候选人实应授予学衔"③。哲学系系务委员（正教授）都毫无保留地未加评论就同意这一评语。他们是：历史学家亨·卢登、古典语文学家斐·哥·汉德、化学家约·沃·德伯赖纳、哲学家克·恩·哥·莱茵霍尔德和雅·弗·弗里斯、大学图书馆馆员卡·威·格特林、农业科学家弗·哥·舒尔采。

连哲学系长老，古典语文学家亨·卡·阿·艾希施泰特也没有对博士论文提出异议。诚然他没有签字，因为当时他在病中。但是他收到了分给他的考试费④，因此可以认为，他后来还看过论文，或许就把它留了下来（？）。

就在巴赫曼表明态度（1841年4月13日）的两天以后（4月15日），签发了拉丁文的博士学位证书。⑤ 证书表现了当时常用的耶拿证明文件的封建传统形式。在祈求上帝保佑并表示祝福之后，证书首先提

---

① 《耶拿大学章程》，1829年版，第136—137页。
② 《马克思恩格斯全集》第1版第40卷第287、844—845、896—898页。
③ 《马克思恩格斯全集》第1版第40卷第899页。
④ 见《马克思获得博士学位》，柏林1983年版，第208页。
⑤ 《马克思获得博士学位》，柏林1983年版，第204页。

到该大学是16世纪在皇帝斐迪南治下创办的,然后以冗长的学究式的腔调和相应的赞辞首先称颂了1841年管辖该高等学校的萨克森恩斯特世系各位公爵,特别是萨克森-魏玛-爱森纳赫大公卡·弗里德里希"校长阁下"。接着以不断变小的字母印着实际校长("副校长阁下")以及系主任并列举了他们的各种头衔和各科学家协会会员名称,以便最后在下面三分之一处按这种等级制列出本文件中最重要的名字即博士的姓名,并且凭哲学系的印章确认授予的博士学位。

对于马克思为什么恰好在耶拿申请博士学位的问题,并不是在一切细节上都能明确地作出回答的。由于资料很少又不完整,这个问题有不少地方是很费猜测的。可以肯定的是,1841年马克思在耶拿获得博士学位的前提比在柏林有利。自1836年以来,他一直在柏林上大学并发展成为黑格尔哲学的拥护者。耶拿当时有萨克森恩斯特世系辖区的邦立大学,位于普鲁士境外。而在普鲁士,自1840年弗-威廉四世上台执政并任命约·阿尔勃莱希特·弗·艾希霍恩为文化大臣以来,对高等学校实行了一种思想上极端反动的政策,其目的之一正是要反对黑格尔哲学。1841年,马克思原打算大学毕业以后,在普鲁士的波恩大学开始教书生涯,为此必须有博士学位,但是他不愿意通过在柏林提交一篇迎合普鲁士思想上的反动势力的博士论文去谋求任教的前程。即使连写一篇应景文章去应付"令人讨厌的考试"①(像布·鲍威尔所说的),他也不予考虑,因为马克思从事学术研究的态度是极其严肃认真的。"鉴于笼罩着柏林的那种气氛,在那里他必须接受反动的法学家施塔尔的考试,马克思认为还不如把考试转移到另一所大学而且是耶拿大学去进行

---

① 1839年12月11日鲍威尔致马克思的信,参见《马列著作编译资料》第11期第81页。

更好些。"① 此外，1841年春马克思急于取得博士学位，因为他想迁居波恩，他的朋友、当地大学的非公聘教师鲍威尔作为盟友正热切盼望他到那里去。在这方面耶拿大学也合马克思的心意，因为正如授予博士学位的程序所表明的，在1848年三月革命以前，耶拿大学"授予博士学位比其他许多德国大学要容易和大方些"②。这里还应指出，耶拿大学教授的薪金在德国是最差的，因此，由考试费所得的收入按大学教师的实际情况来说是一笔相当受欢迎的补充财源。因此，一辈子为挣钱养家操心奔波的德伯赖纳教授"对黄金般的三份报酬"③表示自己由衷的感激。

马克思在耶拿通过博士学位这件事，是由耶拿日耳曼学名誉教授奥·路·伯·沃尔弗的推荐，据推测后者从柏林的"博士俱乐部"以来就认识马克思。④ 在1841年4月7日给沃尔弗的信中，马克思对他的支持表示感谢。⑤ 这封属于与授予博士学位有关的档案的信有幸保存了下来。马克思同沃尔弗的这种关系说明，为什么他在所有非普鲁士辖下的大学中恰好选中了耶拿。沃尔弗属于当时耶拿教师队伍中的进步代表

---

① 参见奥·科尔纽：《马克思恩格斯传》第1卷，三联书店1980年版，第215—216页。

② 奥·法伊尔：《1841年卡尔·马克思在耶拿获得博士学位》，载于麦·施坦梅茨编：《1548—1558年至1958年耶拿大学史。耶拿大学创建400年纪念》第1卷，耶拿1958年版，第396页。

③ 见《马克思获得博士学位》，柏林1983年版，第206页。

④ 见奥·法伊尔：《1841年卡尔·马克思在耶拿获得博士学位》；福·瓦尔：《1841年耶拿大学授予卡尔·马克思博士学位的有关文件，大学档案馆对1983年卡尔·马克思年和耶拿弗里德里希·席勒大学创建425周年的一个贡献》，载于《档案馆通讯》1983年第1期，第6—12页。

⑤ 《马克思恩格斯全集》第1版第40卷第288页。

之一，当然，作为名誉教授，他不是"具有特殊权限者"，即非哲学系（主考的）系务委员。他在政治上是一位资产阶级民主主义者，同青年德意志的反对派代表有着联系，与亨·海涅过从甚密，后来在1849年，他曾帮助过因参加三月革命而遭驱逐流亡途经图林根的理·瓦格纳。①

有个问题尚有争议，就是怎样评价耶拿大学授予博士学位的程序。它是一种纯粹的例行公事，就是说，教授们（除巴赫曼以外）几乎没有花费什么气力去比较认真地评阅一个素不相识的博士候选人呈送的论文。由于关于授予博士学位的档案中保留下来的评审意见极其有限，对这个问题难于作出完全令人满意的答案。另一个众说纷纭的问题，即关于巴赫曼这个黑格尔哲学的基督教保守派敌人，是否并在何种程度上看出了博论文中的"黑格尔的"或者已经是"反黑格尔的"观点的问题，情况也是如此。较早的文献大多倾向于是例行程序，并且在这方面首先可以有理由地指出，巴赫曼虽然对博士论文"作出了很有眼力的评价"②，但是他所发表的见解仍然是肤浅和表面的，对论文的内容根本没有涉及，③而晚近的研究材料则试图更加肯定地强调这一点。④

---

① 见迪·盖尔曼：《从档案材料看耶拿弗里德里希·席勒大学的日耳曼学史》（哲学博士论文。1954年耶拿大学。打字稿）。

② 奥·法伊尔：《1841年卡尔·马克思在耶拿获得博士学位》，载于麦·施坦梅茨编：《1548—1558年至1958年耶拿大学史。耶拿大学创建400年纪念》第1卷，耶拿1958年版，第396页。

③ 见格·门德：《序言》，载于门德编，恩·君·施米特协助：《卡尔·马克思的博士论文（1841年）》，耶拿1964年版，第5页。

④ 见恩·君·施米特：《卡尔·马克思博士论文新版本（〈马克思恩格斯全集〉原文版新版第1部分第1卷）和关于授予博士学位的文件》，载于《语文学家》第121卷，1977年，第273—284页。

博士论文大概没有经过认真的审阅,以今天的眼光来看,这一事实首先就是引人注目的。除了巴赫曼在4月13日推荐书中所作的简短评语以外,没有其他任何评审性的证明材料。

博士论文作为授予博士学位的主要标准在耶拿和德国的大多数大学里重新获得特殊意义,看来只是19世纪中以后的事情,起码在哲学系是如此,就是说,当自1810年以来倡导的认为大学应该是研究机构,而不只是教学机关的洪堡原则,在高等学校的实践中逐渐开始用专题讨论活动、"学校教育"等来加以贯彻的时候,才是这样。在此以前,在19世纪上半叶,耶拿通常首先是把候选人作为个人全面地加以考察,而不是仅仅或首先根据研究成果和发表的著作来衡量和评价候选人(只要他不想成为大学教师队伍的一员)。拿马克思来看——顺便指出,他同作曲家罗·舒曼一年前在耶拿一个人员刚刚配好的系里通过博士学位的情况相似——他呈交的学业证明写得非常清楚,另外,候选人还有沃尔弗这样一个值得信赖、乐于助人的朋友为他说情。没有任何理由怀疑这位候选人的品格,而他的论文证明他才智高超、见解透彻、学识渊博。巴赫曼对博士论文以及马克思本人的基本上表示嘉许的鉴定,按其评语"实应授予学衔"——与当时耶拿常用的评语"符合规定"、"应授予学衔"相比——来说,是罕见的和极高评价了:"巴赫曼肯定意识到,他以如此罕见的褒奖言词把马克思的论文推荐给本系的同事,是采取了一个极不寻常的步骤。这无论如何会使耶拿的教授们得出一种印象,显然是柏林大学的一位优秀毕业生向他们申请获得博士学位证书。他们以识别他的才能并毫无保留地同意授予他所希望得到的学衔而感到荣幸。"①

关于1841年授予马克思博士学位的问题，保存有十二份耶拿档案文件。它们分别保存在莫斯科苏共中央马克思列宁主义研究院中央党务档案馆和耶拿弗里德里希·席勒大学档案馆。这十二份文件第一次全部以真迹影印件的形式，连同有关的修改文本、译文和注释一起在本书发表。

从保存下来的这些材料，特别是马克思的德文申请书②和系主任致该系系务委员们的推荐信③可以明显看出，马克思还呈交了一份拉丁文申请书、自传以及首先是他的博士论文《论德谟克利特的自然哲学和伊壁鸠鲁的自然哲学的差别》（这是马克思在申请书中的写法）。令人遗憾的是，上述三个文件——同系里给马克思的复信一样——在关于授予博士学位的档案中没有保存下来，迄今为止也未在别处发现。

马克思呈交给系里的博士论文原件不在了这个令人遗憾的事实，是很难加以解释的。假如我们不愿意认为后来别人有意从关于授予博士学位的档案中抽出了这篇论文（不过也缺少这方面的线索），那么最大的可能是，1841年系主任或系里的某位教授保存了马克思的论文，而没有注明或没有让人注明文件的性质，以致论文未收入关于授予博士学位的档案，这在当时的耶拿大学是常有的事。

尽管由马克思呈交给耶拿大学的博士论文手写本没有保存下来，但是由一位不知名的人抄写并经马克思在1841年到至迟1842年3月2日

---

① 恩·君·施米特：《卡尔·马克思博士论文新版本（〈马克思恩格斯全集〉原文版新版第1部分第1卷）和关于授予博士学位的文件》，载于《语文学家》第121卷，1977年，第284页。
② 《马克思恩格斯全集》第1版第40卷第287页。
③ 《马克思恩格斯全集》第1版第40卷第898—899页。

亲笔修改的同一题目的文本却保存下来了。这个准备拿去付印的、经过加工整理的文本今天被研究者认为是正式文本，同时可以肯定地证明马克思没有把付印文本的一些部分呈交给耶拿大学。①

博士论文，确切地说是保存下来的、今天由阿姆斯特丹国际社会史研究所收藏的别人抄写的文本，在马克思生前没有发表过。1902年，弗·梅林在《马克思遗著》一书中第一次部分地加以发表，1927年，在没有最后出完的《马克思恩格斯全集》原文第一版中，第一次全文发表了史料考证版的博士论文。本书是根据1975年在《马克思恩格斯全集》原文版新版发表的在史料考证方面经过经过修订的博士论文排印的。

自从1901年梅林首次竭力要找到博士论文的耶拿原件以来，调查博士论文和关于授予博士学位的档案下落的工作进行过多次。查找马克思博士论文的活动，是耶拿学术史和档案史上饶有趣味的一页。关于授予博士学位的档案的发现，已成为德苏友谊和合作的一个美好例证，其开端在1933年以前在耶拿大学就已经有据可查了。

事情开始于1925年俄国科学院成立二百周年之际。应苏方邀请，当时的耶拿大学校长、资产阶级法学家亨·格兰特也参加了莫斯科和列宁格勒的庆祝活动。② 其间，谈到了马克思在耶拿获得博士学位的事。根据格兰特所作的访苏见闻报告，耶拿大学社会政治学教授格·凯斯勒委托其研究班的一位成员调查耶拿关于授予博士学位的档案。同年，

---

① 见《马克思恩格斯全集》原文版新版第1部分第1卷第882—883页。
② 见鲁·路德洛夫：《1925年在俄国科学院成立200周年暨改名苏联科学院之际德国大学教师的莫斯科和列宁格勒之行》，载于《耶拿大学学报. 社会科学和语言学类》1956年—1957年第6卷第6期第709—721页。

尤·沙克谢尔教授——耶拿最知名的为建立社会主义大学而奋斗的先驱者[①]——应莫斯科马克思恩格斯研究院的请求去见耶拿大学校长，得到了马克思文件的照相复印件，亲自查找过失落的博士论文[②]，并将照片资料交苏联驻柏林大使馆转寄给了莫斯科。美因河畔法兰克福大学社会研究所所长卡·格律恩贝尔格教授，也从耶拿大学得到了照相复印件，以便在《社会主义和工人运动史文库》杂志上加以发表。[③]

作为苏联共产党全面掌握和研究马克思遗著的不懈努力的一部分，莫斯科马克思恩格斯研究院为了找到耶拿博士论文原件，于1927年悬赏一千帝国马克，沙克谢尔公开宣布了这一赏格。但是，由当时的大学官员海·洛伊滕贝格和海·默林在哲学系档案馆存档中组织进行的第三次调查，仍无结果。

苏联战胜德国法西斯之后，又重新查找耶拿的马克思文件。首先必须在1945年由于英、美空袭而遭破坏的耶拿大学档案馆中找到被认为失踪了的关于授予博士学位的档案。特别是图林根州的苏联军管当局干预了这件事，它要求进行寻找工作并颁发表彰奖金加以酬劳。[④] 经过艰苦的寻找，重新找到了耶拿关于授博士学位的档案——这是当时耶拿大

[①] 见迪·弗里克：《尤利乌斯·沙克谢尔（1887—1943）。德国的一位马克思主义自然科学家和大学教师的生平和斗争》，耶拿—莱比锡—柏林1964年版。

[②] 见《马克思恩格斯全集》原文版旧版《总序言》，载于该书1927年美因河畔法兰克福版第1部分第1卷上册XXVIII—XXX页。

[③] 见由卡·格律恩贝尔格报道并作序：《卡尔·马克思大学时代的证明材料》，载于《社会主义和工人运动史文库》第12年卷，莱比锡1926年版，第232—239页。

[④] 见1946年12月31日耶拿大学校长致苏联驻耶拿军管会司令的信。耶拿大学档案馆藏编码全宗BB.第247号［O.P］。

学图书馆顾问汉·弥勒博士的功绩,他得到了大学行政处(大学管理部门)处长伊·尤特根斯和若干助手的支持。为此,提议对合作者麦·阿道夫、麦·巴尔西科夫和阿·费尔德拉佩加以嘉奖,以表彰他们"抢救大学档案馆的工作,这一工作使得与授予卡尔·马克思博士学位有关的档案得到挽救"①。1947年1月4日弥勒致耶拿大学校长弗·楚克尔教授的关于这一活动顺利结束的报告是一份珍贵的时代文献。报告清楚地描绘了档案馆在战后几个月中的严重情况,指出了当时最终丧失马克思文件的危险到底有多大。报告中说:

"第二次世界大战末期,1945年2月9日,一颗重磅炸弹炸毁了大学楼北翼的一部分,也把存放在该处地下室的大学行政处档案和其他档案材料掩埋在瓦砾堆中。收藏哲学系关于授予博士学位档案的毗邻地下室受到很大的破坏,门窗脱落,不太坚固的隔墙部分坍塌,石块、房梁和大量的瓦砾灰土溅落四处,档案架倾倒,档案散落一地。这种劫后状态由于当时条件的限制,在以后的一段时间里依然如故,这地方没遮没挡,经受着风吹日晒和水管的侵蚀,收藏的文件不断遭到劫掠。我以前对这些档案中较古老的部分从事过科学研究工作,深知这些档案在文化史和大学史方面具有极高的价值。因此,1945年夏季我试图说服有关部门去抢救这批受到严重威胁的档案收藏。由于有其他紧急的重要任务,又缺乏劳动力和材料,当时我的努力没有取得任何成果。只是到了1946年夏季才实现了这一设想。当时我受大学校长的委托去抢救这批濒临危境的收藏品。在这段时间里,我克服了重重困难(首先是缺少劳动力、没有任何材料),除了挖掘最后一批被掩埋的档案以外,还对裸

---

① 见1946年12月31日耶拿大学校长致苏联驻耶拿军管会司令的信。耶拿大学档案馆藏编码全宗BB.第247号[O.P]。

露的地下室采取防护措施。在此期间马克思的档案得以免遭毁坏的厄运，无疑首先要归功于这样一种情况，即它们被存放在很难通行的，被放在前面、为预防空袭而搬到这里来的材料所堵塞并有一个压扁了的大档案架挡着的地方。当我听说人们几个月来一直在寻找这批档案并把查找的任务分配给我时，我在清除了最后一批堆放在上述地点前面的材料——大部分材料这时已经搬走——以后，终于使要查找的案卷显露了出来。"①

尽管博士论文经过多次寻找，其中包括大学档案馆馆长奥·克勒尔从1947年到1975年重建耶拿大学档案馆期间的查找，一直没有找到，但是，马克思档案的重新发现确属特别值得一提的档案工作成绩，也是耶拿大学对遗产的保护。马克思档案的重新发现不仅在学术上，而且在政治上都产生了重大的影响。现在，在20年代为找到有关文件而作的努力，第一次可以被耶拿大学图书馆馆员和历史学家奥·法伊尔称誉为德苏友谊的一个以前不为人知的显著例证，并且在1953年卡尔·马克思年通过各种出版物和展览会变得为公众所熟悉。② 这在耶拿大学教职学员的思想转变中曾起过重要的作用。

现在，根据新发现的文件，有关1841年授予博士学位的事件又得到了新的阐述。1958年，在为庆祝建校四百周年而出版的叙述耶拿

---

① 《1947年1月4日汉斯·弥勒博士致大学校长的报告》，耶拿大学档案馆馆藏编码全宗BB.第247号[O.P]。

② 见奥·法伊尔：《卡尔·马克思和耶拿大学》，载于《耶拿大学学报。社会科学和语言学类》1952—1953年第2年卷第3期第3—21页；奥·法伊尔博士：《卡尔·马克思年（1953年）的耶拿大学图书馆》，载于《人民卫士》（格拉）1953年3月10日（耶拿版）；奥·法伊尔博士：《卡尔·马克思拿大学》，载于《人民卫士》1953年3月14日（耶拿版）。

大学全部历史的专著中①，这一事件第一次获得了它应得的地位。1964年，耶拿大学作为该校丛书《耶拿的演讲和著作》之一继《马克思恩格斯全集》原文第一版的文本之后第一次在德意志民主共和国发表了由格奥尔格·门德教授主持、恩斯特-君特·施米特协助编辑的博士论文，它"为卡尔·马克思在我们的大学获得博士学位而理所当然地感到骄傲"②。这本书很快就成了最畅销的耶拿出版物之一，并经多次再版。1976年，耶拿大学第一次把在马克思获得博士学位的档案中当时已发现的全部文件作为首先为收藏珍本图书要求服务的真迹影印版③出版。

耶拿大学母校为研究和出版它所收藏的马克思文件而作的努力，由大学档案馆继续加以发扬。例如，科学工作者托·彼斯特尔④和大学档

---

① 奥·法伊尔：《1841年卡尔·马克思在耶拿获得博士学位》，见《1548—1558年至1958年耶拿大学史》第1卷第396—399页和第2卷第562—563页（第397页的插图说明弄错了，应为1841年4月6日马克思致巴赫曼的信，不是致沃尔弗的信）。

② 格·门德：《序言》，载于门德编，恩·君·施米特协助：《卡尔·马克思的博士论文（1841年）》，耶拿1964年版，第7页。

③ 《卡尔·马克思。1841年耶拿。耶拿大学关于授予卡尔·马克思博士学位的文件》[1976年耶拿版]。该书受耶拿大学校长和党委委托，由《学报》和《警戒》编辑部编（附埃·朗格和君·施泰格尔撰写的德、俄和英文导言）；《马克思获得博士学位》中的文件一至七和文件九。

④ 见《马克思获得博士学位》第210页；君·施泰格尔：《一个关于卡尔·马克思的文件被发现》，载于《人民卫士》1981年8月8日（耶拿市版）。

案馆馆长福·瓦尔①博士发现了记载和批准颁发博士学位的耶拿大学官方登记簿。

本书的新颖之处在于，它第一次把博士学位论文连同关于授予博士学位的档案材料和1976年以后发现的"官方文件"一起作为一个完整的版本和真迹影印版奉献给读者。和出版1976年版时一样，在印制真迹影印件时，依据的是文件原本，其中最重要的部分自1947年以来都存放在莫斯科。

为了对苏联在重新建设弗里德里希·席勒大学方面所提供的，援助表示感谢，为了表示友好情谊，为了从政治上表明耶拿大学是一所自觉反法西斯主义的民主大学，根据1946年12月24日大学董事会的决议，1947年1月初，当时的大学校长楚克尔教授把关于授予马克思博士学位的档案的各项文件原本移交给了莫斯科的马克思恩格斯列宁研究院。② 1947年1月10日的庄重的赠送证书上写道："当耶拿大学放弃对这批证件原件的所有权的时候，这一行动意味着承认莫斯科马克思恩格斯列宁研究院由于它在传播马克思著作和收集有关马克思生平文件方面

---

① 见《马克思获得博士学位》第214—218页；福·瓦尔：《关于马克思博士学位的又一个文献证据》，载于《社会主义大学（耶拿）》1981—1982学年，1982年7月29日第20期；福·瓦尔：《附言。关于授予卡尔·马克思博士学位日期之"谜"》，1982年11月12日第4期。

② 见耶拿大学档案馆馆藏编码全宗BB.第247号[O.P]；奥·科勒、君·施泰格尔《耶拿大学档案馆所藏关于1945年苏联对重新开办弗里德里希·席勒大学和德苏友好的开端的文件（1945—1950年）》，载于《耶拿大学报。社会科学和语言学类》第16年卷1964年第4期第399—410页；《新的开端。苏联对重新开办弗里德里希·席勒大学的援助》1977年耶拿版第72页（《耶拿的演讲和著作》丛书）。

所建树的功绩也赢得了收藏耶拿证件的权利。"①

移交仪式是1947年1月10日在耶拿为莫斯科苏联科学院哲学研究所和耶拿大学辩证唯物主义研究所建立所际关系而召开的庆祝会上举行的②。这是战后耶拿大学同苏联的科学机构第一次建立正式联系。校长楚克尔教授在庆祝会的致辞中，明确表示要抛弃旧的法西斯主义大学的传统，在政治上崇奉各国人民友好的精神。耶拿大学校长在致辞中对负责接收文件的苏联教授彼·维辛斯基说："但愿以赠送证书为标志的莫斯科和耶拿之间学术交流关系的建立，作为最先培植起来的关系也会对其他科学领域产生对其他科学领域产生卓有成效的影响。12年来，德国科学界同国外科学界的关系遇到了种种困难，我们同苏联干脆断绝了来往。毫不奇怪，我们是大大地落后了，因此，我们最近的任务就是把耽误了的东西补回来。……无知，不仅是缺乏知识，而且也是不信任以及由此产生的一切祸害的根源。因此，要消除无知，同时也就要建立更深刻的理解。可见，将从值得我们今天庆祝的建立关系中获得好处不仅是科学，而且除此以外还有两国人民的互相理解。"③

（原载《马克思获得博士学位》柏林1983年版）

（张念东 译　刘晔星 校）

---

① 耶拿大学档案馆馆藏编码全宗BB. 第247号[O.P]。
② 见奥·科勒、君·施泰格尔：《耶拿大学档案馆所藏关于1945年苏联对重新开办弗里德里希·席勒大学的援助和德苏友好的开端的文件（1945—1950年）》，载于《耶拿大学学报.社会科学和语言学类》第16卷1964年第4期第401页。
③ 耶拿大学档案馆馆藏编码全宗BB. 第247号[O.P]；奥·科勒、君·施泰格尔：《耶拿大学档案馆所藏关于1945年苏联对重新开办弗里德里希·席勒大学的援助和德苏友好的开端的文件（1945—1950年）》一书刊登了这个讲话。

论马克思的博士论文[*]

〔苏〕B. A. 马利宁　B. И. 申卡卢克

马克思为了选择博士论文的研究题目曾经犹豫了很长时间，但是最终还是选中了古代哲学史中的一个题目："论德谟克利特的自然哲学和伊壁鸠鲁的自然哲学的差别"。黑格尔曾经赞成布鲁诺·鲍威尔选的批判康德美学中美这个概念的题目。但是他未必会赞成马克思的这个题目，因为他并不赏识古代唯物主义者。在《哲学史讲演录》中，他毫不掩饰地对这个问题表明了态度，把原子论称为"贫乏的"哲学。而马克思持不同的看法，虽然当时他对原子论的理解还不是唯物主义的。他从1838年底起开始撰写，而在1841年初写成了博士论文。论文脱稿以后，他"出于安全的考虑"，并没有把论文送交他就读的柏林大学，因为那里人们了解他的反政府情绪，了解他同布鲁诺·鲍威尔和"博士俱乐部"其他成员的友谊，而是送交还不怎么了解他的耶拿大学。1841年4月15日，马克思被授予博士学位。

在博士论文的献辞中，马克思写的是献给"敬爱的父亲般的朋

---

[*] 本文选自《马克思恩格斯研究》1989年总第1辑。
　　原题注：此文为 B. A. 马利宁和 B. И. 申卡卢克合著《马克思恩格斯和黑格尔左派》一书（1986年基辅版）的第二章第二节。——译者注

友"、他的未来的岳父路德维希·冯·威斯特华伦。他感谢冯·威斯特华伦使他这个学位论文答辩人确信一种思想，即"理想主义不是幻想，而是真理"①。献辞中的这句话使人们可以认为，在这位年轻的博士学位申请人身上蕴含着有利于相反意见的论据，这种相反的意见就是：理想主义不是真理，而是幻想。②博士论文的正文并没有证实在这里表现得如此坚决的对唯心主义，至少是对冯·威斯特华伦所喜欢的先验唯心主义类型的唯心主义的确信。青年马克思所选择的研究题目按其内容来说客观上是唯物主义的。这一点虽然不能决定一切，但是说明了许多问题。后面我们将会看到这位研究者的矛盾处境，他希望成为客观的人，同时又力图在论文中贯彻接近于鲍威尔的自我意识哲学的思想。

博士论文的性质。马克思的博士论文是有关古希腊哲学和整个古代文化的更加广泛的材料中的一个经过逻辑加工的部分。《关于伊壁鸠鲁哲学的笔记》和《关于希腊文学的初步札记》以及有关没有保存下来的类似性质的材料的现有的或多或少是可靠的报道证实了这一点。同时，博士论文又是一部完全独立的著作。耶拿大学哲学系主任卡·弗·巴赫曼教授读了论文以后指出，整篇学术著作论据极为充分。他写道，博士论文证明"该候选人才智高超、见解透彻、学识渊博"③。

博士论文的史料学基础是扎实的、有说服力的。马克思不仅研究了古希腊文和拉丁文的资料，而且研究了德文的资料；许多他需要用的段落，他都从古希腊文和拉丁文译成了德文。他认真地对原子论者及其论

---

① 《马克思恩格斯全集》第1版第40卷第187页。
② 在德文和俄文中，理想主义和唯心主义是一个词。——译者注
③ 《马克思恩格斯全集》第1版第40卷第899页。

敌的著作作了摘要。①

博士论文由两个部分组成：《德谟克利特的自然哲学和伊壁鸠鲁的自然哲学的一般差别》和《论德谟克利特的物理学和伊壁鸠鲁的物理学在细节上的差别》。在第一部分中，对理解马克思哲学思想最为重要的第四章《德谟克利特的自然哲学和伊壁鸠鲁的自然哲学的一般主要差别》和第五章《结论》遗失了，至今没有找到。不过，即使缺少遗失的两章，这篇哲学论著的内容也是清楚的；博士论文考察了一组关于古代文化的内容广泛的问题：哲学、哲学史、历史、宗教史、艺术、道德、古希腊的科学——这一切都在青年马克思的视野之内。由于青年马克思研究了古希腊社会两个不同时期的原子论思想家（即鼎盛时期的德谟克利特和衰落时期的伊壁鸠鲁）的观点，博士论文的问题的这种多面性尤其引人注目。后来，马克思在给拉萨尔的一封信中写道，他在自己的博士论文中"根据一些残篇阐述了整个体系"，并且补充说，这个体系在这个古希腊思想家那里"只是'自在地'存在，而不是作为自觉的体系存在"②。换句话说，马克思试图"认清"伊壁鸠鲁所没有认清的东西，把一些残篇扩展成为一个体系。他重建一个体系并描述原子论的自然辩证法的工作做得非常成功。不过，由于自我意识哲学给马克思思想造成的局限，这种重建工作不可能是十分完善的。对自我意识哲学的前提所表示的拥护态度在博士论文中并不是无条件的，但是这种态度有时使它进行了一些十分明确的、然而不合适的表态。例如，在博士论

---

① Е. Г. 施米特认为，马克思研究了伊壁鸠鲁的著作《论自然界》的德文版（Epikur. Ueber die Natur. Ausgabe von Oreclli-Leipzig, 1818）。马克思还用古希腊文和拉丁文研究了原子论者的著作，他精通这些文字，已译成德文而他认为符合古希腊原文的42段文字，他都按德文版加以引用并作了注释。

② 《马克思恩格斯全集》第1版第29卷第540页。

文序言中他写道:"普罗米修斯承认道:老实说,我痛恨所有的神。这是哲学的自白,它自己的格言,借以表示它反对一切天上的和地上的神,这些神不承认人的自我意识具有最高的神性。不应该有任何神同人的自我意识相并列。"①这段话的无神论内容是显而易见的。但是,马克思在意识形态上向天上的神和地上的神宣战的这个表态中,仍然可以看出他显然有意把自我意识加以神化。这是在青年马克思表示拥护自我意识哲学的言论中最坚决的言论。

为原拟出版而未能实现的博士论文所作的序言比1841年底至1842年初准备好的正文写得稍晚一点。在序言中,马克思已经不使用为自我意识哲学具有特别意义的看法辩护的有力词句;这篇序言的语气比较克制,尽管如此,他还是把伊壁鸠鲁派、怀疑派和斯多葛派作为以自我意识为其注意和感兴趣的中心的哲学家来加以谈论。他回避了关于资料和在古代哲学这些学派的代表理解自我意识方面有明显差别的问题。

马克思断定,只有现在,即在当时在他看来、左翼黑格尔分子成了哲学中的决定力量的时候,才有可能认识古代哲学这些学派的精神。这就是自我意识的精神。同某些作者的意见相反,我们并不认为,这种观点是鲍威尔强加或者灌输给马克思的。他们对事物有过共同的观点。马克思和鲍威尔都非常熟悉黑格尔《哲学史讲演录》。在那里,黑格尔把伊壁鸠鲁派、怀疑派和斯多葛派称为迷恋于"苦恼的意识"的人。他们不能容忍压制个人自由的残酷现实("国家的必然性"),于是就到意识的世界中去寻找这种自由。黑格尔没有为这一点而谴责他们,但是他认为,"苦恼的意识"比如说在斯多葛派那里妨碍他们看到哲学和历史的前途。

---

① 《马克思恩格斯全集》第1版第40卷第189—190页。

马克思早就认识到了，停留在神学的基地上和批判宗教的领域内，可能注定要在理论上原地踏步。而鲍威尔正是把自己局限于对原始基督教史的批判，而且相信自我意识哲学的力量，从而使自己的能力贫乏化了。

马克思比鲍威尔更接近于黑格尔对自我意识的理解。鲍威尔同费希特一样，把自我和外部对象性世界之间的矛盾绝对化了。跟鲍威尔不同，马克思力图把自我意识同人周围的世界联系起来。①经验世界是自我意识、自我、主体的世界的必要前提。例如，马克思说："哲学的实践本身是理论的。正是批判从本质上衡量个别存在，而从观念上衡量特殊的现实。"② 他的这个命题与其说是费希特的或鲍威尔的，不如说是黑格尔的。

因此，马克思和鲍威尔对黑格尔哲学的解释的方式和性质是不同的。马克思对古代原子论的分析证实了这一点。

对古代原子论的原理和哲学发展的一般趋势的认识。列宁写道，在博士论文中，青年马克思"所持的还完全是黑格尔唯心主义的观点"③。

---

① 奥·科尔纽写道，"对德谟克利特和伊壁鸠鲁的自然哲学的批判是以左翼黑格尔主义的自我意识哲学作为自己的思辨的出发点的"（奥·科尔纽：《马克思主义哲学的形成》，莫斯科1959年版，第38页）。Т. И. 奥伊则尔曼也同意这种观点（Т. И. 奥伊则尔曼：《马克思主义哲学的形成》，莫斯科1974年第2版，第54页）。他们都避免在马克思对自我意识的理解和鲍威尔对自我意识的理解之间划等号，这无疑是正确的。茨维·罗森断言，似乎马克思的话"自我意识是智慧的首要条件"，按其来源是鲍威尔的（茨维·罗森：《布鲁诺·鲍威尔和卡尔·马克思》，海牙1977年版）。把左翼黑格尔分子任何提到自我意识的说法都归结为鲍威尔的观点，这是不确切的。罗森没有想到：原本不是出自鲍威尔，而是黑格尔。

② 《马克思恩格斯全集》第1版第40卷第258页。

③ 《列宁全集》第1版第21卷第59页。

这有其原因、矛盾和后果。

在青年马克思关于古代原子论的见解中，存在着某些矛盾。一方面，他并不掩饰他拥护自我意识哲学的原则的态度，有时仿佛故意地宣布这些原则。但是，他越来越倾向于这样一种看法，即认为自我意识哲学并不是哲学的极限。而且，马克思越来越清楚地认识到，他对古代原子论的研究也促进了这一点，即这种哲学实际上阻碍了面向现实世界、以认识这个世界的规律为目的的真正哲学的发展。另一方面，在分析德谟克利特和伊壁鸠鲁的原子论的具体的哲学前提和自然科学论点以及他们的古代批评者的论据时，他不仅表现了观点的特有的客观性和评价的严格性，而且还提出了一些不仅对当时来说，而且从现代关于原子论的见解来看也是极其正确的论断。这些论断并不总是同自我意识哲学的主观主义立场相一致，它们再一次证实马克思对自我意识哲学的教条的拥护态度决不是无条件的。马克思在叙述古希腊原子论者的学说时（按照他最晚的说法，伊壁鸠鲁是比德谟克利特"容易理解得多的哲学家"），并不隐瞒他对原子论的唯物主义原理的明显同情的态度。[①]

黑格尔在《哲学史讲演录》中把原子论学说评价为"贫乏的"的学说。青年马克思持不同的观点。他认为，古希腊的原子论是相当丰富的学说，并且断定，继德谟克利特之后，伊壁鸠鲁也赞同关于物质的永恒性以及虚空的永恒性的见解，虚空"存在于没有物质的地方"[②]。而精神不是永恒的。

伊壁鸠鲁是到19世纪末一直在机械唯物主义中占据统治地位的那种把物质和实物等同看待的哲学传统的创始人之一。马克思认为，伊壁

---

① 《马克思恩格斯全集》第1版第29卷第540页。
② 《马克思恩格斯全集》第1版第40卷第71页。

鸠鲁在这一点上并不具有独创性，他在解释外部自然界时接受了德谟克利特物理学的原理。Т. И. 奥伊则尔曼写道："我们没有根据认为，马克思在1839—1841年是原子论假说的拥护者。原子这个概念被解释为个别的自我意识的经验映象。"①我们认为，问题并没有就此了结：我们有根据不把马克思的博士论文看作是原子论假说的反对者的著作。马克思关于原子的言论，特别是他在《论德谟克利特的物理学和伊壁鸠鲁的物理学在细节上的差别》这一节中的言论，没有提供根据可以把马克思对原子的理解归结为"个别的自我意识的经验映象"。倒不如说，他持的是德谟克利特和伊壁鸠鲁关于原子是客观实在的见解。

弗·培根早就提醒人们注意德谟克利特物理学的原理之一，即认为"自然界主要是在最细小的事物上表现自己"的"极其重要的物理学原理"，而这个在方法论意义上极其正确的原理"导致了德谟克利特创立原子理论"②。马克思在他的博士论文中援引莱昂泰乌斯和普卢塔克的话时指出，"伊壁鸠鲁很尊敬德谟克利特，因为德谟克利特在他之前就宣示了真理的学说，因为他早就发现了自然的原理"③。自然界的这些始原以其现象出现在我们的认识面前，因此表现为一般知识的条件。马克思解释伊壁鸠鲁的观点说："解释时所需的唯一证明是，应当不为感觉的明显性和经验、现象、假象'所驳倒'，因为一般涉及的仅仅是自然的假象。"④

伊壁鸠鲁维护作为真理性标准的感性确定性原理，马克思还谈道，

---

① Т. И. 奥伊则尔曼：《马克思主义哲学的形成》，莫斯科1974年第2版，第62页（参见中译本第48页）。

② 《培根著作集》（两卷集）第1卷，莫斯科1977年版，第201页。

③ 《马克思恩格斯全集》第1版第40卷第197页。

④ 《马克思恩格斯全集》第1版第40卷第49页。

伊壁鸠鲁反对"空洞"公理和"规律",这是反对德谟克利特的论敌包括柏拉图和柏拉图派在内的思辨唯心主义。自然界的"提示"和在认识过程中遵循这些提示,是非常重要的。它们使他们可以防止以虚假的明显性为根据的结论,虽然并不能保证认识不犯错误。错误的表象是与认识同时产生的,但是我们完全有能力通过把表象同"感觉的明显性和经验"① 加以对比来克服这些错误的表象。应该特别注意的是,马克思不断谈到伊壁鸠鲁关于自然界的言论,一个唯物主义者和无神论者的言论。实质上,这是后来从自我意识哲学走向哲学唯物主义的前提。

马克思解释伊壁鸠鲁的观点说,明显性的表象是以感性秩序和道德秩序在我们经验中的可重复性为基础的。重复出现的表象不会也不可能使有健全思维能力的人在日常经验的世界中为难。在自然科学中,在整个科学中,即在理解的理论层次上,这种认识方法并不是很有效的。例如,我们即使相信感觉的明显性,在认识宇宙方面却可能仍然是无知的人。"……天体对于感觉犹如某种彼岸的东西,是难望达到和其余的道德世界和感性世界同样程度的明显性的。"②感性表象的威力有它的界限。

意识到在宇宙的世界中被认识的东西是不明显的东西,促进了下述一点,即"意识就认识到自己的活动,它观察到自己所作的是什么,以便弄清先存于意识中的表象的意义,并把它们当作自己的所有物。须知意识的全部活动仅仅是与远方作斗争,这远方像一股魔力笼罩着整个古代世界;可能性、偶然性仅仅是意识的原则;意识力求以某种方式使自己和它的客体等同起来,所以当这远方作为在物质上独立的天体而与意

---

① 《马克思恩格斯全集》第1版第40卷第49页。
② 《马克思恩格斯全集》第1版第40卷第47页。

识相对立时，意识就承认这一点。"①这对于当时的出版物来说是对古代自然哲学思维的实质的相当深刻和不平常的、接近于唯物主义观点的评述，同黑格尔在《哲学史讲演录》中对伊壁鸠鲁主义的评述相比是前进了一步。这里有什么"贫乏"呀！

在《关于伊壁鸠鲁哲学的笔记》中，青年马克思指出了"伊壁鸠鲁的不朽功绩和伟大"，看到这种伟大就在于，"他并不把状态看得比观念更重要，也不努力维护它们"。这的确是自我意识哲学的尚未过时的痕迹。伊壁鸠鲁哲学的原则就在于证明"世界和思想是某种可想象的，可能的东西；而这种论据和原则——它是这点得到证明的基础，而且这一切又归结于它——仍然是［自为存在的可能性］本身，这种可能性在自然界的表现是原子，它在精神上的表现则为偶然和任意"②。他认为，这是整个古代哲学的不完善之处，古代哲学知道在意识中产生表象，但是不知道表象的极限、表象的原则、表象的必然性。伊壁鸠鲁实际上仍然停留在认为不可能科学地解释世界在思维中的反映这种观点上。③

青年马克思把伊壁鸠鲁称为"表象哲学家"④，他看到了伊壁鸠鲁哲学中自我意识着的存在的原则的同一性。他的这一思想同黑格尔在

---

① 《马克思恩格斯全集》第 1 版第 40 卷第 48 页。

② 《马克思恩格斯全集》第 1 版第 40 卷第 41 页。这段话证实了我们前面提出的看法，即对马克思来说，原子是自然的、实在的现象，而不是精神的现象。它之所以是"个别的自我意识的映像"，只是因为这种意识确定了它的实在性。

③ 参见对伊壁鸠鲁观点的下述解释："因为世界是一种一半为感情的、一半为思维着的意识的不确定的观念，那么，在这意识中世界就和一切其他的感性表象同时存在，并为它们所限制。"（《马克思恩格斯全集》第 1 版第 40 卷第 54 页。）

④ 《马克思恩格斯全集》第 1 版第 40 卷第 35 页。

《哲学史讲演录》中所使用的自我意识的存在这一概念相一致。① 顺便指出,黑格尔在那里说,希腊亚里士多德以后的哲学是自我意识的哲学。马克思发展了这一思想,同时又作了修正。他指出,亚里士多德以后的哲学应该在体系(例如,对亚里士多德的思想并不总是作出完全恰当的解释而具有模仿趋向的同一个亚里士多德主义)中的奴隶状态和自我意识中的自由之间进行选择。在伊壁鸠鲁主义中并且同伊壁鸠鲁主义一道,希腊人选择了自我意识中的自由。

《关于伊壁鸠鲁哲学的笔记》包含有对引用伊壁鸠鲁言论的第欧根尼·拉尔修的著作的长篇摘录,这些摘录涉及伊壁鸠鲁学说的其他方面——伊壁鸠鲁的感觉辩护论、他的把感性材料的确定性作为正确知识前提的原理,以及关于享受这种生活的必然性的学说。马克思摘录了伊壁鸠鲁给梅诺伊凯乌斯的信中一段唯物主义和无神论的卓越论断:"**你要习惯于认为,死亡对于我们来说是无所谓的**。因为一切的善与恶都存在于**感觉之中**,而**死亡**就是感觉的停止。"②在这里我们又看到了在使唯物主义感觉论观点重新复活的洛克以前很久对这一观点的运用以及对它持赞许态度的复述。伊壁鸠鲁关于享受精神生活的丰富表现的学说吸引着马克思;他一次再次地回过来谈这一学说。

伊壁鸠鲁用自由和偶然性这两个术语来解释人的灵魂的基本现象。马克思指出,在伊壁鸠鲁那里,"有生命的东西又回到原子论形式"③。灵魂只是由于原子的偶然的混合才存在。伊壁鸠鲁还教导说,一切表象,例如关于灵魂的表象等等,具有偶然性,这些表象在普通意识中产

---

① 《黑格尔全集》第9卷,莫斯科1935—1957年版,第149页。
② 《马克思恩格斯全集》第1版第40卷第29页。
③ 《马克思恩格斯全集》第1版第40卷第89页。——本丛书编者注

生的那种形式中不具有必然的性质。它们也不可能作为必然的表象得到证实。精神状态的必然性被看作是不可证实的，仅仅是可能的。按必然性来说，只存在物质性的东西，而观念性的东西则失去实体性的状态，在伊壁鸠鲁那里，它属于可能的东西的领域。马克思总结说，伊壁鸠鲁"主张精神的绝对自由"。人在其思维中是自由的，因为"表象的领域被设想为自由的"。在感情中人也是自由的。他的感性爱好是由不可控制的情欲决定的，在感情中，他是按照偶然性行动的。不仅如此，人在其思维中是自由的。马克思非常客观地叙述了伊壁鸠鲁的学说。但是，这并不是说，青年马克思完全赞同这位古代思想家的意见。比如说，伊壁鸠鲁把自由和偶然性绝对化，就没有获得他的完全赞同。他在博士论文中已经指出，黑格尔关于自由是被认识了的必然性的思想更加深刻。

原子论的自然哲学。青年马克思坚决主张原子论是古代自然科学知识中意义极其深刻的领域。黑格尔认为这里只有"无聊"，马克思决不同意黑格尔的看法。博士论文分析了德谟克利特和伊壁鸠鲁自然哲学观点的宽广而丰富的方面；马克思指出了他们的宇宙学（"世界的结构"）和自然哲学本身的差别。他详细地叙述了伊壁鸠鲁的观点，虽然他也承认，"伊壁鸠鲁的自然哲学基本上是德谟克利特的"①。很久以后，马克思在给斐·拉萨尔的信（1958年2月22日）中指出，虽然伊壁鸠鲁"是以德谟克利特的自然哲学为出发点，但是他到处都把问题要点颠倒过来"②。这"另一方面"主要就是人的活动中心和自由的辩证法问题、关于人的学说的自然科学基础。伊壁鸠鲁自然哲学的起始原理客观上是唯心主义的。

---

① 《马克思恩格斯全集》第1版第40卷第167页。
② 《马克思恩格斯全集》第1版第29卷第529页。

伊壁鸠鲁在承认世界的物质性和原子的物质性时，依据的是德谟克利特的原子论。他断定，"一切具体的物体都是复合"，即"原子的复合"①。根据青年马克思的观点，原子不是某种观念的存在物（黑格尔在其《哲学史讲演录》中持这种观点），而是素来就存在的物质的存在物。因此，往往好像是用原子想改变自己的运动的意志来加以解释的原子的偏斜，在这里得到了更合理的解释——这是客观的运动，其动因是"其矛盾的总体"。马克思得出了一个"至今完全被忽视的"结论，即：**"原子偏离直线并不是特殊的、偶然出现在伊壁鸠鲁物理学中的规定。相反，偏斜所表现的规律贯穿于整个伊壁鸠鲁哲学……"**②

但是，博士论文的作者在对伊壁鸠鲁的原子论作了正确的客观的说明以后，完全根据黑格尔的观点指出："考察偏斜所得出的结论——原子作为概念的直接形式只体现在概念的直接不存在之中，也适用于哲学意识，这个原则就是这种意识的实质。"③当然，说原子是存在的直接形式会更确切些，但是这里是受黑格尔唯心主义和自我意识哲学影响的例子之一。

马克思认为，伊壁鸠鲁并不赞同关于外部因果性，具体说来就是关于任何粒子在创造世界时由于从外面得到推动而运动的见解。他"给原子本身加进了内在必然性"，矛盾的总体。的确，原子运动的内在必然性概念，如果不是伊壁鸠鲁主义的中心概念，那也是其中心概念之一。对这一概念的解释在许多世纪中一直是激烈争论的对象。马克思认为，伊壁鸠鲁通过"原子的具体的质"揭示了内在必然性。遗憾的是，伊

---

① 《马克思恩格斯全集》第1版第40卷第53页。
② 《马克思恩格斯全集》第1版第40卷第214页。
③ 参见《马克思恩格斯全集》第1版第40卷第43页。

壁鸠鲁无论如何在保存下来的著作片断中没有阐明他对这些具体的质的观点。这些具体的质的规定是根据卢克莱修·卡鲁斯的长诗《物性论》而为人所知的。青年马克思认为这些规定"非常不能令人满意"①。但是不应该忘记，这时他还不是一个唯物主义者。卢克莱修的解释不能令人满意，这不能推广到伊壁鸠鲁对原子的"具体的质"的观点上去；卢克莱修的著作只是把伊壁鸠鲁的哲学加以通俗化，但是不完全是这一哲学的完全准确的再现。

对于伊壁鸠鲁对原子的"内在必然性"的理解所作的分析，使马克思得出了一个按其后果来说是很妙的结论：流行的关于原子不可分割的见解（它是同这一概念的本来含义即原子是不可分割地相一致的），是有别于伊壁鸠鲁关于原子是一种复杂的粒子的见解的。马克思的反驳性论断是这样的："既然原子具有某种体积，那么就应该存在着某种比它们更小的东西。这就是组成原子的各个部分。但是这些部分又应该作为某种'内部存在的共性'同时并存着。这样一来，观念性转入原子本身。"②接着，他对伊壁鸠鲁的原子论作了如下的解释："原子中最小的东西对于表象并不是最小的。而是某种与表象相类似的东西，——此时不能想象出任何规定性的东西。原子所固有的必然性和观念性本身仅仅是某种想象的偶然的东西，对原子本身来说是外在的东西。伊壁鸠鲁的原子学说的原则仅仅表现为：观念的东西和必然的东西只存在于这种对于它们本身来说是外在的想象的形式，即原子形式中。伊壁鸠鲁的彻底性就达到这样的程度。"③现代的某些理论物理学家可能羡慕马克思的

---

① 《马克思恩格斯全集》第1版第40卷第123页。
② 《马克思恩格斯全集》第1版第40卷第38页。
③ 《马克思恩格斯全集》第1版第40卷第38页。

论断，但是其中还混杂着唯心主义观念。从马克思这一论断的丰富含义中可以看出，他并不赞同关于原子不可分割的见解。这一见解对于伊壁鸠鲁的原子——"具有各个部分"的原子——是不适用的。他用观念的合理性来解释原子内部结构的复杂性；但是关于存在原子内部结构的问题提出来了，原子在表象中不再是不可分割的了，马克思指出了这一解决办法的方法论意义和一般学术意义。他指出，伊壁鸠鲁可惜没有把原子和一般世界的结构的令人信服的理论加以发展。

伊壁鸠鲁有理由为他自己辩护。当时的自然科学知识没有能够提供关于"有各个部分的原子"的任何资料，更没有能够提供实验方面的资料。他的哲学上的假说同德谟克利特的假设一样，在客观上促进了自然科学知识的发展，提供了推动，必须进行新的探索。至于对原子论观念的兴趣经过许多世纪才重新兴起，这并不是他们的过错。

马克思仔细地分析了伊壁鸠鲁的"任意的规定"。使他感兴趣的首先是对从原子世界及其在虚空中的自由运动向具体的实物世界和人过渡的逻辑的解释。

他认为，伊壁鸠鲁关于原子自然发生的偏斜（在"空虚的"空间下落时）的观念是借助于"偶然这一主宰"向关于自由的观念过渡："在这种情况下人们通过偶然上升为必然性、任意性上升为规律那样的途径来回避决定论。"[①]这是中肯的看法。把任意性提升为规律是解决关于作为生活必然规律的自由这一问题的办法，而且这种"任意性"是原子中的内部矛盾的结果。这一观念在某种程度上是由于自然科学的假说而产生的，在某种程度是通过纯粹思辨的方式而产生的，而在某种程

---

① 《马克思恩格斯全集》第1版第40卷第120页。

度上则是由社会政治动机即古希腊社会中混乱的具体社会关系所引起的。

伊壁鸠鲁关于原子自然发生的偏斜的观念是同他那个时代的物理学家们的观点相矛盾的。这一观念在经验上，用古代技术的手段是无法证明的，正如原子的存在本身是无法证明的一样。古代的物理学家们坚信直接的明显性的不可动摇的真理。甚至在芝诺的难题中考察的也只是机械运动的矛盾。但是，这并没有使伊壁鸠鲁感到困惑。马克思在博士论文中援引了他的论点，"宁可听信关于神灵的神话，也比当物理学家所说的命运的奴隶要好些"①。换句话说，把机械论的因果关系绝对化是没有内容的，这会妨碍科学知识的发展。因此，伊壁鸠鲁反对用科学的名义加以神圣化的宿命论性质的观点，认为这些观点并不比宗教信仰的观点更高明。马克思指出，德谟克利特在其原子论中还信从"物理学家所说的命运"，过分相信当时的自然科学知识。

德谟克利特认为，他假定被硬性决定的原子直线运动，是坚持了完全科学的观点。看来，他那个时代的物理学家都深信自己理论的真理性，就像牛顿时代的物理学家深信他们的力学具有绝对性质，或者像现代物理学家深信他们能够推出在数学上无可指责的一般场论公式一样。亚里士多德也不相信在古代已形成为科学传统的物理学家们的见解；他的关于确定目的的学说证实了这一点。伊壁鸠鲁也决定不让当时的独断论物理学束缚自己。他不相信这种物理学，这一点从他关于原子自然发生的偏斜的见解可以看出。正如马克思所指出的，这不是这个词的物理学意义上的偏斜："因此，如果说伊壁鸠鲁以原子的直线运动表述了原

---

① 《马克思恩格斯全集》第 1 版第 40 卷第 204 页。

子的物质性的话，那么他以原子偏离直线的运动实现了原子的形式规定，而这些相反的规定又被看成是直接相反的运动。"① 在这里和文章的其他一些地方都表现了伊壁鸠鲁的客观上是唯物主义的观点同对这些观点的"自我意识的"解释之间的矛盾，对于我们所考察的青年马克思的这个形成阶段来说是不可避免的矛盾。"伊壁鸠鲁几乎毫不掩饰地说，在宣称自然是自由的时候，他重视的只是意识的自由。"② 对此，马克思表示满意。他认识到，原子论唯物主义取得了许多成就："特别重要的是消除神、目的论对诸现象的周期性的影响。"③ 思维的唯物主义趋势使人们重新认识了它。伊壁鸠鲁哲学所固有的关于实在世界的观念并不能贬低这一成就，那个观念"仅仅是意识的自我阐述，而事情的本质却被神秘化了"④。伊壁鸠鲁本人也促进了神秘化：他"在解释个别物理现象时表现出一种非常冷淡的态度"⑤。马克思认为，伊壁鸠鲁同德谟克利特的看法相反，把"天体"看作是"现实的原子"，这是"**最大的矛盾**"⑥。如果伊壁鸠鲁首尾一贯的话，他就会认为，在天体里，"物质在自身中接受了个体性"⑦。他谈到这位伟大的希腊人背叛了自己的原理——宇宙的原子论结构的普遍性，这是他的见解的"最大的矛盾"⑧。

---

① 《马克思恩格斯全集》第1版第40卷第212—213页。
② 《马克思恩格斯全集》第1版第40卷第49页。
③ 《马克思恩格斯全集》第1版第40卷第50页。
④ 《马克思恩格斯全集》第1版第40卷第50页。
⑤ 《马克思恩格斯全集》第1版第40卷第206页。
⑥ 《马克思恩格斯全集》第1版第40卷第239—240页。
⑦ 《马克思恩格斯全集》第1版第40卷第239页。
⑧ 《马克思恩格斯全集》第1版第40卷第240页。

总之，用古代认识手段无法证明的伊壁鸠鲁的原子论，是未来物理学（但不是机械论的而是辩证法的物理学）的序幕，是未来唯物主义（不是直观的而是能动的唯物主义）的序幕。马克思在《关于伊壁鸠鲁哲学的笔记》中指出，"'原子偏离直线'是最深刻的结论之一，并且是根据伊壁鸠鲁哲学的本质而来的"①，这不是偶然的。后来对自己的博士论文采取批判态度的马克思，在成熟时期也认为，他对原子论的自然哲学作了大体上正确的解释。他不同意拉萨尔对德谟克利特所作的叙述，指出正是"在理解德谟克利特的自然哲学方面"② 同拉萨尔有分歧。在对德谟克利特自然哲学的评价方面，拉萨尔接近于黑格尔。

批判普卢塔克对伊壁鸠鲁哲学的理解。在弄清楚马克思同伊壁鸠鲁主义的宗教神学批评家（古代的和马克思同时代的）的论战的性质和内容以后，马克思对古代原子论的观点的意义就变得更加容易理解了。我们指的是他反驳普卢塔克的结论和鲍尔的结论的意见。马克思认识到：公开的无神论将危害他的博士论文。因此，他利用了普卢塔克反对伊壁鸠鲁的观点，以便直截了当地发表自己的看法。

马克思在《关于伊壁鸠鲁哲学的笔记》以及博士论文的附录中都谈到了普卢塔克的观点和普卢塔克同伊壁鸠鲁的论战。他把主要注意力放在普卢塔克的著作《论信从伊壁鸠鲁不可能有幸福的生活》上面。人的幸福的问题，对古希腊思想来说是一个传统的问题。在保存下来的德谟克利特和伊壁鸠鲁著作残篇中，这个问题占了大量的篇幅。③

---

① 《马克思恩格斯全集》第 1 版第 40 卷第 119 页。
② 《马克思恩格斯全集》第 1 版第 29 卷第 540 页。
③ 见 С. Я. 卢利埃：《古代科学史概论》，莫斯科和列宁格勒苏联科学院出版社 1974 年版，第 371—378 页。

普卢塔克不理解伊壁鸠鲁的观点，主要是因为他持有不同的世界观。马克思指责普卢塔克有意歪曲伊壁鸠鲁的观点而且"对伊壁鸠鲁哲学作荒谬解释"。普卢塔克作为历史学家和经验论者根本不能理解伊壁鸠鲁思想的哲学含义。作为好说教者和道德论者，他不能对伊壁鸠鲁学说展开令人信服的哲学批判。而且他个人对伊壁鸠鲁的偏见太深，甚至在可以信赖健全理智作出判断的地方他也弄错了。比如说，普卢塔克硬说伊壁鸠鲁肆意颂扬感性的快乐，谴责这位极其高尚的思想家宣扬饕餮，甚至宣扬纵欲。后来，教父们也支持这种指责。马克思指出，伊壁鸠鲁的快乐这一概念遭到了最粗暴的歪曲。伊壁鸠鲁是德谟克利特的追随者，他从被人们加以研究并系统化的人的快乐的所有形式中分出了精神的快乐，并认为它具有最高的价值；因此，他的观点同人们强加于他的粗陋的肉体快乐的辩护论毫无共同之处。按照普卢塔克的见解，由于追求精神创造并享受这一创造的产品，精神的快乐是可能得到的；这里也包括其他人的创造。马克思指出，其实，"除了精神的自由和精神的独立之外，无论是'快乐'，无论是感觉的可靠性，无论什么东西，伊壁鸠鲁一概都不感兴趣"①。这是对伊壁鸠鲁哲学兴趣范围的并不完全确切的规定。但这一规定是反对普卢塔克对伊壁鸠鲁关于自由和人的幸福的学说的确实贫乏而肤浅的解释的。伊壁鸠鲁断言，自由的条件是没有肉体的痛苦，人幸福地生活，此外别无其他。普卢塔克断言，伊壁鸠鲁没有指出"从肉体的快乐到精神的快乐"的过渡是怎样实现的②，马克思认为，反对这个伟大的希腊人的这种意见是没有根据的。普卢塔克

---

① 《马克思恩格斯全集》第1版第40卷第80页。
② 《马克思恩格斯全集》第1版第40卷第73页。

没有弄懂或者甚至有意歪曲了自己论敌的观点,马克思认为,普卢塔克绕开了一个情况,即"伊壁鸠鲁在各个领域里都排除那种招致先决条件本身显露出来的状态,并且赞扬那种内部仍然隐藏着先决条件的状态是正常的"①。《关于伊壁鸠鲁哲学的笔记》中的这段话证明,年轻的研究者具有高度的观察力和首尾一贯性。

马克思感到佩服的是伊壁鸠鲁认为科学的为难之处在于解释从物质的东西到精神的东西、从原因到结果的过渡这个观点。他指出,伊壁鸠鲁虽然接受了关于精神的东西来源于肉体的东西的正确论点,但是还看不到有利于这一论点的有足够说服力的解释,并且"赞扬那种内部仍然隐藏着先决条件的状态是正常的"。伊壁鸠鲁遵循正确的方法,拒绝在他看不到为他的观念所证实的确切知识的地方设定思辨的猜测。

伊壁鸠鲁是唯物主义者、无神论者。普卢塔克是唯心主义者、柏拉图主义者。马克思认为,哲学世界观的原则分歧也是他们关于伦理的观念不能相容的决定性原因。普卢塔克对道德的理解中有许多东西受到苏格拉底的动机以及柏拉图关于意志自由的学说的影响。他依据的是道德哲学,这种哲学的原理被用来衡量历史。哲学归根到底仍然局限于它的对象的内容中,只不过是关于善行的学说。在这种情况下,哲学不是面向外部世界,而是面向内部世界,面向人的灵魂、意志、良心。继柏拉图之后,普卢塔克以为,如果对真正的哲学的对象作这样的理解,就既能够理解高尚行为的深刻原因,也能够理解卑鄙行为的深刻原因,就能够克服极其有害的情欲等等。正是在这种意义上说,哲学具有实用价值。作为柏拉图主义的道德说教者,普卢塔克认为历史活动家是著名的

---

① 《马克思恩格斯全集》第1版第40卷第76页。

道德原则（或者伦理的不彻底性和无原则性）的承担者。真正的道德原则是永恒的，它们是"具有神性的"。非真正的道德原则是单个人的邪恶本性的结果，是放荡不羁的动物本能，追求感官愉悦、个人好处、为掌权而掌权的自私意愿的表现。可以理解，对于普卢塔克和基督教传统来说，伊壁鸠鲁是人的邪恶因素的邪恶体现。但是，这是一种谬误。伊壁鸠鲁伦理学的规范是完全合理的，甚至比普卢塔克的规范更高尚。

普卢塔克遵照柏拉图的见解断言，崇敬神灵和遵守宗教仪式使人变得崇高，把人提高到对生活的原始的、动物的态度之上。他讲一些庸俗陈旧的东西：信教的人更沉着稳健，具有更多的尊严感。

正如马克思所指出的，伊壁鸠鲁不赞成这些虔诚的幻想。不仅如此，他还揭露了这些幻想。人在宗教之外是幸福的。因此便产生了宣传宗教思想的人对他的仇恨。他的原则是原子。青年马克思在一系列场合是按照黑格尔的精神来解释这个原则的：原子是"概念的最一般的形态"。马克思甚至认为，普卢塔克和近代的培尔提出的不适当的问题——个人、哲人、神怎么能由原子产生和构成？——证明他们不理解这一原则。而伊壁鸠鲁由于把原子看作是世界的原则，却解决了许多令人困惑不解的问题："关于更高级的形态，例如关于神，他说，神是由更精微的原子构成的。"① 这样一来，伊壁鸠鲁就提出了对信教的幻想的原子论解释，虽然从外表来说，在承认这一幻想的真理性的范围内，伊壁鸠鲁"无论在理论方面或是实践生活中都力求达到没有先决条件，力求消灭差别"②。马克思就是在以同情的态度复述伊壁鸠鲁主义者科

---

① 《马克思恩格斯全集》第 1 版第 40 卷第 168—169 页。
② 《马克思恩格斯全集》第 1 版第 40 卷第 63 页。

洛特在《论信从其他哲学家（即非伊壁鸠鲁学派的哲学家）的学说就不能生活》一书中的论据时，也是首尾一尽一贯的。这一著作客观上是反对普卢塔克的。当科洛特谈到伊壁鸠鲁学说的包罗万象的性质并指出同这一有根据的和深刻的学说相比，"苏格拉底专门在琐碎的事情上下功夫"① 时，科洛特是正确的。伊壁鸠鲁主义对宗教意识也提出了更加有根据的解释。正如马克思所说，伊壁鸠鲁指出了正确的解决办法，他说，宗教感情是在消极的激情的基础上产生的。比如说，对人所不知道的、威胁他的存在的、而且还压制他的尚未发育的个性的外部力量的恐惧感情，引起人本身想事先获得也是外部的、但是他认为是善意的、更加强大的力量的支持的愿望。无知赋予这种力量以无所不知的品质，神奇的力量就成为崇敬的对象。对"非善的"力量的恐惧和想事先获得"善的力量"支持的愿望奴役人的智慧并麻痹着人的意志。

马克思用从异化概念（这个概念在黑格尔左派那里是一个时髦的概念）中推引出来的论据丰富了伊壁鸠鲁对宗教产生的解释。他认为，完全依赖于不知道的自然界的强大力量的原始人所感受的恐惧感情是一种异化现象。恐惧是人的本质的异化在宗教中借以表现出来的形式。因此，人从异化的支配下的解放就是人从对他所不理解的、束缚他的意志的力量的恐惧中的解放。

普卢塔克同伊壁鸠鲁的论战是两种世界观即神学世界观和唯物主义世界观的冲突。正如从马克思的分析中可以看出，这种冲突表现了伊壁

---

① 《马克思恩格斯全集》第 1 版第 40 卷第 92 页。

鸠鲁唯物主义对它的神学唯心主义论敌的充分优越性。①我们现在详细谈一谈涉及马克思同"杜宾根学派"的代表人物之一的论战的问题。

马克思反对鲍尔。马克思不断地力求找到实在论的、起积极作用的哲学。他认为伊壁鸠鲁所捍卫的自由原则是这种哲学的根源。他渴望生机勃勃的事业，而不能局限于同神学家和道德说教者们进行论战，即使论战的理论水平使他感到满意。当时的神学在他看来是自由的自我意识所要批判的现实对象。这部分地说明了为什么他在博士论文答辩以后打算立即写文章反对所谓**海尔梅斯分子**和为什么他在《关于伊壁鸠鲁哲学的笔记》中要同"杜宾根学派"有影响的活动家之一斐·克·鲍尔进行论战。根据布·鲍威尔的建议，他没有把这场论战写进博士论文。鲍尔是弗·施特劳斯的朋友及其在解释原始基督教史方面的志同道合者。他促进了施特劳斯的《耶稣传》的出版并且写了一篇关于这部确实很出色的著作的表示赞许的评论。当教权派分子发动迫害施特劳斯的运动时，鲍尔出来为他的这个志同道合者辩护。一般说来，就其本身来说这是基督教启蒙运动的真诚代表，而且他还非常熟悉黑格尔的《宗教哲

---

① Т. И. 奥伊则尔曼认为，伊壁鸠鲁主义是"古代启蒙运动"（见 Т. И. 奥伊则尔曼：《马克思主义哲学的形成》，莫斯科1974年第2版，第55、57页）。如果说这是一个隐喻，那是一个不坏的隐喻。青年马克思的确把伊壁鸠鲁称为"最伟大的希腊启蒙思想家"（《马克思恩格斯全集》第1版第40卷第242页）。但是，不能不承认，给同一个概念所赋予的含义可能是不同的。马克思谈到伊壁鸠鲁的启蒙运动，是因为伊壁鸠鲁"反对整个希腊民族的世界观"，反对希腊民族的神话学以及与此相联系的把天体神化的观点（《马克思恩格斯全集》第1版第40卷第233—235页）。启蒙运动从这个概念为现代科学所公认的含义来看，是人类的社会发展和精神发展的较晚阶段的现象。对古代使用这个概念只能是有条件的，正如对也是同一个古代的政治和意识形态的一定现象使用"罗马帝国主义"或"基督教社会主义"等概念是有条件的一样。

学》。在马克思写博士论文的时候,基督教启蒙运动的思想已失去了原来的意义。这些思想成了纯粹神学的事务。马克思认为,这些思想在世界观和实践方面是有局限性的和不能接受的。因此,他在评价鲍尔的著作《柏拉图主义中的基督教成分,或苏格拉底和基督》的基本思想时采取了严厉的批判态度。基督教的传统就提出了这个命题:中世纪的教父们早就认为柏拉图和苏格拉底是基督的非犹太先驱者。根据这个传统,鲍尔认为,古希腊哲学,首先苏格拉底和柏拉图的学说,是基督教学说的萌芽。他把他们两人看作是"先知"。不仅如此,他把柏拉图学说中所有有价值的东西都看作是臭名昭著的"基督教成分"。马克思坚决不同意这种观点。他说,证明古希腊思想家们的学说中有基督教成分的神学论据是基督教神学家们为了加强其教义而编撰的神话。鲍尔的论点经不住严格的哲学批判。比如说,鲍尔认为在基督教关于恩典的观念和苏格拉底的讥讽之间有类似之处的论点就没有任何意义。马克思写道:"正如鲍尔理解的和根据黑格尔所应该理解的那样,苏格拉底的讥讽,——即一种辩证法圈套,通过这个圈套,普通常识应该摆脱任何僵化,但不是要弄到自命不凡以为无所不知的地步,而是要达到它本身所包含的内在真理,——这种讥讽不是别的,正是哲学在其对普通意识的主观关系方面所固有的形式。"① 可以认为,这个对讥讽的规定是经典性的:它包括了问题的本质本身。因此,讥讽作为哲学同普通意识的关系的形式是必要的,也只有在这个范围内才是有价值的。

鲍尔并不拥护黑格尔对整个哲学史的见解,尤其不拥护黑格尔对苏格拉底的讥讽所作的解释,在那里根本没有任何"恩典"的地位。马克思也认为,关于基督教恩典同苏格拉底的讥讽相接近的看法是没有任

---

① 《马克思恩格斯全集》第 1 版第 40 卷第 139 页。

何根据的。他也反对鲍尔关于柏拉图学说同基督教学说相接近的观点,指出,"说基督教里有柏拉图的成分比说柏拉图那里有基督教的成分要正确得多……"① 布鲁诺·鲍威尔在他对复类福音作者的批判中发挥了类似的思想。② 现在,这一点已经得到公认了。

马克思同意鲍尔的一个观点,即古代的任何其他哲学体系都不像柏拉图主义那样具有深刻的宗教性质。而鲍尔虽然正确指出了柏拉图主义的这一品质并认为柏拉图主义同基督教相接近,但是没有道理地把它推广到一切哲学,断言真正的哲学始终具有宗教性。马克思反对鲍尔的解释,维护了柏拉图的见解:他认为宗教性属于柏拉图哲学的主观形式,而不是它的客观形式;在这一点上表现出来的与其说是柏拉图的宗教激情,不如说是他的"经验的感情"的影响。柏拉图在其对话中有时陷于宗教的心灵宁静状态中,但不是因为他的哲学要求这样做,而是因为他沉湎于"宗教的感情"之中。还有一些神话学的观念也束缚着他。柏拉图哲学的这个主观方面为基督教所接受,而柏拉图主义的客观方面即它的辩证法本身对于基督教却是格格不入的。总之,柏拉图的辩证法属于他的哲学的客观方面,而具有宗教色彩的唯心主义则属于主观方面。这是属于马克思的新思想。

马克思在继续同鲍尔进行争论时,提出要把理性主义哲学家的激情和非理性主义哲学家的激情区别开来。第一种激情是亚里士多德、斯宾诺莎和黑格尔的特点,这种激情转化为科学理解真理的纯粹的理想之

---

① 《马克思恩格斯全集》第 1 版第 40 卷第 141 页。

② 马克思指出,"古代的教父如奥利金和伊里奈乌斯,在历史上部分地是以柏拉图哲学为根据的"(《马克思恩格斯全集》第 1 版第 40 卷第 141 页)。他列举了柏拉图主义对基督教的影响的一些特征:理念和逻各斯、回忆和新生、灵魂坠落和原罪等等。

火。第二种激情是宗教的如痴如狂状态,非理性主义的唯心主义者柏拉图、德尔图良、托马斯·阿奎那及各个时代和各个民族的所有神秘主义者都陷入这种状态。第一种激情"成为世界历史进程中生气勃勃的精神",而第二种激情则是"个别人的感情的加温器"①。一般说来,激情并不是哲学家所禁忌的,不仅如此,它可能是科学创作的促进因素,但是它本身按本性来说具有二重性:可能具有科学的前景,也可能把人引入神秘的死胡同。这是具有方法论特性的珍贵指示。

在《关于伊壁鸠鲁哲学的笔记》中马克思讨论鲍尔所提出的问题那一节也由于有关于神话学和辩证法的论点而令人感到兴趣。这些论点预告了不久马克思、恩格斯和其他黑格尔左派同陷入非理性主义欣喜状态的谢林展开的论战。当然,这里必须把时间校对准确,不要把马克思的意见同现代关于神话和辩证法的观念等同起来。在第一个论点中,马克思提出了他自己对柏拉图求助于神话并广泛利用苏格拉底著作中的寓言、形象和隐喻的原因的看法。他认为,这些原因在于柏拉图对现实的东西的世界和观念的世界进行唯心主义解释的需要以及他对读者的理解。马克思解释说,柏拉图主观上想对观念的东西的本性做出深刻的、实证的解释;但是,唉!"凡是在绝对的东西占据着一方,被分隔开来的实证的现实占据着另一方,而同时实证的东西又必须保留下来的地方,在这样的地方,实证的现实就成为一种介质,绝对之光透过介质,在神奇的五光十色中折射……整个世界变成神话世界。每个形象都是谜。由于受类似的规律所制约,这种现象在近代还一再发生。"② 把被绝对化了的观念的东西和现实的东西作为两种似乎彼此独立的本质对立

---

① 《马克思恩格斯全集》第1版第40卷第142页。
② 《马克思恩格斯全集》第1版第40卷第144页。

起来，这是站不住脚的。这是用二元论的观点来解决所谓绝对的东西对现实的东西的实在依赖性的办法。这种解决办法必然会产生自己的神话体系。尚未同神话学彻底断绝关系的哲学开始借助于神话来观察现实；因此，现实具有幻想世界的歪曲了的面貌。这种歪曲了的幻影被当作是真实的东西，因为它符合"超验东西的哲学……的心跳"①。超验的即被非理性地理解的世界的哲学具有"否定的辩证法"，对于这种辩证法来说，爱和死的神话就成为最喜爱的神话。这是1840—1841年之交马克思对问题的看法。因此，马克思对柏拉图的评价也就变得可以理解了："……辩证法是内在的纯朴之光，是爱的慧眼，是不因肉体的物质的分离而告破灭的内在灵魂，是精神的珍藏之所。于是关于辩证法的神话就是爱；但辩证法又是急流，它冲毁各种事物及其界限，冲垮各种独立的形态，将万物淹没在唯一的永恒之海中。于是关于辩证法的神话就是死。"②

马克思所说的两种神话，都是关于辩证法现实内容的观念化的见解。这种辩证法的非理性神话在神话学世界观的范围内是完全合适的和"有效的"，但是它们不可能成为科学的工具，在关于现实的科学知识的领域内相信这些神话，将是一种错误。马克思还没有说明，实在的、非神话的辩证法应该是什么样的，但是他已经知道，这种辩证法不应该是什么样的。下一步已经为时不远了。

博士论文的无神论动机。马克思的博士论文具有无神论性质。由前所述，特别是从他对普卢塔克和鲍尔的批判中已经可以看出这一点。到写博士论文的时候，他对于18—19世纪的无神论著作（不仅是德国的，

---

① 《马克思恩格斯全集》第1版第40卷第144页。
② 《马克思恩格斯全集》第1版第40卷第144—145页。

而且法国的），对关于神存在的证明、奇迹的可能性等问题的论战已经非常熟悉。而且他对费尔巴哈的观点也知道得不少。应该指出这一点。不同的是，部分地根据已经亲身体验到了大肆张扬地宣布无神论信念的结果的鲍威尔的劝说，马克思更加谨慎。他明白，在普鲁士的"有机"国家中，这个题目是颇为敏感的、甚至是危险的。用他的话来说，对无神论保持沉默是一种手法，但这是必要的手法，而且它也不可能在观点的真实内容上欺骗别人："尽管瓦尼尼在自己的宣布无神论的《世界剧场》一书里竭力地对各种各样反对无神论的论据加以雄辩的发挥，难道他不是仍被烧死了吗？难道伏尔泰不是在自己的《终于得到解释的圣经》一书中宣传无信仰，而在注解里却又维护宗教吗？有谁相信这些注解的赎罪的力量呢？"①

当青年马克思引用埃斯库罗斯的普罗米修斯的话——"老实说，我痛恨所有的神"——并得出结论说，"普罗米修斯是哲学日历中最高尚的圣者"② 时，他实质上是承认了自己的战斗的无神论。鲍威尔对马克思的劝说——不要去刺激神学蠢鹅们——有一点作用。但是并没有能使他甚至在博士论文中不表现自己战士的品质。

在马克思的博士论文中，求助于普罗米修斯的形象是把关于能动的自我意识的观念拟人化的方法。这种自我意识是信仰超自然的存在物的宗教意识的替代物。在"普罗米修斯的哲学"中，是以"唯能论的原则"的观点来考察人的。马克思说，这一原则，即对世界的能动关系的思想，是哲学的古老财产："普罗米修斯的哲学"的伟大代表人物德谟

---

① 《马克思恩格斯全集》第 1 版第 1 卷第 200 页。
② 《马克思恩格斯全集》第 1 版第 40 卷第 190 页。

克利特和伊壁鸠鲁已经对它作了论证。①

马克思让人们明确地认识到，无神论是一种比有神论深刻得多的学说，而主要的是具有真理性的学说。按其性质来说，无神论的科学知识对宗教具有无可估量的优越性。但是，在博士论文中对无神论的真理性的证明还是抽象的。采取论证无神论的这种抽象形式，正如前面已经指出的，与其说是马克思的愿望，不如说是让自己年轻的朋友放稳重些的更有经验的鲍威尔的愿望。但是博士论文、特别是其准备材料的反神学倾向仍然是毋庸置疑的。马克思直截了当地说，宗教是社会生活的消极现象。宗教的内容是虚幻的，这并不是宗教的唯一过错，最糟糕的是它使人失去个性，造成的印象是宗教诉之于人，其实，宗教最厉害地促使人身上的合乎人性的东西遭到毁灭。马克思特别援引了这样的事实，即存在着宗教的这样的形式，例如图腾崇拜，它们把人降低到动物的水平。基督教所固有的对超验的全能的存在物的信仰，使得这种贬低人的行为以图腾信仰所不能设想的规模变本加厉地发展。人的本质比关于人的本质的宗教观念更丰富；基督教对人的本质的解释是贫乏的，虽然基督教是完成了的超验的东西的哲学。同基督教相反，人在其现实性上不是超验的存在物，而是此岸的存在物。人具有自由的理智、自由的意志，他完全不是天生要充当由他自己的想象所创造的虚幻的超验力量手

---

① 广泛流传的关于普罗米修斯只是从神灵那里盗来了火并送给人们的巨人的观念，并不完全确切。这一观念只涉及问题的一个方面。古希腊人从更广泛的角度来看待普罗米修斯的功绩。整理古代神话的埃斯库罗斯是这样描写的：普罗米修斯说，人们"徒劳无功地劳动。我最先教会他们辨认星辰的升沉，我为他们发明了数学，最重要的科学。我还教会他们组合字母来记载一切事情，那是工艺的主妇，文艺的母亲"。（埃斯库罗斯：《被锁链锁住的普罗米修斯》，莫斯科1956年版，第36页）

中的工具这种屈辱的角色的。①

马克思否定了神学家们关于在信仰上把人同动物区别开来的教条。根据他的意见，认为只有道德感情才使人高出于动物之上，而这种感情的核心被认为是所谓宗教感情的论据是没有根据的。马克思说，道德感情完全不是人的宗教性的特征。相反，宗教性是同人的健康感情其中包括他的道德感情相矛盾的。

青年马克思认为，有名的关于神存在的本体论证明显然是站不住脚的。这种证明是以假定使被想象的仿佛在现实中存在的东西合法化的纯粹形式上的可能性为基础的。只是存在于人的想象中、观念中的神在宗教中被当作是实在的存在物。

总之，马克思认为，说明神存在的神学论据，委婉地说，是软弱无力的，实质上是证实了神的不存在。神的观念只有对于无知的、目光短浅的、狂热地相信自己的幻想因而从一开始就否定理智的论据的人才可能是有说服力的。

青年马克思论德国古典唯心主义哲学。在《关于伊壁鸠鲁哲学的笔记》中以及在博士论文中，马克思不止一次地谈到德国哲学的古典作家的思想。他把自己的观点同这些古典作家的观点加以对比，这是马克思在30年代末到40年代初思想发展的最令人感兴趣的篇章之一。在具有准备性质的《笔记》中，在评价自己的先驱者时，马克思遵循的是黑格尔及其《哲学史讲演录》。而在博士论文中，他的观点就更加独立，

---

① 马克思对宗教和人的见解表现了费尔巴哈关于人的观点对他的影响。弗·梅林在评价他的博士论文时已经指出了这一点（见梅林：《马克思传》，三联书店1965年版，第42—43、145页）。当时费尔巴哈还没有发表《基督教的本质》，但是马克思已经知道他的《黑格尔哲学批判》和早期著作，这些著作按其性质是无神论的。

表述也更准确、更具独创性。这两个文献都属于马克思同布鲁诺·鲍威尔还友好的时期,但是,跟经常犯主观主义毛病的布鲁诺不同,马克思明确地倾向于对事物的客观的、更加务实的观点。①

马克思对康德哲学的评价证实了这一点。青年马克思在指出批判哲学所固有的不可知论时写道:"康德派可说是无知的职业祭司,他们每天干的事就是哭诉自己的虚弱和事物的强大"②。在这一论点中可以看出一个接受了黑格尔对先驱唯心主义的批判并维护理性的认识和自我认识能力的青年黑格尔派。

这种哲学是思想史上一个已经过去了的阶段,虽然这个阶段有一段时间曾经是这一历史的"关节点"。判决是严厉的,但是作为一个把黑格尔哲学作为更加重要的"关节点"来加以考察的人的意见是可以理解的。这种意见的根据也是清楚的:在黑格尔哲学中,"抽象的原则"被结合成"统一的整体,从而打断了直线运动"③。黑格尔体系不是从过去抄袭来的各种哲学观念的简单总和,而是一个不可分离的整体。黑格尔表达了时代的本质需要;其中"哲学已经不再是为了认识而注视着外部世界;它作为一个登上了舞台的人物,可以说与世界的阴谋发生了

---

① 奥·科尔纽认为,马克思不同意鲍威尔的意见,而仍然坚持黑格尔的观点:"精神在现实之外不具有真正的存在"(奥·科尔纽:《马克思恩格斯传》第1卷,三联书店1963年版,第291页)。但是,怎样理解现实呢?我们认为,科尔纽过于把黑格尔和马克思对精神的真理性的观点接近起来。对于黑格尔来说,现实在精神、观念、概念中具有真理性;对于马克思来说,这时精神在现实中具有真理性。这毕竟是对于同一个对象的不一致的看法。

② 《马克思恩格斯全集》第1版第40卷第59页。

③ 《马克思恩格斯全集》第1版第40卷第135页。

瓜葛，从透明的阿门塞斯王国走出来，投入那尘世的茜林丝的怀抱"①。这一论点的实质是这样的：哲学不能只是成为认识论、关于知识的知识，它应该成为尘世的哲学，能动的、进行总结的，而不是形式的哲学。

整个哲学都在探索对世界的本质理解，"哲学在决心创造世界后，则把自己的眼睛往后扔（哲学的母亲的骨骼，就是明亮的眼睛）；然而像普罗米修斯从天上盗来天火之后开始在地上盖屋安家那样，哲学把握了整个世界以后就起来反对现象世界。现在黑格尔哲学正是这样"②。

不难看出，这曲对黑格尔唱的"普罗米修斯式的"赞歌同时也就是对把认识囿于现象世界的康德主义的谴责。必须研究本质世界。但是黑格尔哲学实际上也不是马克思所希望看到的那种哲学，不久他就发现了这一点，他本人就指责黑格尔哲学"原则的不充分或……哲学家对自己的原则没有充分的理解"③。

马克思在40年代初就仔细分析了黑格尔体系，后来又一再回过头来研究这个体系。作为这一点的证明是在关于希腊文学的准备笔记中的两个草稿——《论希腊哲学和黑格尔哲学在对生活的态度问题上的差别》和《论黑格尔哲学的历史地位和论一般哲学的改造世界的作用》。这些草稿是一个力求更具体地理解"我们的老师"的哲学的青年黑格尔分子的实验室。草稿证明，虽然马克思现在坚持黑格尔的方针，但他决不是在一切方面都无条件地同意老师的见解。比如他说，认识自然界的客观必然性和规律性无非是认识自然界的合理性。这就不完全符合黑

---

① 《马克思恩格斯全集》第1版第40卷第135页。
② 《马克思恩格斯全集》第1版第40卷第136页。
③ 《马克思恩格斯全集》第1版第40卷第257页。

格尔对合理性的理解；自然界在黑格尔那里实质上如果不是反理性的，也是少理性的，就像恩格斯后来所说的——观念存在的混乱时期。但是，青年马克思在哪里直接同黑格尔发生分歧呢？这是发生在对德谟克利特和伊壁鸠鲁的原子论的评价上。在这种分歧中表现了唯物主义者同唯心主义者的未来尖锐论战的萌芽。黑格尔不加掩饰地说，伊壁鸠鲁的自然哲学是"贫乏的"。而马克思则断定，"那种毫不掩盖的、纯哲学的彻底性是令人惊讶的，因为随着这种彻底性，原则本身中所固有的不彻底性却全面发展起来了"①。他还补充说："由于这种异常的客观的素朴性，希腊人将永远是我们的老师，因为这种素朴性把每一事物可以说毫无掩饰地、在其本性的净光中亮出来——尽管这光还是晦暗的。"②这是对原子论的如果说不是唯物主义的，那也是实在论的观点。

在《关于伊壁鸠鲁哲学的笔记》的第二个笔记本中，他指出："古代世界起源于自然，起源于实体的东西。贬低和亵渎自然，实质上意味着同实体的、纯粹的生活决裂；新世界起源于精神，它可以轻易地从自身摆脱另一种东西，即自然。而反过来也是一样：在古代人那里是亵渎自然的东西，在近代的人看来是从盲目信仰束缚之下的一种解脱；新的唯理论的自然观还应上升到承认神性的东西即理念体现于自然中，——古代的伊奥尼亚哲学至少在原则上正是从这一点开始的。"③

马克思的这段话实质上是对黑格尔自然哲学的批判性总结。在撰写《关于伊壁鸠鲁哲学的笔记》时，他以特有的细心对黑格尔的《自然哲学》作了摘要。这个提纲保存下来的有三个方案。第三个方案具有最大

---

① 《马克思恩格斯全集》第1版第40卷第147—148页。
② 《马克思恩格斯全集》第1版第40卷第148页。
③ 《马克思恩格斯全集》第1版第40卷第52页。

的独立性，它几乎摆脱了黑格尔的思辨概念，最接近于19世纪初具体的自然科学意义——而不依赖于对这一意义的解释的黑格尔形式。

这时马克思对哲学史过程坚持的是黑格尔历史主义的思想；他力图确定伊壁鸠鲁主义、怀疑主义和斯多葛主义同以前的古希腊思想形式的关系，以及这些流派对后来的希腊思想和中世纪思想的形式特别是对基督教意识形态的影响。

他重新研究了伊壁鸠鲁对原子的观点，甚至用黑格尔一套概念去套这种观点。例如，"原子——从自身排除了异在的点的存在，——是绝对的、直接的自为存在，因而它不可能有简单的方向，不可能有直线，它偏离直线。原子显示，它的本性不在于空间性，而在于自为存在。"①

当然，这是故意卖弄黑格尔的表达方式，对此，马克思后来做了自我批评。但是，重要的是另外一点。他懂得，在哲学史上并非一切情况都像哲学史学家所描绘的那样。同哲学史上的许多说法不一致的真正的客观性使他感到激动。对卢克莱修的唯物主义的批判态度并没有妨碍他认为卢克莱修比普卢塔克高明。他坚信，卢克莱修比普卢塔克更客观地阐述了伊壁鸠鲁主义哲学，而且普卢塔克还喜欢作抽象的道德说教。马克思也非常讨厌19世纪初有些历史学家著作中的抽象的道德说教的方法。他写道："李特尔（在1829年汉堡出版的《古代世界哲学史》第一卷中）以令人厌恶的道德说教的口吻谈论德谟克利特和留基伯，谈论一般原子论学说（以后也谈到普罗塔哥拉和高尔吉亚等人）。再没有什么比利用一切机会来充分享受自己的道德完善更容易的事了；最容易的是对死人这样做。甚至德谟克利特的**渊博的学识**也使他在道德方面受到

---

① 《马克思恩格斯全集》第1版第40卷第119页。

责备。"① 这是广为流传的一种批判方法……

马克思要求"历史的评价"。在研究过去各种哲学学说时,他对可能的历史性作了这样的解释:"把感性自然看作主观假象的**怀疑论者**和**经验论者**,从**必然性**的观点来考察自然,并力求解释和理解事物的真实存在。相反,把现象看作真实的**哲学家**和**独断论者**到处只看见**偶然**,而他的解释方法更倾向于否定自然的一切客观实在性。"②

不能说,在这里马克思批判怀疑论和独断论的出发点是承认客观实在性,因此他是作为一个唯物主义者在想问题并进行推论。还不是这种情况。但是,马克思所持的是比谢林和黑格尔更加实在地解释自然哲学的立场,不仅是古代自然哲学的立场。对于黑格尔蔑视自然的观点,他已经采取颇为批判的态度,意识到如果不承认自然的权利,因此如果不承认科学的自然哲学的权利,就没有正确地理解世界和哲学的最重要的条件。在研究古代文化的时候,马克思看到,在亚里士多德以后的哲学和亚里士多德以前的哲学之间存在整整一个时代,这个时代就是亚里士多德。亚里士多德以后的哲学"在内容方面"较有兴趣,而亚里士多德以后的哲学则"在其形式方面"较有兴趣。

在博士论文中,马克思力图使黑格尔左派对他那个时代的哲学中所发生的情况的理解同亚里士多德对哲学最一般问题的观点相接近。这就是他企图给黑格尔对这个斯塔吉拉人的哲学的解释作出应有评价的原因。他根据黑格尔的《哲学史讲演录》援引了亚里士多德对毕达哥拉斯派的赞扬("他称赞毕达哥拉斯派,因为他们最早使范畴脱离其基质,不把范畴看作特殊的本质,如像范畴之于谓语那样,而是认为,范

---

① 《马克思恩格斯全集》第 1 版第 40 卷第 145 页。
② 《马克思恩格斯全集》第 1 版第 40 卷第 207 页。

畴就是内在的实体本身"①)。在另一个场合,他引用黑格尔关于毕达哥拉斯的意见,即毕达哥拉斯派是在对"作为精神的异在的认识"中前进的。②

黑格尔把亚里士多德描绘成为客观唯心主义的先驱,马克思还没有直接反对这种观点,但是他不久就拒绝了这种观点。而对亚里士多德的尊敬却永远保持着。

马克思认为,概念是黑格尔哲学的中心点,它对于存在和本质来说是"某个第三者",但是他按自己的观点对这个"第三者"作了解释。概念是物质和意识之间、事物或过程的内容和其形式之间的"某个第三者"。他同意黑格尔的观点,认为我们借助于概念可以揭示对象的真正本质;概念给认识的主体提供了掌握事物本质的可能性,但是应该更加准确地说明事物的实体本性,这种本性不能归结为概念。对于这一点可以补充说,马克思在30年代末的草稿和书信中使用了许多范畴,其中有很大一部分显然来自黑格尔著作:**理性、观念、客体、主体、抽象化、生成、否定、直接的否定、否定的否定**等等。他说,由于有这些范畴,他开始更好地理解现实的东西和合理的东西的精神,使他感到鼓舞的是,这时作为**反思的自我意识**即按照黑格尔左派的精神加以解释的"永远新的理性哲学"能够认识历史的含义并洞察它自己的本质。

同时,马克思并不隐瞒他同黑格尔主义右翼正统派的分歧。同"博士俱乐部"的其他成员一样,他拒绝同"没有正确了解黑格尔这位大师的某些黑格尔分子"一起赞同为一切现存的东西辩护并认为"**适度**

---

① 《马克思恩格斯全集》第1版第40卷第56页。
② 参见《马克思恩格斯全集》第1版第40卷第58页。

是绝对精神的正常表现"的观点。① 在《关于伊壁鸠鲁哲学的笔记》中,他反对那些认为一切都是"绝对物的经常表现"的人的适度。这种具有命定色彩,不给自由、行动留下余地,使理性失去作用的哲学,是同马克思格格不入的。他坚信,现实比正统的模式更丰富。不能把历史行动的主体的能动性纳入关于"规律性"的观念中去。这种能动性是同自由相联系的。伊壁鸠鲁哲学及它把偶然看作是"自由的偏离"的观点,加强了马克思反对黑格尔右派及其所固有的必然性、宿命论色彩的论据。

博士论文证明,对黑格尔哲学进行重新解释的过程开始了。②如果借助于古希腊哲学中得出的论据不能克服黑格尔哲学,马克思就试图利用古代的遗产去反对黑格尔的绝对性。例如,除了前面所述以外,他对亚里士多德以后的哲学的状况和黑格尔以后的哲学的状况作的类比是很出色的。亚里士多德体系和黑格尔体系都是思想史上的关节点。两位思想家都达到了哲学思维的最高水平。同脱离现实的其他哲学体系的抽象性和逻辑上的无定形性相反,他们的体系是具体的和合乎逻辑的。青年马克思关于亚里士多德体系和黑格尔体系同现实的联系(这两个体系是现实的哲学表现)的思想预示着许多东西。他反对那些认为黑格尔体系只是一种抽象的、脱离现实的哲学的人的观点,像在他之前亨·海涅所指出的那样,指出了存在着"内在的"和"外在的"黑格尔。

决不是所有的同时代人都理解了黑格尔哲学的真正的、内在的含

---

① 《马克思恩格斯全集》第40卷第136页。
② 奥·科尔纽谈到博士论文使马克思离开了布鲁诺·鲍威尔时(奥·科尔纽:《马克思恩格斯传》第1卷,三联书店1963年版,第291页),也发现了这一点。马克思在撰写博士论文时已经认识到,未必能够认为自我意识哲学是哲学中的最新成就,必须寻找新的道路。

义。青年马克思号召遵循内在的黑格尔。遵循这一"世界哲学"的内在含义是什么意思呢?对此,马克思作了解释,他写道:"一个本身自由的理论精神变成实践的力量,并且作为一种意志走出阿门塞斯的阴影王国,转而面向那存在于理论精神之外的世俗的现实。"① 因此,不是"适度",不是为现实辩护,而是"转而"面向现实。

博士论文的实践后果。博士论文的完成和耶拿大学授予马克思哲学博士学位,使马克思面临着新的、更加实际的问题。他得出结论说,他所面临的实际生活领域中的活动提出了自己的要求,在大学学业范围内是合适的对伊壁鸠鲁派、斯多葛派和怀疑派哲学的一般分析可能要长期推迟——由于他要"从事完全不同性质的政治和哲学方面的研究"②。

诚然,他没有立即抛弃关于学术生涯的向往。除了想在大学执教以外,马克思一度曾想打算继续进行古代哲学领域的研究工作,想比现有著作中所知道的更加仔细地分析哲学和基督教神学之间的关系的想法也吸引着他。他还拟定了在理论上把海尔梅斯派即波恩大学神学教授亨·海尔梅斯的拥护者击败的计划。海尔梅斯坚持关于哲学和神学权利平等的观点,这意味着承认关于哲学是神学的奴仆的老公式。海尔梅斯的观点是从康德的"只是在理性范围内的宗教"和天主教的教义中剽窃来的思想的折中主义的混合。但是,在罗马教皇的心目中他却被认为是异端者。海尔梅斯的书被列入教皇的 Index librorum prohibitoorum〔禁书目录〕,即禁止天主教徒阅读。因此,曾经同天主教教会党派进行过自己的、"基督教的"斗争的普鲁士上层人物支持海尔梅斯。结果,海尔梅斯获得了不应得到的光荣。

---

① 《马克思恩格斯全集》第1版第40卷第258页。
② 《马克思恩格斯全集》第1版第40卷第286页。

布鲁诺·鲍威尔支持马克思的打算，认为必须发表文章反对海尔梅斯，支持马克思的巴赫曼和沃尔弗也持这种意见。如果马克思再不出来讲话的话，鲍威尔打算作几次反海尔梅斯的讲演。马克思的确没有发表文章反对海尔梅斯，但是鲍威尔也没有能够实现自己的打算。更强大的生活激流吸引了他们两人。

根据普鲁士国王的要求，把鲍威尔驱逐出波恩大学的事件，使形势发生了急剧的变化。海尔梅斯平安地逃避了马克思和鲍威尔的"联合力量"对他进行公开批判这种令人不快的事。但是，马克思继续撰写几个讲演稿，想把它们整理以后专门出版。不久，他把手稿交给鲍威尔过目，但是鲍威尔把手稿遗失了。关于手稿的内容，只能根据间接的资料来作出判断。但是有一点是清楚的，即这是马克思在完成了博士论文以后所进行的哲学探索中的一个环节，而且是一个相当重要的环节。在这种探索中应该明显地表现出他的观点的无神论倾向。

马克思和特伦德伦堡。这时，马克思还打算就阿道夫·特伦德伦堡在《逻辑学研究》中阐述的对黑格尔辩证法的观点同特伦德伦堡进行论战。特伦德伦堡在该书中主要是利用亚里士多德的《形而上学》和康德的《纯粹理性批判》中的论据对黑格尔哲学进行颇有意思的批判。柏林大学的逻辑学教授阿·特伦德伦堡在理解形式逻辑方面是古典传统的拥护者。他认为，亚里士多德的《工具论》是这位哲学伟人的最伟大成就。① 他的博士论文就是论述亚里士多德的逻辑学的。②

关于马克思打算写文章反对特伦德伦堡的事，保存下来的有两件证

---

① 见 B.A.马利宁：《黑格尔的辩证法和反黑格尔主义》，莫斯科 1983 年版，第 28—38 页。

② 阿·特伦德伦堡：《亚里士多德逻辑学的要素》，柏林 1836 年版。

据：布鲁诺·鲍威尔的一件和弗里德里希·科本的一件。把这两件证据加以对比可以证实，马克思认为特伦德伦堡是比海尔梅斯更重要的论敌。1841年3月31日，即马克思已经完成了博士论文并且正在争取获得学位的时候，鲍威尔在给马克思的信中写道："当然，特伦德伦堡将是你献给被侮辱的哲学的第一批祭品之一。""被侮辱的哲学"是黑格尔和黑格尔主义。①

在马克思和鲍威尔之间看来存在关于写文章反对特伦德伦堡的事先协议，但是马克思这一次放弃了自己原来的打算。他也许是由于道德上的考虑没有发表文章，他不愿使他大学时的教师之一在理论上受到排斥。而且马克思知道，特伦德伦堡在"使哲学"即黑格尔的教条"受侮辱"时也并不就是完全错误的，况且马克思本人也开始对这些教条表示非常怀疑了。

青年马克思在中学时期受到康德思想的某些影响，对于特别是像特伦德伦堡和叔本华这样的康德的追随者对黑格尔哲学的反应感到兴趣。保存下来的资料说明，他打听过阿尔都尔·叔本华的情况。马克思知道叔本华的著作，包括《世界是意志和表象》和《论自然界中的意志》。弗里德里希·科本在1841年6月3日给马克思的信中说道："你会记得，我有时同你谈到过疯狂的博士叔本华。我几次引用过他喜爱的一句话，即除了众所周知的犹太教派——基督教徒——以外，所有民族都允许多妻制。这个土耳其人为了获奖而发表了两篇文章，一篇获奖了，另一篇没有，其中他把黑格尔骂了一顿。他说，Summus philosophus（最大的哲学家）——他这样称呼黑格尔——简直是个疯子。我把这一点写信告诉你，是让你在批判特伦德伦堡时也要给叔本华以应有的评价。"

---

① 阿·特伦德伦堡：《逻辑学研究》，莫斯科1868年版。

科本作为黑格尔分子来考虑问题,认为马克思反驳特伦德伦堡的问题是早已解决了的事情。他以为马克思仍然是坚定不移的黑格尔分子,但是他搞错了。前面已经指出,马克思得出结论说,特伦德伦堡和叔本华批判黑格尔并不都是错的。从康德主义出发对黑格尔哲学的批判(特伦德伦堡和叔本华所作的)尽管有各种缺点,对他并不是毫无影响的。像老谢林的论据一样,这种批判在指出黑格尔哲学的弱点的同时,也预示着某种东西。鲍威尔和科本给马克思的信使人产生一种想法,应该有一个手稿,其中包含有马克思对特伦德伦堡观点的批判的概要,如果不是系统的叙述的话。

鲍威尔和科本深信,他们的这位朋友是康德主义者特伦德伦堡、叔本华和神学家海尔梅斯的天然敌人。但是,他们没有考虑到马克思思想演变的能动性:他们的认识已经不符合马克思变化了的观点。特伦德伦堡作为黑格尔绝对唯心主义的反对者,在他的《逻辑学研究》一书中发表了与其说带有康德主义色调,不如说带有唯物主义色调的论点,特伦德伦堡的这些论点在马克思看来已经不是荒谬的。马克思甚至在两三个场合使用了跟特伦德伦堡相同的用语(例如,认为观念如果不借用具体现实的内容,就仍然是一个乞食袋,而且每当发现观念对世界无话可说时,观念就是这样做的)。而且特伦德伦堡是一个哲学史专家。有一个事实是众所周知的,就是他在学位考试中给卡斯帕尔·施米特(未来的麦·施蒂纳)"出难题":在评语中指出,后者并不熟悉哲学史的事实,但是喜欢仿效黑格尔在事实上进行投机。

特伦德伦堡对斯塔吉拉人的兴趣使对亚里士多德深怀敬意的马克思产生了深刻的印象。马克思像特伦德伦堡一样赞同亚里士多德关于综合判断是认识中谬误的可能的原因的观点:"表象的和反思的思维一般说来就是存在和思维、一般和个别、假象和本质的综合。因此,任何不正确的思维,以及不正确的观点、意识等等,都是由彼此不相符合的规定的综合,由客观规定和主观规定的外在的、非内在的联系构成的。"① 所有这些观点都表现出马克思对主客观辩证法的兴趣。

(原载 B.A.马利宁和 B.И.申卡卢克著《马克思、恩格斯和黑格尔左派》1986 年基辅版)

(刘晖星 译)

---

① 《马克思恩格斯全集》1929 年原文版第 1 部分第 1 卷下册第 107 页。

载于《德法年鉴》的《1843年通信》

——谈谈原文的可靠性[*]

〔德〕英格·陶贝尔特

在把《1843年通信》收入《马克思恩格斯全集》历史考证版第1部分第2卷时,首先要对两个方面加以详细探讨:

1. 因为卢格审订了这些原信,所以要回答,这些擅自改动之处涉及面有多广,有何特点,究竟在多大程度上可以得到证实。

2. 因为马克思是《德法年鉴》的共同出版人,所以必须说明,卢格把他审订的原文付印,是否可以看作是经马克思同意的,马克思本人是否协同审定、修改和补充了这些原文。

本文首先探讨第一个系列问题,而对第二个问题的探讨则应该在更广泛地研究马克思为《德法年鉴》撰稿时进行。

《1843年通信》的特点和编排

《1843年通信》是一篇完整的文章,它同《阿尔诺德·卢格的〈德法年鉴〉计划》一起论证了杂志创办时的政治形势、杂志性质、政治目的和任务。《通信》的排列如下:

---

[*] 本文选自《马克思恩格斯研究》1994年总第19期。

马克思致卢格，1843年3月于赴D城的拖船上；
卢格致马克思，1843年3月于柏林；
马克思致卢格，1843年5月于科隆；
巴枯宁致卢格，1843年5月于比尔湖的彼得岛；
卢格致巴枯宁，1843年6月于德累斯顿；
费尔巴哈致卢格，1843年6月于布鲁克贝格；
卢格致马克思，1843年8月于巴黎；
马克思致卢格，1843年9月于克罗茨纳赫。

《1843年通信》在《卢格全集》上的发表（1847年）

1847年，卢格以《论战书信集》为题出版的《卢格全集》第9卷里收入《1843年通信》一文。卢格根本没有对《通信》的内容和出版作出提示，也没有说出各封信作者的姓名。他对来往信件本身作了部分明显的改动：

1. 他全文删去了最后一封信，即"马克思致卢格，9月于克罗茨纳赫"。

2. 他在下列一些信中作了内容上的修改：马克思致卢格，1843年3月于赴D城的拖船上；卢格致马克思，1843年3月于柏林；马克思致卢格，1843年5月于科隆；卢格致巴枯宁，1843年6月于德累斯顿。也就是说，他不加修改地发表了巴枯宁和费尔巴哈的信。对马克思的两封信作了涉及面很广的擅自改动，尤其对"马克思致卢格，1843年5月于科隆"这封信作了极其重要的修改。对他自己关于普鲁士君主政体,特别是关于普鲁士国王的一些言论作了内容上的改动。①

3. 几乎所有信件都有修辞和语法方面的改动。

关于《1843年通信》的作者身份的极其重要的解释

1902年弗兰茨·梅林在《文学遗产》里发表了《1843年通信》。他认为,想法和编排都出自马克思一人。他用《卢格全集》里"肆意篡改后"重新发表《通信》一事来证明他的假设。②

《马克思恩格斯全集》历史考证版第1版第1部分第1卷第1册也发表了《1843年通信》,但是那里"(认为)该计划可能出自卢格,因为他是这个《通信》的主要人物"。出版者们认为,卢格把《通信》收入他的《全集》,是这个假设的间接证明。卢格在德累斯顿编写了这篇《通信》,把它寄给在巴黎的马克思,马克思"收到由卢格编排的这些信后……对最后这封信……作了大量修改",即在这封信里阐述了他1843年底或者说得更确切些1844年初的结论。这也是卢格为什么不把

---

① 为了鉴别擅自改动,试举两例:1843年:国王在幻想着充满了僧侣、骑士和农奴的伟大的过去……1847年:国王的愿望……国王在幻想着伟大的过去……(马克思致卢格)。——1843年:我承认,这些人是虔诚的。仅仅因为他们受一种奴役还不够,他们必须给尘世的宫廷服役再添上一种天国的宫廷服役;受奴役不仅应该是他们的职务,也应该是他们的良心。如果说北美的野蛮人自己鞭挞自己的罪孽,那么我也希望这些人再一次用这种方法来惩罚这条天国的狗。1847年:我承认,这些人是虔诚的,仅仅因为在这种情况下虔诚是最大的偏袒。(卢格致巴枯宁)

② 摘自《卡尔·马克思、弗里德里希·恩格斯和斐迪南·拉萨尔文学遗产》,弗兰茨·梅林出版。《马克思恩格斯全集》(1841—1850年)第1卷(1841年3月—1844年5月),斯图加特1902年版。

这封信收入《卢格全集》的原因。在该卷上册里出版者们的出发点仍然是：这些信没有清楚的原件复印件，但是，编辑上的改动"显然是由马克思和卢格根据以前的处理办法进行的"①。

出版者们在一年后出版的该卷下册里促使人们去注意：他们知道了有关《通信》的两个新资料，这恐怕会引起人们对此发表批判性的意见，出版者们通过威纳尔·奈弗的出版物了解到，卢格是根据巴枯宁、费尔巴哈、马克思和他自己的原信来编写这些信的。出版者们不知道卢格给弗吕贝尔本人的信。此外，他们现在有了恩格斯 1890 年 12 月 18 日给李卜克内西的信，从这封信看出，《通信》是卢格编写的，塞进了"许多胡说八道的东西"。出版者们用恩格斯的这封信来提醒人们，不要认为马克思的这些信的原文是完全可靠的。"可惜这两个新资料只证实了这些本来已经存在的疑问，但还是没有任何依据能使马克思的原文摆脱卢格的'胡说八道的东西'。"②

在有关青年马克思的一些马克思主义书籍里通常都把载于《德法年鉴》的书信中所写的东西视作可靠的马克思原文，也就是说，把关于产生过程的内容和事实的时间顺序不加删减地引用到评论和论证中去，有少数出版物则提醒人们去注意这篇《通信》的一些问题。③

---

① 《马克思恩格斯全集》历史考证版第 1 版第 1 部分第 1 卷第 1 册第 XXVI 页。
② 《马克思恩格斯全集》历史考证版第 1 版第 1 部分第 1 卷第 1 册第 XXXVII—XXXVIII 页。
③ 这些出版物是：奥古斯特·科尔纽：《马克思恩格斯传》第 1 卷（1818—1844 年），柏林 1954 年版，第 447 页。《德法年鉴》，阿尔诺德·卢格和马克思出版（1844 年版），约阿希姆·赫普纳尔所作的序言和注释，莱比锡 1973 年版，第 369 页。这些作者指出，这些信"作了些修改"，"一些提法是以缓和的和模糊的形式表述的"。但他们把这些信的内容和事实视为可靠的原始资料。

尼·伊·拉宾较为中肯地评价了这篇《通信》。他认为,毫无疑问,"卢格在一些信里作了重要的修正,以便使这些信成为一部能为政治思想作贡献的完整的文学作品"。拉宾也叫人们去注意一些重要的矛盾。卢格在这篇《通信》的开头以一个完全绝望的激进分子出现,实际上他并不是什么激进分子。因此,拉宾指出,时至6月,卢格在《通信》里还是表现得一筹莫展和犹豫不决,其实从1843年5月起出版《德法年鉴》是已经决定了的事。①

人们在马克思和恩格斯研究中以《马克思恩格斯全集》历史考证版第1版的出版者们的上述假设为依据,往往对马克思大量修改最后一封信作如下解释:与卢格的意图相反,马克思改变了该杂志的政治方针。拉宾甚至持这种观点:马克思为了达到这个目的,把9月的这封信重新收入《通信》。这些假设所依靠的是下述论据:

1. 因卢格生病,马克思在最后阶段独自为出版《年鉴》作准备。

2. 马克思在最后这封信里所持的一些观点不再与他1843年9月的认识水平相一致。

3. 最后一封信里叙述的一些观点在重要的基本问题上同卢格的观点相矛盾。

关于《1843年通信》的作者身份的极其重要的原始资料

1. 1843年12月19日卢格写信给弗吕贝尔说:"马克思已写完,我的序言也写完了。我还要根据巴枯宁、费尔巴哈、马克思和我自己的

---

① 尼·伊·拉宾:《青年马克思》,柏林1974年版,第253页。

原信编写几封信。"① 这个文献证明，卢格没有捏造这篇《通信》，而是在原信的基础上编写这篇《通信》。这些原信一封都没保存下来。从1843年3月至9月这段时间，马克思和卢格的如下信件的原稿也无法证实：

——马克思致卢格，1843年2月3—15日之间；

——马克思致卢格，1843年3月3日；

——马克思致卢格，1843年3月18日后；

——马克思致卢格，1843年4月底和5月3日之间；

——卢格致马克思，1843年8月18日；

——马克思致卢格，1843年9月4日和20日之间；

——马克思致卢格，1843年9月24日和10月4日之间；

因为马克思和卢格到1843年2月底的通信完全没有保存下来，所以可以假定，卢格当时已把所有的信（没有保存下来）用于起草《1843年通信》。

这封信除了证明卢格没有发表这些原信而是根据原信编写了几封信之外，这封信上给弗吕贝尔写的东西还证明，卢格是在1843年12月19日以后，也就是在巴黎时编写这篇《通信》的。因此排除了这样的假设：卢格从德累斯顿把《通信》寄给马克思，马克思在卢格不在时修改了《通信》。

2. 1844年2月5日卢格写信给费尔巴哈说：已经有10印张付印，其中包括《1843年通信（二）》；最迟在两星期内可完成两期。卢格在谈到内容时写道："您作为对新方针来说很难得的人物将学会重视马克

---

① 1843年12月19日阿尔诺德·卢格致尤利乌斯·弗吕贝尔的信（苏黎世中央图书馆）。

思。那位恩格斯是很有用的人，但他还是不知不觉地深陷在黑格尔那里直至细微的文风。然而，他的一些题目对懒惰的德国人来说是洪水……马克思让我向您衷心问候；他无非是希望您参加评论。我劝他等待这个读物对您产生影响。"①1844年3月24日卢格还告诉克赫莱："想必您早就深信，我们在第1期上进行的革命比人们10年内在德国可能进行的革命还要多……"②

直到1844年3月24日，从卢格这方面还丝毫没有提及：因卢格生病，马克思一人承担了编辑部的工作，以及他和马克思之间对年鉴上所发表的观点有不同意见。1844年3月28日卢格才告诉他母亲，他与马克思闹翻了。这封信里写道："出版第1期杂志时我病了，因此，我在这方面能够做的比我希望和应该做的要少。因此，一些粗糙的东西也端了出来，我要是能修改一下就好了，但是，现在这些东西都这样匆匆忙忙地跟着一起出版了。付排的事断断续续，因为没有稿件。"③卢格在后来的几个月内对费尔巴哈、弗吕贝尔、弗莱舍、施塔尔等人详细地谈了同马克思的争论，他与马克思的观点差距越来越大，而且在最初的几个星期内他更多地是强调形式问题。"评论中学说上的东西很重要，不过它们的文风完全颠倒了，一些太粗糙，一些太做作；太粗糙的不是马克思的，太做作的是马克思的警句。他的一些文章用了这种形式，在写作

---

① 1844年2月5日卢格致路德维希·费尔巴哈的信（慕尼黑大学图书馆）。

② 1844年3月24日卢格致海尔曼·克赫莱的信（莫斯科马列主义研究院中央党务档案馆）。

③ 1844年3月28日卢格给他母亲的信，载于《阿尔诺德·卢格1825—1880年的通信集和日记》第1卷（1825—1847年），柏林1886年版（下称：《卢格通信集》），第341页。

过程中必须抛弃这种畸形和超形式的东西；不过这个过程现在还未到来。"①

3. 卢格在他的回忆卷《巴黎两载》里写道：弗吕贝尔对《年鉴》编辑部置之不理，《年鉴》的内容（"最坚定的共产主义"）把其他书商吓退了，只有"极端的社会主义作家"乐意给《年鉴》撰稿。他认为，可以在进一步的发展中改变《年鉴》，因此，"在接到两个表示拒绝的答复之后"，他竭力物色第三个出版商，"我的助理编辑突然……向我声明，他不可能与我继续共事，因为我只是个政治家，而他是个共产主义者。从1843年9月至1844年3月他缩回了向'极端社会主义'迈出的一步，而且还在信中（《年鉴》第37页）非常机智地表明了对它的意见。"② 这证明：马克思的最后一封信事实上是1843年9月写的，而不是在1844年初补写的；卢格明确区分了马克思1843年9月对共产主义的态度和1844年3月对它的态度，事实上这种区别也首先是通过是否承认无产阶级的历史使命来确定的；卢格完全接受马克思1843年9月的观点。这也可以看作是一个论据，用以证明马克思既不是在巴黎写最后这封信，也不是在巴黎对这封信作重大修改，而是卢格独自审订了这封信。

4. 1890年12月18日恩格斯写信给李卜克内西说："对于这些通信我充其量只能写这样一点：马克思曾经不止一次地对我说，通信是卢格编的，塞进了许多胡说八道的东西。"③ 这也是为什么恩格斯在1890

---

① 1844年7月11日卢格致阿道夫·施塔尔的信，载于《卢格通信集》，第364页。

② 阿尔诺德·卢格：《巴黎两载。研究和回忆》第1部，莱比锡1846年版，第138—140页。

③ 《马克思恩格斯全集》第1版第37卷第519页。

年拒绝威廉·李卜克内西计划再版这个《通信》的原因之一。应该把恩格斯的这些话解释为马克思这方面所持的保留态度。从这个角度来看，说马克思在编辑时对《通信》作了大量改动就显得不合逻辑了，因为他肯定会在自己的信里纠正卢格的"胡说八道的东西"。事实也是如此，马克思在后来的几个月里常常谈到《年鉴》上他和恩格斯的文章，而且不止一次地提到《通信》。

《德法年鉴》创办的实际过程和《1843年通信》这篇文章里对它的叙述之间的差异

马克思的信以及卢格的信和其他人给卢格的信（其中也有至今未发表的和在《马克思恩格斯全集》历史考证版第3部分第1卷里首次发表的资料）使《德法年鉴》的创办过程变得更具体、更明确了。把这些事实与《1843年通信》里说明的事实作一比较，可以得出明确的结论：卢格改动和篡改了哪些具体的言论，也就是说他在原信里作了哪些有据可查的擅自改动。

马克思的未保存下来的1843年3月的信，在《德法年鉴》创办过程中是一个质的转折。直到1843年3月3日前，马克思和卢格还想在国外继续出版《德国年鉴》。马克思于3月3日建议在斯特拉斯堡出版《德法年鉴》。卢格3月8日对马克思这封未保存下来的信答复如下："我完全同意您对斯特拉斯堡和对法国人的看法，我承认，我很想亲自参加这次调解，并通过自己的刊物使两个民族在思想上成为朋友。"①

费尔巴哈的《关于哲学改革的临时纲要》一书可能推动了马克思

---

① 《马克思恩格斯全集》历史考证版第3部分第1卷第400页。

去完成这个计划。1843年10月3日马克思写信给费尔巴哈说:"您是第一批宣布必须实现德法科学联盟的著作家之一。因此,您必然也是旨在实现联盟事业的第一批支持者之一。"①费尔巴哈在《纲要》里宣布"必须实现德法科学联盟"②。这个《纲要》首次发表于《德国现代哲学和政论界轶文集》。卢格在1843年2月26日把《轶文集》寄给马克思,其中也发表了马克思《评普鲁士最近的书报检查令》一文。③马克思可能完全是在费尔巴哈著作(该著作也于后来的几个月内对批判黑格尔法哲学起了重要的作用)的直接影响下,产生了不在国外继续出版《德国年鉴》而是在斯特拉斯堡出版《德法年鉴》的想法。完全可以肯定,马克思也在这封信里谈了他提此建议的理由,并阐明了《德法年鉴》的政治目的及性质。

当马克思第一次阐明出版《德法年鉴》的这个想法时,卢格便刹住为在国外继续出版《德国年鉴》而采取的各种措施。2月底和3月初维干德告知卢格,他不再打算在国外继续出版《年鉴》。萨克森的内务大臣和政府的警察局向众议院提出一项法律草案,按照这项草案,超过20印张的书籍可以免予检查。因此,维干德建议,这一法令生效以后,把《德国年鉴》作为超过20印张的季刊,不是在国外而是在莱比锡继续出版。④

众议院对卢格和维干德写的申诉书的初步反应是,首先暂时放弃在

---

① 《马克思恩格斯全集》第1版第27卷第444页。

② 路德维希·费尔巴哈:《关于哲学改革的临时纲要》,载于《德国现代哲学和政论界轶文集》第2卷,阿尔诺德·卢格出版,苏黎世和温特图尔1843年版,第76页。

③ 《马克思恩格斯全集》历史考证版第3部分第1卷第395页。

④ 《马克思恩格斯全集》历史考证版第3部分第1卷第399页。

国外出版《年鉴》的另一个原因。卢格和维干德于1843年2月2日呈交给众议院的申诉书里反对查封《德国年鉴》，并请求取消查封。申诉书呈交到众议院的有关委员会，该委员会于2月在只有两张反对票的情况下向全体会议提出动议：政府可以在书报检查机关的严密监视下准许《德国年鉴》继续存在。报界在3月初也对此作了报道。这一结果使卢格设想，申诉将会获得"有利的表决"①。

因此，卢格于1843年3月初暂不考虑在国外继续出版《德国年鉴》的一切倡议。首先，他想等待众议院对超过20印张的书免予书报检查的法律草案和申诉书的审理。1843年3月8日，他要求马克思把自己的建议（显然是在3月3日这封未保存下来的信中提出的）付诸实际行动，并前往德累斯顿，在那里等候众议院审理的结果。②

但是，马克思1843年3月13日对继续办《德国年鉴》颇有疑虑。即使事实上《德国年鉴》重新获准出版，"我们至多也只能做到一个已停刊的杂志的很拙劣的翻版"。篇幅超过20印张的书，例如计划要出的季刊，"就不是给人民写的书"。出版地点可以考虑在国外，更确切地说，斯特拉斯堡最合适，也许还可以在瑞士。马克思重申了他3月3日提出的出版《德法年鉴》的建议。"相反，《德法年鉴》，这才是原则，是能够产生后果的事件，是能够唤起热情的事业。"③

1843年4月6—10日，众议院讨论了新的法律草案，并批准了这个草案。因此，维干德最终放弃了在国外继续出版《德国年鉴》的计划。他着手筹办季刊，并从1844年初起以《维干德季刊》为名出版。1843

---

① 1843年2月23日卢格致施塔尔的信，载于《卢格通信集》，第299页。
② 《马克思恩格斯全集》历史考证版第3部分第1卷第399—400页。
③ 《马克思恩格斯全集》第1版第27卷第441页。

年5月9日，众议院讨论卢格和维干德的申诉书。议院以52票对8票否决了委员会让《德国年鉴》重新出版的提案。对此，马克思在给摩里茨·弗莱舍的一封未保存下来的信里写道：审理的结果给卢格以"沉重打击"①。

卢格在1843年5月10日至24日期间，即马克思在德累斯顿逗留时才从全部内容上同意马克思的计划，并决定为筹备《德法年鉴》采取具体步骤。当马克思在德累斯顿逗留时，卢格就写信给费尔巴哈，谈了新杂志的计划和内容："但愿我们能完全自由地在国外出版这个杂志，彻底抛弃旧年鉴中平庸、烦琐和保守的东西。为此目的，我们要同那些卓越的法国人：列鲁、蒲鲁东、路·勃朗，也许还有拉马丁（大概没有或者不需要拉梅耐和科尔梅宁）联合办这个杂志，让他们直接参与写作（他们个个都能用法文阅读），并一起建立一个类似编辑部的组织。然后，我们将同他们一起公布刊名和计划，这样就可以通过这个事业一举体现两个民族的思想联盟。"②显而易见，这个由卢格确定的计划就是根据马克思的倡议两人共同商定的观点。费尔巴哈于1843年6月2日同意这个计划，③又于6月20日修正了自己的意见。他并不反对出版《德法年鉴》这个想法本身，"但是，从实际的观点出发，特别是从现在来看，这件事情并不是十拿九稳的"。他觉得同法国人联合太引人注目了，因而偏离了他们的目的。通过这样的法国人联盟既不会获得理性

---

① 1843年6月18日卢格致摩里茨·弗莱舍的信，载于《卢格通信集》，第310页。

② 1843年5月24日卢格致费尔巴哈的信，载于《路德维希·费尔巴哈通信集》，威纳尔·舒芬豪尔出版，莱比锡1963年版，第173—174页。

③ 1843年6月2日费尔巴哈致卢格的信，载于《卢格通信集》，第309页。

根据，也不会获得信念根据。①

马克思从德累斯顿直接前往克罗茨纳赫，于6月19日在那里结婚，并住了较长一段时间，因为——像他在较早的一封信里就建议的那样——"在着手工作以前……应该有几个现成的作品"②。卢格与弗吕贝尔共同承担杂志的实际筹备工作。马克思只是坚决表示希望能居住在斯特拉斯堡，"因为他觉得巴黎的生活费用太昂贵，他也担心在巴黎很难同德国取得联系"③。编辑部的工作可能于1843年10月1日就开始了。

1843年7月19日，卢格开始了5月就拟定的前往巴黎的旅行，以便在那里筹备与法国作家合作的事宜，并实现与他们合作的千金诺言。卢格在去巴黎途中，于7月22日在布鲁贝格的费尔巴哈那里，于7月25日在克罗茨纳赫的马克思那里稍事逗留。正如卢格函告费尔巴哈的那样，在他拜访马克思时商定：马克思于1843年9月底迁居斯特拉斯堡。④

弗吕贝尔在8月11日至18日期间提出下述建议：出版社在斯特拉斯堡开设一家书店。卢格投资6000帝国塔勒。马克思也是这家书店的共有者，他通过认购股票，投资6000帝国塔勒。另外，马克思为不得不由他做的编辑工作得到一笔稿酬，因为卢格想继续住在德累斯顿。卢格同意弗吕贝尔的建议，并在一封未保存下来的1843年8月18日的信里向马克思提出这个建议。⑤但是，马克思暂时没有回信。卢格在9月4

---

① 1843年6月20日费尔巴哈致卢格的信，载于《路德维希·费尔巴哈通信集》，威纳尔·舒芬豪尔出版，莱比锡1963年版，第175—176页。
② 《马克思恩格斯全集》第1版第27卷第441页。
③ 1843年5月28日卢格致弗吕贝尔的信（苏黎世中央图书馆）。
④ 1843年8月19日卢格致费尔巴哈的信（慕尼黑中央图书馆）。
⑤ 1843年8月18日卢格致弗吕贝尔的信（苏黎世中央图书馆）。

日向他母亲诉苦说："马克思没有回复我的信，我又像在德累斯顿那样，同他失去一切联系。尽管如此，我在给他的最后一封信里还是向他提出一个建议，对此他必须或者明确表示接受，或者坚决拒绝，也就是说建议他成为书店的共有者，这事没有他的同意是不行的。"① 显然，卢格在1843年9月4日至22日期间收到了马克思对其建议的肯定答复。

1843年9月20日左右弗吕贝尔抵达巴黎。他与卢格一起决定，书店不设在斯特拉斯堡，而是设在巴黎。此外，卢格决定也迁往巴黎。卢格于1843年9月22日把这两个决定写信告诉马克思。②卢格明确表示希望马克思在这种情况下不要前往斯特拉斯堡，而应当去巴黎。马克思在收到这封信后也决定去巴黎，并于1843年10月3日写信告诉费尔巴哈，他将再过几天就动身去巴黎。③10月6日，马克思也一定告知了卢格，他不去斯特拉斯堡，而去巴黎。④他可能也在这封未保存下来的信中告知了他的确切到达时间，因为弗吕贝尔于1843年10月11日写信给科隆的奥本海姆说：可以说德法书店已在巴黎存在。卢格已回家接他的家属，马克思在1843年10月11日或12日可望到达巴黎。⑤可以证实马克思到达的还有下述情况：卢格于10月20日就从德累斯顿写信给弗吕贝尔说，海尔维格夫人把马克思的到达告诉了他。⑥卢格因孩子生病，于1843年12月8日或9日才抵达巴黎。

---

① 1843年9月4日卢格给他母亲的信，载于《卢格通信集》，第332页。
② 《马克思恩格斯全集》历史考证版第3部分第1卷第412页。
③ 《马克思恩格斯全集》第1版第27卷第443页。
④ 1843年10月6日至7日卢格致弗吕贝尔的信（苏黎世中央图书馆）。
⑤ 1843年10月11日弗吕贝尔致达哥贝尔特·奥本海姆的信（科隆市历史档案馆）。
⑥ 1843年10月20日卢格致弗吕贝尔的信（苏黎世中央图书馆）。

377

如果把这个创办过程与《1843年通信》作一比较，就产生了重大的分歧，这个分歧可以归因于卢格大量擅自改动原信。

1.《通信》中3月的信显然是马克思在去荷兰的途中写的。1843年3月13日后，他想尽快地从科隆乘船"直接到莱比锡去"①。马克思于1843年3月17日提前退出《莱茵报》编辑部后并首先前往荷兰，此后，他肯定把这两件事告诉了卢格。也完全可以假定，马克思告诉了他提前退出编辑部的原因。因此，卢格必定从马克思的这封信里抽去了上述提前退出编辑部并改变原先的旅行计划的消息，也就是说，他大大缩短了这封信。

2.《通信》里马克思的第二封信的日期是："1843年5月于科隆。"1843年5月3日，卢格就给他在柏林的兄弟写信说，马克思将到德累斯顿去②，马克思于5月10日抵达德累斯顿。从中可以得知，马克思已函告他抵达德累斯顿。5月24日，马克思从德累斯顿直接去克罗茨纳赫。1843年5月24日至7月17日期间卢格没有从马克思那里得到任何消息。如果马克思的这封信是5月写自科隆，那这封信只能是在5月初写的。当然令人奇怪的是，马克思在抵达德累斯顿前短短几天就给卢格写了这样一封内容上很有分量的长信。更确切地说，不禁使人产生一个问题：卢格不是可以把马克思的许多信合并成一封信吗？这样大概可以说明，为什么马克思写于1843年2月3日至15日的信以及1843年3月3日的信没有保存下来。

3.《通信》中的头三封信（两封是马克思的，一封是卢格的）里

---

① 《马克思恩格斯全集》第1版第27卷第440页。
② 1843年5月3日卢格致路德维希·费尔巴哈的信，载于《卢格通信集》，第307页。

只字未提马克思关于出版《德法年鉴》的建议，他提这个建议的理由以及卢格的观望态度及其原因，尽管这正是 1843 年 5 月前通信的中心议题。相反，在《通信》里，卢格自己却在 1843 年 6 月给巴枯宁的一封信里提出了出版《德法年鉴》的建议。从《通信》来看，卢格于 6 月，即在已经决定出版年鉴之时这样写道："我们也许可以在法国，甚至可以同法国人一起出版共同的刊物。我想与我们的朋友通信谈谈此事"。①马克思关于出版《德法年鉴》的计划当他 5 月在德累斯顿访问时就已征得卢格的完全同意并有了固定的形式，而从《通信》来看，卢格在 8 月才让马克思知道：巴枯宁和费尔巴哈说服了他，他想在巴黎创办一个新的机关报并附寄了该报的计划，同时请马克思撰稿。②从《通信》来看，马克思后来在 9 月就此事向他的朋友说道，卢格想开创新的事业。③

因此，马克思 9 月的这封信的第三段里含有在巴黎出版新机关报这个计划的政治理由。④从整个来龙去脉来看，这一段可能出自 3 月 3 日的信，那时马克思第一次阐述了出版《德法年鉴》的想法。这里还有一个用意，即影射苏黎世服从柏林来的指示，因为 1843 年 2 月 9 日苏黎世当局在普鲁士政府的逼迫下拒绝海尔维格迁居苏黎世。尽管马克思在 1843 年 1 月还想迁居苏黎世，但正是这件事促使他向卢格表示了对继续在苏黎世出版杂志的疑虑。

4. 大约在 1843 年 9 月 20 日左右斯特拉斯堡被预定为书店所在地，

---

① 1843 年 6 月卢格致 B. 德雷斯顿的信，载于《德法年鉴》，阿尔诺德·卢格和马克思出版，巴黎 1844 年版，第 31 页。

② 《马克思恩格斯全集》历史考证版第 3 部分第 1 卷第 411 页。

③ 《马克思恩格斯全集》第 1 版第 1 卷第 415 页。

④ 《马克思恩格斯全集》第 1 版第 1 卷第 415 页。

而在《通信》里，卢格于8月就已把巴黎定为印刷地。①马克思9月25日左右计划于1843年9月底迁居斯特拉斯堡，但是，他在接到卢格9月22日的信后改变了主意，并在此之后告知他于1843年10月10日或11日抵达巴黎，而《通信》里则说，马克思打算9月底到巴黎。②

以上把《通信》中马克思的信同马克思、卢格、费尔巴哈、弗吕贝尔等人的保存下来的原信所作的比较，以明确的可以检验的事实证实：《1843年通信》不是有关《德法年鉴》创办经过的可靠原始资料，而是卢格擅自大量改动了原信，以便用这些信整理成一篇完整的文章。因此，也很难说马克思实际上把卢格1843年3月的信寄给了巴枯宁，此事可从巴枯宁给卢格的信的开头看出。③更正确地说，这也是使通信变得完整的一个手段。除此之外，没有任何证据证明马克思于1843年与巴枯宁有通信联系。

关于思想内容和文风特征的异议

可以认为，马克思这些信中的政治和哲学的基本立场，就一般特征来说，与马克思那时的书信和著作中反映出来的立场相符。但是，卢格很可能也对思想内容作了改动，以便使它们能与他的《1843年通信》的构思融为一体。重大的擅自改动是从卢格书信本身中得出的。卢格是一个悲观失望的、优柔寡断的、看不到出路的政治家。他对德国人民及

---

① 《马克思恩格斯全集》历史考证版第3部分第1卷第411页。
② 《马克思恩格斯全集》第1版第1卷第415页。
③ 1843年5月巴枯宁致卢格的信，于比尔湖彼得岛，载于《德法年鉴》，第28页。

其未来不抱希望，也不知道自己的出路何在，不知道在哪里和怎样从事政治活动。这一切与他的实际行为相矛盾，对这个问题我们在这里不作具体探讨。仅举数例说明：卢格在1843年2月就计划"写激进的政治"，它包括"1. 现存东西的本质；2. 真正国家的本质"，他想以此开始在国外继续出版《德国年鉴》。为此他想研究"法国人"和德国宪法。"激进改革的必然性"不应该产生于哲学的原则，而应是"历史的结果和要求"，即解释和批判现存东西的结果和要求。①仅从这一点就可以看出，卢格在他自己的3月的信中从内容上作了大量修订。由此可见，也肯定修订了其他通信伙伴（他们具体地探讨了卢格的悲观失望）信中的基本组成部分。这种修订首先出现在马克思1843年5月的信中的几个从文风来看也会引起怀疑的段落上。对普鲁士的政治关系的评述肯定是马克思和卢格之间通信的主题，但是，叙述的角度与《通信》里不同。首先，卢格那时是政治上最接近马克思的人；其次，马克思希望卢格不要幻想可以在普鲁士或在普鲁士以外继续出版年鉴；再次，想使卢格相信出版《德法年鉴》的必要性。

使人产生疑问的是，马克思会在1843年3月谈到德国即将来临的革命。②确切地说，对政治革命的性质和必要性的结论产生于马克思1843年7月至8月的研究。马克思首先在《论犹太人问题》一文里阐述了这些结论，完全有可能是卢格把9月的这封信里有关革命的论述挪前到3月的信里，以便为他的"悲观失望"开创一个论战的开端。卢格可能把马克思提出的办新杂志的政治理由从3月的信里挪后到9月的

---

① 1843年2月23日卢格致施塔尔的信，载于《卢格通信集》，第299页。
② 《马克思恩格斯全集》第1版第1卷第408页。

信里，① 这从内容上来看也并不是无关紧要的。如果要研究马克思从 1843 年 3 月至 9 月的认识发展，那么恰恰是通信里的最后这两次挪动具有意义。

马克思的第一和第二封信与第三封信截然不同，前两封信有许多华丽辞藻、惯用语和一些华而不实的对话等等，这都与马克思的文风相矛盾。例如，属于这一类的有："您会含笑地望着我问道：这样做有什么好处呢？"② "可是，您毕竟也感染了我。您的题目还没有写完，我想替它加上一个结尾；等这一切都做完后，请您向我伸出手来，让我们一同来从头做起。"③

这里所谈的一些事实完全证实了恩格斯的提醒：根据马克思的话，卢格编写了这篇通信，并塞进许多胡说八道的东西。因此，我们只能有保留地把马克思的这些信视作可靠的原文。

[原载《马克思恩格斯研究论丛》（柏林）第 1 辑]

（胡慧琴 译）

---

① 《马克思恩格斯全集》第 1 版第 1 卷第 415 页。
② 《马克思恩格斯全集》第 1 版第 1 卷第 407 页。
③ 《马克思恩格斯全集》第 1 版第 1 卷第 408 页。

关于克罗茨纳赫笔记[*]

〔苏〕H.C.鲁缅采娃

《马克思恩格斯全集》国际版第 4 部分第 2 卷收入了卡尔·马克思和弗里德里希·恩格斯 1843 年至 1845 年初这一时期的摘录。

本卷的第一部分发表了马克思 1843 年 7 月至 8 月在克罗茨纳赫和他于 1843 年 10 月至 1845 年 1 月旅居巴黎期间所作的笔记。本卷的第二部分发表了恩格斯关于阿·艾利生所著《人口原理及其和人类幸福的关系》一书概要的片断,这些片断显然产生于 1843 年底与 1844 年夏之间。

本卷收入的各篇著作产生于马克思和恩格斯向唯物主义和共产主义过渡,并开始制定无产阶级世界观的时期。在此期间马克思和恩格斯奠定了唯物主义历史观的基础,并为建立马克思主义的经济学说和科学共产主义理论创造了重要的前提。

本卷收入的材料可以使我们具体地了解,马克思是怎样建立唯物主义和共产主义的观点的;哪些科学理论研究帮助他在对以往社会思想的巨大成就进行批判的检验、对世界历史的成果(包括他所目击的资本主义的发展)以及对人民群众的革命斗争经验进行概括的基础上建立起一

---

[*] 本文选自《马列主义研究资料》1983 年第 6 辑。

个崭新的学说。马克思是在他当时已经达到的认识的基础上完成这一巨大的研究工作的。起初——在克罗茨纳赫——他所持的观点还是革命民主主义的观点,后来——在巴黎——他就已经从无产阶级的立场出发了。这就决定了他对那些需要进行探讨的问题的态度。恩格斯所提供的概要也可作为研究恩格斯的革命世界观的形成的补充资料。

本卷一开头是1843年夏季在克罗茨纳赫写的五本笔记,包括关于法国史、尤其是关于法国大革命过程的摘要,关于英国、德国、瑞典、波兰、威尼斯共和国以及美国史的摘要。克罗茨纳赫笔记的意义首先在于,它照亮了马克思走向唯物主义历史观的一段行程。

马克思早在波恩大学和柏林大学学习期间就已经开始研究历史。1843年夏天他感到深刻掌握历史领域里的知识的必要性已经显得尤为重要和突出。根据他在《莱茵报》工作的理论和实践经验,他着手对黑格尔关于国家和法的学说,实质上就是对黑格尔的整个唯心主义的社会发展观点进行批判性的检验,并揭示历史过程的真正动力。

黑格尔关于市民社会和国家的观点是马克思批判的一个重点。为了令人信服地驳倒黑格尔的构想(其基础是关于国家——所谓最高的、起决定作用的社会生活形式——与市民社会——物质生活关系的总体——之间的关系的唯心主义观念),马克思收集了丰富的事实材料,依据这些材料,就可以阐明现代国家的起源,就可以从不同时代和不同国度的形形色色的国家形式的背后揭示出国家的真正本质。

《克罗茨纳赫笔记》包括二十四部作品的摘要,其中有国家学说的经典作家(马基雅弗利、孟德斯鸠、卢梭)的作品。在这些著作中从理论上探讨了关于国家的起源和发展的问题。《克罗茨纳赫笔记》也包括了摘自属于19世纪不同学派的德国、法国和其他国家的历史学家们的著作的札记(我们将在阐述整个《克罗茨纳赫笔记》和它的各个分册产生和传播的情况时对这些作者进行深入的评论）。从年代上来看，这些笔记包括二十五个多世纪的世界历史事件，从公元前600年起到19世纪30年代为止。《克罗茨纳赫笔记》所包括的材料表明，马克思并非简单地把经验的事实堆积在一起，而是以一种完全确定的观点对不同国家和不同时期的历史进行了研究和对比。这使他有可能从每个单独的国家的发展特点中认识历史过程的总趋势和规律性。关于他所持的立场我们可以根据他从不同的书籍中摘录的材料的内容和对这些材料的选择以及他的评论来判断。不过，在《克罗茨纳赫笔记》中马克思自己提出意见和评论的地方只有少数几处，这几处地方是：第一本笔记中类似主题索引的一些标题，第二本笔记中作了摘要的那些书的摘录的梗概，第四本笔记中的一篇短"评"（这篇短"评"从内容上看很像马克思的《黑格尔法哲学批判》的手稿），第二本笔记的《主题索引》（它是在上面提到的梗概的基础上编成的）以及第四本笔记的索引。

乍看起来关于历史的摘要的题材范围显得相当庞杂。但是马克思摘抄下来的那些材料是有针对性的，那就是为了解决他向自己提出的那个主要的理论课题，即：阐明国家和市民社会的相互关系。至于对这个问题的阐明是本着哪些方针进行的，这首先可以根据上面提到的《主题索引》看出来。虽然只是在第二本笔记和第四本笔记中才有《主题索引》，但我们也可以用它们来衡量其余三本《克罗茨纳赫笔记》。姑且不谈这些《索引》的局限性，它们表明马克思对他摘录下来的材料进行了系统的整理，他是从曾经使他特别感兴趣的问题的角度来进行这种系统的整理的。同时，这些《索引》还证明马克思正日益转向唯物史观。从这些《索引》中我们可以看出有三类问题是马克思特别关注的。

在第二本笔记的《索引》中占据中心地位的是《所有制及其后果》这个标题，它勾画出了一个重要的研究领域的轮廓：所有制的产生及其在人类历史的不同时代——古代社会、封建社会和马克思所生活的时代——的发展,所有制的各种形式,所有制关系和政治关系的联系,所有制关系对国家和整个社会制度的影响。

关于最重要的欧洲国家封建社会史的摘要在《克罗茨纳赫笔记》中占有相当大的篇幅:法国(第9—83页和146—152页),德国(第175—176页和223—255页),英国(第135—142页和187—204页),瑞典(第205—217页),波兰(第104—105页)和威尼斯共和国(第88—89页)。[①]

在这些摘要中引人注目的首先是,马克思对政治史——国王的废立和朝代的更迭、外部冲突、战争等等——的关心只限于政治史如何对社会经济、社会政治和法的过程产生一定影响。在《克罗茨纳赫笔记》中,这些过程是马克思的主要注意对象。

在第一本笔记和第二本笔记的开头(在这两个地方,马克思从德国历史学家克里斯托夫·哥特洛布·亨利希的著作《法国史》中详细地摘录了与16世纪末之前的法国政治史有关的事实),我们就已经可以从摘录的有关政治史的事实中清楚地看出马克思对封建社会的形成过程、对封建占有的不同形式、对封建国家及其最重要的设施的形成,以及对不同的法律关系和法律机构有着特殊的兴趣。因此在第一本笔记中对卡罗林王朝历史的研究同直接指出封建主义国家的军事制度和所有制关系之间的直接关联融汇在一起了。

在其他几本(第三、第四和第五本)笔记中我们也同样可以感觉到马克思为弄清各种所有制形式和社会关系的历史性质而作的努力。他

---

① 本文中提到的页码是指《马克思恩格斯全集》国际版第4部分第2卷的页码。——译者注

摘录了德国历史学家约翰·马丁·拉彭贝尔格和恩斯特·亚力山大·施米特关于中世纪英国史和法国史的论著，摘录了英国历史学家约翰·林加尔特关于英国史（16世纪中叶以前）、瑞典历史学家埃里克·古斯塔夫·盖耶尔关于瑞典史（17世纪中叶以前）以及德国历史学家约翰·克里斯蒂安·普菲斯特尔关于德国史（17世纪末以前）的论著。他仔细地探讨和记下了那些谈到公有制转变为私有制、谈到封建占有和封建所有制结构的各种形式以及封建社会中孕育着的新的资本主义关系的萌芽形式的形成的地方。

马克思是把封建所有制的结构和封建所有制的各种形式与所有制对社会结构和社会政治设施的影响联系起来进行研究的。在摘录恩斯特·亚历山大·施米特的《法国史》时，马克思特别注意作者关于"采邑制度"变成了封建社会的"政治生活形式"这一思想。他在第二本笔记中从吉伦特党人雅克·夏尔·巴约的论战性著作《对斯塔尔男爵夫人遗著的批判性分析》中摘录了认为封建制度是建立在地产基础上的等级制度的总的评价。同时还记下了下面这个地方："封建制度构成了多头专制主义，它的一个因素就是对大多数人进行奴役。"马克思把这段评语连同"多头专制主义"的提法一并纳入关于这些摘录的梗概中。

同样使马克思很感兴趣而且与上面提到的那类问题密切相关的第二类问题，是关于阶级的形成、阶级和等级的特权的性质以及封建等级转化为市民社会的阶级结构的问题。第四本笔记的索引的第一部分的总题目就是"等级差异"，此外在第二本笔记的索引中马克思用了如下一些小标题：《贵族》、《革命前三个等级的关系》、《关于特权的形成》、《特权的各种不同学说的融合》、《市民等级》、《公社中享有特权的人的关系》。

在研究一系列欧洲国家封建主义发展的情形时，马克思仔细地观察了封建社会的最重要的阶级、阶层和中间阶层的概况，它们组成一个金字塔。国王坐在金字塔的尖顶上，他原来是以"三重身份"出现的："对于他的侍从，他是**侍从的主人**；对于自由人，他是**头人**……后来，他是**最高采邑主**。"他是"王国头号地主"。这个金字塔的基础是人数众多的无权的农奴阶级，自由的、独立的土地占有者的中间阶层在封建制度向前发展和巩固的过程中越来越多地同无权的农奴阶级融合在一起。高踞于这个阶级之上的是世俗的和僧侣的贵族等级，构成贵族等级的"基础……"的是"律禄或采邑制度"。"采邑主的威望和影响"又"取决于领地的大小"。

马克思在研究封建的社会结构的发展时特别注意以下两方面的问题：一是对人民群众不断加剧的压迫，二是封建社会内孕育着的新的资本主义制度的萌芽。马克思首先以法国为例探讨了中世纪城市的形成和发展、资产阶级的产生以及资产阶级为争取自己的权利同封建主进行的斗争。马克思以下面的话概括了中世纪城市发展初期的状况："城市和农村都受到奴役，尤其是法国北部的城市。"但是，在菲力浦二世—奥古斯特时代市民等级的意义已日益增大——成为"采邑主和非自由人……这两个阶级之间的中间等级，它依仗业已获得的和享有的权利已经有资格同强权和专横分庭抗礼。取代城市中的居民（其地位往往像农奴一样低下）的是市民，他们多半由于他们自己，由于他们的勇气和臂膀的力量或者由于他们通过劳动挣得的金钱而使自己的自由和已经享有的权利得到公认"。这个等级唤起了"发明创造精神"，促进了"工商业"的较为迅速的发展。

马克思注意到城市自治公社的成立，特别是在法国的成立，这是新兴的资产阶级发挥经济和政治积极性的结果。他从施米特的《法国史》一书中摘录了这样一段，那里指出，在公社中市民的共同利益以及维护这种利益的必要性，导致人们"**初次论证管理艺术**。"

同时，马克思也注意到了处于上升时期的资产阶级所进行的争取自己的权利的斗争的不彻底性。在对亨利希的书所作的摘要中马克思描绘第三等级提出的1484年在图尔举行三级会议的要求时，用了一个值得注意的评语："自由主义空谈"。

当马克思对林加尔特的书作摘要时，他断定，在中世纪的英国也发生着同样的过程。他从这本书中摘录了有关城市发展和城市经济力量增长的资料以及关于国王在反对大封建主的斗争中为了王权的利益而支持这些发展的材料。同时，凡是极端重要的地方马克思都划了一条线表示强调，他尤其强调林加尔特的这样一种思想，即在中世纪的英国，市民等级和骑士等级之间没有不可逾越的鸿沟，它们之间是互相融合的。对于这一事实，马克思作拉彭贝尔格的《英国史》一书摘要时也给予了注意，该书认为，在盎格鲁－撒克逊时期，一个**富商**（他在这个字下面划了一条横线）可能成为一个贵族。马克思记下了在13至14世纪的瑞典"通过服役获得的贵族自由"也"把乡绅等级中最富有的成员越来越多地夺走了"，因而在这里还存在的那部分自由土地所有者等级使贵族的队伍增长起来了。

马克思从各种著作中摘录了有关中世纪贵族的状况和权利以及城市上等阶层的论述，其中最使他感兴趣的是特权的形成，即这些阶级的政治势力的根源。马克思认为，在封建社会中"每个等级、每种职业的**特殊**荣誉和尊严都是和那个等级、那种职业"相符合的。同时，他也注意到，极少数人——掌管国家事务的大土地所有者——享有最大的特权。在第二本笔记中从法国历史学家和拿破仑帝国国务活动家皮埃尔·达吕的《威尼斯共和国史》中摘录下来的东西首先就是有关这类特权的形成的论述。这位作者认为，"力量"和"超群出众的才能"并不是社会特权的根源。马克思把他的摘录作了如下的概括:"在这里财富就是封号",并且不是简单的财富,而首先是地产。同样在对拉彭贝尔格的《英国史》一书作摘要时,马克思认为,"大乡绅的尊严与地产的大小是分不开的"。在第四本笔记中他从林加尔特的书中摘录了1215年自由大宪章的某些条文,这些条文表明,封建主的特权是受到保护而不受王室侵犯的。马克思还探讨了封建主为维护和扩大这些特权而进行的斗争。他得出这样的结论:贵族的特权地位的巩固丝毫也不能缓和一个人数众多的阶级、即农奴阶级的完全无权的地位。

马克思论证了对劳动大众进行奴役的发展过程和劳动大众状况的严重恶化。因此,他在自己的第四本笔记中从林加尔特的书中摘录了下面这段引文:"宫廷出游=一队敌军开来:一场由国王的扈从酿成的灾难。他们闯入佃户和农民的房舍,把他们的一切生活费用都强加给后者,他们未能消费完的东西一律付之一炬或毁掉。住户们眼见自己的粮食、牲畜被抢走,目睹妻子和女儿惨遭污辱,如果他们敢于表示不满,他们的房屋就会被焚毁,他们就会被残害,被处死。"

马克思在他的摘录中仔细地记下了劳动群众为反对日益加重的封建枷锁而进行的斗争中的一些重要环节。因此,在他对亨利希的著作所作的摘要(第一、二两本笔记)中,就注意了亚尔毕派和韦尔登派运动,并从这个运动中看到中世纪的阶级斗争采取了宗教的形式(异教学说)。马克思详细摘录了关于扎克雷起义——14世纪中叶法国的一次农民战争——以及关于1358年和1382年巴黎市民起义的资料。接着是从一位德国历史学家利奥波德·冯·兰克的著作中所作的摘要,这本书阐述了德国历史上的一个重大事件1524—1525年的宗教改革运动和农民战争。在作摘要时马克思记下了贫苦农民阵营的领袖和思想家托马斯·闵采尔的思想:"他宣称把宇宙万物,包括水里的鱼、空中的鸟、地上的植物变成财产的做法是不能容忍的:宇宙万物也必须获得自由。"闵采尔要求,"权力应当交还给人民大众"。

马克思在索引中列举的第三类问题是国家法的问题,立法权和执行权的问题,与专制主义的产生相连的官僚制度及其形成问题,官吏同王权之间的相互关系问题,王室特权问题,代议制和人民主权问题。

在第二本笔记的《主题索引》中反映这些题目的标题有:"议会","官僚制度·官吏","制宪议会","君主立宪","政府权力"。小标题当中特别值得指出的有:"立法权","法律","人民主权","代表会议和人民主权的关系","权力的划分"。在第四本笔记的索引中重新列举了这些标题和小标题,并作了一些补充,例如:"宪法与管理","众议院","下院","上院","Souveraineté du peuple"〔"民族主权"〕,"代议制宪法"。涉及国家法问题的标题和小标题如此之多,这证明在当时马克思的思考中国家法的问题占有多么重要的地位,而这个问题首先同他批判地分析黑格尔的《法哲学原理》有关。

对法国史、英国史和德国史的研究,使马克思弄清了代表制及其机构的形成和性质,它们的根源一直可以追溯到中世纪。他考察了中世纪的等级代表制设施,这些设施在某种程度上是资产阶级国家的代议制的历史先驱。马克思在他的第一本笔记(亨利希著作摘要)中就是这样仔细地研究了法国三级会议的产生、组成和发挥职能的方式的。在第三本笔记(英国政治家和辉格党领袖约翰·罗素的英国宪法史摘要)和第四本笔记(约翰·林加尔特的英国史摘要)中,马克思试图根据英国议会的形成和发展的历史作出关于议会的性质及其在国家生活中的作用、关于欧洲最古老的议会制度的作用机制的结论。于是他从林加尔特的书中摘录了"自1265年以来参加议会的各郡代表是资产阶级议会代表制的萌芽形式"这句话,并在这句话的边上划了一条线以示强调。

马克思的几本笔记表明，他通过自己的研究愈来愈认识到欧洲进步国家中存在的议会制度的局限性，并把议会制看作是拥有大量财产的社会阶层的政治统治的一种形式。

在摘录罗素的书时，马克思特别记下了以下事实，即在英国存在着反民主的"腐朽的市镇"①制度，18世纪末84个这类市镇的所有者把157名代表送进了英国议会。他援引了罗素的论断，当人民和政府的观点不一致的时候，"下院"总是"更多地"倾向于"政府一边，而不是人民一边"。

马克思对有关七月王朝时代法国历史的著作作了内容广泛的摘录。他从德国保守派记者卡尔·威廉·兰齐措勒的一本著作的附录和法国反动作家兼政治家弗朗斯瓦－勒奈·德·沙多勃利昂的两本著作中摘录了那些批判代表制的地方，尽管这种批判是由反对君主立宪的保皇党敌人提出的，但它还是揭露了这种国家政体的根本缺陷。

在研究美国历史时马克思碰到了资产阶级共和国的局限性。他从英国保守派作者托马斯·汉密尔顿的著作《美国人和美国风俗习惯》中摘录了有关这个问题的重要材料。此外，他还记下了一系列证明美国存在着深刻的社会冲突的事实，而这个国家当时被认为是民主国家和议会制的楷模。

对马克思就代表制问题所作的分散在五本笔记中的摘录进行分析的结果表明，他对这个问题也像对其他社会政治现象一样，是采取具体历史的态度的。他根据历史材料断定，这种政体是在王权反对封建主的斗争、城市和市民等级的影响日益增涨的条件下，在新兴资产阶级联合王权反对封建主的条件下产生和发展起来的。按照一种抽象唯心主义的看

---

① 指居民减少而仍然保持着选举议员权利的市镇。——译者注

法，代表制国家是人民主权、三权分立等等普遍原则的体现。这种看法在当时对马克思说来就已是格格不入的。在代表制的进一步发展中，立宪制成为一种国家政体，力图掌握政权，或者已经取得统治权的资产阶级便利用这种政体来反对君主专制。同时，马克思所收集的材料证明：这种政体绝不是人民主权的表现，现代代表制只是资产阶级的政治利益和物质利益的表现。

1843年9月，五本《克罗茨纳赫笔记》完成以后，马克思在一封从克罗茨纳赫写给阿尔诺德·卢格的信中已经明确地表述了这样一种思想：代表制是私有制统治的政治表现，也就是同封建等级制相对立的资产阶级社会关系的反映。

根据广泛的历史材料对三个彼此紧密联系着的重大问题——所有制、阶级和国家法关系的问题——所进行的研究为马克思在《黑格尔法哲学批判》手稿中阐述的下述思想奠定了基础："在我们一直在研究其结构的政治国家中，独立性就是以**不可转让的地产**为最高表现的**私有财产**"（手稿第126页）以及"这样一来，国家制度在这里就成了**私有财产的国家制度**"（手稿第128页）。①

法国大革命的历史在《克罗茨纳赫笔记》中占有特殊的地位，这场革命的经验对马克思世界观的形成产生了巨大的影响。马克思专心致志地研究这个题目是完全可以理解的，因为18世纪末法国资产阶级革命在很大程度上决定了青年马克思世界观形成时期的社会背景和思想背景。青年黑格尔派中有不少人试图重新唤起人们对第一次法国大革命的英雄们的尊敬与怀念。此外，马克思在他探究历史上各式各样的社会过程的努力中，也不可能忽视法国大革命的世界历史意义。他在克罗茨纳

---

① 《马克思恩格斯全集》第1版第1卷第378、380页。

赫作过提要的著作，大多数都在一定程度上涉及这场大革命，涉及它的前提、它的进程以及它的结果。摆在我们面前的摘要使我们看到，当马克思试图搞清楚所有制关系同政治机关之间的关系的时候，他从法国大革命的经验中吸取了什么东西。

马克思作过提要的有关法国革命的著作有：卡尔·弗里德里希·恩斯特·路德维希著《最近五十年的历史》，雅克·夏尔·巴约著《对斯塔尔男爵夫人遗著的批判性分析》（载于第二本笔记），以及威廉·瓦克斯穆特著《革命时代法国史》（载于第四本笔记）。在马克思研究过的其他著作中特别有兰齐措勒的小册子《论七月事件的原因、性质及其后果》，沙多勃利昂的两本著作和利奥波德·冯·兰克的保守的《历史政治杂志》上发表的一系列文章。对上述著作在第四本笔记中也作了摘要，这些著作从各个不同的侧面研究了法国革命对法国和欧洲后来的发展的影响。

马克思根据路德维希和瓦克斯穆特的著作研究了在大革命年代里各种事件的进程，特别是研究了立法问题。根据兰齐措勒、沙多勃利昂和兰克的著作，分析了督政府、拿破仑帝国和复辟时代的统治。瓦克斯穆特的内容丰富的著作也被广泛地用来研究其中所包含的大革命时代的各种文献，如一些著名政治家（罗伯斯庇尔、德穆兰、孔多塞等）的演说和制宪议会的决议，例如1789年8月4日关于废除封建徭役的重要决议，人权与公民权宣言和1791年宪法。此外，瓦克斯穆特的著作中所提到的文献书目也引起了马克思的兴趣。在这之后，他列了一张有关法国大革命史的文章、著作、文献和回忆录的目录表，共计一百多种。马克思根据恩斯特·亚历山大·施米特的著作编了一份内容广泛的有关法国史的书目也大约有一百本，其中包括资产阶级历史学家如基佐、米希勒和梯也尔等人的经典著作。这份书目中提到的某些书后来补充了马克思的私人藏书。

在第二本笔记的《主题索引》中，马克思列举了一系列特别与法国革命史有关的标题，例如："封建制度的结构"，"革命前三个等级的关系"，"所有制及其后果"，"僧侣财产的没收和国家债权人的满足"，"最大限度和恐怖制度"及其他。这些包括在《主题索引》中的马克思的摘要的内容标题同样清楚地表明了他为探索阶级利益和财产之间的联系所作的努力。

他首先关心的是，经济事实在革命之前和革命时期发生的社会冲突中的作用。马克思特别指出，资产阶级在同专制主义的斗争中根本不认为封建财产是不可侵犯的，然而它却宣称它自己的财产是神圣不可侵犯的。鉴于这一事实，马克思从路德维希的著作中摘录了好几段论述制宪议会在1789年8月4日夜——路德维希称之为"私有制的巴托罗缪之夜"——通过的决议的话。马克思在他的第二本笔记的《主题索引》中还把路德维希的这个说法当作一个小标题。

马克思也特别注意国民议会1789年11月2日关于没收教会财产的决议。他对这个决议作了如下评价："没收僧侣财产主要是为了防止国家破产，为了满足国家债权人的要求……（这里有一个很大的矛盾：一种私有财产的不可侵犯是以另一种私有财产为牺牲的）。"马克思认为，废除封建所有制和批准资产阶级所有制是法国革命的一个主要目的。

与革命时期的财产问题密切相关的平等问题也引起了马克思的注意。他在第二本笔记的《主题索引》中列举了这样一些标题："财产·所有者与共同体的关系……平等和财产"，从而说明了参加革命的各种派别的平等观同它们对待财产的这种或那种形式的态度之间有什么直接联系。法国资产阶级革命宣告，在法律面前人人平等。作为佐证，马克思在第四本笔记上从瓦克斯穆特的著作中摘录了人权和公民权宣言第一条,并在"权利平等"这几个字下面划了一条横线。正如马克思从摘录中所看到的那样,贫民大众和反映他们利益的激进派别所要求的却是另一种平等,即得到财产分配的保障的真正社会平等。这种要求超出了以资产阶级所有制为基础的法制范围。马克思就1793年9月4日在巴黎发生的"反对**财富贵族**"(着重号是马克思加的)的人民骚动作了摘要。他很注意同年3月"忿激派"所提出的"财产完全平等(die loi agraire),即把一切富人都变成穷人"的建议,以及为了"建立真正的平等,即财产的平等"在巴黎公社的领导下自立为"公共福利的集中中心的篡权企图"。

马克思注意到了下述事实,即对平等的解释成了法国大革命时期尖锐的党派斗争的内容。他记下了吉伦特派的领袖之一皮埃尔·维克图尔尼安·弗尼奥的演说。演说清楚地表明,最温和的资产阶级的代表们已经懂得,平民对真正平等的要求对他们说来多么危险,他们力图把平等的含义局限于纯法律的观点:"平等对于社会的人来说,只不过是**法的平等**。"

马克思特别仔细地研究了雅各宾派、首先是罗伯斯庇尔对这个问题所持的立场。罗伯斯庇尔曾发表演说反对资产阶级的自私自利,说它不愿考虑广大群众的利益。马克思在他的演说下面划了一条横线。他还摘录了罗伯斯庇尔的下述论断:"内部危险来自资产者,为了战胜这种危险必须把民众联合起来。"同时马克思也强调指出雅各宾派的资产阶级局限性,特别标出1793年雅各宾派在其中占领导地位的国民公会对上述"忿激派"的建议的态度。国民公会不支持这个努力,反而通过一个关于对提出类似建议的人处以"死刑"的决议。

这部分摘录特别明显地表明,马克思通过自己的研究越来越明确地认识到资产阶级革命的局限性,它不能保障真正的普遍平等,不能建立一个符合人的尊严的社会。

马克思在他的《论犹太人问题》中第一次以展开的形式表述了这一结论，在那里，关于"政治"解放与"人类"解放（这个问题包含着资产阶级革命和无产阶级革命之间的根本区别的萌芽）之间相互关系问题的提出和解决，在很大程度上是以《克罗茨纳赫笔记》中所包含的那些历史材料，首先是对法国革命的分析为根据的。

马克思还通过像人民主权和代表制这些资产阶级法的根本概念的表面性质认识了资产阶级革命的局限性。在这里特别受到马克思注意的又是财产关系和政治关系之间的联系。他在第二本笔记的《主题索引》中是这样来表述这一主题的：《财产同主奴地位的联系》和《作为选举资格的条件的财产》。在概括关于路德维希的著作的摘要时马克思写道："财产在制宪议会中的代表权"。他作这个概括时依据的是那个提到1789年制宪议会的社会成分的地方，这就是"地产和商业资产的代表"占议员的三分之一。

马克思就人民主权问题所作的摘录也很有特色。他在编写路德维希的著作的提要时，注意力集中在谈到"贵族和僧侣集团"企图影响立法议会代表的选举，并且企图利用提到人民的主权这一点来打掩护的地方。为了拯救被国民公会判处死刑的路易十六的性命，还向人民发出了呼吁。这一点也在提要中记下来了。雅各宾派把公安委员会和安全委员会这样的革命权力机关置于国民公会之上，他们认为这是"**最好的做法**"，以此为自己的行为辩护。马克思由此得出结论说，人民主权的概念是一个形式，在历史的进程中含有千差万别的内容，反革命势力经常蛊惑人心地利用这一概念。同时这一概念也被革命政权当作思想武器，正如马克思所领会的那样，在紧急关头革命政权必须在自己的行动上表现出最大的决心，并把捍卫革命成果和继续发展革命置于一切之上。

在研究法国革命史的过程中,马克思日益接近于得出下述结论:在每次革命中都有某个阶级出来担当革命的领袖和指导,这个阶级首先谋求它本身的特殊利益,而它们在一定程度上也同时反映了人民的普遍利益。马克思对这个问题的关注从下述情况中也可以看出,即他从卢梭的《社会契约论》中就一切人的意志(Volonté de tous)和普遍意志(Volonté générale)的关系——一致还是不一致——作了摘录,"普遍意志和共同利益有关",而"一切人的意志则和私人利益有关,它只是个别意志的总和"。摘录中有几个地方证实了这样一种可能性,即甚至在一个按民主原则组织起来的社会里,一切人的意志和普遍的意志并不相符。马克思从法国在革命进程中建立的宪法体制以及英国和美国的代议制的例子中认识到,有产阶级的利益同广大人民群众的利益之间的这种不一致,是现代社会的特点之一,正在转化为越来越尖锐的深刻矛盾。

马克思根据历史经验深信,每一个阶层和阶级都是从它们自己的利益的立场出发来对待公共事务的。与此相连,在他面前出现了这样一个问题:是否有某个阶级,它的"个别利益"在未来的革命中会同"普遍意志"相一致?这个问题的答案不久他就找到了。他在为《德法年鉴》撰写的《〈黑格尔法哲学批判〉导言》中论证说,只有无产阶级才能成为这样的阶级。在这里,也像在《论犹太人问题》中一样,马克思居住在克罗茨纳赫的几个月中所进行的真正巨大的思想研究工作得到了逻辑的完成。由于这种研究和对历史经验、特别是对群众的革命斗争经验的深入分析,马克思克服了哲学唯心主义并彻底转向了唯物主义,由一个彻底的革命民主主义者成为一个共产主义者,一个工人阶级的思想家。以上提到的马克思的著作概括了他的生平和事业的一个重要时期。用列宁的话来说,在这些著作中"马克思……已表明他是一个革命家,主张'对现存的一切进行无情的批判',特别主张进行'武器的批判'；他诉诸**群众**，诉诸**无产阶级**"①。

　　由此可见，对世界史，特别是对法国大革命史的研究对马克思来说具有重大意义，使他能够采取唯物主义立场，并从这个立场出发弄清历史发展的动力，首先是私有制在社会生活中的作用和它对政治机关的发展、对各个阶级和社会集团的政治的影响，以及人民群众和阶级斗争的历史作用。对世界史的分析对马克思的共产主义观点的形成具有重要的意义。马克思研究了近几个世纪人类社会的发展，深信资产阶级不能实现它通过法国大革命所宣告的人人自由平等的原则；他揭露了资产阶级国家的阶级性质，并得出结论说，必须为建立一个克服现存社会的根本矛盾和消灭人压迫人现象的新的社会制度而斗争。

（原载《马克思恩格斯全集》国际版第 4 部分第 2 卷）

（刘漠云、李俊聪 译）

---

① 《列宁全集》第 1 版第 21 卷第 29 页。

马克思《克罗茨纳赫笔记》中的第四本笔记本简介[*]

这里所发表的材料是卡·马克思于 1843 年夏天在他留居克罗茨纳赫城（在莱茵普鲁士）期间所作的读书札记的一部分。马克思是在《莱茵报》被普鲁士当局查封以后不久移居克罗茨纳赫的。

在这个时期，马克思根据他在《莱茵报》工作那段时间所积累的理论上和政治上的经验，着手对黑格尔关于国家和社会的唯心主义学说进行批判性审查。他对黑格尔的批判在他这个时期写的手稿《黑格尔法哲学批判》中得到了反映。其中的中心问题之一是关于国家和市民社会的相互关系问题，也就是说，归根到底是关于社会生活的社会经济条件和社会的政治上层建筑的相互关系问题。马克思已经认识到，黑格尔对这个问题的唯心主义的解决办法是不正确的，但是同时他也感觉到，不仅为了驳倒黑格尔的结构，而且为了论证和制定自己的唯物主义观点，都必须掌握和分析具体的历史材料，认真地研究社会发展的历史。

马克思在 1843 年夏天认真地从事历史研究，其成果就是所谓的《克罗茨纳赫笔记》：这是对有关国家的理论和历史，有关英国、法国、德国、美国、意大利、瑞典、波兰的历史，特别是有关法国大革命的历

---

[*] 本文选自《马列著作编译资料》1980 年第 11 辑。

史的各种著作所作的五本读书札记。

这里发表的是第四本笔记本，马克思注明其写作日期是1843年7—8月，其中包括对八部书和几篇文章所做的札记。大部分都是论述法国史和18世纪末法国资产阶级革命史的。这就是：德国历史学家Э.А.施米特关于法国史的两卷本的著作，法国作家、反动浪漫主义的代表弗·勒·沙多勃利昂论述法国七月王朝的两部篇幅不大的专题著作，反动的德国政论家卡·兰齐措勒的著作《关于七月事件的原因、性质和后果》，德国历史学家威·瓦克斯穆特著的两卷本的法国史，最后是法的历史学派的代表Л.兰克和Г.冯·萨维尼写的发表在《历史政治杂志》上的、也是论述复辟时期和七月王朝时期的法国状况的一系列文章。除了有关法国史的札记以外。在第四本笔记本中还有对Л.兰克所写的在历史界相当有名的关于德国宗教改革的著作，英国历史学家、天主教徒J.林加尔特关于英国史的七卷本著作以及瑞典历史学家Э.盖尔关于瑞典史的三卷本著作德译本所作的摘要。

马克思的这些札记照例是按预定的问题，从一定的角度出发来做的。在笔记本中也有后来研究整理材料的痕迹（用浅褐色铅笔标出的记号）。标出的段落中有几段在《德意志意识形态》第三章中利用了。

在《克罗茨纳赫笔记》中，马克思的兴趣集中围绕着关于各个国家在各个不同历史发展阶段上的所有制关系同政治设施的性质的联系这个问题。在第四本笔记本中所作的札记，可能是围绕着如下两个基本问题来进行分类的：封建主义以及与资产阶级的产生和王权同封建主的斗争相联系的代议制度的形成；代议制度与形式的和现实的民权制度问题。

马克思在摘录施米特、林加尔特和盖尔著作中谈到这些国家历史上的封建时期的那些章节时，把注意力放在社会经济过程和社会政治过程上面。他注意到并摘录了关于公社所有制变为私有制、关于封建领地的形式（特别是英国的）的段落。封建所有制的结构由于其对社会的社会结构和政治设施的影响而使马克思感到兴趣。马克思指出了施米特关于封建主义是政治生活的形式的思想。通过英国议会的产生和发展的历史这个例子，马克思力求弄清楚代议制度怎样由于王权、封建主和资产阶级的相互关系而产生。马克思对林加尔特的书作了摘录，然后又在谈到城市的发展、城市的经济力量，谈到城市的支持对王室有切身关系的那段话旁边作了记号。这里指出开始定期召集各城市的代表开会。在作者谈到在英国的商人和骑士等级之间没有不可克服的社会壁垒，谈到商人和骑士等级融合的过程的那个地方，马克思也专门在旁边作了记号。

马克思也以法国为例子集中考察了代议制的萌芽同资产阶级的发展的联系。他从施米特的书中摘抄了一段话，其中谈到由于市民利益的共同性以及必须维护这些利益，结果在城市公社中便产生了管理的艺术。

理论分析和政治经验使马克思在1843年9月就明确地表述了这样的思想，即认为代议制充当了私有制统治的政治表现。① 在《克罗茨纳赫笔记》中，特别是对有关18世纪末法国革命史和19世纪头三十多年法国历史的著作所做的摘录中，可以明显地看出马克思对这个问题的兴趣。马克思特别从卡·兰齐措勒的关于法国1830年七月革命的小册子的附录（其中包含有从右的方面，从保守派立场对代议制原则的批评）中做了长篇的摘录。看来，使马克思感兴趣的是，资本和土地贵族的思想家根据制度的现实弊病而进行的互相批评，正如他不久以后在1844

---

① 见《马克思恩格斯全集》第1版第1卷第417页。

年写道，在这里"双方相互揭了真相"①。马克思摘录了谈到作为代议制度的基础的主要虚构的引文，特别是谈到那些负有代表人民意志的使命的人不受任何指示的约束的引文。马克思注意到并摘录了这样一句话，说"这种所谓的人民主权无非是君主国的有产阶级为了夺取君主的权力而让各非有产阶级相信的骗局"。马克思力图揭穿像自由和平等这样一些资产阶级革命的基本思想口号的真正内容和阶级含义。

18世纪末的法国革命宣布了在法律面前人人平等，宣布了某些不可让渡的人权。马克思对1791年宪法以及人权和公民权宣言做了大量摘录。但是，群众要求实行以分配财产来保证的实际的平等。马克思从瓦克斯穆特的书中摘录了谈到1793年9月巴黎发生反对"财富贵族"的人民暴动以及谈到疯人派主张实行"唯一的真正的平等，即财产平等"的那些地方。他还对大资产阶级的一些代表的演说做了不少摘录，这些人知道，要求实行实际的平等对大资产阶级来说是多么危险，他们企图用纯粹法学的观点来限制这种要求。马克思在援引吉伦特派维尼奥的演说时，注意到他说的自由对于社会的人来说，只不过是权利的自由这句话。马克思从瓦克斯穆特的书中抄录了雅各宾派反对大资产阶级的自私自利，反对大资产阶级不愿意考虑广大群众的利益，主张一切公民真正参加国家管理的一系列言论。

马克思的摘录令人信服地证明，研究世界史，首先是研究18世纪末法国革命史，在唯物史观的形成过程中起了巨大的作用，它对于认清历史的动力，对于领会所有制形式在历史过程中的作用、所有制形式对政治设施的发展以及各个阶级和社会集团的政策的影响这些问题，对于理解各个阶级的历史发展和历史作用，都有重大的意义。

---

① 见《马克思恩格斯全集》第1版第42卷第108页。

对世界史的分析在马克思的共产主义观点的形成中也起了重要的作用。马克思研究了最近几百年来人类历史的发展，特别注意资产阶级和贵族的阶级斗争，证明了资产阶级没有能力解决在革命进程中提出来的真正平等的问题，揭露了资产阶级国家的阶级性质和资产阶级自由的局限性，从而得出了必须为建立新的社会制度而斗争的结论，这种新的社会制度将会解决旧社会的矛盾，并且使人摆脱任何压迫。

这里发表的克罗茨纳赫第四本笔记本对于说明马克思在这个时期的内在创作活动的特点，最具有典型意义。马克思整理和掌握他所摘录的书籍时所经历的极其不同的阶段在这本笔记本中都得到了反映。首先，是从书中摘录出准确的引文，例如，对沙多勃里昂的著作所作的摘录。对林加尔特和盖尔的著作所作的摘要，可以认为是下一个阶段，那里实际上没有准确的引文，材料是按年代组织的，好像是编年性札记，在那里马克思的行文是把从书中选择的材料独出心裁地加以剪裁后叙述出来的，其中夹杂着长短不一的相当准确的原书行文片断。这本笔记本中还有一种整理资料的方法，是把准确的引文同对原文摘要加以叙述结合起来，马克思在摘录兰齐措勒的书时就是采取这种方法。马克思根据施米特和瓦克斯穆特的书中各页下端的引文出处编写的书目也具有很大意义。最后，是对札记所加的主题索引，诚然，这个索引只包括在这本笔记本中做了摘要的前四本著作（施米特、兰齐措勒、沙多勃里昂和瓦克斯穆特）的札记。马克思在读书札记中写下的他自己的行文的光辉典范、掌握材料的高级阶段和通向独立著作（在这个场合就是《黑格尔法哲学批判》）的过渡性桥梁，就是他在对《历史政治杂志》所做的摘记中写下的《评论》。

马克思的克罗茨纳赫笔记共五本笔记本，全部将在由莫斯科苏共中央马列主义研究院和柏林德国统一社会党中央马列主义研究院共同着手出版的《马克思恩格斯全集》国际版——MEGA新版第四编中发表。①

马克思的《克罗茨纳赫笔记》第四本笔记本全文以及页边上的各种符号全部刊出。为理解原文所必需但在马克思那里没有的字句放在方括号([ ])内。马克思自己的文字用大字刊印。改正笔误照例不作说明。

手稿是由苏共中央马列主义研究院工作人员 H. C. 鲁缅采娃和 B. Г. 莫索洛夫准备付排的。他们对 B. K. 布路什林斯基、Ю. Л. 别斯梅尔特内、M. A. 札波罗夫同志在工作中提供的帮助表示感谢。

(原载《马克思主义和国际工人运动史论丛》1977年版)
(刘晖星 译)

---

① 对全部笔记本的详细介绍发表在《马克思恩格斯全集》国际版第一版(即MEGA第1版,第1部分第1卷下册第118—136页)上。第二本笔记本的片断发表在《马克思恩格斯全集》国际版新版1972年柏林版四卷本(第351—356页)上。俄文只发表过对卢梭和马基雅弗利著作的摘记。在《马克思恩格斯全集》国际版第一版的上述那一卷中发表了第四本笔记本中马克思的《评论》和他所编写的这本笔记本的主题索引。

卡尔·马克思在克罗茨纳赫

——日期,人物,克罗茨纳赫笔记[*]

〔德〕 赫尔穆特·艾斯纳

本文将按副标题提示的要点,首先把已知的日期汇总并提出一些新的认识,同时交代有关人物之间的关系,最后介绍关于注明"1843年7、8月"完成的《克罗茨纳赫笔记》的写作时间的新的研究情况。在所有这些方面,由于缺乏原始资料,恰恰缺乏涉及地区性研究的原始资料,以致有些问题往往得不到解决而只好存疑。

1841年4月下半月,马克思获得博士证书后,从柏林途经法兰克福(美因河畔)回到特里尔。在特里尔不仅住着他的母亲和六个姐妹,而且还住着燕妮·冯·威斯特华伦,他在启程去柏林读书前,即已同她私订终身。他们订婚一事,开始大概只有马克思的父亲还有妹妹索菲娅知道,而最迟于1837年秋,在冯·威斯特华伦家中,也公开了。[①] 马克

---

[*] 本文选自《马克思恩格斯研究》1995年总第15期。

原题注:本文作者在内容与注释两方面作过一些增删,在此基础上,译者又删掉了40余条注释。——译者注

[①] 1837年9月16日亨利希和罕丽达·马克思致卡尔·马克思(柏林)的信,《马克思恩格斯全集》历史考证版第3部分第1卷第317—320页。

思在柏林大学求学四年半期间只于1838年春回到过特里尔。① 他离开家乡的这几年，双方家庭先后有人去世。② 大约在马克思的父亲刚一去世，他们一家就为他同燕妮的婚约而几次进行深入的讨论。③ 马克思同燕妮的父亲约翰·路德维希·冯·威斯特华伦，有着一种特殊的关系，他的博士论文就是"献给敬爱的慈父般的朋友"威斯特华伦的。约翰·路德维希（1770年7月11日生）自1834年退休后，不大愿意过问家政，加上最后几年体弱多病，所以，他的长子斐迪南（1799年4月23日生）似乎在家庭中起着主要的作用。④ 1838至1842年间，斐迪南任政府高级顾问领导普鲁士王国特里尔（区）政府内政局的工作。⑤

1841年7月初，马克思住在波恩；但是，在1842年8月以前，主要是为了家事，他经常回特里尔，而且有时逗留时间还相当长，起码有：1841年4月底至大约7月3或14日，12月22或24日至1842年大约3月28日，5月3至15日，6月4日至7月15日，8月4日至月底（具体日期不详，但9月初他必须返回科隆）等几次。⑥ 他回来后，开

---

① 1838年5月10日以后，燕妮·冯·威斯特华伦致卡尔·马克思的信，《马克思恩格斯全集》历史考证版第3部分第1卷第331页。

② 1837年12月14日，马克思最小的弟弟爱德华（生于1826年4月7日）死去，1838年5月10日他的父亲亨利希病故，1840年3月8日他的朋友卡尔·冯·威斯特华伦（生于1803年7月22日）也死去。

③ 曼弗雷德·克利姆：《卡尔·马克思与1836—1841年的柏林大学》，（民德）柏林1988年版，第53及以下几页。

④ 参看《马克思恩格斯全集》第1版第40卷第185页。

⑤ 关于斐迪南·冯·威斯特华伦（于1850—1858年任普鲁士内务大臣），迄今没有人为之作传。

⑥ 艾哈德·基恩鲍姆：《1841—1842年卡尔·马克思。一些日期更准确》，载《马克思恩格斯年鉴》第11卷，民主德国柏林1989年版，第309—323页。

始很可能住在母亲那里，1842年初还有可能住在冯·威斯特华伦家，① 从1842年6月4日起，住在布吕肯大街的"威尼斯"旅馆。② 每次从波恩回来，他都要同他的未婚妻燕妮相会。1841年8月25日和10月1日，燕妮在去诺伊斯（Neuss）旅行往返路过科隆时，他们也见过面；第一次有她的弟弟马克思中学同班同学埃德加尔（1819—1890）相陪，第二次则有斐迪南·冯·威斯特华伦及其夫人路易莎（1805年4月5日生、1830年7月9日结婚）在场。③

约翰·路德维希·冯·威斯特华伦于1842年3月3日故去，④ 这件事肯定对于后来是有影响的，由于经济状况的变化，卡罗琳·冯·威斯特华伦大约在1842年4月1日前，就放弃了布吕肯大街625B号的大住宅，而租了（最初租期一年）同街602号的住房。在特里尔，卡罗琳·冯·威斯特华伦的姐妹克里斯蒂安娜·霍伊贝尔逝世（6月12日），马克思的姐姐索菲娅同荷兰马斯特里赫特的律师威廉·罗伯特·施马尔豪森结婚（7月12日），都是在1842年的夏季。冯·威斯特华伦家现在还有三口人，他们要迁居克罗茨纳赫的计划，必定是在这个时候产生的，而移居克罗茨纳赫的原因，至今不详。在1842年7月14日《特里尔报》第188号上刊载了下面一则广告：

----

① 1842年2月10日卡·马克思致阿·卢格的信，《马克思恩格斯全集》历史考证版第3部分第1卷第21页。

② 1982年6月5日《特里尔报》149号"6月4日外地来客名册"；1842年8月5日该报210号"8月4日外地来客名册"。

③ 1841年9月13日燕妮·冯·威斯特华伦致卡·马克思，《马克思恩格斯全集》历史考证版第3部分第1卷第366—368页。

④ 1842年3月5日《特里尔报》62号，"死亡启事"；《讣告》载1842年3月15日该报第72号。

"前政府枢密顾问的遗孀冯·威斯特华伦夫人即将迁居克罗茨纳赫，现寻找一人口清静的家庭，以取代至明年4月1日期满的现有租约。详情请来家面谈，布吕肯大街602号。"

为什么要选择克罗茨纳赫，这座远离特里尔大约160公里而距莱茵河畔的宾根不远的小城？由谁来为迁居操劳奔走？这些情况至今仍无从查考。冯·威斯特华伦一家，对这个小城并不陌生，因为燕妮与她同父异母的哥哥卡尔很可能于1837年（大约8月12日至9月16/17日），来过克罗茨纳赫矿泉浴疗养地；① 而第二年，当他们去亚尔萨斯的尼德布隆疗养回来时，又在克罗茨纳赫住过，从1月13日起住在"金鹰"旅馆。或许因为同克罗茨纳赫不少市民有交往，寻找住房可能会得到优惠。值得注意的是商人霍伊贝尔，此人有可能是卡罗琳·冯·威斯特华伦（娘家姓霍伊贝尔）的亲戚，但由于缺少克罗茨纳赫户籍册而无法证明，查家谱也没有查出明确的结果。最后，有可能是卡尔·马克思本人担负了迁居克罗茨纳赫的准备工作，因为"克罗茨纳赫矿泉浴所疗养与游览的旅客登记簿"第5册（1842年6月3至7日），在"金鹰旅馆"的名下登记有一位过路客人名叫马克思。他必定是6月4日到特里尔以后，于第二天或第三天乘邮政马车，经过毕尔肯费尔德（洪斯吕克山）而抵达克罗茨纳赫的，后来又返回特里尔，一直逗留到7月15日。② 8月底，卡罗琳·冯·威斯特华伦在第二个广告上宣布，她"希

---

① 1837年8月12日和14日亨利希·马克思分别致卡尔·马克思和罕丽达·马克思，1837年9月16日亨利希与罕丽达·马克思致卡尔·马克思，《马克思恩格斯全集》历史考证版第3部分第1卷第314页与319、320页。

② 艾·基恩鲍姆：《1842—1843年卡尔·马克思》，载《马克思恩格斯年鉴》第11卷，民主德国柏林1989年版，第318、319页。

望从10月1日到明年4月1日出租"①。9月中旬，特里尔的马车夫努斯鲍姆登了两个广告，先是宣称将于"星期日，本月18日"、后又改为"明日，星期六，本月17日，将有去毕尔肯费尔德和克罗茨纳赫的马车"。② 现在只有三口人的冯·威斯特华伦一家，选择这个时候"搬家"，是可以想象的。虽然晚些时候搬也有可能，但是应注意的是，9月20日冯·威斯特华伦老夫人的儿子埃德加尔已经在科隆了，他很可能是从克罗茨纳赫去的，显然经过特里尔、科布伦茨的学习以后，在科隆继续他的当见习教师的学业。③ 这期间在特里尔发生了不少事：9月18日，星期日，在经过一番复杂的宗教政治程序之后，隆重举行阿诺尔大主教的就职典礼；④ 9月19和20日，威廉四世在视察莱茵省时访问特里尔；在国王授勋时，其中"特里尔的政府高级顾问〔斐迪南·〕冯·威斯特华伦获得'三级红鹰勋章加授带'"⑤。

9月23日，特里尔人在他们的地方报纸上可以读到下面一则广告：

"我难过地告别了这个城市，在这里，我那令人难以忘怀的丈夫和我，我们曾享受到亲爱的本城居民所给予的深情厚谊。对于大家多年中数不尽的友好表示，我在此谨表谢忱，你们将永远留在我的子女和我的亲切的记忆中。

1842年9月22日于特里尔，卡罗琳·冯·威斯特华伦（父姓霍伊贝尔）"。⑥

---

① 1842年8月28日《特里尔报》233号。
② 1842年9月14日与16日《特里尔报》250及252号。
③ 艾·基恩鲍姆：《1842—1843年卡尔·马克思》，载《马克思恩格斯年鉴》第11卷，民主德国柏林1989年版，第313和322页，注27。
④ 1842年9月18日《特里尔报》254号。
⑤ 1842年9月27日《特里尔报》263号"号外"。
⑥ 1842年9月23日《特里尔报》259号。

从广告上写的日期，恐怕并不一定能得出结论，这就是启程迁居的日子。同一天，斐迪南·冯·威斯特华伦，通过他自己的机关开具一个"因家庭事务"去柏林的往返护照。① 9月25日他在科布伦茨下榻于"为了三个瑞士人"旅馆，所以，有人认为，他曾前往克罗茨纳赫探望。② 不过，这不大可能。但是他倒有可能同马克思见过一面，因为在《科布伦茨市旅客登记簿》中，有一位"来自波恩的阿拉克博士"登记在"吕提希"旅馆过夜，据揣测，这有可能就是马克思。③ 他离开科布伦茨后，大概取道宾根去了克罗茨纳赫，看望他的未婚妻和他未来的岳母。

大约在1842年10月3日，积极参加社会活动的浪漫派女作家蓓蒂娜·阿尔宁（1785—1859）来到克罗茨纳赫，比原计划晚了4天左右，在这以前，她曾在法兰克福、罗德尔海姆、巴德-埃姆斯还有莱茵埃克宫停留。④ 据20年后燕妮·马克思的一位"青年时代的女友"的一篇

---

① 特里尔市档案馆，Tb15/361《1842年护照与通行证明，护照目录》第292号。

② 艾·基恩鲍姆：《1842—1843年卡尔·马克思》，载《马克思恩格斯年鉴》第11卷，民主德国柏林1989年版，第316和323页，注57。

③ 艾·基恩鲍姆：《1842—1843年卡尔·马克思》，载《马克思恩格斯年鉴》第11卷，民主德国柏林1989年版，第316和323页，注56。

④ 约翰纳斯·维尔纳：《马克斯·冯·阿尔宁，蓓蒂娜女儿/冯·奥利欧拉女伯爵（1818—1894）。根据过去的原始资料而写成的生平与时代图景》，1937年莱比锡版，第98—100页；于尔根·贝伦斯：《蓓蒂娜·冯·阿尔宁与弗利克斯·利希诺夫斯基亲王，一段史话》，载《法兰克福历史与艺术档案59（1985年）》，第340—342页。

报道说，蓓蒂娜在克罗茨纳赫同马克思多次会面。① 在文献资料中，大多认为，他们两人最早是马克思在柏林求学时代相识的，时间在1836—1837年，马克思在1837年4月15日前写的一首诗（《时髦的浪漫主义作风》）②，讲的是蓓蒂娜一次看戏的事，为此提供了一些线索。然而在马克思整个住在柏林的时间内，没有材料证明他像其他一些大学生那样，同她的社会沙龙有过交往。当然她可能已经认识马克思，通过布鲁诺·鲍威尔（1809—1882）可能重又引起她对马克思的注意，或许因而对马克思为《莱茵报》工作也极为关注。③ 1842年8月9日该报第221号曾刊载了一篇抨击弗里德里希·卡尔·萨维尼（1779—1861）的一篇文章《法的历史学派的哲学宣言》。萨维尼是蓓蒂娜的姐夫，当时任普鲁士王国的修订法律的大臣。

马克思同蓓蒂娜在克罗茨纳赫的会见，只是因贝蒂·卢卡斯写了文章才为世人所知，至今未找到进一步的证明材料。50年代，她曾去英国旅行，对此她在1862年9月14日《莱比锡星期日报》（消遣性报纸）第37号上撰文作过报道。在伦敦，她访问了她所敬仰的著名诗人斐迪南·弗莱里格拉特（1810—1876）；在她还是年轻姑娘的时候，她曾见过这位诗人。弗莱里格拉特同马克思一样流亡在伦敦，他们二人那时已经成为朋友。贝蒂向诗人问到卡尔和燕妮·马克思的住址，她说："我在燕妮还是姑娘的时候，就认识她了；我们是年轻的朋友，请您告诉我他们的地址，我要马上去找她。"她没有见到燕妮，但是留下了她

---

① 贝·卢卡斯（贝·贝卢蒂）：《忆在伦敦的日子》，载1862年9月14日《莱比锡星期日报、供各等级人士消遣》第37号。

② 参看《马克思恩格斯全集》第1版第40卷第586页。

③ 参看《马克思恩格斯全集》历史考证版第3部分第1卷第121页。特刊是第191—198页。

在伦敦的地址,而燕妮得知后,立即前去找她,她们见面以后,互相谈了各自的经历,贝蒂后来描述她同蓓蒂娜·冯·阿尔宁、同燕妮·冯·威斯特华伦还有同卡·马克思会面的情景时写道:

"在卡尔·马克思和燕妮·冯·威斯特华伦还是未婚夫妻时,我们姑娘们一整个夏天都是邻居,彼此以一种16岁的人的热情互相爱戴。当最后我们不得不分离的时候,我们哭得天昏地暗,都希望来年夏天能再见面。命运不是让我们仅隔6个月而是隔了12年才得重逢!我回想起,年轻的未婚妻怎样向我诉说,蓓蒂娜把她的未婚夫从她那里抢走了一大部分,'他不得不从一清早陪着她在周围地区闲逛,直到深夜,可是他只回来短短的一个星期,而我们分别已经有半年'。我回想起,有一天晚上,我没敲门就急匆匆地走进了燕妮的房间,在昏暗之中,我看到蓓蒂娜在沙发中蜷缩成小小的一团,双足也缩到沙发上,双手抱膝,不像是人倒像一个布包。相隔十多年后的今天,我仍然记得,当这个小东西从沙发上滑落下来有人介绍给我说这是蓓蒂娜·冯·阿尔宁时,我有多么的失望。我多么渴望能够看到这位'歌德的女友',这位'有名的孩子'啊!望着她的双眼,同她说说话,当时对于我就像是命运的一种恩赐,是我做梦也不敢想的事。而现在我和她这位圣洁的神面对面站着,我的眼睛总是产生一种错觉,一个诗人的影像出现在我的幻想中,我的耳朵听到从那口中所吐出的唯一的报怨天热的话语以后,好像再也听不到旁的声音,这时马克思走进房间,她请他陪她去莱茵格拉芬施坦,语气是那样不容推辞,以致马克思忧伤地瞥了他的未婚妻一眼便随着这位'名流'去了,尽管那时已是晚上9点而到那座山岩要走一个小时的路。"

1934年出版的《马克思年表》中,把这次会见的时间放在了1839年夏,而地点则是特里尔;1954年以后才弄清,那肯定是在克罗茨纳赫的事。

蓓蒂娜10月间在克罗茨纳赫这一点是确凿的，10月上半月，马克思很可能也在，根据传记材料来看，至今未知的"主要女知情人"也确有其人。对于这位"主要女知情人"，进行了广泛的研究，关于研究结果，这里仅简明地交代几个要点：这位女知情人于1824年12月2日生于杜伊斯堡，名叫贝蒂·约瑟菲纳·雅科比纳·布洛姆。她的父亲为税务总检查官伊萨克·尤利乌斯·布洛姆，于1826年5月1日调任杜塞尔多夫，他在此地直到1841年都有案可查。1842年，他必定又调到克罗茨纳赫任职，于1847年3月24日在该城去世。他的遗孀卡塔琳娜·罕丽特·阿达敏纳·布洛姆（父姓保路斯）于1841年4月2日又回到杜塞尔多夫，他们的长子安东·布洛姆在这里当律师，后来是斐迪南·拉萨尔和斐迪南·弗莱里格拉特的辩护律师。1848年革命中，是杜塞尔多夫民主派的领袖，被选进普鲁士国民会议。1858年10月22日，贝蒂·布洛姆嫁给埃尔伯费尔德的工厂主弗里德里希·威廉·卢卡斯，于1859年11月4日生下一个儿子名叫威廉。她的丈夫于1860年4月17日亡故。在处理完后事和变卖掉埃尔伯费尔德的住宅以后，贝蒂·卢卡斯带着她的不到半岁的儿子又搬回杜塞尔多夫，一直住到1903年11月10日去世，其间数易其住处。她在伦敦对斐迪南·弗莱里格拉特的拜访和同燕妮·马克思的重逢，从她写的文章的内容（马克思两个孩子夭亡，马克思为报刊撰稿等等）来看，时间约为1854年下半年。燕妮"青年时的女友"贝蒂的这篇报道有失准确和有些作家式的夸张，而且从时间来看，把卡尔·马克思同蓓蒂娜·冯·阿尔宁的会见放在1843年夏（卡尔与燕妮6月19日结婚之前），同迄今的认识（我们只能认为事情应该是在1842年10月初）不尽相符。对于散步时所进行的谈话，可惜，没有任何文字记载。只有蓓蒂娜写的信有一处可以说明她在克罗茨纳赫时的政治热情，她在描述了一番"无聊是怎样令人战栗的深渊"以后写道：

"我在这里经历的一些事，对我来说是重要的。即使在这里，也可以向世界大舞台投上准确无误的一瞥，这一瞥甚至可以给一个人指明，笨拙政治的错误见解所织成的道德的网，当狮子觉出它被关在里面的时候，将怎将被它的巨爪所撕破"。①

马克思可能起码在克罗茨纳赫住到10月9日，否则他在科隆就会同恩格斯结识了。②10月15日马克思应在科隆接任《莱茵报》编辑。蓓蒂娜于10月31日启程前往法兰克福（美因河畔）。

自马克思接任《莱茵报》编辑时起，报纸便开始了一个新的时期，当局对于这家变得激进的主张人道主义的报纸，更加注意，③对该报在莱茵省各城市中的影响更为重视：

"据说从柏林派了一名政府顾问埃勒斯来到莱茵省，以研究是否可以对《莱茵报》加以压制而毫无问题；还听说，在克罗茨纳赫，另一位政府顾问

---

① 1842年10月29日蓓蒂娜·冯·阿尔宁（克罗茨纳赫）致费利克斯·利希诺夫斯基亲王（美因河畔法兰克福）的信。

② 汉斯·佩尔格、米夏埃尔·克尼里姆：《任斯图加特〈晨报〉（供有教养的读者阅读）和奥格斯堡〈总汇报〉驻不来梅记者的弗里德里希·恩格斯》，载《马克思故居文集》第15辑，特里尔1976年增补第2版，第68页。

③ 卡尔·马克思：《1842—1843年〈莱茵报〉文稿。附录载有弗里德里希·恩格斯的文章》，汉·佩尔格编，伊丽莎白·克里格诺伊协助编辑，特里尔1984年版，第XXIV页及以下各页。

（迈耶耳）当着这位的面，为《莱茵报》举杯祝酒。"①

盖尔德·埃勒斯（1788—1863）在1819年建设起克罗茨纳赫新成立的高级文科中学，到1833年他被任命为督学兼政府顾问去科布伦茨以前，一直为该校校长。1840年底，他又调到柏林《国家报》任职，自1841年起，在艾希霍恩的部里做"帮工"，并于1843年10月被委任为顾问。在上面所引的这段话中，鲁道夫·康普豪森所提到的迈耶耳，至今未查明身份。

这时间，马克思必定在科隆"坚守岗位"，因为"从早到晚要承受最可怕的书报检查的折磨、没完没了的呈文、上峰来的意见、邦议会的控告、股东们的叫喊等等，等等。"② 到1842年圣诞节前，马克思才又来到克罗茨纳赫，不过马上又被科隆的同事叫了回去，③ 因为政府对报纸的刁难变本加厉。④ 终于在1843年1月20日，他的报纸被宣布查禁，几天后，他写信将此事通告了阿·卢格（1802—1880）；恐怕也就是在这时候，他的未来的一些计划酝酿成熟了：

---

① 1842年11月27日卢道夫·康普豪森（科隆）致奥托·康普豪森（特里尔）的信，载约瑟夫·汉森编：《1830—1950年莱茵书信与政治运动史文件，第1卷1830—1845》，1967年奥斯纳布吕克重印1919年版，第388页。

② 1842年11月30日马克思（科隆）致阿·卢格（德累斯顿）的信。《马克思恩格斯全集》历史考证版第3部分第1卷第39页。

③ 1842年12月21日亨利希·约瑟夫·克拉森（科隆）致卡·马克思（克罗茨纳赫）的信。《马克思恩格斯全集》历史考证版第3部分第1卷第388页。

④ 《卡·马克思1842—1846年〈莱茵报〉文稿。附录载有弗里德希·恩格斯的文章》，汉·佩尔格编，伊丽莎白·克里格诺伊协助编辑，特里尔1984年版，第XXVII—XXIX页。

"我曾写信告诉过您,我现在同我的家闹翻了,并且,只要我母亲在世一天,我就没有权利要求我的财产。此外,我已订婚,而且我不能,也不可,更不愿撇下我的未婚妻而离开德国。如果没问题,我也许可能去苏黎世,同海尔维格一起编辑《德意志使节报》,这对我来说是件好事。在德国我什么事也干不成。在这里大家都变得虚伪了。"①

早在1月18日罕丽达·马克思就表示同意她的儿子卡尔的婚事。② 他所需的其他文件,特里尔市已于1月28及30日签发。他的未婚妻燕妮·冯·威斯特华伦的必要文件也于2月11日和23日分别由她出生地萨尔茨威德尔和特里尔签发,③ 马克思在科隆为反对镇压《莱茵报》的行径而继续斗争;④ 同时,与卢格创办一个新的刊物的计划,也在逐步实施,因为卢格办的《德意志年鉴》这时已遭查禁。2月18日卢格向马克思建议,到莱比锡来,"来到以后,要么在德累斯顿这里住几个月,要么马上先到我们的新生之地":苏黎世,别的"地方","甚至斯特拉斯堡和布鲁塞尔和其他类似大些的城市。"⑤ 2月底3月初,马克思结婚

---

① 1843年1月25日卡·马克思(科隆)致阿·卢格(德累斯顿)的信,《马克思恩格斯全集》历史考证版第3部分第1卷第43页。

② 1843年1月28日公证人弗朗茨·格奥尔格·冯克的证书1843/169号,科布伦茨州档案总馆。

③ 有关所有情况均在"结婚证书。1843/51号,巴德-克罗茨纳赫户籍登记处"。

④ 《卡尔·马克思1842—1843年〈莱茵报〉文稿。附录载有弗里德里希·恩格斯的文章》,汉·佩尔格编,伊丽莎白·克里格诺伊协助编辑,特里尔1984年版,第XXX页及其下各页。

⑤ 1843年2月18日阿·卢格(德累斯顿)致卡·马克思(科隆)的信,《马克思恩格斯全集》历史考证版第3部分第1卷第393—394页。

和出国的计划外界都知道了。当时从柏林派到科隆的特别书报检查官威廉·冯·圣保罗对此报告说:"马克思博士……已决定离开普鲁士……现在他已先去了特里尔,迎娶他的未婚妻冯·威斯特华伦小姐。"① 实际马克思去了克罗茨纳赫,首先同燕妮商量结婚、蜜月旅行和移居斯特拉斯堡。② 3月3日,他很可能是在克罗茨纳赫写信告诉卢格,他已经脱离了《莱茵报》。③ 卢格回信写道:"您对斯特拉斯堡和法国人的看法,我完全同意,而且我必须承认,我现在极其向往,参与这项沟通工作,通过一个独具一格的刊物从精神上使两个民族友好往来,现在对我有着巨大的吸引力。"④ 马克思迅速作出了反应,于3月13日写信道,作为未来活动的地方,他认为"除了斯特拉斯堡外,其他一切都是阴谋";信中还向卢格通报了他的"私人计划",他说:"一俟我们签好合同,我就去克罗茨纳赫结婚,在我未婚妻的母亲那里住一个月或稍长",不过,也"……可能去德累斯顿几个星期,如果需要的话"。⑤ 卢格在3月19日的回信中写道:"您的信,亲爱的朋友,用高卢—日耳曼的原则

---

① 1843年3月2日威廉·冯·圣·保罗(科伦)致政府顾问比特尔(柏林)的信,载《马克思恩格斯年鉴》第1卷(1978年),第364页。

② 1843年3月初燕妮·冯·威斯特华伦(克罗茨纳赫)致卡·马克思(科隆)的信,《马克思恩格斯全集》历史考证版第3部分第1卷第396—398页。

③ 1843年3月8日阿·卢格(德累斯顿)致格·海尔威格(瑞士巴登)的信,《马克思恩格斯全集》历史考证版第3部分第1卷第539页。

④ 1843年3月8日阿·卢格(德累斯顿)致卡·马克思(科隆)的信,《马克思恩格斯全集》历史考证版第3部分第1卷第400页。

⑤ 1843年3月13日卡·马克思(科隆)致阿·卢格(德累斯顿)的信,《马克思恩格斯全集》历史考证版第3部分第1卷第44页。

衡量，完全正确。"①

在这期间，马克思在《莱茵报》上声明："本人因**现行书报检查制度**的关系，自即日起，退出《莱茵报》编辑部……1843年3月17日于科伦。"② 3月10日他还在科隆（在书报检查官圣保罗那里）③，接下来的关于马克思的信息来自荷兰。在注明"1843年3月在开往D的驳船上"的一封信中，马克思通知卢格"我现正在荷兰旅行"。"法国革命"的话题和未来德国革命的话题头一次谈起。④ 相应地，卢格在回信中的主要题目是"革命后五十年"的德国。⑤ 马克思应该是在4月底5月初从荷兰返回的，在科隆作短时间逗留之前或以后，他去过克罗茨纳赫，为了订妥教堂预告他计划中的结婚一事。在署明日期为"1843年5月于科隆"的一封信（此信卢格在《德法年鉴》上发表了），答复了卢格寄自柏林的来信。信中没有说他要去德累斯顿，他至迟应该是在5月7日从科隆或克罗茨纳赫动身前往的，而卢格最晚是在5月3日获悉了马

---

① 1843年3月19日阿·卢格（德累斯顿）致卡·马克思（科隆）的信，《马克思恩格斯全集》历史考证版第3部分第1卷第401页。
② 《马克思恩格斯全集》第1版第1卷第244页。
③ 1843年3月21日威廉·冯·圣保罗（科隆）致政府顾问比特尔（柏林），载《马克思恩格斯年鉴》第1卷（1978年），第369页。
④ 1843年3月卡·马克思（荷兰）致阿·卢格（巴黎）的信，《马克思恩格斯全集》历史考证版第3部分第1卷第47页。
⑤ 1843年3月阿·卢格（柏林）致卡·马克思的信，《马克思恩格斯全集》历史考证版第3部分第1卷第402—405页。

克思很快要到来的消息。① 当时卢格正受到监视,他写道:"两星期以来,我的邻居受命,从我写的东西中发现可以对我提起诉讼的理由。……您瞧,警察就在我身旁。"②

5月10日,马克思到达德累斯顿③住到5月24日,目的是对于拟议中的《德法年鉴》的目标与任务取得一致的意见。④ 本来计划马克思同卢格二人于5月25—27日前后一道去布鲁克贝格访问路德维希·费尔巴哈,⑤ 但不得不作罢,显然是因为此时马克思得到来自克罗茨纳赫有关约定的教堂预告的日期和婚期的消息。⑥ 他的返回受到了公开的和秘密的注意。弗里德里希·威廉·海尔德编辑出版的《莱比锡火车头》在1843年第22号"人物年表"中报道说:"《莱茵报》编辑马克思博

---

① 1843年5月初卡·马克思(科隆)致阿·卢格的信,载《马克思恩格斯全集》历史考证版第3部分第1卷第48—53页。另参看1843年5月3日阿·卢格(德累斯顿)致路德维希·卢格(柏林)的信,载保尔·奈尔利希编:《1825—1880年间阿尔诺德·卢格通信和日记》第1卷(1825—1847),柏林1886年版,第307页。

② 1843年5月阿·卢格(莱比锡)致布·鲍威尔(柏林)的信,载《马克思恩格斯全集》历史考证版第3部分第1卷第308页。

③ 1843年5月11日《德累斯顿新闻通报》第131号,引文载《马克思恩格斯全集》历史考证版第3部分第1卷第601页。

④ 《马克思恩格斯全集》历史考证版第3部分第1卷第601页;《马克思恩格斯年鉴》第1卷(1978年)第42页;沃尔夫冈·蒙克:《卡尔·马克思在德累斯顿(1843年5月10至24日)》,载《历史论文集》第16辑(1974年,第1033—1038页)。

⑤ 1843年5月16日阿·卢格(德累斯顿)致路·费尔巴哈(布鲁克贝格)的信,载《马克思恩格斯年鉴》第1卷(1978年)第371页。

⑥ 1843年5月28日阿·卢格(德累斯顿)致尤·弗吕贝尔(柏林)的信,载《马克思恩格斯年鉴》第1卷(1978年)第374页。

士前往法兰克福（美因河畔）继续旅行。"① 很可能密探根据这一消息在他 1843 年 6 月 4 日发自莱比锡的报告中写道："《莱茵报》最后一任编辑马克思，途经此地，没有停留。"②

5 月 27 日或 28 日，马克思肯定回到了克罗茨纳赫，第一次教堂预告已于当月 21 日进行，接着于 28 日进行第二次预告。③ 5 月 30 日或 31 日，是原来预定的马克思和燕妮在克罗茨纳赫结婚的日期。④ 大概由于缺少波恩和科隆方面的证明，婚期不得不延迟。马克思有可能于 6 月初由克罗茨纳赫前往科隆和波恩，以便向当地户籍登记机关申请被忽略了的教堂预告结婚的声明；教堂预告结婚这一手续，除了在克罗茨纳赫要办，在波恩和科隆（可是在特里尔却不！）也要办，这是由于马克思在结婚前一年期间内报过户口的缘故。在波恩和科隆教堂预告结婚的日期分别为以后的两个星期日，即 6 月 4 日与 11 日。有关证明⑤是马克思通过邮局收到的，还是不得不亲自去取的，现在仍属不详；两天的差别说明后一种可能性极大，这样，他最早恐怕应于 6 月 17 日返回克罗茨

---

① 曼弗里德·克利姆：《卡尔·马克思，1818—1883 年其一生的文献》（民主德国）柏林 1970 年版，第 140—141 页；沃·蒙克前引书第 1038 页。

② 汉斯·阿德勒编：《秘密文献报告，梅特涅的特务备忘录。第 1 卷（1840—1843）》，科隆 1977 年版，第 229 页。

③ 有关所有情况均在"结婚证书。1843/51 号，巴德－克罗茨纳赫户籍登记处"。

④ 1843 年 5 月 28 日阿·卢格（德累斯顿）致尤·弗吕贝尔（柏林）的信，载《马克思恩格斯年鉴》第 1 卷（1978 年）。

⑤ 1843 年 6 月 14 日和 16 日分别在科隆和波恩已作过结婚预告的证明文件原件，现存巴德－克罗茨纳赫户籍登记处。

纳赫。①

结婚之前，于6月12日缔结一个婚约："卡尔·马克思先生，哲学博士，现住科隆，与约翰娜·贝尔塔·尤丽娅·燕妮·冯·威斯特华伦小姐，现无职业，住克罗茨纳赫，二人之间"的婚约，"在孀居的冯·威斯特华伦夫人的住所内签订"，由公证人威廉·克里斯提安·亨利希·布尔格尔签发，同时签字的证明人是J.A.里科斯和彼得·贝尔茨②。6月19日，马克思与燕妮正式结婚，在克罗茨纳赫户籍机关登记，由市长弗兰茨·布斯作为户籍机关官员和证明人卡尔·恩格尔曼博士、见习公证人亨利希·巴尔塔札尔·克里斯提安·克莱门斯、退休者艾利亚斯·迈耶尔和旅馆老板瓦连廷·凯勃（均为克罗茨纳赫人）签署证明；证明书上签字的还有卡罗琳·冯·威斯特华伦，以表示同意这门亲事。③ 一般的仪式手续完成后，接着是教堂的结婚仪式，是在克罗茨纳赫基督教新教的保罗教堂举行的。证人有瓦连廷·凯勃和弗里德里希·格提尔（克罗茨纳赫人）。在克罗茨纳赫基督新教教区的教会登记簿上的登记，是由基督新教牧师约翰·威廉·施奈甘斯执笔的。新婚夫妇在第二天克罗茨纳赫的地方报纸上刊登了结婚启事，④ 这一结婚启

---

① 这个推测，是根据艾·基恩鲍姆的《1841—1843年卡尔·马克思》一书，考虑到交通及过夜等而作出的。

② 1843年明12日公证人威·克·亨·布格尔的证书"1843/715号"，科布伦茨州档案馆。

③ 有关所有情况均在"结婚证书。1843/51号，巴德－克罗茨纳赫户籍登记处"。

④ 1843年6月20日《克罗茨纳赫报》第98号。

事，两天后在特里尔的地方报纸上也登载了。① 多年后，燕妮·马克思曾概要地谈到过"新婚旅行"："我们从克罗茨纳赫经过埃伯恩堡到达莱茵普法尔茨，然后经过巴登-巴登又回到克罗茨纳赫。"② 7月12日，马克思在克罗茨纳赫收到了6月12日婚约的主要文本。

卢格这时通过"政府顾问夫人冯·威斯特华伦"写信告诉马克思他在以前的信中多次谈到的来访时间：

"我病了一个多星期，因此星期三即19日将启程。21日中午到纽伦堡，22日访问布鲁克贝格的费尔巴哈，23日前往武尔茨堡，24日去法兰克福，而25日我将去克罗茨纳赫拜访您。但愿我在那里能与您相会。"③

他确实在7月25日到了克罗茨纳赫④，住到7月29日⑤，尽管从他对燕妮·马克思（"……对于新的哲学十分熟悉"）的评论中可以得出

---

① 1843年6月22日《特里尔报》第166号；海·蒙茨：《巴德·克罗茨纳赫对卡尔·马克思的回忆》，载《地方志季刊》第2年卷第34号（1988年特里尔）第78页。

② 燕妮·马克思：《动荡生活简记》，载《摩尔与将军》，人民出版社1982年版，第37页。

③ 1843年7月17日阿·卢格（德累斯顿）致卡·马克思（克罗茨纳赫），载《马克思恩格斯全集》历史考证版第3部分第1卷第408页。

④ 1843年7月24日阿·卢格（在"路德维希国王号"轮船上，于武尔茨堡至维尔特海姆之间）致阿格奈斯·卢格（德累斯顿），载《1825—1880年间阿尔诺德·卢格通信和日记》第1卷（1825—1847），保尔·奈尔利希编，柏林1886年版，第316—317页。

⑤ 8月19日科伦警察局长海斯特尔向科隆行政区长官冯·格尔拉赫报告说，弗吕贝尔和卢格于7月29日到达科隆，科布伦茨国家档案馆。

结论，他逗留的时间还要长。①

马克思在 1843 年夏季和秋初时节，还有其他什么交往，现在尚不得而知。从卢格的一段话，可以知道，马克思在从德累斯顿回来后，肯定从克罗茨纳赫给《莱茵报》撰稿人、教师摩里茨·弗莱舍（克列韦）写过信。② 很可能，在瑞士编辑出版激进作品的尤利乌斯·弗吕贝尔从科隆给马克思写信谈他同卢格见面的情景，还有莫泽斯·赫斯在 7 月 29 日以后也来过信。③ 但是弗吕贝尔本人好像没有去克罗茨纳赫。有意思的是，马克思在克罗茨纳赫时曾主动建议他们来，不过时间上无据可考，而且其动机也没有搞清。来自柏林的首席监察枢密顾问 J. P. 埃塞尔（马克思的父亲亨利希·马克思在特里尔的朋友；马克思在柏林时，曾受父亲之托拜访过此人），向马克思转达普鲁士政府要他充任《普鲁士国家总汇报》编辑作公职人员的建议。④ 在普鲁士宗教事务、教育和卫生大臣约翰·阿尔勃莱希特·弗里德里希·艾希霍恩（1779—1856）9 月 2 日访问克罗茨纳赫高级文科中学时，马克思是否与之有过接触这一问题，现在只好留待以后查考。

在 1843 年 7、8 两个月紧张阅读和作摘记以后，9 月份，可能就要

---

① 1843 年 8 月 19 日阿·卢格（巴黎）致路·费尔巴哈（布鲁克贝尔格）的信，《马克思恩格斯全集》历史考证版第 3 部分第 1 卷第 603 页。

② 1843 年 6 月 18 日阿·卢格（德累斯顿）致摩里茨·弗莱舍尔（克列韦）的信，载《1825—1880 年间阿尔诺德·卢格通信和日记》第 1 卷，柏林 1886 年版，第 310 页。

③ 1843 年 8 月 11 日阿·卢格（巴黎）致卡·马克思（克罗茨纳赫）的信，《马克思恩格斯全集》历史考证版第 3 部分第 1 卷第 409 页。

④ 《马克思恩格斯全集》第 1 版第 30 卷第 504 页。

花费许多时间,为他们自己先是计划中的迁往斯特拉斯堡①以及为燕妮的母亲及其儿子埃德加尔返回特里尔做准备。再有,马克思还须研究卢格8月份寄来的在巴黎出版《德法年鉴》的计划。② 最后卢格建议马克思,不如迁居巴黎好,斯特拉斯堡至多只能考虑为"临时性的地点"③。马克思写了一封带有"纲领"性质的信答复卢格的来信,并宣布迁居巴黎;信中写道:

"看来在巴黎,这所古老的哲学大学校……同时又是新世界的新首都。……无论如何本月底我要到达巴黎……

对于我们报纸的倾向,我们可以概括为一句话:使时代自己弄清(批判哲学)自己的斗争和愿望。这是一个为了世界,同时也是为我们自己而做的工作。它只能是团结一致的力量的事业。"④

在留存下来的最后一封马克思从克罗茨纳赫写的信中,他要路·费尔巴哈为在巴黎印刷出版的《德法年鉴》撰稿,并告知他未来在巴黎

---

① 1843年8月18日阿·卢格(巴黎)致尤·弗吕贝尔(苏黎世)的信,载《马克思恩格斯全集》历史考证版第3部分第1卷第376和422页,注79;1843年8月19日阿·卢格(巴黎)致路·费尔巴哈(布鲁克贝格)的信,《马克思恩格斯年鉴》第1卷(1978)第377页。信中写道:"马克思在克罗茨纳赫住到大约到9月底,然后去斯特拉斯堡。"
② 1843年8月阿·卢格(巴黎)致卡·马克思(克罗茨纳赫)的信,载《马克思恩格斯全集》历史考证版第3部分第1卷第411页。
③ 1843年9月22日阿·卢格(巴黎)致卡·马克思(克罗茨纳赫)的信,载《马克思恩格斯全集》历史考证版第3部分第1卷第412页。
④ 1843年9月卡·马克思(克罗茨纳赫)致阿·卢格(巴黎)的信,载《马克思恩格斯全集》历史考证版第3部分第1卷第54和57页。

的通信地址。①

还有一个问题需要讨论，这就是马克思及冯·威斯特华伦在克罗茨纳赫时住在哪里。对现有材料经过分析以后可以作如下判断，卡罗琳·冯·威斯特华伦的住所，实际就在证婚人之一的旅馆老板瓦连廷·凯勃的家里。燕妮·马克思曾说过，她的母亲于9月底同她的弟弟埃德加尔返回特里尔。1843年以前，卡罗琳·冯·威斯特华伦住在特里尔，布吕肯大街625B号，住在房产主税务检查官约翰·威廉·维腾道夫的房宅里；埃德加尔·冯·威斯特华伦和使女海伦·德穆特没有提到。② 10月初，马克思夫妇还留在克罗茨纳赫，后来，有可能经过原来定好的居住城市斯特拉斯堡前往巴黎，于10月11日或12日抵达。③

鉴于当时的形势，对于克罗茨纳赫时期，还有一个问题，即马克思是不是受到监视，而且应该会在哪些文字资料中有所记载。在克罗茨纳赫现存档案资料中，有明显的缺漏，这种情况的存在，不排除是由于某个时候有些文件被抽走所造成的。不过，例如现存有县长豪特给区长的指令，内容是有关外来旅客要详细登记并且登记名册要每天报送，第一封公函是1843年5月31日（"在县警察局方面，我始终需要知道，有哪些外来人在此地路过和哪些外来人作为疗养的客人或其他原因在此地

---

① 1843年10月3日卡·马克思（克罗茨纳赫）致路·费尔巴哈（布鲁克贝格）的信，载《马克思恩格斯全集》历史考证版第3部分第1卷第58—60页。

② 《1844年特里尔市居民花名册》，特里尔档案馆 Tb15/667。

③ 1843年10月11日尤·弗吕贝尔（巴黎）致达·欧本海姆（科隆）的信，载《马克思恩格斯年鉴》第1卷（1978）第379页。信中写道："我们盼望马克思今天或明天到来。"参见雅·格朗让的文章《关于马克思抵达巴黎的日期》、载《马克思故居文集》第43辑，其中有详细的论述。

驻留……"），页边的注已表明1842年11月12日政府已有指令。① 正如前文指出的那样，看来，马克思在从德累斯顿回来时，即已受到密探的监视，而在抵达克罗茨纳赫以后，遵照科布伦茨政府的意愿，也受到了注意，或者是，在克罗茨纳赫的政府代表，根据指令作出的反应，提请区长注意他的任务，而后者接着又指出警察局长完成自己的职责，警察局长本人则指责增加额外负担。② 从对其他案件的相似处理来看，我们可以得出结论，克罗茨纳赫当局，对于政府的指令并不是那么积极热情地照办的。不过总算是有一封1841年1月6日科布伦茨的公函报告说，在克罗茨纳赫，有一过路手工工匠散发威廉·魏特林宣传共产主义的小册子《人类的现状和未来》；还有一封1843年7月15日的信指出，有必要监视从巴黎回来的手工工匠，因为他们都有共产主义倾向。③ 在迄今已查阅的科布伦茨州档案馆的馆藏中，前往查阅的人士，对于马克思在克罗茨纳赫逗留的情况，始终未找到任何有意义的原始资料。

不可忽视的是，马克思要离开普鲁士的意图，公众已然知晓，而且为此目的而筹办婚事并准备搬迁，并且在克罗茨纳赫时就已为了他在国外撰写政论文章做了准备工作。在《马克思恩格斯全集》历史考证版编者所确定的"最早3月中至最迟9月底"这段时间内，马克思已完成

---

① "1841—1874年间有关对在本市逗留……的外地人的监视的文件"，克罗茨纳赫市档案馆，馆藏78。

② "1841—1874年间有关对在本市逗留……的外地人的监视的文件"，克罗茨纳赫市档案馆，馆藏78。1843年7月20和21日的公函。

③ 参看克罗茨纳赫市档案馆，馆藏374"1821—1876年间有关警察对政治骚乱和间谍进行监视的文件"和馆藏689"1841—1853年间有关政治嫌疑犯进行监视的文件"。

《黑格尔法哲学批判》的初稿①。据笔者所确定的时间，马克思拼命阅读历史学和法哲学方面的著作是在7、8两个月，其阅读的书面结晶，便是著名的《克罗茨纳赫笔记》。

这部马克思用35个笔记本，从24种著作所做的共计255页的摘记，在1929年出版的《马克思恩格斯全集》历史考证版中，仅用79页的篇幅综合发表，描述了笔记的外观，交代了所读著作的书名、摘记要点及其在原著的位置（页码及起止行数）等。②然而就是这些综合性的介绍，对于研究来龙去脉的各种问题，在今天也还是有益的。奥·科尔纽在他论述马克思对罗伯斯庇尔看法的论文（1961年）③中和保尔·凯基《论历史唯物主义的来源》④一文中，均利用了《马克思恩格斯全集》历史考证版所提供的这些材料。特别是在苏联的学者莫佐洛夫⑤（Mosolov）和拉宾⑥于1968年发表的著作中，充分深入地使用了这些材料。

对《克罗茨纳赫笔记》进行极其详尽的研究，是从汉斯·彼得·

---

① 参看《马克思恩格斯全集》历史考证版第1部分第2卷第571页。

② 参看《马克思恩格斯全集》历史考证版第1部分第1、2卷第105—106和118—136页。

③ 奥古斯特·科尔纽：《卡尔·马克思对法国大革命及对罗伯斯庇尔的看法（1843—1845）》，载瓦尔特·马尔科夫编：《马克西米利安·罗伯斯庇尔（1758—1794）》，（民主德国）柏林1961年版，第505—524页。

④ 保尔·凯基：《历史唯物主义的来源。卡尔·马克思与社会动力》（作者写了一个前言），维也纳—法兰克福—苏黎世1965年版。

⑤ V. G. 莫佐洛夫：《1843—1844 卡·马克思对世界史的研究，唯物史观形成的来源之一》，载《历史学家马克思》，莫斯科1968年版，第85—106页。

⑥ N. I. 拉宾：《青年马克思》，莫斯科1968年版。

耶克的博士论文开始的,①他的论文答辩于1976年在柏林科学院进行,1979年印刷成册。自1976年起,耶克就这一课题,发表过若干篇论文,一篇论文《马克思与基佐》②,是他1979年出版的一部书《来源与必然》③的续篇和评论富赖的著作《马克思与法国革命》④的文章。在耶克进行研究期间,《马克思恩格斯全集》历史考证版于1981年以一卷的篇幅,首次完整地发表了马克思的《克罗茨纳赫笔记》并作了注释。耶克在1979年付印他1976年博士论文时,已经可以使用新版的材料。他在1982年曾发表两篇论文,联系《马克思恩格斯全集》历史考证版已经发表的马克思的著作,特别是联系《〈黑格尔法哲学批判〉导言》和《论犹太人问题》,用新的观点仔细研究了有关《克罗茨纳赫笔记》这一卷。⑤引人注目的是,耶克的考察在文献著述中竟基本上一直无人注意。只有哈里·施米特加尔,在他有关马克思在克罗茨纳赫曾使用过

---

① 汉斯·彼得·耶克:《卡尔·马克思早期著作(1843—1846)中有关1789年法国革命的论述》,博士论文,(民主德国)柏林1979年版。

② 汉·彼·耶克:《马克思与基佐》,载《历史杂志》第36期(1988)第483—497页。

③ 汉·彼·耶克:《来源与必然,马克思解释历史的方法论的研究(1845/46—1859)》,(民主德国)柏林1988年版。

④ 汉·彼·耶克:《卡尔·马克思与法国大革命,评弗朗斯瓦·富赖的一本书》,载瓦尔特·施米特等编:《法国大革命与革命的工人运动。历史意识,社会理论与革命斗争》,(民主德国)柏林1987版,第33—53页。

⑤ 汉·彼·耶克:《马克思的〈克罗茨纳赫笔记〉》,载《历史年鉴》第25卷(1982)第73—110页;《青年马克思与1789年法国大革命历史编纂学和历史思想作为历史唯物主义社会理论的来源》,载沃尔夫冈·弗尔舍尔编:《资产阶级革命与社会理论,对于历史唯物论早期历史的研究(一)》,(民主德国)柏林1982年版,第208—239页。

的图书馆的文章中，提到过这一事实，"不久前，有人提出论断，说《克罗茨纳赫笔记》根本不是1843年做的。"① 耶克把马克思1842年5、10、12月以及1843年5月的几个文章段落，同笔记的某些部分作了对比，作为结果提出下面两个假说式的设想：

1. 《克罗茨纳赫笔记》不仅仅（部分地）于1843年夏季，而是在一段较长的时期内写成，包括最迟自1842年5月起和1843年直到8月以前的这些个月份。

2. 1843年5月，第二个笔记本（亨利希、路德维希、达鲁、拉克雷太尔、卢梭、贝略尔、布鲁姆、孟德斯鸠等人著作的摘记）就已经做好了。因此，这时业已完成的当然还有笔记本Ⅰ（亨利希著作摘记的前大部分）。笔记本Ⅲ（有罗素著作摘记），起码已开始做。②

《马克思恩格斯全集》历史考证版有关卷次编者在内部讨论时，以在内容上自相矛盾而对于"波恩—科隆—克罗茨纳赫笔记"的主张予以驳回。③ 然而，我们把耶克的文章在同施米特加尔的研究结果进行比较时，仍然很有意思。施米特加尔把克罗茨纳赫高级文科中学图书馆的

---

① 哈·施米特加尔：《卡尔·马克思作〈克罗茨纳赫笔记〉利用了哪所图书馆》，载《法国大革命。1789—1989。马克思主义研究。马克思主义研究所年鉴14》，法兰克福（美因河畔）1988年版，第295—296页和第207页。

② 汉·彼·耶克：《马克思的〈克罗茨纳赫笔记〉》，载《历史年鉴》第25卷（1982），第100页，设想马克思做笔记的时间顺序为：（笔记本）Ⅰ—Ⅱ/1（？）—Ⅱ—Ⅲ/2（？）—Ⅳ—Ⅴ。哈·施米特加尔文中所说的著作，是从笔记本Ⅲ/2开始摘记的。

③ 哈·施米特加尔：《卡尔·马克思作〈克罗茨纳赫笔记〉利用了哪所图书馆》，载《法国大革命。1789—1989。马克思主义研究。马克思主义研究所年鉴14》，法兰克福（美因河畔）1988年版，第293—294页。

所有旧藏书都翻阅一遍，发现有 15 种，是马克思曾作过摘记的书，"15 种中只有 12 种，即占 80%，是在笔记本 Ⅲ 到 Ⅴ 册中做的摘记"，①这样，他就可能间接支持了耶克的论点，《克罗茨纳赫笔记》前边部分，根本不是在克罗茨纳赫做的。

但是根本问题依然是，马克思是否使用过这个图书馆，而他是怎样才能使用这个图书馆的。施米特加尔，借助当时的《泉浴疗养指南》证明了，当时有一个"图书馆"可以对泉浴疗养者开放。② 但这并不是他所说的教师用图书馆，而是在 1821 年克罗茨纳赫县长豪特倡议和推动之下建立的一个"平民图书馆"③，其藏书主要是由克罗茨纳赫"读者协会"搞来的。自 1842 年起，读者协会的图书，就已经转为高级文科中学所有，最后全部藏书为其所有是在 1857 年，其中有 122 种历史书籍，恰好就有马克思做过摘记的诸多著作中的 15 种，不过，其他历史学政治学的书籍，可能也是马克思感兴趣的。到 1867 年为止，整个图书馆由数学兼物理教师哥特利布·格拉博（1793—1872）负责管理。自 1842 年 4 月起，高级文科中学校长是摩里茨·阿克斯特（1801—1863）博士教授，他的一些论述高级文科中学教育问题的文章，马克思恐怕也有所了解。黑格尔派作家摩里茨·卡利埃尔（1817—1895）于 1842 年 9 月底曾通过阿克斯特转给蓓蒂娜·冯·阿尔宁一封信和他写

---

① 哈·施米特加尔：《卡尔·马克思作〈克罗茨纳赫笔记〉利用了哪所图书馆》，载《法国大革命。1789—1989。马克思主义研究。马克思主义研究所年鉴 14》，法兰克福（美因河畔）1988 年版，第 299—300 页。

② 哈·施米特加尔：《卡尔·马克思作〈克罗茨纳赫笔记〉利用了哪所图书馆》，载《法国大革命。1789—1989。马克思主义研究。马克思主义研究所年鉴 14》，法兰克福（美因河畔）1988 年版，第 294 页。

③ 参看《马克思恩格斯全集》历史考证版第 4 部分第 2 卷第 11—16 页。

的一本书。马克思在克罗茨纳赫逗留期间，阿克斯特发表了德意志帝国一千年纪念演说，不久以后又发表过向普鲁士及其国王致敬的演说。马克思同阿克斯特是否有过接触，无从查考，但也不排除有这种可能。肯定的是，学校的领导虽属保守派，但是当时一些时事问题，如法国革命史，教学中还是讲授的。

马克思在克罗茨纳赫同当地思想进步的人是否有过接触，总的来说，他同该城的市民有无学术的交往，现在仍是没能解决的问题。对于"克罗茨纳赫专家"来说，这一点就内容而言倒无足轻重。这个泉浴疗养城市，由于有这个对公众开放的图书馆，而且收藏不少历史政治书籍，和由于有俱乐部的几间还备有外国报刊的阅览室，至少能够为马克思提供一部分阅读材料，从此他便开始研究制定他的唯物史观。

（原载《马克思故居文集》1990年第43辑）

（王宏道 译）

克罗茨纳赫笔记和《黑格尔法哲学批判》对历史知识和历史研究的作用的探讨[*]

〔德〕汉斯-彼得·耶克

克罗茨纳赫时期,即马克思从1843年6月在克罗茨纳赫逗留到1843年10月底迁居巴黎这段时期,是唯物主义历史观形成过程中的第一个阶段。[①] 马克思在这段时期主要探讨了黑格尔的国家学说。《政治经济学批判》序言对这一研究结果作了说明:"为了解决使我苦恼的疑问,我写的第一部著作是对黑格尔法哲学的批判性的分析,这部著作的导言曾发表在1844年巴黎出版的《德法年鉴》上。我的研究得出这样一个结果:法的关系正像国家的形式一样,既不能从它们本身来理解,也不能从所谓人类精神的一般发展来理解,相反,它们根源于物质的生活关系,这种物质的生活关系的总和,黑格尔按照十八世纪的英国人和法国人的先例,称之为'市民社会',而对市民社会的解剖应该到政治经济学中去寻求。"[②]

马克思是继克罗茨纳赫时期后在巴黎得出这个结论的,那时他已经

---

[*] 本文选自《马克思恩格斯研究》1992年总第11期。

[①] Г. А. 巴加图利亚:《马克思的第一个伟大发现(唯物主义历史观的形成和发展)》,载于《马克思——历史学家》,莫斯科1968年版,第124页。

[②] 《马克思恩格斯全集》第1版第13卷第8页。

清楚地认识到政治经济学对分析市民社会的意义。但是，当时历史唯物主义的第一个基本思想：不是国家决定社会，而是社会决定国家，在马克思分析私有制和政权的关系的克罗茨纳赫笔记中获得第一个科学论证；这个基本思想不再只是表现为政治假设或费尔巴哈的"逆转的方法"的结果。这个思想在《1843年手稿》，即《黑格尔法哲学批判》里阐述得很清楚，它"潜在地解释了社会的经济基础和政治上层建筑之间的相互关系"①。

"法的关系正像国家的形式一样，既不能从它们本身来理解，也不能从所谓人类精神的一般发展来理解"，这一认识摒弃了各种唯心主义，历史法学派及卢梭和黑格尔关于国家的构想。然而这不是简单的否定。马克思正是在黑格尔那里证实了个别的现实性和思辨——唯心主义总体系之间、经验和理论之间的矛盾。他准确地辨别出黑格尔国家学说和社会学说中的思辨和经验现实，得出了理论和经验的新的、创造性的关系。

1843年7—8月的《克罗茨纳赫笔记》和同样在1843年夏写成的《1843年手稿》流传下来的片断是下述研究的基础，而方法论问题则是这一研究的出发点。必须进一步确定历史知识和历史研究对建立历史唯物主义科学理论和马克思有关资产阶级革命的理论所起的作用。

我们同意苏联青年马克思的传记作者尼·伊·拉宾的如下观点：在方法论上不能把《1843年手稿》同马克思的经典著作等同起来。② 不过，从研究马克思克罗茨纳赫时期撰写的文章中也可以得到一般的历史方法论的认识。这些认识首先涉及马克思对问题的态度，客观地说：涉

---

① Г.А.巴加图利亚：《马克思的第一个伟大发现（唯物主义历史观的形成和发展）》，载于《马克思——历史学家》，莫斯科1968年版，第124页。

② 尼·伊·拉宾：《青年马克思》，莫斯科1968年版，第173页。

及社会政治问题的客观情况，实际的政治偏见和阐释科学问题的态度，其次涉及马克思在试图解决问题时对理论和经验的态度。

克罗茨纳赫时期是思想活跃的时期。这段时期是既有作为广泛的历史研究收获的马克思摘录的笔记又有马克思的理论著作的唯一一段时期，在这部著作的结尾部分，所选择的历史事实和联系之间第一次表现出较重要的理论关系，更确切地说，借助于这些事实和联系可以看到历史学经验和理论概括之间辩证的相互作用。要理解马克思的认识途径（这种理解难免是支离破碎的，往往是一种假设），但就克罗茨纳赫时期而言，就要重视历史学的认识作用。马克思为什么在1843年夏开始研究欧洲许多国家从中世纪初至现代的历史？这同他的黑格尔法哲学批判有什么关系？这个研究带来了哪些理论和方法论结果？拉宾基本上回答了这些问题。①本文试图扩展这个回答，并使其具体化。

*　　　*　　　*

1842年初，马克思就打算批判黑格尔的国家法。1842年3月5日他函告卢格，这个批判的核心"是同**君主立宪制**作斗争，同这个彻头彻尾自相矛盾和自我毁灭的混合物作斗争"②。君主立宪制是共和制和君主制之间的"中介"、"混合物"，因为它将人民主权和世袭的国王尊严之间，代议制和等级制之间，下议院和上议院之间的对立统一起来；自从法国重新建立君主立宪制以来，对民主派和正统派来说，它一直是政治批判的对象。自普鲁士的"自由派之春"结束以来，民主派对君主立宪制的国家概念的批判在德国也意味着对现存国家的批判。最尖锐的

---

① 尼·伊·拉宾：《青年马克思》，莫斯科1968年版，第176页及以下各页。
② 《马克思恩格斯全集》第1版第27卷第421页。

批评家（马克思、卢格、埃德加·鲍威尔、赫斯）都来自青年黑格尔派的行列。他们的批判之所以针对黑格尔的国家学说，是因为黑格尔从现存的君主立宪制的设制和普鲁士的等级代表制原则推演出他的理想国家，是因为他没有上升为普鲁士国家的审判官，而成了普鲁士国家的"说明者"①。然而他们承认，黑格尔用抽象的定义创造了一个高级的、人道主义的国家概念。但是，他们认为，用黑格尔所描写的、把君主政体的等级制国家理想化而理论上又保守的形式是无法实现这个概念的。马克思写信给卢格说："Res publica 一词根本无法译成德文。"② 马克思对黑格尔国家法进行了研究，他指出，共和制是一种优越的国家形式，而民主制则是国家概念和本质的唯一可能的体现，这表明，市民社会同专制制度之间存在利益冲突。费尔巴哈在其写于1842年、发表于1843年1月的《关于哲学改造的临时纲要》一文里，首先阐述了黑格尔研究中的哲学理论问题。③ 费尔巴哈认为，应该创立一种新哲学，其任务是形成这样一种意识，它将导致扬弃人的异化，不仅是宗教形式的异化，而且还有政治形式的异化（从而扬弃君主制）。1842年8月卢格就已接受费尔巴哈的倡议并着手证明黑格尔的国家学说的设制是站不住脚的，他认为这些设制不符合时代潮流，是形而上学的，是思辨的结果，但他并不理解费尔巴哈的唯物主义方法论的作用。④

青年马克思在费尔巴哈的唯物主义哲学，尤其是在他批判神学和思辨哲学时所采用的"逆转方法"中，在他坚持真正的人是"历史的本

---

① 《马克思恩格斯全集》第1版第1卷第350页。
② 《马克思恩格斯全集》第1版第27卷第421页。
③ 参看拉宾：《青年马克思》，莫斯科1968年版，第148页及以下各页。
④ 参看拉宾：《青年马克思》，莫斯科1968年版，第152页；阿·卢格：《黑格尔法哲学和当代政治》，载于《德国科学和艺术年鉴》1842年集第189—192期。

质"和"国家的本质"这一观点中,找到了自己批判黑格尔国家法所必需的理论和方法的武器。在马克思那里,实际政治斗争的需要从一开始就明确地占主导地位——而这也是马克思的黑格尔批判的特征和延续。马克思也接受其他哲学家的概念和理论,只要这些概念和理论是通过经验和知识及政治实践得以证实的。从理论和现实的方法论的对立中产生出解决问题的意识,这种意识开始使青年马克思日益显得突出。1843年5月马克思致卢格的信是表明马克思着手作克罗茨纳赫笔记时的革命民主主义立场的重要文献。马克思在这封信里总结了他在作为《莱茵报》撰稿人时积累的社会经验和政治经验。这些经验包括如下一些事实:普鲁士化日益加剧的政治反动,对批评意见的压制,同书报检查机关的斗争以及官僚制度对消除无产阶级、农业工人和农民的贫困和抵制"土地的非社会的私人利益"缺乏意志且又无能为力。马克思得出结论,君主政体是无法改革的,必须消灭它。马克思也期待着在德国发生资产阶级革命;在封建奴役的状况下已具备客观条件,意识和纲领正在形成。马克思对卢格说:"我只请您注意,庸俗主义的敌人,即一切有思想的和受苦难的人们都已经互相取得了谅解(这在以前是做不到的),甚至那种旧式的臣民的消极繁殖制度也在每日给新人类供应新兵。工商业的制度,人们的私有制和剥削制度正在比人口的繁殖不知快多少倍地引起现今社会内部的分裂,这种分裂,旧制度是无法医治的,因为它根本就不医治,不创造,它只是存在和享乐而已。"①——他写这段话与他本人以莱茵省贫苦农民的名义进行的笔伐不无联系。专制制度和"要……实现法国大革命所取得的成果,归根到底也就是说要建立一个

---

① 《马克思恩格斯全集》第1版第1卷第414页。

共和国,要以自由人们的制度来代替已经死亡的制度"① 的理想家必然陷入冲突,必然在危机公开爆发前进行大规模的认识和宣传活动。马克思得出结论:"我们的任务是要揭露旧世界,并为建立一个新世界而积极工作。"② 马克思在批判地修正黑格尔的国家法时承担了这个任务,在修正的过程中,马克思越来越清楚地意识到思想批判、社会分析和为革命民主主义运动的纲领奠定科学基础这些问题。

马克思在探讨黑格尔的国家法时,其核心问题就是坚持民主主义—共和主义立场来反对黑格尔的论证和推论并阐发一个科学政治纲领的国家—社会理论基础,他由此进而探讨了许多有关的问题。这些问题包括(按马克思手稿正文中出现的顺序):社会和国家的关系;国家本质的规定;立法权承担者的问题;从"人的幻想和关系中"推演出世袭君主政体的设制的任务;官僚制度本质的规定;证明革命的必然性;立法权和行政权的关系;黑格尔的等级既与中世纪的历史等级又与现代市民社会的社会结构相矛盾;"批判黑格尔对市民社会的叙述"的任务;私有制和政权的关系;政治要求背后的利益问题;议会代表机构中私人利益和普遍利益的矛盾。③

为了解决这些问题,历史知识是必不可少的。马克思所引用的历史例子和所作的历史比较表明他在柏林、波恩和科隆逗留的各个时期已拥有丰富的历史知识,这些知识的来源在许多场合还有待探究。许多段文

---

① 《马克思恩格斯全集》第1版第1卷第413页。
② 《马克思恩格斯全集》第1版第1卷第414页。
③ 参看《马克思恩格斯全集》第1版第1卷第279、285、299、313、317、334—335、344、361—362、369—397、402页。

字证实了他对当时流行的历史著作和对这些著作的讨论情况的了解。①但是在这里，引用的历史事实所涉及的问题的各种联系比这些来源的范围和种类更为重要。只有在谈论这个问题时，历史哲学的概念和历史史料知识对科学认识和社会政治实践才具有迫切的意义。

拉宾的研究指出，马克思在批判地修正黑格尔国家法到一定的地方时，认为需要重新进行广泛的历史研究。拉宾认为，可以证明文章中断在马克思援引黑格尔国家法第304—307节后再次回到已经评论过的第303节上的那个地方。②在这个间隙进行的历史编纂学和政治—国家理论著作的研究中，马克思以"阐述国家和市民社会的相互关系"，"一个人被另一个人异化的历史"为核心。③黑格尔国家法第303—307节的内容，主要是在君主立宪制的国家中，由等级在政治上代表"市民社会"的观念。这几节包含黑格尔观念中最反动的要素：把无财产者排除在政治意志形成过程之外，用"普遍等级"使官僚制度理想化，将等级制中的现存的政治特权归长子继承权享有者所有，认为地产的政治作用是充当王权和国家的支柱，并用来论证长子继承制。黑格尔在这里和在另

---

① 关于法国摄政时期、议会和国民议会的论述，表明马克思对弗·克·施洛塞尔《法兰西帝国被推翻前的18和19世纪史》（海德堡1836年版）一书的了解。除了黑格尔本人的阐述外，爱·甘斯的《历史讲座》（载于F.V.劳麦出版的《历史手册》1833第4年卷和1834年第5年卷）可能对马克思早期解释法国革命史和前史具有构思意义。有关青年黑格尔派对同时代历史编纂学的评价，参看卡·弗·科本对施洛塞尔和H.莱奥的书评（载于1842年1月和6月《德国科学和艺术年鉴》）。和埃·鲍威尔对阿·艾利生的书评（评《第一次法国大革命以来的欧洲历史》。同上，1842年12月）。

② 《马克思恩格斯全集》第1版第1卷第338—339页。参看拉宾：《青年马克思》，莫斯科1968年版，第176页及以下一页。

③ 拉宾：《青年马克思》，莫斯科1968年版，第179页及以下一页。

一地方从社会理论的角度否定启蒙运动的原子论构想,这无异于在政治上摒弃代表制。按黑格尔的说法,"市民社会"(不同于国家)分为"私人等级",即分为两个等级:建立在实体性关系(对地产——作者注)上的等级,以及建立在特殊需要和促成实现这些需要的劳动上的等级(市民——作者注)。①这些主要社会集团在"立法权的等级要素",应该获得与其真正的社会意义相适应的政治意义。②但是,在立法权中占统治地位的,应该是君主和官僚。马克思评论道,就这点而言,黑格尔自己就是"从'国家'和'市民社会'之间、'特殊利益'和'自在自为的普遍物'之间的分离出发"的。③黑格尔批判地指出,被他否定的代表制把正在进入"政治领域"的"已存在的各种共同体"分解为个人组成的群体;因而就把市民生活和政治生活彼此分割开来,并使政治生活悬在空中。④

马克思判断说,"市民社会"和政治国家的分离,在专制君主政体中以及现代代表制中,是一件可以经验地加以确定的事实;但是这种分离用黑格尔的方式无法克服。黑格尔在他的观念中只确立了市民生活和政治生活的表面的同一。他给等级制——现代国家权力的人为产物——偷偷塞入它只在中世纪才具有的政治社会现实。马克思公开拥护代表制,他强调说,代表制符合市民社会的现实的原子论,在代表制中社会和国家的对立达到极点(从而更接近于解决)。⑤马克思认为,黑格尔第303节中成问题的论断是:"私人等级在立法权的等级要素中获得政治

---

① 参看《马克思恩格斯全集》第1版第1卷第332页。
② 参看《马克思恩格斯全集》第1版第1卷第332页。
③ 参看《马克思恩格斯全集》第1版第1卷第299—300页。
④ 参看《马克思恩格斯全集》第1版第1卷333页。
⑤ 参看《马克思恩格斯全集》第1版第1卷第333—334页。

意义。"①马克思必须解决一个历史学的问题,他必须回答:社会("市民社会"、"私人等级")和国家是如何分离的,而这种分离在中世纪还不存在,那时各等级同时代表着这两个领域。在克罗茨纳赫历史研究开始时就提出了这个问题。

马克思密切注视中世纪等级制向现代代表制转变的历史,他力图认清,当前"非政治的"、"市民等级"是如何从中世纪的政治社会的各等级中产生的。他研究了(君主政体的议会—民主主义的)国家同"市民社会"的"人民生活"相异化的历史。马克思从唯物主义立场出发,辩证地探讨一个客观的基本社会矛盾的产生。他从方法论的角度概括地写道:"对现代国家制度的真正哲学的批判,不仅要揭露这种制度中实际存在的矛盾,而且要解释这些矛盾;真正哲学的批判要理解这些矛盾的根源和必然性,从它们的**特殊**意义上来把握它们。但是,这种**理解**不在于像黑格尔所想象的那样到处去寻找逻辑概念的规定,而在于把握特殊对象的特殊逻辑。"②

这一系列问题既包括社会学方面又包括历史方面。社会学的任务在于,从现代社会对国家的关系上来理解现代社会的社会结构,抵制在历史上已陈旧的对黑格尔等级制的"怀念"。马克思认识到,"市民社会的等级"的标准,不是"特殊的需求和以需求为中介的劳动",而是金钱③和教养。由此产生政治上十分重要的"社会地位",而中世纪的各等级是通过劳动和财产的具体形式决定的。它的形成具有随意性,并不代表某种社会组织形式。只有代表制,只有抽象意义上的平等的国家公

---

① 《马克思恩格斯全集》第1版第1卷第338页。
② 《马克思恩格斯全集》第1版第1卷第359页。
③ 作为劳动的异化。——作者注

民才能从政治上代表真正的"社会地位"。马克思在社会学方面的探讨也包含"无财产"和作为市民社会"基础"的"具体劳动的等级"①这样一些思想，不过叙述得较为简单。此外他指出，将在以后批判"黑格尔对市民社会的看法"。马克思也在自己的历史政治研究中，为他在市民社会的当前存在中视为主要"阶级"标准的货币和教养寻找并找到证据。在对概念进行社会学的阐明之后，接着是对历史发展的描述。"历史的发展使**政治等级**变成**社会**等级，所以，正如基督教徒在天国一律平等，而在人世不平等一样，人民的单个成员在他们的政治世界的天国是**平等**的，而在人世的存在中，在他们的**社会生活**中却不平等，从**政治等级**到**市民**等级的转变过程是在**君主专制政体**中进行的。官僚政治实现了反对一个国家中有许多不同国家的统一思想。但是，甚至有绝对行政权的官僚机构存在，各等级的**社会差别**仍然是政治差别，仍然是在具有绝对行政权的官僚机构**内部**并且和它并列的**政治差别**。只有法国革命才完成了从**政治**等级到**社会**等级的转变过程，或者说，使市民社会的**等级差别**完全变成了**社会差别**……这样就完成了政治生活同市民社会分离的过程。"② 从马克思在克罗茨纳赫的读物中所作的摘要里可以看到，这个概要是以如何深刻的研究为基础的：首先是法国中世纪史的研究，③ 其次是对1789年法国大革命的研究。④ 法国是封建制度、专制君主政体和资产阶级革命的典型例子；中世纪是贵族特权和君主制产生时期，是等级制全盛时期，是向国王负责的管理和司法系统官僚政治产生

---

① 《马克思恩格斯全集》第1版第1卷第345页。
② 《马克思恩格斯全集》第1版第1卷第344页。
③ Ch. G. 亨利希：《法国史》，共3部，莱比锡1802—1804年版。
④ 卡·弗·恩·路德维希：《最近五十年的历史》第2部分《从召集知名人士到推翻恐怖政府的法国革命史》，阿尔托纳1833年版。

时期。

根据马克思整理的第二笔记的索引中的词条可以证明,选择摘录的着眼点同黑格尔批判的要求相一致。① 在摆在面前的所有叙述欧洲中世纪史的著作②中,马克思关注国家同社会分离的过程,这个过程是从"普遍的国家利益开始自为地成为'独立'的因而也是'现实的'利益"③的那个时刻起始的。他研究自由居民奴化的过程、国民议会的衰败、贵族的产生、王权的强大、记录在案的王室收入的细节、王室扩张权力的方法、王室审判权的性质和扩大。

对1789年资产阶级革命前史的研究给马克思提供了一个证据:那时专制制度已达到其发展的关头,它所能起的作用只不过是靠兽性来维持"兽的关系"。④ 在摘自威·瓦克的穆特革命史第一部分的摘录中,可以清楚地看到君主政体同人民生活的日益分离:法国国王故意同人民"疏远",征税时才片面地需要不享有特权的人、国王拒绝靠贵族出钱为人民行"善事"、"警察的干扰和敲诈",从而使下层阶级的生活因国家之故受到限制。⑤

---

① 参看《马克思恩格斯全集》原文第1版第1部分第1卷第2册第122页及下一页。

② 参看 E.A.施密特:《法国史》(《欧洲各国史》。A.H.L.黑伦、F.A.乌克特出版)4卷本第1卷,汉堡1835—1848年版,E.G.盖耶尔《瑞典史》(《欧洲各国史》)3卷本第1卷,汉堡1832—1836年版;J.C.普菲斯特尔:《德国史,根据资料撰写》(《欧洲各国史》)5卷本,汉堡1829—1835年版;I.林加德:《罗马人第一次入侵以来的英国史》7卷本,法克兰福(美因河畔)1827—1828年版。

③ 参看《马克思恩格斯全集》第1版第1卷300页。

④ 参看《马克思恩格斯全集》第1版第1卷414页。

⑤ 威·瓦克斯穆特:《革命时代的法国史》(《欧洲各国史》)共4部第1部,汉堡1840—1844年版,第9页及以下一页。

马克思在 C.F.E. 路德维希和威·瓦克斯穆特对革命的叙述中，密切注意市民代表制、国家是如何在观念上不受市民生活要素的影响而建立起来的。① 他摘录道："早在 1789 年 7 月，选民的委托对代表没有约束力这个原则就已生效。"② 马克思摘录了相当长的罗伯斯庇尔和孔多塞论证不受各种选举资格限制的普遍选举权的阐述。③ 他引用了维尼奥 1793 年 3 月 13 日的讲演里有关革命创造代表制这一从市民社会现实的不平等中抽象出来的得到承认的缘由："社会的人的平等只是权利的平等。它既不是财产的平等，也不是身高、体力、智力、活动、勤劳和工作的平等。"④

在笔记中，历史知识首先表现为历史学的事实，表现为理论的组成部分，是证明或反驳与社会现象和存在于社会现象中的矛盾的本质规定有关的那些假设的材料。还在马克思揭示出历史的基本运动规律之前，就能用公认为真实或真正的历史事实和联系来证明和伪造，用经验来检验理论。然而，只有在辩证唯物主义历史观的基础上，才能恰如其分地从理论上认识社会结构和设制以及历史过程及其结构起源的总关系。马克思坚持由黑格尔提出的把历史作为一个统一的、合乎规律的过程来看待的观点，这就使他不至于为了单纯地解释命题而滥用历史。历史学事

---

① 参看《马克思恩格斯全集》第 1 版第 1 卷第 442 页。
② 路德维希：《最近五十年的历史》，阿尔托纳 1833 年版，第 148 页；瓦克斯穆特：《革命时代的法国史》(《欧洲各国史》) 共 4 部第 1 部，汉堡 1840—1844 年版，第 121 页。
③ 瓦克斯穆特：《革命时代的法国史》(《欧洲各国史》) 共 4 部第 1 部，汉堡 1840—1844 年版，第 203、500 页。
④ 瓦克斯穆特：《革命时代的法国史》(《欧洲各国史》) 共 4 部第 2 部，汉堡 1840—1844 年版，第 103 页及下一页。

实本身——借助问题——成为进一步理论—经验研究的出发点。社会学研究的对象是客观现实。在这当中历史知识并不表现为客体,而是以其有条理的作用,表现为引导研究的启发式的原则。从唯物主义和辩证法着手,使马克思把问题的历史视为由该问题所处的客观情况所产生的客观的、现实的矛盾的历史。

从开始评述黑格尔的第305节起,马克思就把私有制和国家的关系这个问题放在首位。他同黑格尔一样,把同国家对立的"市民社会"视为"私有财产制",在这种制度中是"一切人反对一切人的战争"。他曾针对第289节强调过,黑格尔自己就把私人利己主义当作市民爱国心的秘密。与此相反,黑格尔把土地占有阶层视为国家的基础:只有地产"和职业没有保障无关、和利润的追逐及财产的任何可变性无关";①使这种财产成为"不可转让的长子继承的世袭领地"②,成为"僵死的""直接的"私有财产③是符合国家利益的;受到如此保障的长子继承者必然能够在政治上按照普遍利益思考和行动,"普遍等级"(官吏)总是依靠国库,"职业的等级"依靠社会的财产。马克思评述道:"在这里对立具备了一种全新的即纯物质的形式,这种形式就是在政治国家的天堂中也未必能找到。黑格尔在这里所阐明的对立,如果揭开来说,就是私有制和财产之间的对立。"④

在这方面,重要的是马克思对路德维希书中一处的批注。可能是马克思在这里所阐述的问题才把他引向区别私有财产的两种存在形式,把

---

① 《马克思恩格斯全集》第1版第1卷第367页。
② 《马克思恩格斯全集》第1版第1卷第337页,并参看《马克思恩格斯全集》第1版第1卷第366页。
③ 参看《马克思恩格斯全集》第1版第1卷第383页。
④ 参看《马克思恩格斯全集》第1版第1卷第367页。

长子继承权确定为财产和国家之间的一般关系的特殊的历史形式，使他接触各历史时期（财产和国家关系的当时形式是这些历史时期的标准）的类型学。① 路德维希在自己书中介绍了1789年12月2日法国国民议会的决议：把"全部精神财富提供给国民"，并附有奥顿的主教达来朗对此陈述的理由："教会不是所有者，而只是保管员和管理员；因此，国家只要承担维护教会的装饰和教会的费用就能收回这些保管的财产并使之造福于国民。"马克思这样概括这一点："没收教会财产主要是为了避免国家破产和满足国家**债权人**。因此，发行强行流通的国家证券——阿西涅"，并补充说："这里有一个很大的矛盾：一种私有财产的不可侵犯是以另一种和有财产为牺牲的"。②

保守的评论家和历史学家还有青年黑格尔派埃德加尔·鲍威尔③早就证实了这个矛盾。鲍威尔把1789年8月4—5日之夜作出的决议和没收教会财产看成是人民有权支配所有财产的原则的胜利，看成是"人类"的胜利，是原则上废除私有制。鲍威尔认为"私有制的旧文明"后来在帝国时期、复辟时期和七月王朝时期的得势只是"虚假的"。他认为应该这样解释这个胜利，即立宪会议不了解自己的私有财产问题上的矛盾。④鲍威尔的观点归根结底是以卢梭的《社会契约论》中有关私

---

① 参看《马克思恩格斯全集》第1版第1卷第379—380页。
② 路德维希：《最近五十年的历史》，阿尔托纳1833年版，第195页及以下各页；《马克思恩格斯全集》原文第1版第1部分第1卷第2册第119页。
③ 埃·鲍威尔的《评冯·威·艾利生〈第一次法国大革命以来的欧洲历史〉》（1842年莱比锡版），载于《德国科学和艺术年鉴》1842年集第397—299期。
④ 埃·鲍威尔的《评冯·威·艾利生〈第一次法国大革命以来的欧洲历史〉》（1842年莱比锡版），载于《德国科学和艺术年鉴》1842年集第397—299期，第193页。

有财产必然从属于普遍利益的章节①为基础的。这个观点过分提高了法国大革命时期自由派理论家米涅的下述论断：在被贵族称作"私有制巴托罗缪之夜"中只纠正了滥用私有财产，而且将蒲鲁东阐发的并由S.V.施泰因在德国传播的一些观点变得粗陋不堪。

马克思在阐述"国民议会自身在私有财产问题上的矛盾"② 时向前迈出了重要的一步。这个在一种历史情况下集中起来的矛盾不可能超过思辨的方法加以消除；必须从其历史的形成中，从其必然性中加以解释。必须弄清私有财产两种形式的特殊区别，这一区别在这两种形式的不同的历史—政治结果中可以看出。马克思区分了私有财产（封建的、继承的财产）和财产（市民的、挣得的财产）。他在整理摘录材料时就运用了这种区分。其中有路德维希关于制宪议会中第三等级的组成（"一半以上是法学家，地产和商业资产的代表加在一起不到三分之一"）③ 的说明，马克思对此概括为："财产在制宪议会中的代表权。"④ 马克思在第三本笔记的《目录》中写道："制宪议会：财产和代表权。"⑤因此，在《索引》中以条目出现的"私有制的巴托罗缪之夜"⑥ 这个比喻，在马克思看来是一个内容十分清楚的概念。它反映了在法国

---

① 让·雅·卢梭：《社会契约论，或政治权利的原则》，伦敦1782年版，某些摘录出自第1卷第9章。

② 《马克思恩格斯全集》原文第1版第1部分第1卷第2册第119页。

③ 路德维希：《最近五十年的历史》，阿尔托纳1833年版，第92页。

④ 《马克思恩格斯全集》原文第1版第1部分第2卷第2册第119页。

⑤ 《马克思恩格斯全集》原文第1版第1部分第2卷第2册122页及以下一页。

⑥ 《马克思恩格斯全集》原文第1版第1部分第2卷第2册第122页及以下一页。

资产阶级所有制战胜封建所有制。

黑格尔也承认制宪议会的立法功绩。马克思认为，这个功绩是对第三等级代表即"财产"代表所具有的积极性和能力的历史证明。他坚持说，法国人通过革命建立了现代国家，这是"法国人的功绩"①。

在克罗茨纳赫，马克思虽然运用了唯物主义的方法论来研究所有制对国家、政治和思想的关系，但仍然没有超出把所有制作为一种法律关系看待的框框。为了在所有制对物质生产的关系中确定所有制关系需要新的推动，他在巴黎逗留的几个月里获得了这种新的推动。马克思1842年11月和1843年9月致卢格的信可以证明，②他开始研究空想社会主义者和共产主义者的思想的现实含义。同时，他密切注视君主立宪制各国的政治—议会实践，也详细考虑中庸的理论，由此产生的问题在摘录中也有反映，而这些问题在《1843年手稿》中显得非常抽象或者超出了在这里阐述的范围。这也适用于对1789年法国资产阶级革命史作的摘录，马克思打算就这些摘录说明历史知识作为证据及其具有的方法论的职能在解决问题时的作用和意义。同时也打算指出类比作为一种在运用历史知识中的认识可能性所具有的意义。

黑格尔在第306节里假设，国家"不能光指望'一定政治情绪的简单的可能性'，国家必须依靠某种'必然的东西'"，并承认，"当然政治情绪是和财产无关的"。但是他强调说："但二者之间又有某种必然的联系，因为拥有独立财产的人不会受外界环境的限制，这样，他就能

---

① 《马克思恩格斯全集》第1版第1卷第387页。
② 《马克思恩格斯全集》第1版第27卷第434—435页，《马克思恩格斯全集》第1版第1卷第416页。

够毫无阻碍地出来为国家做事。"①

在《黑格尔法哲学批判》和一些摘录里可以看到，马克思如何揭露地产的"国家信念"是一种特殊利益。从摘录中的有关阐述——从其内在逻辑、从黑格尔批判的观点、从马克思整个发展的联系上来看——可以看出，马克思认为，资产阶级所有制的私人利己主义②也无法使"财产的"政治"代表"超越这种破坏性的和地区性的利益而上升为民族利益的代表。马克思认为，这种可能性首先在罗伯斯庇尔分子的意图和行动中历史地得到了实现。在祖国急危时，对极端措施和恐怖如果不是解释为对高利贷、投机和背叛作出的反应，那又该如何加以解释呢？③ 受环境之所迫，必须对自由有所约束，正如马克思用1791年5月17日杜波尔的演讲所作的摘录来论证的那样，这种自由表现为"个人权利和绝对权利，同我们的邻居和同胞没有任何关系，是一种具有破坏性的思想，不过这种思想奇怪地同利己主义、贪欲和下流这些极其卑劣的狂热联系在一起，并毁灭着与之相对立的各种美德"④。

如同在地产中一样，资产阶级所有制的利己主义的自由表现为追求

---

① 《马克思恩格斯全集》第1版第1卷第366页及以下几页。

② 《马克思恩格斯全集》第1版第1卷第174页。

③ 这种解释源于法国民主派，在卡·弗·科本《评H.莱奥的〈法国革命史〉》（载于《德国科学和艺术年鉴》1842年集第129—133期）中也出现过。

④ 瓦克斯穆特：《革命时代的法国史》（《欧洲各国史》）共4部第1部，汉堡1840—1844年版，第590页。

政治特权。①作为证据，马克思援引了意大利城市共和国②和英国的"特权的混合主义"以及1791年以来法国宪法中的书报调查规定。③这样有根有据的政治权力在于保持政治和社会的不平等；一个新的"财产贵族"代替了封建贵族。④但是，这样一来就排除了国家信念（谋求一切人的幸福）的可能性。

可以用1793—1795年的法国和唯一实际上具有无选举资格限制的普遍选举权和共和制国家形式的美国的例子来调查一下，作为一切有产者和无产者的委任者，而同时又同他们的委托人相分离的（异化的）"市民社会的**真正的政治存在**和**意志**"⑤的议员究竟如何才能实现国家的观念。也只能这样来证实马克思在他的第二笔记本上强调为"值得注意的"即出色的卢梭的那个论点的正确性："在坏政府的统治下，这种〔法律〕平等只是表面的和虚假的；它只是使穷人依然贫困，富人依然强占一切。事实上法律始终对有产者有利，对无产者不利。由此可见，如果大家都有一点，而没有人占有太多，那么，社会状况只会给人类带来益处。"⑥马克思在克罗茨纳赫就开始这个包括探讨平均主义思想在

---

① 参看P. 达鲁:《威尼斯共和国史》7卷本第4卷，斯图加特1828年版，第21页。

② 参看P. 达鲁:《威尼斯共和国史》7卷本第4卷，斯图加特1828年版，第23、25页。

③ 参看瓦克斯穆特:《革命时代的法国史》(《欧洲各国史》) 共4部第2部，汉堡1840—1844年版，第598页及以下几页。

④ 参看瓦克斯穆特:《革命时代的法国史》(《欧洲各国史》) 共4部第2部，汉堡1840—1844年版，第192页。

⑤ 《马克思恩格斯全集》第1版第1卷第399页。

⑥ 卢梭:《社会契约论，或政治权利的原则》伦敦1782年版，第36页及以下一页。

内的检验。①在这方面只去探讨一下这种检验的两种可能的结果。

那时，马克思强调说，一个"好政府"和议会代表机构——一个真正代表"普遍意志"（不同于所有人的意志），因而理所当然地拥有人民给予它的权力的机构——的必要前提是了解社会的必然性②并且无私地谋求公共福利。这些特点不会出自于地产，而且也决不表明由君主建立的、服从权威原则的官僚政治。这些特别在关系到个人利益服从普遍利益的地方，仅仅适合少数代表，而不适合整个国民议会。那些不惜一切代价的合法性的追随者并不能证明自己是普遍意志的代表，那些佯称在立法期届满后要维护人民主权、维护向参加初选的选民的呼吁权并主张更新委任以反对"王权凶手"和恐怖主义者专制的人也不是普遍意志的代表，③ 而只有雅各宾俱乐部和福利委员会才是普遍意志的代表。它们同长裤汉结盟保证了革命的胜利，击溃了内部的反革命和国外干涉。在这当中它们置身于国民会议之上，并没有为此得到全体选民的委托，它们仅仅是根据"公共福利的原则"行事。④ 谋求公共福利是可能的，但不是必然的，因为代表们在自己真正的社会存在和真正的政治生存中代表特殊利益。因此，黑格尔提出的问题尚未解决。黑格尔不仅

---

① 参看摘自瓦克斯穆特和汉密尔顿的摘录。
② 参看《马克思恩格斯全集》第 1 版第 1 卷第 315—316 页。
③ 参看路德维希：《最近五十年的历史》，阿尔托纳 1833 年版，第 201、203 页及以下一页；瓦克斯穆特：《革命时代的法国史》（《欧洲各国史》）共 4 部第 1 部，汉堡 1840—1844 年版，第 56 页，第 2 部第 103 页及以下一页。《马克思恩格斯全集》原文第 1 版第 1 部分第 1 卷第 2 册第 119 页。
④ 路德维希：《最近五十年的历史》，阿尔托纳 1833 年版，第 457 页及以下一页；瓦克斯穆特：《革命时代的法国史》（《欧洲各国史》）共 4 部第 2 部，汉堡 1840—1844 年版，第 169 页。

证实了市民社会的特殊部门,即"商业、制造业等等"的代表制而且还明确地要求代表制。①同黑格尔相反,马克思拥护坚定的、市民的民主主义的代表制。他所面临的问题是指出:如何才能从选举权扩大到所有公民中产生出一个代表机构,该机构能证明自己抱有实现民主人道的社会制度的意愿。

正如马克思1843年5月给卢格的信中所说的,他对"一切有思想的和受苦难的人"②的相互理解寄予极大的希望。他或许在雅各宾党人和长裤汉的关系中看到了这样一个"同盟"——以早期的历史形式——的实现。我们可以假设,马克思在罗伯斯庇尔身上看到一位具有哲学修养的,至少也在谋求解决社会不平等的政治家的特点。③他从瓦克斯穆特引用的材料中摘录了罗伯斯庇尔有关拯救革命的纲领:"内部的危险来自资产者,要战胜资产者必须使人民团结一致……必须武装长裤汉,必须激怒他们,开导他们。"④因此,革命的历史说明,可以通过同人民紧密团结的领袖使长裤汉为民族服务,只要给予这些长裤汉生存所必需的东西。在"自由、平等、博爱"这句口号里表现出的对未来的希望中,他们能够作出牺牲。但是,另一方面,法国大革命的历史也证明,人民代表制的基础不仅仅是"信任,是人对人的信任"⑤,而且需要由人民来监督人民的代表。

---

① 参看《马克思恩格斯全集》第1版第1卷第402页及以下一页。

② 参看《马克思恩格斯全集》第1版第1卷第414页。

③ 瓦克斯穆特:《革命时代的法国史》(《欧洲各国史》)共4部第2部,汉堡1840—1844年版,第116页。

④ 瓦克斯穆特:《革命时代的法国史》(《欧洲各国史》)共4部第2部,汉堡1840—1844年版,第169页。

⑤ 参看《马克思恩格斯全集》第1版第1卷第401、403页。

必须把握住克罗茨纳赫革命研究（应该从马克思当时的政治经验和他对空想社会主义者和共产主义者的思想的了解这一辨证关系中来看待这个研究）的结果：1. 在《黑格尔法哲学批判》里如此抽象地意识到的"人民"的概念——这个概念表达了社会的总体利益，而不是个别的等级利益和私人利益——获得长裤汉的色彩，对雅各宾党人和长裤汉关系的研究是对哲学、政治和人民之间结成联盟的可能性的检验；2. "人民"——从巴黎长裤汉的现实中来理解——已具有阶级的特性，其特殊利益可以同普遍利益一致。从长裤汉在革命中的表现，马克思在劳动阶级的政治潜力方面得出与黑格尔的观点截然相反的结论（黑格尔由于"贱民"的无教养和原则上敌视国家——这是他们无财产的结果——而否认他们具有创造历史的力量）：可以认为，这种从过去类推现代的类比法推论有助于马克思准备转向无产阶级立场。

在巴黎，马克思在革命俱乐部的影响下，并通过对空想社会主义者的研究，通过业已开始从事的政治经济学，特别是对法国革命史的重新研究，在自己的理论研究方面获得了新的质。克罗茨纳赫研究和对黑格尔法哲学的理论探讨，为马克思从革命民主主义者转向无产阶级的阶级立场创造了重要前提。在1843年9月给布格的信里可以看到这一点。信中包含的对代表制和普选权的追随者的必然性，即"也就使得这些人越出了自己的范围，因为他们的胜利同时也就是他们的末日"① 的评论，一方面是对在这些摘录和黑格尔批判中固定下来的认识的概括（在

---

① 《马克思恩格斯全集》第1版第1卷第417页。

这篇文章里只是部分地分析了这些认识);①另一方面,这个评论是向制定无产阶级的科学世界观、国家理论、革命理论和历史观的一种过渡。

青年马克思在研究方面的出发点是:"历史对象和同时代人的立场是如此紧密地互相关联着,以致一个人的理论研究是为了另一个人的被证实(辩护论)。"②唯物主义地加以解释,为什么这样,成为以后几年的任务,马克思在后来几年里获得了对历史过程的普遍规律性的认识。

从认识论和方法论的角度看,这个问题(鉴于它在历史科学中的特性仍需更详细地研究)构成"同时代人的立场"和历史对象之间的中间环节。进一步的研究可以认清,历史知识就其在论证和方法方面所起的作用——借助这个问题——,如何为进一步建立辩证唯物主义的社会历史理论在细节上发挥作用。马克思把制定与无产阶级革命问题和实现共产主义社会理想直接有关的资产阶级革命和资产阶级国家形成的理论看作是需要专门历史知识的不久将来的任务。毫无疑问,马克思在克罗茨纳赫已把法国"大"革命的历史视为事实的储存器,它提供了大量有关阶级、集团和个人在社会和政治变革时期的态度的经验资料。

[原载《历史学杂志》(德国) 1974 年第 6 期]

(胡慧琴 译)

---

① 摘自瓦克斯穆特的摘录(有关土地法、要求实际平等和对这些要求的论证、有关作为居民多数的长裤汉)、摘自卢梭的摘录(有关国家和财产的关系)、摘自汉密尔顿的摘录(有关工人合法地夺取政权的可能性及"危险")值得重视。

② R.魏曼:《文学史和神话学》,柏林 1971 年版,第 226 页。

关于马克思的 1843 年手稿——
《黑格尔法哲学批判》[*]

这部手稿是对黑格尔法哲学的主要段落（《内部的国家法》第261节至第313节）所做的批判分析，写成于1843年。可能是在马克思退出《莱茵报》编辑部以后和启程赴巴黎之前，就是说写成于3月至9月底之间。马克思或其他人固然没有清楚、准确地表明写作的时间。而从1841年11月至1845年1月，马克思是相当紧张地抱着不同的著述目的和设想致力于对黑格尔法哲学的批判工作的。这部手稿的假定写作日期，可以用马克思从事黑格尔法哲学研究的过程加以说明。

自1820年10月《法哲学原理，或自然法和国家学纲要》出版以来，黑格尔的国家观不断地引起争议，对它有不同的理解和阐释。对于力图使黑格尔的基本思想为德国市民阶层的进步解放事业服务的青年黑格尔派来说，它也是中心论题之一。截至1841年底，青年黑格尔派所关心的是对黑格尔的国家观作出这样一种解释，即揭示他的国家观念的人道主义内容。他们从黑格尔的观点出发，追求一个真正合乎理性构成的国家，这个国家应该按自由的本质规定实现自由。直到这个时期为止，他们在政治评论中都支持自由资产阶级对合乎理性的、自由的和主

---

[*] 本文选自《马克思恩格斯研究》1990年总第3辑。

权的国家的追求；这种国家（至少在开始时）应该具有君主立宪制的形式。从1841年底至1842年初，青年黑格尔派已经不只是不再幻想普鲁士的新国王弗里德里希-威廉四世会通过在君主立宪制内部实行自由主义的宪法而使资产阶级参与政权。他们还认识到：君主立宪制已被新旧政治原则之间的矛盾弄得支离破碎，广大居民无从形成政治见解和发表政治见解。因此便开始了他们在政治态度上的分化，这种分化包含着向资产阶级民主主义立场的转变。

对黑格尔国家观的态度也取决于这个以资产阶级的反封建斗争为背景的分化过程。包括有君主立宪制主张的黑格尔国家观虽然走在德国现实的前面，但是并不适合于构成正在发展中的资产阶级民主主义思想，更不用说革命民主主义思想的理论基础了。

对于马克思来说，对黑格尔国家观的态度较长时期以来就是一个重要的问题。早在1841年初，他在对自己的博士论文《德谟克利特的自然哲学和伊壁鸠鲁的自然哲学的差别》及附录的详细注释中就反对那种对黑格尔观点所做的肤浅的、道德化的批判，并表达了这样的思想，即黑格尔的表面"适应"的"最深刻的根源，在于他的原则本身不充分或在于哲学家对于自己的原则没有充分的理解。因此，如果一个哲学家真正适应了，那么他的学生们就应该根据**他的内在的本质**的意识来说明那个**对于他本人**具有一种**外在的**意识形式的东西。这样一来，凡是表现为良心的进步的东西，同时也是一种知识的进步。这里不是哲学家个人的良心受到怀疑了，而是他的本质的意识形式被构成了，后者具有特定的形态和意义，——从而同时也就超出了意识形式的范围"。马克思在博士论文中虽然没有继续阐发这一思想。但是他坚持了这一思想。[①] 并

---

① 《马克思恩格斯全集》第1版第40卷第257—258页。

且他的目的在于更深刻地钻研分析黑格尔哲学的基础；这种分析大概在批判逻辑学，特别是批判本质论时已经开始了。1839年至1841年期间，他在这方面作过详细研究。

路德维希·费尔巴哈在1839年在《黑格尔哲学批判》一书中、1841年在《基督教的本质》这部著作里，已经批判了黑格尔哲学的思辨性质。尽管他的批判还是极其一般的和抽象的，但是他把思辨看作是黑格尔的自然法之所以不充分的原因。他认为，黑格尔的自然法"是最纯粹的**思辨的经验主义**（例如，甚至推论到**长子继承权享有者!**）"①。费尔巴哈的这一分析包含了他主张对具体历史现实进行研究的要求。

从1841年底起马克思为布鲁诺·鲍威尔撰写的《黑格尔这位无神论者和反基督教者的末日审判的宣告。最后通牒》的第2部写了一篇文章。② 此外，他曾想在文章中表明对黑格尔法哲学的态度。他差不多完成了这项工作，因为鲍威尔在1841年12月24日在给阿尔诺德·卢格的信中写道：马克思"只是还需要把他写的那一部分稍微誊清一下"③。然而马克思的文章没有以《宣告》的续篇形式发表；这个续篇是以《从信仰的观点斥黑格尔关于宗教和艺术的学说》为篇名于1842年在莱比锡问世的。也许不仅是对所选择的著述形式，而且还对著作发表的目的与意义产生了怀疑，才促使马克思作出这一决定的。

1842年3月马克思请求卢格把他的文章在《德国科学和艺术年鉴》或者在《德国现代哲学和政论界轶文集》上发表。1842年1月，费尔

---

① 费尔巴哈：《黑格尔哲学批判》，载于1839年9月3日《哈雷年鉴》第211期第1683页。

② 参见《马克思恩格斯全集》原文版第1部分第1卷第963—964页。

③ 《马克思恩格斯全集》原文版第1部分第1卷第265页。并参看《马克思恩格斯年鉴》第1卷第348页。

巴哈的一篇文章发表了，文章对评论他的著作《基督教的本质》一事表明态度。费尔巴哈在文章中断然驳斥了某些评论者的揣测：有的说这本书的作者跟《宣告》的那位到那时为止仍然匿名的作者是同一个人；有的说至少在两部著作中所采用的方法是相同的。费尔巴哈强调指出，在黑格尔探讨哲学的方法同他自己探讨哲学的方法之间，在直接从黑格尔学说推导出结论的《宣告》同他的著作之间存在着本质的区别。他的哲学不是对黑格尔哲学的解释，而是和这种哲学相对立而形成的："这就是说，凡是黑格尔认为具有**派生的、主观的、形式**的意义的东西，我则认为具有**本原的、客观的、本质**的意义。"此外费尔巴哈在脚注中说明他这部著作的基本原则，即运用于哲学其他部分的基本原则，将实现"整个哲学的**改革**"①。可以假定，马克思是把这篇文章作为重要的提示来接受的。

从1842年1月起，《莱茵报》发表了布鲁诺·鲍威尔、弗里德里希·威廉·卡罗夫和莫泽斯·赫斯等人对立宪主义进行批判研究的通讯与文章。作者们证明，君主立宪制是不彻底的原则，或者说是个"混合物"。青年黑格尔派把黑格尔关于君主立宪制的观点作为按本质来说是更高的理论而同南德意志各邦的立宪主义区分开来。鲍威尔首先批判了南德意志自由主义，这种自由主义同黑格尔相反，并没有意识到立宪主义的矛盾和冲突。

正如从书信往来中所了解的，马克思在自己批判黑格尔法哲学的文章中，从内部的国家制度问题上研究了黑格尔的自然法。他认为："同

---

① 费尔巴哈：《论对〈基督教的本质〉一书的评论》，载于1842年2月16日《德国年鉴》（莱比锡）第39期、1842年2月17日第40期第153和158页。

这个彻头彻尾自相矛盾和自我毁灭的混合物作斗争"，①是批判的核心。从他3月20日致卢格的信中看出，对黑格尔法哲学的批判还必须作更彻底的修改。②至少到1842年8—9月，他是坚持执行要发表对黑格尔法哲学的批判文章这一计划的。③

1842年夏季和秋季，马克思改变了对柏林青年黑格尔派，特别是对布鲁诺·鲍威尔和埃德加尔·鲍威尔的态度，这是由于策略与政治上的原因，而且肯定还由于在理论与现实的关系问题上的分歧是根本性的，以致公开的决裂已经不可避免了。从给奥本海姆的一封信中我们知道马克思这时还计划把对埃德加尔·鲍威尔《论中庸》④一文的批判作为自己对黑格尔法哲学批判的补充。无法确切地说明，为什么要进行这一批判；但这也许还是为了自由主义采用抽象的理论批判的方式。1842年夏天马克思坚持认为，时代的具体政治问题，不是从抽象的一般原则立场出发，而只有通过深入地探究现实的关系和实际政治斗争才能得到解决。理论著作本身应当根据具体的现实作出阐释。

大概由于设想有所改变，马克思在1841年11月至1842年9月撰写了《黑格尔法哲学批判》一文。这篇文章没有流传下来。⑤马克思本来打算在《德国年鉴》或《轶文集》上发表这篇文章，为什么没有如

---

① 《马克思恩格斯全集》第1版第27卷第421页。
② 《马克思恩格斯全集》第1版第27卷第424页。
③ 《马克思恩格斯全集》第1版第27卷第434页。
④ 1842年6月5日《莱茵报》科伦版第156号。1842年8月16日第228号，1842年8月18日第230号，1842年8月21日第233号，1842年8月23日第235号，副刊。
⑤ 《未保存下来的著作目录》，载于《马克思恩格斯全集》原文版第1部分第1卷第1278页。

愿以偿，就不得而知了。可能是他要为《莱茵报》撰写文章，而且他于1842年10月开始在该报编辑部的工作使他没有时间撰写上述批判文章。然而马克思在这个时期完成的政论性的哲学论文总是围绕着这样一些议题，这些议题也必定是黑格尔法哲学批判对象的议题。当然，这些政论性的哲学论文涉及的是实际政治斗争，而这种斗争却有助于更彻底、更细致认真地批判黑格尔。但是也完全有可能是马克思不再满足于自己的批判。他提出的"正确的理论必须结合具体情况并根据现存条件加以阐明和发挥"①的要求，就是期望彻底地研究具体情况和现存条件，正如马克思从1842年夏至1843年初为他的政论文所做的那样。阐发"正确的理论"是一项任务，解决这个任务也还需要揭示国家的性质、本质和使命。这就要求长期地、不是顺便地去完成这项工作。

1842年8月卢格发表了一篇文章《黑格尔的法哲学和当代政治》②。这篇文章是在费尔巴哈的《关于哲学改造的临时纲要》（那时尚未发表，但卢格从1842年初就已经知道了）的直接影响下产生的。卢格以费尔巴哈的观点为依据，反对黑格尔的思辨，这种思辨总是持片面的理论观点并反对向实际的转变。这也涉及黑格尔的法哲学。"黑格尔的全部转变是，离开活生生的历史而采取片面的理论观点，并且把这种理论观点作为绝对的观点固定下来；这个转变的缺点也是他的法哲学的缺点，正是在这里首先感到了这个缺点。"③ 由于黑格尔不认为"现代国家"是从历史过程中产生的，只是从观念中把它推导出来，因而它不能

---

① 《马克思恩格斯全集》第1版第27卷第433页。

② 1842年8月10日《德国年鉴》第189期，1842年8月11日第190期，1842年8月12日第191期，1842年8月13日第192期。

③ 1842年8月12日《德国年鉴》第191期。

直接对政治生活与政治意识的发展起作用。黑格尔法哲学为了把自己当作"思辨"或者绝对理论，从而不致遭到批判，它把存在或历史的规定性提高到逻辑的规定性。但是，问题却在于要证明国家制度是历史的产物，要把世袭君主制、长子继承权、两院制等等解释为历史的存在并加以批判。一心想把流逝的历史存在当作永恒的规定性来兜售的理性沉溺于可笑的变戏法。卢格接受了费尔巴哈对黑格尔思辨哲学的批判，即它在自然法领域中的运用——虽然它没有详尽无遗地论述这个主题，这是先行一步，必然激励马克思更彻底地实现自己的计划。

1842年秋，马克思为《莱茵报》（1842年10月起他任该报编辑）撰写了另一篇文章《第六届莱茵省议会的辩论。关于林木盗窃法的辩论》。此外还写出了下列文章：《共产主义和奥格斯堡〈总汇报〉》、①《市政改革和〈科隆日报〉》、②《奥格斯堡〈总汇报〉第335号和第336号附刊上登载的论普鲁士等级委员会的问题》③、《论离婚法草案》④ 和《摩塞尔记者的辩护》⑤。这些文章论述的是有关普鲁士国家的具体问题，马克思借助于对这些问题的讨论，获得了关于地产的利益同国家之间的联系，关于法、等级和国家制度的认识。

这些文章对法和法令在历史上的发展作了深入的探讨，而且对普鲁士国家和现存的半封建的法律关系与法律观点有透彻的认识。此外，为了准备对莱茵省第6届议会关于莱茵省限制地产分析的法令草案发表意见，马克思分析了封建的地产与资产阶级的地产。1843年初他已经具

---

① 《马克思恩格斯全集》第1版第1卷第130—134页。
② 《马克思恩格斯全集》第1版第40卷第301—308页。
③ 《马克思恩格斯全集》第1版第40卷第329—345页。
④ 《马克思恩格斯全集》第1版第1卷第182—185页。
⑤ 《马克思恩格斯全集》第1版第1卷210—243页。

备了自己独立获得的实际政治经验,在同反动派的政治斗争中坚定了革命民主主义立场。

马克思是1843年3月17日退出《莱茵报》编辑部的,大概在此之后才重新着手研究对黑格尔法哲学的批判。他在1859年回顾时写道,他在《莱茵报》工作之后从社会舞台退回书房:"为了解决使我苦恼的疑问,我写的第一部著作是对黑格尔法哲学的批判性的分析。"① 马克思就以自己拥有的新知识和新经验,在他以及一切革命民主主义者面临着新的问题并要作出决断的这种已经起了变化的政治形势下进行批判性的分析。

马克思已考虑同卢格在国外出版一份杂志的具体计划,并且就政治目的与理论目的的看法和研究成果取得一致意见。② 不仅是马克思,而且卢格也在设法弄清楚国家、国家的本质以及国家在现存社会和真正的社会中的作用。卢格打算撰写《激进的政治》一文,并用这篇文章为他与马克思计划要办的年鉴开卷。为了这篇文章卢格详细地研究了宪法史、法律的制度与关系的历史。③ 他还研究了"现代法国人……以求尽可能比从前更有联系地论述有影响的和能澄清问题的政治课题"④。

1843年3月13日马克思把自己关于费尔巴哈《临时纲要》(他是1843年2月底才读到这本书的)的意见告诉了卢格。这些意见使我们看出马克思想把自己对黑格尔法哲学的重新研究引往什么方向:"费尔

---

① 《马克思恩格斯全集》第1版第13卷第8页。
② 《马克思恩格斯全集》原文版第1部分第2卷第529—541页。
③ 卢格1843年2月23日给阿道夫·施塔尔的信,载于《卢格书信集》,第299页。
④ 卢格1843年5月3日给路德维希·卢格的信,载于《卢格书信集》,第307页。

巴哈的警句只有一点不能使我满意,这就是:他过多地强调自然而过少地强调政治。然而这一联盟是现代哲学能够借以成为真理的唯一联盟。结果大概像在十六世纪那样,除了醉心于自然的人以外。还有醉心于国家的人。"① 显而易见,马克思认为自己的任务就在于朝这个方向修正和补充费尔巴哈的思想。

这个任务对马克思来说应当显得更为迫切,因为社会主义和共产主义理论,首先是马克思至少已经有所了解的法国的社会主义和共产主义理论,仅仅对国家问题作了实用主义的考察,而对于阐释受历史制约的国家的本质则没有作出任何重大的贡献。

不只是马克思的世界观和政治观的形成道路推动他恰恰通过对黑格尔法哲学的分析说明了自己的国家观。黑格尔的法哲学就是德国的国家哲学和法哲学。在马克思看来——正如他稍后所确认的那样——这就产生了"为历史服务的哲学的迫切**任务**",产生了"并不是针对原本,而是针对副本"的批判。②

1843年初,在普鲁士国家自己揭露了弗里德里希－威廉四世的伪自由主义之后,要回答同时代人的许多政治问题(民主代议制、人民主权、国家形式等等)而不说明国家的规定性已不再可能。马克思批判地理解黑格尔对国家("普遍利益体系")同家庭与市民社会("特殊利益体系")之间关系的分析,试图对"相应地实现"普遍事务这一问题提供答案。马克思在这里遇到了观念的"普遍事务"同特殊利益以及经验国家的领域之间的冲突。所以他的研究有两个方面。他先探讨了中世纪末"政治等级"与"社会等级"的同一性消失的过程,"政治国家"

---

① 《马克思恩格斯全集》第1版第27卷第442—443页。
② 《马克思恩格斯全集》第1版第1卷第453页。

在中世纪与社会相比是作为独立的东西产生的。另外,他证明了"等级要素"即新时代的特殊利益的表现,在多大程度上只能是国家事务作为人民事务而出现的虚幻存在,只能是"市民社会的政治幻想"。

这部唯一流传下来的黑格尔法哲学批判的手稿显然是1843年春季与夏季的工作成果。可以假定,马克思在撰写这部手稿时,以这种或那种形式利用了较早写的、未流传下来的1842年手稿,那部手稿在一定程度上对马克思来说就是准备材料。未流传下来的1842年文稿和这部手稿一样,以黑格尔关于内部的国家法的观点作为论题。再说,这部手稿由于没有写完而只是一些片段,不过它的篇幅超过了一篇杂志文章的篇幅。此外,对每一节作详细的批判性评注,几乎不是在报刊上分析法哲学所应采用的合适的论述方法,马克思凭他在这方面的经验,不会不注意这一点。

不排除有这样的情况,即在未流传下来的文稿和这部手稿之间还有其他一些准备材料,是马克思直接用来作为流传下来的记述的草本,比较少量的异文和整个记述的方式方法都说明了这一点。

马克思写这部著作使用了两种书写纸,这两类纸都有水印花纹,都是荷兰产品。① 马克思无论在以前还是后来的写作(包括1843年7月—8月的笔记)中都没有用过这两种书写纸。至少有一家生产这种纸张的荷兰公司向德国出口这种纸,然而这只有定购才行。几乎不可设想,马克思会在荷兰定购这种纸张。既然这两种已经证明是由不同的公司生产的纸张产自荷兰,因而可以推测,马克思是通过其他方式弄到了这种供记述用的书写纸。马克思大概于1843年3月中或3月底在荷兰住在他亲戚那里。完全有可能他是在那里买到这种书写纸的,而且也不排除他

---

① 《马克思恩格斯全集》原文版第1部分第2卷第582—583页。

是在那里开始写这部手稿的。

但是,首先从内容来看就有理由明确地指出,这部手稿是从 1843 年春才开始写作的。马克思的论述包含着对黑格尔国家观所作的透彻而深刻的批判,他在批判中坚决地指责黑格尔从绝对观念出发,神秘地推导出各种国家要素,指责黑格尔思辨地阐述市民社会同国家的分离。这种结果同他自觉地摒弃一个原则相适应,这个原则是黑格尔法哲学对现状的适应机制的基础。马克思把对黑格尔的政治观的批判同对思辨唯心主义的批判联系起来。马克思后来写的与这部手稿有关的"索引"也证实了这一点。① 马克思在这一"索引"中写下的全部提示词句都涉及对黑格尔辩证法中被神秘化方面的批判,这种神秘化方面产生了他的思辨的国家观。即使马克思 1842 年对当时存在的国家状况所作的哲学理论上的、即通过政治评论所表达的批判,同黑格尔的国家观与法学观已经有了本质的区别,甚至由于这种批判符合实际而具有反思辨的特征,那它仍然受到黑格尔唯心主义的极大约束。

在《评普鲁士最近的书报检查令》(1842 年 2 月)中,马克思仍把国家确定为"政治的和法的理性的实现"②。在《第 179 号〈科隆日报〉社论》(1842 年 6—7 月)一文中他认为:"国家是一个庞大的机构,在这个机构里,必须实现法律的、伦理的、政治的自由,同时,个别公民服从国家的法律也就是服从自己本身理性的即人类理性的自然规律。"③当然不能忽略,马克思在一系列文章中,例如在 1842 年 10 月的《关于林木盗窃法的辩论》和在 1842 年 12 月的《奥格斯堡〈总汇报〉第 335

---

① 《马克思恩格斯全集》原文版第 1 部分第 2 卷第 138 页。
② 《马克思恩格斯全集》第 1 版第 1 卷第 14 页。
③ 《马克思恩格斯全集》第 1 版第 1 卷第 129 页。

号和第336号附刊上登载的关于普鲁士等级委员会的问题》的文章①中,是在社会条件和关系中寻找封建国家或者说普鲁士等级君主制的结构与组织的基础,从而在本质问题上离开了黑格尔的国家观。但是,一种对思辨唯心主义进行如此自觉而透彻的批判,正像这部手稿中所包含的批判那样,如果在1842年已经形成,那在马克思1843年3月以前的政治评论中必然表现得完全不一样。

马克思接受费尔巴哈的《关于哲学改造的临时纲要》(马克思最早在1843年2月的最后几天才读到),是确定手稿写作日期的重要标志。这种接受包括采用费尔巴哈的论证方法和术语。马克思直接仿照费尔巴哈对黑格尔颠倒主语和谓语的关系所作的批判,对黑格尔法哲学中颠倒市民社会同国家的关系展开了批判。马克思写道:"黑格尔从国家出发,把人变成主体化的国家。民主制从人出发,把国家变成客体化的人。正如同不是宗教创造人而是人创造宗教一样,不是国家制度创造人民,而是人民创造国家制度。"②费尔巴哈通过认识到宗教的本质、宗教的性质是人的外化,而扬弃宗教,马克思完全按照这个意思表述:通过把真正的民主制作为对人的政治异化的否定而扬弃迄今为止的一切国家形式。与此同时马克思却超过了费尔巴哈。这不仅是由于马克思把同一种批判方法运用于另一个对象并因此在政治上具有重要意义的领域内补充了费尔巴哈对黑格尔的批判,而且还由于马克思对黑格尔的辩证法进行了建设性的批判,可以说这种批判显示了唯物主义辩证法的征兆。

---

① 《马克思恩格斯全集》第1版第1卷第135—181页。
② 《马克思恩格斯全集》第1版第1卷第281页。

从23印张起评注又接着中断的地方写下去，马克思本人就是通过印张与页码的编号特点指明这一点的。我们无法确定第302节评注和第303节评注之间这种明显的中断是如何引起和何时发生的。

首先需要指出的是，马克思在3月至9月，即在这部手稿产生的这段时间内作过好几次旅行。他于1843年3月17日退出编辑部以后就去荷兰旅行；① 关于这次旅行的期限无法准确了解。1843年5月10—24日马克思在德累斯顿逗留，同卢格商议有关他们筹办的《德法年鉴》的出版问题。从5月底起马克思住在克罗茨纳赫他的未婚妻那里。他于1843年6月19日完婚，然后作了一次短暂的蜜月旅行。

1843年7月和8月马克思从关于国家理论的文著和历史著作中做了内容丰富的摘要笔记。7月25日卢格在克罗茨纳赫拜访了马克思。10月初马克思终于动身去巴黎，他在10月11日或12日抵达那里。因此，造成较长时间中断手稿写作的原因是在5月和6月。认为第302节评注和第303节评注之间的上述中断发生在1843年7—8月，也就是在写克罗茨纳赫笔记期间，这种假定尚无法得到明确的证实。

在手稿的第23印张马克思摘引了第303节。由于要摘引第303—307节，中断了对第303节的十分详细的评注。关于这一点可说明如下：在这部手稿中，马克思对黑格尔法哲学的任何一节或若干节的援用，都是逐字逐句地或者说几乎逐字逐句地摘引并且紧接着就写评注。但有时他只是先摘引黑格尔的原文或只作复述，而留下空白页供以后写评注用。在手稿第23印张的开头他摘引了第303节，留下第23印张的整整4面来写评注。然后，正像字体、笔势等等所证实的，马克思在第24印张的头两页写下第304—307节，在这以后才写第303节的评注

---

① 梅泽堡国家档案中心。

(在评注中重新开头的地方是清楚可见的)。4个空白页不够用,因此马克思在第23印张的末尾做了一个注,表明评注在第24印张待续,即在先前已经摘引的第304—307节的下面续写评注。他不仅在第24印张的两个空白页上,而且也在整个第25印张上很清楚地用同样的字体、笔势、墨水等等继续写了评注。在第26印张的上端他这一次只摘引了第304节,还非常详细地写了评注。

马克思在写这部手稿时运用了许多论据,这些论据证明他具有广博的历史知识,更确切地说,他不是仅仅具有德国历史的和现代的知识;正如《莱茵报》上发表的他那些文章首先证实的,这种知识是他在较长时期内系统地获得的。在这部手稿中,对黑格尔法哲学的批判的格局、关于国家制度(等级的和代议制的)、等级、中世纪、地产、长子继承制、法国革命、美国等等言论——正是这些言论证实,为此需要有基本的历史知识和坚定的立场——,具有非常概括的性质。

克罗茨纳赫笔记是否产生在写这部手稿之前、写手稿期间或写手稿之后,还无法明确断定。马克思本人在摘要笔记上注明的日期是1843年7月或1843年7月至8月。克罗茨纳赫笔记与这部手稿在写作时间上、同时在论题方面有联系,不能由此推断出这部文稿直接利用了笔记,也不能说这对于认为笔记是为手稿而写的这种假设是一个充分的证明。

认为到1843年9月才执笔写在论题方面与笔记有联系的全部文稿,这是不太可能的。由于确定1843年9月这个日期,就会认为这部手稿十分接近于《论犹太人问题》和《〈黑格尔法哲学批判〉导言》这两篇在理论和政治方面表明马克思思想发展的更高阶段的文章,此外,这意味着他是在4个星期之内完成这项工作的。于是不得不假定,手稿的写作是持续进行的。而与此相矛盾的是写作第23印张之前有过确凿无疑的中断。如果马克思为黑格尔法哲学批判这部文稿而专门写了克罗茨纳赫笔记，而且是在写第303节的评注之前或者在写评注期间写作的，那么他在手稿的这一部分就可能利用研究过的文献。然而情况并非如此。相反，马克思是在肯定写于1843年9月之后的著作中利用了克罗茨纳赫笔记的资料，他在《论犹太人问题》① 和《经济学哲学手稿》② 中就是这样做的。手稿没有可资证明的直接的摘引和成段的抄录这一事实就可以看作是证据，证明马克思是在撰写这部手稿以后才写克罗茨纳赫笔记的。比较可信的看法是，克罗茨纳赫笔记本来是用来推动"以**黑格尔法哲学批判的形式对法学和国家学进行批判**"③ 的。

马克思在1843年7—8月以后还继续进行对黑格尔法哲学的批判工作，然而不是写这部手稿。尽管在这个时期马克思的观点有了迅速的发展。要发表黑格尔法哲学批判的计划至少保持到1845年2月。

马克思在第313节中断了对黑格尔法哲学的评注，虽然他想评注的那一章（《内部的国家法》）包括第260节至第329节有许多问题，确切地说是他还在直接写作时就想要论述的问题，一直未能予以考虑：1."这一节的附释——论教会和国家的关系，留待以后来谈。"④ 2."我们先研究一下这个分类是怎样具体实行的，然后再回到这种分类上来。"⑤ 3."不过，这个问题我们不准备在这里谈，而留到批判黑格尔对市民社会的看法时再谈。"⑥ 4."关于这一点，我们在谈到'市民社

---

① 《马克思恩格斯全集》第1版第1卷第428、443、449页。
② 《马克思恩格斯全集》第1版第42卷第108页。
③ 《马克思恩格斯全集》第1版第42卷第45页。
④ 《马克思恩格斯全集》第1版第1卷第260页。
⑤ 《马克思恩格斯全集》第1版第1卷第267页。
⑥ 《马克思恩格斯全集》第1版第1卷第344页。

会'这一章时再比较详细地研究。"① 5. "本质的真正二元论是没有的。关于这一点以后再详细地谈。"② 6. "稍后,我们将看到以另一种形式出现的,即从利益方面提出来的选举制改革的问题。同样,我们稍后也要谈谈由**立法权**的双重规定(一方面,**议员**是市民社会的全权代表;另一方面,他们相反地又表现出这一社会的政治存在,即国家政治形式主义内部的某种**特殊存在**)所产生的其他冲突。"③ 7. "矛盾是双重的:(1)**在形式上**。……(2)**在物质上**。至于利益方面,留待以后再谈。"④ 由于对这些课题的进一步论述没有流传下来,所以无法说马克思是否实现并且在多大程度上实现了他的预示。

众所周知,马克思曾经想在《德法年鉴》第 2 册上发表黑格尔法哲学批判的续篇,这并不排除这个续篇已经脱稿,⑤ 它未被收入已经印刷的年鉴双刊号。马克思在 1844 年 2—5 月期间重新着手分析法国大革命,特别是国民公会史,⑥ 这证明他是要继续进行这项批判工作。1844 年 8 月 12 日,《特里尔日报》驻巴黎的记者报道:"**马克思博士**刚刚在这里完成了他的新作:《法哲学草稿》,据说这部著作将在今年出版。"⑦ 马克思可能打算在 1844 年继续从事自己对黑格尔法哲学的批判工作,

---

① 《马克思恩格斯全集》第 1 版第 1 卷第 346 页。
② 《马克思恩格斯全集》第 1 版第 1 卷第 356 页。
③ 《马克思恩格斯全集》第 1 版第 1 卷第 396 页。
④ 《马克思恩格斯全集》第 1 版第 1 卷第 399 页。
⑤ 卢格 1844 年 2 月 5 日给费尔巴哈的信。并见《马克思恩格斯年鉴》第 1 卷第 384 页。
⑥ 《马克思恩格斯全集》原文版第 1 部分第 2 卷第 686 页。
⑦ 1844 年 8 月 15 日《特里尔日报》第 228 号。

从他发表的《〈黑格尔法哲学批判〉导言》一文中可以看出这个意向。①加工整理的主要原因，显然在于马克思打算"用共产主义的观点批判黑格尔的自然法。"②马克思本人在一封信中证实了他在进一步加工整理他的批判；1844年8月11日他把这封信连同《评"普鲁士人"的〈普鲁士国王和社会改革〉一文》这篇文章一并寄送费尔巴哈③："我趁此机会冒昧地给您寄上一篇我的文章，在文章中可以看到我的法哲学批判的某些成分。这一批判我已经写完，但后来又重新作了修改，以便使它通俗易懂。"④马克思说的"已经写完"的"法哲学批判"，显然是指这部手稿。

马克思不仅是为了通俗易懂，而且也为了从已经改变了的政治立场和理论立场出发来理解这个课题，才对这部手稿继续进行加工。这一点从《经济学哲学手稿》的《前言》中就可以看出，《前言》写在《经济学哲学手稿》的第3手稿中。而且最早是从1844年8月12日开始写的。关于造成马克思没有发表黑格尔法哲学批判的原因。马克思写道："在加工整理准备付印的时候发现，把仅仅针对思辨的批判同针对各种不同材料本身的批判混在一起，十分不妥。这样会妨碍阐述，增加理解的困难。此外，由于需要探讨的题目丰富多样，只有采用完全是格言式的叙述，才能把全部材料压缩在**一本**著作中，而这种格言式的叙述又会造成任意制造体系的**外表**。因此，我打算连续用不同的单独小册子来批判法、道德、政治等等。最后再以一本专著来说明整体的联系、各部分

---

① 《马克思恩格斯全集》原文版第1部分第2卷第668—669页。
② 卢格1844年8月29日给麦克斯·敦克尔的信，载于1921年7月22日《每日评论报》柏林第338号文娱副刊。
③ 《马克思恩格斯全集》原文版第1部分第2卷第925页。
④ 《马克思恩格斯全集》第1版第27卷第449—450页。

的关系并对这一切材料的思辨加工进行批判。"① 1844年5—6月后,马克思优先考虑的是经济学研究并从1844年9月起从事《神圣家族》的写作,而很可能在《神圣家族》中就吸收了马克思已经写好的许多东西。② 在马克思的笔记第22页和第23页上有一个计划(大概写于1844年底到1845年初);这个计划强调了许多问题,它们都是1841年至1844年间为了批判黑格尔法哲学而研究的课题。马克思同卡尔·弗里德里希·尤利乌斯·列斯凯于1845年2月1日在巴黎签订的合同也表明,马克思还没有放弃发表自己有关法哲学的文稿的计划。计划要写的这部两卷本著作的书名是《政治和国民经济学批判》。③

(原载《马克思恩格斯全集》原文版第1部分第2卷)

(胡慧琴 译　吴达琼 校)

---

① 《马克思恩格斯全集》第1版第42卷第45页。
② 《马克思恩格斯全集》第1版第27卷第19页。
③ 《马克思恩格斯全集》原文版第1部分第2卷第701页。

论马克思 1843 年的《黑格尔法哲学批判》中政治国家和市民社会的关系*

〔德〕伊莱安纳·鲍威尔 阿尼塔·利佩尔特

马克思在《论犹太人问题》里指责布·鲍威尔"没有探讨**政治解放和人类解放的关系**,因此,他提出的条件只能说明他毫无批判地把政治解放和全人类解放混淆了起来"。① 这个论题不仅是理论性的革命学说,而且同时也是三月革命前一个时期的实际政治的革命学说。马克思从 1843 年起就逐渐着手研究这个论题。他在 1843 年秋撰写的《论犹太人问题》一文里开始阐明这个论题,在此之前他先分析了一个基本问题。他提出了:"从政治上废除私有财产"(废除作为政治差别的出身、等级、文化程度、财产资格)并没有废除物质生活的差别。"物质生活这种自私生活的一切前提正是作为市民社会的特性继续存在于国家范围以外。"② 这样就提出了市民社会和国家的关系的问题。但是,这是黑格尔法哲学的中心论题之一,1843 年 3—9 月期间马克思在《黑格尔法哲学批判》手稿里继续对此分析。从保存下来的马克思著作中可以得知:与同样关心人类解放的青年黑格尔派不同,他首先为自己确定了探

---

* 本文选自《马克思恩格斯研究》1993 年总第 14 期。
① 《马克思恩格斯全集》第 1 版第 1 卷第 124 页。
② 《马克思恩格斯全集》第 1 版第 1 卷第 427、428 页。

究国家本质和从哲学观点出发阐述"国家观念"的任务。

在马克思主义的出版物中多次研究过马克思对黑格尔法哲学的态度。它们的兴趣至今为止主要是研究手稿中的世界观萌芽,即向唯物主义转变的过程。而费尔巴哈的影响则是这一过程中的决定性因素。① 把后来编制的"索引"同1843年的原文作一比较就可以证明,这是一个马克思本人试图朝着目标向前推进的过程。它在相当大的程度上有助于更详细地把握对思辨唯心主义的批判。例如,马克思用"逻辑神秘主义"这一提法表示他对第261节和第262节作的评注。大家知道,他还揭露了第262节里的"法哲学和黑格尔全部哲学的神秘主义"②。

今天,资产阶级作家在研究马克思主义形成史时,承认费尔巴哈的影响,也只不过是确认了费尔巴哈的宗教批判的动机和马克思对黑格尔法哲学批判之间的联系。但是,不可忽视,不仅他们中的许多人认为在马克思—黑格尔—费尔巴哈的关系上,黑格尔—马克思的关系是决定性的,而且也把费尔巴哈本身的影响说成是片面的。其表现如下:从费尔巴哈的理论中突出人本学的东西,而与黑格尔相比截然不同的关于现实性的表达,则被逐渐遗忘。在两种情况下,黑格尔的唯心主义和费尔巴哈的唯物主义在世界观萌芽上的差别消失了。例如,在资产阶级出版物

---

① 在这些出版物里强调吸收费尔巴哈彻底批判唯心主义思辨哲学的唯物主义方法论原则。(参看奥·科尔纽:《卡尔·马克思和弗里德里希·恩格斯。生平和著作》第1卷,柏林1954年版,第366页及下一页;尼·伊·拉宾:《马克思的青年时代》,柏林1974年版,第197页;特·伊·奥伊泽尔曼:《马克思主义哲学的形成》,柏林1980年版,第206、211页;W. 舒芬豪埃尔:《费尔巴哈和青年马克思》,柏林1972年版,第52页及以下几页。

② 参看《马克思恩格斯全集》历史考证版第4部分第1卷第368页;《马克思恩格斯全集》第1版第1卷第253页。

中出现了十分无聊的关于马克思和黑格尔在方法上平行的论调。在 H. 赖歇耳特那里，而且正是在他对 1843 年手稿的评述中（在这个评述中，费尔巴哈的理论被赋予可以说是不好的对人崇拜的征兆），就用这种平行论把世界观萌芽上的本质差异推到次要地位。①

向唯物主义历史观的转变属于世界观向唯物主义发展的过程，通过对政治国家和市民社会的关系的分析，可以看到这个转变的阶段，而且在出版物中也突出了世界观向唯物主义全面转变的阶段。② 我们探讨一

---

① 参看 H. 赖歇耳特：《马克思恩格斯早期著作中的国家学说》，载于《马克思和恩格斯。国家学说。关于重视马克思主义国家学说的资料》，由 E. 黑尼西等出版，美因河畔法兰克福、柏林和维也纳 1974 年版，第 XI、XXII 页。

② 科尔纽提到"正确地理解政治国家和市民社会之间的关系"（参看奥·科尔纽：《马克思恩格斯传》第 1 卷，德文版第 433 页）。"把唯物主义扩展到研究社会现象的过程开始了。"（W. 舒芬豪埃尔：《费尔巴哈和青年马克思》，柏林 1972 年版，第 61 页及下一页。特·伊·奥伊泽尔曼："这个过程还没有结束"，但马克思"现在已经跨进辩证唯物主义和历史唯物主义的门槛"。马克思批判黑格尔把国家当作第一性的精神的社会现实的观点，但是他"还没有把国家的现实前提理解为特有的物质的经济关系"（特·伊·奥伊泽尔曼：《马克思主义哲学的形成》，柏林 1980 年版，第 211 页及下一页）。拉宾强调了"超过……（费尔巴哈）走向历史唯物主义的第一步"（尼·伊·拉宾：《马克思的青年时代》，柏林 1974 年版，第 197 页）。他认为，1843 年达到这样一个阶段，在这个阶段上"只存在着一些个别的因素，它们在准备作为一个总概念的科学世界观的形成"（尼·伊·拉宾：《马克思的青年时代》，柏林 1974 年版，第 249 页）。罗森塔尔写道，马克思在这里"开辟了通向唯物主义的社会观的道路"。"当然，这种批判（对思辨唯心主义——作者注）并不意味着马克思在这一时期已经能够用马克思主义的概念来反对黑格尔的国家学说，马克思在这一时期仍受到费尔巴哈的抽象的人本主义的影响。"（M. M. 罗森塔尔领导的创作组编：《马克思主义辩证法的历史。从马克思主义的形成到列宁阶段》，柏林 1974 年版，第 23 和 28 页）

下至今很少加以研究的马克思对国家及其形式更替的分析，有助于阐明这个转变的阶段。下面阐述的正是这个问题：马克思怎样把国家的本质及其形式更替同国家与市民社会的关系结合起来，黑格尔确认的国家和社会分离的事实如何成为马克思阐明政治解放和社会解放的关系的出发点。因此，我们在这里要探讨这样一些问题：马克思怎样围绕着青年黑格尔派的辩论找到对待国家学说的质上不同的立场，他如何评价黑格尔以前的功绩，他如何通过对市民社会和政治国家"分离"的关注而区别于后来被称为"理论政治"派别的青年黑格尔派，他获得了哪些越过这个"派别"的结论。

* * *

只是在《德意志意识形态》这一著作里才不再把市民社会作为经验上可以确证的国家基础来论述，而是从哲学理论上来阐明这种关系。马克思和恩格斯在这里也谈道："由于私有制摆脱了共同体，国家获得了和市民社会并列的并且在市民社会之外的独立存在。"① 黑格尔在德国古典资产阶级哲学中第一次全面地研究了这一过程，在他那里——这在出版物中已加以探讨，因此这里只需略提一下——"物质生活关系"

---

① 《马克思恩格斯全集》第1版第3卷第70页。

（马克思）的经济社会领域与政治领域是对立的。① 在德国国家学说中，"市民社会"的概念具有新的含义。英国国民经济学以及法国社会学说已经具有的社会和政治的社会的区别，在概念上已很明确。只是现在才产生这样一个问题：作为"特殊性的独立性"的"市民社会"（需要、劳动、财产、等级、同业公会以及"保护和保全大量的特殊目的和特殊利益"的外部秩序和设施）和作为"实体性**意志**的现实"的"国家"②之间有什么关系。

黑格尔认为，市民社会是分裂的。一方面它是在全面的依存关系体系内实现的自由（财产自由、职业自由、个人自由）的客观性的领域。另一方面，以"分裂"形式出现的市民社会，是一种盲目的必然性，它统治着需求体系内的个人。控制社会矛盾，这一职能适合于作为普遍东西的国家。利益对立、与利己目的连在一起的经济自由的结果、市民社会的无拘束的力量，都从属于国家："由于国家是客观精神，所以个人本身只有成为国家成员才具有客观性、真理性和伦理性。**结合**本身是

---

① 参看 K. H. 勒代尔：《国家和市民社会的变形》，载于《辩证法—国家—法。出席 1974 年莫斯科国际黑格尔会议的马克思列宁主义国家学家和法学家论文集》，柏林 1976 年版，第 83 页及以下几页；W. R. 拜埃尔：《思维和思考。黑格尔评论集》，柏林 1977 年版，第 67 页及下几页；L. N. 苏沃洛夫领导的编辑小组编：《黑格尔哲学和现代》，莫斯科 1973 年版，第 225 页及以下几页；N. M. 斯米尔诺娃：《马克思早期著作中的历史分期及早期著作研究的方法论的意义》，载于《莫斯科大学学报。哲学类》1980 年第 5 期第 346 页及以下几页。

② 黑格尔：《法哲学原理或自然法和国家学纲要》，载于《黑格尔全集》第 7 卷，由 H. 格洛克内尔出版，斯图加特 1928 年版，第 322 页第 249 节、第 329 页第 258 节。

真实的内容和目的。"① 可见,他把"国家"理解为普遍的实体性意志与主观自由的**统一**。

马克思在1843年的手稿里从两个方面积极地研究黑格尔的市民社会和国家分离的问题。一方面他强调黑格尔的伟大功绩:他的"出发点是作为两个永久的对立面、作为两个完全不同的领域的'**市民社会**'和'**政治国家**'的分离"。"他把国家的自在自为的普遍性同市民社会的特殊的利益和要求对立起来。总而言之,他到处都在描写市民社会和国家的**冲突**。"② 实际上,黑格尔以市民社会反映在国家中的关系为出发点,描述了自法国大革命以来出现的现代制度。马克思在1843年指出,黑格尔的秘密是"**私人等级到公民的变体**"③。无论对于等级制,还是对于实行代议制的资产阶级共和国,他都强调关于政治利益、共同利益同"私人等级"即社会等级(或阶级利益)相脱离这个颠倒的意识。公共事务按其存在来说只能作为"宗教领域"出现。它是一种幻想,这种幻想在融化于特殊利益的"尘世存在"中找不到真实的相似物。另一方面,马克思检验黑格尔如何把"真实存在于国家内部的**特殊东西**……和普遍东西联系起来"④,黑格尔想如何扬弃分离,并设定国家和社会的同一,马克思同意黑格尔的意见:分离本身是一种矛盾。"黑格尔把市民社会和政治社会的分离看做一种**矛盾**,这是他较深刻的

---

① 黑格尔:《法哲学原理或自然法和国家学纲要》,载于《黑格尔全集》第7卷,由H.格洛克内尔出版,斯图加特1928年版,第329页第258节、第337页第260节。

② 《马克思恩格斯全集》第1版第1卷第334、336页。

③ 《马克思恩格斯全集》第1版第1卷第364页。

④ 黑格尔:《法哲学原理或自然法和国家学纲要》,载于《黑格尔全集》第7卷,由H.格洛克内尔出版,斯图加特1928年版,第413页第303节。

地方。"① 矛盾表现在，市民社会领域里形成了一种特殊的自私的利益，由于这种利益就其内容（物质利益）来说阻碍普遍东西的实现，它只让公共事务在形式上（在物质利益的抽象中）获得存在。马克思首先批判了黑格尔的观点，因为他认为公共事务是一种现成的东西，而没有把它阐明为真正人的、真正人民的，即真正历史主体的事务。当公共事务已在官僚政治、行政权中完成时，它在"等级要素"中是一种并非本质的第二存在，因为它被从"社会生活"的尘世存在中抽象出来，所以它只在形式上存在。② 黑格尔力求解决二元论并获得普遍东西和特殊东西的统一，这种努力是得到马克思肯定的。黑格尔关于普遍东西和特殊东西的关系的历史阶段的观念——这个问题以后还要回过来谈——在这方面具有特殊影响，这一观念也贯穿在1842年全文发表于第2版的《美学》中。③

如果说黑格尔在希腊城邦中还发现了普遍东西和特殊东西——个体的直接的统一，那么他在罗马世界中则看到个体在其实体性中扩展，但同时又在驱逐主体要求和国家要求。现代解放了特殊东西，使之踏上"一切人反对一切人的个人私利的战场"。就是在此时仍然存在着这种分裂，因此，黑格尔能够把回到统一视为己任："现代国家的原则具有这样一种惊人的力量和深度，即它使主观性的原则完美起来，成为**独立的**个人**特殊性**的**极端**，而同时又使它**回到实体性的统一**，于是在主观性

---

① 《马克思恩格斯全集》第1版第1卷第338页。
② 《马克思恩格斯全集》第1版第1卷第334页。
③ 黑格尔：《美学》第1卷，由F.巴森格出版，柏林和魏玛1974年版，第189页及以下几页，399页及以下几页以及422页。

的原则本身中保存着这个统一。"① 黑格尔认为，市民社会将是，因而也是国家的表现，国家**干涉**并作为共同体似乎应该驯化私有财产。

马克思赞赏黑格尔力图克服市民社会和政治国家的冲突。但是，他同时也揭露黑格尔为什么不得不停留在"只从表面上解决这种矛盾"。黑格尔不仅把市民社会规定为国家（它被假设为观念）的表现，而且把空幻的、构思出来的社会等级变成政治等级，这些都是他思维的要素，二元论就是通过这些要素在现实中保存下来的。黑格尔在《行政权》这一节中，例如通过自治团体和同业工会代表人的混合的选拔方式，通过每个市民都有可能成为国家官吏的说法等等，使之产生的国家和社会的同一，必定依然是"两支敌对军队的同一"②。

*　　　　*　　　　*

马克思在1843年的手稿里认为，黑格尔阐述的国家和市民社会的分离是基本的理论问题。在马克思看来，主导的矛盾似乎也表现在这两者分离的状况中。虽然在手稿里没有直接探讨市民社会领域，但他在考虑国家和社会关系时也使用了黑格尔的社会概念。毫无疑问，马克思是通过同时代人的政治辩论的一些题目来考察这个问题的。马克思用他本人所强调指出的"**代表**制和**等级**制之争"这场辩论引向国家制度变革的社会制约性这个问题。因为对他来说主要问题是对国家本质的理论分析，所以他认为，实际的政治问题同掌握下述理论设想紧密相连，这些设想有助于阐明分离问题并证明："法的关系正像国家的形式一样，既

---

① 黑格尔：《法哲学原理或自然法和国家学纲要》，载于《黑格尔全集》第7卷，由H.格洛克内尔出版，斯图加特1928年版，第338页第260节。
② 《马克思恩格斯全集》第1版第1卷第307页。

不能从它们本身来理解，也不能从所谓人类精神的一般发展来理解。"①因此，从问题的逻辑来看，这里指的是一些观念，它们涉及已讨论过的事情的历史发展。可以认为，爱·甘斯的观念对他有特别的影响。

尽管甘斯像整个资产阶级法学家一样假定法先于社会，但他的学说有其特点，而且这些特点已为马克思所接受。众所周知，他在1838年左右听过甘斯讲课。甘斯的出发点是黑格尔法哲学的中心思想，即国家和社会的分离。但是，他与黑格尔不同，他强调"历史进程的阶段性"②，并试图从社会发展中推导出具体的国家和法的设制。法学和法的实践在开始阶段就以社会矛盾的表现形式出现。甘斯把他关于理论和实践关系的观念同对现实的社会关系的强烈兴趣联系在一起。他也认识到"富人和无产者之间的令人难以忍受的对立"③。他认为圣西门主义者的学说的"伟大之处"，是认识到无产阶级的状况，并预示："从圣西门主义者方面来说，随之而来的历史……将更多地谈论无产阶级反对中等阶级的斗争。"④ 当然，空想社会主义学说比甘斯更系统化。这一学说在《莱茵报》所发表的对蒲鲁东、勒鲁等人的著作的评论中引起了反响，而甘斯只是分析了其中略微提了一下的阶级对立。能够引起马克思兴趣的，在这里不是"片面的政治家"（阿·卢格所说的），而是黑格尔学派的一位最著名的法学家，在这位法学家的思想发展中，阶级

---

① 《马克思恩格斯全集》第1版第13卷第8页。

② 爱·甘斯：《爱德华·甘斯》，载于《哈雷年鉴》第113期（1840年）第902页。

③ 爱·甘斯：《论基罗的英国革命史》，载于《爱·甘斯哲学著作集》，由H.施勒德尔出版，柏林1971年版，第256页。

④ 爱·甘斯：《个人和状况的回顾》，载于《爱·甘斯哲学著作集》，由H.施勒德尔出版，柏林1971年版，第218页。

对立问题也进入理论和概念的行列。

有人认为在甘斯那里实质上已经显露出无产阶级自身解放的经济政治因素的思想,这肯定是言过其实的。但是,不可忽视,甘斯比黑格尔更具体地接近了国家怎样才能抑制市民社会的矛盾的问题。他从两个前提出发探讨了怎样才能克服"市民社会中竞争或战争和斗争的弊病",这两个前提使马克思得以了解他的讲演。其一,市民社会本身不可能"上升为国家";其二,有一种手段可保护"被释放的劳动"不受"工厂主的统治","这就是自由同业公会,就是组织社团。"① 在甘斯的《"自然法"讲义》中可以发现同样的思想。他在那里把公社称为"高级同业公会",并写道:"公社介于市民社会和国家之间。"作为真正中间环节的介于国家和市民社会之间的公社以市民为出发点,而保持真正的中间环节就等于保持"对我们的公众生活来说是适当和有用的"东西。② 甘斯在这方面不仅谈到公社,而且也谈了公社制度。他在介绍公社制度时回忆了中世纪的行会制度,这种制度属于政治等级和社会等级同一的时代。但是,很明显,甘斯没有解决的难题恰巧在这里:新的社会结构如何消除国家和社会的分离,**政治**—社会的本性是,而且可能超越立宪民主制的界限。甘斯所考虑的不是社会**先于**国家,而是取消两者的分离着的存在。

甘斯从这两个前提出发论证了社会和国家的分离是可以克服的。此

---

① 爱·甘斯:《个人和状况的回顾》,载于《爱·甘斯哲学著作集》,由 H. 施勒德尔出版,柏林1971年版,第217页及下一页。

② 爱·甘斯:《个人和状况的回顾》,载于《爱·甘斯哲学著作集》,由 H. 施勒德尔出版,柏林1971年版,第122页;还可参看 H. 施勒德尔的《序言》,载于《爱·甘斯哲学著作集》,由 H. 施勒德尔出版,柏林1971年版,第 IXII、XXIV、XLIX、LXXII 和 XLI 页。

外，与其说是1842年斯特拉斯堡召开的科学家代表大会，还不如说是这两个前提，促使马克思去批判分析上述分离问题，还有在其他出版物上出现了社会主义和共产主义的理论以及与之有关的国家和社会关系的问题。① 马克思从1842年夏开始研究在青年黑格尔派中讨论的有关即将来临的变革的性质问题，他要求不要从抽象原则的立场去阐明当时的具体政治问题（等级制、代议制、君主立宪制、人民主权、即将来临的解放的内容和承担者，等等），而是通过深入研究现实的关系和实际政治斗争来阐明这些问题。1843年初，在普鲁士国家因弗里德里希－威廉四世的伪自由主义而自我暴露之后，不研究国家的本质，就不再能以实际政治斗争为导向来阐明问题了。因此正是要把马克思1842年以来不断反映的观念上的"公共事务"同特殊利益即经验国家的领域之间的冲突引向研究国家和社会的关系这一情况，使国家在这个关系中获得其具体的规定。因为马克思拒绝从抽象思辨的原则出发，同样也拒绝局限于实用主义的政治判断，所以在马克思研究中可以看到同青年黑格尔派的观点，还有同社会主义理论的根本差别，这种差别在青年黑格尔派中得到"带着微弱哲学色彩的回声"。②

到1841年底，青年黑格尔派致力于评述黑格尔的国家观，在评述中揭示黑格尔国家观念中深刻的人道主义内容。他们紧接在黑格尔之后，追求一个结构真正合理的国家，这个国家应该按自由的本质规定来

---

① 例如，罗·施泰因提出这个问题："什么是社会革命？……它同政治革命有什么区别？简言之，什么是社会，它同国家有什么关系？"（罗·施泰因：《今日法国的社会主义和共产主义》，莱比锡1842年版，第Ⅳ页）；还可参看莫·赫斯：《德国的政治党派》，载于莫·赫斯：《哲学和社会主义著作集》，柏林1961年版，第190页及以下几页。

② 《马克思恩格斯全集》第1版第13卷第8页。

实现自由。在这个时候之前,他们通过政治评论支持自由资产阶级追求合乎理性的、自由的和主权的国家,这种国家(至少在开始时)应该具有君主立宪制的形式。但是,自1841年底至1842年初,他们不仅不再幻想普鲁士的新国王弗里德里希-威廉四世会通过在君主立宪制内实行自由主义的宪法,让资产阶级参与政权,而且还认识到:君主立宪制已被新旧政治原则之间的矛盾弄得支离破碎,而且不让居民中的广大群众参与政治见解的形成。因此便开始了他们的政治态度的分化和向资产阶级民主主义立场的转变。对黑格尔国家观的态度也是由这个以资产阶级的反封建斗争为背景而发生的分化过程决定的。虽然这种国家观在它主张君主立宪制时走在德国现实的前面,但它并不适合于构成正在发展中的资产阶级民主主义思想的理论基础,更不用说构成革命民主主义思想的理论基础了。

柏林的"自由人"也批判了黑格尔的"迁就",随着他们向民主主义的转变,他们更坚定地共同强调了现存国家和真正的国家之间的对立。但是,撇开种种细微差别不谈,以黑格尔为范例,国家被理解为公共事务的现实。① 尽管他们越来越预感到即将来临的变革就是"反对社会制度的战争",但1842年的一些讨论依然集中在国家的普遍原则上。② 这些讨论占有优先地位,而由黑格尔提出、甘斯加以阐述的国家和社会的关系就其意义来说还没有被认定为理论问题,因此仍然未受重视。然而,在同时代人就如何理解国家的内容进行的讨论中增加了一个对马克思的黑格尔批判来说颇为重要的问题,即如何具体地理解"公共

---

① 埃·鲍威尔:《布鲁诺·鲍威尔及其反对者》,柏林1842年版,第27页。
② 关于这些问题,参看 I. 佩佩勒:《青年黑格尔派的历史哲学和艺术理论》,柏林1978年版,第55页及以下几页,第93页及以下几页。

事务"的内容和谁是公共事务的承担者。

卢格持另一种立场，他的看法中有两个着眼点，而这两点同否定君主立宪制有关：其一是批判法哲学领域中的黑格尔思辨，其二是由君主立宪制的"试验"引起的对政治斗争和法国理论的注意。卢格在费尔巴哈的《关于哲学改革的临时纲要》（那时尚未发表，但卢格从1842年初就已经知道）的直接影响下，反对黑格尔的思辨，因为这种思辨总是持片面的理论观点，并阻止实际的转变。卢格强调说，这个缺点"也是这种法哲学的缺点，而且这里正是首先感到这个缺点的地方"①。黑格尔不让"现代国家"从历史过程产生，只是从观念中把它推导出来，因此它不能直接对政治生活与意识的发展起作用。黑格尔法哲学把自己视为"思辨"或者绝对理论，从而不让批判露头，它把存在或历史的规定性提升为逻辑的规定性。但是，问题却在于：要证明国家制度是历史的产物，要说明世袭君主制、长子继承权、两院制等等是历史的存在并加以批判。

卢格接受了人们对黑格尔思辨哲学的批判，把批判应用于自然法领域。尽管批判没有彻底解决这个主题，但这是先走的一步，它必定带动马克思像卢格研究"现代法国人"②一样去更彻底地实现自己的计划。马克思在1843年2月底才读到《关于哲学改革的临时纲要》。他在1843年3月13日的一封著名的信中谈到他想把自己的研究转向何方的问题。他在信中把哲学和政治的统一视为"现代哲学能够借以成为真理

---

① 阿·卢格：《黑格尔的法哲学和当代哲学》，载于《德国年鉴》1842年8月10—13日第189—192期第762页。
② 阿·卢格1843年5月3日给L.卢格的信，载于《阿·卢格通信集和1825—1880年的日记集》第1卷，由P.内尔利希出版，柏林1886年版，第307页。

的唯一联盟"。也可以认为,他不把自己理解为片面的"醉心于国家的人",而是虽然他把国家和社会的关系视为重要的研究领域——关心"醉心于自然的人"和"醉心于国家的人"的统一,但不关心这两个"系列"的平行。① 朝哲学和政治联盟这个方向改正费尔巴哈的思想的任务,对马克思来说应该更为迫切,因为社会主义和共产主义理论,首先是马克思至少已经有所了解的法国的社会主义和共产主义理论,仅仅对国家问题作了实用主义的考察,而对于阐明受历史制约的国家的本质则没有进一步贡献出什么重要的东西。法国空想社会主义者,尤其是圣西门和傅立叶,都探讨了国家和社会的联系,在某种程度上还探讨了国家的形式,但他们的占优势的观点是社会政治的观点。然而,如何从概念和理论上来把握国家的本质、国家的形式和历史及其对整个社会改造的联系,还未进一步发挥。因此卢格在为路易·勃朗的译本《最近十年大事记》写的《前言》里的一些话可能也符合马克思的观点:"现在只有我们这些哲学批发商能够向法国人提供摆脱以往哲学的办法。也就是摆脱神学的奴役和整个偶像崇拜,而这种崇拜至今为止是用系统的哲学来推动的。由费尔巴哈开始的批判在我们这里从内部扬弃了黑格尔的全部体系(逻辑学也不例外),并且使它从神学的迷雾中回到人的理性,从幻想回到理智,这一批判使法国人获得一笔财富。"② 1843 年马克思

---

① 《马克思恩格斯全集》第 1 版第 27 卷第 443 页;还可参看黑格尔:《哲学史讲演录》,由卡·米勒出版,载于《黑格尔全集》第 15 卷,第 270 页及以下几页。黑格尔在这里强调指出,16 和 17 世纪的"现实主义的哲学"有两种倾向,对这两种倾向的考察适用于"肉体的自然"或"政治世界"。那时的任务是,克服"各个单独的现实东西",把"它们引向普遍的东西"。

② 《德国人和法国人的谅解。前言》,载于路易·勃朗:《1830—1840 年十年大事记》,苏黎世、温特图尔 1843 年版,第 XI 页。

与青年黑格尔派即柏林的"自由人"的重大差别是,他赋予黑格尔的国家和市民社会分离的问题以重大意义。正是他那"从事物的本性出发来阐述"国家的本质的意图,使他越来越接近唯物主义立场。

* * *

从马克思对市民社会和国家的关系的阐述可以看出 1843 年他的唯物主义立场达到怎样的程度。首先要问,他是怎样理解"公共事务"的,与黑格尔不同,他如何从**现实**的人、**现实**的人民出发来规定公共事务的本质的。应该弄清楚的第一个问题——马克思本人在手稿里已提出这个问题是"国家基础"① 问题。他在对第 261 至 270 节的评注中写道:政治国家"没有家庭的天然基础和市民社会的人为基础就不可能存在"。黑格尔的叙述受到批判,因为家庭和市民社会在"明显的来历"中仿佛是国家的"黑暗的天然的基础",而在"奥秘的来历"中家庭和市民社会被"看作国家的**概念领域**"。可见,在这"两种来历"的两个方面仍然没有阐述普遍东西即国家的"基础"。② 马克思肯定了黑格尔的现实研究的开端是"经验状况"。但是,他认为,国家观念包含着另一种内容,其结果是他一边批驳黑格尔的"二元论",一边试图以经验的历史为中介作出理论规定。

马克思在对第 304 至 306 节的评注中,用黑格尔的等级观点和长子继承权的观点来证明:对黑格尔来说,市民社会(私有财产)是如何成为国家的"支柱"的。虽然黑格尔把市民社会看作国家观念的客观要素,并且在进一步的叙述中把等级要素的现代存在理解为现代国家公

---

① 《马克思恩格斯全集》第 1 版第 1 卷第 272 页。
② 《马克思恩格斯全集》第 1 版第 1 卷第 251 页及以下几页。

民的表现，即理解为政治等级的要素，但是，他只能造成一种假象，似乎政治领域确定社会等级差别和私有财产。下面这句话可以看作是黑格尔的解释："国家制度在这里（指在长子继承权的构思中——作者注）就成了**私有财产的国家制度**。"① 马克思对此进行了批判：按照历史的说明（和辩解），私有财产（对马克思来说这里是地产）对国家制度来说是决定性的，而根据从概念上作的解释，政治领域还必定形成和构成特殊东西，例如，等级差别。马克思本人在这里采纳的关于"私有财产确定政治国家"的意见，是切合实际的，但这只是就它针对中世纪的经验状况和那时的德国而言的。但是，如果把这种特定的关系想象为1843年就已存在的新型国家理论的基本结论，那么这种意见决不是正确的。② 凡是说到经验状况的地方，马克思绝对——这在1842年写的《关于林木盗窃法的辩论》一文里已经说过——把社会关系，首先是物质利益和社会等级看作普遍东西的"基础"。但是，不可忽视，他在阐述"**抽象的私有权**对**政治国家的支配权**"的一节里也把立法权的一些要素——像这些要素在"**真正的政治国家**"中所表现的那样——"同

---

① 《马克思恩格斯全集》第1版第1卷第380页。

② 参看 U. 胡阿尔：《马克思恩格斯早期著作（1842—1844年）中辩证唯物主义的政治理论的形成》，载于《德国哲学杂志》1980年第7期第820页。文中特别说明马克思原文的难懂，例如，对第262节的评注中有这样一处："国家是从家庭和市民社会之中无意识地偶然地产生出来的"（见《马克思恩格斯全集》第1版第1卷第249页）话，往往被解释成马克思的结论。但是，马克思在这里或其他地方只是换一种说法来表达黑格尔的意思，尤其从他对黑格尔的"实体性观点"即"通过……自然必然性来摆脱一切难于解决的冲突"的批判中可以看出这一点（《马克思恩格斯全集》第1版第1卷第314页）。原文中的单个见解只有根据其上下文才能推断，这不仅要考虑马克思所使用的概念的事实内容，而且还要考虑马克思和黑格尔的全部原文。

理解的或应有的东西、同这些要素的逻辑规定和形式"作了比较,这并不是偶然的。① 他从对经验状况的叙述中明显地突出旨在把握本质的理论发展。他从"哲学的观点"出发,在"国家观点"中,首先从"类本性"推导出国家基础的问题,在这里,费尔巴哈对思辨哲学"把人的本质特质孤立于人之外"② 的论点的批判是重要的思想前提。马克思总是把下述情况当作他批判黑格尔的出发点:黑格尔虽然也把家庭和市民社会称作国家基础,但在他那里,第一位的东西始终是国家观念,家庭和社会都从属于国家观念。但是,马克思把普遍东西看作一种现实的有限的东西的现实本质,这一方面意味着从"现实的主体"出发,即从具有"社会特质"的公民出发,从"人民"出发。用"人民"的概念更具体地说明费尔巴哈的人。人民是在国家中客体化的东西。另一方面,这意味着把国家、国家事务解释为人的社会特质的"存在和活动的方式",即"国家主体的客观化的精神"等等。

当黑格尔从作为主体和现实本质的观念出发并把现实的主体变为抽象的谓语时,马克思则转向"自我意识的方式和形态",使国家制度依照这种方式和形态向前发展。他认为,国家只有超越人的寓于这些客体化形式中的现实普遍性,因而也是超越这些客体形式所共有的东西而产生的,国家作为真正的"公共事务"才是可以想象的。可见,国家的前提从某一方面来说是作为社会经济领域的家庭和市民社会。但是,这个领域本身——"法人、社会团体等等……**现实的人借以实现其现实内容的一些类形式**"——仍然溯源于"现实的人"。他把这个领域看作

---

① 《马克思恩格斯全集》第 1 版第 1 卷第 369 页和 370 页。
② 路·费尔巴哈:《关于哲学改革的临时纲要》,载于《费尔巴哈全集》,由舒芬豪埃尔出版,莫斯科 1970 年版,第 33 页。

"人的本质的实现，看做人的本质的客体化"①。因此，国家要素的"逻辑规定"，它的从理论上可以理解的本质，同人民的本质在经验上的实现有密切联系。

马克思从国家的前提这个问题出发，对黑格尔阐述的"国家形式主义"进行批判。马克思认为，国家的"形式主义"是国家和市民社会**分离**的表现，它同经验的状况，"抽象的国家形式"是相符合的。在实际的社会状况中，财产、市民社会等等表现为与国家这个普遍东西相并列的特殊东西。它们在**经验**状况中表现为"一种**内容**，对这种内容说来**政治国家**是一种**组织形式**"②。国家只有"在私人领域达到独立存在的地方才能发展"，只有在私人的、特殊的领域同类本质相异化而存在的地方，才能成为组织形式。政治国家成为一个唯一的领域，它是"类的内容"，但这个领域是以形式的、抽象的方式存在的，因为国家对市民社会的各个特殊领域来说仍然是对"它们这些特殊领域的异化"的肯定。③ 马克思认为，正在形成矛盾的这种分离的表现方式，是社会等级"转变"为公民，但一般说来是立宪制的冲突——这需要非常详细地加以叙述。

马克思已隐隐约约地把国家表述为社会的政治结构，即组织原则。但是，他还没有分析国家的阶级本质。他要求从理论上阐述国家概念。这个要求可归结为，他对"公共事务"的理解不同于黑格尔，这时他的理解还考虑到类本性、社会特质和人民。1843年马克思开始关注这样一个问题，他在阐明这个问题时开辟了一条道路，使人们有可能揭示

---

① 《马克思恩格斯全集》第1版第1卷第278、293页。
② 《马克思恩格斯全集》第1版第1卷第282页。
③ 《马克思恩格斯全集》第1版第1卷第283、284页。

作为上层建筑要素的国家及其阶级职能：国家是社会的、政治的共同体。① 首先，马克思的《古希腊罗马以来国家形式变更概要》就表明他对此问题的关注，这一概要研究了社会和政治领域在其历史发展中的关系。这里不详细探讨这一概要，而是再来看看甘斯的论述。马克思在探讨从古希腊罗马的国家和市民社会的关系（作为国家内容的政治国家）经中世纪的国家和市民社会的关系（政治等级和社会等级的同一）到近代的国家和市民社会的关系（政治国家和市民社会的分离）时，不仅依据黑格尔，而且可能也依据甘斯。但是，甘斯的特征是：他也试图从社会发展中推导出国家和法的设制并在这种情况下确定社会进程的阶段："国家不仅要从哲学上论证，而且也要**从历史上**论证现代的形式经历了许许多多历史形态，而这些形态是必须认识的。"② 当然，马克思尽管没有以这个明确的历史观点为起点强调普遍东西和特殊东西的关系，但强调了国家的内容和形式的关系。"内容"和"形式"在这里表现为这样一些范畴：它们同"物质的"和"形式的"国家相重合，并且指出后来被证实了的基础和上层建筑的关系。他认为，国家的"形式主义"，即它的从社会中得出的抽象，很能说明现代的经验状况的特点。这种分离被评价为进步。但是，同黑格尔完全承认的"对经验状态的描写"相反，马克思想阐述"国家的观念"。这个观念同社会的共同体的现实可能性这个问题有密切联系。它有义务"返回实在世界"，即实现特殊领域和普遍理性、人民生活和国家生活的重新同一。③ 这个问题包

---

① 指作为国家建筑一个方面的政治共同体；L.马穆特：《意识形态冲突中的国家理论问题》，莫斯科1979年版，第33页。

② 爱·甘斯：《德国的国家法。序言》，载于《爱·甘斯哲学著作集》，柏林1971年版，第170页。

③ 《马克思恩格斯全集》第1版第1卷第283页及下一页。

含在马克思的民主概念中。

资产阶级的马克思学也关注这个问题。一般说来，在50和60年代人们让刚发现的"真正的"青年马克思去反对老年马克思，反对恩格斯、列宁和马克思列宁主义。虽然那时很少讨论全部手稿，但是，上述问题却在这个讨论范围之内。讨论从《马克思恩格斯全集》第1版及S.兰德斯胡特和J.P.迈耶尔《马克思早期著作》中发表手稿一事开始，接着首先是重新开始探讨手稿在向唯物主义和共产主义转变方面的理论成熟程度的问题。从那时起就形成了两条路线，这两条路线虽然彼此争论不休，但在关于马克思主义形成史上，两者都仍停留在错误的和片面的解释上：一种路线力图把马克思与黑格尔相提并论。为了达到这个目的——例如，在J.利特尔、J.希波利特、还有H.赖夏尔特的著作里可以看到——他们在黑格尔的理论中甚至发现了差不多是唯物主义和社会主义的东西。他们强调说，没有其他哲学"直至其最内在的动力都是革命的哲学"①，或者说，"黑格尔在马克思之前有短短的一段时期几乎是马克思主义的"，只是"后来才不提彻底扬弃人的异化"。② 因此，尽管在黑格尔的国家中也可以看到社会主义的要素，但国家产生于社会这个民主概念所固有的特征仍然被确定为黑格尔和马克思之间的差别。

另一条路线谴责这一路线（法国和英国的其他解释者赞同这一路线的目的：使黑格尔自由化和民主化）同黑格尔左派和卢卡奇是一致的。③ 他们的代表承认，马克思比卢格、费尔巴哈和一般青年黑格尔派

---

① J.利特尔：《黑格尔和法国革命》，科隆1957年版，第192页。
② J.希波利特：《对马克思和黑格尔的研究》，巴黎1965年版，第126页。
③ 参看H.奥特曼：《黑格尔所说的个人和共同体》第1卷，柏林和纽约1977年版，第344页。

更彻底地重新开始探讨社会和国家的问题，因此不可把他的理论归结为"影响"。但是，他们的代表在黑格尔国家学说和"马克思厌恶国家"之间划了一条分界限，以证明马克思"歪曲黑格尔的观点"，即把国家伦理的目的置于市民社会的平庸唯物主义之上。他们硬说马克思——而且据说这是针对1843年的民主化观点的——用"国家归纳到社会中去"① 的观点取代了黑格尔的观点。从这一说法中可以带有一定必然性地得出结论：他们过高估计了手稿中达到的理论发展阶段，这个阶段首先涉及所谓的社会学、经济领域的作用。这种说法在30年代的解释方式中也有自己的传统，即尽可能把后来的马克思主义的要素转移到手稿上。可以证实基础和上层建筑的辩证法及无产阶级专政的迹象是：在民主观点中已经明显出现了无产阶级革命必然性的"一切基本特征"②。

出版物中经常指出民主概念的批判的系统化的职能，这一职能不仅涉及国家的本质和存在的逻辑历史关系，而且涉及国家和市民社会的关系。我们在这里只谈马克思观点的一个明确的对这个主题来说相当重要的方面，即它是否包括国家产生于市民社会这样一个问题。马克思在1843年的民主观点中也批判地以黑格尔的观点为起点，尤其是黑格尔在第260节中所表达的预期目的："现代国家的原则"具有的力量和深度足以使普遍东西和特殊利益回复到实体性的统一。马克思在其对国家形式主义的分析中反驳的正是这个预期目的，他之所以反驳它，是因为它涉及现代（立宪）国家。但是，我们来考虑一下问题的本身：马克

---

① 参看 H. 奥特曼：《黑格尔所说的个人和共同体》第1卷，柏林和纽约1977年版，第70页及以下几页。
② E. 莱瓦尔特：《论马克思的国家理论和社会理论的分类》，载于《社会科学和社会政治文库》（1933年）第68卷，第652页及以下几页。

思的问题是，怎样使"共同利益在**实际**上而不只是（像黑格尔所想象的那样）在思想上，在**抽象概念**中成为**特殊**利益"①。这是黑格尔提出的问题，但马克思强调的是另一方面。马克思认为，普遍东西和特殊东西的统一以这样一种状况为前提：在这种状况中"公共事务"同**特殊**利益互相交错，在这里"**特殊**利益在实际上成为**普遍**利益"。② 因此，在民主制中单个人的"**社会存在**"就是实际参与国家，而不只是参与立法权。相反，参与立法活动应当是"**社会性**的职能"。③

能说明马克思的特点的是，他不否定政治领域，而是力图通过民主制从独立化和抽象化的人民中取回政治的东西。我们比较一下就可搞清楚这一点。1843年春，埃·鲍威尔越来越坚信，代议制阻碍了真正的人民国家。④ 1843年秋，这个观点变得更加尖锐，它概括了对一般国家的评价："总的来说国家中能有完全的自由吗？一个国家内将不再有所谓的'机构'吗，不再有互相从属的等级和阶级、富人和穷人、统治者和被统治者、立法者和守法者的'划分'吗？"⑤ 在马克思那里看不到这种否定政治领域的倾向，他的民主观点清楚地表明，无论是接受国家的先在性，还是预期"完全的无统治状态"，都同他（埃·鲍威尔）

---

① 参看尼·拉宾：《马克思的青年时代》，柏林1974年版，第220页及以下几页，235页及下一页；R.默克尔：《马克思恩格斯论社会主义和共产主义》，柏林1974年版，第24页及以下几页。

② 《马克思恩格斯全集》第1版第1卷第303页。

③ 《马克思恩格斯全集》第1版第1卷第392、393页。

④ 埃·鲍威尔：《德国自由派的努力》第2册，柏林1843年版，第13页。

⑤ 埃·鲍威尔：《批评派同教会和国家的争论》，伯尔尼1844年版，第198页。参看莫·赫斯：《社会主义和共产主义》，载于《来自瑞士的二十一印张》第1部，由格·海尔维格出版，苏黎世和温特图尔版，第76页。

的整个观念相矛盾。虽然1843年人们在埃·鲍威尔和莫·赫斯那里发现了"废除私有财产"和"社会平等"的口号,但他们所预期的变革则是社会方式。然而,首先在埃·鲍威尔那里,国家和法的领域处于突出地位。因为他把国家看作主要弊病,所以就集中力量抨击政治的东西,而使这表面如此果断地加以阐述的社会大事变得模糊不清。他在提出新的"生活形式"问题时写道:"因为我的回答非常简单:我们的责任不是构想……因此只有根除旧弊端。"① 相反,马克思在1843年自觉地以国家和市民社会的关系和分离为出发点。他所关心的是"返回现实世界",扬弃分离,使人民生活和国家生活重新统一。他为强调国家和市民社会的结合所作的努力和事实,证明了他对青年黑格尔派的思考。关于"社会存在"本身必然是参与他治组织,参与"公共事务"的思想是与此相符的。

因此,要重视黑格尔揭示的两个领域的关系和这两个领域同等存在的前提:"社会存在"中的变革。如果说马克思在《论犹太人问题》中探讨了政治解放和社会解放的关系,那么他的新认识的基础之一就是1843年开始的对黑格尔法哲学的分析。在这个分析中,从理论上阐述了所关注的事,这就是,从"国家的基础"问题出发,接着是已很明确地准备即将产生的关于基础和上层建筑的辩证法的思想。

(原载《德国哲学杂志》1981年第10期)

(胡慧琴 译)

---

① 埃·鲍威尔:《批评派同教会和国家的争论》,伯尔尼1844年版,第299页;关于这一点,可参看I.佩佩勒:《青年黑格尔派的历史哲学和艺术理论》,柏林1978年版,第95页及以下几页。

马克思《黑格尔法哲学批判》手稿的写作时间[*]

〔苏〕尼·拉宾

近年来，马克思主义者为了全面阐明马克思哲学观点的形成过程，进行了大量工作。目前，这项工作仍在继续进行。这里，我们只想涉及一个问题，即关于马克思写作《黑格尔法哲学批判》[①]手稿的时间问题，因为到目前为止，大多数马克思主义者虽然赞同这个问题的解决（1843年夏天），但是对这种解决没有提出专门的相当充分的论证。

这种论证的必要性首先由于：存在着同马克思批判黑格尔法哲学这一工作有关的两个不同时期的证据：为《莱茵报》撰稿以前（即1842年5月以前）和退出该报编辑部以后（即1843年3月以后）。例如，马克思在1842年3月5日给卢格的信中说，他正在写一篇文章，内容"是在**内部的国家制度**问题上对黑格尔自然法的批判"[②]。关于这篇文章，马克思在1842年3月20日给卢格的信和同年8月给奥本海姆的信中又重新提到。但是，马克思在《政治经济学批判》序言中指出：在退出《莱茵报》编辑部以后，为了解决使他苦恼的疑问而写的第一部

---

[*] 本文选自《马列著作编译资料》1979年第6辑。

① 以下简称手稿。——作者注

② 《马克思恩格斯全集》第1版第27卷第421页。

著作，就是对黑格尔法哲学的批判性的分析；这篇著作的导言曾发表在1844年巴黎出版的《德法年鉴》上。①

于是，很自然就产生一个问题：为什么一些马克思主义书刊认为马克思在这个手稿中所作的批判性分析，正是在他退出《莱茵报》以后，而不是在他为该报撰稿以前？为什么它们认为这个手稿是一篇其导言曾发表在《德法年鉴》上的著作，而不是马克思在1842年的几封信中曾三次提到过的那篇文章的准备材料？读者向杂志编辑部提出的这些问题，在教学工作实践中也经常遇到。

这些问题之所以重要，还因为资产阶级史学家当时围绕这个手稿开展的思想斗争，恰恰也是从手稿的写作时间问题开始的。手稿的第一个非马克思主义的解释者是兰胡特，按照他的观点，马克思的手稿写于"1841年4月和1842年4月之间这个时期"②，他在直接引用上面提到的马克思在1842年3月5日给卢格的信时，就把这个手稿称为文章。直到目前，许多资产阶级思想家还持有这样的观点。③

这也不是偶然的，手稿写作时间问题对于理解马克思世界观的形成过程具有原则的意义。资产阶级思想家使马克思写作这个手稿的时间同他写作博士论文的时间（1841年4月）相接近，企图掩盖马克思手稿的唯物主义内容，并用唯心主义观点加以解释。这样做的目的就是要证明一点，好像马克思当时还根本没有成为一个唯物主义者。

---

① 《马克思恩格斯全集》第1版第13卷第8页。

② 兰胡特和迈尔：《卡尔·马克思。历史唯物主义。早期著作》第1卷，莱比锡德文1932年版，第XIX页。

③ 参见如G.古尔维奇：《马克思的社会阶级观在现代》，巴黎法文1954年版，第14页；K.P.舒尔茨：《路德和马克思在现代的应力场中》，斯图加特-杜赛尔多夫德文1956年版，第35页。

有一些研究者正确地把手稿看作马克思有意识地向唯物主义过渡的表现,但是他们却散布这样一种思想:证明马克思写作手稿的时间是在他到《莱茵报》工作之前,更有利于证明马克思在该报工作时期的观点的唯物主义性质,而由此则不难得出这样的结论:在马克思观点的发展过程(如果不包括他在大学学习的时期的话)中根本没有过唯心主义阶段。

在这方面,我们也想发表几点意见。

首先,十分清楚,关于手稿写作时间,在马克思的现有言论中没有明确指出(否则,根本不存在任何问题了)。既然关于这个问题没有任何其他证据,那么唯一的解决办法只可能是对手稿内容本身进行分析,把马克思在手稿中对一系列重要问题所表明的立场和他在博士论文、《莱茵报》上的文章、书信以及其他著作中所持的立场进行对照,来说明这个手稿在马克思世界观形成过程中的地位。

我们简单地谈谈这些问题。

大家知道,在博士论文(1841年4月)中,"马克思所持的还完全是**黑格尔唯心主义的观点**"①,虽然在许多观点上,这篇论文与黑格尔的观点已经有本质的区别。而手稿是对**黑格尔**的广泛的**批判**,是马克思向**唯物主义**自觉过渡的表现。如果说,马克思在博士论文中曾断言"唯心主义——不是空想,而是真理"②,那么在手稿中,马克思已经把黑格尔的唯心主义观点看作是黑格尔思想进程的根本缺陷,黑格尔"在任

---

① 《列宁全集》第 1 版第 21 卷第 59 页。(黑体字是本文作者加的。——译者注)

② 《马克思恩格斯早期著作选》,俄文版,第 21 页。

何地方都把理念当做主体，而把真正的现实的主体……变成了谓语"①。

可见，论文和手稿是从完全相反的哲学立场写成的。单单这一点就使我们产生这样的想法：马克思观点中的如此明显的转变，未必能在短暂的时间（1841年4月—1842年4月）内完成。把手稿和马克思在1842年的几封信中关于自己写作黑格尔法哲学批判的言论进行对照，就使我们进一步怀疑手稿写于这个时期的假定的正确性。在这些信中指的是论文，也就是一份篇幅不大的手稿，而现在谈论的手稿却是篇幅很大的，超过九个印张。

其次，马克思在其中一封信中指出：他的论文中的**主要内容**"是同**君主立宪制作斗争**"②。而在手稿中，马克思详细地探讨了黑格尔在《内部国家制度本身》一节所涉及的**一切**问题上的立场：市民社会和国家的相互关系，国家政权的各种形式的历史地位，行政权的性质和职能，等级制和代表制及其对社会结构的关系等等；手稿的主要内容不是对黑格尔关于某一具体问题的理解的批判，而是从方法论和唯物主义立场上对黑格尔在考察一切具体问题时所采取的整个唯心主义态度的批判。

最后，如果假定手稿马克思写于1841年4月和1842年4月之间，那就不能理解，为什么他既然已经成为唯物主义者，不仅不同青年黑格尔派断绝联系，还积极地同他们合作。特别是，他同布·鲍威尔一起写作《对黑格尔的末日的宣告》这本小册子，而费尔巴哈在1842年2月

---

① 《马克思恩格斯全集》第1版第1卷第255、273页。
② 《马克思恩格斯全集》第1版第27卷第421页。

反驳了这本小册子的唯心主义的出发点,①可是马克思在1843年才实际上同青年黑格尔派断绝联系。

这些怀疑的正确性,通过对马克思在《莱茵报》工作时期(1842年5月—1843年3月)所采取的立场的分析可以得到证明。在同这一时期有关的文章中,总的来说,马克思还继续坚持唯心主义观点。例如,《第179号〈科伦日报〉社论》(1842年7月)这篇文章中,马克思重新注意还在写学位论文时使他感兴趣的问题,即现代哲学的历史意义问题,他在阐述这一问题时,不仅在内容上,而且在行文上几乎都同博士论文一样。②

马克思对一些具体问题的论述还主要是唯心主义的。例如,马克思在上述文章中反驳了对国家的神学理解,同时用最新哲学的唯理论的唯心主义来同这种理解相对立,最新哲学已经"用人的眼光来观察国家了,他们是从理性和经验中而不是从神学中引申出国家的自然规律"。从前的哲学家是根据本能"或者甚至是根据理性,但并不是公共的而是个人的理性"引申出国家的,和这些哲学家不同,——马克思继续说:"最新哲学持有更加理想和更加深刻的观点,它是根据整体的思想而构成自己对国家的看法。它认为国家是一个庞大的机构,在这个机构里,必须实现法律的、伦理的、政治的自由,同时,个别公民服从国家的法律也就是服从自己本身理性的即人类理性的自然规律。"③无需证明,在这里马克思还坚持唯心主义的国家观。

---

① 费尔巴哈:《评〈基督教的本质〉一书》,载《德国年鉴》1842年第39—40期。

② 《马克思恩格斯全集》第1版第1卷第121页和《马克思恩格斯早期著作选》,俄文版,第195—198页。

③ 《马克思恩格斯全集》第1版第1卷第128、129页。

因此，马克思在写作手稿时已经是唯物主义者，手稿既不可能写于他到《莱茵报》之前，也不可能写于在该报工作期间，因为在这个时期，在对待生活现象的总的态度方面，马克思仍然是一个唯心主义者。但是决不能由此得出结论说，好像手稿和马克思在该报的活动没有任何联系。相反，事实说明：这时的活动是马克思只在写作手稿过程中才自觉实现的向唯物主义过渡的准备，甚至在一定意义上是这个过渡的开始。正如列宁指出的：在这个时期"可以看出马克思已从唯心主义转向唯物主义，从革命民主主义转向共产主义"①。这个时期在马克思观点中产生的唯物主义倾向，到1843年初，已经如此强烈，以致使他开始怀疑唯心主义的正确性。手稿正是马克思从唯物主义立场解决在《莱茵报》工作过程中（以及就在批判黑格尔《法哲学》过程中）提出的那些世界观方面的问题。

例如，在《摩塞尔记者的辩护》这篇发表在《莱茵报》（1843年1月）上的最后一篇大文章中，马克思已十分接近对社会生活现象的唯物主义理解。他已经清楚地看到社会经济生活（市民社会）在现实中不依赖于国家而发展，但是还继续唯心地认为，国家应该决定市民社会的生活。为了解决现实的和应有的二者之间的这个矛盾，他提出了"第三个因素"——出版自由。但是很快就表明，希望把出版自由作为解决社会政治问题的主要手段是站不住脚的。1843年春天，马克思又重新尖锐地面临着这样的问题：应该如何理解市民社会和国家的相互关系。正是在自己的这个手稿中，马克思才开始在原则上重新解决这个问题：不是国家决定家庭和市民社会，相反地，是"家庭和市民社会**本身把自己**

---

① 《列宁全集》第1版第21卷第59页。

变成国家。它们才是原动力"①。

不难看到，在手稿中，马克思广泛地利用了他还在该报工作期间对大量生活材料所作的那种分析。特别是《摩塞尔记者的辩护》一文所包括的对官僚主义观点的批判，这种观点认为，"上司什么都了解得更清楚"，②马克思在手稿中也利用了这种批判。③在该报工作期间收集的这类材料的影响，特别明显地表现在手稿的前面几节中。这种影响证实了这样的结论：手稿是马克思在退出该报编辑部之后写成的。

这个结论的正确性由下述情况也可以得到证实：1843年夏天，马克思在克罗茨纳赫研究了有关各国历史的著作；这些著作的摘录和马克思本人随手作的评语保存在五本笔记中，即著名的克罗茨纳赫摘要笔记④。把手稿同克罗茨纳赫笔记加以对照，可以使我们作出结论：马克思在写作手稿特别是手稿的最后几节时，直接利用了在研究历史过程中获得的具体材料。这些笔记对手稿的影响还表现在马克思对等级制的分析⑤和他提出的关于城乡对立的原理⑥中，特别是表现在谈到贵族院的最后一节⑦中。由此可以得出结论：随着对黑格尔《法哲学》中涉及的

---

① 《马克思恩格斯全集》第1版第1卷第251页。
② 《马克思恩格斯全集》第1版第1卷第225页。
③ 《马克思恩格斯全集》第1版第1卷第301—302页。
④ 这些笔记是从二十四本著作中作的摘录和马克思本人的评注，它们在手稿中占了二百二十五页。遗憾的是，这些笔记只发表了一部分（见《马克思恩格斯全集》国际版第1部分第1卷下册第118—136页），其余差不多都没有找到。
⑤ 见《马克思恩格斯全集》国际版第1部分第1卷第344页和第四个笔记本。
⑥ 见《马克思恩格斯全集》国际版第1部分第1卷第344页和第四个笔记本。
⑦ 《马克思恩格斯全集》国际版第1部分第1卷第385—387页和第五个笔记本。

那些社会政治问题的分析的深入,他感到了在历史方面的知识不足,这是促使他研究历史著作的直接原因,虽然很显然,克罗茨纳赫笔记的意义决不限于对手稿的影响。

这里没有可能和必要举出所有论据,来证明手稿是马克思确实只是在退出《莱茵报》之后,而且基本上是在1843年夏天写成的。最后,我们只是再提出其中的几个论据。

第一,《论犹太人问题》(1843年秋天)研究了"人类解放"同政治解放的区别问题,这篇文章好像是手稿的直接继续。① 就是说,在手稿和紧接着《论犹太人问题》一文之后写成的《〈黑格尔法哲学批判〉导言》之间,没有马克思批判黑格尔法哲学的其他任何著作。因此,《导言》,照马克思的话说,是他退出《莱茵报》以后作的对黑格尔的批判的导言,也正是手稿的导言。

第二,在给卢格的信(1843年9月于克罗茨纳赫)中,马克思专门注意到这一点:历史学家应当研究像等级制和代表制的区别这样的政治问题。② 正是为了说明这个问题,马克思占用了自己手稿的最后一节③,这一点可以证明:马克思写作这一节是在1841年夏末秋初。

第三,从马克思在手稿中解决"颠倒"黑格尔观念的任务时所采取的立场中,可以明确地感到1843年2月发表的费尔巴哈《关于哲学改造的临时纲要》的影响。

因此,把手稿的内容同马克思其他著作进行对比分析,可以令人信

---

① 参看《马克思恩格斯全集》国际版第1部分第1卷第440—443页和第280—285页。

② 见《马克思恩格斯全集》国际版第1部分第1卷第417页。

③ 《马克思恩格斯全集》国际版第1部分第1卷第344页。

服地证明：马克思写作这个手稿不是在他到《莱茵报》工作之前，而是在他退出该报编辑部之后，主要是在1843年夏天。

可见，《黑格尔法哲学批判》手稿和那篇包含有批判黑格尔关于立宪君主制学说的文章（马克思在1842年的几封信中曾三次提到）——是属于马克思观点发展中不同时期的两篇不同著作（虽然很明显，两者存在着一定的联系）。

那么1842年那篇文章的命运怎样呢？可以设想，这篇文章确实是马克思写的并寄给卢格以便在《轶文集》上发表的。从1842年3月20日马克思给卢格的信中可以看出，这篇文章未能在这个文集的第一期发表，预定在文集的以后几期内发表。但是，这个文集只出版了一期。可能，马克思的这篇文章同准备在《轶文集》上发表的其他材料一起丢失了。还有可能，由于某种原因，马克思根本没有把自己的文章寄给卢格，而在后来写作1843年手稿时部分地利用了这篇文章。关于马克思这篇文章的命运问题，有待进一步讨论。

（原载苏联《哲学问题》杂志1960年第9期）

（王治平 译）

关于《1844年经济学哲学手稿》*

《经济学哲学手稿》是试图把经济学研究加以总结并从而论证无产阶级的世界历史作用的第一个成果。它大概写于1844年6月至8月底这段时间。马克思第一次考察了工人阶级在经济上的存在条件、资本与劳动的关系和私有财产的运动规律。他由此得出了关于扬弃私有财产的必然性的结论。《经济学哲学手稿》包含对黑格尔哲学的批判和对青年黑格尔派哲学的批评意见以及对费尔巴哈观点的评价。手稿直接和间接地评价了空想社会主义和共产主义。它包括了对未来社会的阐述。然而，它首先批判了国民经济学，这一批判导致了唯物主义历史观的重要见解并且成为马克思经济学说的有益的出发地。

本卷在《经济学哲学手稿》的编排上有所变化，为正确地反映手稿的成熟程度和复杂的保存情况，本卷采用了两种不同的编排方法（见出版说明）。本版依据的是对保存下来的笔记本和马克思所达到的研究水平的详细分析。它使我们有可能以新的观点去研究手稿产生的阶段、

---

* 本文选自《马列主义研究资料》1984年第2辑。

原题注：这是《马克思恩格斯全集》国际版新版第1部分第2卷《导言》的有关部分，标题是译者加的。——译者注

笔记内部在认识上的进步、写作时间顺序上和逻辑上的联系、同读书笔记的关系以及逻辑结构等。根据对原文的重新辨读，尤其在刊印《序言》时，我们对以往各种版本作了重要的改动。首先，《〈经济学哲学手稿〉的产生及其保存情况》这一部分提供了有关手稿产生的时间、情况和阶段，有关读书笔记和本手稿的写作时间以及原稿的性质和状况的新的看法和见解。①

保存下来的三个笔记本构成了《经济学哲学手稿》，它们反映了马克思批判资产阶级政治经济学的最初成果，同时在笔记本的排列顺序上也反映了他在进行这一批判中的进步。在写第一个笔记本以前，马克思先研究了萨伊对亚当·斯密学说的解释和注释，他已经掌握了斯密的重要观点。② 在写第一个笔记本之后和写第二个笔记本之前，马克思对约翰·拉姆赛·麦克库洛赫的著作和曾经对李嘉图学派的观点作了总结并加了注释的吉约姆·普雷沃的著作作了摘要。③ 马克思还提到其他经济学家，这说明他显然还没有全面地研究他们的著作并作出摘要。马克思大概是从同时代作家的著作中，比如说，从欧仁·毕莱的著作中，了解到这些经济学家的思想观点的。

马克思把"国民经济学"这个概念理解为资产阶级政治经济学，他想弄清楚资产阶级政治经济学的本质特征及其起源。从第二个笔记本和第三个笔记本中可以清楚地看出，他也已经开始评价斯密和李嘉图两者观点的区别，这种区别的客观基础是资本主义生产方式从工场手工业

---

① 《马克思恩格斯全集》国际版新版第 1 部分第 2 卷第 655—709 页。
② 《马克思恩格斯全集》国际版新版第 4 部分第 2 卷第 301—327、473—484 页。
③ 《马克思恩格斯全集》国际版新版第 4 部分第 2 卷第 473—484 页。

资本向工业资本的发展。马克思在研究麦克库洛赫和普雷沃的时候形成了对李嘉图的评价。李嘉图和穆勒著作的摘要①显然写于《经济学哲学手稿》之后，它们反映了一个新的研究阶段的开始。

在 1844 年，马克思就十分重视资产阶级政治经济学在研究资本主义生产方式方面取得的科学功绩。不过，当时他还不可能认识和接受其中有科学价值的要素本身。他还没有把庸俗经济学家和资产阶级经济学的古典作家区别开来。

马克思 1844 年着手考察经济关系时是从无产阶级的阶级立场出发的，这一立场为他开辟了一条资产阶级经济学家由于他们的受阶级决定的认识局限而始终无法通行的道路。因此，对资产阶级政治经济学的这种受阶级决定的实质的批判，也是马克思分析的中心。他得出结论说，国民经济学是私有财产运动的产物，首先是工业资本或现代工业的产物，是这种状况"在科学上的反映"②。国民经济学加速了工业资本和现代工业的发展。国民经济学把私有财产的物质过程放进了一般规律。它发现了决定物质财富的生产、分配和消费的规律。但是，马克思说得很明确，资产阶级政治经济学既没有指明这些规律是怎样从私有财产的本质中产生出来的，也没有指明私有财产的起源。它预先把私有财产的规律设想为永恒的和不变的自然规律。它把私有财产看作是物质生产的自然的永恒的存在条件。假如没有这种条件，就既不可能有财富，也不可能有进步。

马克思采取的这一立场是与工人阶级的状况相适应的："工人生产的财富越多，他的产品的力量和数量越大，他就越贫穷。工人创造的商

---

① 《马克思恩格斯全集》国际版新版第 4 部分第 2 卷第 392—470 页。
② 《马克思恩格斯全集》第 1 版第 1 卷第 472 页。

品越多，他就越变成廉价的商品。物的世界的**增值**同人的世界的**贬值**成正比。劳动不仅生产商品，它还生产作为**商品**的劳动自身和工人，而且是按它一般生产商品的比例生产的。"① 马克思得出结论说，私有财产的产生是历史的必然，但它要被扬弃，同样也是历史的必然。

斯密认为，一般形式的劳动是价值的源泉。他把交换价值定义为商品中所包含的劳动量。产品的价值是由生产劳动创造的，因此生产劳动也是利润和地租的源泉。在最初研究斯密的这些看法的时候，马克思就碰到了资产阶级政治经济学的本质特征，马克思在理解这一特征时首先把"工人的理论要求和实践要求"②加以对比。从理论上说，全部产品应该属于工人，但实际上工人得到的是为了生存和繁衍后代所必需的最小部分。斯密说，劳动创造了资本的堆积，资本是积累的劳动，但是工人不得不为最低限度工资而出卖自己并且越来越依赖于资本。劳动是唯一能够使自然产品增值的东西，土地所有者和资本家只是消费阶级，但是，实际上土地所有者和资本家却统治着工人。分工提高劳动生产力并增加财富，但是，分工却使工人变成机器并且使工人的能力畸形发展。

马克思从各个方面称赞了把劳动提高为原则的国民经济学所做出的历史功绩。正如他所指出的，国民经济学使劳动变成自己的全部科学的灵魂，但它没有给劳动提供任何东西，相反却给私有财产提供了一切。这样一来，马克思就揭露了资产阶级经济理论中的一个矛盾，而在政治领域，他在分析资产阶级人权和资产阶级在资产阶级革命中所起的作用时，就已经揭露了这个矛盾。资产阶级国民经济学在批判封建主义和封建经济理论的同时，提出了建立人的、合理的关系的要求并体现了普遍

---

① 《马克思恩格斯全集》第1版第42卷第90页。
② 《马克思恩格斯全集》第1版第42卷第54页。

的利益。但是这种要求是虚幻的,因为在论证国民经济学的基本前提即私有财产时它被归结为受阶级决定的资本家的利益。马克思在第二个笔记本和第三个笔记本中首先阐明了,李嘉图学派是怎样公开表达这种受阶级决定的利益的。这个学派从资本的本质出发,把资本家争取获得尽可能高的利润和付出最低的工资的努力合乎逻辑地说成是资本和劳动之间的正常的、合乎规律的关系。马克思指出,资产阶级经济学所表述的根本不是人的劳动的规律,而是异化劳动的规律。

马克思从对资产阶级政治经济学的阶级性质的分析中看出自己的科学工作的任务:"因此,我们现在必须弄清楚私有制,贪欲同劳动、资本、地产三者的分离之间的本质联系,以及交换和竞争之间、人的价值和人的贬值之间、垄断和竞争等等之间、这全部异化和**货币**制度之间的本质联系。"①

马克思试图在《经济学哲学手稿》中揭示"对市民社会的解剖"②。他选择了工人阶级、资本家和土地所有者这三个资本主义社会的基本阶级的经济生存条件作为出发点。他在《德法年鉴》中已经对这些阶级的存在及其最一般的关系作了概述。在手稿中,马克思考察了工资,工人转化为商品,工人阶级的贫困化,资本,资本利润,资本家的竞争和资本在少数人手中的集中,资本对工人的统治,地租以及土地所有者和租地农场主的作用等问题。他首先对斯密和萨伊的观点,但是也对毕莱、康斯坦丁·贝魁尔和威廉·舒耳茨的观点作了概括。同时,马克思也为他自己的经济理论奠定了良好的初步基础。

马克思开始把雇佣劳动、资本和地租理解为决定资本主义社会阶级

---

① 《马克思恩格斯全集》第 1 版第 42 卷第 90 页。
② 《马克思恩格斯全集》第 1 版第 13 卷第 8 页。

结构的范畴，它们是三个基本阶级的基础，并且形成这三个阶级间的本质关系。

早在1842年和1843年马克思就研究了地产的政治作用。因此，他在第一个笔记本中把斯密关于地租以及地产的历史作用的重要观点加以总结。他首先驳斥了斯密关于土地所有者的利益与社会的利益一致的论点。他在第二个笔记本中记录了斯密和李嘉图对地租和地产的不同观点并对李嘉图的结论表示赞许。

此外，马克思还阐述了关于地产的历史发展的有益思想。他研究了地产的分割，大地产和小地产之间的竞争，大地产的集中和小地产的破产，地产转入资本家手中以及租地农场主作为资本家的作用。

到1843年为止，马克思是从政治领域出发来考察封建制度的解体的，而现在他首先把这种解体看作是社会经济运动，看作是工业资本对封建地产的历史必然的胜利，看作是封建地产向资本的发展。土地所有者同农奴或依附农的关系转化为私有者同短工的关系。地产和资本的区别，地租和利润的区别，私有的动产和不动产的区别，在马克思看来现在还只是一种历史的、没有从关系的本质上加以论证的区别。地产反映了资本和劳动的对立形成中的一个环节。马克思总结说："资本家和靠地租生活的人之间、农民和工人之间的区别消失了，而整个社会必然分化为两个阶级，即**有产者**阶级和没有财产的**工人**阶级。"①

马克思把作为劳动、作为资本和作为劳动同资本的对立的私有财产的关系，提到了他自己的阐述的中心地位，他并不是把私有财产简单地当作占有、状态或事物，不再把它当作某种法学上的东西，而是把它作为社会经济关系来进行分析。他开始把资产阶级和无产阶级的矛盾作为

---

① 《马克思恩格斯全集》第1版第42卷第89页。

资本和劳动的对立,作为处于辩证统一中的这种对立的运动和发展来研究。他在这种矛盾中寻找导致扬弃私有财产、导致这种社会经济关系解体的客观原因,并且从中引申出无产阶级的历史作用,分析这种客观的经济和社会联系是《经济学哲学手稿》的主要课题。这种分析同恩格斯在《国民经济学批判大纲》中的论述一起,代表了在制定工人阶级世界观方面的在质上新的因素。它是马克思经济学说的萌芽。

采取这种阶级分析方法和运用到这时为止所获得的哲学世界观的结果是:1844年马克思对私有财产的分析不是从资本开始,而是从劳动开始的,他把劳动称为私有财产的主体本质。马克思断定,劳动的本质方面是工人同生产的直接关系。而国民经济学恰恰没有重视这种关系。马克思从这种关系出发阐述了异化劳动范畴,他用这个范畴揭示了劳动和私有财产之间的本质联系,揭示了在私有财产条件下工人状况的本质特征,并基本上揭示了资本主义剥削的本质特征。

第一,马克思考察了工人同他的劳动产品的关系。在私有财产的条件下,这些关系作为异己的本质、独立的力量、敌对的对立面同工人相对立。同样,工人同自己的劳动产品的关系也是异己的关系,工人把自己的劳动产品看作是异己的对象。劳动在产品中的实现或者说对象化造成了工人的非现实化和异化。工人依赖于自己的劳动产品,受这些产品的压迫。

第二,马克思考察了工人同他的生产活动或生产行为的关系。生产活动作为真正的人的职能,对工人来说是外在的、不属于他的、转过来反对他自身的活动,在私有财产条件下变成了强制劳动,而人的活动如吃、喝、性行为等等却成了真正的和唯一的自由活动。

第三,马克思重新研究了个人和社会的关系,他虽然还像1843年那样,用类生活、类本质等范畴来概括这种关系,但是对它下了根本不同的定义。在马克思看来,类本质不再仅仅是人的社会的和政治的存在方式,即像思维、意识和社会关系那样的一切人所共同的本质特性。在进行最初的经济研究的基础上,他把类本质表述为劳动、生命活动、人的生产生活、人和自然界之间的相互作用。自然界是维持人的肉体存在的直接的生活资料,人本身是自然界的一部分。自然界是人的物质、对象和工具。"通过实践创造**对象世界**,即**改造**无机界,证明了人是有意识的类存在物,也就是这样一种存在物,它把类看作自己的本质,或者说把自身看作类存在物……因此,正是在改造对象世界中,人才真正地证明自己是**类存在物**。这种生产是人的能动的类生活。通过这种生产,自然界才表现为**他的**作品和他的现实。"① 人实现他的类生活,并不是仅仅通过,也不是首先通过有意识地认识自然界,而是主要通过改变自然界,通过由人创造的世界或人的现实。

在私有财产的条件下,工人由于同产品相异化和同生产行为相异化而同他的类活动、他的类生活相异化。在资本主义社会中,类生活同个人存在的分离造成了这两者相异化,因为只有这两个因素的统一才是人的存在的真正实现。正像马克思所强调指出的,作为强制劳动的类活动成了肉体存在的条件,而个人的生活、肉体的存在则成了类生活的目的。由于同类生活相分离,个人的存在又变为动物的生命表现。

第四,马克思把人同他人、同他人的劳动、同他人的劳动产品的异化,阐述为工人同产品、同他的生产活动和类本质相异化的结果。

马克思是以异化的、外化的劳动这个概念或范畴来概括私有财产条件下工人状况的这四个本质特征的。他把异化劳动称为资产阶级社会的决定性的和本质的关系。马克思在1844年说,它不仅决定私有财产的

---

① 《马克思恩格斯全集》第1版第42卷第96—97页。

主观本质，而且决定它的客观本质，决定资本的关系。它生产出私有者同工人的生产的关系、私有者对劳动产品和劳动本身的统治、资本家同工人的关系。由此他得出结论说，私有财产是"**外化劳动**……的产物、结果和必然后果"。马克思还说，异化劳动这个概念是"作为**私有财产运动**之结果"而得到的。"但是对这一概念的分析表明，与其说私有财产表现为外化劳动的根据和原因，还不如说它是外化劳动的结果……后来，这种关系就变成相互作用的关系。"①

不久以后（当然是在经过十分广泛的研究以后），马克思就认识到，不应当用异化劳动这个范畴来概括资本主义生产方式的合乎规律的社会和经济联系。在他没有把资本主义生产的复杂过程作为使用价值和价值的生产，作为创造使用价值的具体劳动和创造价值的抽象劳动，作为劳动过程和价值增殖过程来进行科学的、精确的分析并发现剩余价值之前，他还要走一段很长的艰苦研究的路程。但是，1844年的分析得出了重要的认识，这为以后的研究开辟了道路。

马克思用异化劳动范畴改造了黑格尔的历史辩证法和费尔巴哈的唯物主义人道主义哲学的观点。这种把哲学和经济学联系起来的方法使马克思能够在崭新的基础上从理论方面总结他最初的经济研究。他由此获得了重要的成果。这些成果是他未来的经济学说的良好开端。马克思首先用异化劳动范畴提炼出辩证唯物主义历史观的重要因素。这是在辩证唯物主义基础上认识整个资本主义社会的经济结构，揭示物质生产中人的关系，弄清这些关系在私有财产条件下是怎样必然地、合乎规律地形成的第一次尝试。马克思从工人阶级立场出发，用异化劳动说明了物质生产中的本质的社会关系的特征，并把这种关系看作是资产阶级社会的

---

① 《马克思恩格斯全集》第1版第42卷第100页。

基本社会关系,这种关系决定着人的全部生活状况和人与人之间的关系。由于使用异化劳动这个范畴,马克思避免了像蒲鲁东那样把资本和劳动形而上学地割裂开来,避免了在给私有财产和资本主义社会的关系下定义时的机械决定论。他在唯物主义世界观的基础上保存了他那种把人看作积极的创造力量的深刻观点。

马克思从异化劳动中得出的一些政治结论是很重要的。他证明,工资的提高或工资的平等不可能改变工人的社会状况,因为这并不能消除那种决定性的关系——异化劳动。他用异化劳动这个范畴大大深化了对无产阶级历史作用的论证。"从异化劳动同私有财产的关系可以进一步得出这样的结论:社会从私有财产等等的解放、从奴役制的解放,是通过**工人解放**这种**政治**形式表现出来的,而且这里不仅涉及工人的解放,因为工人的解放包含全人类的解放;其所以如此,是因为整个人类奴役制就包含在工人同生产的关系中,而一切奴役关系只不过是这种关系的变形和后果罢了。"①

把私有财产归结为异化劳动,由异化劳动出发给资本和劳动的关系下定义,特别是给类本质下定义,都说明了马克思当时所达到的发展水平的局限性。这些范畴反映了这样一个事实,即马克思还不能真正经验地、具体历史地把握个人同社会的关系和人的社会本质,他还不能精确地规定物质生活生产的各种不同的历史的和社会的因素和关系。只有在发现了人的发展的最一般的运动规律以后,马克思才不再用异化劳动和类本质等范畴来阐明私有财产关系、资本和劳动之间的矛盾、个人和社会之间的关系。

在《经济学哲学手稿》中,马克思提出了一些重要问题,对这些

---

① 《马克思恩格斯全集》第 1 版第 42 卷第 101 页。

问题他或者未加阐述，或者在没有保留下来的那几页中讲到过。1844年他用私有财产的关系从理论上论证了资本和劳动的统一，因为他把劳动定义为私有财产的主观本质，而把资本定义为私有财产的客观形式。关于资本是私有财产的客观本质的论述显然是在没有保留下来的各页上。也许马克思正是在考察这些联系时碰到了一些以他当时的知识不能令人满意地予以回答的问题。马克思在国民经济学中已经看到的关于资本和劳动的统一的结论，以及他对这些论述的有缺陷的分析证明了这一点。

马克思在第一个笔记本的末尾提出了"**私有财产的起源**问题"，他把这个问题"**变为异化劳动**同人类发展的关系问题"，或者说，变为"这种异化又怎么以人类发展的本质为根据"的问题。① 问题的这种提法是以马克思的历史辩证法为依据的。证明私有财产具有受历史制约的性质，这在逻辑上是与资本和劳动之间矛盾的历史发展的问题联系在一起的。马克思在第二个笔记本的没有保留下来的各页上显然也谈到了这个问题，这可以从保留下来的对这个笔记本的补充中推论出来。从这几段补充中得出了一些重要的看法。马克思证实了无产和有产的对立，这种对立在人类史的历史进程中发展成为资本和劳动的对立，最终发展成为工业资本（对马克思来说是私有财产的完成了的客观形式）和工厂劳动（完成了的异化劳动）的对立。马克思认为，在工业资本和工厂劳动中达到了顶点的资本和劳动的对立的统一，同时也是这种对立的极化，是消灭这种历史地发展起来的无产和有产的对立的历史必然性的客观原因。

马克思在考察分工的时候又为他的经济研究找到了新的开端。他在

---

① 《马克思恩格斯全集》第 1 版第 42 卷第 102 页。

《经济学哲学手稿》几乎最末尾的地方对这个问题作了论述。他从斯密、萨伊、斯卡尔贝克和穆勒的观点出发，阐明了只有发达的私有财产即工业资本才能带来广泛的分工。这种分工导致生产的巨大增长，但同时也导致工人个人能力的贫困化、降低和畸形化。然而分工也使尊重和培养才能和能力的多样性成为可能。分工体现了来源于社会的人的本质力量。这种本质力量不同于单个的人的个人的能力、智力和劳动技能，后者是人的生产的本质力量的另一个因素。因此，马克思认为，在私有财产条件下的分工是"关于异化范围内的**劳动社会性**的国民经济学用语"，是"**作为类活动的人的活动**这种**异化的和外化的形式**"。① 马克思从这一考察中得出结论说，人的生命为了本身的实现曾经需要私有财产，然而在分工已经达到的现有水平上又需要消灭私有财产。

虽然马克思只是把他对分工的最初的有联系的见解作了概略的叙述，但是这些见解却成了制定唯物史观的新的出发点。他开始第一次比较具体地考察社会生产力。只是由于把个人的即单个人所固有的和来源于社会的人的生产的本质力量区别开来（马克思从斯卡尔贝克那里接受了这种方法），由于把类活动定义为劳动的社会性，马克思才把本质的、经验的、具体历史的因素引入他的考察。他在分工中寻找私有财产产生的必然性以及它在历史上变得过时的原因，这个开端同样也是重要的。

由于写穆勒《政治经济学原理》一书摘要，马克思又进一步发展了他关于分工的思想。记有穆勒一书摘要以及李嘉图《政治经济学和赋税原理》一书摘要的笔记本②包含有马克思所作的长篇的、独立的阐

---

① 《马克思恩格斯全集》第1版第42卷第144页。
② 《马克思恩格斯全集》第1版第42卷第5—42页，《马克思恩格斯全集》国际版新版第4部分第2卷第246—470页。

述，它也许可以说是《经济学哲学手稿》的直接继续。马克思在这个笔记本中首次对一些经济范畴作了解释，而在此以前他只是以引文或是描写性的叙述的形式来谈论这些范畴的内容。其中包括价值、价格、交换、货币以及信贷等范畴。这也导致了对异化劳动范畴作更加具体的解释，导致了这个范畴内容的精炼和继续发展。

马克思在《经济学哲学手稿》中第一次试图广泛地在理论上预言共产主义取代资本主义的过程并且说明这个新制度的本质特点。这种尝试可能与织工起义所引起的并且在《前进报》也得到了反映的那场讨论有联系。①

马克思给自己提出的目的是从理论上论证共产主义。由于坚决反对对未来作空想共产主义的构想，他试图了解历史发展的合乎规律的过程。对这种过程的理论预言还带有由于马克思对资本主义社会的经济结构认识不足而产生的缺点。后来，马克思和恩格斯一再强调指出，理论预言必须依靠对过去和现在的精确分析并且取决于对人类社会和生产方式的运动规律的认识水平。

马克思是从评价社会主义和共产主义的思想史发展开始他的理论论证的。这一评价再次证明，他是如何着手研究人的思想史的。然而，这样一来马克思显然也探讨了由正在形成的共产主义党派的目的所产生的政治意图。他列举了社会主义和共产主义的各种不同的历史形式，并把这些形式理解为共产主义理论发展的各个历史阶段，理解为在理论上扬弃自我异化的各个阶段。

蒲鲁东、傅立叶和圣西门不想全面扬弃私有财产的社会关系。他们仅仅抽出一个方面并想加以改变。蒲鲁东想改变资本，傅立叶和圣西门

---

① 见《马克思恩格斯全集》国际版新版第 1 部分第 2 卷第 557—562 页。

想改变劳动。在马克思看来,这种思想的下一个更高的发展阶段是粗陋的、无思想的共产主义。它的积极因素是要求扬弃私有财产,不过只是把这种扬弃看作私有财产的简单否定。它意味着由所有人共同占有私有财产,而把一切不能为所有人占有的私有财产加以消灭。这种共产主义否定个人的个性,否定多方面的、各式各样的和各不相同的能力和才能,否定对人的本质的全面占有。马克思说,工人的社会状况被推广到一切人身上,劳动的消极方面由于活动和报酬的平均主义被推广到一切人身上。共产主义思想的理论发展的下一个步骤是论证政治异化的扬弃、国家的废除。这种共产主义虽然在扬弃异化方面向前迈进了一步,但它没有弄清楚私有财产的积极的本质和需要的人的本性,它想改变人的政治本质,而不是改变人的社会本质。

1844年马克思对发达的共产主义观念下了如下的定义:"**共产主义是私有财产**即**人的自我异化的积极**的扬弃,因而是通过人并且为了人而对**人**的本质的真正**占有**;因此,它是人向自身、向**社会的**(即人的)人的复归,这种复归是完全的、自觉的而且保存了以往发展的全部财富的。"① 在马克思看来,共产主义是"作为否定的否定的肯定,因此它是人的解放和复原的一个**现实的**、对下一段历史发展说来是必然的环节。**共产主义**是最近将来的必然的形式和有效的原则。但是,这样的共产主义并不是人类发展的目标,并不是人类社会的形式"②。

马克思在1844年说,共产主义是私有财产积极扬弃的过程,它本身不是一蹴而就的行动,而是将"经历一个极其艰难而漫长的过程"

---

① 《马克思恩格斯全集》第1版第42卷第120页。
② 《马克思恩格斯全集》第1版第42卷第131页。

的"**现实的共产主义行动**"。① 在这个过程中将实现对人的本质的占有，这种占有首先是从私有财产开始的，其次，到这个运动完成为止，它是以私有财产的否定或扬弃为中介的，是"对自身还不能确信因而自身还受对立面影响的……还没有用自己的存在证明自身的……肯定"②。

在马克思看来，私有财产的积极扬弃是作为辩证唯物主义的发展规律的否定的否定。它意味着排除私有财产的消极本质并保持其积极因素，这种积极因素的扬弃是在质上更高的阶段。在私有财产的运动中，在私有财产所生产的物质的和精神的富有和贫困中，正在产生中的社会会发现全部材料。马克思强调指出，"**工业**的历史和工业的已经产生的**对象性**的存在，是一本**打开了的关于人的本质力量**的书"③。在他看来，从原则上说，这里涉及的问题是，私有财产所产生的生产力将为新社会所继承并且在那里在质上得到继续发展。他想用"积极的扬弃"这个概念来表达这个意思。

因此，马克思认为，共产主义是人类发展的一个历史阶段，在这个阶段中，将会实现作为社会关系的私有财产的扬弃。发展从私有财产开始，它的积极因素应该加以保存和扬弃。正因为如此，马克思在1844年就得出结论说，这个漫长的扬弃过程将带有私有财产的因素并以这种因素为中介。中介是必然的前提，但是，只有在没有中介的情况下，只有随着私有财产的扬弃过程的完成，人类社会才会得到它的真正形式，因为这个社会本身开始在它自身的基础上发展了。随着这个过程的结束，共产主义社会完成了它的历史任务，人类社会开始在它自己的基础

---

① 《马克思恩格斯全集》第1版第42卷第140页。
② 《马克思恩格斯全集》第1版第42卷第158—159页。
③ 《马克思恩格斯全集》第1版第42卷第127页。

上即在"**真正人的和社会的财产**"①的基础上发展。这个新的社会形式是人类发展的真正目的。就现实生活而言，它不再以私有财产的扬弃过程为中介，就理论存在而言，它不再以宗教意识的扬弃过程为中介。马克思称它为社会主义或实证的人道主义。

马克思给"**扬弃**"下的定义是"**使外化返回到自身**的、对象性的运动"②。私有财产的积极扬弃就是异化劳动的扬弃和人的本质力量的全面实现、对人的现实的全面占有、人的类活动和个人存在的全面实现。它的前提是，为了无产阶级的利益以革命的方式消灭资本和劳动的关系。但是，马克思还没有把财产这个范畴运用于生产资料，他还没有把财产关系和生产关系区别开来，还没有弄清楚作为人类社会最一般发展规律的生产力和生产关系的辩证法。因此，他没有能够对应该怎样积极扬弃私有财产的途径问题作更具体的阐述。

然而，马克思对新社会制度的本质特点阐发了具有永存价值的见解。他说明了在摆脱了异化劳动的条件、摆脱了资本和劳动的对立的情况下，人同他的劳动对象的关系、人同生产活动的关系、人的类本质以及人与人之间的关系的特征。马克思总是不断强调指出，人的现实的现有的全部财富正被彻底用完，它必须根据人的全面发展的精神继续发展。因此，他把共同的活动和社会的活动区别开来。凡是"在社会性的上述**直接**表现以这种活动或这种享受的内容本身为根据并且符合其本性的地方"③，都应该出现共同的活动和共同的享受。此外，假如自己的活动有益于个性和社会，假如这个活动用社会存在物的意识来加以说明

---

① 《马克思恩格斯全集》第 1 版第 42 卷第 102 页。
② 《马克思恩格斯全集》第 1 版第 42 卷第 174 页。
③ 《马克思恩格斯全集》第 1 版第 42 卷第 122 页。

的话，任何活动和任何享受都可以是社会性的。"首先应当避免重新把'社会'当作抽象的东西同个人对立起来。个人**是社会存在物**。因此，他的生命表现，即使不采取**共同的**、同其他人一起完成的生命表现这种直接形式，也是**社会生活的**表现和确证。"①

同样，马克思关于共产主义和社会主义中人的需要的发展的思想，也具有丰富的内容。人的需要是以新的生产方式和新的生产对象为基础的。马克思对"人的需要的丰富性"作了这样的概括：这是"**人的本质力量的新的证明和人的本质的新的充实**"，②绝不能把它归结为享受、占有和拥有的需要。

由于对共产主义进行理论论证，马克思批判地分析了黑格尔和费尔巴哈。对资产阶级经济学的研究使他能够对他们作出新的评价。但是，马克思并没有把在这部手稿中开始的分析进行到底。

在《经济学哲学手稿》中，马克思第一次对费尔巴哈哲学比较全面地、直接地表明了自己的态度。他认为，费尔巴哈作出了真正的发现，完成了真正的理论革命。马克思坚决支持费尔巴哈对黑格尔唯心主义所作的唯物主义批判并且对这个批判的主要成果作了总结。同时他还揭露了费尔巴哈没有认识到黑格尔神秘化的辩证法中的合理因素的事实。

马克思接受了费尔巴哈的批判，即黑格尔从抽象的一般、抽象的思维出发，扬弃了这个一般，设定了现实的、感性的、实在的、有限的东西，并且最终在精神发展到绝对知识的过程中又消除了这种现实的东西。黑格尔把这种抽象一般的生产史看作是绝对肯定的、决定性的东

---

① 《马克思恩格斯全集》第 1 版第 42 卷第 122—123 页。
② 《马克思恩格斯全集》第 1 版第 42 卷第 132 页。

西，而费尔巴哈和马克思则用作为第一性的东西的现实即感性的确定的东西或感性的现实的东西来反对这种抽象一般的生产史。但是，费尔巴哈认为，抽象思维的这种发展、黑格尔的否定的否定，只是表现为思想的宗教，只是哲学内部的矛盾。相反，马克思却认为这里包含黑格尔辩证法的合理内容。否定的否定是生产和外化的活动以及外化的扬弃或消除。这样一来，黑格尔就为人类发生的历史找到了抽象的、逻辑的、思辨的表达。马克思的这种解释首先以对经济研究的理论概括为基础。

马克思从其世界观发展一开始就接受并领会了黑格尔的历史辩证法。对黑格尔的历史观念的深刻理解，使他在1841—1842年没有成为狂热的、非批判的费尔巴哈派。这使他在1843年能够接受黑格尔辩证法的因素，把它用于对黑格尔进行唯物主义的批判，而费尔巴哈却没有做到这一点。随着对经济学研究的深入，马克思对于费尔巴哈对黑格尔辩证法的态度的批判就准确得多了。这种批判的基础是对资本主义社会的社会经济结构的深入研究，而费尔巴哈却从未认真地研究过这个课题。

在《经济学哲学手稿》中，马克思还未能看出费尔巴哈哲学的主要缺点。马克思把费尔巴哈的人道主义称为"真正的唯物主义"，因为它使人与人的社会关系成了理论的基本原则。他在给费尔巴哈的信中说："在这些著作中，您（我不知道是否有意地）给社会主义提供了哲学基础，而共产主义者也就立刻这样理解了您的著作。建立在人们的现实差别基础上的人与人的统一，从抽象的天上下降到现实的地上的人类概念，——如果不是**社会**的概念，那是什么呢？"①

只是在《关于费尔巴哈的提纲》中，他才能够正确地评价费尔巴

---

① 《马克思恩格斯全集》第1版第27卷第450页。

哈唯物主义的本质。随着唯物主义历史观的制定，马克思看得很清楚，对黑格尔的唯物主义的批判和对哲学唯物主义的论证是费尔巴哈的伟大功绩。同时，马克思还证明，费尔巴哈用**一般人**取代了现实的历史的人，把社会看作是**一般人**与人的关系，而不是人的具体历史的、社会经济的关系。马克思和恩格斯对费尔巴哈唯物主义的本质作了如下的表述："当费尔巴哈是一个唯物主义者的时候，历史在他的视野之外；当他去探讨历史的时候，他决不是一个唯物主义者。"①

马克思在《经济学哲学手稿》中根据《精神现象学》，根据消除现实、变为绝对知识的分阶段的过程揭示了黑格尔辩证法的积极方面。黑格尔把人的自我产生看作是一个过程，把劳动的本质看作是人的本质力量的对象化，把人看作是他自己劳动的结果。在黑格尔那里，人的类力量只是通过人的全部活动，作为整个人类历史的结果实现的。

由于同样的原因，马克思这里对黑格尔唯心主义的批判也比《黑格尔法哲学批判》手稿深刻得多、令人信服得多了。马克思断定，黑格尔只知道并承认抽象的精神劳动。在黑格尔那里，人不是具有现实的本质力量的现实的人，而是人的自我意识。对自我意识来说，现实是令人讨厌的和异己的东西。因此，在黑格尔那里，设定对象性的现实同人的异化是不可分割地联系在一起的。因此，按照黑格尔的解释，对人的本质力量的重新占有、异化的扬弃要求扬弃对象性和返回到自我意识。

同黑格尔对人的异化和异化的扬弃的唯心主义解释相反，马克思明确无误地阐明了他的辩证唯物主义立场。马克思证明，人的异化的扬弃不是通过在抽象的自我意识中扬弃现实来实现的。相反，这种扬弃是现

---

① 《马克思恩格斯全集》第1版第3卷第51页。

实本身的物质的和精神的过程。马克思把这个过程定义为私有财产的扬弃即"实践的人道主义的生成"和宗教的扬弃即"理论的人道主义的生成"。他明确地强调指出,这个过程,人的异化的扬弃,"决不是人所创造的对象世界的……消逝、抽象和丧失……相反地……是人的本质的现实的生成,是人的本质对人说来的真正实现,是人的本质作为某种现实的东西的实现"。①

在这部手稿中,马克思开始分析黑格尔阐述了他的整个体系的《哲学全书》。马克思对黑格尔客观唯心主义的本质、它的神秘的和积极的因素以及它的内在矛盾作了概略的叙述。这一考察仍然是不充分的。

在《经济学哲学手稿》中,马克思首先把历史发展中的否定的否定规律、扬弃范畴和扬弃过程、劳动和需要在人类产生史中的作用以及作为历史的内容和结果的人的全部活动理解为黑格尔辩证法的积极因素。马克思揭示了处在萌芽状态的、在黑格尔那里为唯心主义外壳所掩盖的重要规律,按照这些规律,人类历史不是偶然事件的堆积,而是一个合乎规律的历史发展过程。人通过劳动在一个历史的、不同质的发展过程中实现自身,实现其本质力量。每一代人都是在以前所创造的历史结果上建设并改变这个结果,因为在人类发展的更高的阶段,肯定的东西将被扬弃。

同黑格尔和费尔巴哈争论的特点就是,马克思不仅把人的存在,不仅把人与人的关系,而且首先把人的活动、劳动引进他的批判和分析,从而他就避免陷入机械唯物主义观点。在《经济学哲学手稿》中,他把他的观点称为把唯心主义和唯物主义的积极因素结合起来的自然主义或人道主义。

---

① 《马克思恩格斯全集》第1版第42卷第175页。

马克思承认人是具有自然力、天赋和欲望的自然存在物。但是，作为这种自然存在物，人也像动植物那样，是受动的、被动的、受限制的存在物。人的活动的对象不依赖于人而存在。人为了表现和确证其本质力量，需要自然界。没有自然界，没有已经被人改变过的自然界，人就不能实现他的类活动，他根本不可能作为人而存在。把人仅仅看作是被动的自然存在物，这就等于不承认他是人、是类存在物。因此，马克思得出结论说，**类活动**属于人的现实的存在和定在。"说人是**肉体的**、有自然力的、有生命的、现实的、感性的、对象性的存在物，这就等于说，**人有现实的、感性的对象**作为自己的本质即自己的生命表现的对象；或者说，人只有凭借现实的、感性的对象才能**表现**自己的生命。"[①]当1844年马克思阐述说，他的观点是"彻底的自然主义或人道主义"[②]，是同唯物主义有所区别的时候，他是在同机械唯物主义划清界限，但是后来他对他自己的观点作了精确的说明。

随着对资产阶级政治经济学的批判掌握，马克思第一次初步论证了工人阶级世界观的三个组成部分：辩证唯物主义，政治经济学和科学共产主义。他初步研究资产阶级政治经济学时，自觉地运用了他以前掌握的关于德国古典哲学、空想社会主义和共产主义的知识以及由此产生的他自己的观点。他研究资产阶级经济学并总结获得的知识的时候，这些知识成了他的理论基础和方法。然而，研究经济学的最初结果已经导致了对空想社会主义和共产主义、首先是对德国古典哲学的新的评价。马克思通过对资产阶级政治经济学的研究和批判，通过对工人阶级的经济存在条件的最初分析和对资产阶级社会的社会经济结构的初步理论剖

---

① 《马克思恩格斯全集》第1版第42卷第168页。
② 《马克思恩格斯全集》第1版第42卷第167页。

析，能够对黑格尔辩证法的积极因素作出在质上不同的评价，能够重新评价对黑格尔唯心主义的批判并从这个立场出发，把他的以新的认识充实了的方法运用于以后的工作。

（原载《马克思恩格斯全集》国际版新版第 1 部分第 2 卷）

（张念东 译　刘晫星 校）

《经济学哲学手稿》的产生及其保存情况[*]

《经济学哲学手稿》是马克思对他的经济学研究进行总结和对资产阶级政治经济学进行批判分析的第一次尝试。这项工作为他理解黑格尔和费尔巴哈的哲学开辟了新的途径,导致了对空想社会主义和共产主义的新评价并使他能够为科学地论证无产阶级的历史作用奠定新的开端。

《经济学哲学手稿》由三个笔记本组成。第一个笔记本作了比较扎实的、但仍然是不充分的整理。第二个笔记本中只有第 XL—XLIII 页保存下来了,在第 XLIII 页上,对私有财产的关系这个命题的研究中断了。第三个笔记本由三段对第二个笔记本中未保存下来的两页所作的补充组成。在这之后是有关不同题目的附录,一个关于分工的片断、一篇《序言》的草稿和一个关于货币的片断。《经济学哲学手稿》的正文按两种方式刊印,第一种文本按笔记写作的时间顺序编排,第二种文本以各个笔记本的逻辑结构为依据。①

马克思转而研究资产阶级政治经济学的比较深刻的原因在于对上个世纪 40 年代初普鲁士政治社会关系的分析,与此相联系的是对黑格尔

---

* 本文选自《马列主义研究资料》1984 年第 2 辑。

① 见《马克思恩格斯全集》国际版新版第 1 部分第 2 卷第 710—722 页。

法哲学的批判，对黑格尔所创立的市民社会理论的批判分析。马克思自己对这一转变过程作了如下的概括："我的研究得出这样一个结果：法的关系正像国家的形式一样，既不能从它们本身来理解，也不能从所谓人类精神的一般发展来理解，相反，它们根源于物质的生活关系，这种物质的生活关系的总和，黑格尔按照十八世纪的英国人和法国人的先例，称之为'市民社会'，而对市民社会的解剖应该到政治经济学中去寻求。我在巴黎开始研究政治经济学，后来……移居布鲁塞尔，在那里继续进行研究。"①

1885年，恩格斯在《资本论》第二卷的序言中写道，"1843年"，马克思"在巴黎开始研究经济学时，是从伟大的英国人和法国人开始的"②。当然，马克思在1843年的最后几个星期和1844年初还忙于出版《德法年鉴》和修改他的手稿《黑格尔法哲学批判》。手稿的《导言》已经发表在《德法年鉴》上。本来在该杂志的以后几期上要继续登载手稿的正文。③ 黑格尔法哲学批判的写作大概在1844年2月至5月间中断，此后马克思并没有直接去研究资产阶级政治经济学，而是重新埋头于他1843年7月和8月在克罗茨纳赫开始并于10月在巴黎继续从事的对法国革命的分析。1844年春，马克思研究国民公会史，即考察1792年9月以后共和国产生时期的法国革命史。1844年5月15日，阿诺尔德·卢格在给路德维希·费尔巴哈的信中写道："**马克思**……想写国民公会史，他收集了许多有关的材料并且提出了十分有益的观点。他再一次放下了黑格尔法哲学批判。他想利用在巴黎逗留的机会来写那部著

---

① 《马克思恩格斯全集》第1版第13卷第8页。
② 《马克思恩格斯全集》第1版第24卷第11—12页。
③ 见《马克思恩格斯全集》国际版新版第1部分第2卷第668—669页。

作,这是完全正确的。"① 卢格在1844年5月26日给摩里茨·弗莱舍的信中也谈到了同样的内容。② 马克思大概到1844年5月底或6月初才中断了国民公会史的写作,转而投身于资产阶级政治经济学的紧张研究。③

  大约1842年以后马克思的政治和理论发展已经为他研究资产阶级政治经济学做好了准备,而这种研究是由那种发展所决定的合乎逻辑的步骤。在这前后,马克思开始分析普鲁士的"政治社会现实"④。他碰到了财产、物质利益、政治利益和国家之间的相互影响以及"无财产阶级"的存在等问题。他研究了封建地产的产生和作用以及地产在莱茵省由于废除了封建特权和封建法律而经历的变化。在《莱茵报》任编辑期间,马克思要同莱茵地区资产阶级的经济要求和弗里德里希·李斯特的理论,其中包括该报各种撰稿人所代表的有争议的观点打交道。在这段时间他有机会直接接触到资产阶级政治经济学。该报的几个撰稿人对李斯特的著作《政治经济学的国民体系》所作的评价和《〈黑格尔法哲学批判〉导言》一文中的一些暗示⑤表明,马克思当时对李斯特的这部著作也十分熟悉。

  同对普鲁士的政治社会状况的分析直接相联系,1842年马克思撰写了黑格尔法哲学批判,通过这一批判他想论证他自己的革命民主主义

---

① 《马克思恩格斯年鉴》德文版第1卷第392页。
② 参看《马克思恩格斯年鉴》德文版第1卷第393页。
③ 苏共中央马列主义研究院中央党务档案馆全宗第172号,目录第1号,卷宗第50号,参看《马克思恩格斯年鉴》第1卷第397页;柏林《每日评论报》1921年7月22日第338号《娱乐附刊》。
④ 《马克思恩格斯全集》第1版第1卷第457页。
⑤ 参看《马克思恩格斯全集》第1版第1卷第457—458页。

的政治目标。1843年夏、秋他继续撰写黑格尔法哲学批判，同时对法国和北美资产阶级国家产生的历史进行分析，在巴黎逗留的头几个月又揭示了无产阶级的历史作用，这一切为分析批判资产阶级经济学的观点打下了基础。首先，由于认识了工人阶级在历史发展中的作用，随之而来的必然是要研究这个阶级的客观存在条件，但是要进行这种研究，而不批判地掌握资产阶级政治经济学是无法想象的。因此，研究空想社会主义和共产主义也是马克思决心从事经济研究的重要前提。

早在1842年夏、秋最初接触空想社会主义和共产主义的时候，马克思就认为，这些学说是解决当代重要问题的认真尝试。"**现在，一无所有的等级要求占有目前掌握治国大权的中等阶级一部分财产，这是事实……是曼彻斯特、巴黎和里昂大街上引人注目的事实。**"① 法国的空想社会主义者，特别是圣西门和傅立叶的信徒，在三十年代初至四十年代初的活动中，阐述了他们自己的经济观点。有些人企图以让·巴蒂斯特·萨伊的观点为依据。圣西门就是萨伊学说的拥护者。马克思手中有《圣西门的学说。阐述》一书的第三版和巴特尔米·普罗斯佩·安凡丹的著作《政治经济学和政治》。这两部著作包含有评论资产阶级政治经济学的言论，这些言论显然推动马克思自己去研究这个问题。在这方面，比埃尔·约瑟夫·蒲鲁东的观点对马克思也必定有过影响。1844年9月马克思写道，蒲鲁东的《什么是财产》一书的主旨是批判国民经济学。② 这一评价不仅由于马克思自己对资产阶级政治经济学的研究而成为可能，而且也是马克思1842年底以后的思想发展特别是揭示无产阶级历史作用的合乎逻辑的结果。对圣西门、蒲鲁东、比埃尔·勒

---

① 《马克思恩格斯全集》第1版第1卷第131页。
② 参看《马克思恩格斯全集》第1版第2卷第38页。

鲁、普罗斯佩·维克多·孔西得朗、泰奥多尔·德萨米等人的观点的认真分析研究，使马克思必然要去研究萨伊和亚当·斯密的经济观点。

恩格斯的《国民经济学批判大纲》一文载于《德法年鉴》头一期双刊号。恩格斯断定："自由主义政治经济学的唯一的**肯定的**进步就是探讨了私有制的各种规律。"① 他从工人阶级的立场出发对资产阶级政治经济学的基本范畴作了初步的批判。当然，马克思在《德法年鉴》上进行活动的时期关于恩格斯这篇著作的价值的言论都没有保存下来。此外，只是在写了《经济学哲学手稿》的第一个笔记本以后，马克思才作了这部著作的摘要。不过，恩格斯的文章肯定对马克思下决心研究资产阶级政治经济学起了重要的推动作用。

到 1844 年 5 月为止，马克思一直在专心写作国民公会史，1844 年 6 月 4 日至 6 日爆发的西里西亚织工起义和突然发生的关于这次无产阶级起义的原因和结果的讨论，可能促使马克思中断了对国民公会的研究并开始专心致力于资产阶级政治经济学的研究。

1844 年，马克思把资产阶级政治经济学称作国民经济学。英国和法国的资产阶级经济学家却宁愿使用 "political economy" 或 "économie politique" 这一概念。而马克思在《德法年鉴》上说明法国和英国不同于德国的发展水平的特点时也谈到政治经济学同国民经济学的对立。② 与此相反，他在这部手稿以及《神圣家族》中却把国民经济学这一概念用于资产阶级政治经济学。恩格斯在《国民经济学批判大纲》一文中也是这样做的，但已经批判了这个概念。③

---

① 《马克思恩格斯全集》第 1 版第 1 卷第 599 页。
② 参看《马克思恩格斯全集》第 1 版第 1 卷第 457 页。
③ 参看《马克思恩格斯全集》第 1 版第 1 卷第 600 页。

马克思系统地研究经济学是从作萨伊的《论政治经济学》摘录①开始的。萨伊想把斯密的观点加以系统化，并作出解释和补充，但这样一来他也成了法国庸俗经济学的创始人。马克思起初依照萨伊的分章办法：财富的生产、分配和消费。接着，他从《政治经济学基本原理概论》这一部分中摘录了由萨伊编写的、按字母顺序排列的经济范畴索引。但是，马克思是按照也是由萨伊提出的方法论观点来对他自己的摘录划分章节的："I. 关于财富的性质和流通的原理"，"II. 关于生产现象的原理"，"III. 收入的源泉和分配"，"IV. 关于消费现象的原理。"②马克思对头两个经济范畴"所有权"和"财富"作了评注。他对私有财产和资产阶级政治经济学的关系的意见③同恩格斯在《国民经济学批判大纲》中的说法相似。马克思在一些空想社会主义者那里，例如在安凡丹的著作《政治经济学和政治》中也能找到类似的评价。

马克思摘录了萨伊的著作以后，紧接着又对斯密的主要著作作了摘录。④ 他作摘录时主要是研究斯密这部著作的结构。在这部著作的第四卷以后，马克思就中断了他的摘录。在第四卷里，斯密研究了他以前的各种政治经济学体系。有意思的是，马克思对第一卷和第二卷用了他自己的分章办法。他把第一卷第八至十一章和第二卷第一、三、四和五章依次标为第一至八章："I. 工资"，"II. 资本的利润"，"III. 工资和利润随劳动和资本用途的不同而不同"，"IV. 地租"，"V. 论资财的划分"，"VI. 论资本积累或论生产劳动和非生产劳动"，"VIII. 论贷出取

---

① 参看《马克思恩格斯全集》国际版新版第4部分第2卷第301—327页。
② 《马克思恩格斯全集》国际版新版第4部分第2卷第316—327页。
③ 参看《马克思恩格斯全集》国际版新版第4部分第2卷第316—319页。
④ 参看《马克思恩格斯全集》国际版新版第4部分第2卷第332—386页。

息的资财","VIII. 资本的各种用途"。① 马克思把第一卷第一至八章和第二卷第二章放在他的分章办法之外。他对第一卷第一至七章作摘录时根本没有划分章节。他把第二卷第二章的摘录排在第一卷第七章的摘要后面,同样没有加标题。马克思没有划分章节的斯密这部著作的这八章阐述了分工的意义和产生、货币的起源和本质、商品的实际价值、自然价格和市场价格的规定。马克思自己对斯密这部著作第一卷和第二卷所用的分章办法,在某种意义上说已经勾画出了他对国民经济学的最初批判的主题。

在对斯密的主要著作作了摘录以后,马克思就开始写《经济学哲学手稿》的第一个笔记本。从而他就在逻辑上、内容上,大概也在时间上直接继续对斯密的观点进行探讨。虽然马克思在第一个笔记中要求说明"国民经济学"的前提和规律的特点,但是他依据的首先只是斯密的学说。马克思当时还没有摘录大卫·李嘉图的著作,因此他还不知道资产阶级经济学内部的差别和分歧以及李嘉图学说中的比较明确的结论。他研究了工场手工业资本的经济学家,但还没有研究工业资本的经济学家。他从研究萨伊合乎逻辑地转而研究斯密,选择斯密作为出发点,从而就间接地批判了法国社会主义者的立场。法国社会主义者在考虑问题时是以萨伊的学说为出发点的,他们认为萨伊的学说是斯密观点的"进一步发展",因此没有亲自去分析研究斯密的观点。

马克思把第一个笔记本分为三栏:工资、资本利润和地租。这一出发点是以对资产阶级社会的阶级结构、对资产阶级在封建制度解体中的历史作用和无产阶级在实现马克思在《德法年鉴》上所阐述的"人类解放"中的历史作用的重要认识作为基础的。这种阶级立场和对政治社

---

① 《马克思恩格斯全集》国际版新版第4部分第2卷第346—364页。

会现实的分析水平,促使马克思去探索那些决定市民社会的内部结构即对市民社会的解剖并表现三个基本阶级的经济生活条件的范畴。斯密宣称,这三大阶级的收入形式——工资、资本利润和地租——是决定性的因素。在他看来,它们是收入、交换价值的原因和自然价格的组成部分。因为马克思在他的方法论的论据中是以接受"国民经济学"的前提作为出发点的,但是从一开始他的目的就是要把这种"国民经济学"作为私有财产的经济学来进行分析,所以这些范畴为他提供了达到这个目的的可能性。工资、资本利润和地租在斯密的价值理论中所起的核心作用使马克思能够揭示斯密学说的主要矛盾,即劳动作为价值源泉的作用同用工资、资本利润和地租来规定价值的矛盾。由于把工资、资本利润和地租加以对比,马克思就得以证明,劳动是价值的唯一源泉,但是创造出来的财富却不平等地不利于工人阶级地按比例分成为资产阶级社会的这三个阶级的收入形式。我们必须把这一点看作是马克思为什么要使用工资、资本利润和地租这三栏的主要原因。

从第一个笔记本第 XXII 页开头的评语①开始,马克思不再把正文的垂直排列归属于工资、资本利润和地租三栏,但是分成三栏的办法本身并没有取消。第 XXII 页开头的评语,虽然是从以前记下来的那些观点中得出的结论,但是这一评语从原则上说也是马克思用来着手评价他在读书笔记中记下的斯密言论的观点。这一观点是马克思从他开始进行经济研究的前提中得出来的。这些前提同时也是对萨伊和斯密的经济学说进行评价的结果。马克思的研究超出了对斯密的工资、资本利润和地租等范畴的分析,得出了私有财产范畴和异化劳动范畴,当时马克思把异化劳动范畴理解为资产阶级社会和整个阶级社会的最本质的范畴。

---

① 参看《马克思恩格斯全集》第 1 版第 42 卷第 89 页。

《经济学哲学手稿》的第一个笔记本显然是在一个比较短的时间内,但是在几个不同的阶段写出来的。对笔记本的仔细分析得出这样一个结论,即写作过程大概可以分为五个阶段。在前三个阶段,研究是在马克思事先划出的两栏或三栏中并列进行的,在第四个阶段只使用了地租这一栏,而在第五个阶段取消了把材料垂直排列归属三栏的办法。

在第一个阶段,马克思在工资、资本利润和地租三栏里对斯密关于这三个基本范畴以及关于资产阶级社会三个基本阶级的经济生存条件的主要见解作了总结。① 可以有把握地说,地租这一栏是最后写的。差不多可以认为,笔记是按照以斯密的著作为依据拟定的工资、资本利润和地租这种顺序写的。

在工资这一栏里,马克思在第Ⅰ—Ⅵ页上叙述了斯密关于工资是自然价格的一部分、关于市场价格的波动对同利润和地租相对立的工资的影响以及关于在斯密所概述的社会发展的三种基本状态即衰落状态、财富日益增进的状态和最富裕的状态中工人的状况的观点。关于工人变成了商品并从属于商品规律的观点是马克思论述的中心点。

在工资这一栏的第Ⅵ页上,开始了一个新的段落。② 马克思在斯密的观点中发现了作为价值源泉的劳动的作用同工资以及工人状况的高低之间的矛盾。他把这一矛盾理解为"工人的理论要求和实践要求"的比较。③ 他的这一段论述是以关于工人的利益和社会的普遍利益的关

---

① 见《马克思恩格斯全集》国际版新版第1部分第2卷第189—207、708页。
② 见《马克思恩格斯全集》国际版新版第1部分第2卷第203页第32行第一栏至第207页第28行第一栏;参看《马克思恩格斯全集》第1版第42卷第54页第8行至第55页第17行。
③ 见《马克思恩格斯全集》国际版新版第1部分第2卷第203页左栏第37—39行;参看《马克思恩格斯全集》第1版第42卷第54页第8—9行。

系的言论结束的。① 这一思路很可能是要对这一段论述作概括性的总结。由于马克思在第 VII 页工资一栏写完第一部分笔记时划了一条横线,② 这种看法就更可能符合事实了。

工资这一栏的阐述同资本利润和地租那两栏的论述相比有几个特点。对斯密观点的系统化已经达到更高的概括阶段。这种系统化是由于作出了准确的评价,使表达高度精炼化,引入了更加明确、更具有党性的概念而形成的。马克思不愿作文献提要式的叙述。他也许把读书笔记中逐字逐句摘抄的斯密的引文加以修改,以便能够比原封不动地引用斯密的言论更精确地说明工人的状况以及劳动和资本的关系的特点。马克思在开始研究时已经对无产阶级的作用具有坚定的信念,对无产阶级的状况和斗争非常了解。他在研究经济学之前就已经坚信,为了使"政治解放"进一步发展为"人类解放",必须消灭私有制。对斯密关于工资的观点的分析已经是在从完全不同的阶级立场出发自觉地反对资产阶级政治经济学的情况下写出来的。

马克思选择了斯密的认识水平作为他的内在的批判的前提。正如在马克思的摘录中反映出来的那样,斯密的逻辑顺序是:用劳动量规定"实际价格",用工资、资本利润和地租这三个组成部分规定"自然价格",用供给和需求规定"市场价格"。在斯密那里,自然价格就是价值,从而是引力中心,市场价格就围绕着它波动。马克思在工资这一栏里一开始就探讨了斯密劳动价值论的基本特点,因为他对关于价格的几

---

① 见《马克思恩格斯全集》国际版新版第 1 部分第 2 卷第 206 页左栏第 24 行至第 207 页左栏第 28 行;参看《马克思恩格斯全集》第 1 版第 42 卷第 55 页第 9—17 行。

② 见《马克思恩格斯全集》国际版新版第 1 部分第 2 卷第 27 页第 29 行;参看《马克思恩格斯全集》第 1 版第 42 卷第 54 页第 18 行。

个不变部分，关于自然价格和市场价值趋向于自然价格等章的论述作了解释。只有这样，马克思才能合乎逻辑地论证说，根据资产阶级经济学的理论、概念，劳动是价值的源泉，因此，利润和地租不过是工资的扣除。根据同一个理论，工人变成商品，他得到的工资仅仅能够维持生命和繁殖自身，资本家和土地所有者统治着工人。

在资本利润这一栏里，马克思在第一阶段根据他自己选择的分节办法把斯密的观点连同萨伊的几段引文加以系统化："1）资本"，"2）资本利润"，"3）资本对劳动的统治和资本家的动机"。第三节的结尾是关于资本家的利益同社会的一般利益相敌对的评语。在第 V 页，马克思开始写"4）资本的积累和资本家之间的竞争"这一节，就是说，他研究了资本家阶级内部合乎规律的发展趋势。马克思完全有可能在写作过程的第一阶段就已经开始写这一节。然而，他在写作过程的第一阶段最迟应该在第 VI 页末尾中断第四节的写作。① 第 VI 页上新写的两段话的开头②使我们可以作这样的假设，即马克思在这两处中的一处中断了写作。

在地租这一栏里，马克思在写作过程的第一阶段摘录了萨伊和斯密的地租定义。接着他论述了斯密关于决定地租数量的因素的观点和斯密关于地租怎样在租地农场主和土地所有者之间的斗争中形成的见解。这些叙述在第 VI 页结束。

在第 VII 页，马克思把工资同资本利润和地租相比较，用工资这一

---

① 见《马克思恩格斯全集》国际版新版第 1 部分第 2 卷第 210 页左栏第 25 行；参看《马克思恩格斯全集》第 1 版第 42 卷第 67 页第 12 行。

② 见《马克思恩格斯全集》国际版新版第 1 部分第 2 卷第 209 页左栏第 18 行和第 210 页左栏第 18 行；参看《马克思恩格斯全集》第 1 版第 42 卷第 66 页第 23 行和第 67 页第 10 行。

范畴把斯密自己所阐述的工人阶级的经济生活条件加以总结,并且提出了两个问题,他想通过回答这两个问题超出"国民经济学的水平"①。马克思通过这样进行总结和提出任务就取消了把正文分成几栏的办法,但是仍然有意识地保留了工资、资本利润和地租的分栏标记。马克思暂时中断了进一步的研究。

在第二阶段,马克思扩展了资本利润和地租这两栏的主题。② 他用斯密关于小资本和大资本之间的区别、关于大资本在竞争中的优势、关于作为竞争的结果是资本集中到少数人手里这种必然的历史结果等内容丰富的言论对资本利润这一栏作了补充。

马克思用斯密对"土地所有者如何榨取社会的一切利益"这一问题的见解扩展了地租这一栏的主题。③ 引文之后,是马克思对斯密关于土地所有者的利益同社会利益一致的观点的驳斥。马克思的论证分为五点,④ 这段论证根据内容和笔迹鉴定来看既可以划入写作过程的第二阶段,也可以划入第四阶段。可以肯定的是,第 XI 页上开始的关于大地产和小地产之间的竞争的论述是在第四阶段写的。⑤

---

① 见《马克思恩格斯全集》国际版新版第 1 部分第 2 卷第 207 页第 30 行至第 208 页第 26 行;参看《马克思恩格斯全集》第 1 版第 42 卷第 55 页第 19 行至第 56 页第 19 行。

② 见《马克思恩格斯全集》国际版新版第 1 部分第 2 卷第 208—216、708 页。

③ 见《马克思恩格斯全集》国际版新版第 1 部分第 2 卷第 208 页右栏第 28—30 行;参看《马克思恩格斯全集》第 1 版第 42 卷第 78 页第 26—27 行。

④ 见《马克思恩格斯全集》国际版新版第 1 部分第 2 卷第 211 页右栏第 23 行至第 213 页右栏第 13 行;参看《马克思恩格斯全集》第 1 版第 42 卷第 78 页第 4 行至第 81 页第 4 行。

⑤ 见《马克思恩格斯全集》国际版新版第 1 部分第 2 卷另一种文本第 228 页第 22 行;参看《马克思恩格斯全集》第 1 版第 42 卷第 81 页第 4 行。

在写作过程的**第三个阶段**，马克思从第 XIII 页至第 XVI 页只是把手稿分为两栏。在这个阶段，他在工资和资本利润这两栏中增加了摘自威廉·舒耳茨的《生产的运动》、康斯坦丁·贝魁尔的《社会经济学和政治经济学的新原理》、查理·劳顿的《人口和生存问题的解决》和欧仁·毕莱的《英国和法国劳动阶级的贫困》的引文。① 1842 年和 1843 年出版的这些著作批判了资本主义制度下的工人的社会状况和资本家的所作所为，并且探索了消除贫困的道路。这一切都是从左派自由主义的立场，主要是从空想社会主义的立场出发的。马克思摘抄了这些引文，未加评注。

马克思通过这些引文了解到采用机器对工人和资本家的影响。在工资这一栏里，他抄录了一些反驳那种认为由于通过采用机器使生产增长，工资、因而工人的福利也会增长的观点的论据。资本的利润这一栏里的引文说明了采用机器给资本主义生产和资本家阶级直接带来的有利的后果。马克思还特别注意到，采用机器给大资本带来什么样的好处，因为采用机器加剧了竞争，导致资本集中到少数人手里。马克思认为，这一切就是私有财产的合乎规律的发展趋势以及它对工人和资本家的不同影响，上述作者用事实对此作了证明和论证。

在写作过程的**第四阶段**，在地租这一栏里写了一段相对独立的文稿。马克思为此利用了原来笔记本上仍然空着的第 XII 和 XVI 页，为了继续写下去又给这个笔记本新增加了几张纸。② 从第 XVII 页至第 XXI

---

① 见《马克思恩格斯全集》国际版新版第 1 部分第 2 卷第 216—227、708 页。
② 见《马克思恩格斯全集》国际版新版第 1 部分第 2 卷第 227—234、708—709 页；参看《马克思恩格斯全集》第 1 版第 42 卷第 80 页第 16 行至第 88 页第 3 行。

页马克思又把每一页分为三栏,不过,工资和资本利润这两栏空着未用。马克思阐述了他的关于地产的合乎规律的发展的观点。同时,他还间接地反驳了斯密的观点,但是他还没有能够回过来谈他自己对李嘉图关于地产和地租的学说的批判性评价。马克思得出结论说,封建地产是私有财产的一种历史形式,在历史发展的进程中资本家和土地所有者之间的区别消失了,结果资产阶级社会只知道两个阶级即工人阶级和资本家阶级。接着是对颂扬地产的封建观点的批判分析以及关于地产的分割或不分割的争论。从而马克思就抓住了一个本来应该是一篇为《莱茵报》撰写的拟议中的文章的主题的题目。

在写作过程的**第五阶段**,马克思两次提出要离开"国民经济学"的前提。① 一开始他就总结了从资产阶级政治经济学本身究竟能够引申出什么观点,并且重复了从工资、资本利润和地租这三栏事实上得出了哪些结论。"我们从国民经济学本身出发,用它自己的话指出,工人降低为商品,而且是最贱的商品;工人的贫困同他的产品的力量和数量成正比"②,——这就是马克思在工资这一栏里得出的证明;"竞争的必然结果是资本在少数人手中积累起来,也就是垄断的更可怕的恢复"——这就是马克思在资本利润这一栏里得出的证明;"最后,资本家和靠地租生活的人之间、农民和工人之间的区别消失了,而整个社会必然分化为两个阶级,即**有产者**阶级和没有财产的**工人阶级**"。——这就是马克

---

① 见《马克思恩格斯全集》国际版新版第1部分第2卷第234—247、709页;参看《马克思恩格斯全集》第1版第42卷第89—103页。

② 参看《马克思恩格斯全集》第1版第42卷第89页。(原文是:"反比"。——原编者注)

思在地租这一栏里得出的证明。①

马克思概括说，资产阶级政治经济学从私有财产出发，以私有财产作为前提，它抓住了私有财产的运动规律，但是它既不去考察私有财产的原因和本质，又不去认识私有财产的暂时的性质。它对资本主义生产的规律性作了说明，但是没有把这些规律性同私有财产的本质和历史性质联系起来。马克思研究资产阶级政治经济学时已经把资产阶级政治经济学的阶级性作为前提，他在第一个笔记本中转述了斯密的观点以后进行解释时就证明了这一点。

在批判资产阶级政治经济学的同时，马克思在第一个笔记本中第一次开始从无产阶级的经济生存条件出发来解释这个阶级的历史作用。他的出发点是，资产阶级政治经济学认识到劳动是价值的源泉，但是，它以不考察工人同生产的直接关系来掩盖异化劳动。马克思作出了这个论断以后，紧接着就分析了在资产阶级社会的现有条件下工人同由他所生产的产品、同他的生产活动、同他的类本质以及同其他人的关系。他由这一点出发阐明了异化劳动范畴并说明了劳动同私有财产之间的本质联系。他得出结论说，私有财产是异化劳动的产物、结果和必要的前提，并且给自己提出了借助于异化劳动和私有财产来阐明国民经济学的基本范畴的任务。为此就要先进行一项研究，在这项研究中马克思必须规定同真正人的和社会的财产相对立的私有财产的本质，并且阐明私有财产的历史性质。由于确定了这些任务，他的研究就中断了。

在这一篇幅很长的进行独立论述的部分里，马克思勉强保留了工资、资本利润和地租的分栏。

---

① 见《马克思恩格斯全集》国际版新版第 1 部分第 2 卷第 234 页；参看《马克思恩格斯全集》第 1 版第 42 卷第 89 页。

在第一个笔记本的第三页①上有一个包括二十九篇论述经济问题的著作的目录。对这个书目的比较详细的考察说明，这是马克思在巴黎、布鲁塞尔和曼彻斯特所作的读书摘要的总目录。他用这种方式总共登记了十二个读书笔记本的内容，其中有一个笔记本没有保存下来。

登记在这个目录上的在巴黎写的笔记本有：（4）有毕莱著作摘录的笔记本②，（5）有斯密著作摘录的笔记本③，（6）至（9）有约翰·拉姆赛·麦克库洛赫、吉约姆·普雷沃和安都昂·路易·克劳德·德斯杜特·德·特拉西著作摘录的笔记本④。此外，正如读书笔记本的封面上所标明的，马克思还了解耶利米·边沁的一篇著作。不过，笔记本本身并没有边沁著作的摘录。有萨伊和弗雷德里克·斯卡尔贝克著作摘录的笔记本，有李嘉图和詹姆斯·穆勒著作摘录的笔记本以及有卡尔·沃尔弗冈·克里斯多夫·许茨、弗里德里希·李斯特和亨利希·弗里德里希·奥济安德尔著作摘录的笔记本都没有登记在这个目录上。

有马克思编号为（21）至（24）摘录的两个笔记本，他自己注明了"1845年，布鲁塞尔"；有他编号为（18）至（20）摘录的一个笔记本，他自己注明了"1845年，曼彻斯特"。其余五个笔记本，编号分别为（1）（2）；（3）；（10）至（13）；（14）至（17）以及（28）（29），马克思都没有注明日期，但是大概也是1845、1846和1847年在布鲁塞尔或曼彻斯特写的。

编号（25）至（27）马克思登记如下："（25）西斯蒙第：《政治

---

① 见《马克思恩格斯全集》国际版新版第1部分第2卷第707页。
② 参看《马克思恩格斯全集》国际版新版第4部分第2卷第551—579页。
③ 参看《马克思恩格斯全集》国际版新版第4部分第2卷第332—386页。
④ 参看《马克思恩格斯全集》国际版新版第4部分第2卷第473—492页。

经济学新原理》两卷本1827年版。(26)舍尔比利埃：《穷人和富人》1841年巴黎版。(27)约瑟夫·德罗兹：《政治经济学》1829年巴黎版"。这个笔记本没有保存下来。它可能是在写了《经济学哲学手稿》以后在巴黎写的。它同有李嘉图和穆勒著作摘录的笔记本一样，用罗马数字编了页码。马克思在《政治经济学批判大纲》中多次引用这个笔记本中的摘录并且标明Sism.［西斯蒙第的缩写］或西斯蒙第Ⅳ、Ⅵ和Ⅷ以及舍尔比利埃ⅩⅩⅧ。

这个经济学著作摘要的目录是马克思到后来才记在第一个笔记本上去的。显然，可以十分有把握地说，这个目录最早也得在1845年7月和8月马克思在曼彻斯特和伦敦逗留以后才可能写出来。

第二个笔记本只保留下来第ⅩL至ⅩLⅢ页，在这里马克思继续对资产阶级政治经济学进行批判。在第二个笔记本中马克思把"现代英国国民经济学"即"李嘉图、穆勒等人"[①]的观点同斯密、萨伊的观点对立起来。马克思虽然没有对斯密学说和李嘉图学说的不同的社会经济前提作出总的评价，但是他在1844年已经把李嘉图学说的结论归因于斯密活动以来工业的发展，而恩格斯在《国民经济学批判大纲》中也是这样做的。

马克思早在第一个笔记本中就通过独立的论证证明，地产只是资本的一种历史的表现形式，土地所有者和资本家正融合为一个阶级，而在第二个笔记本中他称赞这些见解是"现代英国国民经济学"的功绩。接着，马克思把"现代英国国民经济学家"所下的地租定义同斯密的地租定义对立起来。最后，马克思强调指出，同斯密、萨伊相反，李嘉

---

① 见《马克思恩格斯全集》国际版新版第1部分第2卷第249页；参看《马克思恩格斯全集》第1版第42卷第105页。

图、穆勒公开确定了资本主义生产的真正目的。他们直截了当地宣称利润就是这种目的,并且毫不掩饰地要求尽量压低工资,因为这样一来利润率就会提高。

马克思在第二个笔记本中把李嘉图的学说评价为一个合乎逻辑的大进步,评价为直接地和公开地代表私有制利益的表现。而在第一个笔记本中甚至没有以暗示的方式对资产阶级政治经济学内部的区别提出这样的评价。

因此,可以有把握地认为,马克思在写第二个笔记本以前,已经使他对资产阶级经济学的研究超出了萨伊和斯密的范围。如果说马克思在写第二个笔记本以前已经对李嘉图和穆勒的著作作了摘录,但是在保留下来的几页上却看不到同这些摘录的任何直接的或间接的联系。还剩下一个假设,就是对这些摘录的具体的利用主要是在没有保留下来的各页上。但是,与此相矛盾的是,对李嘉图著作《政治经济学和赋税原理》的摘录[①]和穆勒著作《政治经济学原理》的摘录[②],在完整地保存下来的第三个笔记本中也没有直接或间接地加以利用。

对由普雷沃翻译并加了注释的麦克库洛赫著作的译本的摘录(卡尔·马克思《约翰·拉姆赛·麦克库洛赫〈论政治经济学的起源、发展、特殊对象和重要性〉和吉约姆·普雷沃〈评李嘉图体系〉摘要》[③])情况却不同。马克思按照他所拟定的三点对麦克库洛赫和普雷沃的著作作了摘录:"(a)麦克库洛赫","(b)李嘉图学说概述;主要是根据詹姆斯·穆勒的《政治经济学原理》1824年伦敦第2版",以

---

① 参看《马克思恩格斯全集》国际版新版第4部分第2卷第392—427页。
② 参看《马克思恩格斯全集》国际版新版第4部分第2卷第428—470页。
③ 参看《马克思恩格斯全集》国际版新版第4部分第2卷第473—484页。

及"(c)普雷沃博士(译者)的《评李嘉图的体系》"。

在这个摘录的(c)这一部分,马克思首先对李嘉图主义者,特别是对李嘉图主义者同斯密的区别作了他自己的篇幅很长的评价,并且就普雷沃对李嘉图主义者的态度写了批评性意见。这个摘录已经包含了在第二个笔记本的保存下来的部分中可以看到的所有见解。马克思在这几页上很少谈到李嘉图,而更多的是谈到李嘉图主义者或李嘉图学派,这一事实尤其证实了麦克库洛赫和普雷沃著作摘录同第二个笔记本的直接联系。

在作了麦克库洛赫和普雷沃著作摘录以后,马克思紧接着就写了恩格斯《国民经济学批判大纲》一文摘要。① 他首先从几个专门方面对恩格斯的著作作了探讨。其中包括,恩格斯是怎样论述斯密、萨伊和李嘉图在价值理论和关于地租的观点上的区别的。毕莱为他的著作《论英法工人阶级的贫困》所写的长篇导言,也可以算是马克思在第一个笔记本中已经引用的李嘉图著作的引文和关于李嘉图的论述的可能的来源。

因此就得出了下面这个可能的假设。马克思在写了第一个笔记本以后就对麦克库洛赫和普雷沃的著作作了摘录,对恩格斯的《国民经济学批判大纲》作了摘要,紧接着又在这种广阔的资料来源的基础上通过开始写第二个笔记本继续进行对国民经济学的批判。而李嘉图和穆勒著作的摘录很可能是在写了第三个笔记本以后,即在《经济学哲学手稿》以后才写的。

对第二个笔记本缺多少页的问题作出回答和再现所缺各页的内容一样只能是假设性的。只能很有保留地认为,第二个笔记本是第一个笔记

---

① 参看《马克思恩格斯全集》国际版新版第4部分第2卷第485—486页(《马克思恩格斯全集》第1版第42卷第3—4页)。

本的直接继续，它只缺少第XXVIII页至第XXXIX页。更可能的是第二个笔记本也从第I页开始，因此就缺少第I页至第XXXIX页。从马克思用来继续进行对资产阶级政治经济学的批判（这种批判部分地间接修正了他在第一个笔记本中所作的评价）的广阔的资料来源来看，这种看法可能更符合实际。第一个笔记本中有空白页，首先是这个笔记本的第XXVII页只写了四行字的事实，也支持了这种假设。

第二个笔记本现存的几页，这个笔记本最后一页上的提纲，第三个笔记本上的三段补充以及第三个笔记本第XVIII页上的总结使我们可以推测，所缺的各页的主要内容是对资本和劳动的对立的分析，而且是把这种对立作为私有财产的相互制约和斗争的两方面的辩证的统一来进行分析的。在这里更精确地把资本理解为私有财产的客观形式，把劳动理解为私有财产的主观本质。有一点是显而易见的，就是资产阶级经济学本身以各种方式研究了资本和劳动的统一，它一开始就断言资本是积累的劳动，接着又对生产内部的资本下定义，把工人看作是资本，把工资看作是资本费用的一部分，最后硬把人类发展的最初状态说成是资本和劳动的直接统一。没有保留下来的各页的内容可能也包括有产和无产的对立的历史发展，直到资本和劳动的对立的发展，以及这种对立的尖锐化，直到工业资本和工厂劳动的对立，从这里马克思就引申出消灭这种对立的历史必然性。

第三个笔记本不是一篇完整的、合乎逻辑地组织起来的论文，它分成几个彼此不同、种类繁多的部分。按照性质可以把它分成四组。第一组是对第二个笔记本没有保留下来的第XXXVI页和第XXXIX页的三段补充（本卷刊印的正文的第I至Ⅲ部分），最后一段补充还包含两段很长的发挥（第IV部分和第VI部分）。第二组是论述不同题目的一些简短的附录（第 V 部分和第 VII 部分的开头）。第三组是关于分工和关于货币的两篇相对完整的长篇论述（第 VII 部分和第 IX 部分）。这个笔记本的第四组是一篇《序言》的草稿（第 VIII 部分）。

第三个笔记本，至少从第 III 页起，最早是 1844 年 8 月初写成的。第 XXXIX 和 XL 页上的《序言》以及以下各页最早是从 1844 年 8 月 12 日起写。马克思在第 XI 和 XII 页上间接地引用了《文学总汇报》第五期和第六期的文章。但是他在 1844 年 8 月初才收到由格奥尔格·荣克寄来的这几期《文学总汇报》。[①] 马克思在《序言》中驳斥了布鲁诺·鲍威尔在该杂志第八期上发表的言论，但是马克思给费尔巴哈的信[②]证实，马克思在 1844 年 8 月 11 日显然还没有得到这一期《文学总汇报》。因此，《序言》的写作时间就要推到非常接近于恩格斯访问的日期（恩格斯于 1844 年 8 月下旬到达巴黎），从而推到非常接近于开始写作《神圣家族》的日期。

第三个笔记本的第 I 部分是一段关于劳动的补充，马克思把劳动评价为私有财产的主体本质。他说明了，在资产阶级经济学史中关于劳动的观点必然地随着私有财产的发展而变化，私有财产的完成了的客观形式是工业资本，而工厂劳动是劳动的发达的本质。

第 II 部分是一段关于有产和无产的对立向资本和劳动的对立发展的简短补充。

第 II 部分是一段论述通过扬弃私有财产来扬弃人的自我异化这个题目的、分成七点的补充。马克思第一次对取代资本主义制度的新社会具有哪些本质特征，从资本主义到社会主义的合乎规律的转变过程应该

---

① 参看《马克思恩格斯全集》国际版新版第 3 部分第 1 卷第 436 页。
② 参看《马克思恩格斯全集》国际版新版第 3 部分第 2 卷第 451—453 页。

怎样进行的问题作了非常详细的回答。

引起写这些篇幅很长的补充的外部原因可能是《前进报》上的讨论，特别是1844年6月和7月关于"人道主义学派"的讨论，这场讨论在应该用什么来代替现存的东西这个问题上达到了高潮。卢格把《德法年鉴》的观点称为"人道主义学派"①。此后有人质问他，他要用什么来取代现存的东西，他是否以人权为基础，而马克思却越出了这一点。② 卢格用马克思的文章《论犹太人问题》中的一个定义来答复这封信，按照这个定义，只有当人认识到自己的"原有力量"并把这种力量组织成为社会力量时，人类解放才能完成。③ 卢格赞成这个定义，并且声称它是"新的劳动组织"④，这是一个被空想主义者多次使用、而马克思本人没有使用过的概念。《前进报》上的整个讨论是在西里西亚织工起义的直接影响下进行的。

在《文学总汇报》上也通过间接影射马克思的文章《〈黑格尔法哲学批判〉导言》攻击关于无产阶级历史作用的观点。这种情况特别发生在埃德加·鲍威尔同蒲鲁东的论战中。⑤ 在这里关于资产阶级社会的本质，关于新社会的性质和特征的问题占了很大篇幅。这场讨论同样可能促使马克思去写这段长篇的补充。

马克思把对空想社会主义和共产主义的总结性批判同他对没有剥削的社会的阐述结合成为一个整体，并且试图把这些观点纳入合乎规律的

---

① 巴黎《前进报》1844年6月19日第49号。
② 参看巴黎《前进报》1844年6月22日第50号。
③ 参看《马克思恩格斯全集》第1版第1卷443页。
④ 巴黎《前进报》1844年7月6日第54号。
⑤ 参看《文学总汇报》1844年第5期第37—52页。

思想史的发展中去。马克思在1843年夏天对那些专断的评论就开始采取这种办法。现在他在批判这些学说的更深入的阶段上又进一步完善了这种办法。

马克思试图说明新的社会制度、它的形成过程和它的本质特征时，力图把资产阶级社会作为历史上必然的东西来加以论证，并且在资本和劳动的对立尖锐化的基础上证明资产阶级社会在历史上已经过时。马克思认为，物质因素，即工业和工厂劳动的发展是共产主义的客观前提。他不愿意把新社会作为现成的教条去同现存的东西相对立，而是从资产阶级社会内部现存的前提出发去阐明新社会，并且说明新社会的产生本身是一个漫长的过程。马克思在新的经济见解的基础上运用了他的关于人类发展史的历史辩证法的观点，并且进一步发展这种观点。

马克思那里的新的东西在于，他首先把劳动看作是人同自然的关系，是生产活动，是人的类活动的本质特征，是人同其他人的关系，并且确定劳动是人类发展中第一性的和革命的因素。

可见，马克思恰好由于这个缘故对黑格尔的辩证法、对黑格尔关于人类发展史及其动力的观点进行了批判，是完全合乎逻辑的。这样做的理由就在于，要把人的自我异化的扬弃的必然性作为人类历史发展的结果来加以说明。同时对于马克思来说，批判黑格尔也是理论上扬弃自我异化的一部分。而费尔巴哈在1842年和1843年写的著作中所代表的唯物主义的但同时也是片面的立场也促进了这一点。当时费尔巴哈由于青年黑格尔派集中到布鲁诺·鲍威尔周围以及他们在《文学总汇报》上发表了主观唯心主义观点而受到挑战。1844年4月马克思在给他的朋友们的一些书信中就对《文学总汇报》第一至四期有联系地作了评价，并且表示打算发表反驳文章。这些书信没有保留下来。只能从莫泽斯·

赫斯以及格奥尔格·荣克的信中零星地把这些书信的内容再现出来。在写《经济学哲学手稿》时，马克思收到了《文学总汇报》第五至七期以及第八期。最后，仍然有向法国社会主义者和共产主义者介绍德国哲学中的进步因素的任务。后来马克思提到，在巴黎时他曾试图向蒲鲁东讲解黑格尔的辩证法。

第三个笔记本的第 IV 部分是第六点的一个附录，即对黑格尔辩证法的分析，马克思从这种分析着手转而分析了黑格尔的《精神现象学》。从这里已经可以看出，对黑格尔的批判分析，在马克思通过研究资产阶级经济学所获得的认识的基础上，已经冲破关于扬弃人的自我异化的阐述的框框。

第 V 部分是有关不同题目的几段附录。马克思一开始就对以前所论述的东西作了一个总结。从而他显然是在对第二个笔记本作了补充以后，把这个笔记本的论述继续写下去，但是他中断了对已提出的问题的进一步研究或者说合乎逻辑的展开。接着是几段多少有联系的文字，关于从批判资产阶级经济学中提出的各种不同问题的概述，它们之间在内容上和逻辑上没有直接的联系。马克思本人用横线把各段概述分开，这种叙述方式在完整的论文中几乎是看不到的。后来他自己把这些概述性的说明称为附录。

第 VI 部分是一篇很长的论文，马克思用明显的标记把它列为对第 XVII 页，即对第六点关于扬弃人的自我异化的阐述的补充。马克思批判了黑格尔的《现象学》，并从此出发批判了整个黑格尔体系，他一方面研究了黑格尔辩证法的积极方面，另一方面又分析了黑格尔哲学的片面性和局限性。由于插入了这段话，对黑格尔的批判分析就具有了相对独立的性质，但是即使如此，马克思在内容上和逻辑上也还没有把这种批判分析进行到底。作了阐述以后就指出还应该研究什么东西,最后以黑格尔《哲学全书》的两段引文结束。

第 VII 部分一开始是关于地租和关于蒲鲁东的两段简短的附录,但是主要内容是一篇关于分工的完整论述,而且把分工看作是在异化范围内的劳动社会性的国民经济学用语,或者说,看作是作为类存在物的人的活动的异化形式。马克思把斯密、萨伊、斯卡尔贝克和穆勒关于分工的观点排列在一起,对这些观点作了解释,并且指出了它们的差别和共同性。对于下一步的工作来说,首先马克思关于分工和交换以私有财产为基础的结论具有重要意义。在这里一方面包含着私有财产是历史必然的证明,另一方面也包含着现在需要消灭私有财产的原因。马克思在研究和摘录穆勒《政治经济学原理》①时对分工和交换所作的论述,是第三个笔记本中开始的探讨的继续,而这些探讨总的说来对于进一步制定唯物主义历史观具有极端重要的意义。

第 VIII 部分是一篇《序言》的草稿,在这里马克思论述了,为什么他没有继续写已经开始在《德法年鉴》上发表的著作《黑格尔法哲学批判》。他预告要写不同的单独小册子来批判法、道德、政治等等。他想把《国民经济学批判》作为这一系列小册子的开端。这部批判国民经济学的著作应该包括对黑格尔的辩证法和整个哲学的批判,作为最后一章。《序言》原来包括对《文学总汇报》所代表和维护的青年黑格尔主义的比较长的评价。但是在写作过程中马克思把这些段落删去了,只是简短地概述了批判这些观点的必要性,并且提出要写一本专门的小

---

① 参看《马克思恩格斯全集》国际版新版第 4 部分第 2 卷第 452—459、462—466 页。

册子，后来在写作过程中这本小册子发展成了他和恩格斯合写的著作《神圣家族》。

在《序言》中，马克思最早在1844年8月中对他要写的一部著作作了概述，我们看到的三个笔记本可以看作是为完成这部著作而写的第一个草稿或准备材料。当然，也不能确定《序言》就是后来拟定要写的两卷本著作《政治和国民经济学批判》的保留下来的部分。为了出版这部著作，在1845年2月1日马克思同卡尔·弗里德里希·尤利乌斯·列斯凯签订了一个合同。① 在《序言》中阐述的计划描绘了在马克思以后迅猛发展的对资料来源的研究和认识进步中的中间阶段。

1844年8月所写的批判国民经济学的计划规定，要在一本以批判黑格尔的辩证法和整个哲学作为最后一章的小册子中进行这种批判。1845年1月马克思计划写一部两卷本的著作，篇幅超过四十印张，标题为《政治和国民经济学批判》。在写《序言》到签订合同这段时期里，马克思撰写了《神圣家族》，研究了李嘉图、穆勒和其他人的经济著作。显然，1845年初马克思放弃了写一系列专门小册子来批判政治、法律、道德等等，并写一本专著来说明整体的联系的打算。

第IX部分由两篇不同的概述组成。马克思首先记下了关于人的感觉是本体论的本质肯定的评论，人的感觉只是因为它们的对象是感性的，所以才能肯定自己。接着是一个关于货币的片断，一篇关于这个题目的比较完整的文章。从而马克思就结束了第三个笔记本的写作。还有现成的二十三页仍然是空白。马克思在摘录穆勒的《政治经济学原

---

① 参看《马克思恩格斯全集》国际版新版第3部分第1卷第851页注释。

理》①时写的关于货币的论述可以看作是在第三个笔记本中中断了的关于这个题目的阐述的继续。

可以认为,马克思在中断了第三个笔记本的写作以后,就开始用好几个星期的时间紧张地写作《神圣家族》。他再次扩大了对资产阶级政治经济学的研究范围。显然,只是在这时,他才开始摘录李嘉图的著作《政治经济学和赋税原理》和穆勒的著作《政治经济学原理》。李嘉图和穆勒著作摘录和以前的读书笔记相比首先有这样的特点,就是马克思立即对李嘉图和穆勒的言论作了更多得多的评论。他评价、解释并批判了这些言论,而且把这些言论纳入他自己的长篇阐述。

马克思在摘录《政治经济学和赋税原理》时认识到了李嘉图和斯密之间的区别,并且驳斥了萨伊对李嘉图的批判。马克思利用的是李嘉图著作的法文译本,这个译本有萨伊加的评注。马克思借助于李嘉图的价值理论、剩余价值理论和地租理论能够更加准确地理解资本主义政治经济学的一些规律和范畴。李嘉图学说公开而直接地反映了工业资产阶级的利益,这使马克思能够更具体地阐明"国民经济学"的资产阶级性质。

由于作穆勒著作摘录,马克思在独立的阐述中研究了一系列问题,如私有财产和货币制度的联系,交换和分工作为私有财产条件下人的类活动,劳动作为私有财产条件下的谋生劳动,分工作为人的活动的交换等等。

总之,有李嘉图和穆勒著作摘录的笔记本是《经济学哲学手稿》的补充,同时也是它的进一步的发展。这首先表现在内容分析和运用这

---

① 参看《马克思恩格斯全集》国际版新版第4部分第2卷第447—452页。

些观点的成熟程度上，表现在摘录常常被关于在第一、二、三个笔记本中只是部分地谈到或者根本没有谈到的一些问题的相对完整的独立的长篇论述所打断。这个笔记本从明确的态度来看，可能更接近于《经济学哲学手稿》的第三个笔记本。马克思用罗马数字来给这个笔记本编页码，这可以算作是证实这种假设的形式上的证据。因此，可以把这个笔记本称作第三个笔记本的研究的直接继续，这种继续由于大力利用李嘉图和穆勒的观点而达到了更高的质。

这部著作以卡尔·马克思《1844年经济学哲学手稿。国民经济学批判。附关于黑格尔哲学的最后一章》为题第一次发表在《马克思恩格斯全集》国际版旧版第1部分第3卷第29—172页。

（原载《马克思恩格斯全集》国际版新版第1部分第2卷）

（赖升禄、洪佩郁 译 刘晖星 校）

《1844 年经济学哲学手稿》和意识形态的斗争[*]

〔苏〕尼·伊·拉宾

二十世纪所展开的、从《1844 年经济学哲学手稿》出版以后开始的关于青年马克思的理论争论，是社会主义意识形态和资产阶级意识形态之间的斗争的一种特殊形式。《1844 年手稿》在马克思主义哲学形成中的意义是伟大的，而围绕这部手稿而进行的争论也是很重要的。为了正确地理解这场斗争，必须弄清楚，为什么恰好是这部手稿成了斗争的对象。要知道，在这部手稿问世以前，马克思和恩格斯的其他一些更早期的著作，以及一些稍微晚一些的也不是完全成熟的马克思主义的著作（例如《神圣家族》），都已经出版。

对于这个问题，可以从围绕《1844 年手稿》所展开的意识形态争论的性质中得出答案。马克思的博士论文不可能成为对马克思主义进行极端的反马克思主义的重新解释的出发点，只是因为它离马克思主义还远。相反，《神圣家族》则处于马克思主义形成的历史过程的相反一极。诚然，在这部著作中也有一些论点，后来被马克思和恩格斯所抛弃了，但是，这些论点并不构成该著作的主要内容。

《1844 年经济学哲学手稿》跟马克思的博士论文有原则的区别，因

---

[*] 本文选自《马列主义研究资料》1982 年第 3 辑。

为在这部手稿中已经提出了（虽然不是对其中所考察的所有问题）马克思主义的观点。但是，这部手稿也跟《神圣家族》有本质的区别，因为在这部手稿中马克思主义观点阐述得不够首尾一贯，而且其中使用的术语没有显示出马克思的学说同费尔巴哈的哲学人本学的根本区别，相反倒使这种根本区别变得模糊不清。揭示生产结构的那些概念在这里还没有用科学的术语来表述。

正如 G. 贝斯所强调指出的，《1844 年经济学哲学手稿》是马克思主义哲学形成中一个阶段的**结束**和一个新的、性质上不同的阶段的**开始**。"从此以后缺口已经打开，马克思的学说处在临近成熟的时刻……正因为如此，我们今天可以看到，马克思主义的敌人正在这部手稿中寻找食物。"① 换句话说，正是这一著作的过渡**性质**，即其中除了马克思主义的论点以外还有人本主义唯物主义的因素，特别引起资产阶级的马克思学家们对它的注意。

在 M. 布尔、R. 施泰格尔瓦尔德和苏联的马克思主义者的研究著作中，作者所注意的是，《1844 年手稿》首先是马克思为从事以后的研究而进行的**准备**工作。例如，在《1844 年手稿》中，异化概念往往并不是在严格经济学的意义上使用，更经常的是用作对资产阶级社会和无产阶级的悲惨状况进行一般评述的一个重要特征。

一方面，这种异化概念确定了劳动产品和生产活动本身异化这个客观经济事实。这个事实在成熟的马克思主义的著作中将用"生产资料所有者对劳动人民的剥削"这个概念来表达，这是马克思的真正的发现，他**发现了异化劳动**是社会经济进步的历史上必然的、但是暂时的对抗

---

① Besse G.,《Des Manuscrits de 1844 à la Sainte-Famille》, 载于《Nouvelle critique》杂志 1964 年 5 月号第 102 号。

形式。

但是，另一方面，异化概念在《1844年手稿》中也在费尔巴哈的意义上使用，换句话说，用来说明人类个人的**违反自然**的状态的特点，人类个人的**自然**需要受到了反常的社会制度的压制，反常的社会制度强迫人类个人采用与人的本性不相适应的生活方式，即用非自然的方式来满足自然的需要。在手稿中，这种情况就被称为人的本质的异化和自我异化。人的本质的自我异化不归结为劳动异化，因为人的本质在这里被看作是从历史一开始就已存在的东西，而不是在历史过程中生成、变化和发展着的东西。在这个意义上问题就涉及人丧失其本质，而异化的消除则被描述为人向自身的复归并获得这种以前丧失了的本质。从这种观点看来，资本主义制度的对抗性矛盾就成了人的本性与跟人的本性不相适应的、使这种本性畸形化的经济关系和政治关系之间的矛盾。

与此相联系，十分可贵的是，在手稿中描述了属于社会心理学和意识形态领域的劳动异化的派生的表现：精神上的空虚、观点的谬误、关于异化存在的无目的性和无意义性的见解等等。后来，这些表现在马克思那里以关于劳动异化的**派生**形式的学说的形式得到了更加具体的阐明。

但是，以极端片面地考察《经济学哲学手稿》为基础的对马克思主义的反马克思主义的解释，照例只是把异化的狭隘人本主义的定义作为出发点。

早在1932年，《1844年经济学哲学手稿》的社会民主党的注释者S.朗兹胡特和J.迈尔就第一次断言，说这部手稿具有"奠基性的意义"，"在一定意义上说是马克思的最重要的著作。这部手稿构成了马克思全部智力发展的关节点，在这个关节点上，从'人的真正现实性'

的思想中直接产生了他的经济分析的原则"。① 不仅如此,他们把这部手稿评价为马克思的天才的最高成就。"这是马克思的智力表现了其全部威力的唯一的文献。"② 据朗兹胡特和迈尔断言,这部手稿的意义就在于,它为按照伦理社会主义的精神来理解马克思主义开辟了道路,而伦理社会主义反对剥夺者的"粗陋的"思想,宣告了"实现人的真正使命"的主观必然性。③"人的真正使命"可以作各种各样的、包括彼此互相排斥的解释,这难道还用得着证明吗? 这种公式是任何一种现代资产阶级人道主义都可以接受的,而资产阶级人道主义的美丽辞藻完全是同对人的个性的任何压制结合在一起的。

H. 马尔库塞成了朗兹胡特和迈尔的事业的继承人,他于1932年发表了《阐述历史唯物主义基础的新资料》一文。他在这篇文章中说,马克思的这部手稿把"关于历史唯物主义乃至整个'科学社会主义'理论的起源和原来含义的争论"置于"一个新的基础之上"。④ 马尔库塞认为,马克思这部手稿的主要优点就在于,在手稿中人不是作为这个或那个阶级的代表,而是单纯作为人、个人、个性来加以考察的。马尔

---

① Landshut S., Mayer J. P., 《Die Bedeutung der Frühschriften von Marx für ein neues Verständnis》, 载于《Karl Marx. Der Historische Materialismus》第 1 卷, 莱比锡 1932 年版, 第 XIII 页。

② Landshut S., Mayer J. P., 《Die Bedeutung der Frühschriften von Marx für ein neues Verständnis》, 载于《Karl Marx. Der Historische Materialismus》第 1 卷, 莱比锡 1932 年版, 第 XXXVIII 页。

③ Landshut S., Mayer J. P., 《Die Bedeutung der Frühschriften von Marx für ein neues Verständnis》, 载于《Karl Marx. Der Historische Materialismus》第 1 卷, 莱比锡 1932 年版, 第 XII 页。

④ Marcuse H., 《Neue Quellen zur Grundlegung des lristorischen Materialismus》, 载于《Gesellschaft》杂志, 柏林版 1932 年第 8 期, 第 136 页。

库塞不愿意看到，马克思同费尔巴哈有一个区别，就是马克思通过揭露异化劳动的现象，也就揭露了其中对无产者的个性的压制。马克思不止一次地强调指出了人们的人本主义的统一和把人们分成彼此敌对的阶级的私有财产之间的悲剧性的不相适应的状况。

根据马尔库塞的观点，人的概念的确切定义只是指出，人是受动的、体验着多种多样的欲望的、具有意志和理性的、会死亡的存在物。马克思当然不会否认人这种存在物的这些明显的特征，但是，为什么他认为研究劳动和资本的对立、劳动异化、无产阶级的状况具有如此巨大的意义呢？马尔库塞声称，全部问题在于，对于马克思说来，"任何经济事实都是对人的本质的歪曲"①。在这里，当然，马尔库塞显然歪曲了马克思的思想，因为马克思在《1844年手稿》中恰好论证了在向公共所有制过渡的基础上消灭异化的可能性和必然性。

修正主义者德曼像他的前辈一样，断言这部手稿对于理解马克思学说的基本含义具有决定性的意义。据他断然声称，这部手稿"为以新的方式提出关于对待马克思主义的态度的问题，即关于马克思对待马克思主义的态度的问题，提供了具有决定意义的推动力"②。德曼企图证明，马克思的真正观点只有在《1844年手稿》中才得到了准确的表达，应该把马克思的"人道主义的马克思主义"同后来的《资本论》和《哥达纲领批判》中的非真正的"唯物主义的马克思主义"区别开来。其次，德曼断言，《经济学哲学手稿》的全部论点**毫无例外地**都应该认为

---

① Marcuse H.,《Neue Quellen zur Grundlegung des lristorischen Materialismus》,载于《Gesellschaft》杂志，柏林版1932年第8期，第137页。

② Man H. de,《Neuentdeckte Marx》,载于《Kampf》杂志，1932年第5期，第276页。

是属于成熟的马克思主义的，但是据说这些论点被马克思遗忘了，没有写进他后来的著作中去，因此造成一种假象，似乎马克思放弃了这些论点，似乎这些论点对《资本论》的作者来说已经变成无法接受的了。这些论断意味着打着虚假的回到"真正的"马克思那里去的旗号，放弃对社会进行社会主义改造这一问题采取唯物主义的和革命的解决办法。此外，德曼否认马克思的唯物主义，把马克思变成非理性主义的"生活哲学"的拥护者。似乎据马克思看来，在推翻了资本主义制度以后，经济对社会的决定作用就不再有效了，而"自由激情"的王国即将降临，似乎《1844年手稿》就是这样断言的。但是，如果没有解放了的人类的**经济上的**繁荣，激情又值几个钱呢？

我们已经证明，不能认为《1844年经济学哲学手稿》是成熟的马克思主义的著作，因为其中还有一些在成熟的马克思主义学说中已不再保留的论点，也还有在后来的著作中为马克思所修改或者作了更加明确的科学的表述的论点。

《经济学哲学手稿》无疑是一部天才的著作。但是，想把马克思的这部早期著作评价为他的**最重要的**著作的企图，只有一个当然是完全确定的含义：**贬低**《资本论》和成熟的马克思的其他著作的意义，而在后面这些著作中，对马克思的学说作了系统的阐发和严格科学的论证。把《1844年手稿》描绘成为人道主义的马克思主义的顶峰，似乎在人道主义的马克思主义之后还有一个"经济的"马克思主义，那就歪曲了工人阶级的科学意识形态的真正的人道主义内容。

资产阶级的马克思学家们在马克思主义者进行批判的压力下，最后终于被迫承认，如果没有马克思的《资本论》和成熟的马克思主义的其他著作，没有掌握了千百万人意识的科学社会主义的意识形态，《1844年经济学哲学手稿》就不会引起同马克思主义格格不入的（更不用说对马克思主义持敌对态度的）研究者们如此密切的注意。就连1932年把这部手稿评价为修正马克思主义的基础的那个马尔库塞，在1962年也终于承认："马克思的早期著作……在一切方面都只是他的成熟理论的准备阶段，对这些准备阶段的意义不应该作过高的评价。"①现在，资产阶级对《1844年手稿》的解释发生了什么变化呢？代替把马克思的早期著作同他后来的著作对立起来的做法的，是完全抹杀这两者之间的质的区别。以前，资产阶级的理论家们曾经断言，青年马克思的天才思想在他后来的著作中没有得到反映，而现在，他们却开始证明，马克思在其整个一生中都是在复述其早期著作的基本论点，只不过改变了术语罢了。为了说明这种转变，我们可以援引 H. B. 阿克顿的一段话，他声称："我可以说，马克思把他的一生都花费在重写一本书上面，这本书的第一个草稿就是巴黎手稿。"② 同事实的真相相反，说这种话的明显目的，就是要使读者相信，似乎在《1844年手稿》以后进行的四十年顽强工作过程中，在马克思的学说中没有增加任何新的东西，马克思一直受着其青年时期的思想的支配，显然没有考虑到新的历史经验，不注意对经济生活和政治生活的事实进行周密的研究。

R. 塔克尔发展了阿克顿和其他反马克思主义者的论点，他声称，"马克思的第一个体系"即《1844年手稿》使人们可以得出这样一个结论，现在看来，马克思"已经不是他所希望成为的那种社会学家和分析论者，而首先是一个道德论者或者类似宗教思想家那样的人。认为'科

---

① Marcuse H.,《Vernunft und Revolution. Hegel und die Entwicklung der Gesellschaftstheorie》, 莱茵河畔诺依维特1962年版，第360页。

② Acton H. B.,《Hhe Materialism of Karl Marx》, 载于《Review of international philosophy》第 XII 卷，1958年第45—46期第271页。

学社会主义'是一个科学体系的旧观点,正在越来越让位于认为'科学社会主义'实质上是一个伦理的和宗教的观点体系的主张"①。

显然,**抹杀**马克思的早期著作和成熟的马克思主义的著作之间的质的界限,同在此以前**把**这两者**对立起来**的做法,在意识形态上所完成的职能是相同的。在这两种场合,都是早期著作占据首要地位,而在这些早期著作中,马克思还没有完全同黑格尔、费尔巴哈、资产阶级人道主义和小资产阶级社会主义划清界限。资产阶级的马克思主义批判者们利用了这种情况,以便断言马克思和恩格斯的学说不是同无产阶级的阶级斗争,而是同黑格尔和费尔巴哈的思想联系在一起的,以便断言马克思主义的基本论点是马克思在青年时期从这些哲学大师那里借用来的思辨命题的发展。不难理解,这个命题不是别的,就是**异化**命题。

J. 伊波利特是现代资产阶级哲学中颇为时兴的用黑格尔的异化理论来解释科学共产主义的最积极的倡导者之一,他写道:"全部马克思主义思想的基本观念和可以说是来源,就是从黑格尔和费尔巴哈那里借用来的**异化**观念。我认为,从这个观念出发,把**人的解放**规定为人在历史进程中反对以任何形式出现的人的本质的任何异化的积极斗争,就能够最好地说明马克思主义哲学的完整性并理解马克思的主要著作《资本论》的结构。"②伊波利特企图证明,马克思的《资本论》的结构实质上是同黑格尔的《精神现象学》的结构相一致的。P. 邦奈尔走得更远。他公然宣扬这样一种思想,似乎马克思从作为异化理论家的黑格尔那里

---

① Tucker R. ,《Karl Marx-die Entwicklung seines Denkens von der Philosophie zum Mythos》,慕尼黑 1963 年版,第 2 页。

② Hyppolite J. ,《Études sur Marx et Hegel》,巴黎 1955 年版,第 147 页。

借用了"人和历史的基本观念,对于这个基本观念他从来也没有怀疑过"①,而且马克思和黑格尔一样认为,"人的生活一直具有二重的、内在地受压抑的、异化的性质,直到历史克服了这种异化和自我破坏性为止;其实,历史也只是继续到这个时候为止"②。但是,马克思对现实的社会经济异化、劳动者的受剥削以及其社会解放(这种解放决不意味着历史的终结)的现实途径的理解,同邦奈尔强加于他的这种思辨模式是毫无共同之处的。

前面已经考察了马克思的异化劳动(和一般异化)概念同黑格尔的异化观念的关系。在黑格尔的哲学中有关于资本主义进步具有对抗性质的个别猜测,但是这些猜测离开马克思关于资本主义生产方式产生、发展和灭亡的规律的经济学说还相距很远。马克思主义关于资本主义社会经济形态的学说,同其哲学基础——历史唯物主义一样,并不是黑格尔的历史哲学的继续。列宁在谈到黑格尔的历史哲学时曾经写道:"一般说来,历史哲学所提供的东西非常之少——这是可以理解的,因为正是在这里,正是在这个领域中,在这门科学中,马克思和恩格斯向前迈了最大的一步。而黑格尔在这里已经老朽不堪,成了古董。"③

事实就是这样。而资产阶级的马克思主义批判者却援引《1844 年手稿》,仍然坚持认为,马克思主义的政治经济学和科学共产主义是**建立**在异化理论的**基础**之上的。其实,异化理论在马克思从黑格尔哲学向另一个性质不同的思想领域转变时起的是中介环节的作用,后来,在那

---

① Bonnel P. ,《Hegel et Marx》,载于《Review soeialiste》杂志,1957 年 10 月第 110 期,第 318—319 页。

② Bonnel P. ,《Hegel et Marx》,载于《Review soeialiste》杂志,1957 年 10 月第 110 期,第 321 页。

③ 《列宁全集》第 1 版第 38 卷第 351 页。

个性质不同的思想领域中，异化理论没有消失，但是得到了重要的更加确切的说明，居于从属的地位。抹杀马克思早期著作同成熟的马克思主义的著作之间的质的区别，是把马克思的这两种著作彼此对立起来的那些作者所奉行的意识形态路线本身的**继续**。把马克思的这两种著作彼此对立起来的做法实质上没有消除，尽管现在在公开言论中放弃了这种做法。马克思主义的基本的、最重要的论点仍旧被主要是具有马克思早期著作的特点的那些思想所代替。

在以许多天主教的马克思主义批判者所固有的客观主义手法写成的篇幅很长的专题著作《卡尔·马克思的学说》中，I.卡尔维兹拼命要证明，**只有**从黑格尔那里继承过来的异化概念，才是理解马克思学说的基本论点的钥匙。他说："马克思把异化命题转到了政治经济学的高度。《资本论》不外是基本异化的理论，这一理论也包括经济意识形态领域的异化。"① 从这种观点看来，马克思的学说是由两个基本部分组成的：即一方面是对宗教异化的分析，另一方面是对尘世异化的分析。在卡尔维兹那里，宗教异化当然是人类生活的原初现象，其根源在于旧约中关于原罪的传说。至于尘世的异化，那么其多种多样的形式，无论是物质形式还是精神形式（经济、政治、哲学等等），都被这位天主教的马克思学家评价为基本异化即宗教异化的派生的、世俗化的表现。他认为，宗教异化的实质在于人同神的脱离，而社会异化在于人同类的脱离。卡尔维兹这本书的最后一篇把他对马克思主义的解释作了一个总结，似乎马克思主义按其基本内容来说是宗教的学说，只是按其形式来说才是尘世的学说。卡尔维兹说："总之，作为马克思主义的中心的，是革命中介的思想，这种革命中介必须把人从异化中解放出来，使人有可能同自

---

① Calvez I. J.,《La pensée de Karl Marx》，巴黎1956年版，第320页。

然界和社会和解。"① 卡尔维兹教训人们说，马克思的这个基本思想来源于基督教，因为由神人来实现的神的中介的思想构成了基督教信仰的中心。② 很明显，如果这样来解释马克思主义，起初被归结为马克思早期著作的马克思主义的内容，后来就完全被偷换成为神学说教了，可是，这种说教竟被冒充是马克思主义的真正含义。

当然，并不是《1844年经济学哲学手稿》的所有资产阶级解释者都硬说马克思主义的创始人具有宗教的世界观。但是，他们几乎全都从马克思的这部早期著作出发，忽视其具体的经济内容，把马克思主义描绘成为离开社会历史过程的实际内容很远的思辨体系。马克思好像事先就知道，他的作品将会遇到什么样的批判者。他在《1844年手稿》序言中写道："我用不着向熟悉国民经济学的读者保证，我的结论是通过完全经验的以对国民经济学进行认真的批判研究为基础的分析得出的。"③ 但是，那些伪造者们现在却断言，似乎马克思的共产主义结论是同《资本论》格格不入的，它们只不过是在《1844年手稿》中"进行哲学议论"的结果。

我们已经知道，在《1844年经济学哲学手稿》中考察了像工资、资本利润、资本积累和资本家之间的竞争、私有财产和劳动、地租和货币这样一些问题，虽然这里还没有雇佣劳动、劳动力的价值和剩余价值等概念。与此相联系，还分析了重商学派、重农学派、亚·斯密、大·李嘉图及其学派的观点。其实，这也就是《经济学哲学手稿》的基础，马克思就是从这个基础出发研究了异化劳动的问题。有一些在黑格尔和

---

① Calvez I. J.,《La pensée de Karl Marx》,巴黎1956年版，第601页。
② Calvez I. J.,《La pensée de Karl Marx》,巴黎1956年版，第598页。
③ 《马克思恩格斯全集》第1版第42卷第45页。

费尔巴哈的学说中占据微不足道的地位或者根本不存在的新问题之所以被提到首位，正是由这个基础决定的。这里指的是关于资本主义社会的经济结构、资本对劳动的统治、无产阶级利益和资产阶级利益的不可调和的对立、社会发展的自发力量对人的奴役、消灭私有制的历史必然性。

但是，资产阶级的马克思主义批判者们忽视马克思的思想进程和使马克思在研究中得出了新结论的那些实际材料，却把他们在黑格尔那里发现的思辨模式硬塞给马克思主义。但是，马克思在《1844年手稿》中所阐发的异化概念，第一，具有**反思辨的**性质，第二，具有**唯物主义的**性质。资产阶级的马克思学家力图不去理睬这样一个事实，即在这部手稿中马克思用专门一节对黑格尔的唯心主义的异化观念作了详尽的批判。但是，正是这个事实直截了当地说明，马克思**有意识地**把自己对异化这一现象的辩证唯物主义的、具体历史的理解同唯心主义的异化理论对立起来。费尔巴哈谈得很多的宗教异化，在《1844年经济学哲学手稿》中很少加以考察，因为马克思在这里主要是研究一切异化形式——不仅是意识形态的形式，而且还有政治的形式——的物质的、经济的基础。

如果认为，马克思创立异化劳动这个概念的办法，是简单地用具体的经济内容去充实黑格尔（和费尔巴哈）的异化概念，那是不正确的。这是一种简单化的见解。问题的实质在于，对资产阶级政治经济学的社会主义批判使马克思能够揭示劳动异化这个事实，而资产阶级经济学却把这个事实看作生产的自然条件。马克思写道："我们已经从经济事实即工人及其产品的异化出发。我们表述了这一事实的概念：**异化的、外**

化的**劳动。我们分析了这一概念,因而我们只是分析了一个经济事实。"① 因此,黑格尔和费尔巴哈的异化概念只能促使马克思想到进行这种加工改造的可能性。

可见,把《1844年经济学哲学手稿》,甚至把马克思主义的全部内容归结为**黑格尔**关于异化的学说和一般异化理论,无非是一种想把马克思主义降低到它已经超过的那些学说的水平的居心险恶的企图。但是,有一个情况是很说明问题的,就是所有现在把科学共产主义和异化理论等同起来的人,都不认为需要回答如下一个问题,即为什么马克思本人早在十九世纪四十年代中期就批判了把社会主义的具体问题归结为关于异化及其克服的问题的做法。正是在反对"真正的社会主义者"的斗争中,马克思指出,关于异化及其克服的学说并不是理解和阐述科学社会主义的完全适当的形式。用异化理论来偷换马克思主义的那些资产阶级的马克思学家中,谁也不认为需要说明,虽然马克思仍然承认异化概念的哲学意义(这从马克思为《资本论》而写的那些准备著作中可以看得特别清楚),但是为什么在《资本论》本身之中,异化概念起的却已经是从属的作用了,并且主要是用来说明作为统治人的物的关系(因此,也包括物化了的关系)出现的资本主义生产关系的若干方面②以及

---

① 《马克思恩格斯全集》第1版第42卷第98页。
② 因此,H.拉姆断言,在《资本论》中,"作为关于解剖'市民社会'或者说资本主义社会的全部研究著作的出发点的……是哲学家们称为'异化'的东西"(Lamm H.,《Marx as a Philosopher》,载于《Review of international philosophy》杂志第XII卷,1958年第45—46期,第241页),这是错误的。但是,马克思写《资本论》是从分析商品开始的,即从**经济**范畴开始的。说他是从异化开始,就是用一个适用于一批相当多种多样的现象的一般概念来偷换作为马克思的研究对象的具体概念(资产阶级社会的经济"细胞")。

说明这些方面在政治上、意识形态上和一般精神上的一定后果。在《资本论》中揭示了在阶级社会初期以一定方式表现在分工中的劳动本身的二重性中的异化的最深刻的根源。

如果说资产阶级的马克思学家们在把关于异化的学说解释为思辨的观点体系时，往往声称他们赞成"真正的"马克思主义，那么右翼社会党的马克思主义批判者们在干同样的伪造马克思主义的勾当的时候，却呼吁要完全抛弃完整的理论，以便不成为……教条主义者。资产阶级的马克思学家们"声明拥护"马克思主义，而自称是社会主义者的活动家们却"坚决拒绝"马克思主义，这种奇怪的状况证明了资产阶级和小资产阶级的意识形态的深刻危机。

马克思主义的敌人总是攻击唯物辩证法，断言辩证法同唯物主义是不能相容的，因此，在他们那里马克思的方法就成了黑格尔的唯心主义的方法。在这场反对唯物辩证法的斗争中，《1844年经济学哲学手稿》也被利用来作为好像是能够证实旧观点的新证据。新托马斯主义者J.霍梅斯援引《1844年手稿》企图证明，似乎直到现在马克思的辩证法并没有得到正确的理解，因为人们一会儿把它看作关于客观事物和过程发展的学说，一会儿又把它看作科学思维的理论。同时，霍梅斯断言，辩证法不是发展的理论，而只是异化的理论，这种理论论述的是人的本质的不断二重化及其克服这种自我异化的意愿。霍梅斯写道，辩证法是"人离开其自我异化的途径"①，而"人类的古代的神秘的假宗教的梦境"②则构成了这种自我异化的根源。

霍梅斯企图证明，主体—客体关系只是由于异化才存在，而辩证的

---

① Hommes J., 《Der technische Eros》, 弗赖堡1955年版，第37页。
② Hommes J., 《Der technische Eros》, 弗赖堡1955年版，第19页。

矛盾则归结为人的本质和它的异化的存在之间的反题。他把劳动的客体化、劳动的对象化、物化完全解释为人的本质的异化。并且把这一切都归之于马克思，似乎这一切都是从马克思关于劳动是人借以改变外部世界和他自己的本性的活动这种观念中产生出来的。最后，这位天主教的马克思学家得出一个结论，据说马克思接近于得出的辩证法的真正含义，就在于人的存在朝着其神的造物主运动，因为异化的主要根源自然在于原罪……

前面已经指出，I.卡尔维兹也把马克思对克服异化的途径的理解归结为人同神复归一体，他断言，在马克思那里以及在黑格尔那里，辩证法都以两种形式存在着现象学的形式和本体论的形式。现象学的辩证法（主体同它的异化的关系）被宣布为科学共产主义的最重要的方法论原则。卡尔维兹企图不仅在马克思的《经济学哲学手稿》中，而且在马克思的《资本论》中，发现"两种彼此很不相同的对辩证法的表述即逻辑的表述和现象学的表述的竞争"[①]。实质上，卡尔维兹把全部历史唯物主义归结为现象学的辩证法，因为其中谈的是人们的活动，他**认为**，在马克思主义**中之所以**存在人们的活动，就是因为似乎马克思用政治经济学的术语"改写了"黑格尔的《精神现象学》。至于辩证唯物主义，据卡尔维兹断言，它是建立在从黑格尔的《逻辑学》中借用来的本体论辩证法的基础上的，因为这里谈的是现实所固有的规律（不论人是否存在）。关于辩证法的这两种形式中哪一种最能说明马克思主义的特点这个问题，卡尔维兹留作悬案，不置可否，从而使人产生一种印象，似乎马克思主义的创始人没有认识到这两种类型的辩证法的对立。卡尔维兹通过把历史唯物主义变成现象学的辩证法，把辩证唯物主义变

---

① Calvez I. J.，《La Pensée de Karl Marx》，巴黎1956年版，第409页。

成本体论的辩证法，徒劳无功地企图**破坏**马克思主义世界观的**统一**。他的想把历史唯物主义消溶在现象学中的企图也是完全没有根据的，因为社会生活的辩证法要以人的存在和生活为前提这一事实，完全不意味着主体和客体的现象学的相关关系。

最近的马克思主义批判者们往往断言，他们所进行的对马克思主义学说的全部重新考察，是由于《经济学哲学手稿》的发表而引起的。但是，当然不能同意这种看法。《经济学哲学手稿》不是原因，只是反马克思主义者利用的一个口实。朗兹胡特、迈尔、马尔库塞、德曼和社会民主党的《1844年手稿》的其他解释者，早在这篇作品发表以前就修正马克思主义，宣扬同样的非阶级的"伦理社会主义"的思想。后来，他们利用这部手稿的个别表述，把这种思想强加于马克思。于是，就创造出了关于《1844年经济学哲学手稿》的神话，对于马克思列宁主义历史哲学科学说来，揭穿这种神话已经成了迫切的任务之一。

（原载《十九世纪的马克思主义哲学》上册第3章第3节）

（屏羽 摘译）

一场围绕《1844年手稿》而进行的争论

——《〈1844年经济学哲学手稿〉研究（文集）》简介*

屏 羽

《1844年经济学哲学手稿》是马克思在其早期思想形成的关键时期创作的一部未完成的手稿。它反映了马克思在向唯物主义和共产主义立场彻底转变以后为创立系统的科学的无产阶级世界观而进行的哲学、经济学和共产主义理论研究的新成果，第一次显示了马克思主义三个组成部分的胚胎形态，因此在马克思主义形成过程中占有特殊地位。

这部著作在1932年正式发表以后，引起了国际理论界的广泛注意，特别是50年代以来，围绕这部著作展开了十分激烈的争论。无论在东方还是在西方，无论在国际共产主义运动内部还是在资产阶级学术界，很少有一部理论著作像这部《手稿》那样产生了如此强烈的反响。不同派别的人物，马克思主义者、社会改良主义者以及西方马克思学家，各种学科的研究人员，哲学家、经济学家、历史学家、社会学家、伦理学家、美学家，都从各自的立场和领域出发，对这部《手稿》进行了研究，作出了各种各样的、甚至截然相反的解释和评价。近年来，我国理论界也有越来越多的同志在研究这部著作，在报刊上对其中一些重要理论问题也发表了不同的看法。国内外围绕这部著作而展开的争论所涉

---

* 本文选自《马列主义研究资料》1983年第2辑。

及的范围十分广泛，问题相当复杂，但是主要还是集中于这部手稿在马克思思想发展中的地位和作用，对异化理论和人道主义的认识和评价等问题上。对这部著作的看法不仅关系到如何理解马克思主义形成和发展的历史过程，而且关系到如何认识马克思主义的实质和具体内容，关系到如何探讨当前现实生活中提出的一些重大理论问题。毫无疑问，对这部著作的研究是当前马克思主义理论研究中的一个重大课题。

在纪念马克思逝世一百周年之际，中共中央马恩列斯著作编译局从国外有关这部手稿的论著中选译了各方面比较有代表性的著作，编成《〈1844年经济学哲学手稿〉研究（文集）》，为我国学术界了解这场争论在国外的情况提供了一份比较概略的资料。

国外有关这部著作的论著卷帙浩繁，而一本文集篇幅有限，所以本文集的编辑宗旨是侧重对《手稿》本身的理解和评价，适当兼顾各种不同的观点和争论的历史发展。文集选用了十七篇文章和一篇对《手稿》的注释，绝大部分是第一次译成中文，全书共计约33万字。文章的作者包括苏联学者尼·伊·拉宾、泰·伊·奥伊泽尔曼、玛·伊·佩特罗相、尤·尼·达维多夫；民主德国学者约·赫普纳、曼·布尔；波兰哲学家亚·沙夫；匈牙利哲学家、布达佩斯学派的创始人捷·卢卡奇；南斯拉夫实践派的代表人物加·彼特罗维奇；法国所谓结构主义的马克思主义者路·阿尔都塞和马克思主义研究者埃·博蒂热利；英国哲学家约·霍夫曼；德国社会民主党人、30年代的《1844年手稿》出版者齐·朗兹胡特和J. P.迈尔；西德法兰克福学派的代表人物赫·马尔库塞和埃·弗洛姆；比利时社会主义者亨·德曼和托派理论家欧·曼德尔。这些文章从不同的立场和理论观点出发，对《1844年手稿》的总体或部分进行了研究，提出了各不相同的评价和解释，在一定程度上可以使我们看到围绕这部手稿的主要问题而进行的争论的基本轮廓。

下面我们对这本文集的内容作一个简略的介绍。尼·伊·拉宾的《〈1844年手稿〉对共产主义的经济和哲学论证》一文选自1979年出版的《十九世纪的马克思主义哲学》一书。这篇文章对《1844年手稿》逐章进行了分析，它的观点在苏联学术界具有一定的代表性。

拉宾认为，从1843年春天到1844年底为止这个时期，马克思正在把他的哲学、政治和经济观点综合成为完整的无产阶级世界观，而在《1844年手稿》中，这个正在产生的科学世界观还没有具备最终的结构，但是它的基本特征已经完全显露出来了。在这里，马克思对人和人的关系的理解虽然不完全排斥费尔巴哈的有关概念，但是已经跟费尔巴哈的概念有本质的区别；马克思虽然没有对人的人本学定义提出不同意见，但是他把这种定义从属于他正在创立的关于生产的决定作用的学说，马克思虽然接受了费尔巴哈关于人和自然界的统一的观点，但是他证明了这种统一的特殊的人的形式是社会生产。由此已经可以看出马克思对政治经济学各种问题的崭新解决办法的大体轮廓。拉宾认为，马克思从分析资本主义社会三个不同收入源泉开始，揭示了资本的本质（"资本是对劳动及其产品的支配权"），指出了资本主义社会中的阶级对抗，揭露了资产阶级政治经济学的伪科学性质，在这个基础上，他提出了异化劳动的思想。异化劳动这个范畴是对私有财产的起源进行唯物主义研究的前提之一，也是证明私有财产在历史上具有暂时性质的前提之一，它在制定历史唯物主义一般原理方面也起了不小的作用。通过对异化劳动几个方面的分析，马克思接近于得出这样的思想，即人的异化以及人同他自身的关系是在他同其他人的关系中表现出来并得到实现的。这意味着异化是具有生产基础的异化的社会关系。虽然马克思当时还没有把人同生产资料的关系划分出来，但是他已经接近于得出对抗性生产关系的概念。马克思还明确提出了私有财产是从异化劳动中产生的论点，说明他已经认识到了私有财产的暂时性质。不仅如此，马克思还证明，无产阶级的社会革命是消灭私有财产的最重要条件。当时马克思还不能对私有财产的起源及其消灭的客观必然性问题作出彻底科学的论证，但是《手稿》中的人的本质力量接近于"生产力"概念，可以说，原始形式的劳动异化是人的本质力量不发展的结果。私有财产是异化劳动的不可避免的历史形式，而私有财产的发展又使私有财产的"积极的扬弃"成为必然。

拉宾认为，在《1844年手稿》中马克思还从不同的角度论证了自己的共产主义思想，他不仅把异化劳动的消灭看作是人的本质力量发展的结果，而且指出了劳动和资本的对立是私有财产的矛盾发展的最高阶段，而私有财产的"积极的扬弃"必须以人的本质力量的全面发展即物质生产的全面发展为前提。马克思对共产主义理想的论述包含深刻的含义，但是由于他采取了人本主义的阐述形式，由于对社会现象还缺乏全面的历史的分析，由于对异化概念作了普遍化的理解和运用，由于还没有完全克服费尔巴哈对人的本质的抽象理解，这种深刻含义变得模糊了。马克思在手稿中还使用了"社会的人"和"非社会的人"的说法，"非社会的人"是指异化的人，因为人的本性被私有制极端地歪曲了，因此，未来社会是"人向自身的还原或复归"，共产主义改造将使真正人的本质得以恢复。马克思对人的这种理解还没有同人本主义和启蒙学说的传统彻底决裂。必须放弃把异化范畴普遍化（这并不是根本放弃这个范畴），才能消除这种"本质论的"倾向，使我们能够不把人的本质理解为在历史以前出现的既有的东西，而把它理解为历史地变化着的社会关系的总和。后来，成熟的马克思正是这样做的。

拉宾还认为，在《1844年手稿》中，马克思批判地吸收和改造了费尔巴哈的人本主义唯物主义。他以费尔巴哈在批判黑格尔哲学方面所取得的成就为依据，又克服了费尔巴哈的局限性。他接过了费尔巴哈关于人和自然界的统一的观点，不仅研究了这种统一的自然的人本学的前提，而且研究了这种统一的真正社会的前提；不仅揭示了这种统一的基础在于生产，而且揭示了这种统一的矛盾性质，指出人和自然界的关系是由社会经济条件决定的。这样，马克思就使个性的人本学定义失去了独立自在的意义，而使它同把人的本质理解为社会关系的总和的观点有机地联系起来了。所以，拉宾认为，马克思对人的人本学本性所下的定义并不是同唯物史观相对立的，而是其重要因素之一。同时，在手稿中马克思对黑格尔辩证法作了唯物主义的批判和改造，批判了黑格尔关于异化及其扬弃的学说的唯心主义实质，在唯物主义基础上阐发了关于主体和客体的统一、主观的东西转化为客观的东西的观点，并且揭示了这种对立面相互作用的客观基础。在手稿中，马克思实质上已经提出了黑格尔哲学是颠倒过来的、头脚倒置的唯物主义这个思想。

总之，拉宾认为，《1844年手稿》虽然打上了费尔巴哈人本主义的烙印，包含旧观点的个别因素，而且使用的术语同新内容不相一致，但是实质上是对辩证唯物主义和历史唯物主义、无产阶级政治经济学、科学共产主义以及无产阶级人道主义的根本观点的阐述。这是对完整的无产阶级世界观的天才概述和马克思以后的理论研究工作的一个纲领。

民主德国的学者约·赫普纳为《1844年经济学哲学手稿》德文单行本所写的导言和所作的大量注释，对我们研究这部手稿有一定参考价值。赫普纳在导言中认为，马克思的《1844年手稿》不能说是一部独立的著作，然而它在马克思的论文和手稿中毕竟是一部突出的著作。这部手稿正在完成马克思学说诞生过程中的决定性的一步。这部手稿作为一年以后制定马克思主义社会理论的基本要点的直接准备阶段，是马克思努力探索无产阶级世界观的科学基础（哲学、政治经济学和社会主义学说）的最初见证。马克思的批判把各种不同的社会学说奇妙地结合起来。这些社会学说的结论交替成了他冲破资产阶级局限性并利用其有益的因素得出自己的新结论的依据和手段。马克思用了一些多半是传统的概念来说明这些新结论，这些概念还带有暂时性的特征，但是，由于在马克思那里获得多方面的内容规定而给社会科学研究带来了光明。在这些概念中，异化概念无疑是目前最引人注意的。马克思发现一切形式的异化的根源在于经济关系，从而认为异化是历史现象。异化在简单商品生产中开始萌芽，在资本主义生产关系下获得了充分的表现，而随着生产资料转变为公有财产，就会从根本上克服异化并消除异化在其他生活领域内借以表现的基础。实行这一具有世界历史意义的变革，是工人阶级的天职。马克思通过解决异化问题，为工人阶级的世界历史使命作了经济论证。因此，不能把马克思的世界观归结为"异化哲学"。赫普纳认为，在《1844年手稿》中，马克思为历史唯物主义奠定了基石，他初步阐明了历史唯物主义的一些原理，如劳动和实践的作用，生产关系的特点和意义，经济基础和意识形态上层建筑的关系，经济发展的矛盾规律性，阶级和阶级斗争的客观基础，革命的原因和性质，人民群众创造历史的作用以及无产阶级解放斗争的世界历史意义等。马克思力图利用这些原理来回答工人运动所面临的重要问题，他在分析客观经济发展中现有的可能性和必然性时，从工人运动的历史发展前景的观点出发解决了这些问题。其结果是无产阶级科学世界观的最初概括，虽然这还没有完成，但已经给马克思未来的整个创作活动指明了方向。

民主德国社会科学院中央哲学研究所所长曼·布尔是贬抑《1844年手稿》意义的代表之一。布尔认为，《经济学哲学手稿》是一部狭义的、真正的手稿，它决不是一个完整的整体，因此也就不能说其中阐述了一个统一的学说。按其形式来说，这部手稿是对刚刚读过的东西和经过深入考虑的东西的批判性的反思,其中夹杂着独立的但还完全不成熟的思想。单是手稿中文体上的大量缺陷就说明了这一点,这使我们有理由对这部手稿在独立体系方面的价值不可能做出过高的评价。布尔认为,马克思在写作《经济学哲学手稿》时完全是处在批判地掌握政治经济学的阶段,而不是处在积极地创立这门科学的阶段。当时,马克思对他所研究的政治经济学学说和当时的经济生活都作出道德的判断。在手稿中,马克思使用异化概念主要是为了对资本主义的各种消极现象作出道德上的评价。在这里,异化概念不是用来分析资本主义的经济过程和社会过程以及经济关系和社会关系的,而是用来评价这种过程和关系的后果,说明这种后果对人、首先对无产阶级是不道德的。布尔认为,马克思在手稿中使用异化概念是效法西斯蒙第的道德化的批判。布尔还说,必须特别注意研究手稿中各种庞杂的思想,这些思想是马克思从传统的和同时代的政治经济学、法国唯物主义、空想社会主义和空想共产主义,从黑格尔和费尔巴哈以及青年黑格尔派那里,以及从莫·赫斯和恩格斯那里接受过来的,它们在手稿中有时互相交错,有时直接显现出来。在手稿中,马克思仍然按照黑格尔的方式让事物服从于预先构想出来的辩证法本身。布尔认为,研究马克思早期著作和手稿,必须以对无产阶级的世界历史性作用的认识为出发点,只有以这种认识为尺度,才能认清《1844年手稿》的真正含义和历史地位,而这部手稿中用异化现象来论证无产阶级必然要获得解放的言论是软弱无力的,因此,只能把这部手稿看作是标志着过渡阶段的马克思思想发展的一个环节。

波兰哲学家沙夫结合分析马克思的异化理论,论述了《1844年手稿》的意义。他认为,这部手稿是马克思思想大厦的主要支柱之一,不应该把它加以贬低,编入补卷。马克思异化概念的特征出现在马克思的全部理论著作,包括"成熟"时期的著作中,马克思后来写的著作都是同这部手稿相衔接的。马克思是在对社会进行经济分析的基础上谈论异化的,正因为这样,他在自己后来的著作中仍然能够保持异化的概念和理论。沙夫借用别人的话说,《1844年手稿》是根,扎得很深的根,马克思的全部思想就从这些根上汲取力量。因此,沙夫认为,异化理论既不是异端,也不是修正主义的发明,而是真正的马克思创作,并且是如此重要的理论创作,如果忽视了它,就不能完全理解马克思主义。

苏联学者玛·佩特罗相从马克思主义人道主义形成的角度评论了《经济学哲学手稿》。她认为,在《1844年手稿》中,马克思第一次完整地提出了人的问题,人道主义的问题。马克思从黑格尔和费尔巴哈的哲学中借用了异化概念,但是他给这个概念注入了另外的、新的内容。以前,马克思就利用异化概念来分析人的问题,分析劳动者个人的状况,而在《1844年手稿》中,马克思在对资产阶级社会进行分析时,利用异化概念深刻揭示了私有制同工人的敌对性。马克思认为,异化是受具体的历史的私有制关系制约的人们从事社会活动的结果,他不仅揭示了异化过程的经济基础,并且揭示了它的社会基础。马克思在对异化作出经济分析和社会分析的基础上,提出了人道主义问题——工人的人的本质及其存在的问题,提出了由于私有财产的统治造成人的本质同人的存在之间的割裂的深刻思想。马克思强调指出人的社会本性,把人的本质同人作为物质财富和精神财富的创造者的活动,同人作为社会存在物的作用联系起来。马克思不仅确认资本主义制度下个性异化的事实,而且指出了消灭异化的途径。他把异化概念同私有财产所产生的社会对抗性联系起来,因此,异化的终结也只能是消灭私有财产和由私有财产所产生的异化了的社会关系的总和的结果。佩特罗相认为,当时马克思虽然还没有制定彻底的唯物主义历史观,但是他把关于人道主义的问题从唯心主义的和抽象伦理学的高空移到社会关系的现实土地上。马克思把异化的消灭同共产主义的胜利联系起来，把个性的全面发展同私有财产的扬弃联系起来。马克思在《1844年手稿》中初次表述了关于生产关系在社会生活中的主导作用的思想。虽然在这里还没有对社会发展的客观规律提供科学的论证，但是已经提出了关于共产主义的历史必然性的思想。随着唯物主义历史观的发现，马克思主义关于人的学说，马克思主义的人道主义理论也得到了科学的阐明。

苏联社会学家尤·达维多夫认为，在《1844年手稿》中，马克思遵循的是费尔巴哈的异化概念，只是改变了异化概念所运用的对象。马克思用劳动的人、"经济的人"这种政治经济学的对象去同黑格尔的"逻辑化的人"和费尔巴哈的"直观的人"相对立，试图依靠异化概念为解决人剥削人的问题找出理论根据。这时，马克思同费尔巴哈完全一致，认为劳动异化的根源在于人的自我异化，即人不认为自然对象是他自身，而他自身就是自然界，因此，自然对象在人的活动中作为感性的、物质的对象而产生的事实被人理解为异化。达维多夫认为，马克思基本上是以费尔巴哈的观点为依据来批判资产阶级政治经济学的。马克思从劳动的本质出发，从工人同产品的关系即工人同生产的关系出发，一方面把私有财产看作外化劳动的结果和产物，另一方面又把它看作劳动外化的手段。因此，消除私有财产是扬弃异化的必要的、但还不充分的条件。粗陋的共产主义主张废除私有财产而在直接劳动领域保留原有关系，或者主张既废除私有财产也废除某些劳动形式，都只是对私有财产的消极的扬弃，并不能彻底扬弃异化、对私有财产的积极的扬弃，既涉及劳动同私有财产的关系，也涉及劳动同人的本质的关系，这里涉及人和自然界之间、人和人之间的矛盾的真正解决，就是要扬弃人和自然界之间的异化现象，使人向作为自然存在物的自身复归，使自然界向作为人的自然界的自身复归，达到人和自然界的统一。

匈牙利哲学家捷·卢卡奇认为，《1844年手稿》把对古典哲学的批判和对古典政治经济学的批判紧密结合起来，融为一体，成了马克思的典型的方法论的萌芽和开端。古典政治经济学承认，劳动就是一切，但是在资本主义社会中工人却是微不足道的。马克思从古典经济学的这种矛盾出发，研究了资本主义社会，冲破了古典经济学在方法论上的局限性，认识到了资本主义社会的阶级对立的本质，证实了资本主义社会的历史性和暂时性。另一方面，马克思又根据其新的经济学认识批判了黑格尔的唯心主义辩证法，揭示了资本主义条件下劳动的真正的辩证法。马克思既批判了黑格尔把资本主义社会中非人的异化同一般对象化混淆起来的错误，又批判了黑格尔想要在否定的否定中扬弃异化，而实际上却确证了异化的虚假实证主义，从而就证明：一方面历史是自然史的一部分；另一方面世界史又是人通过人的劳动而诞生的过程。于是，克服异化就获得了一个新的唯物主义的前景，无产阶级在资本主义条件下生产出自己的自我异化，同时也把自己作为革命力量生产出来，这支革命力量将不得不使整个社会从异化中解放出来。卢卡奇认为，随着对黑格尔辩证法的彻底克服和扬弃，马克思就找到了无产阶级革命家的坚定立场。

南斯拉夫实践派哲学家加·彼特罗维奇根据《1844年手稿》认为，马克思主义不仅仅是一种历史哲学，一种革命理论，而且也是一种人本学和本体论。彼特罗维奇认为，马克思不仅在手稿论货币那一章中从字面上承认本体论和人本学，而且马克思对人是自然存在物的论点的阐发和分析也既是本体论的，又是人本学的，并且这两者是不可分割的。他认为，马克思的历史哲学和异化理论是以本体论和人本学为基础的。这种观点代表着一种主张用哲学人本学和本体论来统摄马克思主义的思潮。

英国学者约·霍夫曼对《1844年手稿》持否定性的评价,认为它反映了各种机械唯物主义所固有的弱点,特别是明显表现了费尔巴哈观点的影响。他认为,马克思对人的起源以及人和自然界的关系问题的论述仍然流于抽象概念,没有说明人和自然界孰先孰后这个关键问题。手稿中的对象化概念也还缺乏唯物主义的基础。马克思关于共产主义是自然主义和人道主义的综合的提法,被认为是在1845年遭到马克思自己指责的折衷主义。马克思关于人和自然界、理想和现实、存在和本质、自由和必然的统一的思想是一种来源于费尔巴哈的神秘主义。马克思在《手稿》中的实践概念也还具有抽象的、思辨的性质。后来《德意志意识形态》中对青年黑格尔派和费尔巴哈的批判,同时也是对马克思自己放弃了的观点的批判。因此,霍夫曼认为,南斯拉夫实践派是以马克思已经克服了的早期观点作为理论依据,是继承了青年黑格尔派的思想遗产。

法国结构主义的马克思主义者路·阿尔都塞认为,《1844年手稿》是马克思第一次接触政治经济学的产物,马克思在确认古典政治经济学所阐述的事实时也发现了古典政治经济学的矛盾,即承认和美化贫富对立,于是就从异化劳动这一概念出发研究了整个政治经济学及其全部范畴,从而解决了政治经济学的矛盾。因此,阿尔都塞认为,异化概念起了充当政治经济学的立论基础的作用,但是,在《手稿》中,经济概念仍然为哲学所束缚。阿尔都塞在收入本书的这篇短文中并没有详细发挥自己的观点,他倒是十分推崇和赞同埃·博蒂热利的论点。

法国学者埃·博蒂热利在为《1844年经济学哲学手稿》法文版单行本所写的前言中对《手稿》做了评论和解释。他认为,《手稿》虽然不是一部完成的著作,但还是一个整体。这时,马克思的思想还不是完成了的思想,虽然不乏独创性,但仍然可以感到黑格尔和费尔巴哈的明显影响。马克思指出了资产阶级政治经济学的局限性，它不加批判地接受了资本主义的现实，认为这是永恒的东西，它在说明资本主义生产规律时只触及其表面的东西。马克思对这门科学的方法提出怀疑，指出资本主义现实是历史的产物。马克思从哲学的角度研究了私有财产产生的条件，得出了私有财产是异化劳动的必然结果的结论，而资本主义所有制发展了私有财产的一切矛盾，为扬弃私有财产创造了必要条件。《1844年手稿》是马克思公开赞成共产主义的第一部著作，其中表述了科学社会主义的最初原理。博蒂热利认为，马克思的人的概念不是抽象的伦理学的范畴，而是具体的、历史的范畴。人的本质不会先于历史而存在并永久地确定下来。起初，人的存在的表现是他本质的简单的对象化，但是这种对象化活动本身和人的存在的本质就已经创造了异化的条件。人固然先天就具有使自己与动物区分开来的特定性质，但是只是在他的活动中，在这些特定性质所包含的各种矛盾的辩证发展中，总之，在历史中，人才真正创造了自己。人的真正本质是历史的产物。异化的根源在于，人只能通过对象来表现自己。由于人生活在社会中，最终是由人创造的物来确定人和其他人的关系。这些社会关系又转过来对人的活动起支配作用，这便是历史的必然的辩证发展。这是马克思在《共产党宣言》中论证社会制度的必然更替时产生的思想的萌芽。异化阶段是人类发展必然经历的阶段，但是一个过渡阶段，是人类的史前史。随着私有财产被积极地扬弃，随着异化被扬弃，人就将占有自己真正的本质，世界也将重新变成人的世界和人固有的本质的发展。博蒂热利认为，马克思在《手稿》中通过对黑格尔哲学的批判，实际上第一次阐述了他自己思想的基础，同时也奠定了唯物辩证法的基础。《1844年手稿》中对政治经济学的批判为马克思的深入研究扫清了道路，它使马克思对政治经济学作了基本分析并掌握了揭示黑格尔哲学缺陷的关键，但它仍然是抽象的哲学推理的结果,还不是对马克思经济思想的证明。马克思在对黑格尔辩证法的批判中具体运用了唯物辩证法,这标志着他思想上的一个决定性转折,但《手稿》中包含的还不是成熟的辩证唯物主义。总之,《1844年手稿》不是已经完成了的思想的体现,而是弄清那些正处于摸索阶段的思想的见证。

本文集所收的齐·朗兹胡特和J.P.迈尔、赫·马尔库塞以及亨·德曼的三篇文章是涉及围绕《1844年手稿》而进行的争论的起源的历史资料。这三篇文章都发表在本世纪三十年代,与现代的所谓西方马克思主义和资产阶级马克思学有一定的思想渊源关系。

朗兹胡特和迈尔认为,马克思用人本主义的观点理解黑格尔《精神现象学》中知识的实现过程。在黑格尔那里,精神作为知识经历了意识、自我意识和理性三个阶段,其中每一较高的阶段都在自身中扬弃了前一阶段。马克思把这种知识达到自身的运动理解为人的内在关系,理解为人的自我异化及其扬弃的过程。马克思用来理解现实矛盾的总标题是自我异化,而现实矛盾的解决就是人的自我实现或解放。他们说,自我异化是正在发生的历史的现实的、物质的过程的人的结果,随着这种自我异化的发生,也就必然有扬弃它的现实条件,就是说,自我异化的条件本身必然同时是人的自我实现的条件。人类历史的现实的、物质的过程本身就是人的自由形成的过程。这就是所谓"唯物主义历史观"的真正核心。朗兹胡特和迈尔竭力用他们所理解的马克思早期著作的精神来解释马克思的成熟著作。他们概括自己的观点说,有一种机智的看法是十分中肯的,这种看法认为,《资本论》是黑格尔《精神现象学》的再现,就是说,关于精神本身怎样表现出来的阐述,现在是以资产阶级社会的精神的形式进行的。至于说资本是过程的主体,真实的资产阶级社会的精神以资本的形式表现出来,在这里无非表现了人和他的世界的关系，而马克思通常是以自我异化这个用语来把握这种关系的。《共产党宣言》的第一句话稍加改动可以这样表述：到目前为止的全部历史都是人的自我异化的历史。这是用黑格尔哲学的精神来解释马克思主义的典型例子。

赫·马尔库塞认为，《1844年手稿》的发表必将成为马克思研究史上一个具有决定意义的事件，这部手稿可能把关于历史唯物主义甚至整个科学社会主义理论的起源和最初含义的讨论置于新的基础之上，这部手稿也可能使我们对马克思和黑格尔之间的实际关系问题得出更富有成果、更富有希望的提法。在《经济学哲学手稿》中，基本范畴的最初含义十分清楚，其清晰的程度为前所未有。因此，有必要根据起源来审查对马克思后来完成的批判所作的流行的解释，而不是相反，从后来的阶段出发去解释这一批判的最初形式。马尔库塞认为，《1844年手稿》的任务是对国民经济学进行哲学批判。资产阶级国民经济学根本看不到它的真正对象即人，它没有看到人的本质及其历史，所以它不是关于人的科学，而是关于非人，关于物和商品的世界的科学，因此必须把它加以变革。而粗陋的共产主义所以受到尖锐的批判，也是因为它同样不是立足于人的本质的现实性，而只是在物的世界的经济基地上进行活动，本身仍然停留在"异化"之内。马尔库塞认为，异化劳动说明的不只是经济事实，而是一个同作为人的人有关的事实，这是一种不仅发生在经济史中，而且发生在人的本质及其现实性的历史中的事件。由于马克思在对黑格尔的不断批判中提出了关于人的本质及其实现的思想，经济事实就表现为人的本质的歪曲，人的现实性的丧失，只是由于这个原因，经济事实才能够成为现实地改变人的本质和人的世界的革命的现实基础。马克思所批判的异化劳动、私有财产，不仅是经济学概念，首先是哲学概念。应该从人和对象的关系的角度，从人的本质及其实现的观点出发来理解劳动、异化劳动，劳动以及与此有关的规定都是本体论的范畴。马尔库塞把关于人的本质的规定看作是《1844年手稿》的中心范畴，用它作为轴线来解释其他一切问题。他认为人的本质规定是对国民经济学进行批判的基础，也是《经济学哲学手稿》的基础。马尔库塞认为，马克思由于认识到人的本质和人的现实存在互相分离这种异化事实，所以才提出要真正实现人的本质，使人的本质和现实存在统一起来的任务；由于认识到在资本主义条件下问题不仅在于经济危机和政治危机，而且在于人的本质的灾难，所以才提出要通过全面的革命来彻底消除资本主义的现实状况，只有在这个基础上才会产生关于阶级斗争和无产阶级专政的理论。由于马克思所创立的革命的实践的理论把体现人的历史的、社会的本质的人提到中心位置，所以马克思把这种理论称为"现实的人道主义"，而且把这种人道主义同自然主义等同起来，因为他把这种人道主义的实现理解为人和自然的统一。马尔库塞的这种论点同现代西欧出现的所谓哲学人本学有密切的联系。

亨·德曼认为，《1844年手稿》对于正确评价马克思学说的发展过程和思想内容具有决定性的意义。这部著作比马克思的其他任何著作都更清楚得多地揭示了隐藏在他的社会主义信念背后，隐藏在他一生的全部科学创作的价值判断背后的伦理的、人道主义的动机。他甚至说，现在必须作出判断：要么就是这个人道主义的马克思属于马克思主义，这样就必须彻底修正考茨基的马克思主义和布哈林的马克思主义，要么就是这个人道主义的马克思不属于马克思主义，这样就会有一个人道主义的马克思主义，人们可以用它来反对唯物主义的马克思主义。他声称，《1844年手稿》中的马克思是实在论者，而不是唯物主义者。拒绝哲学唯心主义并没有使马克思把物质的最高实在同思维的最高实在对立起来，相反，马克思使这两者从属于生活现实。马克思并不想用物质的原因来排挤精神的原因，而是认为这两者都是唯一的、完整的和有生命力的过程的一些局部现象的对象化和独立化，这个过程的终结不是物质原因的完善作用，而是生命力的充分发展，在这里基本的、人的动力不是经济利益，而是生活需要。这是人道主义的动机论，而不是经济学的动机论。德曼还说，这种马克思主义决不是非伦理的，马克思批判黑格尔关于历史是最高道德的实现的观点，只是要把道德实现的场所由意识转移到存在。德曼还把马克思的社会理想同基督教的教条混为一谈。这是把马克思主义宗教伦理化的一个典型例子。德曼拼命抬高马克思的早期著作，而贬低成熟著作，他说，就创作的质量而言，马克思的成就的顶峰是在1843年和1848年之间，不管人们对他后来的著作评价多么高，但是在这些著作中却表现出创作力的某种衰退和削弱，即使作了极大的努力，也并不总是能克服这一点。这种把青年马克思和成熟的马克思对立起来的手法，也为某些西方马克思学家所承袭和发展。

  法兰克福学派的代表人物埃·弗洛姆力图把人的本性问题纳入他的心理分析的轨道，认为《资本论》中关于人的本性的论述是《1844年手稿》中的人的本质概念的继续。他认为，马克思把人的情欲分为两类，一类是固定不变的，如饥饿和性欲，这是人的本性的本质部分；另一类是相对的情欲，不是人的本性的本质部分。弗洛姆曲解马克思关于主客体统一的思想，说什么马克思认为人通过活动、生产劳动，通过表现人所固有的能力去占有世界，这就是说，人是通过运动的原则表明自己的特征的，应当把这个原则理解为内心的动力、活力、精力。弗洛姆竭力证明马克思是怎样把生产性这一概念运用于爱的现象，从而把生产活动变成一种心理现象、感情活动。他企图把马克思关于感性、感性活动的论点歪曲成为主观感觉论。

比利时的托派理论家欧·曼德尔对围绕《1844年手稿》而展开的争论作了评论，并且提出了他自己对马克思异化理论的看法。他认为，在关于《1844年手稿》的争论中，有三种不同的观点，第一种观点否认《1844年手稿》和《资本论》之间的区别，认为《资本论》的主要论点在《1844年手稿》中早已出现。第二种观点认为，《1844年手稿》比《资本论》更全面、更完整地阐述了异化劳动问题，特别是从伦理学、人本学和哲学的角度说明了这个思想，主张用《1844年手稿》的观点来重新评价《资本论》。第三种观点认为，《1844年手稿》中的异化劳动概念不仅同《资本论》中的经济分析相矛盾，而且妨碍了青年马克思接受劳动价值理论，异化概念是马克思对资本主义经济进行科学分析以前必须克服的"前马克思主义的"概念。曼德尔认为，这三种观点都是错误的。曼德尔认为，必须把《1844年手稿》中的人本学的异化概念和历史的异化概念区别开来，把马克思的批判动机和批判的实际内容区别开来。《1844年手稿》还没有对资本主义的矛盾作出分析，也还没有发现生产力和生产关系的冲突，而只是站在发现这种冲突的门槛前。曼德尔认为，1844年的马克思仍然保留了形而上学的劳动概念，而写《资本论》时马克思早已把它放弃了。在1844年，马克思只能初步觉察到资本主义生产方式的真正矛盾，还不能全面、透彻地分析这些矛盾，而后来，马克思发现了剩余价值理论，完成了劳动价值理论。不能用马克思的早期观点去解释成熟的马克思主义。但是，曼德尔认为，不能把异化劳动概念同劳动价值理论对立起来，以完善的形式把异化理论和劳动价值理论结合起来是完全可能的，而马克思在1857—1858年实际上就做到了这一点。曼德尔认为，《政治经济学批判大纲》中的异化理论，是《德意志意识形态》中的异化概念的直接发展，也是《1844年手稿》中所包含的矛盾的辩证克服。

本书所选译的约·赫普纳对《1844年手稿》所作的注释，对于我们研究这部手稿、了解马克思思想的历史来源有一定参考价值，作者提供了大量引文，使我们可以把马克思的观点同其他人特别是他的思想先驱者的观点加以对照。所用的引文，编者都根据德文重新作了校订，同时也附有现有中译本的出处，便于读者查考。

1843—1844年马克思对世界史的研究是唯物史观形成的来源之一[*]

〔苏〕В.Г.莫洛索夫

在有关早年马克思的大量马克思主义和非马克思主义著述中,唯物史观即恩格斯在马克思墓前演说[①]中所说的科学共产主义创始人的两个伟大发现之一的形成问题占据着中心地位之一。唯物史观在马克思主义产生过程中起着巨大的作用:一方面,唯物史观的创立发生在马克思主义的经济学理论彻底制定以前,而且在很大程度上制约着后者。另一方面,唯物辩证法的创立和制定同唯物史观的形成过程有密切的联系,两者互相作用。当然,经济学理论和唯物辩证法的发展也对唯物史观的形成和发展产生了最重大的影响。

在马克思整个世界观的形成过程中,特别是在制定唯物史观和科学共产主义方面,1843年至1844年,说得再窄一点,就是从《莱茵报》被普鲁士政府查封到《德法年鉴》出版这个时期,占有十分重要的地位,这个时期标志着马克思从唯心主义和革命民主主义最终转向唯物主义和共产主义。这是青年马克思进行紧张的理论探索、从事多方面的科

---

[*] 本文选自《马列著作编译资料》1981年第15辑。
[①] 《马克思恩格斯全集》第1版第19卷第374—376页。

学研究的时期，用他自己的话来说，这时他"从社会舞台退回书房"①，到了莱茵地区的小城市克罗茨纳赫。

在《莱茵报》工作时期，马克思总的说来还站在唯心主义的立场上，尽管他已逐渐开始接近于认识到，作为属于各个不同社会阶层的人们行为的基础的是某种客观因素，就是说，他开始摸索社会问题和政治问题的联系。马克思在实践中相信，国家不是某种凌驾于私人的、等级的利益之上的一般的东西。他看到，普鲁士国家降低到按私有制的性质来行动的水平。②但是，马克思那时还认为，国家这样行动，是没有按自己本身的性质行动。③马克思已经指出在莱茵省议会上的阶级利益的斗争，但是还没有认识到这种斗争是社会发展的必然形式。马克思知道，"存在着这样一些关系，这些关系决定私人和个别政权代表者的行动，而且就像呼吸一样不以他们为转移"④，但是暂时没有十分明确地说明这些关系的性质。

但是，过了一年，在巴黎，马克思就表现为一个坚定的、彻底的唯物主义者和共产主义者了，他在《德法年鉴》上发表的文章和《1844年经济学哲学手稿》正在为革命无产阶级的新的科学的世界观奠定基础。如果考虑到马克思写成《论犹太人问题》和《黑格尔法哲学批判。导言》这两篇文章的时间不会晚于1844年1月，而这些文章中已经描绘出了关于社会主义革命、关于无产阶级的全世界历史性的作用的学说的轮廓，那么，实现这种飞跃的年代的上下界限还要缩小。在这方面，

---

① 《马克思恩格斯全集》第1版第13卷第8页。
② 参看《马克思恩格斯全集》第1版第1卷第155页。
③ 参看《马克思恩格斯全集》第1版第1卷第155页。
④ 《马克思恩格斯全集》第1版第1卷第216页。

必须注意到，马克思向唯物主义和共产主义立场的根本的最终的转变是发生在他开始认真研究政治经济学以前。

于是就产生一个问题，这个飞跃究竟是怎样发生的？①

简单地用马克思在巴黎直接接触了工人运动来解释这个问题，这还远没有说完全；且不说目前还没有什么重要的资料，来说明马克思在留居巴黎的头几个月同工人组织的联系。单纯接触工人运动还是不够的，还必须从工人运动的最初形式中看到它的未来，懂得无产阶级作为一个负有把人类从资本主义压迫和其他一切压迫下解放出来的使命的阶级的全世界历史性的作用。毫无疑问，马克思到达巴黎的时候，他自身内部已经为作出这个发现做好了准备。但是，问题在于设法具体地弄清楚，马克思是通过什么样的途径去制定唯物主义观点和共产主义观点的，是什么样的理论研究促使他做到这一点的。

不言而喻，马克思作为一家大的日报的主编的实际政治活动对他的思想演变的过程产生了巨大的影响，那时他必须经常接触当代最迫切的社会政治问题，其中包括工人运动。也不能把巴黎这个社会主义思想的

---

① 不仅马克思主义的研究工作者，而且许多资产阶级学者也不怀疑，这时发生了一个飞跃。例如，法国著名的"马克思学家"M.吕贝尔在谈到研究马克思主义的专家们对马克思在1843年夏天和秋天所进行的理论研究重视不够时指出，"在这种条件下，如果不考虑他在《莱茵报》上发表的关于共产主义的内容十分充实的言论，同他从离开克罗茨纳赫以后总共过了几个月在《德法年鉴》上发表的文章中维护无产阶级事业的热情形成鲜明对照的言论，1843年底马克思的社会主义的转变就仍然是绝对不可理解的"。（见M.吕贝尔：《卡尔·马克思的读书笔记》，载于《国际社会历史评论》，1957年第3部分，第397页。）虽然吕贝尔本人在这种场合对马克思在《莱茵报》工作时期对空想共产主义的态度作了不正确的评价，但是，这个问题确实存在。

中心的政治思想环境置于不顾，正是在这个环境中发生了非常迅速地在马克思思维活动中逐渐成熟的那些结论的结晶化过程。但是，考察这些因素已经超出了这篇文章题目的范围。

资产阶级的学者们不懂得马克思观点形成过程的全部复杂性，——唯物史观和科学共产主义理论的创立是辩证地相互作用的，而其基本原理在马克思完成制定其经济理论的工作以前就已经表述出来了，——他们还常常拿这种复杂性去进行投机，共同用意识形态的动机，最经常的是用伦理学的动机去说明马克思从革命民主主义向科学共产主义的转变。

对于关于无产阶级的全世界历史性作用的学说形成的问题，尤其是如此，而这个学说不仅在马克思主义理论中占有极其重要的地位，而且表述得比马克思主义的其他基本思想都早。例如，澳大利亚的哲学家Ю.卡缅卡断言，马克思认为无产阶级"不是某种经验地存在着的东西，而是一种逻辑范畴。无产阶级在辩证法模式中占有必要的地位"①。马克思主义的基督教批判者之一 A.里希认为，"在马克思主义关于无产阶级的学说中出现的是占据了作为造物主的上帝的位置的绝对的人，而不是作为救世主的上帝"②。而在他的同事 T.施泰因比尤歇尔看来，"世俗化的犹太人"马克思"把旧约的预言性的世界末日说变成了对未来的社会主义自由王国的期待"。③

M.吕贝尔最明确地表述了在资产阶级和改良主义的马克思学家中

---

① E.卡缅卡：《马克思主义的伦理学基础》，伦敦 1962 年版，第 68 页。
② A.里希：《青年马克思的人的形象和基督教信仰》，苏黎世 1962 年版，第 25 页。
③ 转引自 H.勒尔：《卡尔·马克思早期著作中的假宗教主题》，杜宾根 1962 年版，第 50 页。

广泛流传的认为科学共产主义似乎并不是建立在科学的基础上的论点。他在1966年4月在美国举行的题为"马克思和西方世界"的国际学术讨论会上发言时宣称:"马克思在着手对以人剥削人为基础的经济进行科学分析以前,就参加了工人的事业。作为参加这一行动的基础的,是对异化了的社会制度的人道主义的抗议,而不是'价值规律'。马克思发现历史唯物主义和剩余价值理论的时候,一方面他已经表述了对国家和货币的根本性的批判,另一方面也表述了无产阶级的解放使命,并且在声明(《论犹太人问题》、《黑格尔法哲学批判》)中做到了这一点,这两篇声明的伦理学倾向是很明显的。"① 同这些臆造相反,马克思主义的研究工作者始终力图揭示上述飞跃的科学基础,把这一飞跃同马克思在前一个时期的理论活动和实践活动的整个总体联系起来。

因此,马克思1843年夏天和秋天在克罗茨纳赫逗留期间和在巴黎生活的头几个月对世界史、首先是法国大革命史(他把法国大革命的经验纳入历史过程的总范围内)的研究,以及这种研究对马克思世界观的形成所产生的影响,早就引起了他们的注意。

苏联的和国外的马克思主义历史学家发表了一系列有关"马克思和法国大革命"这个题目的重要研究著作。早在三十年代在我国就发表了A.沃登②和A.乌达尔措夫③的第一批专门著作,而在法国则发表了Ж.

---

① 引自《马克思学研究》第10期,巴黎1966年版,第4页。也可参看他的文章《马克思的民主观念》(载于《社会契约》杂志1962年第4期)和《科学、伦理学和意识形态》(载于《社会学国际札记》杂志1967年1—6月号)。

② A.沃登:《马克思和恩格斯论法国大革命》,载于《在战斗岗位上》杂志,莫斯科1930年版。

③ A.乌达尔措夫:《马克思和勒·勒瓦瑟尔回忆录》,载于《在战斗岗位上》杂志,莫斯科1930年版。

布吕阿（用的是笔名 Ж. 蒙特罗）的一篇文章。① 在战后发表的著作中应该指出奥·科尔纽②和 B. 马尔科夫③的内容充实的研究著作。著名的法国马克思主义历史学家 Ж. 布吕阿的重要著作《法国革命和马克思观点的形成》④ 具有特别的意义，在这部著作中，作者令人信服地、具体地说明了，掌握法国大革命的历史经验给马克思带来了哪些进步。不能不同意这篇文章的基本结论："马克思能够研究的1789年革命的历史经验——近代最伟大的历史经验，是马克思主义的来源之一。"⑤ 遗憾的是，不久前出版的 B. Г. 列武年柯夫的著作⑥把关于对法国大革命史的研究在马克思和恩格斯的思想发展中所起的作用的问题完全回避了。

在资产阶级的书刊中，关于法国大革命的历史经验对马克思观点的形成的影响的问题也有所反映。资产阶级的研究人员基本上承认这种影

---

① J. 蒙特罗：《法国革命和马克思的思想》，载于《思想》杂志1939年第3期。

② 奥·科尔纽：《卡尔·马克思对法国革命和罗伯斯庇尔的态度（1843—1845年）》，载《马克西米利安·罗伯斯庇尔。1758—1794年》，柏林1961年版。

③ W. 马尔科夫：《雅克·卢和卡尔·马克思。论把疯人派写入〈神圣家族〉》，柏林1965年版。

④ J. 布吕阿：《法国革命和马克思观点的形成》，载于《法国革命史年鉴》，1966年第184期。

⑤ J. 布吕阿：《法国革命和马克思观点的形成》，载于《法国革命史年鉴》，1966年第184期，第169页。

⑥ B. T. 列武年柯夫：《马克思主义和雅各宾专政问题》，列宁格勒1966年版。

响的存在。①但是他们承认这种影响,多半只是为了强调指出马克思主义关于革命的学说不具有独创性。例如,法国资产阶级的"马克思学家"K.阿克塞洛斯在他的文章《关于法国革命的十三条提纲》中断言,似乎马克思"继承了雅各宾主义,没有创立正面的国家理论,要求进行无产阶级的和社会主义的世界革命。而且这个要求从来没有在自己的基础上得到阐明。谈的仍然是进一步实现法国革命的'目的'的问题:自由、理性的王国,使一切人感到满足,承认一切人本身,解放劳动者和公民"②。

一所美国大学的研究生O.贝尔兰德在一家美国杂志上开始的关于无产阶级的全世界历史性的作用这一概念的讨论中大体上也发表了同样的看法。③贝尔兰德认为,关于一个阶级的特殊革命作用的思想是马克思从英国和法国资产阶级革命的经验中引申出来的,因此,总的说来,是一种过时的思想。讨论的参加者之一、该杂志编委会成员P.阿隆森反对贝尔兰德的意见,他公正地声称,不能承认马克思主义而又把关于无产阶级的全世界历史性的作用的学说扔掉,而贝尔兰德正是从这种观点出发的。

---

① 例如,可参看M.弗里德里希:《青年马克思的哲学和经济学》,柏林1960年版;H.波佩茨:《异化的人。青年马克思对当代的批判和历史哲学》,巴塞尔1953年版;R.纽恩贝尔格:《马克思主义的革命自我认识中的法国革命》,载于《马克思主义研究》第2辑,杜宾根1957年版。

② K.阿克塞洛斯:《关于法国革命的三十条提纲》,载于《实践》杂志萨格勒布版,1967年第1期,第82页。

③ O.贝尔兰德:《评莱迪科尔·查因斯的〈马克思关于无产阶级使命的观念〉》,载于《左翼研究》杂志1966年第5期;R.阿隆森:《回答》,载于同一杂志;M.尼古劳:《马克思论无产阶级和中等阶级》,载于同一杂志1967年第1期。

在资产阶级的著述中,除了伪造的倾向以外,也有人企图或多或少认真地分析一下同唯物史观的形成相联系的复杂问题。在这方面值得提出的是瑞士研究人员 Л.凯吉的著作《历史唯物主义的产生》,其中有整整一章论述马克思对法国革命的态度并分析了马克思在1843年研究过的一些著作(这一点很有意思)。①发表在美国一家进步杂志上的 Б.布劳恩的文章也很有趣,在这篇文章中作者强调指出,马克思力图克服黑格尔主义的意愿以及"他的紧张的政治活动,看来不可避免地使他要去一方面研究历史,另一方面又研究经济学"②。

因此,基本问题在于要具体地弄清楚,马克思从法国大革命的历史经验中吸收了什么东西,对这种经验以及世界史其他问题的研究在唯物史观形成的过程中占据什么样的地位。

应该指出,马克思很早,当他还是波恩大学学生的时候,就开始研究历史了。马克思的父亲在给他的一封信中委婉地指责他花很多钱买书,"特别是大部头的历史著作"③。在柏林,看来马克思也在继续研究历史。在这方面,苏联研究工作者 Д.赞德贝尔格和 К.施维茨对青年黑格尔分子、马克思的亲密朋友 Ф.科本的一篇文章所作的分析具有很大意义。这篇题为"柏林的历史学家们"的文章尖锐地批判了像弗·冯·劳麦和列·兰克这样的自由资产阶级的历史学家的观点。赞德贝尔格和施维茨相当令人信服地证明了,这篇文章"在相当大的程度上反映

---

① P.凯吉:《历史唯物主义的产生》,维也纳1965年版(《马克思如何看待法国革命?》那一章)。

② Б.布劳恩:《法国革命和社会理论的产生》,载于《科学和社会》杂志1966年第4期第420页。

③ 《马克思恩格斯全集》国际版旧版第1部分第1卷下册第188—189页。

了青年马克思对他那个时代的历史编纂学的观点"①。

为了弄清楚马克思怎样在1843年认识到必须扎实地研究历史,应该回忆一下,正是在这个时候,他依靠在《莱茵报》工作时期所积累的理论经验和政治经验,给自己提出了批判审查黑格尔关于国家和法的学说,即实质上是批判审查黑格尔的全部唯心主义的社会观并创立自己的关于历史过程的动力的理论的任务,其最终目的是确定改变现存制度的途径和形式。批判黑格尔观点的基本问题之一是从根本上审查黑格尔关于市民社会和国家的相互关系的观点。这一点也在马克思1843年春天和夏天在克罗茨纳赫逗留期间所写的手稿《黑格尔法哲学批判》中占据了中心地位之一。

对黑格尔来说,国家实质上决定着市民社会,而马克思提出了相反的论点——市民社会是国家的前提之一。"家庭和市民社会**本身把自己变成国家。它们才是原动力。**"② 马克思并不满足于这种对问题的一般提法,他企图查明,在人类历史的各个不同阶段——在古代,在封建制度下,在马克思当时那个时代——国家和市民社会彼此有什么样的相互关系。马克思提出这样一个论点,认为政治制度只是国家的形式,于是,"在北美,财产等等,即法和国家的全部内容,同普鲁士的完全一样,只不过略有改变而已。所以,那里的**共和制**同这里的君主制一样,都只是一种国家形式。国家的内容都处在国家制度的这些形式的界限以外"③。

---

① Д.赞德贝尔格和K.施维茨:《论科本的文章〈柏林的历史学家们〉》,载于《马克思主义历史学家》杂志1940年第8期第68页。

② 《马克思恩格斯全集》第1版第1卷第251页。

③ 《马克思恩格斯全集》第1版第1卷第283页。

但是，在1843年手稿中马克思并没有对市民社会和国家的相互关系问题作详细的分析，虽然他自己指出，他有过这样做的打算。① 这大概不是偶然的，因为马克思看来已经认识到，只有在最认真地研究社会发展的历史的基础上，才有可能解决市民社会和国家的相互关系的问题。而且马克思批判黑格尔法哲学的全部工作都使他感到，必须占有大量实际的历史材料，才能驳倒黑格尔的结构。当黑格尔举出具体的、经验的现象，然后硬给它加上一种神秘的意义，使它变成绝对精神发展的必要阶段的时候，马克思必须同他称之为黑格尔的"非批判的实证主义"的东西作斗争。马克思写道："黑格尔应该受到责难的地方，并不在于他如实地描写了现代国家的本质，而在于他用现存的东西来冒充**国家的本质**。"② 这样提出问题不可避免地使马克思要去研究现代国家起源的历史，使他要去从国家在不同时代和不同国家的具体存在形式的纷繁多样的更替中揭露它的本质。

前面所说的一切使我们能够理解，为什么马克思在撰写手稿《黑格尔法哲学批判》的同时，在1843年夏天（主要是在7—8月）又认真从事历史研究。这一研究工作的成果就是所谓的《克罗茨纳赫笔记》：共五本笔记本，每本页码都单独编号，这些笔记本包含着对有关国家的理论和历史的著作，对有关英国、法国、德国、美利坚合众国、意大利、瑞典、波兰的历史的著作，对有关法国大革命史的专门著作的摘录。第一本和第三本笔记本马克思本人注明写于1843年7月，第二本和第四本笔记本注明写于7—8月。第五本笔记本没有注明日期，但是，因为这本笔记本的封面损坏了，所以不能很有把握地断言，在丢失了的

---

① 参看《马克思恩格斯全集》第1版第1卷第344、346页。

② 《马克思恩格斯全集》第1版第1卷第324页。

那部分封面上没有注明日期。在第一本和第三本笔记本的封面上注明《政治历史笔记》，第二本笔记本的封面上注明《法国史笔记》①。对《克罗茨纳赫笔记》的详细介绍发表在《马克思恩格斯全集》国际版旧版上,②而且对马克思摘录的地方都尽可能准确地加以说明（指出所引原书的页码和行数）。已辨明的马克思自己的批注全都逐字逐句地援引了。因此，后面引用这些批注都是根据这个版本。但是，那里所发表的介绍并不能使人对摘录和马克思对材料的整理的性质有一个准确的概念。另外，利用这篇介绍还有一个困难，就是马克思使用的著作的版本大多数是珍本书籍。

为了弄清楚原书作者的观点，摘录照例不是纯粹只作简略的叙述。相反，作这些摘录多半是从一定的角度，按照事先拟定的问题进行的。摘录远不都是按照原书页码顺序进行的。可以看出后来对材料进行过整理的痕迹，这时对书中使马克思感兴趣的那些论点或者他自己的结论作了概括，并把它们写到已经记得密密麻麻的笔记本中该书书名旁边的空白上。这些简要的札记成了马克思所编的很有意思的第二本和第四本笔记本主题索引的基础。这些索引的内容揭示了当时使马克思感兴趣的问题的范围，而且在某种程度上也揭示了他对这些问题的理解。

达·波·梁赞诺夫在《马克思恩格斯全集》国际版旧版第一卷下册的序言中第一次对这些摘录做了认真的分析。梁赞诺夫援引了马克思在《政治经济学批判》序言中那段著名的话，马克思谈到，他的研究使他得出"这样一个结果：法的关系正像国家的形式一样，既不能从它们本身来理解，也不能从所谓人类精神的一般发展来理解，相反，它们

---

① 《马克思恩格斯全集》国际版旧版第 1 部分第 1 卷下册第 105—106 页。
② 《马克思恩格斯全集》国际版旧版第 1 部分第 1 卷下册第 118—136 页。

根据于物质的生活关系……而对市民社会的解剖应该到政治经济学中去寻求"①，接着梁赞诺夫指出，这一结果不仅是"对黑格尔的法哲学进行批判性审查"的结果，而且是马克思在批判黑格尔的大致同一个时候进行的广泛的历史政治研究的结果，《克罗茨纳赫笔记》的意义就在于它使人们能看清通向对唯物史观作出论证的道路中的一段路程。②

在尼·伊·拉宾的一篇文章中，特别是在他那部关于青年马克思的基本著作中，③包含有对于历史研究在马克思对黑格尔关于社会的学说的批判中所具有的意义的问题的有意思的提法。Е. Л. 康捷尔④和 З. М. 奥鲁德热夫⑤也论述过关于《克罗茨纳赫笔记》在马克思观点发展中的地位的问题。但是，这些笔记本的内容没有全文发表，这对于研究这些材料是一个重大的障碍，而这些材料对于研究马克思世界观形成的问题

---

① 《马克思恩格斯全集》第 1 版第 13 卷第 8 页。

② 《马克思恩格斯全集》国际版旧版第 1 部分第 1 卷下册第 XXIV—XXV 页。

③ 尼·伊·拉宾：《马克思对黑格尔哲学的第一次全面的批判》，载《哲学问题》杂志 1959 年第 1 期；他的《青年马克思》，莫斯科 1968 年版。特别值得注意的是作者关于马克思对手稿《黑格尔法哲学批判》所做的修改以及与此有关的马克思对世界史研究的态度的相当有说服力的见解。

④ Е. П. 康捷尔：《现代资产阶级和改良主义书刊对科学共产主义形成史的若干问题的阐述》，载于《社会主义学说史论丛》，莫斯科 1962 年版；他的《一些最新研究著作对马克思主义哲学形成史若干问题的论述》，载于《马克思主义和国际共产主义运动史论丛》，莫斯科 1963 年版。

⑤ З. М. 奥鲁德热夫：《1843 年马克思的克罗茨纳赫手稿》，载《阿塞拜疆社会主义联邦共和国科学院报告集》，1958 年第 11 期。

具有十分重要的意义。①

在分析《克罗茨纳赫笔记》时，应该考虑到，马克思在研究世界史的时候，特别注意像财产关系和政治设施的性质的联系这样一个历史过程的重要方面，在这里他利用了各个不同国家的材料（由此就产生了他对英国、瑞典、意大利、波兰和其他国家的历史的兴趣）。除此以外，马克思好像是为了补充对这些过程的研究，阅读了各种哲学和社会学著作（卢梭、孟德斯鸠、马基雅弗利），这些著作从理论的角度探讨了国家的起源和发展的问题。

对封建社会历史的分析在《克罗茨纳赫笔记》中占有相当大的地位。马克思摘录了德国历史学家 Э.施米特②、K.海因利希③、约·普菲斯特尔④和 И.拉平贝尔格⑤的著作，瑞典最著名的浪漫主义学派历史学家 Э.盖尔⑥、英国历史学家 Дж.林加尔特⑦的专题著作，以及出自法国大国务活动家 П.达律的手笔的七卷本的威尼斯共和国史⑧和吉伦特党

---

① 不能不同意 Ж.布吕阿对《克罗茨纳赫笔记》的看法，他写道："我认为必须仔细地研究这些笔记，设法着手对马克思的思想进行批判性研究，或者更确切地说，提出关于他如何进行工作的问题，并对马克思思想的来源和他的著作进行认真的比较分析的时机已经来到。"（J.布吕阿：《法国革命和马克思观点的形成》，载于《法国革命史年鉴》，1966 年第 184 期，第 137 页）

② E. A.施米特：《法国史》第 1 卷，汉堡 1835 年版。

③ C. G.海因利希：《法国史》第 1—2 卷，莱比锡 1802—1803 年版。

④ J. C.普菲斯特尔：《德意志人的历史》第 1—5 卷，汉堡 1829—1835 年版。

⑤ J. M.拉平贝尔格：《英国史》第 1 卷，汉堡 1836 年版。

⑥ F. G.盖尔：《瑞典史》第 1、3 卷，汉堡 1832、1836 年版。

⑦ J.林加尔特：《英国史》第 1—6 卷，美因河畔法兰克福 1827—1828 年版。

⑧ P.达律：《威尼斯共和国史》第 4 卷，斯图加特 1828 年版。

人 Ж. 巴约尔为反对德·斯塔尔夫人的书面写的论战著作。①

在分析马克思有关封建制度史的摘录时，首先引人注目的是，政治史本身——国王的更迭、战争等等——很少使马克思感到兴趣。他把主要注意力放在分析社会经济过程和社会政治过程上面。例如，在施米特的《法国史》一书摘要中，马克思十分注意并摘录了谈到关于公社财产变为私有财产，关于封建领地的形式、王室权力的结构及其收入来源的那些段落。接着，马克思省略了涉及法律的很长一节，并且摘录了谈到封建制度下农业的性质、农业同手工业的联系以及关于农奴制妨碍农业和商业的发展的那一段文字。②

应该指出，马克思从施米特的书中摘录的关于卡罗林帝国瓦解的原因的那几段话，是施米特从基佐的著作（《法国文明史》）和梯叶里的著作（《关于法国史的书信》）中抄来的。马克思放在对施米特的书的摘录的每一节开头的、从脚注中挑选出来的资料和历史书籍目录中，除了基佐和梯叶里的上述著作以外，还列有他们的下述书籍：基佐的《法国史文集》、梯叶里的《英国侵略史》。③ 这证明马克思对法国这些最大的历史学家的著作怀有兴趣，在某种程度上也证明马克思在1843年就已经熟悉他们的观点（在《德意志意识形态》以前的马克思著作中，看来还没有见到直接引证复辟时期的法国历史学家的著作的情况）。

马克思在了解各个不同国家——法国、英国和瑞典——的历史的时候，研究了封建制度的发展。使他感兴趣的包括人民变成了农奴、人民会议衰落的原因以及政权转入有产者首先是贵族和国王手中等问题。在

---

① J. Ch. 巴约尔：《斯塔尔夫人遗著的批判研究》第1卷，巴黎1818年版。
② 见苏共中央马列研究院中央党务档案馆档案。
③ 见苏共中央马列研究院中央党务档案馆档案。

这方面，他对盖尔的书《瑞典史》第一卷的摘录值得注意。例如，马克思摘录了谈到国王马格努斯·拉杜洛斯夺走了人民的立法权力的那段话。① 在施米特的书中，他注意这样一个地方，在这里作者在评论法国北部封建制度的发展时说，普通法失去了自己的意义。② 如果考虑到马克思早在《莱茵报》上的那些文章中发表的把普通法看作是人民的法、穷人的法的观点，马克思注意自由居民变成农奴的问题就十分明显了。马克思也根据德国历史学家普菲斯特尔的著作，用德国的材料探讨了同样的过程：他注意到在查理大帝统治时期自由民的人数逐渐减少，并强调指出，作者谈到人民会议变成空洞的形式时说，人民的同意多半成了空话。③

马克思仔细研究了封建所有制的结构，但是使他感兴趣的不是这种结构本身，而是它对社会的社会结构和政治设施的影响。他注意到了施米特关于封地制度在封建制度下成了政治生活的形式的思想。④ 在对巴约尔的书的摘录中，马克思援引了把封建制度看作是建立在地产基础上的等级制、建立在对大多数人的奴役基础上的千头暴政的一般评述。最后这句话特别引起马克思的注意，以致他在总结对巴约尔的书的摘录时专门注明——《tausendkopfiger Despotismus》〔千头暴政〕⑤。

有一系列摘录是论述关于贵族形成的问题的，但是在这里马克思把很大的注意力放在王权的形成、王权同贵族和城市的相互关系上面。使马克思感兴趣的是国王权力结构的细节、国王的收入。马克思在对巴约

---

① 见苏共中央马列研究院中央党务档案馆档案。
② 见苏共中央马列研究院中央党务档案馆档案。
③ 见苏共中央马列研究院中央党务档案馆档案。
④ 见苏共中央马列研究院中央党务档案馆档案。
⑤ 见苏共中央马列研究院中央党务档案馆档案。

尔著作的摘录中指出，国王在同领主们的冲突中使用的手段之一是扩大王室的司法权。

马克思对林加尔特的英国史著作的摘录包含有关于王权的确立和加强的问题的丰富材料。马克思以尖锐的批判态度总结了亨利二世时期的英国司法状况。"全部司法都是国王投机活动的对象。"①

马克思以英国议会产生和发展的历史为例，力图弄清楚代议制度的产生。他详细分析了自由大宪章，然后指出了它所经历的一切变化。马克思摘录了谈到从1265年起召集各郡代表出席议会，而这是议会代表的萌芽的那段话，并在旁边作了记号。②

后面对林加尔特的书所作的有关英国议会史的摘录，几乎全都是关于城市的兴起和资产阶级的发展的问题的，这一事实是有意思的。马克思摘录了谈到城市及其经济力量的增长，谈到城市的支持对王室有利害关系的那段话，接着在旁边做了记号。这里还指出开始定期召集各城市代表开会。在该书作者谈到在英国商人和骑士之间没有不可逾越的社会壁障，谈到他们的融合过程的那段话旁边，马克思也作了记号。③

马克思在摘录拉平贝尔格关于英国史的书时，把注意力放在个人的社会地位同他的财产多少的联系上面。他摘录了谈到在盎格鲁－撒克逊时代一个富有的商人（马克思把商人一词加了着重号）的资金如果使他能够三次前往海外，他就有可能成为贵族的那段话。④

马克思也根据法国史研究了城市的兴起、资产阶级的产生以及它反

---

① 见苏共中央马列研究院中央党务档案馆档案。
② 见苏共中央马列研究院中央党务档案馆档案。
③ 见苏共中央马列研究院中央党务档案馆档案。
④ 见苏共中央马列研究院中央党务档案馆档案。

对封建主的斗争。马克思用下述的话总结了中世纪城市发展初期的状况："城市和乡村同样受到奴役。"①马克思也注意城市的运动,他从海因利希的著作《法国史》中摘录了关于巴黎1358年起义的那段话,并且把商界首脑Э.马尔塞尔说两个被杀者是想消灭人民的贵族的话加了着重号。②同时,马克思也注意到了正在产生的资产阶级争取自己权利的斗争的不彻底性。例如,在同一本书的摘要中,在评述1484年第三等级在图尔代表会议上提出的要求时,马克思使用了一个有代表性的术语"自由主义的空谈"③。

马克思注意到,城市公社的形成,特别是在法国,是资产阶级产生和地位提高的结果。他从施米特的书中摘录了谈到市民利益的共同性和维护这些利益的必要性导致在公社中**管理艺术的产生**(着重号是马克思加的)的那段话,从而就把代议制的萌芽同资产阶级的发展联系起来了。④同时,马克思了解在这些公社中的代表制原则的全部局限性。他从达律的书《威尼斯共和国史》中摘录了谈到在城市公社中财富成了参加管理的资格证书的那段话。⑤

把马克思有关代议制的全部摘录加以分析,可以看得很清楚,马克思实质上是从这样一种论点出发的,即这种政体是在王权同封建主进行斗争,城市和城市资产阶级正在兴起,资产阶级和王权结成联盟反对封建主的条件下产生和成长起来的。因此,马克思是从对于像议会这样的政治设施的深刻的历史观点出发的。那种把代议制看作是体现了某种人

---

① 见苏共中央马列研究院中央党务档案馆档案。
② 见苏共中央马列研究院中央党务档案馆档案。
③ 《马克思恩格斯全集》国际版旧版第1部分第1卷下册第119页。
④ 苏共中央马列主义研究院中央党务档案馆档案。
⑤ 苏共中央马列主义研究院中央党务档案馆档案。

民主权、三权分立的一般原则的结果的抽象唯心主义观点，对他说来是格格不入的。

马克思在注明1843年9月写于克罗茨纳赫的给阿·卢格的信中，已经明确地表述了关于代议制是私有财产统治的政治表现的思想。①非常明显，在这里同等级制度相对立的代议制度是资本主义制度的同义词。在这一封信中，马克思提出了把"代议制从政治形式提高为普遍的形式"并揭示出以这种制度为基础的真正意义的任务。②

在对问题的提法本身方面，以及在后来对问题的解决即弄清楚经济制度和政治设施之间的实际的相互关系方面，马克思都从分析法国大革命的经验中学到了许多东西。马克思对研究这次革命怀有兴趣是完全可以理解的。因为这次革命以它自己的结果——它取得了什么成果，还有什么东西它没有实现——在很大程度上决定了青年马克思的世界观形成的那个时代的社会背景和意识形态背景。不能不同意一个现代资产阶级"马克思学家"的意见，他认为，对于上个世纪的人说来，现代是以法国革命开始的，这大体上正像我们的时代是以俄国的布尔什维克革命开始一样。③

在《克罗茨纳赫笔记》中，对法国大革命的分析包含在马克思对德国著名历史学家威·瓦克斯穆特④以及K.路德维希⑤的著作的摘录

---

① 参看《马克思恩格斯全集》第1版第1卷第417页。
② 参看《马克思恩格斯全集》第1版第1卷第417页。
③ R.纽恩贝尔格：《马克思主义的革命自我认识中的法国革命》，载《马克思主义研究》第2辑，第62页。
④ 威·瓦克斯穆特：《革命时代的法国史》第1—2卷，汉堡1840年版。
⑤ C.路德维希：《最近五十年史》第2卷，阿尔托纳1833年版。

中。在对德国反动政论家卡·兰齐措勒①、弗·沙多勃利昂②的小册子和德国历史学家列·冯·兰克出版的一家杂志（其中刊登了出版者本人的文章，也刊登了其他作者的著作）③的摘要中，则对执政内阁、拿破仑帝国和复辟时期的统治，以及七月革命作了分析。

马克思广泛利用了瓦克斯穆特的书，首先是为了研究其中引用的革命时期的各种文献：政治活动家们的演讲、制宪议会的各项决议、1791年宪法等。

马克思在研究革命前的法国形势时，特别注意各种封建义务同日益增加的国家赋税的结合。他对经济因素在革命前那个时期的社会冲突中所起的作用感到兴趣。例如，马克思详细地援引了波尔多议会对国王占有加龙河和多尔多涅河河口的冲积土地的决议的抗议书，强调指出了下列论据：国王的特许状"**违反各项神圣的财产法律**"，是侵犯社会自由和财产的行为，是破坏"**财产**"的企图。抗议书警告国王说，——马克思摘录了这一警告，——如果这种破坏财产的第一个企图得逞的话，就将没有任何办法能够阻止这种企图的发展，任何东西都不会有安全。④

在对有关法国革命史的著作的摘要中，可以明显地感觉到马克思极力要弄清楚资产阶级的阶级利益同财产问题的联系。马克思注意到，资产阶级在宣布资产阶级私有财产神圣不可侵犯的时候，并不认为封建财产是同样不可侵犯的。

---

① 卡·兰齐措勒：《论七月事件的原因性质及其后果》，柏林1831年版。
② F.沙多勃利昂：《从1830年7月看法国》，莱比锡1831年版。
③ 列·兰克出版的《历史政治杂志》第1卷，汉堡1832年版。
④ 苏共中央马列主义研究院中央党务档案馆档案。

有关1789年8月3日夜间由制宪议会通过的一系列废除封建义务的法律以及同一年没收教会财产的摘录，都是论述这个问题的。大家知道，资产阶级历史编纂学对这个"历史性的夜晚"是多么欣喜欲狂。使马克思感兴趣的是问题的实质。马克思在从路德维希的书中摘录有关这些措施的叙述时（而在这里路德维希引用的是跟基佐和梯叶里属于同一个学派的弗·米涅的《法国革命史》），删去了米涅的欣喜言辞，只是指出了具体措施。① 他在"私有财产的巴托罗缪之夜"这一说法下面打了着重号，并把这一说法列入第二个笔记本的索引。② 在对瓦克斯穆特的著作的摘录中，马克思强调指出，**人身自由**和**占有自由保留下来了**。③

　　联系到关于制宪议会发行用被没收的教会财产作保证的阿西涅纸币的问题，马克思评论说："这里有很大的矛盾，因为为了一方的被认为不可侵犯的财产，要拿另一方的财产来作为牺牲。"④

　　由于财产问题，马克思也对法国革命时期的平等问题感到兴趣。对瓦克斯穆特的书的摘录有很大一部分是论述这个问题的，而且其主要部分是从附录和脚注即文献资料中摘录的。

　　法国革命宣布了在法律面前人人平等，但是群众要求另一种平等，以分配财产作保证的实际的平等。马克思把谈到1793年9月4日发生反对**财富贵族**——这个词他打了着重号——的人民骚乱以及同一年疯人派提出确立唯一的真正的平等——财产平等的要求的地方摘录了下来。

---

① 苏共中央马列主义研究院中央党务档案馆档案。
② 《马克思恩格斯全集》国际版旧版第1部分第1卷下册第123页。
③ 苏共中央马列主义研究院中央党务档案馆档案。
④ 《马克思恩格斯全集》国际版旧版第1部分第1卷下册第119页。

马克思对大资产阶级的代表们的演讲做了一系列的摘录,这些代表们知道,要求现实的平等对于大资产阶级说来是什么样的危险,因此他们企图用纯粹法学的观点来限制平等的含义。例如,马克思在援引吉伦特党人 Π. 维尼奥在1792年3月13日的讲话时,强调指出,自由对于社会的人来说,是**权利的自由**,而不是**财产的自由**。在摘录温和的保皇党人杜波尔在1791年5月17日的讲话时,马克思注意到杜波尔的思想:大多数人所理解的自由是**人身权利**的表现。①

马克思也注意到了雅各宾派首先是罗伯斯庇尔反对大资产阶级自私自利,不愿考虑广大群众利益的一系列言论。马克思摘录了罗伯斯庇尔认为全部内部的危险都来自**资产者**,而为了战胜**资产者**,必须团结**人民**的思想。马克思摘录了罗伯斯庇尔1789年10月在人民议会上的讲话中的一段话,其中说,每一个公民都应该参加管理作为**他自己事务**的**公共事务**。否则,关于**任何人都是公民**(着重号是马克思加的)的论点就是虚伪的。②

可见,在这些摘录中反映出来的马克思的思路是这样的:资产阶级革命的局限性,这种革命无法保证实行真正的普遍的平等,现实的平等问题同财产形式的联系,被提到了首位。而通过弄清楚像人民主权和代议制这样的资产阶级法的根本概念具有的形式性质,马克思也就理解了资产阶级革命的这种局限性。

摘录的逻辑本身很有意思。马克思在摘录路德维希的著作时注意到

---

① 苏共中央马列主义研究院中央党务档案馆档案。
② 苏共中央马列主义研究院中央党务档案馆档案。

了谈到"贵族和私人所有者"① 企图援引**人民的主权**（马克思把这几个字加上了着重号）来影响立法议会代表的选举的那段话。接着跳过了该著作的大约二百页文字，下面的摘录谈的是，在国民公会对国王路易十六作出了死刑判决以后，雅各宾派坚定反对"**诉诸人民**"（马克思把这几个字加了着重号），其不可告人的目的是要挽救国王。接着，马克思再跳过该书的五十页文字以后记下来的那段话讲到，公安委员会和社会保安委员会凌驾于国民公会之上，它们上面再没有任何裁判官和任何最高权力机关了，它们遵循的只是**公共福利**（着重号是马克思加的）的原则。在对《历史政治杂志》的摘录中，马克思注意的是阿·梯也尔在他的著作《1830年的君主国》中的思想，梯也尔认为，有这样的时刻，那时国民只有一种思想，那时巴黎不征求法国的意见，而法国也不要求这样做。②

在这里，用下述方法可以把马克思的思路弄清楚。人民主权这个概念只是一种形式，在历史上可以把各种不同的内容塞进这种形式中去。在革命的危急时期，革命政权应该采取最坚决的行动，不使自己受任何传统形式的束缚，而只根据革命发展的利益行事。这里就产生一个合乎规律的问题：究竟谁的利益符合革命的利益？马克思也关心这个问题，在这方面，他对涉及"共同意志"和"一切人的意志"的相互关系问题的卢梭的《社会契约论》的摘录引人注意。③问题的实质在于，甚至在民主社会中，"一切人的意志"是否总是符合"共同意志"，即当时

---

① 苏共中央马列主义研究院中央党务档案馆档案。应该指出，这是马克思的话，而原著中谈的是贵族和僧侣。
② 苏共中央马列主义研究院中央党务档案馆档案。
③ 雅·让·卢梭：《社会契约论》，伦敦1782年版。

社会的客观上必要的需要。马克思——这也是很值得注意的——丝毫没有把形式上民主的制度偶像化。有一系列摘录强调指出,"一切人的意志"和"共同意志"可能不相符合。马克思注意到了卢梭关于人民总是希望得到**福利**,但并不总是都能看到福利的思想。马克思在总结卢梭针对民主的批评意见时写道,在卢梭看来,实现民主的主要障碍在于,如果人民作为立法者为私人利益所左右,人民就腐化了(korrumpiert)。① 但是,马克思通过诉诸历史经验已经懂得,每一个等级,每一个阶级都从他们私人利益的观点来对待公共事务,于是在马克思面前就提出一个问题——找到一个"私人利益"能符合"共同意志"的阶级。我们知道,他在巴黎已经写成的文章《黑格尔法哲学批判。导言》中已经发现了这样的阶级——无产阶级。克罗茨纳赫的摘录把进行这种探索的创作活动的帷幕微微揭开了一点。

马克思对于像代议制这样的资产阶级民主的根本原则的态度也是同样清楚的。马克思对卡·兰齐措勒关于法国七月革命的小册子的附录作了大量的摘录,其中包含有对代议制原则的批判。② 马克思特别重视这样一段话,其中谈到代议制度建立在两种**主要的虚构**(马克思把这几个字加上了着重号)上:第一,全体人民构成一个由同类成员组成的统一的社团。第二,这个称为人民的法人应该通过代表会议来行动,但是这

---

① 苏共中央马列主义研究院中央党务档案馆档案。

② 马克思在《德意志意识形态》中利用了这些摘录(见《马克思恩格斯全集》第1版第3卷第400—401页)。对兰齐措勒的小册子的摘录手稿有后来加工的痕迹——铅笔划的线条,而且马克思在《德意志意识形态》的这个地方利用过的引文也做了记号。马克思在《1844年经济学哲学手稿》中谈到资本和地产之间的争论,指出在这里"双方相互揭了真相"(《马克思恩格斯全集》第1版第42卷第108页)时,大概马克思指的就是兰齐措勒的这部著作。

些代表不受选民的指示的约束。①

接着是对1831年2月15日在王朝正统派报纸《法兰西报》上发表的一篇题为"人民的主权"的文章的摘录。文章的作者写道,在法国形式上有三千二百万握有主权者,而实际上是八万(根据新法律是二十万)选民五年一次选举四百三十名代表。马克思专门把下面一句话加上了着重号:"这种所谓的人民主权,无非是君主国的有产阶级为了夺取君主的权利而让各非有产阶级相信的骗局。"② 然后马克思利用了同一家报纸在1831年5月1日发表的另一篇文章。他强调指出了作者的如下一些话:法国目前的议院来源于**垄断制**,而不是来源于**人民**。既然不允许人民集会发表意见并选举自己的机关,那么可以随便向人民说什么。③

马克思利用英国大国务活动家约·罗素勋爵关于英国宪法史的书④研究了欧洲最古老的议会民主——英国议会民主的活动机制。他摘录了谈到"衰败城镇"制度的地方,在十八世纪末由于实行这种制度,这些城镇的八十四名占有者向议会输送了一百五十七名议员。马克思注意到了罗素谈到在议会选举中**领地**在一定程度上是候选人资格的保证的话。罗素问道:"下院代表人民吗?"他回答道:"是的,当人民同政府意见一致时,下院代表人民;但是当人民同政府发生意见分歧时,下院就站在政府一边。"马克思在罗素的答案旁边的空白处划了明显的杠杠。⑤

---

① 苏共中央马列主义研究院中央党务档案馆档案。
② 苏共中央马列主义研究院中央党务档案馆档案。
③ 苏共中央马列主义研究院中央党务档案馆档案。
④ 约·罗素:《英国政府和宪法史》,莱比锡1825年版。
⑤ 苏共中央马列主义研究院中央党务档案馆档案。

马克思在研究关于资产阶级民主的局限性的问题时，利用了有关美国史的材料。他摘录了英国军官和作家T.哈密尔顿的书《美利坚合众国的人情和风俗》①中的几段话，其中谈道，只是从没有在法律上享有特权的等级这个意义上说，可以认为美国是一个平等的国家，而从更高的意义上说，在纽约平等并不比在利物浦更多些。纽约的显赫的交易所大亨们也就是利物浦的勋爵。②哈密尔顿写道，在纽约，社会分成两部分：劳动的人和不劳动但生活得很好的人。马克思在这段话旁边也作了记号。马克思详细摘录了工人们，包括哈密尔顿所说的"比较极端的"工人们的要求，这些人要求平等地分配财产。有意思的是，只要哈密尔顿一用通常资产阶级的谰言来攻击工人，马克思就不再摘录引文了。③

在《克罗茨纳赫笔记》中我们碰到一种十分有趣的现象。在弄清资产阶级民主的局限性的过程中，马克思利用了来自右边的，来自君主主义者的对资产阶级民主自由的批评，由于它依据的是这一制度实际存在的弊端，这种批判尤其尖锐。但是，正如1844年发表的马克思的最初一些著作所表明的，马克思在这样做的时候避免了对资产阶级民主自由估计不足、对争取资产阶级民主自由的斗争采取虚无主义态度的危

---

① Th.哈密尔顿：《美利坚合众国的人情和风俗》第1—2卷，曼海姆1834年版。

② 苏共中央马列主义研究院中央党务档案馆档案。

③ 苏共中央马列主义研究院中央党务档案馆档案。美国资产阶级社会学家L.福耶尔在《马克思社会主义的北美起源》一文（载《西方政治季刊》1963年第1期）中注意到马克思对美国工人运动和社会主义运动的兴趣，特别是由于马克思研究了哈密尔顿的书。M.吕贝尔在《社会契约》杂志1962年第4期发表的前面提到的那篇文章中也谈到马克思对哈密尔顿一书的摘录。

613

险。在这方面,他对沙多勃利昂关于法国1830年七月革命的小册子①作了摘录。马克思注意到了沙多勃利昂反对现存制度维护者的理由的论据。沙多勃利昂指出:"有人指责我破坏社会安定,但是这是**你们**希望安定。有人指责我是坏公民,但是一切政党都利用这个论据;对于那些吃得饱饱的、快乐无忧的人来说,饿肚子的、叫苦的人就是坏公民。"②后来,马克思在写《共产党宣言》第三章关于《封建的社会主义》那一节时完全有可能是利用了这一类摘录。

在有关复辟时期的材料中,特别有意思的是对兰克的《历史政治杂志》的摘录。在这里摘录的总的思想脉络是这样的:在1789—1793年革命时期,特别是在所有制形式方面发生的变化非常深刻,以致使波旁王朝无法完全恢复旧制度。马克思研究了财产关系方面的变化对政治设施的影响。例如,他从兰克的文章《论法国的复辟》中摘录了这样一个思想,即以前拿破仑认为,他应该用**财产**来战胜**革命**(马克思把这两个词加上了着重号),现在(指"百日"时期)他决定取消选举资格限制,这是违反一切所有者的利益的。③ 在这里思想的脉络是清楚的——拿破仑的成功是建立在所有者担心失去自己财产的恐惧上面的,但是所有者对可能废除财产资格限制的同样的恐惧把这些所有者推入了君主主义者的怀抱。

一般说来,财产关系在社会生活中的作用在这个时期使马克思非常感兴趣。这在第二本和第四本笔记本的主题索引中得到了明显的反映。这两个索引对于了解马克思在这个时期所进行的探索的方向具有巨大的

---

① F. 沙多勃利昂:《有关流放卡尔十世的新建议》,莱比锡1831年版。
② 苏共中央马列主义研究院中央党务档案馆档案。
③ 苏共中央马列主义研究院中央党务档案馆档案。

意义。它们表现了马克思正在日益接近于创立唯物史观。

"财产及其后果"这一要点在第二个笔记本的索引中占着中心地位。而且在这一栏中马克思把对与1789年没收教会财产有关的事件的分析以及对最高限额的规定和恐怖制度的分析联系起来。马克思对关于财产关系和政治关系的联系的论点作了这样的表述:"财产同统治和被统治的联系"和"财产作为选举权的条件"。①

马克思已经接触到了真正平等的问题同这种或那种所有制形式的联系,他表述了如下两点:"所有者对社会的态度"和"财产和平等"。也从政治的角度——"平等和共和国"——以及个人和普遍意志对平等的关系的角度提出了平等的问题。②

这样就决定了探索的一个方面——所有制形式、它们的意义、它们在历史上的发展以及它们同法国资产阶级革命没有解决的真正平等的问题的联系。

使马克思激动的第二个大问题是阶级和阶级特权起源的问题。第四本笔记本的索引第一条就是这样表述的:"等级差别。"③在有关贵族和资产阶级的各点上,马克思首先注意的是关于阶级特权的产生、来源及其与社会的社会结构的联系。④

最后,在索引中记录下来的第三类问题是关于国家和法的问题。这是有关立法权和行政权、代议制度、人民主权的问题。有若干要点涉及官僚、官僚的产生同专制制度发展的联系、官吏和王权的相互关系。⑤

---

① 《马克思恩格斯全集》国际版旧版第1部分第1卷下册第123页。
② 《马克思恩格斯全集》国际版旧版第1部分第1卷下册第123页。
③ 《马克思恩格斯全集》国际版旧版第1部分第1卷下册第129页。
④ 《马克思恩格斯全集》国际版旧版第1部分第1卷下册第123页。
⑤ 《马克思恩格斯全集》国际版旧版第1部分第1卷下册第129页。

从自己以前的理论经验和政治经验的立场出发，从越出了革命民主主义范围的立场出发来领会历史材料，不可避免地使得马克思要按新的方式来考虑和解决社会生活的许多问题，而这一点不可能不在马克思在离开克罗茨纳赫以后在巴黎发表的那些著作中得到反映。因此，不管《克罗茨纳赫笔记》的主题索引本身是多么有趣，这些索引不可能把马克思在研究大量历史材料的基础上得出的结论全部列举出来。如果我们读一下马克思1843年秋天在克罗茨纳赫写的文章《论犹太人问题》，我们就会看到，马克思在这个小城市逗留的几个月中进行的确实是大量的思想工作是怎样折射出来的。要知道，这篇文章的基本问题——关于政治解放和全人类解放的相互关系的问题——的提法及其解决，在很大程度上是以对法国革命的事件的分析，以马克思在《克罗茨纳赫笔记》中所进行的分析为基础的。问题不仅在于，《克罗茨纳赫笔记》的几段话完全收入了《论犹太人问题》一文（对卢梭的著作、《权利宣言》和哈密尔顿的著作的摘录）①，主要的是，这篇文章的基本问题大体上在《克罗茨纳赫笔记》中已经初具轮廓——这就是关于资产阶级革命的局限性，关于资产阶级革命无法建立一个无愧于人的社会的思想。分析所谓的人权并且证明这些权利的资产阶级局限性及其所具有的形式的性质，大体上在《克罗茨纳赫笔记》中也已经作了。有充分的根据可以认为，《论犹太人问题》这篇文章本身就是对以草稿形式记录在《克罗

---

① 参看《马克思恩格斯全集》第1版第1卷第427、436—437、443、447页。有意思的是要指出，文章中所用的哈密尔顿和卢梭的引文，同《克罗茨纳赫笔记》中所作的摘录（以及马克思加的着重号等）都完全一样。

茨纳赫笔记》中的全部工作的总结。①

马克思关于"人类解放"所得出的结论是:"只有当人认识到自己的'原有力量'并把这种力量组织成为**社会**力量因而不再把社会力量当做**政治**力量跟自己分开的时候,只有到了那个时候,人类解放才能完成。"② 这个结论由于其历史的具体性跟手稿《黑格尔法哲学批判》的结论有很大的不同。在这里不仅初步提出了历史改造的任务,而且在某种程度上也初步提出了历史改造的途径。剩下的是向前再迈出一步——找出完成这种改造的历史力量。马克思在巴黎写的《黑格尔法哲学批判。导言》中就迈出了这一步。而在这种场合,对马克思来说研究法国大革命的经验是重大的帮助。

问题不仅在于,对法国革命的经验、它的伟大和局限性、在革命进程中各个阶级的斗争的研究为马克思做了思想准备,使他能够把在巴黎同工人运动的接触转变成为发现无产阶级的全世界历史性的作用。这一天才思想的第一次表述是在《黑格尔法哲学批判。导言》中做出的。但是,这只是第一次表述,是需要全面加以论证和广泛进行检验的天才假设。在马克思和恩格斯的第一部共同著作——《神圣家族》一书中,这个思想得到了从历史和社会学角度的认真论证。除了马克思在这时已经有了相当大进展的政治经济学研究以外,他对历史的研究在这一论证中也起了重大的作用。

1844年冬天和春天,马克思在巴黎继续研究法国革命的历史。他

---

① 本文的题目不允许我们论述马克思的理论研究(首先是哲学研究)和实际政治经验,它们也是马克思在《论犹太人问题》一文中所做的结论的基础。当然,这决不意味着对这些方面的轻视。

② 《马克思恩格斯全集》第1版第1卷第443页。

还有过写作国民公会史的计划。看来，马克思的工作已经有了很大进展，以致在民主流亡界中都知道这件事。卢格在1844年5月给费尔巴哈的信中谈到，马克思积累了大量材料并得出了"很有成果的观念"①。而1845年冬天，反政府的《特利尔日报》在对马克思被驱逐出巴黎一事做出反应时写道，他到国外去是"为了在那里完成他的国民公会史"②。

马克思熟悉罗伯斯庇尔和圣茹斯特的言论（大概首先是从菲·毕舍和比·卢的多卷本著作③中看到的），他研究了法国革命时期的期刊——卡·德穆兰编辑出版的周刊《法国革命和布拉班特革命》（《Révolutions de France et de Brabant》和埃·路斯达洛编辑出版的《巴黎的革命》（《Révolution de Paris》）。他所作的对国民公会议员、雅各宾党人勒·勒瓦瑟尔的回忆录的摘录（马克思加的标题是《雅各宾派同吉伦特派的斗争》）还传到了我们手里。在这个摘要中，马克思仔细地研究了这一斗争的经过，他强调指出，"山岳党同有青筋暴露起的手、毅力和忠诚的人民群众的政党一起前进"④。正如布吕阿所公正地指出的⑤，勒瓦瑟尔的回忆录摘要也反映了马克思对革命时期的政权问题感兴趣。在这方面，马克思高度评价了国民公会的活动，认为国民公会"是**政治动力、政治势力**和**政治理智的顶点**"⑥。

---

① 《阿尔诺德·卢格通信集》第1卷，柏林1886年版，第343页。
② 1845年2月6日《特利尔日报》。
③ 菲·毕舍和比·卢：《法国革命议会史》第1—40卷，巴黎1834—1836年版。
④ 《马克思恩格斯全集》第3卷俄文第1版第610页。
⑤ J.布吕阿：《法国革命和马克思观点的形成》，第140页。
⑥ 《马克思恩格斯全集》第1版第1卷第478页。

但是，不管这个摘要如何有趣，它当然不可能包括马克思当时研究的法国革命史的全部问题以及他作出的全部结论。马克思在写作这一时期的一系列著作时广泛利用了这些结论，例如在《前进报》发表的文章《评"普鲁士人"的〈普鲁士国王和社会改革〉一文》中和首先是在《神圣家族》中。可能《神圣家族》包含有打算用于《国民公会史》的某些材料。恩格斯1845年1月20日给马克思的信部分地证实了这一点，在那封信中恩格斯写道：书中"这么多的东西现在都要问世了，否则，谁知道它还会在你的写字台里搁多久呢"①。这本书写得很快——三个月写了二十印张——也可以作为间接的证据。但是，最主要的东西是《神圣家族》中马克思的思想逻辑。

根据法国革命的材料，马克思揭示了一个重要的历史规律性：在每一次革命中都有一个阶级表现为领导者，这个阶级为自己特殊的阶级利益所推动，这种利益在当时至少在表面上表现为全人类的利益。例如，在资产阶级革命进程中进行的摧毁封建制度的经济关系和政治关系的行动，首先是符合资产阶级利益的，虽然它对社会的其他所有阶层也具有进步意义。但是资产阶级和广大人民群众这种利益的一致是暂时的和非常有限的。资产阶级革命证明，群众真正解放的条件同资产阶级解放的条件是不一致的。

与此相反，无产阶级的阶级利益同群众的利益是完全一致的，而群众"获得解放的现实条件和资产阶级借以解放自身和社会的那些条件是根本不同的"②。无产阶级在把自己从剥削制度下面解放出来的同时，也就把整个社会从剥削制度下面解放出来。在历史上第一次一个先进阶

---

① 《马克思恩格斯全集》第1版第27卷第19页。
② 《马克思恩格斯全集》第1版第2卷第103页。

级的阶级利益同全人类的利益，同广大劳动群众的利益真正融合在一起。

在马克思的这些论断中形成了他在将来阐发的关于无产阶级是领导阶级，它要在被压迫人民群众的革命中实现领导作用的原理的最初成分。

可见，1843—1844年对世界史首先是法国革命史的研究，在唯物史观的形成过程中起了重要的作用。这一研究（同马克思在这时开始的经济学研究一起）标志着马克思在弄清历史动力的客观性质方面，在认识所有制形式在历史上的作用的问题、所有制形式对政治设施的发展以及各个阶级和社会集团的政策的影响方面，在理解各个阶级的历史发展和历史作用方面迈出了重要的一步。如果说，唯物史观在《资本论》以前，按照弗·伊·列宁的说法，是一个假设，但是是一个"第一次使人们有可能极科学地对待历史问题和社会问题的假设"①，那么，1843年奠定了基础的马克思从理论上对世界历史进程的掌握，在很大程度上决定了这种可能性。

对世界历史的分析在马克思共产主义观点的形成方面也起了重要的作用。由于研究最近几个世纪人类社会的发展，由于特别注意资产阶级和贵族的阶级斗争，由于证明了资产阶级没有能力解决在革命进程中提出的真正平等的问题，由于揭露了资产阶级国家的阶级性质和资产阶级自由的局限性，马克思就得出了关于必须为建立新的社会制度而斗争的结论，这种新的社会制度将会解决旧社会的矛盾，把人从一切压迫下面解放出来。

在马克思1844—1845年的一个笔记本中有一个以"关于现代国家

---

① 《列宁选集》第1卷，人民出版社1972年版，第7页。

的著作的计划草稿"为题发表的草稿,这完全不是偶然的。这个草稿全文如下:

"(1) **现代国家起源的历史**或者**法国革命**。

政治制度的自我颂扬——同古代国家混为一谈。革命派对市民社会的态度。一切因素都具有双重形式,有市民的因素,也有国家的因素。

(2) **人权**的**宣布**和**国家的宪法**。个人自由和公共权力。**自由、平等和统一**。人民主权。

(3) **国家**和**市民社会**。

(4) **代议制国家**和**宪章**。立宪的代议制国家,民主的代议制国家。

(5) **权力的分开**。立法权力和执行权力。

(6) **立法权力**和立法机构。政治俱乐部。

(7) **执行权力**。集权制和等级制。集权制和政治文明。联邦制和工业化主义。**国家管理**和**公共管理**。

(8) **司法权力**和**法**。

(9) **民族**和**人民**。

(10) **政党**。

(11) 选举权,为消灭〔Aufhebung〕国家和市民社会而斗争。"①

这个草稿的基本要点同《克罗茨纳赫笔记》的那些主题索引的基本要点和1843年马克思的历史研究的基本问题是一致的。但是在这个草稿中有一个在索引中还没有的要点,但是马克思的整个研究进程,他的全部理论经验和政治经验不可避免地要引申出这个要点:"为消灭国家和市民社会而斗争",即为消灭剥削的反人民的国家以及这种国家所完成的整个社会经济关系体系而斗争。换句话说,这里指的是社会主义革命。

---

① 《马克思恩格斯全集》第1版第42卷第238页。

在这个笔记本的稍后一点，在《关于费尔巴哈的提纲》前面，马克思记下了："革命——现代国家起源的历史。"① 这个公式好像总结了在1843—1844年之交马克思在克罗茨纳赫和巴黎从事的历史研究的全部进程和全部意义。

（原载《马克思——历史学家》莫斯科1968年版）

（刘晖星 译）

---

① 《马克思恩格斯全集》第1版第42卷第273页。

东德时期关于马克思早期著作的解释之争*

〔德〕沃·比阿拉斯

很显然,时代已发生变化,对马克思早期著作的争论也是如此。

下面我想较为详细地考察一下马克思早期著作在民主德国官方马克思话语中的地位,并回顾在此意义上所展开的关于如何阐释马克思理论的争论。毫无疑问,在民主德国时期,谁熟悉马克思的著作,并通过由此得来的知识论证自己作为社会主义者和马克思主义理论家的自我认识,他必然对那种从思想上驯化马克思,让马克思作为合法性的见证人为统一社会党"经过科学论证了"的政策作证的做法感到不快。这种不快以机会主义的方式演变为以文本解释形式展开的关于"真正马克思"的争论。借助青年马克思来呼吁一种没有实现的马克思主义纲领,通过强调马克思主义在其形成过程中同德国古典哲学,特别是同黑格尔哲学的联系来反对他从庸俗唯物主义那里所接受的理论史影响,把资产阶级人道主义和自由主义当作马克思早期争论文章的传统因素来重现,把马克思《莱茵报》时期的文章中与新闻检查、欺骗性煽动和思想恐怖的严肃论战归结为对新闻自由、政治基本权利和社会民主的辩护——

---

* 本文选自《马克思恩格斯列宁斯大林研究》2002年第1辑。沃尔夫冈·比阿拉斯系德国波茨坦大学哲学教授。

所有这一切都在反对经济主义还原论和阶级理论庸俗化的理论史论证中得到应用。然而，在涉及现实社会主义的合法性实践时，（至少在官方科学话语那里）人们还只是限于暗示说，遇到矛盾的场合时返回到文本解释性的争论总是可以的。对这种情况，人们最终达成一项共识，即阶级斗争和党性的严峻现实——现实社会主义的政治制度毕竟要在这种现实中存在下去——只允许在一定程度上返回到青年马克思那种强烈的人道主义。如此一来，对马克思理论形成史的重现就受到了约束，客观上变成了一块遮盖运动史上从共产主义者同盟到统一社会党、理论史上从德国古典哲学到马克思—列宁主义的传统谱系的理论史遮羞布。[①]

在民主德国时期，关于马克思青年时期著作的争论首先也是一场政治争论。在哲学纲领与社会理论解决方案、资产阶级人道主义雄辩与乏味的阶级理论分析的对立过程中，总是同时还出现马克思—列宁主义的科学性的要求。乌托邦方案与要求替代资本主义的、跨越社会形态史的社会"现实存在"之间的对立，即从乌托邦到"经过科学论证了的政策"的跨越也曾经被想象为乌托邦实质的丧失和摆脱了实用主义观点的那种人道主义的丧失。[②] 随着取消对这种争论来说具有意义的背景，曾经参与讨论应当强调理论史上哪些内容的"圣恩斯特"现在已经令人几乎无法理解了。

认为马克思主义的理论内容与意识形态空谈之间有连续性的观点不符合马克思的理论，而且也无法用这种观点充分说明马克思主义的文本

[①] 参看阿尔弗雷德·库莱拉：《自我与异己。论社会主义人道主义》，柏林1981年版。

[②] 这种想象可能指的是恩斯特·布洛赫的《希望的原理》，但又不能明确赞同这种意思。参看格尔德·伊尔利茨：《恩斯特·布洛赫。哲学历史学家》，载于《意义与形式》，1985年第4期，第838—855页。

哲学与意识形态工具之间在功能上的相互影响。当然，关注发生在篡改和再解释、肆意忽略和增补、庸俗化和曲解马克思理论方面的细微变化，从而最终由此得出评判对原本内容的教条主义歪曲和强权政治规定的批判标准，或许还具有政治意义。这样做最终可以把马克思理论的历史性缺欠夸大成马克思主义的先天遗传缺陷和内在的解构逻辑，但是，这种方式并没有克服马克思—列宁主义本身固有的封闭。对马克思所表述的理论问题的争论极少在没有意识形态色彩的学术圈子内进行，因此，此类争论通常作为无关紧要的组成部分，服务于随时变化的把马克思理论变成意识形态工具的行为。它们既没有弄清马克思理论中抵制意识形态或抵制合法化的成分，也没有指出意识形态中的这样一些填充物，它们完全是由那些过于强调功能的、目光短浅的干部和意识形态家制造出来的，甚至在修辞上也没有援引马克思的原文。

然而，在上述争论中所使用的隐喻手法还是带有一些意识形态批判意义的。譬如，人们根据纯洁的、未被污染的理论去指责对马克思理论的"篡改"，指责篡改所造成的歪曲，这种做法其实就是"以政治犯罪形式诬蔑社会主义思想"的比喻在理论史上的对应物。毋庸置疑，关于此类篡改马克思理论和让社会主义思想服务于统治合法性的历史可以列举出大量的现象。可是，如果在这种历史中不提那些导致了马克思主义蜕变史的内容，最终就会用一种没有历史性的社会主义—共产主义社会体系或理想类型去对抗缺乏系统条理化的、片面断定的表面历史。而且，为了抵制马克思主义向意识形态的蜕变而坚持其基本理论内涵和潜在的空想成分，人们还自相矛盾地采用了某些被视为"篡改了"马克思理论的马克思—列宁主义的内容。在所谓"资产阶级意识形态批判"中，为了把思想家本来的思想分割成哲学和社会学曾经使用过的论证方式，现在甚至被冠以相反的符号应用于马克思主义的理论及其政治影响史。如果说在"资产阶级意识形态批判"时期从理论上诋毁经典哲学家的手法是间接地把他们的思想纳入其影响史，找出它可能为政治服务的证据，那么现在的论证手法则完全变了：以往是明确断定"资产阶级理论"与其影响史之间有必然的联系，现在则以同样明确的态度排除马克思的本原思想与其影响史之间可能存在的关联。

表面上看来，过去关于马克思理论实质的争论以把青年马克思（特别是《经济学哲学手稿》时期的马克思）与《资本论》时期进行系统论证的马克思对峙起来的方式得到解决。而这一点（为了使自己对重点内容的看法在争论中得到贯彻）又是以一种关于"完整的马克思"的认识为前提的。早期著作与晚期著作、青年马克思与成熟马克思之间的差别和不同侧重点曾经构成不同争论阵线的出发点，现在它们则完全失去了这种意义。由于现在有人断定马克思的全部理论最终好像要趋于僵死，上述区分的结果已经很难得到认同了。马克思曾经预言，资本主义社会必然会因为自身的矛盾，并在其掘墓人无产阶级的有力推动下走向灭亡。[①] 这个预言并没有实现。马克思曾经欣喜地用"共产主义"来称呼一种人道社会的模式，称该社会摆脱了剥削压迫，体现了个人的能力和利益，可是，这种"共产主义"作为历史运动形式却变成了非人的、政治上实行压制且经济上无效率的独裁体制的同义词。"要社会主义还是要野蛮"这个勇敢的斗争口号今天已经掺杂了一些苦味，即使它没有被人们根据时代精神完全理解为"社会主义就是野蛮"。如果说马克思和恩格斯在《共产党宣言》中所竭力呼吁的"共产主义的幽灵"[②] 还在

---

① 马克思和恩格斯：《共产党宣言》，参看《马克思恩格斯选集》第 2 版第 1 卷第 284 页。

② 《马克思恩格斯选集》第 2 版第 1 卷第 271 页。

欧洲或其他地方游荡，那也只是作为一种悲伤的、苍白的或者曾经沾满鲜血的形象在游荡，不会再让人恐惧，也几乎不会给任何人带来对未来的希望。这就是今天阅读马克思的著作时所面临的形势，至少在不仅把马克思当作资本主义社会的毫不容情的分析家而且当作共产主义社会的描绘者和社会主义运动的战略家来讨论时是如此。这种阅读类似于参观一个被淹没了的（思想）世界。

对一直延续到1845年前后、特别是以《1844年经济学哲学手稿》为标志的马克思的理论自我完善过程而言，马克思早期著作的处境亦是如此。显然，这些著作恰好也受到指责，据说在这些著作中就已经表现出直接进入共产主义的观念以及对如何从制度上促进、从政治和法律上保障社会民主的忽略，并且这种忽略不仅表现在理论上，而且对后来的实践也产生了重大影响。①尽管马克思敏锐地觉察到他那个时代与未来之间的矛盾，觉察到经济、技术和科学的进步同依然落后的生产方式、统治形式和思想观念之间的"不同时性"②，但是，忽略从制度结构方面促进社会民主却是马克思的一个根本性的和致命的失误："分裂、缺乏保障、差别和严重不平等现象将继续存在并在世界各地蔓延，而解决这些问题的必要条件应当是选举、政党争论、劳资谈判等等的调节功能，简言之，政治对话的调节功能——而这种观念正是马克思所缺乏的。"③

---

① 关于民主问题可以参看汉斯-彼德·克吕格在这方面所写的文章《彻底民主化的战略。一个规范性的草案》，载于莱纳·德培、赫尔穆特·杜比尔、乌利希·勒德尔编：《东欧的民主转变》，美因河畔法兰克福1991年版，第76—103页。
② 巴巴拉·西希特曼：《死狗咬人。重读马克思》，柏林1990年版，第29页。
③ 巴巴拉·西希特曼：《死狗咬人。重读马克思》，柏林1990年版，第30页。

然而，无论过去还是现在，正是马克思的早期著作对批判理论的规范性论证尝试产生了促进作用。① 马克思早期著作中的明显缺陷似乎并没有损害它们日益显著的魅力。方法论上的限制本来要求对某个对象加以下定义，对它进行分析，最终得出经验上可靠的综合，放弃对希望值和非事实因素的设想，所有这一切在马克思早期著作中却只有某些轻微的迹象，相反，读者从早期著作中所看到的是一个巨大试验场，各种尖锐问题都在那里得到探讨：譬如，一种理论可以在多大程度上认为，人们愿意并且能够摆脱目前被视为其日常生活原则的各种利己主义的狭隘眼界？在此，马克思把令人沮丧的社会生活状况日趋恶化同主体所感受到的绝望联系起来，指出有些人将没有机会哪怕近似地实现自己对一种有意义的生活的期望，并预言了他们的普遍贫困化。马克思认为，社会生活状况的恶化在无产阶级社会处境中已经表现为原则，这个阶级是一个经受着普遍苦难的阶级，它的痛苦不是特殊的不公正，而是一般的不公正，因此它体现了人在社会上的完全丧失。② 此外，从分析社会经济领域出发的社会批判理论如何才能不仅论证这一点即有充分的理由说明资本主义目前的形态不是历史的终结，③ 而且勾画出可以给全球范围内的改革前景带来某种历史可能性的社会主体、发展趋势和矛盾呢？

在马克思的早期著作中，理论上提出的问题很少形成答案，更不用说能够适应目前彻底变化了的历史条件和改变了的问题的答案了。青年马克思在其早期著作中不断寻求探索性思想的立足点，因此，尽管有出

---

① 参看于尔根·哈贝马斯：《理论与实践》，诺依维德和柏林1969年版，第162页及以后几页。

② 参看马克思：《〈黑格尔法哲学批判〉导言》，《马克思恩格斯选集》第2版第1卷第15页。

③ 弗朗西斯·福山：《历史的终结》，慕尼黑1992年版。

色的思维方式和论战,有语言影响力和理论深度,但是,那些著作却几乎没有显示出伟大思想家的那种惊人的完美性。此外,这一点恐怕还要归因于马克思那个时期所使用的大量十分形象的语言、寓意深刻的比喻和富有影响力的描述。然而,值得关注的是它是一项"正在进行中的工作",是在测试理论设想和概念的过程中探讨问题;值得留意的是,它是一个学习过程,在此期间,对原来的立足点总是对照所讨论的问题重新修正、放弃、放到不同的背景下加以检验和调整。

因此,处于探索时期的马克思同当时许多志在"解放人类"的人一样,热切地吸收、研究当时的理论观念、历史和知识,从语言和概念上对它们进行检视,并在一群具有激进思想的同盟者中间尝试对人的社会的改造。他们确信并欣喜地认为自己处于一个时代转折关头,理应竭尽全力为社会奏响自己的旋律,以期僵死的关系开始发生变化。这样做不是为了金钱,而是为了自由之树,这是一个由政治上自由和社会上平等的人们组成的社会的象征。马克思决定"对现存的一切进行无情的批判"①,他相信自己的论据的力量,希望"在一切人都在考虑而且许多人已在大声疾呼地发表意见的地方,很快就会有人行动起来"②。马克思最初至少确信,共产主义思想的理论论证、而非它的实际试验乃是真正的任务,"要知道,如果实际试验会成为**普遍性**的,那么,只要它一成为危险的东西,就会得到**大炮**的回答;至于掌握着我们的意识、支配着我们的信仰的那种思想(理性把我们的良心牢附在它的身上),则是

---

① 马克思:《摘自"德法年鉴"的书信》,《马克思恩格斯全集》第1版第1卷第416页。
② 马克思:《摩塞尔记者的辩护》,《马克思恩格斯全集》第1版第1卷第236页。

一种不撕裂自己的心就不能从其中挣脱出来的枷锁;同时也是一种魔鬼,人们只有先服从它才能战胜它"①。

这种重视社会主义思想的强大影响、轻视对实现该思想的实际实验(这样做是有风险的,结果也很难预计)的激情想必在东德马克思主义知识界也能找到对应之处,后者的冒险精神通常止于制度的边线。这种激情毕竟给人们带来过好处,使他们这些社会主义思想的行家、管理者、阐释者可以作为十分"真正的共产主义者"亮相。只是人们当时过分留意怎样在何种场合表现或掩盖自己的智慧、志向或理智。就当时而言,推崇一种无实际约束力的、没有政治影响的思想的魅力总比要求在官方意识形态合法体系中审视知识分子的作用要舒适一些。用马克思的话来说,对这种作用可以作如下界定,即帮助促成到某个时候"所有人都在考虑"的局面。至于有人以后会或此前已经进入"许多大声疾呼者"乃至"有些行动者"的行列,那是没有考虑在内的。事实上这一点倒不如说是不可能的。

在马克思看来,德国当时直接面临着革命,它不是"部分的纯政治的革命,毫不触犯大厦支柱的革命",不是后来以1848年资产阶级革命的形式实际发生的那种革命,而是"彻底的革命、全人类的解放",②它的目的在于使人把作为物质生活的类生活组织起来,③使人"作为个人,在自己的经验生活、自己的个人劳动、自己的个人关系中间,成为

---

① 马克思:《共产主义和"奥格斯堡总汇报"》,《马克思恩格斯全集》第 1 版第 1 卷第 134 页。

② 马克思:《〈黑格尔法哲学批判〉导言》,《马克思恩格斯选集》第 2 版第 1 卷第 12 页。

③ 参看马克思:《论犹太人问题》,《马克思恩格斯全集》第 1 版第 1 卷第 428 页。

类存在物"①。让人在其个人生活中作为类存在物活动，并因此使他摆脱受到限制的生活关系的狭隘眼界，这何异于关于在社会实践中实现世界公民理性的想象？

"人的类本质"、"解放"以及"异化"都是马克思在其早期著作中勾画各种想象时所使用的概念，这些想象旨在以富有影响力的语言表述来界定未来的社会共同体。共产主义被视为"人的自我异化的扬弃……是通过人并且为了人而对**人的**本质的真正**占有**；因此，它是人向自身、向**社会的**（即人的）人的复归，这种复归是完全的、自觉的而且保存了以往发展的全部财富的"②。在东德时期，这种用哲学反思的形而上学代替政治行动的革命理论的做法也大行其道。由此可以很好地解释这样一点，即为什么人们认为即使在东德，也不能继续认为所谓"现实存在的社会主义"同真正的社会主义、同摆脱了异化关系的类没有太多关系。当然，人们在颠倒马克思的比喻手法时，在这种从"现实"社会主义过渡到"真正"社会主义的革命性的"解放"中，还是希望保留"大厦的支柱"，人们想必知道，否则在它的废墟中很可能会无所适从。

然而，也不应当忘记，正是在东德时期，有人在研究青年马克思时也遵循了如下目标，即用一种有生命力的替代方案抵制在马克思—列宁主义那里变成教条体系的马克思理论。撇开思想和社会科学系、研究所内部那些被过分高估了意义的争论——一些"正直的人"在这种争论场合推崇青年马克思——不谈，在从事此类尝试的人当中有一些受过马

---

① 马克思：《论犹太人问题》，《马克思恩格斯全集》第 1 版第 1 卷第 443 页。
② 马克思：《1844 年经济学哲学手稿》，《马克思恩格斯全集》第 1 版第 42 卷第 120 页。

克思影响的反对派，如鲁道夫·巴罗①和艾德尔伯特·里希特②。民主的、改革了的、"真正的"社会主义被视为幻想，成为争论的对象。③可是，假如缺少这种幻想，"现实的社会主义"存在的时间或许还要更长一些，尽管它在政治和经济上已经失败，但是它的"道德实质"或许会依然存在下去。

过去，围绕着马克思的早期著作、它们所提出的观念的方法论地位、它们同思想史和运动史的关联、马克思和恩格斯理论发展中的断裂或连续性所展开的争论，同时往往也是关于马克思主义体系问题的观念之争，因此，它们的意义不限于理论史方面。此外，争论的阵线也不像人们在50年代中期就已经认识到的那样明确："如果以为……'真正的'马克思就是早期著作时期的马克思，那就势必导致贬低后期著作和根据青年时期的哲学人类学思想修正后期著作的结果。"④ 然而，这种

---

① 鲁道夫·巴罗:《替代方案。对现实存在的社会主义的批评》，科隆、美因河畔法兰克福1977年版，特别参看第299页及以后几页。

② 艾德尔伯特·里希特是著名的新教反对派人士，现在是欧洲议会的社民党议员。他总结道："我愿意承认，我曾经长期受过马克思的影响，尽管现在这样说已经不合时宜了。……长期以来我用他的另一种完全不同的理论、批判理论抵制马克思—列宁主义。与六七十年代的许多人一样，我相信这样做能够使意识形态回忆起自己的本来意图，使现实的社会主义，接近真正的社会主义。"艾德尔伯特·里希特:《德国的基督教与民主。论民主德国剧变的思想准备》，莱比锡和魏玛1990年版，第10页。

③ 参看米夏埃尔·布里厄:《制订现代社会主义的方案。讨论论点》，载于《德国哲学杂志》，1990年第3期，第218—229页。

④ 奥托·莫尔弗:《亨利希·波普茨访谈录。异化的人。青年马克思的时代批判和历史哲学》，巴塞尔1953年，载于《德国哲学杂志》，1955年第4期，第527—535页。

克制的观点也能够说明一些问题,毕竟它准确指出了早期著作中所包含的对马克思—列宁主义官方哲学话语的那种令人不安的挑战。有人曾试图把早期著作也融入这种官方话语,并把它当作论证官方话语的合法性的历史发生学前提,可是没有成功,或者不得不有目的地把一些从早期著作背景下选出的文本片断当作根据。马克思的早期著作在当时对这种官方话语形成挑战。

经过以上梳理,可以断定:

1. 马克思早期著作中所包含的以哲学为根据的资产阶级人道主义纲领、对人权和公民权利的坚持以及对道德基本权利的要求,在一种指责此类纲领是抽象的和形式的、而在社会政治方面却落后于纲领要求的社会的官方意识形态看来,必然是可疑的。它把早期著作贬低为马克思主义的非科学的准备阶段,认为从马克思主义形成史的背景看它们只有理论史的价值,以为它们所包含的一些观点和设想、概念和纲领在马克思主义的形成过程中被放弃了。

2. 在马克思—列宁主义那里变成合法科学教条的体系应当说同"经典作家"完全无关。对"为党服务"的马克思主义科学的垄断解释权而言,作为语言和范畴的实验场、作为理论学习过程中"正在进行的工作"的早期著作是一种恒久的挑战。可是,一旦把早期著作贬低为马克思主义的非科学的准备阶段,就能立即找到观点依据,把早期著作认定为没有政治影响意图的批判思想的一个无足轻重的"游戏场"。

3. 使早期著作中的解放内容中立化的另一种形式在于,把早期著作中以人道主义术语表达出来的普遍纲领扩展为迫于政党科学要求的退却形式。在这样一种没有明确说出的关于充满激情的普遍纲领与科学上准确的资本主义分析的划分(为做这种划分应当确定早期著作与"成熟著作"的关系)之中,早期著作被贬低为马克思的天才习作,认为正是鉴于社会问题和出于社会批判志向，马克思在早期著作中检验和清理了他那个时代的社会科学和人文科学知识是否适合于经验社会分析。

4. 在讨论早期著作的历史地位、理论史对马克思主义形成的意义（"黑格尔还是费尔巴哈"）以及马克思主义分期标准的同时，还进行了一些在系统化的马克思—列宁主义组成学科中被视为禁忌的讨论。譬如，有人试图依据早期著作的论点和视角，从内容上打破那种用于排除"偏离性"概念的、表现为基本概念范式的关于"哲学基本问题"的观念。在理论史分析和意识形态批判分析中，关注问题内容的方法论抵制马克思—列宁主义官方话语中常见的按唯物主义和唯心主义划分的格式化做法，这种格式化总是预先就决定了可能的科学内容、意识形态限制以及政党对当作唯物主义加以推崇的或者当作为唯心主义加以贬低的观点的看法。①

5. 在一定范围内，哲学空想家们即使不能充分发挥他们那种被青年马克思激发的解放幻想，也能够在知识界发泄这种想法。然而，他们那种空想性的分析囿于"美好的言辞"与"不好的现实"的两分法，有其局限性，不能形成对社会关系和现实社会主义统治实践的具体批判，也不能形成对那些用马克思理论论证自身"科学合法性"的制度、人或意识形态体系的批判。

必须指出这种矛盾态度。它是根据《1844 年经济学哲学手稿》这类著作不断提出的、一直没有减弱的挑战的一部分。把人规定为普遍的类本质，把自由的、有意识的活动视为人的类特性，把生产视为人的劳动性的类生活，而后者又构成了自由活动的物质世界——所有这一切，

---

① 关于这种分析的例子参看汉斯-彼德·耶克：《起源与必然性。论马克思 1845/46—1859 年期间解释历史的方法论》，柏林 1988 年版。

几乎都不容许现实社会主义的统治和生产关系从青年马克思那里寻找依据。尤其反对官方教条的各种有关马克思主义人类学（"共产主义作为实现了的自然主义"和"人道主义"，社会是"人的实现了的自然主义和自然界的实现了的人道主义"）、个性理论①、（把个人规定为社会的本质，反对把"社会"重新确定为针对个人的抽象）、美学（意义的社会化是它在迄今全部历史结果中的人化）②、心理学（工业是一本打开了的关于人的本质力量的书，是感性地摆在我们面前的人的心理学）的论证尝试都一再追溯《手稿》中的纲领性萌芽。③

与此同时，人们还检验了《手稿》中的一些概念和设想是否适合于制订一种唯物主义社会理论（这种理论的方法论地位被视为关于马克思主义史争论中的讨论对象），诸如"对象化"、"物化"、"异化"、"本体论"、"类本质"、"人道主义"，并且还以劳动概念④和异化与商品拜物教的关系为例，讨论了马克思理论中经济学论证与哲学论证的关系。此外，在这种讨论中，早期著作的哲学纲领与"成熟著作"对它的经济学移植或修正的关系也成为话题。⑤ 各种观点之间差别较大，有

---

① 主要参看吕西安·塞夫：《马克思主义与个性理论》，柏林1973年版。
② 参看洛塔·屈内：《对象与空间》，德累斯顿1981年版；《房屋与景观》，德累斯顿1985年版。
③ 参看马克思：《1848年经济学哲学手稿》，《马克思恩格斯全集》第1版第42卷120页及以后几页。
④ 参看赫伯特·马尔库塞：《关于奠定历史唯物主义基础的新资料》，载于马尔库塞：《关于社会批判理论的思想》，美因河畔法兰克福1969年版，第7—54页（参看第8页和第11页及以后几页）。
⑤ 参看瓦尔特·图赫舍尔：《〈资本论〉出版以前论马克思经济学理论的形成》，柏林1973年版。

的观点认为（马克思后来）"背离了早期著作时期的普遍纲领，退回到经济学的立场"；有的观点认为马克思的思想发展有其连续性，在他的思想发展过程中，"共产主义立场的形成是此前思想发展的直接延伸"①，因此可以说在早期著作中已经出现了一些"重要的思想因素、原则和观点，而它们在马克思和恩格斯晚期著作那里获得了成熟的表达方式、科学的证明"；②还有的观点则认为（马克思后期的思想）彻底脱离了早期著作中的人道主义，早期著作在科学上是没有用处的，它们只有历史性的价值。③

谈到早期著作，阿尔杜塞早在1961年就坚持认为，"关于马克思早期著作的争论……首先是一场政治争论"④。只要在另一种讨论背景下加以类推，这种观点也适用于民主德国的哲学。然而，由于民主德国的讨论都是在"掩盖结论"的情况下进行的，因此，在这里必须回顾一下阿尔杜塞对有关青年马克思的争论中出现的争论线索的陈述。在阿尔杜塞看来，这种争论（它们同时也总是牵涉马克思主义的立场和理论内容本身）的真正问题在于，"青年马克思是否已经是完全的和完整的马克思"⑤。有人认为，在马克思早期的政论文章中，而且是"在少数几

---

① 卡尔·施缪科勒：《青年马克思与资产阶级社会》，载于《国际文献》第3卷第2号，莫斯科1933年版，第146—176页（参看146页）。

② 卡尔·施缪科勒：《青年马克思与资产阶级社会》，载于《国际文献》第3卷第2号，莫斯科1933年版，第146—176页（参看146页）。

③ 参看路易·阿尔杜塞：《保卫马克思》，美因河畔法兰克福1968年版。

④ 路易·阿尔杜塞：《意识形态与意识形态国家机器》，汉堡/柏林1977年版，第10页。

⑤ 路易·阿尔杜塞：《意识形态与意识形态国家机器》，汉堡/柏林1977年版，第11页。

篇早期著作中"①，已经隐含着整个的马克思主义。阿尔杜塞在反驳此类观点时，提出了一种在他看来同样不可接受的选择，即"认为《资本论》（和概而言之'完成了的马克思主义'）或者是对青年马克思的哲学的表达，或者是对它的背叛"②。他特别警告了那种出于过度兴奋而试图"把青年马克思的影子投射到马克思身上"③，并以此来反对人们用黑格尔的方式"把马克思的影子投射到青年马克思身上"④的做法。在阿尔杜塞看来，问题不在于要"对整个的马克思负责……好像我们面临失去完整的马克思的危险"⑤。相反，马克思的青年时代可以由历史去评价。⑥民主德国对马克思的官方诠释还没有走得如此远，尽管从原则上说它也具有阿尔杜塞所说的那种倾向。对它来说，假如把马克思交付"历史"去评价，那就意味着容许意识形态方面的敌人去做自由的解释。这当然是不行的。

阿尔杜塞还反对这样一种对待马克思青年时期著作的做法，即把任何一种理论都消解在其源头中，或者把它视为理论（不论是自己的理论

---

① 路易·阿尔杜塞：《意识形态与意识形态国家机器》，汉堡/柏林1977年版，第10页。

② 路易·阿尔杜塞：《意识形态与意识形态国家机器》，汉堡/柏林1977年版，第11页。

③ 路易·阿尔杜塞：《意识形态与意识形态国家机器》，汉堡/柏林1977年版，第12页。

④ 路易·阿尔杜塞：《意识形态与意识形态国家机器》，汉堡/柏林1977年版，第13页。

⑤ 路易·阿尔杜塞：《意识形态与意识形态国家机器》，汉堡/柏林1977年版，第13页。

⑥ 路易·阿尔杜塞：《意识形态与意识形态国家机器》，汉堡/柏林1977年版，第27页。

还是其他的理论)进一步发展的预先推论,同时这种做法还不断促成如下幻想,以为马克思思想的发展"发生于并取决于思想领域"①。在此,阿尔杜塞还正确指出了这种做法的一种表现形式,即在马克思—列宁主义那里,马克思的思想被还原为它的一些"要素",并按唯物主义和唯心主义对其加以划分,"好像这些要素的比较及其量的对比一定能够决定所研究的文本的意义似的"②。

在围绕着"已经"和"仍然"、"继续产生影响的残余"和"正在显现的观点"而展开的解释游戏中,文本的本原意义事实上面临着消失的危险。"马克思已经成为唯物主义者,但他仍然使用费尔巴哈的概念"③,譬如说,他感觉到、预料到、预见到、完全接近了关于无产阶级作用、经济学和物质关系的观点,但是,他仍然低估了资产阶级民主的真正特性,而且仍然没有形成自己的术语,等等。然而,无论如何,可以肯定:他会做到这一点——借助理论发展中的一种目的论作用机制。青年马克思的写作尝试也遵循这种机制,因此,用一种回顾性的观点来看,那些尝试只是成熟著作的准备阶段,只有参照成熟著作才能看出它们的价值。

我们虽然也自然会赞同"青年马克思会成为马克思"④ 的观点,但

---

① 路易·阿尔杜塞:《意识形态与意识形态国家机器》,汉堡/柏林1977年版,第14页。

② 路易·阿尔杜塞:《意识形态与意识形态国家机器》,汉堡/柏林1977年版,第14页。

③ 路易·阿尔杜塞:《意识形态与意识形态国家机器》,汉堡/柏林1977年版,第17页。

④ 路易·阿尔杜塞:《意识形态与意识形态国家机器》,汉堡/柏林1977年版,第25页。

是，与那种靠目的论来保证的确信不同，我们将不会"预先就到赛程的终点去等待他，以便像对待一位跑到终点的运动员那样给他披上罩衣，因为一切终将过去，他会到来"①。不，他不是依靠天才的结论和对任何理论上正确的解决办法有着确定不移的知觉的"捷径"，而是经过一次"长征"后才到来的，这种"长征"包含着失误、曲折以及一再失败的术语和观念方面的尝试和实验："的确，马克思的青年时代通向马克思主义，但是，实现这一点的代价是彻底摆脱它的起源，是同（它的诞生地）德国的历史所带来的空想的影响进行历史斗争，是敏锐地关注这些空想所掩盖着的现实。"②

马克思本人很快就掌握了一套要求把**解放的激情**转变为社会批判理论的**经验分析**的概念。而早期著作的魅力在于，这种后来无法直接重现的转变工作恰好就出现在早期著作中。马克思在这些著作中试图把那种偏重于比喻的资本主义批判激情转变为一种在概念上可靠的社会分析，通过一种有经验根据的论证逻辑来代替语言描述的影响力（同时又使那些"美好的图景"从马克思的著作中消失）。这个简单事实的真正意义或许就在于，马克思本人经历了这样一种思想发展历程，它促使马克思从类普遍性的社会空想转向对具体关系的分析批判。这条道路可以当作例证来理解。从思想上领会这条道路，可能鼓励人们在已经变化了的条件下自己去重新走这条路。可是，这样做将意味着对东德社会的主要结构、关系和任务提出批判。而在当时，这种结论恰好是在回归

---

① 路易·阿尔杜塞：《意识形态与意识形态国家机器》，汉堡/柏林1977年版，第25页。

② 路易·阿尔杜塞：《意识形态与意识形态国家机器》，汉堡/柏林1977年版，第35页。

青年马克思时要避免的。如此一来,民主社会主义者和政治改革者都变成了空想社会主义者,出于谨慎考虑,他们表示对政治规定不感兴趣。因此,理性哲学的人道主义术语和围绕着如何"正确解释经典作家"展开的文本之争没有触及现实存在的社会主义制度。无论是用原本的马克思来反对把他变为政治工具的做法,还是用坚持普遍纲领的青年马克思反对《资本论》时期"成熟"马克思的做法,抑或是在文本解释上反对解释"经典作家"时随心所欲、忽视他的思想与其形成史和影响史的联系的观点——所有这一切,都未对完全回避现实社会问题背景的阅读和讨论文本的框架提出怀疑。然而,这些讨论作为马克思主义多元化的实验场——它本身就是必须靠斗争和抵挡住政治怀疑才能存在的——至少具有为经典著作的不同解读方式提供科学原则的功能。在这种"自由的科学"的环境中,经常出现一些真正面向问题的关于马克思理论的新解释。

(原载德国《马克思恩格斯研究论丛》柏林 1997 年新辑)

(柴方国 摘译)

图书在版编目（CIP）数据

经典作家著作研究 I ／ 姚颖主编．
—北京：中央编译出版社，2014.12
（马克思主义研究资料／杨金海主编；11）
ISBN 978-7-5117-2443-4

Ⅰ.①经⋯　Ⅱ.①姚⋯　Ⅲ.①马恩著作研究-文集
Ⅳ.①A811-53

中国版本图书馆 CIP 数据核字（2014）第 306121 号

经典作家著作研究 I

出 版 人：	刘明清
责任编辑：	薛迎春
责任印制：	尹　珺
装帧设计：	田晗工作室
排版制作：	北京宏章文化发展中心
出版发行：	中央编译出版社
地　　址：	北京西城区车公庄大街乙 5 号鸿儒大厦 B 座（100044）
电　　话：	（010）52612345（总编室）　　（010）52612335（编辑室）
	（010）52612316（发行部）　　（010）52612317（网络销售）
	（010）52612346（馆配部）　　（010）55626985（读者服务部）
传　　真：	（010）66515838
经　　销：	全国新华书店
印　　刷：	山东鸿君杰文化发展有限公司
开　　本：	787 毫米×1092 毫米　1/16
字　　数：	510 千字
印　　张：	41
版　　次：	2014 年 12 月第 1 版第 1 次印刷
定　　价：	240.00 元

网　　址：	www.cctphome.com　　邮　箱：cctp@cctphome.com
新浪微博：	@中央编译出版社　　微　信：中央编译出版社（ID：cctphome）
淘宝店铺：	中央编译出版社直销店（http://shop108367160.taobao.com）　　（010）52612349

本社常年法律顾问：北京市吴栾赵阎律师事务所律师　闫军　梁勤
凡有印装质量问题，本社负责调换。电话：（010）55626985